PC-II-412

Geographisches Institut
der Universität Kiel
ausgesonderte Dublette

STÄDTEFORSCHUNG

Veröffentlichungen des Instituts für vergleichende Städtegeschichte in Münster

in Verbindung mit
W. Ehbrecht, H. Jäger, P. Johanek, E. Meynen, H. Naunin,
F. Petri, H. Schilling, P. Schöller und H.K. Schulze

herausgegeben von
Heinz Stoob

Reihe A: Darstellungen

Band 25

INNERSTÄDTISCHE DIFFERENZIERUNG UND PROZESSE IM 19. UND 20. JAHRHUNDERT

Geographische und historische Aspekte

herausgegeben von
Heinz Heineberg

1987

BÖHLAU VERLAG KÖLN WIEN

Diese Arbeit ist im Sonderforschungsbereich 164 „Vergleichende geschichtliche Städteforschung" der Westfälischen Wilhelms-Universität Münster entstanden und wurde auf seine Veranlassung unter Verwendung der ihm durch die Deutsche Forschungsgemeinschaft zur Verfügung gestellten Mittel gedruckt.

CIP-Kurztitelaufnahme der Deutschen Bibliothek

Innerstädtische Differenzierung und Prozesse im 19.
[neunzehnten] und 20. Jahrhundert: geograph. u.
histor. Aspekte / hrsg. von Heinz Heineberg. -
Köln ; Wien : Böhlau, 1987
    (Städteforschung : Reihe A, Darstellungen ; Bd. 25)
ISBN 3-412-07786-0

NE: Heineberg, Heinz [Hrsg.]; Städteforschung / A

Copyright © 1987 by Böhlau Verlag GmbH & Cie, Köln
Alle Rechte vorbehalten

Ohne schriftliche Genehmigung des Verlages ist es nicht gestattet, das Werk unter Verwendung mechanischer, elektronischer und anderer Systeme in irgendeiner Weise zu verarbeiten und zu verbreiten. Insbesondere vorbehalten sind die Rechte der Vervielfältigung — auch von Teilen des Werkes — auf photomechanischem oder ähnlichem Wege, der tontechnischen Wiedergabe, des Vortrags, der Funk- und Fernsehsendung, der Speicherung in Datenverarbeitungsanlagen, der Übersetzung und der literarischen oder anderweitigen Bearbeitung.

Textaufnahme und -einrichtung: Institut für vergleichende Städtegeschichte, Münster
EDV-Umbruch und -Satz: Rechenzentrum der Westfälischen Wilhelms-Universität, Münster
Belichtung: Mohndruck, Gütersloh
Druck: Hans Richarz Publikations-Service, Sankt Augustin
Buchbinderische Verarbeitung: Berufsbildungswerk Josefsheim Bigge, Olsberg

Printed in Germany
ISBN 3-412-07786-0

INHALT

Heinz Heineberg
Vorwort IX

Verzeichnis der Mitarbeiter X

Verzeichnis der Abbildungen XII

Abkürzungsverzeichnis XVIII

Heinz Heineberg
Innerstädtische Differenzierung und Prozesse im 19. und 20. Jahrhundert. Zum Thema und Inhalt dieses Bandes 1

I. Entwicklung der Wohnverhältnisse und sozialen Probleme

Hans Jürgen Teuteberg
Eigenheim oder Mietskaserne: Ein Zielkonflikt deutscher Wohnungsreformer 1850-1914 21

Clemens Wischermann
Wohnung und Wohnquartier. Zur innerstädtischen Differenzierung der Wohnbedingungen in deutschen Großstädten des späten 19. Jahrhunderts 57

Paul Hugger
Das Weiterleben dörflicher Strukturen in der heutigen Stadt Zürich . . 85

Burkhard Hofmeister
Wilhelminischer Ring und Villenkoloniengründung. Sozioökonomische und planerische Hintergründe simultaner städtebaulicher Prozesse im Großraum Berlin 1860 bis 1920 105

Henriette Meynen
Entwicklung des städtischen grünen Wohnumfeldes seit dem 19. Jahrhundert unter besonderer Berücksichtigung der Stadt Köln . . . 119

II. Sozialtopographische und sozialräumliche
    Veränderungen

Dietrich Denecke
Aspekte sozialgeographischer Interpretationen innerstädtischer Mobilität im 19. und 20. Jahrhundert. Allgemeiner Forschungsstand und Forschungsbeispiele 133

Mechthild Siekmann/Karl-Heinz Kirchhoff
Sozialtopographie in der Stadt Münster 1770 und 1890 mit Ausblicken auf 1971 159

Heinrich Johannes Schwippe
Prozesse sozialer Segregation und funktionaler Spezialisierung in Berlin und Hamburg in der Periode der Industrialisierung und Urbanisierung 195

III. Standortentwicklung und Differenzierung tertiärer und
     quartärer Funktionen

Gareth Shaw
The Development of Retailing in Nineteenth Century British Cities . . 227

Günter Heinritz
Beobachtungen zum Wandel von Struktur und Standorten des Einzelhandels in Kleinstädten seit dem Ende des 19. Jahrhunderts am Beispiel Weißenburgs in Bayern 247

Heinz Heineberg
Innerstädtische Standortentwicklung ausgewählter quartärer Dienstleistungsgruppen seit dem 19. Jahrhundert anhand der Städte Münster und Dortmund 263

Norbert de Lange
Standortverhalten des Finanzwesens in den Regionalzentren Düsseldorf und Hannover seit dem 19. Jahrhundert 307

Marjatta Hietala
Beziehungen zwischen Urbanisierung und Dienstleistungen an Beispielen deutscher Großstädte 1890 bis 1910 331

IV. Industrielle Standortveränderungen in großstädtischen
    Räumen

Jürgen Reulecke
Eine alte Textilregion im Wandel: Das Wuppertal um 1900 353

Martin Trevor Wild
A Geographer's Conception of the Industrial Revolution: Spatial
Change in the West Yorkshire Textiles Belt in the Nineteenth Century . 369

V. Stadtumbau und Stadterhaltung

Jürgen Lafrenz
Planung der Neugestaltung von Hamburg 1933-1945 385

Peter Schöller
Stadtumbau und Stadterhaltung in der DDR 439

Abschlußdiskussion

Elisabeth Lichtenberger
Interdisziplinäre Arbeitstagung in Münster — Zusammenfassung . . . 475

Innerstädtische Differenzierung und Prozesse im 19. und 20. Jahrhundert. Verzeichnis der zitierten Literatur 487

Index der Orts- und Personennamen 535

VORWORT

Drei Jahre zuvor wurde in dieser Schriftenreihe ein von Hans Jürgen Teuteberg herausgegebener Sammelband mit dem Titel „Urbanisierung im 19. und 20. Jahrhundert. Historische und geographische Aspekte" veröffentlicht, der Referate einer Arbeitstagung des Sonderforschungsbereichs 164 „Vergleichende geschichtliche Städteforschung" der Westfälischen Wilhelms-Universität Münster enthält, die im Herbst 1980 stattfand. Vom 1. bis 3. November 1984 wurde in Münster eine Folgetagung mit dem Thema „Innerstädtische Prozesse im 19. und 20. Jahrhundert. Geographische und historische Aspekte" unter der Leitung des Herausgebers durchgeführt, an der sich wiederum nicht nur Mitglieder und Projektleiter dieses Sonderforschungsbereichs, sondern auch zahlreiche weitere Fachwissenschaftler aus dem In- und Ausland beteiligten. Gemeinsam war beiden Tagungen, daß es sich um interdisziplinäre Veranstaltungen handelte, die trotz thematischer Schwerpunktsetzungen inhaltlich sehr vielschichtig waren. Die Notwendigkeit und Fruchtbarkeit interdisziplinären Zusammenarbeitens und Gedankenaustausches in dem weiten Feld der komplexen Stadtforschung wurde auch während dieses Tagungsverlaufs immer wieder deutlich.

Der Herausgeber legt mit diesem Sammelband nunmehr sämtliche für den Druck aufbereitete siebzehn Referate der Tagung mit einer von Elisabeth Lichtenberger (Wien) erstellten Zusammenfassung der Ergebnisse und mit einer umfangreichen Gesamtbibliographie der in allen Beiträgen und in der Einführung zitierten Literatur vor. Sein besonderer Dank gilt Heinz Stoob und den übrigen Herausgebern der „Städteforschung" für die Aufnahme des Bandes in diese angesehene Schriftenreihe, der Deutschen Forschungsgemeinschaft für die Druckkostenbeihilfe sowie dem Böhlau Verlag für die zügige Druckausführung.

Er dankt auch dem Sprecher des Sonderforschungsbereichs 164, Hans Jürgen Teuteberg, sowie dem Geschäftsführer des SFB 164, Christoph Schütte, für die tatkräftige Unterstützung bei der Planung und Durchführung der Tagung sowie für Hilfen bei der Druckvorbereitung dieses Bandes. Für die Leitung der einzelnen Sitzungen waren außer Hans Jürgen Teuteberg und dem Herausgeber die Fachkollegen Heinrich Blotevogel (Duisburg), Manfred Hommel (Bochum) und Alois Mayr (Münster) verantwortlich, denen ich ebenfalls danke.

Dieser umfangreiche Band wäre nicht zustande gekommen ohne die arbeitsaufwendigen redaktionellen Arbeiten einschließlich der EDV-Textverarbeitung, die von Rainer Danielzyk und Stefan Kerkemeyer geleitet wurden. Frau Hildegard Mannheims hat den umfangreichen EDV-Satz erstellt. Die Betreuung der EDV-Aufnahme der Gesamtbibliographie am Ende dieses Bandes erfolgte durch Heinrich-Johannes Schwippe. Die Koordination und großenteils auch Ausführung der umfangreichen themakartographischen Arbeiten lagen in den Händen von Ursula Dey und Hans-Peter Harpers. Ihnen und den übrigen Mitarbeitern ist an dieser Stelle ebenfalls Anerkennung zu zollen.

Münster, im August 1986   Heinz Heineberg

VERZEICHNIS DER MITARBEITER

Dr. Dietrich Denecke
Universität Göttingen, Geographisches Institut
Goldschmidtstr. 5, D-3400 Göttingen

Prof. Dr. Heinz Heineberg
Universität Münster, Institut für Geographie
Robert-Koch-Str. 26, D-4400 Münster

Prof. Dr. Günter Heinritz
Technische Universität München, Geographisches Institut
Arcisstr. 21, D-8000 München 2

Prof. Dr. Marjatta Hietala
Helsingin yliopisto, Historian tutkismus-ja dokumentaatiolaitos
Vuorikatur 6 A 6, SF-00100 Helsinki 10, Finnland

Prof. Dr. Burkhard Hofmeister
Technische Universität Berlin, Institut für Geographie
Budapester Str. 44/46, D-1000 Berlin 30

Prof. Dr. Paul Hugger
Universität Zürich, Volkskundliches Seminar
Zeltweg 67, CH-8032 Zürich, Schweiz

Dr. Karl-Heinz Kirchhoff
Provinzialinstitut für Westfälische Landes- und Volksforschung
des Landschaftsverbandes Westfalen-Lippe
Schorlemerstr. 16, D-4400 Münster

Prof. Dr. Jürgen Lafrenz
Universität Hamburg, Institut für Geographie und Wirtschaftsgeographie
Bundesstr. 55, D-2000 Hamburg 13

Dr. Norbert de Lange
Universität Münster, Institut für Geographie
Robert-Koch-Str. 26, D-4400 Münster

Prof. Dr. Elisabeth Lichtenberger
Universität Wien, Abt. Geographie, Raumforschung und Raumordnung
Universitätsstr. 7, A-1010 Wien, Österreich

Dr. Henriette Meynen
Stadtkonservator Köln, Stapelhaus
Frankenwerft 35, D-5000 Köln 1

Prof. Dr. Jürgen Reulecke
Universität-Gesamthochschule Siegen
Fachbereich 01 - Geschichte, Geographie
Adolf-Reichwein-Str. 2, D-5900 Siegen

Prof. Dr. Peter Schöller
Ruhr-Universität Bochum, Geographisches Institut
Universitätsstr. 150, D-4630 Bochum 1

Dr. Heinrich Johannes Schwippe
SFB 164 Vergleichende geschichtliche Städteforschung
Syndikatplatz 4/5, D-4400 Münster

Dr. Gareth Shaw
University of Exeter, Department of Geography
Rennes Drive, GB-Exeter, Devon, EX4 4RJ, Großbritannien

Dr. Mechthild Siekmann
Provinzialinstitut für Westfälische Landes- und Volksforschung
des Landschaftsverbandes Westfalen-Lippe
Schorlemerstr. 16, D-4400 Münster

Prof. Dr. Hans Jürgen Teuteberg
Universität Münster, Historisches Seminar
Domplatz 20-22, D-4400 Münster

Dr. Martin Trevor Wild
University of Hull, Department of Geography
Cottingham Road, GB-Hull, HU6 7RX, Großbritannien,

Dr. Clemens Wischermann
Universität Münster, Historisches Seminar
Domplatz 20-22, D-4400 Münster

Redaktion

Rainer Danielzyk
Stefan Kerkemeyer
Hildegard Mannheims

Index

Klaus-Dieter Schreiber

VERZEICHNIS DER ABBILDUNGEN

Clemens Wischermann

Frankfurt 1910. Ausbreitung urbaner Wohnformen	61
Berlin 1905. Untervermietung	65
München 1900. Untervermietung	66
Hamburg 1885/1910. Interne Wohndichte. Bewohner pro Wohnraum	69
München 1890/1905. Interne Wohndichte. Bewohner pro heizbarem Zimmer	70
Berlin 1871. Überbevölkerung	72
München 1900. Überbevölkerung	73
Berlin 1895. Wohnmobilität und Wohnungsnachfrage	78
Berlin 1900. Wohnmobilität und Wohnungsnachfrage	79

Paul Hugger

Die beiden Stadtvereinigungen Zürichs	89
Dorfkern Witikon	92
Kirche Altstetten	93
Kirche Albisrieden	93
Ehemaliger Bauernhof Albisrieden	94
Riegelhaus in Albisrieden	94
Kirche Höngg von der Limmat aus	95
Maschinenfabrik Oerlikon	95
Die quartierbezogenen Vereine alten Typs in Zürich	97

Burkhard Hofmeister

Die Lage von Wilhelminischem Ring und Villenkolonien	112

Dietrich Denecke

Häufigkeit und Art des Besitzwechsels der Häuser in Seesen, 1670-1950 (Beispiel: Lange Straße)	140
Wohnstandorte und innerstädtische Umzüge bedeutender Professoren der Universität Göttingen während des 18. und 19. Jahrhunderts	144
Veränderungen im Wohnstatus der Professoren in Göttingen in der Zeit zwischen 1864 und 1970 (anteilig, in %)	146

Anzahl, Ausgang und Ziel der Umzüge innerhalb der Stadt Einbeck im Zeitraum zwischen 1849 und 1855, nach Nachbarschaften, in % 148

Wege und Häufigkeit von Einzügen in den Nachbarschaften Münsterstraße und Baustraße in Einbeck, 1849-1855 149

Die Entwicklung der Zahl der Umzüge in ausgewählten deutschen Großstädten (>50.000 E.) in ihrem Verhältnis zur Zahl der Zu- und Fortzüge (Binnenwanderung), 1888-1910 154

Mechthild Siekmann/Karl-Heinz Kirchhoff

Münster. Nichtbürgerliches Eigentum 1676 165
Münster. Nichtbürgerliches Eigentum 1771 166
Münster. Nichtbürgerliches Eigentum 1890 167
Münster. Nichtbürgerliches Eigentum 1971 169
Münster. Standorte der Bäcker und Brauer 1770 174
Münster. Standorte der Handelsleute 1770 175
Münster. Standorte der Tagelöhner und Berufslosen 1770 176
Münster. Wohnungen der Beamten und Rechtskundigen 1770 177
Münster. Standorte der Handelsleute 1890 179
Münster. Wohnstandorte des Handwerks 1890 180
Münster. Räumliche Verdichtung von Handel und Handwerk 1890 . . . 181
Münster. Standorte der Bäcker und Brauer 1890 182
Münster. Anteil der Arbeiter an den Bewohnern je Straße 1890 185
Münster. Wohnstandorte gehobener Berufe 1890 186

Heinrich Johannes Schwippe

Bodenpreise in Berlin 1900-1906. Preise für bebaute Grundstücke 205
Hamburg 1910. Wohnungen und Bewohner nach Wohnungsgröße (heizbare Zimmer) 211
Berlin und Vororte 1905. Wohnungen und Bewohner nach Wohnungsgröße (heizbare Zimmer) 212
Gebietsausweisung nach der Baupolizei-Ordnung für die Berliner Vororte von 1892/1894 215
Arbeiterquote und Wohnungsgröße in Berlin und in Berliner Vororten 1900 . . 219
Wahlen zum Deutschen Reichstag am 25. Januar 1907 in Hamburg . . . 223

Gareth Shaw

Stages in the development of British retailing 228
Changes in transport and the development of market areas 229

Market expansion during the nineteenth century 231

The distribution of itinerant traders in 1851 233

The growth of shop trades 1801-1881 234

Development of shopping streets in Hull 235

The suburbanization of shops by size of settlement 237

The shopping centre characteristics of Hull, 1881 240

The development of department stores in London's West End 242

Changes in the retail structure of Oxford Street, 1880-1911 244

Günter Heinritz

Die Entwicklung des Weißenburger Einzelhandels nach Betriebszahlen und Branchen 248

Die räumliche Verteilung der Weißenburger Einzelhandelsbetriebe in der Altstadt 1950 250

Die räumliche Verteilung der Weißenburger Einzelhandelsbetriebe in der Altstadt 1980 251

Die räumliche Verteilung der Weißenburger Einzelhandelsbetriebe in der Altstadt 1906 256

Die räumliche Verteilung der Weißenburger Einzelhandelsbetriebe in der Altstadt 1897 257

Heinz Heineberg

Anwachsen des „Bettenberges" in Münster im 19. Jahrhundert 269

Standorte der Arztpraxen in Münster 1887 275

Standorte der Arztpraxen in Münster 1906 276

Standorte der Arztpraxen in Dortmund 1886 278

Standorte der Arztpraxen in Dortmund 1907 279

Standorte der Arztpraxen in Münster 1932 280

Standorte der Arztpraxen in Münster 1980 281

Standorte der Arztpraxen in Dortmund 1932 283

Standorte der Arztpraxen in Dortmund 1981 285

Standorte der Rechtsanwalts- und Notarpraxen in Münster 1887 291

Standorte der Rechtsanwalts- und Notarpraxen in Münster 1906 292

Standorte der Rechtsanwalts- und Notarpraxen in Dortmund 1886 293

Standorte der Rechtsanwalts- und Notarpraxen in Dortmund 1907 294

Standorte der Rechtsanwalts- und Notarpraxen in Münster 1932 296

Standorte der Rechtsanwalts- und Notarpraxen in Münster 1980 297

Standorte der Rechtsanwalts- und Notarpraxen in Dortmund 1932 299

Standorte der Rechtsanwalts- und Notarpraxen in Dortmund 1981 . . . 300

Bedeutungswandel wichtiger Mikrostandortfaktoren für Arzt- sowie Rechtsanwalts- und Notarpraxen in westdeutschen Großstädten — anhand der Beispiele Münster und Dortmund 302

Norbert de Lange

Funktionen des Bankwesens in Düsseldorf 1870 311

Funktionen des Bankwesens in Hannover 1870 313

Funktionen des Bankwesens in Düsseldorf 1900 316

Funktionen des Bankwesens in Hannover 1900 320

Funktionen des Bankwesens in Düsseldorf 1932 321

Funktionen des Bankwesens in Hannover 1932 325

Jürgen Reulecke

Gewerbestruktur der Stadt Wuppertal nach der Beschäftigtenzahl 1951 und 1977 (in %) 355

Wuppertal. Stadtteile und Stadtbezirke 359

Martin Trevor Wild

The settlement geography to West Yorkshire, ca. 1770 374

Water-powered textile mills in West Yorkshire 375

Steam-powered textile mills in West Yorkshire (1850) 377

Industrial location and urban growth in Halifax, 1850-1894 379

Jürgen Lafrenz

Hamburg: Elbehochbrücke, Modell nach Entwurf von H. Härter 1938 . . 391

Hamburg: Elbuferzone. Entwurf: K. Gutschow 1938 394

Hamburg: Elbansicht zum Gauforum. Entwurf: K. Gutschow 1938 . . . 396

Hamburg: Nord-Süd-Achse. Vorentwurf: K. Gutschow 1940 397

Hamburg: Nord-Süd-Achse. Entwurf: H. Hentrich und H. Heuser 1944 . . 398

Hamburg: Nord-Süd-Achse. Entwurf: G. Graubner 1944 399

Hamburg: Kontorhausgruppe am Elbufer. Modell nach Entwurf von K. Gutschow und B. Stein 1938 401

Hamburg: Sportfeld. Entwurf: W. Rudhard, Hochbauamt Hamburg 1941 . . . 405

Hamburg: Hansische Universität. Entwurf: W. Kallmorgen und R. Köngeter 1941 406

Hamburg: Kreismittelpunkt Eimsbüttel - Rotherbaum - Harvestehude. Entwurf: K. Trahn und W. Zwinscher 1944 408

Elbufer bei Hamburg: Kriegsmarineschule. Entwurf: P. Krusche 1940 410

Elbufer bei Hamburg: Gautürme. Entwurf: R. Hillebrecht 1940 412

Hamburg: Generalbebauungsplan 1944 418

Schema einer Ortsgruppe. Entwurf: W. Hinsch 1944 428

Schema einer Hauptortsgruppe. Entwurf: F. Dyrssen 1944 429

Hamburg: Teilbebauungsplan Barmbek-Uhlenhorst. Entwurf: G. Langmaack 1944 432

Hamburg: Bebauungsplan Winterhude. Entwurf: F. Dyrssen 1944 433

Wohnhaustyp. Entwurf: H. Heuer 1944 436

Peter Schöller

Zerstörung deutscher Städte 1945 441

Größenentwicklung deutscher Städte 1939-1970 442

Wohnungsneubau in deutschen Städten 1963 444

Zentralisierung des Wohnungsbaus im Bezirk Erfurt 1946-1980 447

Neue Großwohngebiete Rostock-Nordwest 449

Planbeispiele für neue Wohngebiete der DDR — Ausschnitte 451

Innerstädtischer Funktionsabstieg: Brandenburg/Havel, Altstadt, Bäckerstraße . 453

Innerstädtische Zentralität: Brandenburg/Havel, Hauptstraße 454

Abriß und Umgestaltung des Stadtkerns von Bernau 456

Eigenheim-Standorte in und um Frankfurt/O. seit 1971 461

Zentrentypen der DDR nach ihrer Umlandbedeutung 465

DDR-Bezirksstädte und Neustädte: Wachstum und Zentrengestaltung . . . 466

Rostock-NW, Lütten-Klein (1969): Neues randstädtisches Großwohngebiet in Montagebauweise 468

Erfurt, Johannesplatz (1977): Schematisches Neubaugebiet, mangelnde randstädtische Integration 468

Brandenburg/Havel, Bäckerstraße (1975): Absteigende Altstadt — Geschäftsstraße 469

Rostock, Kröpelinerstraße (1969): Eine der frühesten und am besten angenommenen Fußgängerstraßen der DDR 469

Bezirksstadt Gera (1978): Teilabriß von Altbausubstanz am Zentrenrand . . . 470

Kreisstadt Gotha (1981): Teilabriß der Kernstadtbebauung nach Verfall und Vernachlässigung 470

Werningerode, Rathausplatz (1964): Stadterhaltung mit historischer Fachwerksubstanz im Zentrum 471

Bautzen, Stadtzentrum (1984): Scheibenhochhaus im historischen Stadtkern vom Stadtturm 471

Elisabeth Lichtenberger

Der Abdeckungsgrad einzelner Zeitabschnitte und die Position der Untersuchungsbeispiele 479

Der räumliche Maßstab der Forschung 481

ABKÜRZUNGSVERZEICHNIS

a) allgemeine Abkürzungen

a.a.O.	am angegebenen Ort	EDV	elektronische Datenverarbeitung
Abb.	Abbildung(en)		
abs.	absolut	e.g.	for example
Abt.	Abteilung	Eigent.	Eigentümer
AG	Aktiengesellschaft	einschl.	einschließlich
Anm.	Anmerkung	erg.	ergänzt
Art.	Artikel	Erg.-Bd.	Ergänzungs-Band
Aufl.	Auflage	Erg.-H.	Ergänzungs-Heft
		erw.	erweitert
BA	Bundesarchiv	etc.	et cetera
Bd., Bde.	Band, Bände	europ.	europäisch
Bearb.,bearb.	Bearbeiter, bearbeitet	ev.	evangelisch
Beitr.	Beitrag, Beiträge		
bes.	besonders	f., ff.	folgend, folgende
Bev.	Bevölkerung	F.	Folge
bew.	bewohnt	Febr.	Februar
Bl./Bll.	Blatt/Blätter	Fig.	Figure
BO	Bauordnung	Fr.	Schweizer Franken
BRD	Bundesrepublik Deutschland	frdl.	freundlich
		FS	Festschrift
bürgerl.	bürgerlich		
bzw.	beziehungsweise	GBP	Generalbebauungsplan
		geistl.	geistlich
ca.	circa	geogr.	geographisch
cbm	Kubikmeter	ggf.	gegebenenfalls
chap.	chapter	GmbH	Gesellschaft mit beschränkter Haftung
CSSR	Tschechoslowakei		
d.	der, die, das	H.	Heft
DDR	Deutsche Demokratische Republik	ha	Hektar
		heizb.	heizbar
Del.	Delaware	Hg., Hgg., hg.	Herausgeber, herausgegeben
ders.	derselbe		
Dez.	Dezember	HJ	Hitler-Jugend
dgl.	dergleichen	HO	Handelsorganisation (DDR)
d.h.	das heißt		
dies.	dieselbe	h.p.	horse power
Diss.	Dissertation		
DM	Deutsche Mark	i.a.	im allgemeinen
DO	Dortmund	ibid.	ibidem
Dr.	Doktor	i.e.	id est
		incl.	inclusive
E.	Einwohner	inkl.	inklusive
ebd.	ebenda	insbes.	insbesondere
ed., eds.	editor, edited, editors	insges.	insgesamt
		Inst.	Institut

intern.	international	qkm	Quadratkilometer
i.W.	in Westfalen	qm	Quadratmeter
j.d.	jenseits des	RAB	Reichsautobahn
Jg./Jgg.	Jahrgang/Jahrgänge	rd.	rund
Jh.	Jahrhundert	Red.	Redaktion
jüd.	jüdisch	rer. hort.	rerum hortensium
		resp.	respektive
Kap.	Kapitel	RM	Reichsmark
KGaA	Kapitalgesellschaft auf Aktien		
		s.	siehe
kgl.	königlich	S.	Seite
km	Kilometer	schweiz.	schweizerisch
landwirtsch.	landwirtschaftlich	Sek. II	Sekundarstufe II
lfd.	laufend	Ser.	Seria
Lfg.	Lieferung	SFB	Sonderforschungsbereich
m	Meter		
M	Mark	s.o.	siehe oben
masch.	maschinenschriftlich	SO	Südosten
Mass.	Massachusetts	Soc.	Society
max.	maximal	sog.	sogenannt
m.E.	meines Erachtens	Sp.	Spalte
med.	medizinisch	staatl.	staatlich
Mill.	Millionen	StA HH	Staatsarchiv Hamburg
Mrd.	Milliarden	städt.	städtisch
Ms.	Manuskript	Stat., stat.	Statistik, statistisch
MS	Münster	s.u.	siehe unten
Nachdr.	Nachdruck	T.	Teil
Neudr.	Neudruck	Tab.	Tabelle
NF	Neue Folge	TU	Technische Universität
NO	Nordosten		
Nr., Nrr.	Nummer, Nummern	u.	und, unter
NS	neue Serie, new series	u.a.	und andere
NSDAP	Nationalsozialistische Deutsche Arbeiterpartei	u.ä.	und ähnliche
		u.a.m.	und andere mehr
NW	Nordwesten	unbew.	unbewohnt
N.Y.	New York	UNESCO	United Nations Education, Scientific and Cultural Organization
öffentl.	öffentlich		
österr.	österreichisch		
östl.	östlich		
o.g.	oben genannt	Univ.	Universität, University
o.J.	ohne Jahr		
o.O.	ohne Ort	unt.	unten, unter
ortsanw.	ortsanwesend	usf.	und so fort
		usw.	und so weiter
p., pp.	page, pages	u.U.	unter Umständen
pp.	perge, perge (und so weiter)	u.W.	unseres Wissens
PH	Pädagogische Hochschule	v.	von
		verb.	verbessert
phil.	philosophisch	verm.	vermehrt
prakt.	praktisch	vgl.	vergleiche
preuß.	preußisch	v.H.	von Hundert
PS	Pferdestärke	vol., voll.	volume, volumes

WE	Wohneinheit	z.B.	zum Beispiel
Westf., westf.	Westfalen, westfälisch	Zi.	Zimmer
		z.T.	zum Teil
wiss.	wissenschaftlich		

b) Sigla von Zeitschriften, Reihenwerken, Hilfsmitteln und Archiven

AbhAkGött	Abhandlungen der Akademie der Wissenschaften zu Göttingen, phil.-hist. Klasse
AfK	Archiv für Kommunalwissenschaften
AfS	Archiv für Sozialgeschichte
AHVN	Annalen des Historischen Vereins für den Niederrhein
AkWissDDR	Akademie der Wissenschaften der DDR
ArchitDDR	Architektur der DDR
ArchSozW	Archiv für Sozialwissenschaften
ARL	Akademie für Raumforschung und Landesplanung
BergF	Bergische Forschungen
BerlGeogrStud	Berliner Geographische Studien
BerrDtLdkd	Berichte zur deutschen Landeskunde
BllLdkdNdÖ	Blätter für Landeskunde von Niederösterreich
BochumGeogrArb	Bochumer Geographische Arbeiten
BusHist	Business History
DtStAtl	Deutscher Städteatlas
DüssGeogrSchr	Düsseldorfer Geographische Schriften
EdF	Erträge der Forschung
ErlGeogrArb	Erlanger Geographische Arbeiten
FDtLdkd	Forschungen zur deutschen Landeskunde
FreibGeogrH	Freiburger Geographische Hefte
GeogrBerr	Geographische Berichte
GeogrJourn	Geographical Journal
GöttJb	Göttinger Jahrbuch
GR	Geographische Rundschau
GZ	Geographische Zeitschrift
HambGeogrStud	Hamburger Geographische Studien
HSW	Handwörterbuch der Sozialwissenschaften
HVOBl	Hamburgisches Verordnungsblatt
IntLabRev	International Labour Review
JbfNÖuSt	Jahrbuch für Nationalökonomie und Statistik
JbGesVV	Jahrbuch für Gesetzgebung, Verwaltung und Volkswirtschaft im Deutschen Reiche
JournHistGeog	Journal of Historical Geography
JournTransportHist	Journal of Transport History
JournUrbHist	Journal of Urban History
MannhGeogrArb	Mannheimer Geographische Arbeiten
MEW	Marx-Engels Werke, Ausgabe: Berlin (-Ost)
MGA	Münstersche Geographische Arbeiten

Abkürzungsverzeichnis

MittFrkGeogrGes	Mitteilungen der Fränkischen Geographischen Gesellschaft
MittGeogrGesHamb	Mitteilungen der Geographischen Gesellschaft Hamburg
MittGeogrGesMünch	Mitteilungen der Geographischen Gesellschaft München
MittGeogrGesWien	Mitteilungen der Österreichischen Geographischen Gesellschaft in Wien
MünchGeogrH	Münchener Geographische Hefte
NdsJb	Niedersächsisches Jahrbuch für Landesgeschichte
PM	Petermanns Geographische Mitteilungen
QFGM	Quellen und Forschungen zur Geschichte der Stadt Münster
RegGeogrSchr	Regensburger Geographische Schriften
RGBl	Reichsgesetzblatt
SchmollersJb	Schmollers Jahrbuch für Gesetzgebung, Verwaltung und Volkswirtschaft im Deutschen Reich
SchrVSP	Schriften des Vereins für Soc(z)ialpolitik
SocHist	Social History
StatJb	Statistisches Jahrbuch Deutscher Städte
StatJbBerlin	Statistisches Jahrbuch der Stadt Berlin
StF A	Städteforschung, Reihe A: Darstellungen
StuttGeogrStud	Stuttgarter Geographische Studien
TESG	Tijdschrift voor Economische en Sociale Geografie
TransIBG	Transactions. Institute of British Geographers
VAkRaumfLdplan	Veröffentlichungen der Akademie für Raumforschung und Landesplanung
VHKommBerlin	Veröffentlichungen der Historischen Kommission Berlin
VHKommWestf	Veröffentlichungen der Historischen Kommission Westfalens
VSWG	Vierteljahrsschrift für Sozial- und Wirtschaftsgeschichte
WdF	Wege der Forschung
WestfZ	Westfälische Zeitschrift
WWU	Westfälische Wilhelms-Universität
WürzGeogrArb	Würzburger Geographische Arbeiten
ZSäuglingsschutz	Zeitschrift für Säuglingsschutz
ZSSD	Die alte Stadt. Zeitschrift für Stadtgeschichte, Stadtsoziologie und Denkmalpflege
ZVHG	Zeitschrift des Vereins für Hamburgische Geschichte
ZWS	Zeitschrift für Wirtschafts- und Sozialgeschichte

INNERSTÄDTISCHE DIFFERENZIERUNG UND PROZESSE IM 19. UND 20. JAHRHUNDERT

Zum Thema und Inhalt dieses Bandes

von Heinz Heineberg

Das hier vorgelegte Buch widmet sich innerstädtischen Entwicklungsprozessen, die auf fünf thematische Schwerpunktbereiche bezogen sind:

1) Entwicklung der Wohnverhältnisse und ihrer sozialen Probleme,
2) Sozialtopographische und sozialräumliche Veränderungen,
3) Standortentwicklung und Differenzierung tertiärer und quartärer Funktionen,
4) Industrielle Standortveränderungen in großstädtischen Räumen sowie
5) Stadtumbau und Stadterhaltung.

Die thematische Auswahl ergab sich zum einen aus den Arbeitsgebieten „Die Stadt als baulicher Körper" und „Zentralität, Stadtfunktionen und Sozialstruktur" des Sonderforschungsbereichs 164, denen die Hauptthemen 1) bis 3) entsprechen, zum anderen aus der Vielschichtigkeit der neuzeitlichen Urbanisierungs- und insbesondere Stadtentwicklungsprozesse[1], die in ihrer gesamten Breite nicht einmal durch die diesbezüglichen zahlreichen Einzelprojekte des Sonderforschungsbereichs abgedeckt werden können. Da insbesondere hinsichtlich der Zusammenhänge zwischen Urbanisierung bzw. Verstädterung und Stadtentwicklung einerseits sowie Industrialisierung, Stadtumbau und Stadterneuerung andererseits nicht nur „Projektlücken" innerhalb des Sonderforschungsbereichs, sondern auch noch erhebliche allgemeine Forschungsdefizite bestehen, wurden die ergänzenden Hauptthemen 4) und 5) in das Tagungsprogramm noch zusätzlich aufgenommen.

Stadtentwicklungen und innerstädtische Prozesse sind generell mit einer Vielzahl struktureller oder funktionaler Veränderungen innerhalb der jeweiligen Stadt, d.h. mit Wandlungen ihrer inneren Differenzierung verknüpft. Um diesen Zusammenhang stärker anzudeuten, wurde der Titel dieses Sammelbandes gegenüber der ursprünglichen Bezeichnung der Tagung von 1984 erweitert:

---

[1] Vgl. dazu u.a. die Einführungsbeiträge von Hans Jürgen Teuteberg und Heinz Heineberg im Band 16 dieser Schriftenreihe: H.J. TEUTEBERG, Historische Aspekte der Urbanisierung: Forschungsstand und Probleme, in: DERS. (Hg.), Urbanisierung im 19. und 20. Jahrhundert. Historische und geographische Aspekte (StF A 16), Köln/Wien 1983, S. 2-34, und H. HEINEBERG, Geographische Aspekte der Urbanisierung: Forschungsstand und Probleme, in: ebd., S. 35-63.

„Innerstädtische Differenzierung und Prozesse im 19. und 20. Jahrhundert".
Der Betrachtungszeitraum des 19. und 20. Jahrhunderts umfaßt diejenige Phase der Verstädterung und Stadtentwicklung, in der in den entwickelten Industriestaaten die wohl bislang durchgreifendsten Veränderungen in der strukturellen und funktionalen innerstädtischen Differenzierung erfolgten. Ursachen und Erscheinungsformen [2] dieser Wandlungsprozesse waren unter anderem:

— das explosionsartige städtische Bevölkerungswachstum (demographische Verstädterung) [3];
— die damit in engem Zusammenhang stehende arealmäßig-bauliche Expansion städtischer Siedlungsformen bei häufig gleichzeitiger Umstrukturierung und Erneuerung bestehender Städte, d.h. die sogenannte physiognomische Verstädterung mit ihren unterschiedlichsten Stadterweiterungsphänomenen [4], Zersiedlungserscheinungen oder etwa auch den neueren Suburbanisierungsmerkmalen [5], die sich in der Entstehung größerer Verdichtungsräume oder

---

[2] Zu den im folgenden genannten verschiedenen Dimensionen der Verstädterung (oder synonym: der Urbanisierung) vgl. im einzelnen HEINEBERG, wie Anm. 1, oder DERS., Stadtgeographie (Grundriß Allgemeine Geographie X), Paderborn 1986, S. 4ff. E. Lichtenberger hat für den Verstädterungsprozeß in Europa drei grundlegende Verstädterungstypen unterschieden, die mit drei Landnutzungsmodellen in Zusammenhang gebracht wurden. Vgl. E. LICHTENBERGER, Stadtgeographie, Bd. 1: Begriffe, Konzepte, Modelle, Prozesse (Teubner Studienbücher Geographie), Stuttgart 1986, S. 71ff. Sozialgeschichtliche und -statistische Aspekte der Verstädterung wurden zusammenfassend dargestellt von B. SCHÄFERS, Phasen der Stadtbildung und Verstädterung. Ein sozialgeschichtlicher und sozialstatistischer Überblick unter besonderer Berücksichtigung Mitteleuropas, in: ZSSD 4 (1977), S. 243-268.

[3] Zum Wachstum der Stadtbevölkerung (demographischer Prozeß) in der Urbanisierungsphase seit dem 19. Jahrhundert vgl. J. BÄHR, Bevölkerungsgeographie (Uni-Taschenbücher 1249), Stuttgart 1983, S. 74ff., 89ff., 351f.; W. KULS, Bevölkerungsgeographie. Eine Einführung (Teubner Studienbücher Geographie), Stuttgart 1980; P. SCHÖLLER, Einige Erfahrungen aus der Sicht weltweiter Urbanisierungsforschung, in: TEUTEBERG, wie Anm. 1, S. 591-600, oder etwa die stadt- und sozialgeschichtlichen Regionalstudien von H. MATZERATH, Grundstrukturen städtischer Bevölkerungsentwicklung in Mitteleuropa im 19. Jahrhundert, in: W. RAUSCH (Hg.), Die Städte Mitteleuropas im 19. Jahrhundert (Beiträge zur Geschichte der Städte Mitteleuropas 7), Linz 1983, S. 25-46, und H.A. DIEDERIKS, Verstädterung in den Niederlanden 1795-1970, in: H. MATZERATH (Hg.), Städtewachstum und innerstädtische Strukturveränderungen. Probleme des Urbanisierungsprozesses im 19. und 20. Jahrhundert (Geschichte und Theorie der Politik A 8), Stuttgart 1984, S. 29-43 (im folgenden zitiert: MATZERATH, Städtewachstum), sowie DERS., Urbanisierung in Preußen 1815—1914 (Schriften des Deutschen Instituts für Urbanistik 72), Stuttgart/Berlin/Köln/Mainz 1985.

[4] Für das 19. Jahrhundert vgl. die zusammenfassende Darstellung von R. HARTOG, Stadterweiterungen im 19. Jahrhundert (Schriftenreihe des Vereins zur Pflege kommunalwissenschaftlicher Aufgaben Berlin 6), Stuttgart 1962, sowie TH. RÖNNEBECK, Stadterweiterungen und Verkehr im 19. Jahrhundert (Schriftenreihe der Institute für Städtebau der technischen Hochschulen und Universitäten 5), Stuttgart/Bern 1971, und den folgenden Beitrag, in dem die zu diesem Thema erschienene umfangreiche neuere Literatur berücksichtigt wurde: CH. ENGELI, Stadterweiterungen in Deutschland im 19. Jahrhundert, in: W. RAUSCH, wie Anm. 3, S. 47-72.

[5] Vgl. zu diesem Aspekt J. FRIEDRICHS, Stadtanalyse. Soziale und räumliche Organisation der Gesellschaft, 3. Aufl., Opladen 1983, S. 168ff., sowie die beiden Sammelbände: Beiträge zum Problem der Suburbanisierung (1. Teil) (VAKRaumfLdplan, Forschungs- und Sitzungsberichte 102), Hannover 1975, darin insbesondere: J. FRIEDRICHS/H.-G. V. ROHR, Ein Konzept der

Stadtregionen zeigt; Teilaspekte der physiognomischen Verstädterung sind etwa auch die Prozesse der Stadtsanierung oder der jüngeren erhaltenden Stadterneuerung [6];
— die stark zugenommene Adaption und räumliche Ausbreitung städtischer Lebens-, Wirtschafts- und Verhaltensformen, häufig vereinfachend als soziale Verstädterung, als Bedeutungszuwachs städtischer Lebensformen [7] oder als Urbanität [8] umschrieben;
— die erheblich angestiegene räumliche (oder geographische) und vertikale (soziale) Mobilität [9] der Bevölkerung, die sich nicht nur bedeutend auf räumliche Umverteilungen (z.B. durch innerstädtische Wanderungen [10]),

---

Suburbanisierung, S. 25-37, und: Beiträge zum Problem der Suburbanisierung (2. Teil). Ziele und Instrumente der Planung im suburbanen Raum (VAKRaumfLdplan, Forschungs- und Sitzungsberichte 125), Hannover 1978; vgl. auch den jüngst erschienenen geographischen Sammelband mit internationaler Beteiligung, in dem zahlreiche Einzelaspekte des Suburbanisierungsprozesses berücksichtigt sind: G. HEINRITZ/E. LICHTENBERGER (Hgg.), The Take-off of Suburbia and the Crisis of the Central City. Proceedings of the International Symposium in Munich and Vienna 1984 (Erdkundliches Wissen 76), Stuttgart 1986.

[6] Die Stadtgeographie hat sich im vergangenen Jahrzehnt in zunehmendem Maße auch an der Grundlagenforschung zur Stadtsanierung oder -erneuerung beteiligt, wobei insbesondere Untersuchungsaspekte und Methoden der morphogenetischen Stadtgeographie (Stadtmorphologie), aber etwa auch der neueren sozialgeographischen Stadtforschung berücksichtigt und weiter verfeinert wurden. Vgl. stellvertretend W.R. HEINZ/K. HERMES/P. HÖHMANN/H. KILGERT/P. SCHÖBER/W. TAUBMANN, Altstadterneuerung Regensburg. Vorbereitende Untersuchung im Sanierungsgebiet I. Sozialbericht (Teil 1) (RegGeogrSchr 6), Regensburg 1975, und J. LAFRENZ, Die Stellung der Innenstadt im Flächennutzungsgefüge des Agglomerationsraumes Lübeck. Grundlagenforschung zur erhaltenden Stadterneuerung (HambGeogrStud 33), Hamburg 1977. Zu wichtigen Einzelaspekten einer ökologisch orientierten städtebaulichen Entwicklung und Stadterneuerung vgl. die Sammelbände: W. STRUBELT (Hg.), Stadt und Umwelt. Umweltstrategien im Städtebau. Papiere des gleichnamigen Forschungskolloquiums am 25./26. Oktober 1984 in Bonn (Bundesforschungsanstalt für Landeskunde und Raumordnung. Seminare—Symposien—Arbeitspapiere 19), Bonn 1985, sowie DERS., Ökologisch orientierte Stadterneuerung, in: Informationen zur Raumentwicklung H. 1/2 (1986).

[7] Vgl. die grundlegende Arbeit von H.J. BUCHHOLZ, Formen städtischen Lebens im Ruhrgebiet, untersucht an sechs stadtgeographischen Beispielen (BochGeogrArb 8), Paderborn 1970.

[8] Die Gesamtheit aller Faktoren, die städtische Lebens-, Wirtschafts- und Verhaltensweisen ausmachen, bzw. der Zustand hoher Intensität städtischer Lebensformen wurde von den Sozialgeographen der sog. Münchener Schule mit Urbanität schlechthin bezeichnet (im Gegensatz zur Ruralität), vgl. J. MAIER/R. PAESLER/K. RUPPERT/F. SCHAFFER, Sozialgeographie (Das Geographische Seminar), Braunschweig 1977, S. 102.

[9] Zur räumlichen Mobilität vgl. als zusammenfassende, umfangreiche Darstellungen: G. ALBRECHT, Soziologie der geographischen Mobilität. Zugleich ein Beitrag zur Soziologie des sozialen Wandels, Stuttgart 1972, sowie P. WEBER, Geographische Mobilitätsforschung (EdF 179), Darmstadt 1982.

[10] Vgl. die folgenden neueren Arbeiten und Fallstudien zur innerstädtischen Wanderung aus der Geographie und Geschichte: H. BÖHM/F.J. KEMPER/W. KULS, Studien über Wanderungsvorgänge im innerstädtischen Bereich am Beispiel von Bonn (Arbeiten zur Rheinischen Landeskunde 39), Bonn 1975; G. BRAUN/H. MÜLLER, Analyse innerstädtischer Wanderungen. Theorien und Methoden der Sozial- und Faktorialökologie, in: E. ELSNER (Hg.): Demographische Planungsinformationen. Theorie und Technik, Berlin 1978, S. 239-277; D. HÖLLHUBER, Wahrnehmungswissenschaftliche Konzepte in der Erforschung innerstädtischen Umzugsverhaltens (Karlsruher Manuskripte zur Mathematischen und Theoretischen Wirtschafts- und Sozialgeographie 19), Karlsruhe 1976; D. LANGEWIESCHE, Wanderungsbewegungen in der

Segregationsmuster und sozialräumliche Differenzierungen [11] etc. der städtischen Bewohner, sondern auch auf unterschiedlichste Standortveränderungen städtischer Nutzungen sowie auf die funktions- und aktionsräumlichen Verflechtungen [12] innerhalb der Stadt ausgewirkt haben;

Hochindustrialisierung. Regionale, interstädtische und innerstädtische Mobilität in Deutschland 1880-1914, in: VSWG 64 (1977), S. 1-40; R. LAWTON, Mobility in Nineteenth Century British Cities, in: GeogrJourn 145 (1979), S. 206-224; W. MIODEK, Innerstädtische Umzüge und Stadtentwicklung in Mannheim 1977-1983. Ein verhaltensbezogener Analyseansatz des Wohnstandortverhaltens mobiler Haushalte (MannhGeogrArb 19), Mannheim 1986; J. NIPPER, Zum intraurbanen Umzugsverhalten älterer Menschen, in: GZ 66 (1978), S. 289-311; H. POPP, Die Altstadt von Erlangen. Bevölkerungs- und sozialgeographische Wandlungen eines zentralen Wohngebietes unter dem Einfluß gruppenspezifischer Wanderungen, Erlangen 1976 (zugleich in: MittFrkGeogrGes 21/22 (1974/1975), S. 29-142); F. SCHAFFER, Tendenzen städtischer Wanderungen, in: MittGeogrGesMünch 57 (1972), S. 127-158; J.R. SHORT, The Intra-Urban Migration Process: Comments and Empirical Findings, in: TESG 68 (1977), S. 362-370; W.D. SICK, Die innerstädtische Mobilität in Freiburg/Breisgau, in: C. BORCHERDT/R. GROTZ (Hgg.): Festschrift für Wolfgang Meckelein (StuttGeogrStud 93), Stuttgart 1979, S. 257-266, sowie BÄHR, wie Anm. 3, S. 358ff., dort weitere Literaturhinweise (auch zu innerstädtischen Wanderungen in außereuropäischen Kulturräumen) auf S. 410-412; vgl. auch den Beitrag von D. DENECKE in diesem Band.

[11] Zur Sozialsegregation und sozialräumlichen Gliederung vgl. u.a. die methodisch wichtigen Arbeiten von P. BRATZEL, Sozialräumliche Organisation in einem komplexen Faktorensystem. Dargestellt am Beispiel der Sozial- und Wirtschaftsraumstruktur von Karlsruhe (Karlsruher Manuskripte zur Mathematischen und Theoretischen Wirtschafts- und Sozialgeographie 53), Karlsruhe 1981; H.-D. VON FRIELING, Räumlich soziale Segregation in Göttingen — zur Kritik der Sozialökologie (Urbs et Regio 19/20), 2 Bde., Kassel 1980; J. GÜSSEFELDT, Die gegenseitige Abhängigkeit innerurbaner Strukturmuster und Rollen der Städte im Städtesystem. Das Beispiel der sozialräumlichen Organisation innerhalb irischer Städte (FreibGeogrH 22), Freiburg i.Br. 1983; B. HAMM, Die Organisation der städtischen Umwelt. Ein Beitrag zur sozialökologischen Theorie der Stadt (Soziologie in der Schweiz 6), Frauenfeld/Stuttgart 1977 (im folgenden zitiert: HAMM, Organisation); DERS., Einführung in die Siedlungssoziologie, München 1982; U. HERLYN (Hg.), Stadt und Sozialstruktur. Arbeiten zur sozialen Segregation, Ghettobildung und Stadtplanung (Nymphenburger Texte zur Wissenschaft 19), München 1974; L. HOLZNER, Sozialsegregation und Wohnviertelsbildung in amerikanischen Städten: dargestellt am Beispiel Milwaukee, Wisconsin, in: G. BRAUN (Hg.), Räumliche und zeitliche Bewegungen. Methodische und regionale Beiträge zur Erfassung komplexer Räume (WürzGeogrArb 37), Würzburg 1972, S. 153-182; R. KRETH, Sozialräumliche Gliederung von Mainz, in: GR 29 (1977), S. 142-149; M. MANHART, Die Abgrenzung homogener städtischer Teilgebiete. Eine Clusteranalyse der Baublöcke Hamburgs (Beiträge zur Stadtforschung 3), Hamburg 1977; J.V. O'LOUGHLIN/G. GLEBE, Faktorökologie der Stadt Düsseldorf. Ein Beitrag zur urbanen Sozialraumanalyse (Düss GeogrSchr 16), Düsseldorf 1980; B.T. ROBSON, Urban Analysis. A Study of City Structure with Special Reference to Sunderland, Cambridge 1969; H.J. SCHWIPPE/CH. ZEIDLER, Die Dimensionen der sozialräumlichen Differenzierung in Berlin und Hamburg im Industrialisierungsprozeß des 19. Jahrhunderts, in: MATZERATH, Städtewachstum, wie Anm. 3, S. 197-260; G.A. THEODORSON (Hg.), Urban Patterns. Studies in Human Ecology, University Park/London 1982; U. WOLFRAM, Räumlich-strukturelle Analyse des Mietpreisgefüges in Hamburg als quantitativer Indikator für den Wohnlagewert (MittGeogrGesHamb 66), Hamburg 1976; zur sozialen Segregation vgl. auch die Beiträge von H.J. SCHWIPPE und C. WISCHERMANN in diesem Band.

[12] Während unter funktionsräumlichen Verflechtungen oder auch funktionsräumlichen Stadtgliederungen in der Stadtgeographie heute meist die unterschiedlichen distanziellen Beziehungen oder räumlichen Abrenzungen einzelner Funktions- oder Kommunikationsbereiche (z.B. Einzugsbereiche lokaler Geschäftszentren, Schuleinzugsbereiche, Verwaltungsbezirke innerhalb von Großstädten) verstanden werden, beinhalten aktionsräumliche Stadtgliederungen diejenigen

— die funktionale Verstädterung, die verschiedenste Teilaspekte wie das Städtewachstum bzw. das Entstehen städtischer Agglomerationen und „industrieller Ballungen" unter dem Einfluß der Industrialisierung (industrielle Verstädterung)[13] oder auch die Abhängigkeit großstädtischer Entwicklung und Verdichtung von der Entfaltung des tertiären Sektors umfaßt, d.h. die tertiäre oder tertiärwirtschaftliche Verstädterung, innerstädtische Zentrenentwicklung[14], Entstehung neuer, großflächiger Einzelhandelsverkaufsfor-

---

Raumeinheiten (Aktionsräume), die Standorte aller „funktionierenden Stätten" umfassen, die der Mensch zur Ausübung seiner Daseinsgrundfunktionen (Wohnen, Arbeiten, Sich-Versorgen, Sich-Bilden, Sich-Erholen, in Gemeinschaften leben) aufsucht. Zum Problem funktionsräumlicher innerstädtischer Gliederung am Beispiel kommerzieller Einzugsgebiete (Einzelhandel) vgl. den methodisch orientierten Beitrag von W. MESCHEDE, Grenzen, Größenordnung und Intensitätsgefälle kommerziell-zentraler Einzugsgebiete, in: Erdkunde 25 (1971), S. 264-278. Vgl. zu den letztgenannten Aspekten der aktionsräumlichen Gliederung den allgemeinen Beitrag von H. DÜRR, Empirische Untersuchungen zum Problem der sozialen Gruppe: der aktionsräumliche Aspekt, in: Deutscher Geographentag in Erlangen 1971. Ergebnisse der Arbeitssitzung 3 (Münchener Studien zur Sozial- und Wirtschaftsgeographie 8), Kallmünz/Regensburg 1972, S. 71-81, sowie die grundlegende Arbeit von D. KLINGBEIL, Aktionsräume im Verdichtungsraum (MünchGeogrH 41), Kallmünz/Regensburg 1978. Neuere geographische Untersuchungen galten auch einer speziellen verhaltensorientierten aktionsräumlichen Einheit, dem Wohnumfeld; vgl. dazu die Untersuchungen von W. POSCHWATTA, Wohnen in der Innenstadt. Strukturen, neue Entwicklungen, Verhaltensweisen dargestellt am Beispiel der Stadt Augsburg (Augsburger Sozialgeographische Hefte 1), Augsburg 1977, und DERS., Verhaltensorientierte Wohnumfelder. Versuch einer Typisierung am Beispiel der Augsburger Innenstadt, in: GR 30 (1978), S. 198-205.

[13] Vgl. z.B. die Einführung in das Städtewachstum in der Frühindustrialisierung in: J. REULECKE, Geschichte der Urbanisierung in Deutschland (edition Suhrkamp NF 249), Frankfurt a.M. 1985, S. 40ff., den Beitrag von J. REULECKE in diesem Band sowie H. JÄGER (Hg.), Probleme des Städtewesens im industriellen Zeitalter (StF A 5), Köln/Wien 1978, darin u.a. die Beiträge von M.R.G. CONZEN, Zur Morphologie der englischen Stadt im Industriezeitalter, S. 1-48, P. SCHÖLLER, Grundsätze der Städtebildung in Industriegebieten, S. 99-107, M. HOMMEL, Entwicklung und Integration junger Industriestädte im nördlichen Ruhrgebiet, S. 108-133, H. STOOB, Zur Städtebildung in Mitteleuropa im industriellen Zeitalter, S. 316-341. Zum Städtewachstum in Großbritannien und zu den Problemen der heutigen Stadterneuerung in den altindustriellen Verdichtungsräumen vgl. neben dem Beitrag von M. TREVOR WILD in diesem Band auch I. LEISTER, Wachstum und Erneuerung britischer Industriegroßstädte (Schriften der Kommission für Raumforschung der Österreichischen Akademie der Wissenschaften 2), Wien/Köln/Graz 1970, und H. HEINEBERG, Großbritannien, Stuttgart 1983. Für den Zusammenhang zwischen Industrialisierung und der Entwicklung der kommunalen Leistungsverwaltung vgl. W.R. KRABBE, Kommunalpolitik und Industrialisierung. Die Entfaltung der städtischen Leistungsverwaltung im 19. und frühen 20. Jahrhundert (Schriften des Deutschen Instituts für Urbanistik 74), Stuttgart/Berlin/Köln/Mainz 1985.

[14] Zu den wenigen gründlichen empirischen Arbeiten, die sich wichtigen Aspekten der innerstädtischen Zentrenentwicklung und -ausstattung, aber etwa auch der Analyse des Funktionswandels einzelner (Haupt-)Geschäftsstraßen widmen, zählen
- die Citystudien von E. Lichtenberger über Wien, insbesondere E. LICHTENBERGER, Die Wiener City. Bauplan und jüngste Entwicklungstendenzen, in: MittGeogrGesWien 114 (1972), S. 42-85, und DIES., Die Wiener Altstadt. Von der mittelalterlichen Bürgerstadt zur City, Wien 1977;
- die vergleichenden Untersuchungen zur Zentrenausstattung und deren jüngeren Entwicklungstendenzen im geteilten Berlin: H. HEINEBERG, Zentren in West- und Ost-Berlin. Untersuchungen zum Problem der Erfassung und Bewertung großstädtischer funktionaler Zentrenausstattungen in beiden Wirtschafts- und Gesellschaftssystemen Deutschlands (Bochum GeogrArb, Sonderreihe 9), Paderborn 1977, und DERS., Jüngere Wandlungen in der Zentrenausstattung Berlins im West-Ost-Vergleich, in: B. HOFMEISTER u.a. (Hgg.), Berlin. Beiträge

men [15] oder etwa moderner Bürozentren [16] in häufig dezentraler Lage etc.;
— die bedeutenden technischen Innovationen, die sich revolutionierend auf die Entwicklung des Städtebaus und der städtischen Infrastruktur (z.B. innerstädtische Schnellstraßen) ausgewirkt haben.

Die Stadtgeographie hat sich schon früh mit Aspekten der inneren Differenzierung und intraurbanen Wandlungsprozessen beschäftigt. Gehörten anfangs noch die Erklärung der Lage der Städte sowie deren Grundriß- und z.T. auch Aufrißgestaltung, die seit Ende des 19. Jahrhunderts zur Ausprägung einer morphogenetischen Forschungsrichtung (Stadtmorphologie) führte, zu den wichtigsten Aufgaben und lohnendsten Zielen der Stadtgeographie [17], so wurden bereits ab den 20er und 30er Jahren dieses Jahrhunderts — beeinflußt von der

---

zur Geographie eines Großstadtraumes, FS zum 45. Deutschen Geographentag in Berlin vom 30.9.1985 bis 2.10.1985, Berlin 1985, S. 415-461;
- der Sammelband von H.-G. WAGNER (Hg.), Städtische Straßen als Wirtschaftsräume. Dokumentation zum Funktionswandel Würzburger Geschäftsstraßen (Würzburger Universitätsschriften zur Regionalforschung 2), Würzburg 1980.

[15] Vgl. zu diesem Aspekt den Sammelband von H. HEINEBERG (Hg.), Einkaufszentren in Deutschland. Entwicklung, Forschungsstand und -probleme mit einer annotierten Auswahlbibliographie (MGA 5), Paderborn 1980, darin insbesondere den übergreifenden Einführungsbeitrag von A. MAYR, Entwicklung, Bedeutung und planungsrechtliche Problematik der Shopping-Center in der Bundesrepublik Deutschland, S. 9-46, und die umfassende Bibliographie von B. BUTZIN/H. HEINEBERG/A. MAYR unter Mitarbeit von M. GREWE/W. MESCHEDE, Einzelhandel und Einkaufszentren im deutschsprachigen Raum. Eine annotierte Auswahlbibliographie, S. 129-165, sowie als Beispiele neuerer Untersuchungen: H. BRANDENBURG, Standorte von Shopping-Centern und Verbrauchermärkten im Kölner Raum — Entwicklung und Auswirkungen auf das Einzelhandelsgefüge (Kölner Forschungen zur Wirtschafts- und Sozialgeographie 32), Köln 1985; U. HATZFELD, Auswirkungen von Verbraucher- und Fachmärkten auf kommunale Belange, Dortmund 1986; H. HEINEBERG/A. MAYR, Shopping-Center im Zentrensystem des Ruhrgebietes, in: Erdkunde 38 (1984), S. 98-114, und DIES., Neue Einkaufszentren im Ruhrgebiet. Vergleichende Analysen der Planung, Ausstattung und Inanspruchnahme der 21 größten Shopping-Center (MGA 24), Paderborn 1986; G. HEINRITZ, Weißenburg in Bayern als Einkaufsstadt. Zur zentralörtlichen Bedeutung des Einzelhandels in der Altstadt und der außerhalb der Altstadt gelegenen Verbrauchermärkte, München 1978; J.T. SÖLLNER, Neue Verbrauchermärkte und ihre Folgen, eine empirische Untersuchung des Strukturwandels im Einzelhandel in fünf bayerischen Mittelstädten (Nürnberger Wirtschafts- und Sozialgeographische Arbeiten 36), Nürnberg 1984.

[16] Vgl. als eine der wenigen neueren deutschsprachigen Arbeiten zu diesem Aspekt: P. DACH, Struktur und Entwicklung von peripheren Zentren des tertiären Sektors, dargestellt am Beispiel Düsseldorf (DüssGeogrSchr 13), Düsseldorf 1980, sowie als Grundsatzbeitrag zur Bürostandortforschung: H. HEINEBERG/G. HEINRITZ, Konzepte und Defizite der empirischen Bürostandortforschung in der Geographie, in: H. HEINEBERG/G. HEINRITZ/G. GAD/N. DE LANGE/J. HARTWIEG, Beiträge zur empirischen Bürostandortforschung (MünchGeogrH 50), Kallmünz/Regensburg 1983, S. 9-28. Vgl. die jüngere empirische Untersuchung von H. HEINEBERG/F. STELTEMEIER, Standortdezentralisierung von Bürobetrieben und Weiterbildungseinrichtungen im Oberzentrum Münster. Ein Vergleich der Entwicklung im neuen „Bürozentrum Nord" mit der Dynamik im „Südwestsektor", in: A. MAYR/K. TEMLITZ (Hgg.), Erträge geographisch-landeskundlicher Forschung in Westfalen. FS 50 Jahre Geographische Kommission für Westfalen (Westfälische Geographische Studien 42), Münster 1986 (im Druck).

[17] Vgl. den Forschungsbericht von H. DÖRRIES, Der gegenwärtige Stand der Stadtgeographie, in: PM, Erg.-H. 209 (1930), S. 310-325.

skandinavischen Stadtgeographie [18] — funktionale Raumeinheiten innerhalb der Städte (z.B. Geschäftszentren, Wohnviertel) und deren zeitliche Veränderungen untersucht. Diese funktionale Richtung (funktionale Stadtgeographie) wurde seit der bahnbrechenden Arbeit von W. Christaller (1933) [19] durch Untersuchungen der Stadt-Land-Beziehungen ergänzt, die allerdings erst in der Zeit nach dem II. Weltkrieg mit der Entfaltung der modernen geographischen, inzwischen sogar interdisziplinären Zentralitätsforschung größere Bedeutung erlangte [20].

Die Analyse der inneren Differenzierung und ihrer Wandlungen im Rahmen der geographischen Stadtforschung wurde in der Nachkriegszeit, insbesondere seit Ende der 60er Jahre, thematisch durch die stärkere Berücksichtigung sozialer Strukturen und Prozesse erheblich erweitert. Vor allem waren es die Arbeiten von H. Bobek [21] und der sogenannten Münchener Schule der Sozialgeographie [22], die auch zur Herausbildung einer sozialgeographischen Stadtforschung geführt haben, die sich der räumlichen Analyse der Daseinsgrundfunktionen in städtischen Siedlungen widmet. Die Forschungen dieses Ansatzes gelten den folgenden Funktionen: „Wohnen und in Gemeinschaften leben" mit Untersuchungen etwa zur Mobilität in Großwohngebieten [23], „Arbeiten" mit Analysen zum Berufspendelverkehr [24] etc., „Sich-Versorgen" mit Beiträgen z.B. zum sozial- und altersgruppenspezifischen Einkaufsverhalten [25], „Sich-Bilden" mit der Untersuchung z.B. der schichtenspezifischen Beteiligung

---

[18] Vgl. den an Dörries, wie Anm. 17, anknüpfenden Forschungsbericht von P. Schöller, Aufgaben und Probleme der Stadtgeographie, in: Erdkunde 7 (1953), S. 161-184, sowie auch Ders. (Hg.), Allgemeine Stadtgeographie (WdF 181), Darmstadt 1969.

[19] W. Christaller, Die zentralen Orte in Süddeutschland. Eine ökonomisch-geographische Untersuchung über die Gesetzmäßigkeit der Verbreitung und Entwicklung der Siedlungen mit städtischen Funktionen, Jena 1933 (Nachdr. Darmstadt 1968).

[20] Vgl. stellvertretend für die sehr umfangreiche Literatur den Sammelband von P. Schöller (Hg.), Zentralitätsforschung (WdF 301), Darmstadt 1972, sowie die bisher einzige deutschsprachige Lehrbuchdarstellung zur Zentralitätsforschung von G. Heinritz, Zentralität und zentrale Orte. Eine Einführung (Teubner Studienbücher Geographie), Stuttgart 1979.

[21] H. Bobek, Stellung und Bedeutung der Sozialgeographie, in: Erdkunde 2 (1948), S. 118-125.

[22] Vgl. u.a. K. Ruppert/F. Schaffer, Zur Konzeption der Sozialgeograhie, in: GR 21 (1969), S. 205-214; dies., Sozialgeographische Aspekte urbanisierter Lebensformen (VAKRaumfLdplan, Abhandlungen 68), Hannover 1973, sowie die Lehrbuchdarstellung: Maier/Paesler/Ruppert/Schaffer, wie Anm. 8.

[23] Vgl. z.B. die frühe Untersuchung aus der „Münchener Schule" von F. Schaffer, Untersuchungen zur sozialgeographischen Situation und regionalen Mobilität in neuen Großwohngebieten am Beispiel Ulm-Eselsberg (MünchGeogrH 32), Kallmünz/Regensburg 1968.

[24] Vgl. z.B. D. Klingbeil, Zur sozialgeographischen Theorie und Erfassung des täglichen Berufspendelns, in: GZ 57 (1969), S. 108-131, oder D. Uthoff, Der Pendelverkehr im Raum Hildesheim. Eine genetische Untersuchung zu seiner Raumwirksamkeit (Göttinger Geographische Abhandlungen 39), Göttingen 1967.

[25] Vgl. z.B. M. Hommel, Zentrenausrichtung in mehrkernigen Verdichtungsräumen an Beispielen aus dem rheinisch-westfälischen Industriegebiet (BochGeogrArb 17), Paderborn 1974, oder G. Meyer, Junge Wandlungen im Erlanger Geschäftsviertel. Ein Beitrag zur sozialgeographischen Stadtforschung unter besonderer Berücksichtigung des Einkaufsverhaltens der Erlanger Bevölkerung (ErlGeogrArb 39), Erlangen 1978.

am Hochschulbesuch oder der Beziehungen zwischen Universitäts- und Stadtentwicklung [26] sowie „Sich-Erholen" z.B. mit Analysen des innerstädtischen Freizeitverhaltens [27].

Seit den 70er Jahren ist die Stadtgeographie wie die Sozialgeographie auch stärker verhaltenswissenschaftich ausgerichtet. Die verhaltensorientierte Stadtgeographie beschäftigt sich insbesondere mit den verhaltensgesteuerten Aktivitäten und der Wahrnehmung (inner)städtischer Strukturen durch Individuen, soziale Gruppen etc. und deren Auswirkungen auf das raumrelevante Verhalten (z.B. innerstädtisches Einkaufs-, Wohn-, Freizeit- oder Wanderungsverhalten) [28]. Hinzu kommt, daß die jüngere Stadtgeographie — ebenfalls beeinflußt durch die Geographie im angelsächsischen Raum — in verstärktem Maße quantitativ und theoretisch orientiert ist (quantitative und theoretische Stadtgeographie). Die Anwendung geostatistischer Methoden [29], die EDV-Realisierung und die Überprüfung bestehender Teiltheorien und Modelle der Stadtentwicklung sowie deren Weiterentwicklung sind heute zur Selbstverständlichkeit geworden.

Seit etwa 1970 hat sich schließlich auch die angewandte Stadtgeographie als eine stärker planungsbezogene Arbeitsrichtung entwickelt. Planungsorientierte Untersuchungen zur Stadterneuerung [30] gehören heute ebenso zum Aufgabenfeld der Stadtgeographie wie etwa Analysen zur Verkehrsberuhigung in Wohngebieten (im Rahmen der Wohnumfeldverbesserung) oder zur Zentrenplanung [31].

---

[26] Vgl. den Literaturbericht von A. MAYR, Standort und Einzugsbereich von Hochschulen. Allgemeine Forschungsergebnisse unter besonderer Berücksichtigung der Untersuchungen in der Bundesrepublik Deutschland, in: BerrDtLdkd 44 (1970), S. 83-110, und DERS., Universität und Stadt. Ein stadt-, wirtschafts- und sozialgeographischer Vergleich alter und neuer Hochschulstandorte in der Bundesrepublik Deutschland (MGA 1), Münster 1979.

[27] Vgl. z.B. E. KERSTIENS-KOEBERLE, Freizeitverhalten im Wohnumfeld — innerstädtische Fallstudien: Beispiel München (Münchener Studien zur Sozial- und Wirtschaftsgeographie 19), Kallmünz/Regensburg 1979; W. KUHN, Geschäftsstraßen als Freizeitraum. Synchrone und dischrone Überlagerung von Versorgungs- und Freizeitfunktion, dargestellt an Beispielen aus Nürnberg (MünchGeogrH 42), Kallmünz/Regensburg 1979; R. MONHEIM, Die Stadt als Fremdenverkehrs- und Freizeitraum, in: Freizeitverhalten in verschiedenen Raumkategorien (Materialien zur Fremdenverkehrsgeographie 3), Trier 1979, S. 7-43, oder P. SCHNELL, Naherholungsraum und Naherholungsverhalten untersucht am Beispiel der Solitärstadt Münster, in: Spieker 25 (1977), S. 179-217.

[28] Vgl. z.B. die diesbezüglichen Arbeiten von D. HÖLLHUBER, Die Mental Maps von Karlsruhe. Wohnstandortpräferenzen und Standortcharakteristika (Karlsruher Manuskripte zur Mathematischen und Theoretischen Wirtschafts- und Sozialgeographie 11), Karlsruhe 1975; DERS., wie Anm. 10, oder H. DEMMLER-MOSETTER, Wahrnehmung in Wohngebieten. Aktionsräumliche Erlebnisbereiche und ihre Bedeutung für die bürgernahe Bewertung von Wohngebieten in der Großstadt (Beiträge zur Angewandten Sozialgeographie 3), Augsburg 1982.

[29] Vgl. etwa den Beitrag von H. HEINEBERG in diesem Band.

[30] Vgl. z.B. HEINZ u.a., wie Anm. 6, und LAFRENZ, wie Anm. 6.

[31] Vgl. z.B. T. GROHE/R. TIGGEMANN, Ökologische Planung und Stadterneuerung. Dargestellt am Beispiel von Maßnahmen zur Wohnumfeldverbesserung in Bochum, in: GR 37 (1985), S. 234-239; F. KOCH, Stadtteilzentren in Theorie und kommunaler Planungspraxis. Wirtschafts- und sozialgeographische Untersuchungen am Beispiel der Stadt Augsburg mit Empfehlungen für

In der deutschen Geschichtswissenschaft ist abgesehen von einer Reihe älterer, spezieller wirtschafts- und sozialwissenschaftlicher Einzelstudien „erstmals seit den 60er Jahren ein intensives Bemühen um den Prozeß der modernen Stadtentwicklung spürbar"[32]. Nach H. Matzerath wurde diese Entwicklung eingeleitet durch die sozial- und wirtschaftsgeschichtlichen Untersuchungen von Helmuth Croon/Karl Utermann, Wolfgang Köllmann, Hans Mauersberg und Ingrid Thienel[33]. Über die Entwicklung der stadtgeschichtlichen Forschung im deutsch- und auch englischsprachigen Raum, bezogen auf die Urbanisierungsphase des 19. und 20. Jahrhunderts einschließlich der wichtigsten Forschungsansätze und -probleme sowie der Hauptfragestellungen, hat in dem einleitend genannten Sammelband „Urbanisierungsforschung im 19. und 20. Jahrhundert. Historische und geographische Aspekte" der Herausgeber Hans Jürgen Teuteberg ausführlich und bibliographisch sehr umfassend berichtet[34]. Daher kann im Rahmen dieser Einleitung auf eine eingehendere Darstellung der einzelnen Aspekte der geschichtlichen Erforschung der „modernen Stadt" verzichtet werden.

Überraschend bleibt für einen Geographen die Aussage H. Matzeraths, daß trotz der bereits zahlreichen stadtgeschichtlichen Arbeiten und der im letzten Jahrzehnt veröffentlichten Sammelbände zur Stadtentwicklung im Industriezeitalter[35] im Gegensatz zum angelsächsischen Bereich „das Arbeitsgebiet der modernen (deutschen) Stadtgeschichte bzw. der historischen Urbanisierungsforschung ... auf akademischer Ebene noch kaum verankert" sei[36]. Das Interesse der Geschichtswissenschaft an der „modernen Stadt" hat sich im deutschsprachigen Raum „vor allem auf die Stadtentwicklung im 19. Jahrhundert, in Deutschland besonders auf die Zeit zwischen 1870/71 und dem Ersten Weltkrieg (gerichtet). Damit zeichnet sich die Gefahr ab, daß eine bestimmte, in ihren wesentlichen Merkmalen noch nicht hinreichend untersuchte Phase den Charakter einer ‚klassischen' Epoche der modernen Stadt oder der Verstäd-

---

eine stadtteilbezogene Zentrenplanung (Beiträge zur Angewandten Sozialgeographie 1), Augsburg 1982.

[32] MATZERATH, Städtewachstum, wie Anm. 3, S. 9.

[33] Vgl. MATZERATH, Städtewachstum, wie Anm. 3, S. 9; H. CROON/K. UTERMANN, Zeche und Gemeinde. Untersuchungen über den Strukturwandel einer Zechengemeinde im nördlichen Ruhrgebiet (Soziale Forschung und Praxis 19), Tübingen 1958; W. KÖLLMANN, Sozialgeschichte der Stadt Barmen im 19. Jahrhundert (Soziale Forschung und Praxis 21), Tübingen 1960; H. MAUERSBERG, Wirtschafts- und Sozialgeschichte zentraleuropäischer Städte in neuerer Zeit. Dargestellt an den Beispielen von Basel, Frankfurt a.M., Hamburg und München, Göttingen 1960; I. THIENEL, Städtewachstum im Industrialisierungsprozeß des 19. Jahrhunderts. Das Berliner Beispiel (VHKommBerlin 39) (Publikationen zur Geschichte der Industrialisierung 3), Berlin/New York 1973.

[34] TEUTEBERG, wie Anm. 1.

[35] Vgl. MATZERATH, Städtewachstum, wie Anm. 3, und RAUSCH, wie Anm. 3, sowie auch die Sammeldarstellungen von J. REULECKE (Hg.), Die deutsche Stadt im Industriezeitalter. Beiträge zur modernen deutschen Stadtgeschichte, Wuppertal 1978; W.H. SCHRÖDER (Hg.), Moderne Stadtgeschichte, Stuttgart 1979, und H.J. TEUTEBERG (Hg.), Homo habitans, Zur Sozialgeschichte des ländlichen und städtischen Wohnens in der Neuzeit (Studien zur Geschichte des Alltags 4), Münster 1985.

[36] MATZERATH, Städtewachstum, wie Anm. 3, S. 9.

terung annimmt"[37]. Demgegenüber ist die Stadtgeographie vorrangig auf die Untersuchung jüngerer innerstädtischer Strukturen und Prozesse ausgerichtet, wenngleich sich auch eine Reihe von Geographen (insbesondere in Teilprojekten des Sonderforschungsbereichs 164 in Münster) intensiver mit der Phase zwischen den 70er Jahren des 19. Jahrhunderts und dem I. Weltkrieg (und darüber hinaus) beschäftigt hat und somit zeitlich wie auch thematisch und z.T. auch methodisch starke Berührungen zwischen der geschichtlichen und geographischen Stadtforschung festzustellen sind[38].

Einer Intensivierung der Forschungskontakte zwischen den beiden auf das Erkenntnisobjekt „moderne Stadt" ausgerichteten Disziplinen sollte die gemeinsame langjährige Arbeit im Sonderforschungsbereich 164 dienen. Die diesem Sammelband zugrunde liegende interdisziplinäre Arbeitstagung und die Veröffentlichung der Tagungsreferate sind ebenfalls in diesem Zusammenhang zu sehen.

Angesichts der oben angedeuteten sowie in diesem umfangreichen Band behandelten thematischen Breite, der Heterogenität der einzelnen Forschungsansätze und der interdisziplinären Konzeption des Sammelbandes sollen im folgenden die einzelnen geographischen, historischen und volkskundlichen Beiträge[39] im Hinblick auf ihre jeweilige Fragestellung, methodische Ausrichtung und fachliche Zuordnung kurz vorgestellt werden.

Der erste Hauptteil dieses Sammelbandes beginnt mit einem Aufsatz des Sozial- und Wirtschaftshistorikers Hans Jürgen Teuteberg (Historisches Seminar der Westfälischen Wilhelms-Universität Münster), der auf das Forschungsprojekt „Wohnungsnot und Soziale Frage im 19. Jahrhundert" des Sonderforschungsbereichs 164 bezogen ist. Unter der Themenstellung „Eigenheim oder Mietskaserne: Ein Zielkonflikt deutscher Wohnungsreformer 1850-1914" wird die Entwicklung der kontroversen Vorstellungen auf Seiten der Wohnungsreformer referiert, deren Ideen und Programme vielfach in praktische Wohnungspolitik umgesetzt wurden. Die differenzierte Literaturanalyse zu dem für das Verständnis der Entwicklung auch heutiger städtischer Wohnformen wichtigen Thema ergab u.a., daß die „Wohnungsfrage" in Deutschland offensichtlich erst im Rahmen der aufkommenden Industrialisierung und Urbanisierung auf der gesellschaftspolitischen Ebene bewußt geworden ist. Dabei war zwar der „Streit Eigenheim oder Mietskaserne in seinem Kern ... mehr ein mental-psychologisches als ein ökonomisch-rechtliches oder finanziell-technisches Problem", in der Realität zeigte es sich aber, daß „der Bau von großen Mietshäusern zur

---

[37] MATZERATH, Städtewachstum, wie Anm. 3, S. 11.
[38] Vgl. z.B. die Beiträge des Historikers C. WISCHERMANN und des Geographen H.J. SCHWIPPE in diesem Band oder etwa den auf modernen quantitativen Methoden (multivariate Statistik) basierenden Aufsatz des Geographen H.H. BLOTEVOGEL, Faktorenanalytische Untersuchungen zur Wirtschaftsstruktur der deutschen Großstädte nach der Berufszählung 1907, in: SCHRÖDER, wie Anm. 35, Stuttgart 1979, S. 74-111.
[39] Die z.T. auch an der modernen Stadtforschung beteiligte Volkskunde wird durch den Beitrag von P. HUGGER vertreten.

Befriedigung des immens gestiegenen Wohnungsbedarfs um die Jahrhundertwende nirgendwo dort zu vermeiden (war), wo die gestiegenen Bodenpreise keine andere Wahl ließen" (Teuteberg). Angesichts der bislang relativ geringen Beteiligung der Stadtgeographie an der Wohnungsbauforschung ist der Beitrag Teutebergs auch für diese Nachbardisziplin von grundsätzlicher Bedeutung.

Stärker raumbezogen und methodisch eher mit neueren Arbeiten der sozialgeographischen Stadtforschung historischer Ausrichtung vergleichbar [40] ist der Aufsatz von Clemens Wischermann (Historisches Seminar der WWU Münster, Wiss. Mitarbeiter in dem von H.J. Teuteberg geleiteten Forschungsprojekt) mit dem Thema „Wohnung und Wohnquartier. Zur innerstädtischen Differenzierung der Wohnbedingungen in deutschen Großstädten des späten 19. Jahrhunderts". Anhand ausgewählter Großstädte (Berlin, Hamburg und München) werden wichtige Merkmale der Wohnbedingungen (u.a. Untervermietung, interne Wohndichte, Zusammenhänge zwischen Wohnort und Arbeitsstätte, Wohnmobilität und Wohnungsnachfrage) großenteils auch auf Stadtteilebene untersucht — ein empirischer Ansatz, der in der historischen Urbanisierungsforschung für das 19. Jahrhundert bislang noch wenig vertreten ist.

Unter der Themenstellung „Das Weiterleben dörflicher Strukturen in der heutigen Stadt Zürich" analysiert Paul Hugger (Volkskundliches Seminar der Universität Zürich) das Quartierleben und das „Quartierbewußtsein", d.h. das städtische und dörfliche, das großräumige und vor allem das lokal verhaftete Bewußtsein und Verhalten in Beziehung zu alten sozialen und kulturellen Grundmustern am Beispiel Zürich. Berücksichtigt werden dabei u.a. die unterschiedlichsten Quartierorganisationen und Äußerungen des Quartierlebens (Vereine, Quartierfeste etc.). Diese von der Volkskunde bislang in städtischen Räumen wenig verfolgten Untersuchungsaspekte sind insbesondere für die neuere sozialgeographische Stadtforschung und die jüngere Arbeitsrichtung der verhaltensorientierten Stadtgeographie, innerhalb deren Themenstellungen zur Ortsbezogenheit, zur lokalen und regionalen Identität, zum Alltagsbewußtsein städtischer Bewohner etc. in jüngster Zeit an Gewicht gewinnen, von besonderem Interesse [41].

In dem nachfolgenden Beitrag des (Stadt)Geographen Burkhard Hofmeister (Institut für Geographie der Technischen Universität Berlin) werden anhand des Wilhelminischen Rings und der Villenkoloniegründungen außerhalb der ehe-

---

[40] Vgl. z.B. die Beiträge von D. DENECKE und H.J. SCHWIPPE in diesem Band.
[41] S.o. und Anm. 28. Zur Diskussion der Begriffe Lokal- und Regionalbewußtsein sowie neuerer Forschungsfragen vgl. H.H. BLOTEVOGEL/G. HEINRITZ/H. POPP, Regionalbewußtsein. Bemerkungen zum Leitbegriff einer Tagung, in: BerrDtLdkd 60 (1986), S. 103-114. Methodisch wichtige Ansätze zur Analyse des Alltagsbewußtseins städtischer Bevölkerung (im Rahmen einer modernen qualitativen Regionalforschung) beinhaltet die Untersuchung von R. DANIELZYK/C.C. WIEGANDT, Lingen im Emsland. Dynamisches Entwicklungszentrum oder „Provinz"? Ansätze zu einer qualitativen Methodik in der Regionalforschung (MGA 22), Paderborn 1985; vgl. auch die Kurzfassung: DIES., Ansätze zu einer qualitativen Methodik in der Regionalforschung — dargestellt am Beispiel des Entwicklungszentrums Lingen im Emsland, in: BerrDtLdkd 60 (1986), S. 71-96.

mals administrativen Grenzen Berlins die sozioökonomischen und planerischen Hintergründe simultaner, dabei zugleich sehr konträrer städtebaulicher Prozesse im Großraum Berlin zwischen 1860 und 1920 dargestellt. Die sehr unterschiedlichen funktionalen und gestalterischen Merkmale der Wohnformen „Mietskaserne" und „Villen- bzw. Landhausbebauung" werden miteinander verglichen und hinsichtlich ihrer gesellschaftlich-wirtschaftlichen Rahmenbedingungen analysiert. Damit werden wichtige Aspekte und Zusammenhänge zum Verständnis des stadtmorphologisch und sozio-ökonomisch sehr bedeutenden Stadtentwicklungsprozesses in der ehemaligen Hauptstadtregion herausgearbeitet.

Die vier genannten Beiträge zum ersten Hauptthema „Entwicklung der Wohnverhältnisse und soziale Probleme" werden inhaltlich ergänzt durch das Referat der Geographin Henriette Meynen (Amt des Stadtkonservators der Stadt Köln), das sich am Beispiel der Stadt Köln der gestalterischen und funktionalen (einschließlich der sozialbezogenen) Entwicklung des städtischen grünen Wohnumfeldes seit dem 19. Jahrhundert als einem Aspekt der allgemeinen innerstädtischen Differenzierung widmet. Es zeigt sich, daß das grüne Wohnumfeld in den mitteleuropäischen Städten vornehmlich ein Merkmal der neuzeitlichen Stadtentwicklung ist. Die öffentlichen Grünräume, die noch im 19. Jahrhundert vor allem sozialgebunden (Oberschicht) genutzt wurden, haben im 20. Jahrhundert vielfache Veränderungen — insbesondere durch neue soziale und ökologische Einsichten, aber etwa auch durch die Auswirkungen des ruhenden und fließenden Verkehrs — erfahren [42].

Die zweite Sektion der interdisziplinären Arbeitstagung, die sich mit den „Sozialtopographischen und sozialräumlichen Veränderungen" in den Städten des 19. Jahrhunderts befaßte, wurde durch einen Grundsatzbeitrag von Dietrich Denecke (Geographisches Institut der Universität Göttingen) eingeleitet, der „Aspekte sozialgeographischer Interpretationen innerstädtischer Mobilität im 19. und 20. Jahrhundert" zum Gegenstand hatte, dabei den allgemeinen Forschungsstand kennzeichnete und ausgewählte Forschungsbeispiele berücksichtigte. Die in der Historischen Stadtgeographie wie etwa auch in der Geschichtlichen Städteforschung in Deutschland (vor allem im Vergleich zu den USA) immer noch relativ geringe Beschäftigung mit dem Forschungsfeld der „innerstädtischen Mobilität" [43] (von Denecke verstanden als Umzüge innerhalb

---

[42] Zur historischen Entwicklung des „Städtischen Grüns" vgl. auch die folgenden Werke: D. HENNEBO/A. HOFFMANN, Geschichte der deutschen Gartenkunst, 3 Bde., Hamburg 1962-1965; D. HENNEBO, Geschichte des Stadtgrüns: Von der Antike bis zur Zeit des Absolutismus. Mit einem Beitrag über das Stadtgrün im antiken Griechenland von J. JÖRN (Geschichte des Stadtgrüns 1), Hannover/Berlin 1970, sowie den interdisziplinären Sammelband: Städtisches Grün in Geschichte und Gegenwart, hg. v. d. Akademie für Raumforschung und Landesplanung (VAk RaumfLdplan, Forschungs- und Sitzungsberichte 101), Hannover 1975. Als historisch ausgerichtete jüngere geographische Arbeit, in der auch die Stadtgeschichte und Stadtstruktur eine starke Berücksichtigung erfahren, vgl. F. FALTER, Die Grünflächen der Stadt Basel. Humangeographische Studie zur Dynamik urbaner Grünräume im 19. und 20. Jahrhundert, mit besonderer Berücksichtigung der Kleingärten (Basler Beiträge zur Geographie 28), Basel 1984.
[43] Vgl. auch Anm. 10.

der Stadtgrenzen) ist nicht zuletzt in den erheblichen Quellenproblemen begründet. Anhand von Fallstudien für mitteleuropäische Städte, dabei vor allem für eingehender untersuchte Klein- und Mittelstädte Südniedersachsens, ergibt sich jedoch eine Vielzahl von verallgemeinerungsfähigen Aussagen zur innerstädtischen Mobilität: So zeigt das räumliche Bild der Mobilität innerhalb des Stadtgebietes (besonders in größeren Städten) eine deutliche Differenzierung; im Verlauf des 19. und 20. Jahrhunderts lassen sich allgemein wie auch für bestimmte Berufsgruppen oder Sozialschichten charakteristische räumliche Verlagerungen oder Umzugsrichtungen, aber etwa auch regionale Unterschiede innerstädtischer Mobilität erkennen; Wanderungshäufigkeiten korrespondieren deutlich mit dem Verlauf der Konjunkturzyklen etc. Der methodisch anregende Beitrag Deneckes weist auch auf eine Reihe wichtiger Forschungsdefizite hin.

Ausgehend vom sozialökologischen Ansatz der soziologischen Städteforschung, dabei insbesondere von dem „Dreistufenmodell sozialräumlicher Differenzierung" nach B. Hamm [44], werden von dem Geographen Heinrich Johannes Schwippe (Sonderforschungsbereich 164, Münster) „Prozesse sozialer Segregation und funktionaler Spezialisierung in Berlin und Hamburg in der Periode der Industrialisierung und Urbanisierung", d.h. in der zweiten Hälfte des 19. Jahrhunderts, behandelt. Anhand zahlreicher Merkmale, wie Bevölkerungsentwicklung und -umverteilung, Wachstum und räumliche Differenzierung der Bodenpreise, Struktur des Wohnungsangebotes, Auswirkungen der kommunalen Bauleitplanung, räumliche Segregation sozialer Schichten, öffentlicher Personennahverkehr etc., werden der sehr vielschichtige Prozeß der großstädtischen Entwicklung in der Industrialisierungsphase und die tiefgreifenden räumlich-strukturellen Wandlungen aufgezeigt. Dabei werden einzelne, sich z.T. gegenseitig überlagernde Teilprozesse wie Trennung der Gewerbe- und Dienstleistungsstandorte, zunehmende räumliche Separierung gesellschaftlicher Schichten und Gruppen oder Trennung der beiden Funktionsbereiche Wohnen und Arbeiten unterschieden.

In dem darauffolgenden Aufsatz der Geographin Mechthild Siekmann und des Historikers Karl-Heinz Kirchhoff (Sonderforschungsbereich 164 sowie Provinzialinstitut für Westfälische Landes- und Volksforschung des Landschaftsverbandes Westfalen-Lippe zu Münster) werden Ergebnisse zur „Sozialtopographie in der Stadt Münster 1770 und 1890 mit Ausblicken auf 1971" aus einem gemeinsamen Forschungsprojekt des SFB 164 dargelegt, wobei z.T. auch auf Veränderungen seit 1676 zurückgegriffen wird. In dieser somit über mehrere Jahrhunderte hinweggreifenden sozialtopographischen Analyse werden auf der Mikroebene, d.h. auf der Basis der kleinsten räumlichen Einheiten von Parzelle und Haus, die Veränderungen in den Eigentumsverhältnissen, im Mietwesen, in der Gebäudenutzung, in den Gewerbe- und Wohnstandorten ausgewählter Berufe und Berufsgruppen sowie zusätzlich auch diejenigen der Haus- bzw. Bodenwerte und der Behausungsdichte untersucht — ein For-

---

[44] Vgl. HAMM, Organisation, wie Anm. 11.

schungsansatz, der in der geographischen und geschichtlichen Stadtforschung bislang nur sehr vereinzelt verfolgt wurde.

Thema des dritten Hauptteils der interdisziplinären Arbeitstagung und damit auch des vorliegenden Sammelbandes sind die „Standortentwicklung und Differenzierung tertiärer und quartärer Funktionen". Die fünf Beiträge berücksichtigen verschiedenste Aspekte der insgesamt sehr differenzierten Standort-, Struktur- und Funktionsveränderungen von Einzelhandel und Dienstleistungen in west- und mitteleuropäischen Städten unterschiedlicher Größenordnungen. Zunächst referiert der britische Geograph Gareth Shaw (Department of Geography, University of Exeter) über die Entwicklung des Einzelhandels in britischen Städten des 19. Jahrhunderts. Wenngleich die innerstädtischen Standortveränderungen anhand ausgewählter Beispielstädte im Vordergrund der Betrachtung stehen, werden jedoch wichtige strukturelle und räumliche Wandlungen des Einzelhandels im Zeitalter der Industrialisierung auch auf der „Makroebene" Großbritanniens berücksichtigt: die Entwicklung und Ausbreitung der Märkte, des Wanderhandels sowie das allgemeine Einzelhandelswachstum. Der Beitrag von Gareth Shaw ist zugleich ein gutes Beispiel für neuere Untersuchungsansätze und die erhebliche Spezialisierung innerhalb der britischen „Urban Historical Geography".

Die differenzierte innerstädtische Standortentwicklung des Einzelhandels seit dem 19. Jahrhundert ist in der deutschen historisch-geographischen Stadtforschung bislang kaum untersucht worden; ein besonders gravierendes Forschungsdefizit ist für Kleinstädte festzustellen. Anhand einer Fallstudie über Weißenburg i.B. zeigt Günter Heinritz (Geographisches Institut der Technischen Universität München) Struktur- und Standortveränderungen des kleinstädtischen Einzelhandels seit dem Ende des 19. Jahrhunderts auf, die — auf der Basis beschränkten Datenmaterials (Adreßbuchauswertungen) für die frühen Entwicklungsphasen — eine Reihe von vermutlich auch für andere Kleinstädte charakteristischen Differenzierungs- und Umstrukturierungsprozessen deutlich machen.

Aus dem von Heinz Heineberg (Institut für Geographie der Westfälischen Wilhelms-Universität Münster) geleiteten Forschungsprojekt innerhalb des SFB 164, das sich der raumzeitlichen, vergleichenden Analyse innerstädtischer Entwicklungsprozesse und Regelhaftigkeiten im differenzierten Standortverhalten wichtiger Funktionen des quartären Dienstleistungssektors in westdeutschen Großstädten seit dem 19. Jahrhundert widmet, werden in den anschließenden zwei Beiträgen ausgewählte Arbeitsergebnisse vorgestellt. Heinz Heineberg untersucht anhand der Beispielstädte Münster und Dortmund, d.h. zweier miteinander konkurrierender historischer Städte und heutiger Oberzentren in Westfalen, die innerstädtische Standortentwicklung ausgewählter quartärer Dienstleistungsgruppen seit den 80er Jahren des 19. Jahrhunderts. Dabei finden insbesondere der allgemeine Bedeutungs- und Funktionswandel der Einrichtungen des Gesundheits- und Rechtswesens (Ärzte, Rechtsanwälte und Notare), die Entwicklung des z.T. unterschiedlichen Standortverhaltens dieser quartären Dienstleistungsgruppen in den jeweiligen Innenstädten zu vier

Zeitschnitten sowie allgemeine methodische und theoretische Ansätze der jüngeren geographischen Bürostandortforschung Berücksichtigung. Nachfolgend analysiert Norbert de Lange (Institut für Geographie der Westfälischen Wilhelms-Universität Münster) das „Standortverhalten des Finanzwesens in den Regionalzentren Düsseldorf und Hannover seit dem 19. Jahrhundert" am Beispiel der Bankfunktionen im Zeitraum zwischen 1870 und 1932. Auch in diesem Beitrag wird anhand detaillierter Standortverteilungskarten das Mikrostandortverhalten in raumzeitlicher Betrachtung vor dem Hintergrund der allgemeinen Entwicklungstendenzen der für den Citybildungsprozeß seit dem 19. Jahrhundert sehr bedeutenden Funktionen des Finanzwesens untersucht. Die empirisch gewonnenen Ergebnisse beider Beiträge verdeutlichen u.a., daß zur Interpretation früherer, aber auch gegenwärtiger innerstädtischer Standortverteilungsmuster quartärer Dienstleistungsgruppen Erklärungsvariablen herangezogen werden müssen, denen in den betriebswirtschaftlich orientierten Standortlehren bislang nur eine geringe Bedeutung beigemessen wurde (z.B. Repräsentationseffekte, räumlich-zeitliche Persistenz, Auswirkungen von Stadtentwicklungsprozessen). Den untersuchten Funktionen kommt teilweise eine Indikatorbedeutung hinsichtlich der Stellung der jeweiligen Stadt im Städtesystem (Makroebene) zu.

Dieser makroanalytische Aspekt wird vorrangig in der Untersuchung von Marjatta Hietala (Institut für historische Forschung und Dokumentation, Universität Helsinki) berücksichtigt, die die „Beziehungen zwischen Urbanisierung und Dienstleistungen an Beispielen deutscher Großstädte 1890 bis 1910", d.h. in einer Phase starker Stadtexpansion, zum Gegenstand hat. Analysiert wird anhand von 44 Mittel- und Großstädten vor allem die Entwicklung des Gesundheitswesens und infrastruktureller Dienstleistungen (Straßen, Eisenbahn, Wasserleitungs-, Kanalisations- und Gasleitungsnetz, Straßenbahn), die zu Stadtgrößengruppen und den Anteilen von Industriebeschäftigten in Beziehung gesetzt wird.

Der vierte Hauptteil dieses Sammelbandes ist dem Thema „Industrielle Standortveränderungen in großstädtischen Räumen" gewidmet. Anhand zweier Beiträge ergibt sich die Möglichkeit des Vergleichs der Strukturwandlungen zweier alter Textilindustrieregionen in Deuschland und England. Der Historiker Jürgen Reulecke (Universität — Gesamthochschule Siegen) behandelt den Raum Wuppertal um 1900 unter dem Gesichtspunkt des Ablöseprozesses von der zunächst führenden Leitbranche der Textilindustrie in der Hochindustrialisierungsphase. Dank der Fähigkeit Wuppertals zur Anpassung an die ökonomischen Veränderungen war die Entwicklungsbilanz für den ehemaligen Vorreiter der Industrialisierung in Deutschland zunächst durchaus nicht negativ. Erst in jüngerer Zeit (60er Jahre) zeigt sich eine erhöhte Krisenanfälligkeit der Industrie mit erheblicher Schrumpfung der Betriebe und Beschäftigten, die die Stadtregion bzw. den bergischen Wirtschaftsraum zu einer strukturschwachen Region werden ließ.

Auch in England sind die alten Textilindustriegebiete heute Problemregionen. Der Geograph Martin Trevor Wild (Department of Geography, University of

Hull) untersucht den räumlichen Wandel in der Textilregion von West Yorkshire im 19. Jahrhundert [45]. Nach einer einleitenden allgemeinen Charakterisierung von Forschungskonzepten der britischen (historischen) Industriegeographie werden die Entfaltung technologischer Innovationen in ihrer Bedeutung für räumliche Veränderungen, die Trends der industriellen Standortentwicklung (von der Dispersion zur Konzentration) sowie die Auswirkungen der Standortkonzentration der Textilindustrie auf das Siedlungswachstum in der Region West Yorkshire im 19. Jahrhundert behandelt.

Der fünfte und letzte Hauptteil des Sammelbandes gilt dem Themenkreis „Stadtumbau und Stadterhaltung", der ebenfalls zwei Beiträge umfaßt. Jürgen Lafrenz (Institut für Geographie und Wirtschaftsgeographie der Universität Hamburg) referiert über „Planung der Neugestaltung von Hamburg 1933-45", d.h. über die euphorischen Planungskonzeptionen zur städtebaulichen Umgestaltung einer der fünf „Führerstädte" im Dritten Reich. Die gründliche Aufbereitung der für Hamburg vorhandenen zahlreichen Neugestaltungsentwürfe und sonstigen Planungsunterlagen (vgl. die beigefügten Beispielpläne, die z.T. themakartographisch neu gestaltet wurden) sowie die Analyse der rechtlichen Grundlagen (z.B. Groß-Hamburg-Gesetz von 1937) und anderer Rahmenbedingungen ermöglichen wesentliche Einsichten in die Prinzipien des nationalsozialistischen Städtebaus, wenngleich die für Hamburg geplanten Monumentalbauten vor allem aufgrund der starken Kriegseinwirkungen nicht realisiert werden konnten.

Im zweiten Beitrag des letzten Hauptteils analysiert Peter Schöller (Geographisches Institut der Ruhr-Universität Bochum) kritisch „Stadtumbau und Stadterhaltung in der DDR" [46]. Obwohl für die Städte der DDR über die Einwohnerzahlen hinaus kaum statistische Daten vorliegen, lassen doch die langjährige Raumbeobachtung durch den Verfasser und die Auswertung der vorhandenen Planungsliteratur grundlegende Bewertungen des differenzierten Stadtentwicklungsprozesses im Rahmen der Städtepolitik bzw. des sozialistischen Städtebaus zu. Behandelt werden vor allem der Stadtumbau durch randstädtische Neubaukomplexe, das — in der DDR-Literatur bislang stark vernachlässigte — Problem des Verfalls, Abrisses und der Rekonstruktion von Altstädten, Aspekte der Zentrenentwicklung, die Leistungen der Denkmalpflege sowie die Problematik der neugeschaffenen Fußgängerbereiche.

In der von Elisabeth Lichtenberger (Abteilung Geographie, Raumforschung und Raumordnung an der Universität Wien) erstellten Zusammenfassung am Ende dieses Sammelbandes wird der Versuch einer Ordnung der in den einzelnen, thematisch z.T. sehr unterschiedlichen Beiträgen verwendeten „theo-

---

[45] Vgl. auch den jüngeren Beitrag des gleichen Autors, der sich insbesondere auf die Halifax-Calderdale-Region in West-Yorkshire bezieht: M. TREVOR WILD, Die britische Textilindustrie. Niedergang und Auswirkungen auf die Raumentwicklung, in: GR 37 (1985), S. 123-128.

[46] Der Tagungsbeitrag wurde inzwischen in leicht veränderter Fassung und mit erweitertem Titel auch getrennt als Einzelschrift veröffentlicht: P. SCHÖLLER, Städtepolitik, Stadtumbau und Stadterhaltung in der DDR (Erdkundliches Wissen 81), Stuttgart 1986.

retischen Zugänge, Fragestellungen und Sachinhalte der empirischen Forschung sowie der Arbeitsmethodik" vorgenommen, wobei Zuordnungen zu Zeitbegriffen und -konzepten sowie zu den jeweiligen räumlichen Bezugssystemen getroffen und in schematischen Darstellungen veranschaulicht werden.

I. ENTWICKLUNG DER WOHNVERHÄLTNISSE
UND SOZIALEN PROBLEME

EIGENHEIM ODER MIETSKASERNE: EIN ZIELKONFLIKT DEUTSCHER WOHNUNGSREFORMER 1850 - 1914*

von Hans Jürgen Teuteberg

1. Zur Einführung in die Problemstellung

Wie Repräsentativbefragungen der Bausparkassen aus allerjüngster Zeit zeigen, rangiert der Wunsch nach einem eigenen „Haus im Grünen" bei 73 v.H., nach irgendeinem Wohnungseigentum sogar bei 85 v.H. der Befragten noch immer an der Spitze der Wohnwünsche:

Tabelle 1

Wohnwünsche der Haushalte in der Bundesrepublik Deutschland 1983

Gewünschte Wohnformen	Anteil der Haushalte insgesamt in v.H.
Einfamilienhaus	67
Eigentumswohnung	8
Zweifamilienhaus	6
Drei- u. Mehrfamilienhaus	2
Sonstiges Wohneigentum	2
Mietwohnung	13
Gemietetes Haus	2

Quelle: Repräsentativerhebungen der Infratest-Finanzmarktforschung München. — Für die Überlassung dieser und der nachfolgenden Daten danke ich der Landesbausparkasse Münster-Düsseldorf.

Dies korrespondiert mit der tatsächlichen Veränderung der Wohnsituation und der Wohneigentumsquote in der Bundesrepublik. Die Zahl der Wohnungs- und Hauseigentümerhaushalte hat sich allein zwischen 1978 und 1983 von 37 v.H. auf 43 v.H. aller Haushalte vermehrt.

---

* Diese Abhandlung ist aus dem Forschungsprojekt „Wohnungsnot und Soziale Frage im 19. Jahrhundert" des Sonderforschungsbereiches 164 „Vergleichende geschichtliche Städteforschung" der Universität Münster hervorgegangen.

Tabelle 2

Wohnsituation und Wohneigentumsquote in der Bundesrepublik Deutschland 1983 im Vergleich zu 1978

	1978 Mill.	v.H.	1983 Mill.	v.H.
Mieterhaushalte	14.9	63	14.4	57
Eigentümerhaushalte	8.8	37	10.9	43
davon Wohnungseigentümer			1.3	5
Hauseigentümer			9.6	38
Haushalte insgesamt	23.7	100	25.3	100

Quellen: 1978: Einprozentige Wohnungsstichprobe 1978 des Statistischen Bundesamtes Wiesbaden. 1983: Repräsentativerhebungen der Infratest-Finanzmarktforschung München (Hochrechnung auf der Basis des Mikrozensus 1982).

Dieser ungebrochene Trend zum Eigenheim setzt sich offensichtlich weiter fort. Zur Zeit gibt es nach den Monatsberichten der Deutschen Bundesbank rund 15 Millionen deutsche Bausparer (30 v.H. aller Personen über 14 Jahre). Alle 32 Bausparkassen schlossen zwischen 1980 und 1983 durchschnittlich jährlich 2.6 Mill. neue Bausparverträge mit 85 Mrd. DM Bausparsumme ab; 1983 sind es genau 2.174.000 Bausparverträge mit rund 75 Mrd. DM gewesen.

Diese beeindruckenden Zahlen müssen als Indiz dafür gewertet werden, daß der Wunsch nach den eigenen „vier Wänden" immer noch ganz oben in der Bedürfnisskala rangiert und ein Teil der alten „Wohnungsfrage" auch in der Wohlstandsgesellschaft noch keine endgültig befriedigende Lösung gefunden hat. Zwar gibt es in der Bundesrepublik keinen quantitativen Mangel an Wohnungen mehr, auch keine massenhaften qualitativen Mängel an der Wohnungsausstattung wie zu Beginn der Urbanisierung, wohl aber noch ein weit verbreitetes Unbehagen an der Wohnumgebung. Das vielfach ungestillte Verlangen nach einem Haus, um das man nach dem Volksmund „einmal herumgehen kann", entspringt keiner typisch deutschen Mentalität, sondern gehört zu den Grundanliegen industriell-verstädterter Gesellschaften und ihrer materiellen Lebenserwartungen. Das „traute eigene Heim" wird als notwendige Zuflucht vor der zunehmenden Komplexität des modernen Daseins, als Orientierungspunkt und Ruhepol für die erstrebte Selbstverwirklichung empfunden. Es scheint, als schwinge hier manchmal noch die ursprüngliche Bedeutung des Wortes „wohnen" mit[1]. Der Mensch will nicht nur hausen,

---

[1] Das Wort „wohnen" leitet sich aus der indogermanischen Wurzel „uen" = streifen, umherziehen, trachten, suchen, etwas gewinnen her. Daraus entwickelten sich sprachgeschichtlich die weiterführenden Bedeutungen „Gefallen finden", „zufrieden sein", „gewöhnen". Im Alt- und Mittelhochdeutschen bedeutete „wonen" = „sich aufhalten", „bleiben", „gewohnt sein". Vgl. Duden, Etymologie, bearb. von G. Drodowski u.a. (Duden 7), Mannheim/Wien/Zürich 1963, S. 770.

sondern auch behaust sein, will zu einfacheren und übersichtlicheren Verhältnissen zurück, die man im Zeitalter der Massen verloren zu haben glaubt. Die Anonymität des Großstadtlebens soll mit nachbarlicher Tuchfühlung und mitmenschlicher Wärme vertauscht werden. Man will gleichsam einen Zaun um das eigene Familienleben errichten, freilich mit dem Hausbesitz auch soziales Prestige nach außen hin dokumentieren und Sachwerte erwerben. Unvergessen ist geblieben, daß die Vorfahren auf dem Lande in engster Berührung mit der Natur lebten. Man weiß zwar, daß man zu diesen Zuständen normalerweise nicht mehr zurückkehren kann, weil der Prozeß der Industrialisierung inzwischen irreversibel geworden ist. Aber der eigene Garten und die eigenen vier Pfähle werden als Bindung an die „gute alte Zeit" empfunden, wenn auch meistens wohl nur unbewußt. In dem ebenso dringlich wie konstant vorgebrachten Wunsch nach einem Eigenheim mischt sich Kritik an der Unwirtlichkeit der Städte und damit an ihrer Kultur mit einem tüchtigen Schuß Agrarromantik. Die Frustrationen auf diesem Gebiet sind besonders groß: Wie viele immer wieder erfahren, prallt der Wunsch nach einem Eigenheim mit der harten ökonomischen Realität zusammen. Nur ein bestimmter Prozentsatz kann sich jedes Jahr diesen Wunsch meist erst durch harten Konsumverzicht bei bestimmten äußeren Rahmenbedingungen erfüllen. Die Diskrepanz zwischen gehobenen Wohnansprüchen und den Mitteln zu ihrer Befriedigung ist nicht einfach zu lösen und ein perennierendes Problem staatlicher Wohnungspolitik.

Die hier skizzierte Problematik ist alles andere als neu, sondern so alt wie moderne Urbanisierung selbst. Da im Zuge der Verstädterung die Wohnungsnachfrage in vielen Städten schneller stieg als das Wohnungsangebot, mußte notwendigerweise der Anteil der in Kleinhäusern wohnenden Haushalte bzw. der Einfamilienhäuser stark zurückgehen, während die Zahl der Miet- und Untermietverhältnisse stark anwuchs. In den Ballungsgebieten stiegen die Grundstücks- und Häuserpreise stärker als die allgemeinen Einkommen, so daß eine Erfüllung der meisten Eigenheimwünsche gerade dort nicht möglich war. Erst in der Weimarer Republik und besonders aber nach 1950 hat sich die Zahl der Haushalte mit Wohneigentum wieder zu vermehren begonnen.

Merkwürdigerweise hat sich die vergleichende historische Städteforschung bis heute weder mit dem Wandel der Wohnungs- und Grundstücksmärkte noch speziell mit dieser auffälligen Schere zwischen Angebot und Nachfrage nach Eigenheimen im größeren Zusammenhang und zugleich statistisch gesichert beschäftigt. So gibt es eine Fülle detaillierter Beschreibungen von Mietskasernen, die oft zu massiven Sozialanklagen benutzt wurden[2]. Es fehlen aber uber-

---

[2] A. GESSLER, Das deutsche Mietshaus, München 1909; J.F. GEIST/K. KÜRVERS, Das Berliner Mietshaus 1740-1862, München 1980; M. HECKER, Die Berliner Mietskaserne, in: L. GROTE (Hg.), Die deutsche Stadt im 19. Jahrhundert (Studien zur Kunst des neunzehnten Jahrhunderts 24), München 1974, S. 273-294; H. FUNKE, Zur Geschichte des Mietshauses in Hamburg (Veröffentlichungen des Vereins für Hamburgische Geschichte 25), Hamburg 1974; H. FASSBINDER, Berliner Arbeiterviertel 1800-1918 (Analysen zum Bauen und Planen 2), Berlin 1975; R. KASTORFF-VIEHMANN, Kleinhaus und Mietskaserne, in: L. NIETHAMMER (Hg.), Wohnen im Wandel. Beiträge zur Geschichte des Alltags in der bürgerlichen Gesellschaft, Wuppertal 1979,

regional angelegte Kausalanalysen über größere Räume und Zeiten und statistisch gestützte Vergleiche zwischen den verschiedenen Wohnformen. Bei den Elendsreportagen über die Mietshäuser mangelt der repräsentative Nachweis, so daß die daraus gezogenen Schlüsse auf unsicherem Boden stehen. In den bisherigen Untersuchungen wird überhaupt nicht erörtert, wie sich die beklagten Wohnzustände in der Stadt im Vergleich zu den Behausungen auf dem Lande oder in vorindustriellen Kleinstädten ausnehmen. Zu fragen ist ferner: Welches quantitative Ausmaß und welche regionale Verbreitung hatten eigentlich die mehrstöckigen Mietshäuser im Vergleich zu den Kleinhäusern? Wie war die qualitative Ausstattung der neugeschaffenen Massenquartiere im Vergleich zu den anderen Wohnstätten? Und schließlich: Welchen Beitrag leisteten die in Stockwerken übereinander getürmten neuen Wohnungen zur innerstädtischen Differenzierung und zur Bildung der modernen City besonders in den entstehenden Großstädten des späten 19. Jahrhunderts?

Eine Reihe dieser Fragen wird in dem Beitrag von Clemens Wischermann „Wohnung und Wohnquartier: Zur innerstädtischen Differenzierung der Wohnbedingungen in deutschen Großstädten des späten 19. Jahrhunderts" zu beantworten versucht, insbesondere wird die räumliche und zeitliche Verteilung der verschiedenen Wohnformen untersucht[3]. Hier soll das Problem Eigenheim — Mietskaserne nicht quantitativ oder qualitativ beschreibend, sondern auf der gesellschaftspolitischen Bewußtseinsebene angegangen werden: welche Vorstellungen herrschten auf Seiten der Wohnungsreformer, deren Ideen und Programme vielfach in praktische Wohnungspolitik umzusetzen versucht wurde? Aus dem umfänglichen Problemgeflecht können damit nur bestimmte Aspekte erörtert werden, die aber den tatsächlichen Wandel der Wohnungsverhältnisse und die Gestaltung unserer Städte besser zu erklären vermögen.

2. Die Entdeckung der „Wohnungsfrage" und erste Gedanken über eine optimale städtische Wohnform

Wenngleich sich das Wohnen zur Miete und Untermiete, die Überfüllung von Häusern sowie katastrophale Wohnungsausstattungen vielerorts in Stadt und Land zwischen dem Spätmittelalter und dem 19. Jahrhundert nachweisen lassen und auch ohne repräsentative Statistiken zahlreiche Wohnungsnöte bei den ärmeren Bevölkerungsschichten mit konstanter Regelmäßigkeit vermutet werden können, so ist doch erst im Zuge der aufkommenden Industrialisierung und Urbanisierung die „Wohnungsfrage" als gesamtgesellschaftliches Problem empfunden und eine genossenschaftliche Selbsthilfebewegung und staatliche Wohnungspolitik in Gang gekommen. Zugespitzt kann man auch sagen, daß eine jahrhundertealte ungelöste Frage infolge der massenhaften Verdichtung in den

---

S. 271-291; G. ASMUS (Hg.), Hinterhof, Keller und Mansarde. Einblicke in Berliner Wohnungselend 1901-1920, Reinbek bei Hamburg 1982.
[3] In diesem Band, S. 57-84.

Städten einen solchen kumulierten Problemdruck erzeugte, daß Lösungsmaßnahmen unausweichlich folgen mußten. Gleich beim Beginn der wohnungsreformerischen Überlegungen wurden auch die möglichen Wege zur Erreichung einer optimalen Wohnform diskutiert.

Der Sozialreformer, der die mit dem Industriezeitalter heraufziehende Wohnungsfrage in ihrem ganzen Umfang erstmals in Deutschland völlig überblickte und zugleich praktikable Maßnahmen zu ihrer Bekämpfung vorschlug, ist Victor Aimé Huber (1800-1869) gewesen [4]. Der ehemalige Mediziner, spätere Literaturhistoriker und christlich-konservative Publizist hatte frühzeitig seinen Blick durch Reisen in England, Frankreich und Belgien geschärft und glaubte, an der Arbeiterwohnungsfrage werde sich das Schicksal der ganzen Gesellschaft entscheiden. Die Auswirkungen des Wohnens auf das Familienleben waren im guten wie schlechten Sinne für ihn kaum zu überschätzen. Huber faßte dies in dem Satz zusammen: „Eine gute oder schlechte Wohnung ist eine Lebens-Frage." [5] Der protestantische Sozialreformer unterschied hellsichtig zwischen subjektiven und objektiven Wohnbedürfnissen. Das erstere sei bei den bestehenden Wohnungsverhältnissen so abgestumpft, daß es nicht mehr als Beurteilungskriterium dienen könne. Bezeichnend sei der häufig gehörte Ausspruch von Arbeitern: „Schmutz ist Wärme". Huber versuchte daher objektive Maßstäbe zu entwickeln, die seiner Forderung, daß „eine gute Wohnung dem wirklichen Bedürfniß der Bewohner — je nach deren sozialer Stellung und innerhalb der allgemeinen Landessitte und Art entsprechend ohne positiven und negativen Nachtheil für Leib und Seele nicht nur bewohnbar, sondern auch möglichst behaglich und wohnlich" sein solle, entsprachen [6].

Die „elementarischen" Bedingungen für gutes Wohnen waren für ihn Luft, Licht, Wärme und Wasser. Besonders wesentlich sind das Volumen und die Erneuerung der für einen Menschen notwendigen Luftmenge, die die zeitgenössische Medizin gerade zu erforschen begann. Er erläuterte die notwendigen Hausanlagen, die Vor- und Nachteile einer künstlichen Beleuchtung und die Frage der Baumaterialien, die Lage des Bauplatzes sowie die sanitären Einrichtungen. Entscheidend für ihn waren die Größe der Räume und ihre Einteilung. Ohne sich auf genaue Angaben einzulassen, hielt er als Minimum eine Wohnstube, eine Kammer und einen dritten Raum, der für unterschiedliche Zwecke genutzt werden kann, für notwendig. Die Einzelheiten einer Wohnung werden durch die wechselnden Faktoren wie Kinderzahl, Beruf, Untervermietung usw. bestimmt. Ganz entscheidend für eine Wohnungsreform ist aber,

---

[4] I. PAULSEN, Victor Aimé Huber als Sozialpolitiker (Friedewalder Beiträge zur sozialen Frage 7), 2. Aufl., Berlin 1956; V.A. HUBER, Ausgewählte Schriften über Sozialreform und Genossenschaftswesen, in freier Bearbeitung hg. v. K. MUNDING, Berlin 1894; S. HINDELANG, Konservatismus und soziale Frage. Victor Aimé Hubers Beitrag zum sozialkonservativen Denken im 19. Jahrhundert (Europäische Hochschulschriften, Reihe III: Geschichte und ihre Hilfswissenschaften 201), Frankfurt/Bern/New York 1983.

[5] V.A. HUBER, Concordia. Beiträge zur Lösung der socialen Frage in zwanglosen Heften, H. 2: Die Wohnungsfrage, 1. Die Noth, Leipzig 1861, S. 13.

[6] Ebd., S. 15.

wieviel Wohnungen unter einem Dach vereinigt werden dürfen. Huber sah hier drei Möglichkeiten: „Erstlich entweder streng genommen eine, allenfalls jedoch auch bis zu vier, wohl gar sechs Familienwohnungen unter einem Dach, in einem architektonischen Hauskörper — oder zweitens Anhäufung einer größeren Anzahl bis zu 100 und mehr Wohnungen unter einem Dach und in einem entsprechend großen Gebäude, theils neben- theils übereinander — oder drittens endlich Kombination einer großen Anzahl von Häusern der ersteren Klasse oder auf einem Grundstück, nebeneinander entweder Wand an Wand oder reihenweise, oder in gewisser Entfernung von einander und jedes auf einem besonderen Grundstück." [7]

Die erste Wohnform bezeichnete das Einzelhaus bzw. Doppel- oder Dreifachhaus in Form des englischen „Cottage", die zweite die nach oben oder in die Tiefe weit ausgreifende Mietskaserne und die dritte das Reihenhaus (Back-to-Back House). Für Huber, der stark von Robert Owens frühsozialistischen Siedlungsgenossenschaften beeindruckt war, gab es keine Frage, daß „die allgemeine Einführung der guten Einzelwohnung als wünschenswertes höchstes Ziel der Wohnungsreform festzuhalten sei" [8].

Seine Vorliebe für das Einzelhaus suchte er in den baulichen wie ethischen Vorzügen, z.B. in der Anlage eines eigenen Gartens. Dies bedeutete die Berücksichtigung ästhetischer Bedürfnisse des Volkes. Die Nachteile einer Einzelwohnung lagen in der Gefahr der Isolierung, auch konnten hohe Grundstückspreise und die schlechten Verkehrsmöglichkeiten den Bau verbieten. Huber war pragmatisch genug, um zu wissen, daß man nicht nur zwischen zwei Systemen wählen darf. Man müsse daher die jeweils beste Wohnform ermitteln und sowohl gute Mietshäuser wie auch gute Einzelwohnungen bauen [9].

Interessanterweise propagierte Huber darüber hinaus noch eine dritte Lösung: nämlich die Durchbrechung der städtischen Peripherie durch Anlage neuer Siedlungen auf dem Lande, was er „Innere Colonisation" nannte. Er sah hier die beste Möglichkeit, seine genossenschaftlichen Bestrebungen in der Wohnungsfrage zu lösen und so zur Hebung der sittlichen, geistigen, leiblichen und wirtschaftlichen Lebenshaltung der breiten Masse beizutragen. Die Idee eines rational geplanten Wohnens im Grünen, wie es später die Gartenstadtbewegung anstrebte, wurde hier schon erstmals anvisiert. Die Ansiedlungen sollten an der Grenze zwischen den Vorstädten und dem Umland liegen, wo die Bodenpreise geringer sind, oder aber in der Nähe großer Gewerbebetriebe. Die mit Gartenland versehenen Kleinhäuser waren als wirtschaftliche Einheiten gedacht. Es sollten ferner Verwaltungsgebäude, Schulen, Büchereien, Kirchen und Konsumvereine in diesen Siedlungen entstehen, welche die Bewohner mit Lebensmitteln zu günstigen Preisen zu versorgen hatten.

---

[7] V.A. HUBER, Ueber die geeigneten Maßregeln zur Abhülfe der Wohnungsnoth, in: Der Arbeiterfreund 3 (1865), S. 143-172, hier S. 149.
[8] Ebd., S. 151.
[9] Ebd., S. 152.

Um zu billigen Kleinwohnungen zu kommen, plädierte Huber für neue Organisationsformen in der Bauwirtschaft. Er wollte der privaten Spekulation eine „reformerische Concurrenz" machen. So dachte er an Bauvereine auf der Basis von Aktiengesellschaften und an freiwillige Assoziationen von Bauinteressenten in Form von Baugenossenschaften, wobei ihm im Gegensatz zu dem Genossenschaftsreformer Friedrich Schulze-Delitzsch eine Verbindung mit kapitalkräftigen Arbeitgebern vorschwebte [10]. Der Staat spielte bei allen diesen Reformplänen nur eine untergeordnete Rolle. Er sollte lediglich durch Gesetze den Bau minderwertiger Wohnungen verhindern, für eine gute Ausbildung der Baumeister sorgen und selber für seine eigenen Arbeiter, Angestellten und Beamten solche „latenten Associationen" gründen bzw. durch Subsidien und Zinsgarantien die Baugenossenschaften indirekt fördern. Adressat seiner Denkschrift war das Bürgertum, das hier die Führungsrolle übernehmen sollte. Wenngleich staatliche Hilfe nicht ganz ausgeschlossen wurde, stand die genossenschaftliche Selbsthilfe im Vordergrund seines Wollens. Soweit man erkennen kann, hat Huber seinen Vorschlag zur Schaffung von Baugenossenschaften erstmals 1846 entwickelt [11].

Die neuen Wohnquartiere am Rande der Städte oder in der Nähe der Arbeitsplätze sollten in drei Größenklassen gebaut werden: Für 20 bis 100 Familien, für 100 bis 500 Familien oder aber für 20 bis 30 bzw. 50 bis 200 ledige Arbeiter [12].

Huber hat diese neuen Siedlungshäuser im Grünen genau beschrieben: Jedes Haus abgeschlossen mit einem Garten und Hofraum, nicht mehr als vier Wohnungen unter einem Dach. Die ganze moderne Technik seiner Zeit soll bereits genutzt werden: Apparate zur Erzeugung von Licht, Wärme und gutem reichlichen Wasser. Es ist an gemeinsame Wasch- und Badehäuser gedacht, wobei eine stationäre Dampfmaschine die nötige Energie liefert. Seiner Zeit vorauseilend will Huber diese neuen Siedlungen mit neuen Nahverkehrs-

---

[10] Huber sah durchaus die Schwierigkeiten einer ausreichenden Baukapitalbeschaffung und dachte daher an eine „latente Association", d.h. an eine Baugenossenschaft mit Gutsbesitzern, Unternehmern oder sonstigen vermögenden Leuten, die den Arbeitern langfristig Gelder vorstreckten. Diese Kredite sollten von den Arbeitern durch regelmäßige Zahlungen verzinst und amortisiert werden, so daß die Wohnungen nach 20 bis 30 Jahren in das Eigentum der Arbeiter übergehen konnten. Die von ihm geplanten Baugenossenschaften waren keine karitativen Institutionen, sondern ökonomisch arbeitende Selbsthilfeorganisationen. Huber verglich sie mehrfach mit Eisenbahnaktiengesellschaften und setzte den Gewinn daher auch mit vier bis fünf Prozent fest. Die Beispiele für seine Vorschläge hatte er der „Cité Ouvrier" in Mühlhausen, der „Metropolitan Building Society" in London sowie der dortigen „Labourer's Friend Society" entnommen. Vgl. V.A. HUBER, Die latente Association (Soziale Fragen 4), Nordhausen 1866; DERS., Concordia. Beiträge zur Lösung der socialen Frage in zwanglosen Heften, H. 3: Die Wohnungsfrage, 2. Die Hülfe, Leipzig 1861, S. 48.
[11] V.A. HUBER, Über innere Colonisation, Berlin 1846 (Separatdruck aus: Janus, H. 7 und 8), (im folgenden zitiert: HUBER, Innere Colonisation). — Unter dem Eindruck der Achtundvierziger Revolution wurde dieser Plan nochmals erneuert; vgl. DERS., Die Selbsthülfe der arbeitenden Klassen durch Wirtschaftsvereine und innere Ansiedlungen, Berlin 1848 (im folgenden zitiert: HUBER, Selbsthülfe).
[12] HUBER, Selbsthülfe, wie Anm. 11, S. 14.

systemen verbinden: Mit Hilfe eines „Dampfwagens" soll man den Kern der Stadt in jeweils einer Viertelstunde erreichen [13]. Wegen der Überfüllung des Straßennetzes bei Berufszeiten dachte er sogar an eine unterirdische Verlegung der Straßen, womit er als ein erster Propagandist der U-Bahn anzusehen ist [14].

Hubers Stellung als Begründer einer wissenschaftlichen Beschäftigung mit der Wohnungsfrage hat darunter gelitten, daß er politisch isoliert blieb. Weder Liberale und Sozialisten noch die Altkonservativen konnten sich mit seinen Ideen befreunden [15]. Sein komplizierter literarischer Stil und seine mangelnden organisatorischen Fähigkeiten standen ihm ebenfalls im Wege. Dennoch hat er alle zeitgenössischen Versuche für eine Wohnungsreform entweder persönlich oder durch seine Schriften beeinflußt und das Thema Einfamilienhaus oder Mietskaserne erstmals in voller Breite angeschlagen. Hubers Vorschläge sind weit bekannt geworden, da er als politischer Publizist agierte und sich selbst an ersten Baugenossenschaften beteiligte. Die Aufnahme seiner Ideen schwankte zwischen Bewunderung und massiver Ablehnung, wenn nicht gar Anfeindung.

Während bei Huber in der Wohnungsfrage die sozialen Aspekte dominierten, wurde der erste Ansatz einer systematischen ökonomischen Analyse von dem Staatswirtschaftler Karl Knies (1821 - 1898) geleistet. Der bedeutendste Vertreter der älteren Schule der Historischen Nationalökonomie hatte sich 1846 in Marburg habilitiert und auch einige Vorlesungen bei Huber gehört, wodurch möglicherweise sein Interesse an der Wohnungsfrage geweckt wurde. Nach vorbereitenden Studien über die Wohnungsverhältnisse in Freiburg veröffentlichte er 1859 seine aufsehenerregende Abhandlung „Ueber den Wohnungsnothstand unterer Volksschichten und die Bedingungen des Miethpreises" [16].

Den Mißstand im Wohnungswesen sah Knies wie Huber in dem zu geringen Angebot von billigen und zu schlechten bzw. ungesunden Wohnungen, wovon die untersten Volksschichten, wozu er auch Teile des Mittelstandes zählte, am meisten betroffen würden. Um Möglichkeiten der Abhilfe zu schaffen, mußte

---

[13] V.A. HUBER, Die Wohnungsfrage in England und Frankreich, in: Zeitschrift des Central-Vereins für das Wohl der arbeitenden Klassen 3 (1861), S. 123-196, hier S. 155.

[14] Huber dachte freilich auch an Hoch- und Schwebebahnen. Vgl. ebd., S. 182, Anm. 1.

[15] Huber befand sich als Sozialkonservativer gleichsam in einer Dreifrontenstellung: Liberalismus und Sozialismus, die sich zu seiner Zeit noch kaum getrennt hatten, lehnte er als gesellschaftsgefährdende revolutionäre Bewegungen ab. Den klassischen Konservativen warf er aber vor, daß sie sich an einem überholten ständischen Modell orientierten und die Wohnungsnot nur als eine traditionelle Armutsfrage ansahen. Er begriff die Industrialisierung bereits als Bestandteil des modernen Lebens und wollte die Genossenschaft als neue Form gesellschaftlicher Korporierung einführen. Die soziale Frage war ihm allerdings letztlich eine Frage christlicher Sittlichkeit, die der Betroffene selbst lösen mußte. Die Initiative zu einer Sozialreform sollte aber von den gebildeten oberen Schichten ausgehen, denen er eine patriarchalische Rolle zuordnete. Es ging ihm um die materielle Hebung der „arbeitenden Klassen", nicht um ihre soziale Gleichstellung.

[16] K. KNIES, Ueber den Wohnungsnothstand unterer Volksschichten und die Bedingungen des Miethpreises, in: Zeitschrift für die gesammte Staatswissenschaft 15 (1859), S. 83-107. Vgl. CH. JAFFÉ, Roscher, Hildebrand und Knies, Diss., Bern 1911.

seiner Ansicht nach der wahre Charakter der Wohnungen untersucht werden. Dabei kam er zu der ökonomischen Feststellung: „Die große Masse der neuen Häuser wird nicht gebaut, weil man sie bewohnen will, sondern weil man sie verkaufen oder vermieten will." [17]

Der Wohnungssektor ist ihm somit in erster Linie ein ganz normaler Bereich der Wirtschaft und Kapitalverwertung. Wohnungen werden vor allem gebaut, um eine möglichst hohe Rendite des eingesetzten Kapitals zu erzielen. Eine Bereitstellung einer ausreichenden Zahl billiger Wohnungen ist nur möglich, wenn dieser ökonomische Grundsatz beachtet wird. Alle Abhilfevorschläge haben daher bei der Analyse des Haus- und Mietpreises zu beginnen.

Nach Knies wird der Grundstückspreis in erster Linie von der Ortslage bestimmt, was zu einem gewissen Lagemonopol städtischer Grundstücke führt [18]. Jeder will möglichst ein Grundstück in der Nähe des Arbeitsplatzes haben, wofür manche Berufe unter Umständen ein „besonderes Aufgeld" zu zahlen bereit sind. Andererseits zieht es besonders die Wohlhabenderen vom Land in die Stadt, da diese mehr Annehmlichkeiten und Zerstreuung bietet. Für Handel und Handwerk ist es lohnender, ein Geschäft in der Stadtmitte zu betreiben, da man dort mehr Kauflustige und Arbeitskräfte findet. Es verringern sich die Wegekosten und gleichzeitig vergrößern sich die Gewinnspannen. Außerdem gibt es ein öffentliches Interesse an dem Bauraum der Innenstadt, da man politische, verwaltungsmäßige und kulturelle Einrichtungen hier am besten errichten kann. Der Preis für ein Wohnhaus bzw. eine Wohnungsmiete wird damit durch den Wert bestimmt, den ein Geschäftslokal an derselben Stelle haben würde.

Knies erkannte freilich, daß die Grundstücksnachfrage innerhalb der Stadt stark schwanken kann. Am gefragtesten sind Wohnungen
— mit den kürzesten Entfernungen zum Arbeitsplatz bzw. guten Verkehrsanschlüssen,
— mit sauberer und gesunder Umgebung bzw. guter Geschäftslage [19].
Außerdem muß der Zeitfaktor beachtet werden. Wenn man bei bestimmten Bauplätzen in absehbarer Zeit mit Veränderungen rechnet, die die Nachfrage beeinflussen, so schlägt dies auch auf den Preis durch. Knies dachte hier an den geplanten Bau von Bahnhöfen, Fabriken usw.

Unabhängig vom Grundstückspreis sind dagegen die Baukosten (d.h. die Aufwendungen für Arbeitslöhne und Baumaterialien). Auch hier sind be-

---

[17] KNIES, wie Anm. 16, S. 89.
[18] Wörtlich heißt es bei ihm: „Für die Produktion der Nutzung, welche man von den innerhalb der Stadtmauern (oder des Stadtbezirks) gelegenen Grundstücken haben will, können die Massen der Grundstücke außerhalb nicht konkurrieren"; ebd., S. 90.
[19] Knies hatte bereits eine klare Vorstellung davon, daß die Bodenpreise nicht überall in Form von konzentrischen Ringen zur Stadtmitte hin schematisch ansteigen. Die höchsten Grundstückspreise können zwar an einem großen Platz oder einer breiten Straße in der Stadtmitte erzielt werden, aber auch in der Nähe eines Bahnhofes, an einem Flußufer oder an der Meeresküste bzw. im gesünderen Westen oder Südwesten einer Stadt, weil die Winde meistens nach Osten oder Nordosten wehen; ebd., S. 90.

trächtliche zeitliche wie regionale Schwankungen zu verzeichnen. Der Mietpreis wird schließlich vom Verhältnis dieser Baukosten zu den Grundstückskosten mitbestimmt. Das eingesetzte Kapital hat nach Knies hier zwei verschiedene Auswirkungen: Der Kauf eines Bauareals ist ein einmaliger und für immer abgeschlossener Akt, beim Hausbau wird dagegen ein Gegenstand erstellt, der sich mit der Zeit abnutzt und zur Instandhaltung dauernd neues Kapital benötigt. Bei zwei Häusern mit gleichen Gesamtkosten bringt selbstverständlich das einen höheren Gewinn des eingesetzten Kapitals, bei dem der Anteil der Bau- und Instandhaltungskosten geringer ist. Da ein großes Mietshaus in erster Linie zur Kapitalanlage gebaut wird, entsteht auf die Dauer eine Abnahme der solide gebauten Häuser, für die viel Geld in Aufwendung und Reparaturen gesteckt wird [20].

Eigentümer von Grundstücken und Wohnungen verkaufen oder vermieten nach den Gesetzen des Marktes an den Meistbietenden. Ein Handwerksmeister wird nach Knies seine Gesellen nicht mehr im eigenen Haus unterbringen, wenn er von Fremden mehr Miete bekommen kann. Die ärmeren Bevölkerungsschichten werden dadurch in schlechtere und ungesündere Wohngegenden abgedrängt. Knies wurde nicht müde darauf hinzuweisen, daß auch in der Wohnungswirtschaft die allgemeinen Gesetze des Marktes gelten und Grundstücks- bzw. Hauseigentümer nicht mit „Wohltätern" verwechselt werden sollten. Es werden nur Häuser gebaut, wenn sich die Investitionen bei bestimmten Baukosten und Mieten auch lohnen [21]. In diesem Zusammenhang wies Knies auf das Risiko hin, wenn Wohnungen gleichsam auf Vorrat für einen anonymen Markt gebaut werden: Veränderungen in der Wohnumgebung können die Nachfrage und damit den Mietpreis steigen lassen, umgekehrt kann diese aber auch den Begehr stark sinken lassen. Man kann z.B. an die Verlegung einer Garnison denken. Dazu kommen Einbußen durch zeitweiliges Leerstehen einer Wohnung, Wertverluste durch Fahrlässigkeit, Unreinlichkeit und Rücksichtslosigkeit von Mietern, Verluste durch Zahlungsunfähigkeit usw. Deshalb muß in der Miete eine gewisse „Risikoprämie" enthalten sein [22].

Nüchtern und klar sprach Knies aus, daß die „Wohnungsfrage" in der Hauptsache nicht durch moralische Appelle, christliche Mildtätigkeit und soziale Fürsorge des Staates, sondern nur durch wirtschaftliche Maßnahmen gelöst werden könne [23]. Knies lehnte damit auch Hubers Gedanken ab, den Armen mit Hilfe von Baugenossenschaften langfristig zu einem Wohneigentum zu verhelfen: „Für die große Mehrzahl der Fälle und gerade die, die am meisten ins Auge gefaßt werden, ist das eine verfehlte Aufgabe." [24] Die geplante Ansiedlung

---

[20] Ebd., S. 94.
[21] Knies wörtlich: „So werden die Neubauten, auch wenn empfindlicher Bedarf abseiten der Miethleute vorhanden ist, ausbleiben müssen, bis höhere Miethpreise von den zukünftigen Bewohnern neuer Häuser sichergestellt werden können."; ebd., S. 93.
[22] Ebd., S. 96.
[23] Ebd., S. 96.
[24] Ebd., S. 99.

von Arbeitern steht im Widerspruch zu ihrer neu errungenen Mobilität [25].

Knies sprach sich damit gegen die Priorität des Eigenheimbaues aus: Die Kosten für die Instandhaltung der eigenen Häuser würden für die Masse der Arbeiter viel zu hoch sein, zumal sie noch nicht gelernt hätten, langfristig zu wirtschaften. Haus- und Grundbesitz erfordere wegen seiner langen Amortisationszeit aber eine vorausschauende Bewirtschaftung. Die wirtschaftliche Unsicherheit des normalen Arbeiterdaseins bilde das größte Hemmnis hier. Die erforderlichen Reparaturen würden unterbleiben, zugleich würde eine Erbteilung große Probleme aufwerfen.

Knies hielt auch nichts davon, Reiche und Arme in einem Haus zu mischen, wie es bei der früheren Gesellschaftsstruktur noch möglich war. Die Industrie habe neue Klassengegensätze geschaffen, die so nicht aufgelöst werden könnten. Die Armen wohnen dann nur in ungesunden Dachböden oder feuchten und finsteren Kellern. Sie zahlen mit ihrer Miete die bessere Ausstattung der „schönen Etagen", ohne an deren Komfort teilnehmen zu können. Die einzige realistische Abhilfe der Wohnungsnot sah Knies darin, dort zu bauen, wo die Grundstückspreise noch niedriger sind, und die Baukosten durch Verzicht auf besondere Aufwendungen zu senken. Die drastische Reduktion der Gestehungskosten kann seiner Meinung nach aber nur durch große Baugesellschaften auf Aktienbasis erreicht werden, die die Vorteile eines Großbetriebes und damit einer Massenfabrikation nutzen können. Große Baugesellschaften können große Wohnprojekte auf einmal durchführen und werden nicht durch das Scheitern einer einzigen Vermietung in ihrer Existenz gefährdet.

Die Vorteile einer Errichtung von Massenmiethäusern sah Knies darin, daß sich hier die notwendigen Verbesserungen von Raum-, Luft- und Lichtgewinnung sowie der sanitären Einrichtungen am ehesten kostengünstig durchführen lassen. Um keine Monopole entstehen zu lassen, unterschied Knies zwischen „Bauunternehmungsgesellschaften" und „Häuserbesitzergesellschaften". Die vielfältigen Aufgaben der Instandhaltung sollten nicht von den Baugesellschaften übernommen werden. Knies sah die Gefahr, daß sich Handwerker insgeheim über die Preise ihrer Arbeiten verabredeten, was nur durch Ausschreibung und Konkurrenzvermehrung umgangen werden könne.

Das Fazit der Lösungsvorschläge bei Knies ist eindeutig: Nur industriell aufgezogene Aktiengesellschaften können einen massenhaften Kleinwohnungsbau hervorbringen und hier ökonomisch sinnvolle Investitionen machen. Das Wesen moderner Wohnungswirtschaft ist hier erstmals scharfsinnig systematisch durchdrungen worden. Hatte Huber ein mehr sozialpolitisches Programm entwickelt, so suchte Knies die sich anbahnende Wohnungsmisere markt-

---

[25] Knies stimmt hier mit Friedrich Engels überein, der 1872 zur Wohnungsfrage schrieb: „Für unsere großstädtischen Arbeiter ist die Freiheit und Bewegung erste Lebensbedingung, und Grundbesitz kann ihnen nur eine Fessel sein. Verschafft ihnen eigene Häuser, kettet sie wieder an die Scholle, und ihr brecht die Widerstandskraft gegen die Lohnherabdrückerei der Fabrikanten."; F. ENGELS, Zur Wohnungsfrage, in: MEW 18, Berlin (Ost) 1973, S. 209-287, hier S. 239.

wirtschaftlich zu lösen [26]. Im Gegensatz zu Huber fand der Vorschlag von Knies aber wenig Beachtung, zumal er keinen persönlichen Anteil an der praktischen Wohnungspolitik nahm. Ein direkter Einfluß auf die Wohnungsreform läßt sich bei ihm nicht nachweisen, so daß erst später an seine Ideen wieder angeknüpft wurde [27].

Seit Mitte der sechziger Jahre des 19. Jahrhunderts entwickelte sich der „Kongreß deutscher Volkswirthe", ein Zusammenschluß der deutschen Freihandelsbewegung, zeitweilig auch zu einem Forum der Wohnungsreformdiskussion. Ähnlich wie Knies erwartete man hier letztlich eine Lösung von der privaten Bauwirtschaft, fing aber gleichzeitig an, die Probleme mehr praktisch zu durchdenken. Ein Hauptvertreter des deutschen Manchesterliberalismus, der aus Österreich stammende Publizist Julius Faucher (1820 - 1878), legte in der von ihm begründeten „Vierteljahrsschrift für Volkswirthschaft und Kulturgeschichte" 1865 eine empirische Analyse des Problems vor, in der auch dezidiert auf das Problem der Mietskaserne eingegangen wurde. An den Beginn seiner Beschäftigung mit der von ihm so genannten „Bewegung für Wohnungsreform" stellte er folgende Fragen: „Wie kommt es, daß in einer Stadt die Wohnungsmiethe schneller steigen kann als das Einkommen, aus dem sie bezahlt wird, so daß sie unablässig härter drückt? Wie kommt es, daß der Baustellenpreis schneller wachsen kann als das gesammte Vermögen der Einwohner, so daß der Neubau stets schwieriger wird? Und weiter: Wie kommt es, daß wir in den meisten größeren Städten des Festlandes unsere Wohnungen zwei-, drei-, vier-, fünf-, sechs-, ja siebenfach übereinandergesetzt haben, statt nebeneinander, so daß wir im Anschluß daran uns mit halben, drittel, viertel, fünftel, sechstel und siebentel Keller und Dachboden begnügen, daß wir Hof und Garten haben mehr und mehr verkümmern lassen und in der modernsten Großstadt des Festlandes, in Berlin, einen Theil der Bevölkerung sogar mit den Betten unter die Erde verwiesen haben?" [28]

Faucher bezog seine Anregungen von Reisen, die er nach London, Paris, Berlin und Wien gemacht hatte. Die abschreckenden Wohnungsverhältnisse in London erschienen ihm z.B. weniger bedeutsam als die Tatsache, daß es in dieser Dreimillionenstadt nur wenig Häuser gebe, die mehr als eine Familienwohnung enthielten [29]. Das abgeschlossene englische Einfamilienhaus war für ihn das „normale" Wohnhaus. Einfamilienhaus und Mietskaserne erschienen ihm als der Gegensatz zwischen guten und schlechten Wohnverhältnissen schlechthin [30]. Das englische Cottage hatte ein Keller- und ein Dachgeschoß sowie ein bis drei

---

[26] H.H. LECHNER, Wohnungsfrage, städtische Grundrente und Bodenspekulation. Ein theoriengeschichtlicher Abriß, in: ZWS 92 (1972), S. 697-726, hier S. 706.
[27] H. BECHTEL, Die ersten Kämpfe für eine Wohnungsreform, in: JbfNÖuSt 122 (1924), S. 813-826, hier S. 819ff.
[28] J. FAUCHER, Die Bewegung für Wohnungsreform, in: Vierteljahrschrift für Volkswirthschaft und Kulturgeschichte 3 (1865), S. 127-199, hier S. 139.
[29] Ebd., S. 141.
[30] Ebd., S. 173.

Stockwerke; es ist die Wohnstätte des wirtschaftlich gesunden Teils der „arbeitenden Klasse". Diese Art des Wohnens, die sich in England seit dem 17. Jahrhundert allmählich herausgebildet hatte, konnte seiner Meinung nach auch den neuen Bedürfnissen der industriellen Großstadt angepaßt werden. Faucher versuchte dies am Beispiel der Untervermietung zu beweisen, die in England kein soziales Absinken bedeutete wie in den deutschen Mietskasernen.

Fauchers These, daß der Übergang zur Kasernierung die Annahme einer niedrigen Lebensform ausdrückt, versuchte er am Beispiel Berlins zu beweisen. Anhand der dort 1861 durchgeführten Wohnungszählung legte er dar, wie sehr die äußerlich schöne und wirtschaftlich gesunde Stadt unter einer ungeheuren Wohnungsnot leide. Er wies darauf hin, daß von 521.933 Bewohnern der Stadt 48.326 in Kellern hausen und von den 105.811 Wohnungen 51.909 nicht mehr als ein heizbares Zimmer besäßen. In diesen Wohnungen lebte etwa die Hälfte aller Berliner, d.h. rund vier bis fünf Personen waren auf einen Ofen angewiesen. Ähnliche Zustände fand er bei der Zahl der Küchen und der durchschnittlichen Wohnbelegung. Daneben verblaßten bei ihm die Londoner Slums.

Im zweiten Teil seiner 1865/66 veröffentlichten Untersuchung konnte er die Ergebnisse der zweiten Berliner Volkszählung von 1864 auswerten. Die neuen Zahlen zeigten seiner Meinung nach eine erneute Verschlechterung der Wohnverhältnisse. Die Bevölkerung hatte sich um 16 v.H., die Zahl der Häuser aber nur um 12 v.H. vermehrt. Faucher schilderte ausführlich Mieterunruhen, die in der Berliner Louisenstadt in eine blutige Auseinandersetzung mit der Polizei ausgeartet waren [31]. Warnend wies Faucher darauf hin, daß die Mietverträge den Vermieter einseitig begünstigten. Zu diesem Zeitpunkt war zu erkennen, daß die kleineren Hausgrößen beim Wohnungsbau prozentual bereits abnahmen, während der Mietskasernenbau mit 11 bis 20 Wohneinheiten bereits 24 v.H. des Neubauzuwachses erreichte. Faucher stellte dazu fest: „Die Häuser mit mehr als zwanzig Haushaltungen sind vorläufig nicht die normalen Wohnhäuser der Stadt, aber warnende Zeichen, wohin der Zug der Zeit fährt." [32]

Faucher, der erstmals auch das Problem des Mietvertrages ausführlich in Deutschland erörterte, wies darauf hin, daß die von ihm beschriebenen Mieterrevolten auf ein tieferliegendes Problem aufmerksam machten und die Berliner Zeitungen, die dieses Ereignis nur kurz erwähnten, die wahren Hintergründe nicht erkannt hätten. Seine Betrachtung endete mit einer schneidenden Verurteilung der Mietskasernen [33].

---

[31] Zu solchen Unruhen bei den Quartalskündigungen kam es offenbar auch in anderen Städten. Vgl. W. HEGEMANN, Das steinerne Berlin. Geschichte der größten Mietskasernenstadt der Welt (Bauwelt Fundamente 3), 2. Aufl., Berlin/Frankfurt a.M./Wien 1963, S. 234.

[32] J. FAUCHER, Die Bewegung für Wohnungsreform, in: Vierteljahrschrift für Volkswirtschaft und Kulturgeschichte 4 (1866), S. 86-151.

[33] Faucher schreibt wörtlich: „Wir glauben genug des Bedenklichen an dem Blicke der Leser vorübergeführt zu haben, um die Einflüsse, denen das Familienleben in den Mietskasernen ausgesetzt und deren Wirkungen sich in der Reihenfolge der Geschlechter summiert, als eine in jeder Richtung nachteilige Zutat zu dem pekuniären Druck auf die Bevölkerung hingestellt zu haben, welcher bei der Stockwerkstürmung und Hinterhaushäufung stets wachsenden Tribut an das Baugrundmonopol ausübt sowie zu dem Schaden an der Gesundheit, der Luft- und

Faucher fand es bemerkenswert, daß man in Paris, Wien, Petersburg und Berlin kasernenartig baue, aber nicht in London. Der Grund für ihn war, daß der Baustellenpreis in der englischen Hauptstadt geringer blieb. An der Spitze der Mietskasernenbauten stand Paris, dann folgten Berlin und Wien. Betrachtet man freilich das Verhältnis von Peripherie und Zentrum, dann stand allerdings Berlin an erster Stelle der Mietskasernenstädte. Faucher sah hier mehrere Ursachen:

1. Die Grundbesitzer streichen zum Teil Gewinne ein, die sie nicht durch eigene Leistung verdient haben. Schuld daran ist in erster Linie das kommunale Steuersystem. In Berlin wie überhaupt auf dem Kontinent wird im Gegensatz zu England der Grundbesitz zu wenig zur Finanzierung kommunaler Maßnahmen herangezogen und werden zuviel Verbrauchssteuern erhoben. Wegen der hohen Baugrundstückspreise vereinigt man soviele Wohnungen wie möglich. Da sich die kommunalen Abgaben nach der Länge der Straßenfront richten, versucht man, mit möglichst wenig Straßenfront auszukommen. Die Folgen sind Stockwerksanhäufungen und Hinterhäuser bzw. Einrichtung von Dach- und Kellerwohnungen [34].

2. Im Mittelalter waren nach Faucher Haus und Wohnung noch identisch, unabhängig von der Größe der Stadt. Seit dem 30jährigen Krieg setzten dann die Teilungen des städtischen Hauses ein. Gute Luft, Stille, Friede im Haus und privater Abschluß sind seitdem nur noch den Wohlhabenderen ein Bedürfnis. In den Vorstädten richtete man sich von vornherein auf die Zusammenlegung verschiedener Wohnungen in einem Haus ein. Als die Stadtmauern, die zugleich Steuermauern waren, endlich fielen, waren die Bodenpreise vor der Stadt bereits so hoch wie im Innern gestiegen. Bei jeder Erweiterung des Stadtgürtels machte man dann die gleiche Erfahrung: Die Bodenpreise richteten sich immer nach der möglichen Bebauung, so daß man in Berlin vier- und fünfstöckige Gebäude bereits auf freiem Feld fand.

Faucher kritisierte dabei den Berliner Bebauungsplan, der die Baugrundstückspreise künstlich nach oben getrieben habe. Der Bevölkerung helfe es wenig, sich im Wohnbedürfnis einzuschränken, da bei der stark wachsenden Bevölkerung Berlins die Bodenpreise wie die Mieten weiter steigen würden. Faucher forderte abschließend die konsequente Verhinderung jedes Mietskasernenbaus und die Rückkehr zum ungeteilten Wohnhaus wie in England. Dies könne staatlicherseits durch Veränderung des Steuersystems, Erlaß entsprechender Bauordnungen sowie Förderung der kleinen Bauunternehmen geschehen. Auch soll,

---

Wasserverderbniß und Beförderung ansteckender Krankheiten, die jedes allzudichtes Wohnen der Menschen unmittelbar begleitete."; ebd., S. 134f.

[34] Bereits früher hatte sich Faucher mit dem bestehenden Steuersystem und insbesondere der Mietsteuer befaßt. Vgl. J. FAUCHER, Staats- und Kommunalbudgets, in: Vierteljahrschrift für Volkswirtschaft und Kulturgeschichte 1 (1863), S. 184-223. Diese Mietsteuer spielte als Gemeindesteuer besonders in Berlin eine Rolle und verlor erst 1893 mit dem Kommunalabgabengesetz ihre Bedeutung. Vgl. E. BISS, Über die Wohnungsfrage in Deutschland, Berlin 1872, S. 27ff.

was ihm am wichtigsten dünkte, auf die Gewohnheiten der breiten Bevölkerung eingewirkt werden. Städtische Neubauten sollten mit pflegenden Grüngürteln vereint werden, ehe sie zu Bauplätzen verwandelt würden. Man müsse den entlegeneren und billigeren Baugrund aufsuchen, ehe er in die allgemeine Nachfrage einbezogen werde.

Faucher folgerte, daß nicht zuerst die Miete, sondern der Baustellenpreis zu senken sei und hier die eigentliche Wurzel des Übels liege. Man müsse daher zu anderen Bau- und Wohnungseinrichtungen übergehen, „bei welchen der Baugrund nicht durch solche Häufung von getürmten Stockwerken ausgenutzt wird und ein größeres Areal zur Ausnutzung herangezogen werden kann und dieser Übergang ist nur wiederum möglich, wenn sich das Volk statt ans Treppensteigen an weitere Wege gewöhnt"[35]. Faucher plädierte also, vom englischen Beispiel angesteckt, für eine weitere flächenmäßige Ausdehnung der Großstädte, wobei die Entfernungen durch billige Nahverkehrsmittel überbrückt werden sollten. Ähnlich wie Knies trat Faucher für eine spekulative Kapitalvergesellschaftung ein, da der Häuserbau nur in Form großer Unternehmensformen rentabel sei. Ebenso wie dieser meinte er auch, daß der Weg zu solchen Neuerungen von den oberen Gesellschaftsschichten ausgehen müsse, wobei die „Berliner Westendgesellschaft" als nachahmenswertes Beispiel herausgestellt wurde.

Die spätere Wohnungsliteratur hat betont, daß Faucher erstmals auf die nichtökonomischen Einflußfaktoren des Wohnungsmarktes aufmerksam gemacht habe, z.B. auf die Wohnungstradition[36]. So zogen ihm zufolge viele Familien nur deshalb in ein mehrstöckiges Miethaus in der Stadtmitte, weil sie dadurch den üblichen kurzen Weg zur Arbeitsstätte behielten. Auch sei daran zu denken, daß die mittägliche Verpflegung häufig noch durch die Frauen geschah, die das Essen im „Henkelmann" an die Arbeitsstätte brachten. Die Nähe von Wohnung und Arbeitsplatz spielte, da die Auflösung des „ganzen Hauses" sich nur allmählich vollzog, sicherlich in den sechziger Jahren noch eine entscheidende Rolle bei der Wohnungsnahme. Interessant war auch, daß Faucher erstmals Steuersystem und Wohnungsfrage in einen ursächlichen Zusammenhang brachte. Ob die Besteuerung des unverdienten Bodenwertzuwachses wirklich niedrige Bodenpreise und Mieten bewirkt hätte, wurde bei Faucher nicht zu Ende gedacht. So stellte er nicht die Frage nach der möglichen Überwälzung einer solchen Steuer auf Käufer und Mieter und erörterte auch nicht das Problem, ob sich auf dem Boden- und Wohnungsmarkt etwas ändere, wenn die Gemeinde statt der privaten Unternehmer diese Gewinne einstreiche[37].

Anders als Huber und Knies standen Faucher erstmals verläßliche Statistiken zur Verfügung; er konnte die Bewegung der Wohnungsmärkte über einen längeren Zeitraum überblicken, freilich nur anhand der Stadt Berlin, deren

---

[35] FAUCHER, wie Anm. 32, S. 94.
[36] C.-J. FUCHS, Die Wohnungsfrage, in: Die Entwicklung der deutschen Volkswirtschaftslehre im 19. Jahrhundert (FS Schmoller), T. 2, Leipzig 1908, Kap. 33, S. 1-24, hier S. 12.
[37] LECHNER, wie Anm. 26, S. 709.

überproportionales Wachstum allein mit London verglichen wurde. Im Gegensatz zu Knies sah er hier eine Kulturfrage, die eine längere historische Entwicklung offenbare. Die Verstädterung und Industrialisierung des 19. Jahrhunderts hatte eine Verschärfung eines alten Problems gebracht, das freilich auch zusätzlich noch einen grundlegenden Wandel erfuhr. Eine Lösung sah auch er nur im ökonomischen Bereich, allerdings im Zusammenspiel mit dem Staat. Die private Bauwirtschaft war in seinen Augen allein keineswegs willig und in der Lage, den Anforderungen einer Wohnungsreform zu genügen. Anders als bei Knies verfehlten seine heftigen Angriffe auf den Berliner Bebauungsplan, der in seinen Augen den Mietskasernenbau begünstigte, seine Wirkung bei den Zeitgenossen nicht, auch wenn ihm vom amtlichen Berlin offenkundige Ablehnung zuteil wurde [38].

Die von ihm beschworene „Bewegung für Wohnungsreform" blieb am Beginn der sechziger Jahre weitgehend noch eine Wunschvorstellung, legte aber doch eine der Grundlagen für die dann später einsetzenden sozialpolitischen Bemühungen auf diesem Gebiet [39].

3. Die Ausbildung der Eigenheimförderung als Kernpunkt bürgerlicher Wohnungsreformprogramme

In enger Verbindung mit diesen ersten theoretischen Überlegungen für eine Verbesserung der Wohnungsverhältnisse standen mehr praktisch ausgerichtete Reformbestrebungen, bei denen die Wohnformen wiederum eine Hauptrolle spielten. Hier ist zunächst der „Centralverein für das Wohl der arbeitenden Klassen" in Preußen zu erwähnen. Seit seiner Gründung 1844 im Anschluß an die erste vom Deutschen Zollverein veranstaltete Gewerbeausstellung in Berlin machte er die „Anlegung gesunder Wohngebäude für Hand- und Fabrikarbeiter" und die „Erwerbung von Ländereien zur billigen Überlassung an dieselben" zu einem Kernpunkt seines Programms [40]. In seinen „Mittheilungen" und der dann

---

[38] HEGEMANN, wie Anm. 31, S. 234.
[39] Unter anderem haben die Nationalökonomen Ernst Engel und Emil Sax später den Faucherschen Ansatz übernommen, daß die vom Bodenmonopol ausgehende Preisbildung bei den Baugrundstücken die Höhe des Mietpreises bestimme. Das wirkliche Marktgeschehen werde dadurch eingeschränkt. Engel kritisierte noch schärfer als Faucher den „Wohnungsfeudalismus", insbesondere bei den Mietskasernen, und formulierte die Grundlage des späteren berühmten Schwabeschen Gesetzes: Je niedriger das Einkommen, desto höher der Anteil der Miete an den Gesamtausgaben. Sax wollte dagegen hier mehr nach Stadt und Land sowie nach Sozialschichten beim Wohnen differenzieren und sah auch ökonomische Vorteile bei einem Mehrfamilienhaus, das nicht unbedingt die Form einer Mietskaserne haben müsse. Die Ursachen der Wohnungsnot wurden aber ähnlich gesehen. Vgl. LECHNER, wie Anm. 26, S. 709f.
[40] Vgl. Mittheilungen des Centralvereins für das Wohl der arbeitenden Klassen, 5 Bde., Berlin 1848-1858, unveränderter Nachdr. hg. v. W. KÖLLMANN/J. REULECKE, Hagen 1980; J. REULECKE, Sozialer Frieden durch soziale Reform. Der Centralverein für das Wohl der arbeitenden Klassen in der Frühindustrialisierung (Düsseldorfer Schriften zur neueren Landesgeschichte und zur Geschichte Nordrhein-Westfalens 6), Wuppertal 1983.

zwischen 1858 und 1914 erscheinenden Zeitschrift „Der Arbeiterfreund" befaßte er sich immer wieder mit der Wohnungsfrage und auch mit der Problematik „Eigenheim oder Mietshaus".

Gleich zu Beginn seiner Tätigkeit unterstützte er personell wie materiell die Gründung einer gemeinnützigen Baugesellschaft in Berlin und ging eine enge Zusammenarbeit mit dem 1858 in Gotha gegründeten „Kongreß deutscher Volkswirthe" ein, der die meisten deutschen Nationalökonomen und Wirtschaftspolitiker vereinte und großen Einfluß auf die öffentliche Meinung nahm. Wenngleich beide Vereinigungen von der Notwendigkeit rascher und umfassender Maßnahmen zur Behebung der Wohnungsnot besonders in den anwachsenden Städten überzeugt waren, so zeichneten sich doch verschiedene Standpunkte ab: Während der Centralverein gemäß seinem Gründungsstatut mehr die sozialen Aspekte hervorhob, konzentrierte sich der „Kongreß deutscher Volkswirthe" auf die ökonomischen Fragen. Während die eine Gruppierung vor allem gemeinnützige Baugenossenschaften förderte und sich bemühte, den Einfluß schlechter Wohnverhältnisse auf das Familienleben, die Gesundheit und Sittlichkeit darzustellen, erhoffte sich der andere Verband eine Lösung der Wohnungsfrage vornehmlich von einer Aufhebung der letzten Zunftschranken im Baugewerbe und durch die privatwirtschaftlich organisierten Bauaktiengesellschaften. Der Centralverein druckte dagegen häufig Abhandlungen engagierter Sozialreformer ab, die gerade die Unfähigkeit der Privatspekulation auf diesem Gebiet scharf kritisierten und eine genossenschaftliche Lösung im Sinne Hubers propagierten. Eine völlig einheitliche Linie läßt sich bei beiden Vereinigungen allerdings nicht feststellen. Gemeinsam war beiden, daß entsprechend der liberalen Grundhaltung der meisten Mitglieder ein umfassendes Eingreifen des Staates in die Wohnungswirtschaft abgelehnt wurde. Wollte der Centralverein, dem viele höhere Beamte angehörten, die genossenschaftliche Selbsthilfe aber durch Staats- und Kommunalhilfe indirekt fördern, vertraute der mehr freihändlerisch-manchesterlich gesinnte Volkswirtekongreß allein auf das Selbsthilfeprinzip und die Kräfte der Marktwirtschaft. Aufgabe des Staates sollte es lediglich sein, die bestehenden Hemmnisse und Bevormundungen für eine freie wirtschaftliche Betätigung hinwegzuräumen [41].

Diese Linie schälte sich allmählich bei den verschiedenen Resolutionen des Kongresses deutscher Volkswirte zum Wohnungsproblem heraus. Als die Wohnungsfrage auf Drängen des schon erwähnten Publizisten Julius Faucher 1864 erstmals auf der Tagungsordnung erschien, wurde noch ganz im Sinne seiner vorher erschienenen Abhandlungen zur Wohnungsreform festgestellt, daß eine Privatinitiative zur Lösung dieser Frage nicht genüge, da sie nur aus spekulativem und nicht aus humanem Antrieb Wohnungen schaffe. Die Kongreßmitglieder versprachen sich daher viel Nutzen aus genossenschaftlichen

---

[41] V. HENTSCHEL, Die deutschen Freihändler und der Volkswirtschaftliche Kongreß 1858-1885 (Industrielle Welt 16), Stuttgart 1975; FUCHS, wie Anm. 36.

Zusammenschlüssen, bei denen freilich auch private Baugesellschaften auf Aktienbasis eingeschlossen waren. Die ständige Deputation des Kongresses, die von Adolf Wilhelm Lette, dem Vorsitzenden des „Centralvereins", geleitet wurde, beschloß die Einsetzung einer besonderen „Kommission für Häuserbau-Genossenschaften", der auch Faucher angehörte. Das Ergebnis dieser Kommission war ein Aufsatz in der Zeitschrift „Der Arbeiterfreund", der konsequent zur Unterstützung des Baugewerbes und zur Gründung aller möglichen Bauvereine und Genossenschaften aufrief, jede Staatshilfe auf diesem Sektor aber verurteilte. Der Einfluß Hubers, der an allen Sitzungen des Volkswirtekongresses zwischen 1858 und 1864 teilgenommen hatte, spiegelte sich hier wider[42]. Diese betonte Unterstützung der Baugenossenschaften und damit des Einfamilienhauses wird auch in der Resolution deutlich, die der 7. Kongreß deutscher Volkswirte am 25. August 1864 in Hannover verabschiedete. Im Oktober des Jahres sandte Lette als Vorsitzender des Centralvereins ein „Anschreiben an die Mitglieder der Kommission des Kongresses deutscher Volkswirthe über Häuserbau-Genossenschaften", in der kein Zweifel gelassen wurde, daß man die Eigentumserwerbung von Häusern durch Arbeiter als das höchste Ziel jeder Wohnungsreform ansehe, selbst dann, wenn die Mobilität der Arbeiter darunter leiden sollte[43]. Mietgenossenschaften wurden von ihm scharf abgelehnt, da dies dem Begriff des Eigentums zuwider laufe. Ein Zusammenwohnen reicher und armer Familien in einer großen Mietskaserne würde nur zu Lasten der Armen gehen, weshalb diese abzulehnen seien. Die Reformen dürften im übrigen nicht den Fehler haben, die Rentabilität des Baukapitals zu vernachlässigen. Lette wies ferner auf die gesetzlichen und verwaltungsmäßigen Hindernisse des Wohnungsbaus hin, vor allem auf die Hypothekenordnungen, die Beschränkungen bei der Teilbarkeit des Grundeigentums, die Reste der alten Zunftfesseln im Bauhandwerk und die ungeeigneten Bauvorschriften, die entsprechende gesetzliche Maßnahmen erforderten. Auf dem 8. Volkswirtschaftlichen Kongress in Nürnberg vom 28. - 31.9.1865 wurde die Wohnungsfrage endgültig in den Mittelpunkt der Beratungen gestellt. Grundlage waren hier verschiedene Gutachten und vor allem eine gemeinsame Denkschrift der ständigen Deputation des Volkswirtschaftlichen Kongresses und des Centralvereins für das Wohl der arbeitenden Klassen[44].

Natürlich waren die Ansichten des Kongresses zur Wohnungsfrage nicht einheitlich. Sie reichten von harten Verurteilungen der Bauspekulation, ins-

---

[42] R. ELVERS, Victor Aimé Huber. Sein Werden und Wirken, T. 2, Bremen 1874, S. 332.
[43] W.A. LETTE, Anschreiben an die Mitglieder der Kommission des Congresses deutscher Volkswirthe über Häuserbau-Genossenschaften, in: Der Arbeiterfreund 2 (1864), S. 314-334.
[44] Die Wohnungsfrage mit besonderer Rücksicht auf die arbeitenden Klassen. In Verbindung mit der ständigen Deputation des Kongresses deutscher Volkswirthe hg. vom Centralverein für das Wohl der arbeitenden Klassen, Berlin 1865. Es handelt sich hier um eines der interessantesten Dokumente zur deutschen Wohnungsreform. Neben Victor Aimé Huber beleuchteten Ärzte, Architekten und Juristen das Problem der Wohnungsnot. Die Denkschrift wurde vollständig abgedruckt in: Der Arbeiterfreund 3 (1865), S. 143-314, und erschien dann als Separatdruck, Berlin 1866.

besondere aus dem Munde von Architekten, über Empfehlungen zur genossenschaftlichen Selbsthilfe bis zur völligen Nichtbefassung mit dieser Angelegenheit, da dies mehr eine Kulturfrage als ein volkswirtschaftliches Problem sei. Nach den Grundsatzdebatten kam es bei der Verabschiedung der Resolution zu Kompromissen. Die Gesetzgeber wurden darin aufgefordert, für den Bau billiger Wohnungen alle Hindernisse hinwegzuräumen, das Baugewerbe völlig zu liberalisieren und die älteren baupolizeilichen Ordnungen aufzugeben. Den Wohnungsgesellschaften und Baugesellschaften wurde empfohlen, sich auf rein geschäftliche Dinge zu beschränken, die Wohltätigkeit ausschließen. Den auf Selbsthilfe arbeitenden Baugenossenschaften schlug man vor, „vorzugsweise kleine Häuser zu bauen, sie ihren Mitgliedern gegen terminweise abzutragendes Aufgeld zum ausschließlichen Eigentum zu überlassen"[45].

Die divergierenden Strömungen zusammenfassend werden also Einfamilienhäuser und große Mietshäuser gleichermaßen empfohlen. Auf dieser Linie wurde auch 1867 die Wohnungsfrage in Hamburg behandelt[46]. Wieder wurde eine Intervention des Staates abgelehnt und an die „Gebildeten und Besitzenden" appelliert, sich der Wohnungsnot der ärmeren Klassen tätig anzunehmen. Neu war lediglich der Vorschlag, der Mittelstand möge an die Peripherie der Städte ziehen, um in den Zentren Platz für Arbeiterwohnungen mit „nicht zu vielen Stockwerken zu schaffen". Praktische Wege für die Finanzierung solcher Umzugsmaßnahmen wurden aber nicht genannt. Hubers Antwort war ein zorniger Aufsatz „Wohnungsnot und Privatspekulation" in der Zeitschrift „Der Arbeiterfreund", wo er sich von solchem Liberalismus scharf distanzierte[47]. Der christliche Sozialkonservative fand es empörend, daß sich die Wohnungsreform seiner Meinung nach hier weitgehend auf die Seite des privaten Baugewerbes geschlagen habe.

Der Volkswirtschaftliche Kongreß hat sich 1872 und 1873 nochmals am Rande mit der Wohnungsfrage befaßt, ohne aber noch wesentliche neue Gedanken hinzuzufügen. Etwas resignierend wurde von manchem Debattenredner festgestellt, daß sowohl die Privatspekulation wie auch die Selbsthilfe der Betroffenen das zunehmende Wohnproblem bisher nicht hätten lösen können. Immer noch bleibe das Wohnungsangebot hinter der Wohnungsnachfrage zurück, weil die Kapitalverzinsung beim Wohnungsbau trotz steigender Mieten zu niedrig sei. Es bestehe zu wenig Anreiz, in den Städten Wohnungen zu bauen, weil die Bodenpreise dort zu hoch seien. Die Marktmiete richte sich nach den maximalen Gestehungskosten, nicht aber nach deren Minimum, wie es eigentlich bei vollständiger Konkurrenz der Fall sein müsse. Letztlich gingen aber die Meinungen über die Ursachen des Wohnungselends auseinander, teils wurde den überhöhten Baupreisen, teils den Spekulations-

---

[45] E. ENGEL, Die moderne Wohnungsnoth. Signatur, Ursachen und Abhülfe, Leipzig 1873, S. 27.
[46] Bericht über die Verhandlungen des neunten Congresses Deutscher Volkswirthe zu Hamburg vom 26.-29. August 1867, Berlin 1868.
[47] V.A. HUBER, Die Wohnungsnot und die Privatspekulation, in: Der Arbeiterfreund 5 (1867), S. 420-443.

gewinnen die Hauptschuld an den Mißständen zugeschoben. Nochmals wurden die Kommunen aufgefordert, für ausreichende Nahverkehrsmittel in den Städten zu sorgen, um billige Einfamilienhauskolonien in den Außenbezirken anlegen zu können, wo das Bauterrain noch billig war. 1872 wurde auf der Tagung in Danzig nochmals gefordert, nicht die fertigen Gebäude, sondern den Bodenwertzuwachs zu besteuern, der durch die Ausdehnung der Städte ständig zunehme. Damit verband man die Forderung nach einer gesetzlichen Regulierung des Einheitswertes.

Wenngleich die Resolutionen und Schriften des „Centralvereins für das Wohl der arbeitenden Klassen" und des „Kongresses deutscher Volkswirthe" noch vielfach unbefriedigend blieben, so haben sie doch das unbestreitbare Verdienst, die Wohnungsreformdebatte in Deutschland auf eine breite öffentliche Grundlage gestellt zu haben. Zugleich war damit als Problem formuliert worden, wie sich die deutschen Städte künftig wohnmäßig entwickeln und innerstädtisch differenzieren sollten.

Eine Fülle von gemeinnützigen kleinen Baugesellschaften auf der Basis von Aktienunternehmungen sowie Baugenossenschaften ist durch diese ununterbrochenen Mahnrufe für eine durchgreifende Wohnungsreform zum Leben erweckt worden, wobei die von Victor Aimé Huber und dem Landesbaumeister Carl Wilhelm Hoffmann in den vierziger Jahren gegründete Berliner „Gemeinnützige Bau-Gesellschaft" erstmals einen überregionalen Bekanntheitsgrad errang. Von Anfang an waren die Ziele auf die Errichtung von Einfamilienhäusern auf möglichst billigem Bauterrain gerichtet, wobei auch der englische Cottage-Stil nachgeahmt werden sollte. Nach dem Berliner Beispiel entstanden solche Bauvereine nach dem Selbsthilfeprinzip in Halle (1851), Stettin und Lüdenscheid (1853), Heilbronn (1854), Pforzheim (1857), Frankfurt a.M. (1860), in Hagen und Königsberg (1861), Görlitz (1864) und Mönchengladbach (1869)[48]. Mit Ausnahme von Frankfurt a.M. war man überall gezwungen, entgegen der ursprünglichen Absicht auch Mietshäuser zu errichten. Insgesamt entstanden in der ersten Phase 171 Häuser mit 780 Wohnungen, in die auch „Einlieger" (Untermieter) aufgenommen wurden.

Nach vielerlei ernsten Mißerfolgen nahm der auf Selbsthilfe beruhende

---

[48] Zu den frühesten Anfängen der Baugenossenschaften in Deutschland vgl. L. PARISIUS, Bericht über die in Deutschland bestehenden Baugesellschaften und Baugenossenschaften, in: Der Arbeiterfreund 3 (1865), S. 292-314; F. ALLMERS, Die Wohnungsbaupolitik der gemeinnützigen Bauvereine im Rheinland 1815-1914, Diss., Köln 1925; C.W. HOFFMANN, Die Aufgabe einer Berliner gemeinnützigen Bau-Gesellschaft, Berlin 1847; DERS., Die Wohnungen der Arbeiter und Armen, H. 1: Die Berliner Gemeinnützige Bau-Gesellschaft, Berlin 1852; HUBER, Innere Colonisation, wie Anm. 11; DERS., Selbsthülfe, wie Anm. 11; E.W.J. GAEBLER, Idee und Bedeutung der Berliner Gemeinnützigen Baugesellschaft, Berlin 1848; E. KROKISIUS, Die unter dem Protectorat des Kaisers und Königs Wilhelms II. stehende Berliner gemeinnützige Bau-Gesellschaft und Alexandra-Stiftung, Berlin 1896; vgl. auch: Concordia. Blätter der Berliner Gemeinnützigen Baugesellschaft, hg. v. V.A. HUBER, Berlin 1849; Verhandlungen der Generalversammlung der Berliner Gemeinnützigen Baugesellschaft vom 17. Oktober 1850, in: Mitteilungen des Centralvereins für das Wohl der arbeitenden Klassen 2 (1850/51), H. 9, S. 3-38.

gemeinnützige Wohnungsbau in der Mitte der sechziger Jahre einen neuen Aufschwung, als sich fast gleichzeitig der „Kongreß deutscher Volkswirthe", der „Vereinstag der allgemeinen Genossenschaftsverbände" sowie der „Vereinstag deutscher Arbeitervereine" diesem Problem zuwandten. Wenngleich man sich über die Organisationsform eines Bauvereins bei den Wohnungsreformern nicht einigen konnte, wurde das Einfamilienhaus als Idealtyp für eine Arbeiterwohnung einstimmig propagiert. So brachte zur Vorbereitung des Arbeitervereinstages 1865 der Duisburger Sozialreformer Friedrich Albert Lange eine Broschüre heraus, die den bezeichnenden Titel trug „Jedermann Hauseigenthümer"[49]. Einer Anregung Hubers folgend, hatte Lange die Schrift des Engländers Theodor Jones „Every Man is His Own Landlord" übersetzt[50].

Das mit zahlreichen Tabellen versehene Werk sollte das Modell der englischen „Building Societies" als Neuerung auf Deutschland übertragen und den Eigenheimgedanken bei den breiten Schichten stärken. Noch wesentlicher war der beigegebene Kommentar des bekannten liberalen Politikers Ludwig Sonnemann. Dieser wies darauf hin, daß es für die Mehrzahl der deutschen Arbeiter keine bessere Möglichkeit gebe, als ihre Ersparnisse in solchen „Spar- und Baugenossenschaften" anzulegen, womit der Begriff der „Bausparkasse" erstmals in die deutsche Sprache eindrang. Dies sei für die Masse der Arbeiter der einzige Weg, auf die Dauer zu einem eigenen Haus zu kommen. Sonnemann machte klar, daß jedes Genossenschaftsmitglied von Anfang an Miteigentümer sei und nach seinem eigenen Plan bauen könne, um jede Uniformität des Hausbaus zu vermeiden. Er gab dabei der Hoffnung Ausdruck, daß sich auch Handwerker und Lehrer solchen Bausparkassen anschließen würden, um die Bildung reiner Arbeiterviertel in den Städten zu vermeiden. Wenngleich Sonnemann nicht erwartete, alle Arbeiter würden sofort Hausbesitzer werden, so erschien es ihm doch unzweifelhaft, daß man hier eine durchgreifende Lösung der Wohnungsfrage finden könne. Beklagt wurden auch von ihm die baupolizeilichen Beschränkungen und die Mängel der Hypothekengesetzgebung. Bald stellte sich jedoch heraus, daß sich die englischen „Building Societies" wegen der anderen deutschen Rechtsverhältnisse so in Deutschland nicht nachahmen ließen. Der Deutsche Genossenschaftsverband, der sich 1864/65 auf seinen Verbandstagen ausführlich damit beschäftigte, entwickelte nunmehr realistische Konzepte, die bei einem Projekt in Hamburg dann auch in die Tat umgesetzt wurden[51]. Auch der märkische Kreisrichter und liberale

---

[49] F.A. LANGE, Jedermann Hauseigenthümer. Das bewährteste System englischer Baugenossenschaften für deutsche Verhältnisse bearbeitet und in seiner Verwendbarkeit für Arbeiter-Genossenschaften jeder Art nachgewiesen. Mit einer Einleitung von L. SONNEMANN, Duisburg 1865.
[50] TH. JONES, Every Man is His Own Landlord, or How to Buy a House with Its Rent, London 1863.
[51] R. SPÖRHASE, Wohnungsunternehmungen im Wandel der Zeit, Hamburg 1947, S. 35; W. VOSSBERG, Die deutsche Baugenossenschaftsbewegung, Berlin 1906, S. 29; vgl. allgemein zur Hamburger Wohnungsversorgung jetzt C. WISCHERMANN, Wohnen in Hamburg vor dem Ersten Weltkrieg (Studien zur Geschichte des Alltags 2), Münster 1983.

Abgeordnete Ludolf Parisius, der zu den ersten und eifrigsten Befürwortern eines speziellen Genossenschaftsrechts gehörte, und Hermann Schulze-Delitzsch mit seinen Hirsch-Dunckerschen Gewerkvereinen machten sich zu Fürsprechern einer genossenschaftlichen Bausparkasse, wobei immer wieder darauf hingewiesen wurde, daß nicht der Bau von Mietswohnungen, sondern der von Einfamilienhäusern vorzuziehen sei [52]. Nach Verabschiedung eines preußischen Genossenschaftsgesetzes 1869, besonders aber dann nach der reichseinheitlichen Kodifikation des Genossenschaftswesens am 1. Mai 1889 gab es wahre Gründungswellen von Baugenossenschaften. Ihre Zahl wuchs bis 1895 auf 132 mit rund 4.000 Mitgliedern rasch an.

Zusammenfassend läßt sich sagen, daß die nach dem neuen Genossenschaftsrecht gebildeten deutschen Baugenossenschaften wie die älteren gemeinnützigen Bauvereine auf Aktienbasis ausnahmslos den Gedanken des Eigentumerwerbs und Familienheims vertraten, gegen ihre eigentliche Absicht aber dann zum Bau von Mietwohnungen und mehrstöckigen Häusern gezwungen wurden. Trotz der breiten öffentlichen Diskussion seit den fünfziger und besonders seit der Mitte der sechziger Jahre wurde ein nachhaltiger Einfluß auf die tatsächliche Wohnungsgestaltung zunächst nicht erreicht. Wie gering die tatsächliche Bedeutung der Baugenossenschaften angesehen wurde, läßt sich daran ermessen, daß die erste Enquête des Vereins für Socialpolitik 1886 auf diese ersten Selbsthilfebestrebungen kaum einging [53]. Die Priorität der privaten Bauwirtschaft zur Befriedigung des allgemeinen Wohnungsbedürfnisses war nirgendwo in Frage gestellt, der genossenschaftliche Weg wurde mehr als eine mögliche alternative Lösung angepriesen. Am Ende des 19. Jahrhunderts wuchs auch die Einsicht, daß neben diese Formen der Selbsthilfe zusätzlich noch staatliche Maßnahmen treten müßten. Das anfangs bei den Baugenossenschaften verfochtene Prinzip der staatlichen Nichtintervention war nicht durchzuhalten.

Als ein großer Vorteil des Baugenossenschaftswesens stellte sich allerdings ihre relativ einheitliche Struktur heraus, die ihr späteres Wiederaufleben sicherte. Faßt man sie als eine Reformbewegung auf, die in der Regel nicht nur bauen, sondern auch bestehende Mängel in der Bautätigkeit aufzeigen wollte, so fällt die Beurteilung sehr viel günstiger aus. Der Gedanke, daß ein gesundes Familienleben nur auf der Grundlage eines eigenen Hauswesens gedeihen könne, wurde durch die Baugenossenschaften zum Gemeinplatz vieler Wohnungsreformer. Das Ziel, jedem Arbeiter ein eigenes Haus hinzustellen, erwies sich mehr und mehr angesichts der finanziellen und rechtlichen Probleme als blanke Utopie, was aber der Eigenhaus-Ideologie seltsamerweise kaum Abbruch

---

[52] PARISIUS, wie Anm. 48; DERS., Die auf dem Princip der Selbsthülfe beruhende Baugenossenschaft, in: Der Arbeiterfreund 3 (1865), S. 262-291 (im folgenden zitiert: PARISIUS, Selbsthülfe); vgl. K. BRÄMER, Ueber Häuserbau-Genossenschaften, in: Der Arbeiterfreund 2 (1864), S. 182-228; F. SCHNEIDER, Mittheilungen über deutsche Baugenossenschaften nebst Statistik und Notizen, Leipzig 1875; A. HAMPE, Art. Baugenossenschaften, in: HSW 1, Stuttgart 1956, S. 667-670.

[53] Die Wohnungsnoth der ärmeren Klassen in deutschen Großstädten und Vorschläge zu deren Abhülfe (SchrVSP 30-31), Leipzig 1886.

tat. Offensichtlich kam in dem Streben nach dem eigenen Heim im Grünen ein Grundanliegen der sich formierenden bürgerlichen Gesellschaft zum Ausdruck, die hier ihre Tugenden am besten zu verwirklichen glaubte. Typisch sind hier die Ausführungen des Wohnungsreformers Ludolf Parisius: „Ganz anders ist es mit dem eigenen Hause. Ein eigener, gehörig abgegrenzter Anteil an der Mutter Erde, ein Theil derselben, auf dem kein anderer von den Millionen Mitmenschen ein Anrecht hat, ein eigenes Haus, in welchem man jeden fremden Eindringling ohne Unterschied der Person vermöge des schönen Hausrechts vor die Thüre setzen kann, ein eigenes Haus mit Weib und Kind, Freud und Leid des Lebens tragend, und es beim Abschied von der Welt den Nachkommen zu hinterlassen — das ist die Sehnsucht jedes deutschen Familienvaters, darnach strebt jeder deutsche Arbeiter, wo er überhaupt die Möglichkeit eines solchen Erwerbs in's Auge fassen kann ... Das eigene Haus fördert ein schönes abgeschlossenes Familienleben, eine rechte und echte Ehe, es gewöhnt an Sauberkeit, Regelmäßigkeit und strenge Ordnung; es ruft die ‚häuslichen' Tugenden hervor, es erleichtert die Erziehung der Kinder zu körperlicher und geistiger Gesundheit, es hütet und beschützt vor schlechter Gesellschaft und Verführung ... Das Bewußtsein, etwas zu besitzen, was Diebe nicht wegtragen können, freier Herr zu sein auf eigenem Stückchen Erde, giebt dem Manne einen Halt für's ganze bürgerliche Leben. Jetzt erst fühlt er sich als Mitglied einer befriedeten Gemeinde, jetzt erst wird er sich der ernsten Pflichten gegen die übrige menschliche Gesellschaft außerhalb des Kreises der Familie recht bewußt, jetzt erst empfindet er warm, daß er einstehen muß für Ordnung und Recht, gegen Diebstahl und Vergewaltigung mit den anderen Nachbarn in Gemeinde und Staat." [54]

Auch den Genossenschaftsanhängern war klar, daß das Wohnen im eigenen Haus eine gewisse Bindung an die Scholle bedeutete und nur für solche Bevölkerungsschichten in Frage kam, die eine gewisse Stabilität in ihrem Beruf besaßen. Die erhebliche Belastung des häuslichen Budgets, die der Erwerb eines eigenen Hauses mit sich brachte, konnte nur von etwas besser entlohnten Arbeitergruppen getragen werden. Von diesen Wohnungsreformern wurde übersehen, daß die in die Städte zuziehenden Arbeitskräfte in der Regel einer hohen Fluktuation unterlagen und diese typische hohe Mobilität eine Ansiedlung erschweren mußte. Es war daher nicht verwunderlich, daß sich nur relativ hoch entlohnte und meist ältere Facharbeiter für diese Baugenossenschaften interessierten. Einen gewissen Aufschwung nahmen die Baugenossenschaften durch die Einführung der Bismarckschen Invaliditäts- und Altersversicherung 1889. Die Landesversicherungsanstalten liehen nämlich einen beträchtlichen Teil der angesammelten Kapitalien zu niedrigen Zinssätzen und auch als zweitrangige Hypothek an die Baugenossenschaften wieder aus, die durch Verleihung einer beschränkten Haftung durch das Genossenschaftsgesetz eine funktionsfähige Stellung erhalten hatten. Die Ansparzeit konnte dadurch

---

[54] PARISIUS, Selbsthülfe, wie Anm. 52, S. 274.

wesentlich verkürzt werden. Bis zu Beginn des I. Weltkrieges flossen rund 500 Mill. Mark auf diese Weise in Bauzwecke, zwei Drittel gingen dabei in die industriellen Ballungsgebiete. Bis 1914 stammten zwei bis drei v.H. des Wohnungsbestandes im Deutschen Reich von den Baugenossenschaften, die ihre Neubauten auf zehn bis zwölf Großstädte konzentrierten. Hier waren sie allerdings zwischen 25 und 33 v.H. am Neubau beteiligt, wobei sächsische Städte anscheinend führten [55].

Wesentlich erfolgreicher entwickelte sich die Wohnungsfürsorge privater und öffentlicher Arbeitgeber. Die von den Unternehmen errichteten Werkswohnungen, „Menagen" und „Schlafhäuser" für ledige Arbeitnehmer wurden seit der Mitte des 19. Jahrhunderts vor allem dort errichtet, wo sich die Firmen Arbeitskräftepotential sichern wollten und nicht genügend Wohnraum zur Verfügung stand. Meist wurden Arbeits- und Mietverträge verkoppelt, um die unerwünschten häufigen Arbeitskräftefluktuationen einzudämmen. Durch die Werkswohnungen sollte ein Stamm tüchtiger Facharbeiter aufgebaut werden. Daneben gab es aber auch karitativ-philantropische Erwägungen, auf diese Weise erzieherisch auf die Arbeiterschaft einzuwirken, was sich mit den Motiven des genossenschaftlichen Arbeiterwohnungsbaus teilweise überschnitt. Wenngleich es zeitweise an bestimmten Ballungsorten auch Baracken und Wohnheime gab, so herrschte allgemein doch der Kleinhausbau mit abgeschlossenen Wohnungen vor, wobei die Aufnahme von Untermietern genehmigungspflichtig war und diese immer dann abgelehnt wurden, wenn der Betreffende nicht zum Werk gehörte. Die Miete, die teilweise vom Lohn einbehalten wurde, lag bis zu 50 v.H. unter den ortsüblichen Sätzen, weshalb die Wohnungen stets sehr begehrt waren.

Während in der Mitte des 19. Jahrhunderts der Kreuzgrundriß des Mühlhausener Arbeiterviertels am weitesten in Deutschland verbreitet war, wurde später der Bauplan der Zechenkolonie Stemmersberg bei Oberhausen als mustergültig angesehen [56]. Hatte der erste Typ 45 qm Wohnfläche, so betrug diese beim zweiten Typ schon 60 qm. 1899 baute die Zeche „Ewald" bei Herten sogar Zechenwohnungen mit 78,66 qm. Die Wohnungsgröße schwankte selbst-

---

[55] D. JACOBI, Die gemeinnützige Bautätigkeit in Deutschland (Staats- und sozialwissenschaftliche Forschungen 167), München 1913, S. 35ff.; K. EICHHORN, Die sächsischen Baugenossenschaften, phil. Diss., Leipzig 1929; A. BOSSE, Die Förderung des Arbeiterwohnungswesens durch die Landesversicherungsanstalten, phil. Diss., Jena 1907; C. SCHMIDT, Die Aufgaben und die Tätigkeit der deutschen Invalidenversicherungsanstalt in der Arbeiterwohnungsfrage, Köln 1905.

[56] Aus der äußerst umfangreichen Literatur zur Geschichte des Werkswohnungswesens sind beispielhaft zu nennen: P. MIECK, Die Arbeiter-Wohlfahrts-Einrichtungen der industriellen Unternehmer in den preußischen Provinzen Rheinland und Westfalen und ihre wirtschaftliche und soziale Bedeutung, Berlin 1904; A. GÜNTHER/R. PRÉVÔT, Die Wohlfahrtseinrichtungen der Arbeitgeber in Deutschland und Frankreich (SchrVSP 114), Leipzig 1905; L. PUPPKE, Sozialpolitik und soziale Anschauungen frühindustrieller Unternehmen in Rheinland-Westfalen (Schriften zur rheinisch-westfälischen Wirtschaftsgeschichte NF 13), Köln 1966; I. LANGE-KOTHE, Hundert Jahre Bergarbeiterwohnungsbau, in: Der Anschnitt 2 (1950), H. 3, S. 7-19; W. JANSSON, Die Zustände im deutschen Fabrikwohnungswesen, Berlin 1910; R. HUNDT, Bergarbeiterwohnungen im Ruhrgebiet, Berlin 1902.

verständlich sehr, da diese von den örtlichen Gegebenheiten abhing. Um 1900 waren im Ruhrgebiet 52 v.H. der Werkswohnungen eineinhalbstöckig, 27 v.H. zweigeschossig, 10 v.H. eingeschossig, 7 v.H. zweieinhalbstöckig und nur 4 v.H. dreistöckig. Ein kasernenartiger Charakter entstand allerdings dadurch, daß man auch kleinere Häuser aus Platzgründen eng aneinanderreihte oder in den „Zechenkolonien" nur gleiche Haustypen hinstellte. Die Zechenkolonien herrschten aber nur im nördlichen Ruhrrevier vor, während sie südlich der Ruhr, wie etwa in Witten, nur einen geringen Teil des Baubestandes ausmachten. In einer zweiten Phase des Werkswohnungsbaus nach der Jahrhundertwende bemühte man sich, die Werkssiedlungen mit gärtnerischem Grün, Kirchen, Schulen sowie Läden aufzulockern und sie besser an den Verkehr anzuschließen.

Nach einer Enquête über die Wohlfahrtseinrichtungen der Arbeitgeber in Preußen hatten 1875 von 4.850 Betrieben 1.655 irgendeine wohnungsfürsorgerische Maßnahme getroffen. Die Mehrzahl hatte Mietwohnungen für ihre Belegschaftsangehörigen errichtet, insgesamt 8.751 Häuser für 35.538 Menschen. Nur 70 Betriebe förderten den Hausbau durch Hausprämien oder verbilligte Darlehen. Nach 1900 verlagerte sich aber im Werkswohnungsbau das Schwergewicht infolge neuer Finanzierungsmethoden und gesetzlicher Regelungen auf die Förderung des Eigenheimbaus. Bis 1875 wurden für ledige oder weit entfernt wohnende Arbeiter in Preußen 34.407 Schlafstellen errichtet, die meist kostenlos abgegeben wurden. Dabei wurde hervorgehoben, daß alle Werkswohnungen nach Bauart, Lage, Einrichtung und Nutzraum fast immer über den Wohnungen lagen, die zum gleichen Preis auf dem freien Wohnungsmarkt angeboten wurden. Das bis zu vier Familien umfassende Kleinhaus dominierte bei weitem über die Mietskaserne.

Eine 1874 in Bayern angestellte Erhebung brachte etwa gleiche Ergebnisse: 318 Betriebe hatten dort insgesamt 4.664 Werkswohnungen errichtet [57]. Auch in anderen deutschen Bundesstaaten scheint es in der zweiten Hälfte des 19. Jahrhunderts einen erheblichen Aufschwung des Werkswohnungswesens gegeben zu haben, der ähnliche Züge trug.

Die staatlichen Unternehmen beteiligten sich in gleicher Weise an diesem gemeinnützigen Wohnungsbau. Nicht nur Reichspost, Reichsmarine und Reichseisenbahn, auch staatliche Bergbau- und Hüttenbetriebe sowie die Kommunen errichteten Wohnungen für ihre Beamten, Angestellten und Arbeiter [58]. In den Reichs-, Länder- und Kommunalhaushalten wurden ent-

---

[57] Ergebnisse einer Erhebung über die in bayerischen Fabriken und größeren Gewerbebetrieben zum Besten der Arbeiter getroffenen Einrichtungen, hg. vom Bayerischen Staatsministerium des Innern, Abteilung: Landwirtschaft, Handel und Gewerbe (Veröffentlichungen des Königlichen Staatsministeriums des Innern), München 1874, S. 90ff.

[58] Vgl. Die Wohnungsfürsorge im Reiche und in den Bundesstaaten. Denkschrift, bearb. im Reichsamte des Innern, 2 Bde., Berlin 1904; Wohnungsfürsorge in deutschen Städten, bearb. vom Kaiserlichen Statistischen Amt (Beiträge zur Arbeiterstatistik 11), Berlin 1910; R. KUCZYNSKI, Das Wohnungswesen und die Gemeinden in Preußen (Schriften des Verbandes deutscher Städtestatistiker, Ergänzungshefte zum Statistischen Jahrbuch deutscher Städte 4), 2 Teile, Breslau 1916; H. ALBRECHT, Bau von kleinen Wohnungen durch Arbeitgeber, Stiftungen, gemeinnützige Baugesellschaften und in eigener Regie der Gemeinden, in: Neue Untersuchungen

sprechende Mittel für solche Bauten bereitgestellt. Anders als beim privaten Werkswohnungsbau bewegten sich die Mieten aber im Rahmen der ortsüblichen Sätze. Bis 1908 wurden allein vom Deutschen Reich 35 Mill. Mark für solche Wohnungsausgaben bereitgestellt, 24,6 Mill. Mark als Baudarlehen und 5,47 Mill. Mark zum Erwerb von Baugelände und für Erbpacht, zur Weitergabe an Baugenossenschaften. Wichtige Beiträge zum Wohnungsbau wurden auch dadurch geleistet, daß es ab 1899 möglich wurde, die Beiträge der Unfallversicherung an die staatliche Wohnungsfürsorge auszuleihen.

4. Die Debatte über Bodenspekulation und Massenmietshäuser zwischen Reichsgründung und Erstem Weltkrieg

Die zahlreichen Resolutionen und Schriften zur Wohnungsreform wie auch die ersten praktischen Maßnahmen der gemeinnützigen Baugesellschaften und Baugenossenschaften bzw. der privaten und öffentlichen Arbeitgeber hatten bis zum Beginn des Bismarckreiches die „Wohnungsfrage" zu einem der wichtigsten Probleme der deutschen Innenpolitik gemacht. Zwar dominierte in den Vorstellungen der Reformer verschiedenster Richtungen eindeutig das kleine Eigenheim für jede Familie, doch wurden in der Realität Mehrfamilienhäuser für Mietzwecke gebaut. Ebenso widersprüchlich waren die angestrebten Mittel zur Überwindung der Wohnungsnot: Während eine Gruppe ausschließlich auf die genossenschaftliche Selbsthilfe setzte, wollte die andere die Verbindung dieses Prinzips mit der Kommunal- und Staatshilfe. Die auftauchende sozialistische Bewegung hielt von beiden Wegen nichts und forderte rigoros eine Übernahme des gesamten Wohnungsbaus in die alleinige Kompetenz des Staates [59].

Vor diesem Hintergrund trat am 6. und 7.10.1872 in Eisenach eine Versammlung maßgebender Persönlichkeiten aus Wissenschaft und Verwaltung zur Besprechung der „Socialen Frage" zusammen, aus der ein Jahr später die Gründung des berühmten „Vereins für Socialpolitik" hervorging. Schon bei den vorbereitenden Besprechungen und Denkschriften war von den führenden Gründungsmitgliedern, den beiden Nationalökonomen Gustav Schmoller und Adolph Wagner sowie dem Direktor des Preußischen Statistischen Bureaus, Ernst Engel, auf die drängende Wohnungsproblematik in den entstehenden Industriegroßstädten aufmerksam gemacht worden. Auf der Gründungsversammlung 1872 hielt Engel sein berühmt gewordenes Referat „Die moderne

---

über die Wohnungsfrage in Deutschland und im Ausland, Bd. 2: Deutschland und Österreich (SchrVSP 96), Leipzig 1901, S. 1-85; W. STEITZ, Kommunale Wohnungspolitik im Kaiserreich am Beispiel der Stadt Frankfurt a.M., in: H.J. TEUTEBERG (Hg.), Urbanisierung im 19. und 20. Jahrhundert. Historische und geographische Aspekte (StF A 16), Köln/Wien 1983, S. 393-428.

[59] ENGELS, wie Anm. 25; L. COHN, Die Wohnungsfrage und die Sozialdemokratie, München 1900; L. SINZHEIMER, Die Arbeiterwohnungsfrage (Volksbücher der Rechts- und Staatskunde 2/3), Stuttgart 1902; A. SÜDEKUM, Großstädtisches Wohnungselend (Großstadt-Dokumente 45), 2. Aufl., Berlin 1908.

Wohnungsnoth"⁶⁰. Darin beschäftigte er sich nicht so sehr mit dem Wohnungsmangel und den Mietskasernen, sondern in der Hauptsache mit der Abhängigkeit des Mieters vom Wohnungsinhaber und dem, wie er es nannte, „modernen Wohnungsfeudalismus". Es ging ihm weniger um ökonomisch-bautechnische Fragen, sondern um die zwischenmenschlichen Sozialprobleme in der modernen Großstadt. Die Wohnungsfrage beruhte nach seiner Meinung nicht auf den Mietpreisen oder der äußeren Wohnform, sondern auf der neuen Unsicherheit des wohnenden Menschen. Am Beispiel des Berliner Mietvertrages legte er die relative Rechtlosigkeit des Mieters dar, da der Mietvertrag von der Illusion einer funktionierenden gleichwertigen Konkurrenz ausgehe. Als zweite Ursache für die Wohnungsnot machte er das „Baustellenmonopol" aus. Wie Faucher glaubte er, daß ein verstopfter städtischer Grundstücksmarkt zu überhöhten Bodenpreisen geführt habe, die ihrerseits das Mietskasernensystem beschert hätten. Die Baugrundstückspreise seien daher letztlich entscheidend für die Höhe der Mieten. Wegen des eingeschränkten Wettbewerbs der Baugrundstücksbesitzer gebe es hier ein Bodenmonopol, das von der Spekulation ausgenutzt werde.

Als Ausweg schlug er einen raschen Ausbau der Nahverkehrsmittel vor, um billigere Grundstücke für den Baumarkt zu erschließen und den Wettbewerb auf diese Weise zu vermehren. Ähnlich wie bei Huber und Knies sollten die Verkehrswege zur Ausdehnung der Städte dienen. Engel zitierte dann eine Eingabe des Berliner Magistrats an den preußischen Innenminister, worin es hieß: „Wenn nur gute Communikationen geschaffen werden, so werden wir bald genug sehen, mit welcher Begierde Berlin sich vom Druck seiner hochgebauten Straßen entlastet, wie neue Bebauungszentren im Kreis um Berlin entstehen und wie intensiv und jetzt noch in kaum geahnter Weise, sei es zum Geschäft, sei es zum Genuß der Berliner Einwohner, diese Ringlinien benutzt werden."⁶¹

Durch den Bau von Wohnungen konnte der Staat ebenso wie die privaten Unternehmen das Baustellenmonopol durchbrechen helfen. Von staatlichen Wohnungszuschüssen oder Enteignung von Grundstücken hielt Engels allerdings nichts.

Den Hauptfehler sah der bekannte preußische Statistiker im starren Festhalten am Eigentumserwerb eines gesonderten Hauses und Grundstücks. Der jahrzehntelang gepflegte Eigenheimgedanke erhielt hier erstmals eine prinzipielle Kritik. Wie Engel ausführte, seien Einfamilienhäuser in Stadtnähe für die Mehrheit der Stadtbewohner unrealistische Ziele geworden. Sowohl die Baugesellschaften wie die Baugenossenschaften als auch die Werkswohnungen der Arbeitgeber hätten gezeigt, daß sich das System der allmählichen Eigentumserwerbung nicht bewährt habe und daher zugunsten der Vermietungspraxis aufgegeben worden sei. Die moderne Wohnungsnot könne nur mit

---

⁶⁰ ENGEL, wie Anm. 45; vgl. H. GEHRIG, Die Begründung des Prinzips der Sozialreform (Sozialwissenschaftliche Studien 2), Jena 1914.
⁶¹ ENGEL, wie Anm. 45.

gemeinschaftlichem, nicht aber mit individuellem Eigentum bekämpft werden.

Ältere Pläne aufgreifend schlug Engel wiederum die Gründung von Mieteraktiengesellschaften vor, die durch Aktienemission die Mittel zum Ankauf von Häusern bzw. Wohnungen gewinnen sollten. Ein Mieter konnte hier nur Mitbesitzer werden, wenn er einen Teil der Aktien erwarb. Dafür kamen aber nur einigermaßen bemittelte Personen in Frage. Engels Ziel war es, das gewerbsmäßige Hausbesitzertum und die Bodenspekulation auf diese Weise auszuschalten. Sein Vorbild waren hier wiederum ohne Zweifel die englischen „Building Societies", die sich nicht mit dem Bau, sondern nur mit dem Kauf von Häusern beschäftigten und damit die Funktion einer Bausparkasse hatten. Hubers Versuche zur Einführung solcher „Mietsgenossenschaften" waren Engel sicherlich bekannt, offenbar wollte er diesen Plan modifizieren. Vereinfacht handelte es sich um eine Aktiengesellschaft, die den Aktionären ein unkündbares Wohnrecht verlieh. Auch Julius Faucher hatte ähnliche Gedanken 1869 geäußert. Wie die Eintragungen in den Handels- und Genossenschaftsregistern zeigen, sind tatsächlich Ende der sechziger und Anfang der siebziger Jahre eine Reihe solcher Baugesellschaften auf Aktien gegründet worden. Doch haben anscheinend die meisten infolge falscher Konzeptionen, mangelnder Möglichkeiten oder unsolider Führung die Gründerkrise nicht überstanden.

Wie sehr Ernst Engels Referat auf die Mitglieder des Vereins für Socialpolitik gewirkt haben muß, zeigt sich daran, daß der Verein größere Untersuchungen zu diesem Problemkomplex startete. Man beschloß auf Anregung des Oberbürgermeisters der Stadt Frankfurt a.M., Johann v. Miquel, eine Reihe von Enquêten über die Wohnungsnot der ärmeren Volksklassen in deutschen Großstädten zu machen und die Verbesserungsvorschläge zu sammeln. Insgesamt wurden zwölf deutsche Großstädte, nämlich Frankfurt a.M., Straßburg, Bochum, Chemnitz, Osnabrück, Krefeld, Essen, Berlin, Elberfeld und Leipzig, nach einem einheitlichen Fragebogen aufgenommen und die Hauptergebnisse in einer ersten gesamtdeutschen Wohnungsstatistik des Breslauer Statistikers N. Neefe zusammengefaßt [62].

In der nachfolgenden Debatte, die auch gedruckt wurde, wurden das Versagen der bisherigen Wohnungswirtschaft und Wohnungspolitik herausgestellt und verschiedene Reformmaßnahmen zur Anregung der Wohnungsbautätigkeit aufgezählt. Die meisten Maßnahmen gegen die Wohnungsnot waren schon einmal vorher genannt worden:

— Förderung gemeinnütziger Baugesellschaften und Baugenossenschaften
— Ausbau der Nahverkehrsmittel
— Verbesserung der Kanalisation
— Schaffung von Dienstwohnungen für Unterbeamte, Angestellte und Arbeiter der Kommunen, der Bundesstaaten und des Reiches
— Festlegung von Mindestanforderungen für die Errichtung von Gebäuden und Wohnungen

---

[62] Die Wohnungsnoth der ärmeren Klassen, wie Anm. 53.

—Vorschriften über die Benutzung von Wohnungen
—Verbesserung des Mietrechts.

Johannes v. Miquel wies in seinem Grundsatzreferat auch auf mögliche Verbesserungen des Steuersystems hin. Er machte darauf aufmerksam, daß das preußische Gesetz vom 2.7.1875 und die darauf aufbauenden Ortsstatuten die Straßen- und Kanalisationsbeiträge der Hausbesitzer ausschließlich nach der Frontlänge der Häuser ohne Rücksicht auf den kubischen Inhalt oder die Grundstücksgröße regelten, wodurch der Bau unverhältnismäßig großer Mietskasernen mit Hinter- und Seitenhäusern gefördert werde. Da kleine Häuser ohne Hintergebäude verhältnismäßig stärker von der Steuer belastet würden, liege es immer wieder nahe, diese abzureißen und große Massenmietshäuser zu errichten [63]. Gustav Schmoller als Vorsitzender des Vereins ließ dieser Debatte noch einen besonderen „Mahnruf in der Wohnungsfrage" folgen, der das Echo dieser Bemühungen noch verstärkte [64].

Nachdem der Verein für Socialpolitik in dieser Weise das Feld der Wohnungsfrage abgesteckt hatte, trat er bis zur Jahrhundertwende mit eigenen Untersuchungen an die Öffentlichkeit. Um eine Vergleichbarkeit zu erreichen, ließ er zunächst Berichte über die Wohnungsverhältnisse in den wichtigsten europäischen Ländern anfertigen. Nachdem schon 1886 über England von P.F. Aschrott und über Frankreich von Arthur Raffalovich eingehend referiert worden war, folgten dann Berichte über Österreich, Belgien, die nordischen Staaten, Rußland, die USA und die Schweiz [65]. In dem Einführungsreferat faßte Professor Carl Johannes Fuchs aus Freiburg die Auslandsuntersuchungen zusammen und verglich sie mit den deutschen Bemühungen. Seiner Meinung nach sei im Ausland schon sehr viel mehr zur Abhilfe der Wohnungsnot geschehen. Nach dem Vorbild Miquels forderte er ein einheitliches Reichswohnungsgesetz. In dem Band, der sich mit dem deutschen Wohnungsmarkt beschäftigte, hatten die Wohnungsreformer eine Fülle von Verbesserungsvorschlägen zusammengetragen, so daß die Bände insgesamt als ein „Handbuch des Arbeiterwohnungsbaus" bezeichnet wurden.

Die Vereinsmitglieder beschäftigten sich jedoch nicht mit diesem Katalog von Reformvorschlägen, sondern wandten sich wissenschaftlich-theoretischen Erörterungen über die Rolle des Bodenpreises und der Baukosten für die städtische

---

[63] J. VON MIQUEL, Referat: Über die Wohnungsverhältnisse der ärmeren Volksklassen in deutschen Großstädten, in: Verhandlungen der am 24. und 25. September 1886 in Frankfurt a.M. abgehaltenen Generalversammlung des Vereins für Socialpolitik (SchrVSP 33), Leipzig 1886, S. 10–16.

[64] G. SCHMOLLER, Ein Mahnruf in der Wohnungsfrage, in: Jahrbuch für Gesetzgebung, Verwaltung und Volkswirtschaft im Deutschen Reich 11 (1887), S. 425–448.

[65] Neue Untersuchungen über die Wohnungsfrage in Deutschland und im Ausland (SchrVSP 94–97), Leipzig 1901; vgl. Verhandlungen der Generalversammlung in München, 23., 24. und 25. September 1901. Auf Grund der stenographischen Niederschrift hg. v. Ständigen Ausschuß. Erster Verhandlungstag: Die Wohnungsfrage, in: Verhandlungen des Vereins für Socialpolitik über die Wohnungsfrage und die Handelspolitik (Schriften des Vereins für Socialpolitik 98), Leipzig 1902, S. 1–118.

Wohnformgestaltung zu, in deren Verlauf grundsätzliche Argumente für und gegen sozialpolitische Eingriffe in den Wohnungsmarkt aufgetaucht sind. Die wissenschaftliche Debatte kulminierte in dem Streit „Kleinhaus oder Mietskaserne", wobei zwei Richtungen der zeitgenössischen Nationalökonomie aufeinanderprallten: Einerseits die sozialethisch orientierte jüngere Historische Schule, vertreten durch Gustav Schmoller, Adolph Wagner und Lujo Brentano, assistiert durch Rudolph Eberstadt und Carl Johannes Fuchs, und andererseits die orthodox-liberale Schule, vertreten durch Andreas Voigt, Eugen Philippovich, Paul Schwarz, Adolf Weber und Ludwig Pohle [66]. Die Ansichten der beiden Richtungen trafen hart aufeinander und zeigten, unter welchen verschiedenen Aspekten die innerstädtische Wohnungsbaufrage betrachtet wurde. Die sozialpolitisch engagierte, zuerst genannte Gruppe, von ihren Gegnern spöttisch „Kathedersozialisten" genannt, sah die Ursachen für das Vordringen der Mietskaserne — in ihren Augen gleichsam die Inkarnation der modernen Wohnungsfrage überhaupt — sowohl im starren Schematismus der Bebauungspläne und Bauordnungen mit ihren viel zu großen und viel zu tiefen Baublöcken als auch in der ungehemmten Bau- und Bodenspekulation, einer neuen beherrschenden Erscheinung, die durch willkürliche Verknappung des Angebots und damit künstliche Preissteigerungen hervorgerufen worden sei. Zu der normalen „Hausplatzrente", der natürlichen Wertsteigerung, sei infolge des raschen Städtewachstums zusätzlich eine „Kasernierungsrente" getreten. Typisch war dafür der Ausspruch Rudolf Eberstadts: „Weil Etagenhäuser gebaut werden dürfen, werden die Grundstückspreise auch in den Außenbezirken so hoch, und weil die Grundstückspreise hoch geworden sind, muß auch der Grund und Boden weiterhin so stark ausgenutzt werden, d.h. so hoch gebaut werden, als es baupolizeilich zulässig ist." [67]

---

[66] Vgl. L. BRENTANO, Wohnungs-Zustände und Wohnungs-Reform in München, München 1904; R. EBERSTADT, Städtische Bodenfrage, Berlin 1894; DERS., Zur Preisbildung der Bodenwerthe, in: Bericht über den VI. Internationalen Wohnungskongreß in Düsseldorf, 15. bis 16. Juni 1902, Berlin 1902, S. 70-92 (im folgenden zitiert: EBERSTADT, Preisbildung); DERS., Rheinische Wohnverhältnisse und ihre Bedeutung für das Wohnungswesen in Deutschland, Jena 1903; DERS., Die Spekulation im neuzeitlichen Städtebau, Jena 1907; C.J. FUCHS, Über städtische Bodenrente und Bodenspekulation, in: ArchSozW 22/23 (1906), S. 631-663 und S. 712-747; A. VOIGT/P. GELDNER, Kleinhaus und Mietkaserne, Berlin 1905; E. PHILIPPOVICH, Correferat: Zur Wohnungsfrage in: Vehandlungen des Vereins für Socialpolitik über die Wohnungsfrage und die Handelspolitik (SchrVSP 98), Leipzig 1902, S. 43-56; P. SCHWARZ, Die Entwicklung der städtischen Grundrente in Wien, in: Neue Untersuchungen über die Wohnungsfrage in Deutschland und im Ausland, Bd. 1: Deutschland und Österreich, 1. Abt. (SchrVSP 94), Leipzig 1901, S. 93-148; A. WEBER, Über Bodenrente und Bodenspekulation in der modernen Stadt, Leipzig 1904; L. POHLE, Der Kampf um die Wohnungsfrage, in: ZSW 8 (1905), S. 679-700 und S. 759-781; G. SEIBT, Kleinhaus und Mietskaserne, in: Jahrbuch für Gesetzgebung, Verwaltung und Volkswirtschaft im Deutschen Reich, NF 29 (1905), S. 1107-1125; H.J. TEUTEBERG, Die Debatte der deutschen Nationalökonomie im Verein für Socialpolitik über die Ursachen der „Wohnungsfrage" und die Steuerungsmittel einer Wohnungsreform im späten 19. Jahrhundert, in: DERS. (Hg.), Stadtwachstum, Industrialisierung, Sozialer Wandel. Beiträge zur Geschichte der Urbanisierung im 19. und 20. Jahrhundert, Berlin 1986 (im Erscheinen).

[67] EBERSTADT, Preisbildung, wie Anm. 66, S. 74-75.

Die „Kathedersozialisten" wiesen darauf hin, daß die Bodenpreise nicht zuletzt durch die monopolartige Stellung der Baustellenbesitzer und des sie begünstigenden Hypothekar- und Kreditsystems, das eine ungedeckte und überhöhte Bodenverschuldung zuließ, künstlich in die Höhe getrieben würden.
Die Peripherie einer Stadt werde gleichsam von der Spekulation umklammert: Der Druck der Bau- und Bodenspekulation würde nämlich von außen zum Stadtkern zunehmen und presse damit die Bevölkerung in dem Stadtkern auf engstem Raum zusammen. Lujo Brentano verglich dies bildhaft mit „ökonomischen Spekulationsmauern", die die mittelalterlichen Mauern nun ersetzt hätten [68].
Von diesen Wohnungsreformern wurden daher Maßnahmen des Staates und der Kommunen gegen die preistreibende Boden- und Bauspekulation gefordert, um damit indirekt das Mietskasernensystem zu bekämpfen und eine weiträumige Bebauung und innerstädtische Differenzierung zu ermöglichen. Wie sich dann in der Folge zeigte, hat der später gegründete „Verein Reichs-Wohnungsgesetz" bei seinen Entwürfen für ein preußisches bzw. reichseinheitliches Wohnungsgesetz gerade diese Punkte immer wieder aufgegriffen.
Demgegenüber hielt die streng marktwirtschaftlich orientierte Richtung nichts von solchen, ihrer Meinung nach der agrarisch-kleingewerblichen Welt entnommenen Theorien und wies auf die agglomerationsbedingte Steigerung der Nachfrage nach Baugrundstücken, Häusern und Wohnungen hin. Das überproportional schnelle Stadtwachstum habe die Preise allein ansteigen lassen [69]. Entscheidend sei hier die Höhe des zu erwartenden Kapitalertrages, z.B. der Mieten, die den Bodenpreis und seine jeweils erreichbare Grenze bestimme. Wie mehrfach betont wurde, werde der Bodenwert vom Werterzeugungsprozeß des städtischen Verkehrs bestimmt, d.h. der Bodenwert sei als Funktion des Mietpreises aufzufassen. Damit wurde das Vorhandensein einer Bodenspekulation zugegeben, ihr Einfluß auf die Höhe der Mieten aber verneint. Zwar steige mit zunehmender Intensität der absolute Bodenpreis, aber ausschlaggebend für die Höhe der Mieten seien die proportional mit den Stockwerken zunehmenden relativen Baukosten [70]. Als Konsequenz dieser Argumentation ergaben sich drei Gesichtspunkte:

1. Die Bodenspekulation wird für den Zweck der Baugrundstücksbereitstellung als ein besseres Mittel angesehen als jede behördliche Regulierungsmaßnahme.
2. Die Mietskaserne ist ein unentbehrliches und wirksames Mittel für die Beschaffung von billigen Kleinwohnungen.
3. Nur wo der Bodenpreis nicht so hoch ist, kann man den Bau von Kleinhäusern vorziehen [71].

---

68 BRENTANO, wie Anm. 66, S. 13-14.
69 VOIGT/GELDNER, wie Anm. 66, S. 79-81 und S. 94-100.
70 Ebd., S. 139 und S. 162-175; PHILIPPOVICH, wie Anm. 66, S. 44-48.
71 VOIGT/GELDNER, wie Anm. 66, S. 11-14.

Auch die Gegenseite mußte einräumen, daß Miethäuser mit mehreren Stockwerken besonders im Stadtinnern nicht gänzlich entbehrt werden könnten und daß das Privateigentum am Boden oder die daher rührenden Bodenspekulationen nicht als alleinige Ursachen der Wohnungsfrage angesehen werden dürften [72].

Diese beiden gegensätzlichen Positionen zogen sich im Grunde durch alle theoretischen Erörterungen und praktischen Initiativen der Wohnungsreformer. Die Mitglieder des Vereins für Socialpolitik schwankten zwischen mehr oder weniger staatlicher Intervention in das Geschehen des Wohnungsmarktes. Letztlich konnte die mehr sozialpolitisch orientierte Richtung, die nach 1900 von Fuchs und Eberstadt angeführt wurde, die Mehrheit für sich gewinnen, wenngleich Juristen wie Mangoldt Modifikationen daran durchsetzten [73]. Ein umfassendes, einheitliches Wohnungsreformprogramm hat der Verein für Socialpolitik aufgrund seiner heterogenen Zusammensetzung und divergierenden wissenschaftlichen Zielsetzungen nicht durchsetzen können. Die großangelegten Enquêten des Vereins zur Wohnungssituation in deutschen Großstädten und die Referate sowie Diskussionen in den Generalversammlungen schufen aber wichtige und bleibende Grundlagen, auf denen man weiter aufbauen konnte.

Der „Deutsche Verein für öffentliche Gesundheitspflege" hat in den siebziger und achtziger Jahren die lange vernachlässigten hygienischen und bautechnischen Fragen des Wohnungsproblems erörtert, insbesondere Bebauungspläne, Stadterweiterungen und die Wohnungskontrolle im Hinblick auf sanitäre Zustände. Die viel beklagte Belegungsdichte in den Mietskasernen legte es nahe, die Schaffung von hygienisch einwandfreien Räumen hier in den Mittelpunkt der Betrachtungen zu rücken. Starke Impulse erhielten solche Bestrebungen durch den rührigen „Verein der Architekten und Ingenieure" [74].

In zahlreichen Versammlungen traten auch die Gesundheitspolitiker zwischen 1876 und dem Ersten Weltkrieg mit detaillierten Vorschlägen an die Öffentlichkeit, die sich dann zu einem umfassenden Reformprogramm verdichteten. Um 1900 wurde ein Forderungskatalog verabschiedet, der nicht nur die gesundheitsgemäße Beschaffenheit der vorhandenen Wohnungen betonte, sondern auch die Schaffung einer ausreichenden Zahl von Kleinwohnungen forderte, da sonst überfüllte Wohnungen gesundheitswidrig benutzt würden. Bundesstaaten und Gemeinden wurden aufgefordert, durch gesetzliche Maßnahmen die ungesunden Wohnungen auszurotten und Grundlagen für eine gesunde private Bautätigkeit zu schaffen.

---

[72] C.-J. FUCHS, Referat: Zur Wohnungsfrage, in: Verhandlungen des Vereins für Socialpolitik über die Wohnungsfrage und die Handelspolitik (SchrVSP 98), Leipzig 1902, S. 15-41, hier S. 23.
[73] LECHNER, wie Anm. 26, S. 780-790.
[74] Vgl. die zahlreichen Jahrgänge der Vierteljahrsschrift für öffentliche Gesundheitspflege, 1886ff.; vgl. C.-J. FUCHS, Art. Wohnungsfrage und Wohnungswesen, in: L. ELSTER/A. WEBER (Hgg.), Handwörterbuch der Staatswissenschaften, Erg.-Bd. zur 4. Aufl., Jena 1929, S. 1098-1160, hier S. 1101.

Einen letzten Höhepunkt erreichte die deutsche Wohnungsreform vor dem I. Weltkrieg in dem von dem angesehenen Juristen Karl von Mangoldt 1898 begründeten „Verein Reichs-Wohnungsgesetz". Er setzte sich zum Ziel, alle bisherigen Bestrebungen zu integrieren und eine entsprechende gesetzliche Initiative auszulösen. Der von dem Frankfurter Oberbürgermeister Johannes v. Miquel stark beeinflußte Vorsitzende Mangoldt wollte die vielen zusammenhangslosen Vorschläge geschlossen aufarbeiten, das Reich zu einem einheitlichen Vorgehen veranlassen und durch wissenschaftliche Tätigkeit, Agitation und Förderung von Organisationen eine endlich durchgreifende Verbesserung der Wohnungsnot in den Städten bewirken[75]. Das von ihm 1904 erstmals publizierte „Jahrbuch für Wohnungsreform" berichtete fortan über alle praktischen und theoretischen Initiativen, insbesondere über Wohnungsaufsicht, Bebauungspläne und Bauordnungen sowie Aspekte der Kapitalbeschaffung. „Allgemeine Deutsche Wohnungskongresse" 1904 in Frankfurt und 1911 in Leipzig und „Deutsche Wohnungskonferenzen" 1906 und 1912 griffen diese Fragen in umfassenden Programmentwürfen wieder auf und zeigten, daß sich die Hauptakteure nun zusammengefunden hatten. Alle mit der Wohnungsfrage irgendwie befaßten Institutionen waren hier vertreten. Die vorangeschrittene Verflechtung zeigte sich unter anderem auch in der vom „Verein Reichs-Wohnungsgesetz" herausgegebenen Reihe „Die Wohnungsfrage und das Reich"[76]. Die gemeinsam verabschiedeten Thesen lassen darauf schließen, daß die Zersplitterung und Einseitigkeit der frühen Wohnungsreformbestrebungen durch Mangoldts Vereinigung endgültig beseitigt oder doch entscheidend gemildert wurden. Zur Diskussion standen:

a) Probleme der Bodenfrage, die Aufschließung für die Bebauung und die Frage der städtischen Dezentralisation sowie die Bebauungspläne und Bauordnungen,
b) die kommunale Wohnungsaufsicht,
c) Baukredite, Enteignungsrecht sowie Steuern und Abgabenerleichterungen.

Betrachtet man die Vorschläge des „Vereins Reichs-Wohnungsgesetz" zusammenfassend, so fällt auf, wie stark letztlich wieder auf die Errichtung von Eigenheimen und Kleinhäusern gezielt, die Tendenzen zur Ausdehnung der Städte, zur Entleerung der Stadtkerne und letztlich zur Stadtflucht begünstigt wurden. Bezeichnend ist, daß die namhaftesten Wohnungsreformer im Verein, wie Mangoldt, Eberstadt und Fuchs, der großstadtfeindlichen Gartenstadtbewegung nahestanden, in deren Mittelpunkt das Ziel planmäßiger Ansiedlung auf dem Lande stand.

---

[75] K. VON MANGOLDT, Der Deutsche Verein für Wohnungsreform 1898-1928, in: 30 Jahre Wohnungsreform. Denkschrift aus Anlaß des 30jährigen Bestehens, hg. vom Deutschen Verein für Wohnungsreform, Berlin 1928, S. 7-59.
[76] Die Wohnungsfrage und das Reich, hg. vom Verein Reichswohnungsgesetz, H. 1-9, Göttingen 1900-1911.

5. Zusammenfassung

Die langanhaltende Debatte über die Frage, ob beim Wohnungsbau in den rasch anwachsenden Städten des späten 19. Jahrhunderts grundsätzlich dem familiären Eigenheim und einer flächenmäßig sich weit ausdehnenden, aufgelockerten Bauweise oder aber dem mehrstöckigen Miethaus und damit einem mehr zentralisierten Wohnen auf möglichst beschränktem Raum stadtplanerisch Priorität einzuräumen sei, läßt abschließend folgende Hauptresultate erkennen:

1. Wohnungsnöte quantitativer wie qualitativer Art, insbesondere die Überfüllung von Gebäuden, die Unterbringung von Mietern in schlechten Rand- und Hinterlagen, Dachgeschossen und Kellern hat es in vorindustrieller Zeit offenbar überall schon gegeben, doch machte erst die zunehmende Verdichtung im Zeitalter der Urbanisierung zwischen 1850 und 1914 dies zu einem Problem mit gesellschaftspolitischer Brisanz. Innerhalb weniger Jahrzehnte entwickelte sich, angestoßen vor allem durch Beispiele aus dem spätvictorianischen England, eine streckenweise geradezu leidenschaftliche öffentliche Reformdiskussion, die zum Gegenstand kommunaler und bundesstaatlicher Politik wurde, zum Schluß sogar den Deutschen Reichstag beschäftigte. Die Grundlagen moderner Städteplanung und sozialer Wohnungsbaupolitik sind dadurch im Ansatz entscheidend mitgestaltet worden.

2. Die Diskussion um die optimale städtische Wohnform erhielt ein so erhebliches innenpolitisches Gewicht, weil mit den bautechnischen, rechtlichen und finanziellen Problemen von Anfang an die Lösung der weitaus größer dimensionierten „Arbeiterfrage" und darüber hinaus der Daseinsform in der industriellen Stadt insgesamt verbunden wurde. In praktischer Konsequenz strebte man eine notwendig empfundene Sozialreform über eine Verbesserung der materiellen Lebensbedingungen und insbesondere über die Wohnverhältnisse an. Dadurch wurde die Soziale Frage gleichsam in die Privatsphäre gehoben und einer individualreformerischen Zielsetzung eindeutig der Vorrang eingeräumt. In gedanklicher Verkürzung lief das auf die Vorstellung hinaus: Wenn jedem Arbeiter eine ausreichende und gesunde Wohnung, möglichst sogar ein „Häuschen im Grünen" gestellt werde, sei man dem sozialen Frieden und Ausgleich ein wesentliches Stück näher gekommen, die akute Arbeiterfrage wesentlich entschärft.

3. Die Mehrheit der frühen bürgerlichen Wohnungsreformer ging von der stillschweigenden gemeinsamen Voraussetzung aus, daß die immer stärker vom Land in die Stadt strömenden Menschen ihre Bodenständigkeit verlieren und in den mehrstöckigen Miethäusern gesellschaftlich wurzellos würden. Die neuen Wohnformen in den sich industrialisierenden Großstädten wurden aus der seit Jahrhunderten vertrauten agrarisch-kleinstädtischen Perspektive bewertet und prinzipiell gefühlsmäßig zunächst abgelehnt. Insbesondere bot die „Mietskaserne" ein Ziel der Kritik. Sie wurde zum Schreckensbild des modernen städtischen Daseins hochstilisiert, von dem alle Übel ausgingen. Im mehr-

stöckigen Massenmiethaus sah man eine Gefahr für Familie, Gesundheit und Moral, ein Sammelbecken für Kriminalität und proletaroide Existenzen. Die gesellschaftsdestruktive Mietskaserne zerstörte nach dieser Ansicht vertraute Lebenskreise und ihre darauf aufbauenden Wertnormen. Diese weithin verbreitete Ablehnung erinnert an die gleichzeitig auftauchende moderne Fabrik, die durch ihre konsequente Trennung von Wohn- und Werkraum ganz ähnliche Umstellungs- und Anpassungsschwierigkeiten bescherte. Auch hier war die neue Zusammenballung der Menschen von sozialer Entfremdung und Differenzierung begleitet. Nicht zufällig wurde der moderne Mietvertrag immer wieder in seinen unheilvollen Auswirkungen mit dem Arbeitskontrakt verglichen und für das Mietsverhältnis in den großen Stockwerkshäusern der Ausdruck „Wohnungsfeudalismus" gebraucht, um die neuen Abhängigkeiten anklagend zu demonstrieren. Der Streit „Eigenheim oder Mietskaserne" war in seinem Kern daher mehr ein mental-psychologisches als ein ökonomisch-rechtliches oder finanziell-technisches Problem.

4. Interessanterweise wurde die Präferenz für das Einfamilienhaus von dem christlich-konservativen Sozialreformer Victor Aimé Huber bereits betont, als der Bau von Massenmiethäusern noch gar nicht im großen Stil in Deutschland eingesetzt hatte. Seine Vorbilder für ein optimales Wohnen der „arbeitenden Klassen" wie auch für die Gründung von gemeinnützigen genossenschaftlichen Baugesellschaften entnahm er hauptsächlich den damals weiter fortgeschrittenen englischen Verhältnissen. Bezeichnenderweise wurde von ihm und seinen geistigen Nachfolgern erst sehr verspätet oder auch gar nicht erkannt, daß wegen der anderen Eigentums-, Bau- und sonstigen Rechtsordnungen eine einfache Kopie der englischen Vorbilder so nicht möglich war. Dennoch wurde die aus England stammende Idee, jedermann müsse Hauseigentümer werden, immer wieder mit größter Hartnäckigkeit vorgetragen, wenngleich nun nach mehr praktikablen Modifikationen gesucht wurde. Auch das aus England stammende Programm der „Gartenstädte" konnte wegen der teilweise gänzlich verschiedenen Ausgangsverhältnisse nur unvollkommen in Deutschland rezipiert werden. Der Bau von Trabantenstädten im Grünen mit ganz neuen Siedlungs- und Lebensformen hat die städtebaulichen Konzeptionen auf lange Sicht freilich stark beeinflußt.

5. Während die Vertreter des Eigenheimgedankens vornehmlich sozialpolitische Ziele hatten, gaben sich die weit in der Minderheit befindlichen Befürworter des mehrstöckigen zentralisierten städtischen Wohnens mehr als Anhänger einer marktwirtschaftlichen Orientierung zu erkennen. Sie wurden nicht müde, darauf hinzuweisen, daß Boden-, Bau- und Wohnungsmärkte den allgemeinen Gesetzen von Angebot und Nachfrage folgen und der normale Wohnungsbau nicht vom Problem des Kapitaleinsatzes und seiner Verwertung getrennt werden kann. Der Nationalökonom Karl Knies sprach als erster klar die Ansicht aus, daß man die sich anbahnende „Wohnungsfrage" auf die Dauer nur mit Hilfe eines mehrstöckigen Mietwohnungsbaus sowie mit großen Baugesellschaften, d.h. mit einer großbetrieblichen Massenfabrikation werde lösen können. Diese Linie ist

von einem Teil der deutschen Nationalökonomie bis zum Ende des Jahrhunderts beibehalten worden, wobei in einer theoretisch geführten Debatte die Zusammenhänge zwischen Bodenpreis und Mieten erstmals eine ausführliche Behandlung erfuhren. Eine staatliche Mitwirkung bei der Wohnungserrichtung und Stadtplanung wurde auch von dieser Gruppe keineswegs bei wichtigen Einzelfragen abgelehnt, insbesondere wurde eine Aufgabe darin gesehen, für eine ausreichende Infrastruktur zu sorgen, damit auch die billigeren Böden bebaut werden könnten.

6. Wie sich dann in der Realität zeigte, war der Bau von großen Mietshäusern zur Befriedigung des immens gestiegenen Wohnungsbedarfs um die Jahrhundertwende nirgendwo zu vermeiden, da die gestiegenen Bodenpreise keine andere Wahl ließen. Der private Wohnungsbau dominierte überall und hatte die Hauptlast der Wohnungsnachfrage zu tragen. Der Anteil der Häuser, die durch gemeinnützige Baugesellschaften und Baugenossenschaften, durch private Unternehmer für ihre Werksangehörigen oder vom Staat und den Kommunen für ihre Bediensteten errichtet wurden, blieb bis zum I. Weltkrieg prozentual noch gering.

WOHNUNG UND WOHNQUARTIER

Zur innerstädtischen Differenzierung der Wohnbedingungen in deutschen Großstädten des späten 19. Jahrhunderts

von Clemens Wischermann

Bevölkerungswachstum und innerstädtische Bevölkerungsverschiebungen, industrielle Expansion und geändertes wirtschaftliches Standortverhalten lösten in der zweiten Hälfte des 19. Jahrhunderts die alten Städtestrukturen weitgehend auf und prägten die Konturen der neuen Großstadt und ihrer gewandelten Wohnverhältnisse. Der sich vor allem seit den 1860er Jahren rasch beschleunigende Industrialisierungs- und Urbanisierungsprozeß veränderte das innerstädtische Gefüge von Grund auf. Die Entwicklung der Wohnbedingungen der neuen industriellen Großstädte vollzog sich in enger Abhängigkeit von den allgemeinen Determinanten des innerstädtischen Strukturwandels der Urbanisierung. Seine wichtigsten Dimensionen wie ‚Sozialer Status', ‚Urbanität' und ‚Mobilität'[1] können im folgenden als Leitlinien einer historischen Untersuchung sozialer und räumlicher Disparitäten der Wohnverhältnisse dienen.

1. Stadtwachstum und Ausbreitung urbaner Wohnformen

Im Laufe des 19. Jahrhunderts vollzog sich der Wandel von der „alten" Stadt zur Stadt im Industriezeitalter. Auch die vorindustrielle Stadt besaß ihre Gliederungs- und Strukturelemente und war keineswegs planlos im Hinblick auf die Anlage etwa von Straßen, öffentlichen Gebäuden oder Kirchen. Die räumliche Anordnung sozialer Merkmale im innerstädtischen Bereich wurde aber „nicht von der absoluten Wohnqualität des Standortes und auch weniger von ökonomischen Gesichtspunkten gesteuert, sondern eher von Normen des Prestiges, von Normen einer gegebenen oder beanspruchten sozialen Rangstellung (sozialer Status) wie auch von der anerkannten Standesordnung"[2]. Erst in der

---

[1] Vgl. zu diesen aus der modernen Stadtsoziologie abgeleiteten Begriffen und ihrer Anwendung in der Stadtgeschichte des Industrialisierungszeitalters ausführlich C. WISCHERMANN, Wohnen in Hamburg vor dem Ersten Weltkrieg (Studien zur Geschichte des Alltags 2), Münster 1983, bes. S. 295ff. (im folgenden zitiert: WISCHERMANN, Wohnen in Hamburg); DERS., Urbanisierung und innerstädtischer Strukturwandel am Beispiel Hamburgs: Verfahren moderner Stadtanalyse im historischen Vergleich, in: H. MATZERATH (Hg.), Städtewachstum und innerstädtische Strukturveränderungen (Geschichte und Theorie der Politik A 8), Stuttgart 1984, S. 165-196.

[2] D. DENECKE, Sozialtopographische und sozialräumliche Gliederung der spätmittelalterlichen Stadt, in: J. FLECKENSTEIN/K. STACKMANN (Hgg.), Über Bürger, Stadt und städtische Literatur im

Industrialisierung erlebten jahrhundertelang gültige innerstädtische Gliederungsprinzipien eine grundsätzliche Veränderung. Gebietsausweitungen der Städte bereits in der ersten Hälfte des 19. Jahrhunderts lagen im wesentlichen rechtliche, politische und administrative Gründe, aber noch kaum Wachstumsvorgänge zugrunde [3]. Denn das Ausgreifen über den alten Stadtbezirk hinaus in die Feldmark hatte eine Reihe von Mobilisierungsprozessen zur Voraussetzung, die sich nur schrittweise durchsetzten. Der Umbruch von einem langsamen Bevölkerungswachstum (innere Stadterweiterung) zum flächenmäßigen Stadtwachstum der Urbanisierungsperiode der zweiten Jahrhunderthälfte vollzog sich in vielen größeren deutschen Städten etwa seit den 1860er Jahren. Als demographisches Signal erreichte der Wanderungsgewinn der Städte nicht dagewesene Höhen. Zu den vorausgehenden Reformen gehörten Entfestigungen, Mobilisierung des Bodens durch die Gemeinheitsteilungen, Aufhebung der Bannrechte, Veränderungen des Baurechts, Neuordnungen des Bürgerrechts und der Heiratsbeschränkungen, Durchsetzung der Gewerbe- und Niederlassungsfreiheit sowie der Freizügigkeit. Äußeres Zeichen für das Fallen einer Vielzahl mobilitätshemmender Restriktionen war die Aufhebung von Stadt-, Zoll- und Akzisemauern und der mit ihnen verbundenen „Torsperren", die bis in die 1860er Jahre Stadt und Umland noch vielfach trennten.

In den folgenden Jahrzehnten zerstörten Industrialisierung und Stadtwachstum das in Jahrhunderten entstandene Bild der deutschen Städte in einem raschen wirtschaftlichen und sozialen Wandel und setzten neue innerstädtische Strukturen der industriellen Großstadt an seine Stelle: „Die Zurückdrängung der häuslichen Produktionsstätten, wie sie das Handwerk (neben der Landwirtschaft) kennzeichnen, und das Vordringen der Industriebetriebe und anderer großer Arbeitsstätten riefen die räumliche Entmischung der Funktionen des Arbeitens und Wohnens hervor und mündeten in die räumliche Segregation von Arbeitsgebieten oder Produktions- sowie Dienstleistungsstandorten und Wohngebieten. Die räumliche Trennung dieser Hauptfunktionen bildete eines der grundlegenden Strukturierungsmerkmale der industriellen Großstadt ... und des Verstädterungsprozesses, das sich von den Gliederungsprinzipien vorhergehender Epochen prinzipiell abhob." [4]

Für die in der Bevölkerungsentwicklung am einfachsten zum Ausdruck kommenden innerstädtischen Strukturveränderungen in der Urbanisierung wurde schon von den Zeitgenossen die Kurzformel „Citybildung" geprägt [5]. Darunter verstand man die Umbildung großstädtischer Kerngebiete nach dem

---

Spätmittelalter (AbhAKGött, F. 3, 121), Göttingen 1980, S. 161-202, hier S. 167.

[3] Vgl. H. MATZERATH, Städtewachstum und Eingemeindungen im 19. Jahrhundert, in: J. REULECKE (Hg.), Die deutsche Stadt im Industriezeitalter. Beiträge zur modernen deutschen Stadtgeschichte, Wuppertal 1978, S. 67-89, hier S. 72.

[4] Vgl. I. THIENEL, Verstädterung, städtische Infrastruktur und Stadtplanung. Berlin zwischen 1850 und 1914, in: ZSSD 4 (1977), S. 55-84, hier S. 58f.

[5] Vgl. S. SCHOTT, Die großstädtischen Agglomerationen des Deutschen Reiches 1871-1910 (Schriften des Verbandes deutscher Städtestatistiken, Ergänzungshefte zum Statistischen Jahrbuch deutscher Städte 1), Breslau 1912.

Vorbild von Paris und London zu überwiegenden Arbeitsstätten des Handels und der Verwaltung mit gleichzeitiger Aussiedlung der Arbeitsstätten des produzierenden Gewerbes und der Industrie und der Kommerzialisierung der ehemaligen innerstädtischen Wohngebiete. In den Vororten entstanden neue massenhafte Wohnquartiere als Ersatz für die Verluste in den Innenstädten und als Zuzugsvorrat für die hohen Wanderungsgewinne. Die vorindustrielle Kernstadt wurde zur Innenstadt und das ursprüngliche Stadtgebiet oft durch das Stadtwachstum nachvollziehende Eingemeindungen um ein Mehrfaches vergrößert. Die Vororte entwickelten einen typisch städtischen Wohnortcharakter mit „bürgerlicher" bis „proletarischer" Sozialstruktur und in den meisten Fällen geschlossener Mietshausbebauung. In besonderen Gunstlagen, zuweilen außerhalb des offiziellen Stadtgebietes, bildeten sich hervorgehobene Villenviertel. Die größten deutschen Städte wuchsen sich zu umfassenden Stadtregionen aus, in deren Umkreis ehemalige kleine Dörfer rein zahlenmäßig zu eigenen Großstädten emporschossen. Die funktionale Differenzierung dieser Stadträume wurde vor allem durch die Verflechtung von Wohnort und Arbeitsstätte dokumentiert[6].

Das Phänomen der gemeinsamen Bewohnung eines Hauses durch mehrere Wohnparteien war nicht erst ein Resultat von Industrialisierung und Verstädterung, sondern hatte zumindest in größeren und befestigten Städten bereits lange vor dem 19. Jahrhundert existiert. Anders als in England traten viele deutsche Städte so mit einer langen Tradition eines dichten, vielstöckigen Mietwohnungswesens in das Zeitalter der Industrialisierung ein, die unter den Bedingungen demographischer und wirtschaftlicher Expansion bei politisch-militärisch verursachten Restriktionen des Städtewachstums entstanden war. Noch in der deutschen Wohnungsreformdiskussion der 1850er und 1860er Jahre hatte aber unter dem Einfluß englischer Vorbilder die Forderung nach der Durchsetzung des Einfamilienhauses als Wohnstandard den Maßstab für die Beurteilung der bestehenden Wohnungsverhältnisse und der Zielsetzung ihrer Reform gesetzt. Die hier vertretene „Eigenhausideologie" hatte indes gerade in den rasch wachsenden städtischen Ballungszentren nie einen realen Boden: Einfamilienhaus und Stadtleben waren schon vor der Urbanisierung nicht die tatsächlich vorherrschende Wohnform gewesen, und sie wurden im Verlaufe der Urbanisierung mehr denn je unvereinbare und unrealisierbare Ziele. Im relativ kleinen offiziellen Berliner Stadtgebiet, das nur den Kern des späteren Großberliner Agglomerationsraumes darstellte, lag die Zahl der Einfamilienhäuser bereits Anfang der 1860er Jahre unter 1% des Wohnungsbestandes und sank weiter in die Bedeutungslosigkeit ab. In Hamburg (einschließlich der Vororte) gab es zwar in den 1870er Jahren noch rund 12% Wohnungen im Ein-

---

[6] Im Gegensatz zu der hier behandelten Entwicklung älterer großer Städte während der Industrialisierung verlief die aus vielen Elementen zusammengesetzte Bildung neuer Industriestädte zumindest in ihrer ersten Wachstumsperiode nach ganz anderen Mustern. Je weiter die städtische Entwicklung fortschritt, desto deutlicher wurde im allgemeinen jedoch die Angleichung der innerstädtischen Strukturprinzipien.

familienhausbestand, doch waren im erfaßten Gebiet weite ländliche Randzonen eingeschlossen. Bis 1910 sank auch im großen hamburgischen Siedlungsgebiet die Einfamilienhausquote auf rund 3% ab. Im Frankfurter Stadtgebiet konnte eine auf ähnlicher Höhe sich bewegende Quote bereits seit den 1890er Jahren nur noch durch die zahlreichen Eingemeindungen auf einem statistisch annähernd konstanten Niveau gehalten werden.

Die langfristige Verschiebung der Wohnlagen brachte für die Masse der städtischen Bevölkerung eine völlig geänderte Wohnumwelt mit sich. Das moderne große Etagenhaus, bis zur Schwelle des baupolizeilich erlaubten in die Höhe greifend, wurde innerhalb weniger Jahrzehnte zum beherrschenden Haus- und Wohnungstyp der industriellen Großstadt. Die Zeitgenossen sprachen vom „Siegeszug der Mietskaserne". Im Extremfall Berlin stieg der Anteil der Bevölkerung, der in dritten und höheren Stockwerken wohnte, von 1861 bis 1890 von rund 18% auf ca. 40% an. Viele andere deutsche Großstädte erreichten um die Jahrhundertwende Anteile, die sich zwischen etwa 25 und 30% bewegten. Auch in weitem Umkreis um die ehemaligen Kernstädte war der Rückgang des Einfamilienhauses und das Vordringen des modernen Massenmiethauses nicht aufzuhalten, das seinen jahrzehntelang kaum gebremsten Siegeszug einer Mischung aus spekulativen Wohnungsbaumechanismen und noch unzureichend entwickelten Baupolizeiordnungen und Bebauungsplänen verdankte.

Es wäre sicherlich verfehlt, in dem Überwiegen städtischer Mietbevölkerung ein neues Charakteristikum der Großstadt in der Urbanisierung zu sehen[7]. Unzweifelhaft ist aber, daß als Folge der Industrialisierung und Urbanisierung in der zweiten Hälfte des 19. Jahrhunderts eine Verschärfung des Verhältnisses von Hausbesitzern und Mietern eintrat. Der Anteil der Eigentümerwohnungen war kurz vor dem Ersten Weltkrieg in Hamburg unter 5% gesunken, womit die Stadt unter den deutschen Großstädten vermutlich eine mittlere Position einnahm, denn in Berlin hatte dieser Anteil bereits 1890 nur noch 0,5% betragen, während er in München noch im Jahre 1900 bei rund 10% lag. In diesen Zahlen kommen jedoch nur zum Teil Unterschiede in der Sozial- und Eigentumsstruktur der verglichenen Städte zum Ausdruck, denn die Anteile waren nicht zuletzt abhängig von der Ausdehnung des statistisch erfaßten städtischen Raumes, was das Beispiel Berlin mit seinem auf den inneren Kern der großstädtischen Agglomeration beschränkten Stadtgebiet im Extrem verdeutlicht. Mit zunehmender Verdichtung der Bebauung verlegte die Oberschicht ihre Wohnsitze aus der Stadt heraus in landschaftlich schöne Außengebiete. Damit aber verließen sie oft auch das offizielle Stadtgebiet. Eine Ausnahme bildeten topographisch besonders begünstigte Viertel im Innern der Städte wie beispielsweise das Frankfurter Westend oder das ehemalige Gut Harvestehude an

---

[7] Bereits für den Zeitraum Ende des 15. bis zur Mitte des 16. Jahrhunderts hat Denecke den Mieteranteil in einigen mittel- und süddeutschen Städten auf 45 bis 55% geschätzt; vgl. DENECKE, wie Anm. 2, S. 186.

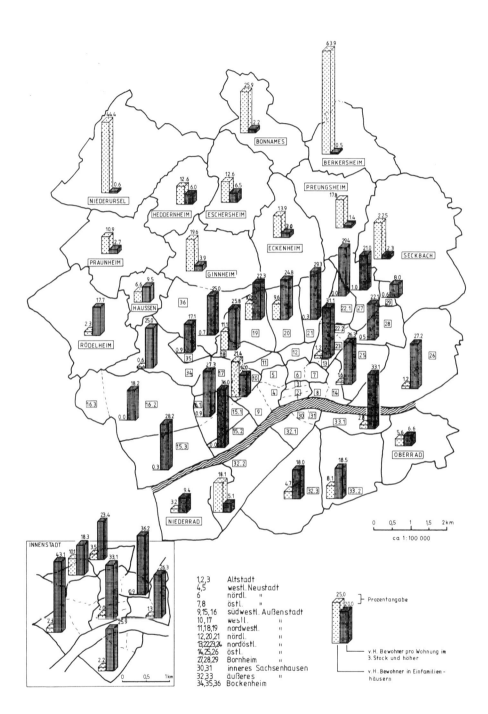

Quelle: Berechnet nach: Beiträge zur Statistik der Stadt Frankfurt am Main, H. 11, Frankfurt a.M. 1919.

Abb. 1: Frankfurt 1910. Ausbreitung urbaner Wohnformen

der Hamburger Außenalster[8]. In ihnen verblieb noch bis zum Ende der Urbanisierungszeit eine kleine, aber sehr wohlhabende Oberschicht. Nicht nur für die Unterschichten, sondern auch für die Mittelschichten war aber trotz langsam steigenden Wohlstandes der Erwerb eines eigenen, möglichst nur von einer Familie genutzten Hauses ein unerreichbares Ziel. Die Großstadt war gegen Ende des 19. Jahrhunderts hinsichtlich ihrer Eigentumsverhältnisse und ihrer Wohnformen endgültig zu einer Gesellschaft von Mietern geworden.

2. Wanderung und Segregationsverhalten

In der zweiten Hälfte des 19. Jahrhunderts wurden die deutschen Großstädte zu Standorten der industriellen Entwicklung und damit zu Zentren günstigen Arbeitsplatzangebots für ein weites Einzugsgebiet. Während die Ergänzung durch Geburten auch in der Urbanisierung der dominante Faktor des städtischen Bevölkerungswachstums war, resultierte der überwiegende Teil der Zunahme der Großstädte aus der Zuwanderung. Auf die sozialräumliche Struktur der deutschen Großstädte hat die Ortsgebürtigkeit bzw. der Zuwandereranteil der Bevölkerung aber — im Gegensatz zu an nordamerikanischen Vorbildern orientierten Hypothesen — keinen entscheidenden Einfluß gewinnen können. Die Zuwanderer der Urbanisierungszeit verteilten sich relativ gleichmäßig über den Raum der Großstädte; die innerstädtischen Unterschiede im Zuwandereranteil der Stadtviertel waren in der gesamten zweiten Hälfte des 19. Jahrhunderts eher gering. Alle Anzeichen sprechen dafür, daß es in Deutschland nicht zu einer ausgeprägten räumlichen Segregation der eingesessenen Bevölkerung gegenüber den Zuwanderern gekommen ist[9]. Darüber hinaus sind bei der Zuwanderung im späten 19. Jahrhundert (mit Ausnahme der Polen im Ruhrgebiet) keine besonderen sozio-ethnischen Segregationen entstanden, wie sie bei der Einwanderung in amerikanische Städte oder bei den Gastarbeitern in der heutigen Bundesrepublik zu beobachten sind. Nach Kamphoefners Ansicht ist bei der Zuwanderung in die deutschen Großstädte allgemein nicht mit vergleichbaren Segregationserscheinungen zu rechnen, wie sie für die Einwanderung in amerikanischen Städten charakteristisch waren. Er interpretiert dies als ein Beweisstück für den leichteren Anpassungsprozeß in den deutschen Großstädten der Urbanisierungszeit, in denen Zuwanderer keineswegs identisch mit sozialen Absteigern waren. Die traditionell negative Bewertung der Stadtwanderung im 19. Jahrhundert hat mehr auf emotioneller Stadtfeindschaft und unzulässiger Verallgemeinerung von Einzelschicksalen als auf statistisch gesicherten Tatsachen beruht. Die urbane Zuwanderung war ein sozialer und wirtschaftlicher Umstrukturierungsprozeß größten Ausmaßes mit vielen in-

---

[8] Vgl. K. MERTEN/CH. MOHR, Das Frankfurter Westend (Materialien zur Kunst des neunzehnten Jahrhunderts 10), München 1974; U. WOLFRAM, Citynahes Wohnen in Harvestehude und Rotherbaum. Bestandsaufnahme und Aspekte der Zukunft, Hamburg 1974.
[9] Vgl. WISCHERMANN, Wohnen in Hamburg, wie Anm. 1, S. 342ff.

dividuellen Härten, aber keineswegs eine generelle Verelendungskatastrophe [10].

Einen starken Beleg für Kamphoefners Thesen bildet die Tatsache, daß sich in den von uns untersuchten Großstädten so gut wie kein Zusammenhang zwischen dem Grad an männlicher [11] Zuwanderung und niedriger Wohnqualität finden ließ. Berliner Stadtteildaten aus mehreren Untersuchungsjahren zeigen, daß die verschiedenen Indikatoren von Wohnungselend zwar in der Regel mit Arbeiter- und Industrievierteln korrelierten, daß sie aber eher in einem negativen Verhältnis zum Anteil der zugewanderten Männer an der Bevölkerung standen.

Auch fanden sich Neuankömmlinge unter den Zuwanderern eher in mittleren Wohnvierteln. Die Münchener Stadtteilstruktur bestätigt und verstärkt die Berliner Erkenntnisse. Vor allem die außerbayerische Wanderung nach München war offensichtlich eine Qualifikationswanderung. Eine hohe Konzentration von Zugewanderten war in Berlin oder München also keinesfalls gleichzusetzen mit dem Entstehen von besonderen Elendsvierteln.

Die Zeitgenossen haben in ihren Schilderungen der Wohnverhältnisse im Innern der neuen Metropolen oft vom Gegenteil erzählt. Besonders häufig sind Berichte, die von der offenkundigen Bevorzugung der Innenstädte durch die Zuwanderer, unter ihnen besonders der unqualifizierten und einkommensschwächsten Wanderer sprechen. Der Schlüssel zu diesen Beobachtungen liegt zu einem Teil in der Zusammensetzung der Binnenwanderung selbst, die überwiegend aus Einzelwanderern bestand. Zum anderen setzten der Umstrukturierungsprozeß der Familie und die industriellen Arbeitsverhältnisse eine Vielzahl vor allem junger Erwerbstätiger aus familiären und häuslichen Bindungen frei, die sie zugleich der Eigenverantwortlichkeit für ihre Wohnsituation überließen. Beide Gruppen suchten in der Großstadt billige und arbeitsplatznahe Wohngelegenheiten. Beides fanden sie am ehesten im Innern der großen Städte, die zugleich in der Regel die günstigsten, d.h. arbeitsplatznahesten Wohnstandorte darstellten. Hier mieteten sie ein Zimmer oder eine Schlafgelegenheit bei einer fremden Familie. Die Folge war, daß sich die Masse der Untermieter in dem begrenzten Raum der Innenstädte und den unmittelbar angrenzenden Stadtteilen zusammenpreßte. Die scharfe innerstädtische Konzentration und Segregation der Untermieter erreichte ihren Höhepunkt erst unmittelbar vor dem Ersten Weltkrieg. Die abnehmenden Bevölkerungs- und Haushaltungszahlen der Innenstädte ließen die Wohnmöglichkeiten schrumpfen, und der Druck auf die verbliebenen Haushalte wurde noch größer. Weitgehend unberührt von den konjunkturellen Lagen des Wohnungsmarktes nahm die Konzentration der untervermietenden Haushalte in den inneren Wohnvierteln

---

[10] Vgl. W.D. KAMPHOEFNER, Soziale und demographische Strukturen der Zuwanderung in deutsche Großstädte des späten 19. Jahrhunderts, in: H.J. TEUTEBERG (Hg.), Urbanisierung im 19. und 20. Jahrhundert. Historische und geographische Aspekte (StF A 16), Köln/Wien 1983, S. 95-116, hier S. 113.

[11] „Zugewanderte Frauen waren in einem so hohen Maße Dienstboten, daß sie eher mit Nobelvierteln zu assoziieren sind, obwohl sie selbst zumeist alles andere als nobel wohnten."; KAMPHOEFNER, wie Anm. 10, S. 110.

Tabelle 1

Korrelationen auf Stadtteilebene zwischen dem Anteil der Zuwanderer unter männlicher Bevölkerung und verschiedenen Indikatoren von Lebensstandard und Wohnqualität

Orte	Durch-schnitt-liche Wohnungs-grösse	Anteil aller Erwerbstätigen beschäftigt				Anteil der Bevölkerung			gestorben im 1. Lebensjahr in v.H. aller Geborenen	gestorben überhaupt in v.H. der Bevöl-kerung	zahl der Stadt-teile
		als Arbei-ter	in Indu-strie	in Han-del und Verkehr	in freien Berufen und als Beamte	Dienst-boten	Zimmer-mieter	Schlaf-gänger			
Berlin 1875 in den letzten 5 Jahren zugewandert	-.20		-.10	-.04	-.11	-.17	+.39	+.27			21
Berlin 1890 in den letzten 5 Jahren zugewandert aus dem agrari-schen Ostelbien	+.46	-.62	-.57	+.24	+.67	+.46	+.73	-.27			22
aus Ostelbien excl. Brandenburg	-.19	+.09	+.15	+.18	-.09	-.21	+.29	+.51			22
aus den preussi-schen Westprovinzen	+.05	-.14	-.12	+.31	+.24	-.01	+.49	+.28			22
	+.80	-.82	-.81	+.36	+.81	+.79	+.77	-.46			22
Berlin 1910 in den letzten 5 Jahren zugewandert	+.40	-.54	-.71	+.68	+.54	+.30	+.58	-.14			31
München 1890 überhaupt zugewandert	+.58	-.47	-.54	+.27	-.03	+.33					22
von ausserhalb zugewandert	+.15	-.24	-.28	-.17	-.31	+.02					22
Bayerns zugewandert	+.91	-.77	-.78	+.46	+.60	+.72					22
München 1905 überhaupt zugewandert	+.71						+.66	-.40	-.68	-.45	24
Bayerns zugewandert	+.92						+.75	-.68	-.66	-.13	24

Quelle: KAMPHOEFNER, wie Anm. 10, S. 112.

der Großstädte zu, um die herum die Untervermietung in den Vororten tendenziell konzentrisch abnahm. Nach der Jahrhundertwende waren Anteile von über 30% aller Haushalte mit Untervermietung in den großstädtischen Innenstadtvierteln keine Ausnahme. Hier war die Belegung der Haushalte kaum mehr zu steigern, und die Untervermietung griff bereits auf innenstadtfernere, auch statushöhere Wohngebiete über.

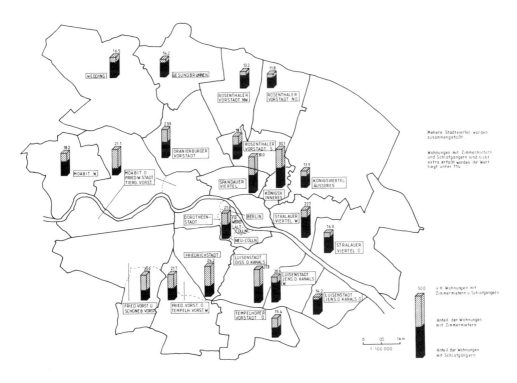

Quelle: Berechnet nach: Die Grundstücks-Aufnahme von Ende Oktober 1905 sowie die Wohnungs- und Bevölkerungs-Aufnahme vom 1. Dezember 1905 in der Stadt Berlin und 29 benachbarten Gemeinden, Berlin 1910.

Abb. 2: Berlin 1905. Untervermietung

Die Untermieter stellten keineswegs eine homogene soziale Gruppe dar, sondern zeichneten sich — wie die Karten ausweisen [12] — durch eine ausgeprägte soziale Stufung aus, die zugleich auch eine räumliche war. Mit steigendem Einkommen des Untermieters wuchsen nicht nur sein Wohnkomfort, sondern zugleich auch

---

[12] Eine Differenzierung der Untermieter in Zimmermieter und Schlafgänger kann nur Tendenzen, keine exakten Größenordnungen angeben, da die Zuordnungskriterien der zeitgenössischen Statistik schwankend waren. Analoge thematische Karten zu Hamburg bei WISCHERMANN, Wohnen in Hamburg, wie Anm. 1, S. 357f.

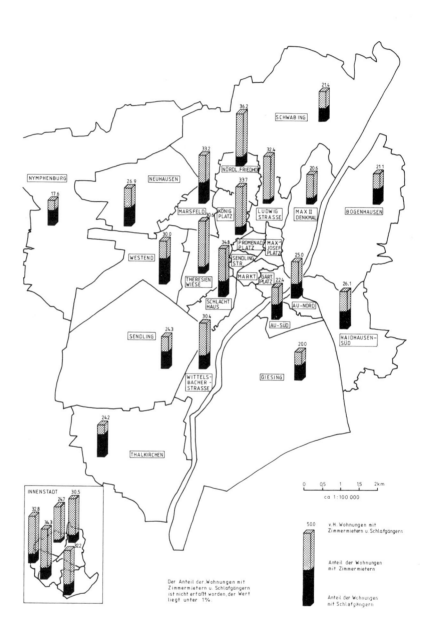

Quelle: Berechnet nach: Mittheilungen des Statistischen Amtes der Stadt München, Bd. 17, H. 3, München 1901-1902.

Abb. 3: München 1900. Untervermietung

seine Möglichkeiten arbeitsplatzferneren, und das hieß in vielen Großstädten cityferneren Wohnens. Die kleine oberste Schicht der Untermieter bildeten gut bezahlte Arbeiter und Angestellte, die durchweg als Zimmermieter in den besseren Vierteln der Städte leben konnten. Die mittlere Gruppe der Untermieter stellte die Masse der regelmäßig beschäftigten Arbeiterschaft, die in der überwiegenden Mehrzahl auch als Zimmermieter in einem eigenen Raum wohnte, so klein und beengt dieser auch bei niedrigen Einkommen werden mochte. In der untersten Schicht schließlich fanden sich die am schlechtesten bezahlten Arbeiter, Tagelöhner und Handlanger und die unterbezahlten weiblichen Fabrikarbeiterinnen. Das Schlafgängertum bildete die unterste Stufe des Lebens in der Großstadt. Die Schlafgängerquartiere konzentrierten sich in der Regel auf den baulich heruntergekommenen, ältesten Wohnungsbestand, wie man ihn im Innern vieler Städte noch antraf, und auf die städtischen Wohnquartiere mit einem extrem niedrigen sozialen Status. In diesen Wohnungen blieb kein Raum, den man noch hätte untervermieten können, und selbst eine zusätzliche Schlafstelle für die Nacht war nur mit Mühe unterzubringen. Dafür aber waren diese Schlafplätze billig, und sie konnten von heute auf morgen verlassen werden, während in der Zimmervermietung vierzehntägige Miet- und Kündigungszeiträume die Regel waren.

In München hat die besonders hervorgehobene soziale Stellung des Stadtzentrums zu einer spezifischen Ausprägung der innerstädtischen Untervermietung geführt, die aber die generellen Zusammenhänge nur um so deutlicher werden läßt. Auch hier wurde der innere Kernbereich der Stadt von außerordentlich hohen Anteilen untervermietender Haushalte geprägt. Die Struktur der Untervermietung wurde jedoch durch den hohen sozialen Status des Zentrums bestimmt, so daß Schlafstellenvermietung entgegen den allgemeinen Tendenzen im Bereich der Münchener Innenstadt eher der Ausnahmefall, der Zimmermieter die Regel war, während in weiter entfernten Stadtteilen, wie dem statusniedrigen Westend, die Schlafstellenvermietung dominierte.

3. Sozialer Status und Wohnqualität

Zu Beginn der Urbanisierung bildeten sich in vielen deutschen Großstädten Grundstrukturen der sozialräumlichen Differenzierung aus, die abgesehen von der räumlichen Ausdehnung im Städtewachstum nur noch in Ausnahmefällen entscheidende Veränderungen erfuhren. Die Disparitäten in den Wohnbedingungen der Stadtteile kamen, vergleicht man sie mit den Ergebnissen von Schichtungsanalysen, den sozialen Distanzen zwischen der unteren Unterschicht und der Oberschicht gleich. Die vergleichende Betrachtung des Niveaus ihrer Wohnungsversorgung vermag daher sowohl einen tieferen Einblick in die sozialen Unterschiede der Wohnbedingungen zu gewähren, als auch ihren sozialräumlichen Wandel im Industrialisierungsprozeß der Großstädte faßbar werden zu lassen.

Die Höhe der Disparitäten zwischen innerstädtischen Wohngebieten kann als

Ausdruck der Wohnansprüche interpretiert werden, die soziale Gruppen erhoben bzw. erheben konnten und deren Realisierung sich in der Wahl eines bestimmten, im Mietpreisniveau und Wohnkomfort den Ansprüchen und der Zahlungsfähigkeit entsprechenden Stadtviertels niederschlug. So lagen beispielsweise die Wohnungsmieten in den Hamburger Oberschichtenvierteln bis achtmal so hoch wie die Mietpreise in den Wohnquartieren der Unterschicht, und sie erreichten damit in etwa die Spanne der stadtviertelbezogenen Einkommensdisparitäten [13]. Von vergleichbaren schichten- und quartierspezifischen Disparitäten im Lebensstandard ist auch in den Wohnbedingungen anderer Großstädte auszugehen. Natürlich wurden die Wohnverhältnisse im Einzelfall von einer Vielfalt von Einfluß- und Merkmalskombinationen geprägt, die nur zum Teil an die Wohnung selbst, ihre Größe und Ausstattung gebunden waren. Sie gewannen darüber hinaus ihre Lebensqualität aus den geschichtlich nur unvollkommen zu erfassenden Gegebenheiten des Wohnumfeldes [14]. Ihren prägnantesten und einer quantifizierenden Analyse zugänglichen Ausdruck fanden die viertelspezifischen Wohnbedingungen in der lange Zeit unzureichenden Befriedigung elementarster Wohnraumansprüche für die Masse der großstädtischen Bevölkerung.

Als Zielgröße modernen Wohnstandards gilt heute die Zahl von einer Person pro Wohnraum. 1875 betrug die interne Dichte in Berlin durchschnittlich 1,9 Personen, 1885 in Hamburg 1,4 Personen pro Wohnraum. In der Mehrzahl der Stadtteile eines mittleren bis unteren sozialen Status war die Ziffer jedoch schlechter als der Durchschnitt, und in den schlechtesten Wohnquartieren lag sie weit darunter. Dabei muß man bedenken, daß die Disparitäten in der Versorgung mit Wohnraum bezogen auf die Quadratmeterzahl eher noch höher waren, denn im allgemeinen gilt, daß mit der Zahl der Räume einer Wohnung zugleich die Größe der einzelnen Räume wuchs. Extremwerte von bis zu 3 Personen pro heizbarem Zimmer oder bis zu 2,5 Personen pro Wohnraum, wie sie in der frühen Phase der Urbanisierung vor allem in Berlin nachweislich erreicht wurden, zeigen sehr dramatisch die Enge, das Wohnungselend und den Wohnungsmangel an, der den Urbanisierungsprozeß in den deutschen Großstädten begleitete.

Bis zum Ersten Weltkrieg verbesserte sich die Versorgungslage mit Wohnraum z.T. erheblich, wenngleich in den erfaßten Städten in unterschiedlichem Ausmaß. In Berlin sank die Ziffer bis 1910 nur geringfügig auf immer noch 1,83 Personen pro Wohnraum, während sie in anderen deutschen Großstädten auf Werte um oder unter 1,2 Personen pro Wohnraum zurückging. In den ausgesprochenen Oberschichtenvierteln, wo die Zahl der Räume der Zahl der Bewohner schon in den 1870er und 1880er Jahren in etwa entsprochen hatte,

---

13 Vgl. WISCHERMANN, Wohnen in Hamburg, wie Anm. 1, S. 310ff.
14 Die bislang intensivste Erforschung der Arbeits- und Lebensbedingungen in zwei Berliner Unterschichtenvierteln bei I. THIENEL, Städtewachstum im Industrialisierungsprozeß des 19. Jahrhunderts. Das Berliner Beispiel (Veröffentlichungen der Historischen Kommission zu Berlin 39, Publikationen zur Geschichte der Industrialisierung 3), Berlin/New York 1973.

Wohnung und Wohnquartier

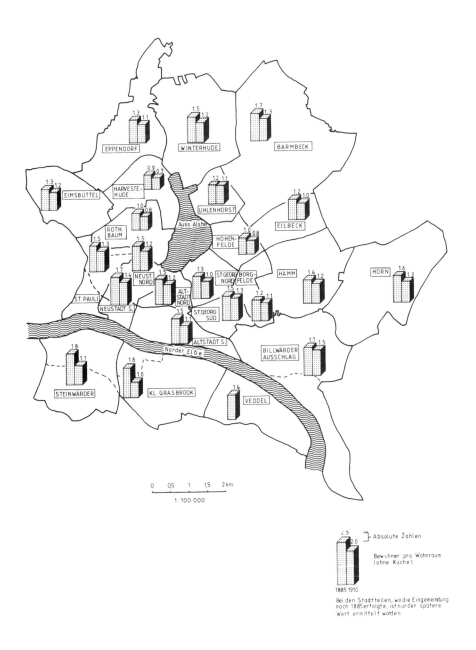

Quelle: Berechnet nach: Statistik des Hamburgischen Staats, H. XIV-XVI, Hamburg 1887-1894, und H. XXIX, Hamburg 1919.

Abb. 4: Hamburg 1885/1910. Interne Wohndichte
Bewohner pro Wohnraum

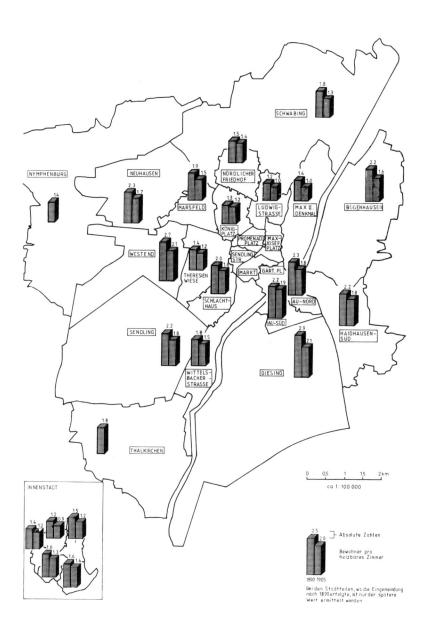

Quelle: Berechnet nach: Mittheilungen des Statistischen Amtes der Stadt München, Bd. 13, T. 1-5, München 1892ff. und Bd. 20, H. 3, München 1906.

Abb. 5: München 1890/1905. Interne Wohndichte
Bewohner pro heizbarem Zimmer

wurde der Idealstandard von einer Person pro Wohnraum nun zumeist erheblich unterschritten. Besonders auffällig waren die Verbesserungen der Wohnbedingungen z.B. in den modernen nördlichen und östlichen Vororten Hamburgs, Wohngebieten eines gemischten sozialen Status, in denen die interne Dichte ganz erheblich zurückging. Eine vergleichbare Entwicklung läßt sich auch für München konstatieren, wenngleich hier nur die interne Dichte pro heizbarem Zimmer gemessen werden konnte; doch zeugen die durchschlagenden Abnahmen auch in den Unterschichten- und Arbeitervierteln Münchens innerhalb eines relativ kurzen Beobachtungszeitraumes (1890 - 1905) von den Fortschritten in der quantitativen Wohnungsversorgung, die im allgemeinen in der Spätphase der Urbanisierung in den deutschen Großstädten erzielt werden konnten. An diesen Fortschritten hatte indes der schon so oft als Sonderfall in der deutschen Wohnungsgeschichte hervorgetretene Berliner Agglomerationsraum nur sehr beschränkt Anteil. Zwar sind auch hier allmähliche Anhebungen des Niveaus der Wohnungsversorgung unverkennbar, doch insgesamt blieb das Berliner Versorgungsniveau mit Wohnraum bis zum Ersten Weltkrieg weit hinter dem anderer deutscher Großstädte zurück. Natürlich blieben nicht nur in Berlin die Wohnbedingungen der Unterschichten weiter hinter wünschenswerten Zielgrößen zurück, und das Erreichen eines Standards von einer Person pro Wohnraum blieb bis zum Ersten Weltkrieg für große Teile der großstädtischen Bevölkerung unerreichbar. Doch vor allem im letzten Viertel des 19. Jahrhunderts konnte im allgemeinen ein nachhaltiger Abbau der krassesten Unterversorgung erreicht werden. Hierin ist der eigentliche Fortschritt in der Wohnungsversorgung im späten 19. Jahrhundert zu sehen.

Zur Zeit der akuten Wohnungskrise der frühen 1870er Jahre war der Anteil der großstädtischen Bevölkerung, der in sog. „übervölkerten" Wohnungen [15] lebte, so hoch wie in der gesamten zweiten Hälfte des 19. Jahrhunderts nicht mehr. Das extreme Ausmaß der Unterversorgung zu Beginn der eigentlichen Urbanisierungsperiode war dabei nur zu einem geringen Teil bereits eine Auswirkung der einsetzenden Urbanisierung, sondern mehr eine Folge der vorhergehenden jahrzehntelangen Verdichtung der alten Stadtkerne. Erst als Resultat der Stadtentwicklung in die Vororte verlagerten sich die schlimmsten Konzentrationen der Unterversorgung in die wachsenden Arbeiterviertel im Umkreis. In den frühen 1870er Jahren fiel diese Entwicklung zusammen mit einer akuten Wohnungskrise, die die großstädtische Bevölkerung in nicht wieder eingetretener, massenhafter Form den Zuständen übervölkerten Wohnens aussetzte. In Berlin legte sich in dieser Zeit um die inneren Stadtgebiete ein nahezu geschlossener Ring von Vorstädten, in denen mehr als 25% der Bevölkerung in übervölkerten Wohnungen lebten; in dem für seine Wohnverhältnisse berüchtigten Berliner Nordwesten stieg diese Quote bis auf fast die Hälfte der Bevölkerung an. Auch als in den 1880er und 1890er Jahren die

---

[15] Bewohner übervölkerter Wohnungen in %, d.h. Wohnungen mit einem heizbaren Zimmer und sechs und mehr Bewohnern, mit zwei heizbaren Zimmern und 10 und mehr Bewohnern.

Übervölkerungsquoten in den deutschen Großstädten langsam unter 10% zurückgingen, lagen sie in manchen Unterschichtenvierteln weiterhin um das Doppelte höher. Eine unrühmliche Spitzenstellung hielt der gering besiedelte, noch sehr ländlich geprägte Hamburger Stadtteil Horn, wo fast 30% der Menschen sich in übervölkerten Wohnungen zusammendrängen mußten [16]. Die Wohnbedingungen in dem noch kaum städtisch erschlossenen Horn vermögen eine Vorstellung davon zu vermitteln, daß vermutlich nicht nur im noch ländlichen Einzugsbereich der Großstadt, sondern wahrscheinlich auf dem Lande überhaupt die Wohnungsüberfüllung oft stärker war als in den Städten selbst. Für die Land-Stadt-Wanderer konnten die Wohnungsverhältnisse in der Stadt, so beengt und schlecht sie vor allem zu Beginn der Urbanisierung auch waren, trotz allem eine erhebliche Verbesserung ihrer bisherigen Wohnsituation bedeuten. Ähnliche Verhältnisse konnte man auch zu einem späteren Zeitpunkt noch in den wenig großstädtisch erschlossenen südlichsten Stadtteilen Mün-

Quelle: Berechnet nach: Die Bevölkerungs-, Gewerbe- und Wohnungsaufnahme vom 1. December 1875 in der Stadt Berlin, H. 1-4, Berlin 1878-1880.

Abb. 6: Berlin 1871. Übervölkerung

---

[16] Vgl. die Karten bei WISCHERMANN, Wohnen in Hamburg, wie Anm. 1, S. 322f.

chens [17] antreffen. Insgesamt jedoch charakterisiert die Münchener Karte treffend die auf fast alle sozialen Wohnquartiere durchschlagenden Erfolge beim Abbau der „Übervölkerung", die in den statushohen Wohnquartieren seit der Jahrhundertwende praktisch verschwand und in München nur noch in dem schlechtesten Wohnquartier, dem Arbeiterviertel Westend, das drei Jahrzehnte zuvor allgemein übliche Ausmaß erreichte.

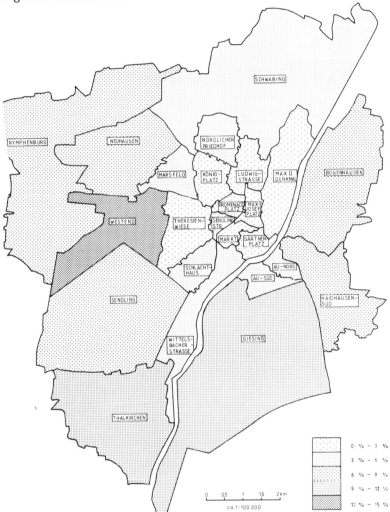

Quelle: Berechnet nach: Mittheilungen des Statistischen Amtes der Stadt München, Bd. 17, H. 3, München 1901f.

Abb. 7: München 1900. Übervölkerung

---

[17] In München galt allerdings eine abweichende statistische Übervölkerungsdefinition: Bewohner überfüllter Wohnungen in %, d.h. Wohnungen mit einem Raum und mehr als vier Bewohnern, mit zwei Räumen und mehr als sieben Bewohnern, mit drei Räumen und mehr als elf Bewohnern.

Keineswegs alle Merkmale des Wohnungs- und Städtebaus des späten 19. Jahrhunderts ließen aber in der Weise der Entwicklung des Versorgungsniveaus mit Wohnungen und Wohnraum und der sich weitgehend analog dazu vollziehenden Verbesserung der bautechnischen Wohnungsausstattung und Wohnungshygiene auf eine Hebung der städtischen Wohn- und Lebensqualität hoffen. Die negative Kehrseite des Städtebaus der Urbanisierungsphase blieb die steigende und durch baupolizeiliche Vorschriften nur unvollkommen gezügelte Verdichtung der Großstädte. Am deutlichsten spürten dies die Bewohner an dem zunehmend knapper werdenden Raum, der ihnen außerhalb der eigenen Wohnung für außerhäusliche Aktivitäten und Gelegenheiten noch verblieb. Die „Freiraumausstattung", wie man dies heute nennt, verringerte sich vor allem in den hochurbanen Stadtteilen sehr schnell, doch ist dies eine Entwicklung, die sich mangels vorhandener Daten in ihrem Ablauf nicht übersehen läßt. Für Hamburg ist die Verfügbarkeit eines Gartens als Indikator der Freiraumausstattung 1895 ermittelt worden. Zu diesem Zeitpunkt bestand nur noch für 10,8 % aller Wohnungen die Möglichkeit der Gartennutzung. Noch weiter fortgeschritten war die Verdichtung im Berliner Agglomerationsraum, wo selbst die Vororte kaum noch über eine nennenswerte Gartenausstattung verfügten. Den mit dem Begriff Freiraumausstattung verbundenen Freizeit- und Erholungsfunktionen vermochte aber selbst dieser verbleibende Gartenbestand nur noch in Teilen zu genügen, denn oftmals umfaßte er nur wenige Quadratmeter, die nicht mehr als einen schmalen Vorgarten eingenommen haben können. So waren nach der Berliner Zählung 27 % aller Gärten kleiner als 50 qm, 45,6 % aller Gärten kleiner als 100 qm [18]. Selbst im zu Beginn der Urbanisierung noch ländlichen Raum der Vororte war um die Jahrhundertwende eine kaum mehr zu überbietende Verdichtung der Bebauung zu beobachten. Gartennutzung als Wohnstandard war zum Merkmal einer ausgesprochenen Villa-Bauweise oder aber des immer weiter hinausgeschobenen Übergangs in das ländliche Umland geworden. Wer nicht zur großstädtischen Oberschicht gehörte, für den war der Traum vom eigenen Haus und Garten schon vor der Jahrhundertwende kaum mehr in den großstädtischen Agglomerationen zu erfüllen.

4. Wohnung und Arbeitsstätte

Bereits weit vor der Mitte des 19. Jahrhunderts hatte die vorindustrielle Wohn- und Wirtschaftsgemeinschaft, für die Otto Brunner die Formel des „ganzen Hauses" [19] geprägt hat, deutliche Auflösungserscheinungen gezeigt. Dennoch war insgesamt die räumliche Lebens- und Arbeitseinheit auch in der Stadt eher

---

[18] Vgl. Statistik des Hamburgischen Staats, H. XIX, Hamburg 1900, S. 25, 98 und 110; Die Grundstücksaufnahme Ende Oktober 1900 sowie die Wohnungs- und die Bevölkerungs-Aufnahme vom 1. Dez. 1900 in Berlin und 23 Nachbargemeinden, Berlin 1902, S. 17 u. 38.
[19] Vgl. O. BRUNNER, Das „ganze Haus" und die alteuropäische Ökonomik, in: DERS., Neue Wege der Sozialgeschichte. Vorträge und Aufsätze, Göttingen 1956, S. 33-61.

klein, eng und überschaubar geblieben. Ein deutliches Indiz dieser Lebenslage ist die Beobachtung, daß zahlreiche berufliche Arbeiten und Tätigkeiten noch zu Beginn der Urbanisierungsphase in unmittelbarer räumlicher Verbindung mit der Wohnung geschahen. Damit sind nicht Formen innerhalb der Wohnung betriebener Heimarbeit angesprochen, die der Not folgend die eigene Wohnung zur Arbeitsstätte machten, sondern die räumliche Verbindung von Wohnräumen mit speziellen Gewerberäumen, wie sie etwa für Teile des Handwerks oder des Kleinhandels üblich war.

Die ersten Anzeichen einer zunehmenden Trennung von Wohnung und Arbeitsstätte lassen sich für unterbürgerliche Schichten seit dem Ende des 18. Jahrhunderts feststellen. Während sich in diesen Jahren im Handwerk die alten Wohnstrukturen noch kaum veränderten, blieb für die Arbeiterschaft zwar im Betrieb während der Arbeitszeit ein Verhältnis hierarchischer Unterordnung bestehen; durch die Abtrennung der Wohnung von der Arbeitsstätte konnten sich für sie jedoch Formen individueller Freiheit immer deutlicher entwickeln. In ihrem Leben wurde eine Pluralität der Lebensräume vorherrschend, für die die Trennung von Arbeiten und Wohnen den wichtigsten räumlichen Aspekt darstellte [20].

Um 1870 waren alle deutschen Städte noch „Fußgängerstädte". Selbst in Berlin betrug die Entfernung innerhalb des Gebietes der ehemaligen Stadtmauern nicht mehr als 4 bis 5 km im Maximum, und in Hamburg war jeder Punkt innerhalb des ehemals befestigten Stadtgebietes noch in etwa 20 Minuten zu Fuß zu erreichen gewesen. Schon um 1890 schätzte man jedoch, daß in Hamburg jeden Morgen und Abend etwa 50.000 Arbeiter zu einer ein- bis eineinhalbstündigen „Reise aufbrachen", um von der Wohnung zu ihren Arbeitsplätzen und zurück zu gelangen [21]. Kurz vor dem Ersten Weltkrieg hatte der Durchmesser des bebauten Gebietes von Berlin und seinen Vororten eine Länge von 14 bis 15 km erreicht. In Hamburg betrugen die Entfernungen innerhalb des Stadtgebietes bis zu 10 km. Je stärker die Städte zahlenmäßig und räumlich wuchsen, desto mehr mußten aus der zwangsläufig zunehmenden Entfernung der Wohngebiete zu den wichtigsten, meist zentral gelegenen Arbeitsplätzen Belastungen insbesondere für die Arbeiterschaft erwachsen.

Heute gilt als Faustregel für den Zeitaufwand, den man für die Überbrückung der Entfernung zwischen Wohnung und Arbeitsstätte noch zu akzeptieren bereit ist, daß die zeitliche Schwelle mit der Größe der Stadt wächst. Bis zur Urbanisierungsperiode wurde der Zeitaufwand ohne die heutigen Möglichkeiten öffentlicher und privater Verkehrsmittel allein durch die räumliche Entfernung diktiert und fand seine Grenze in einer zu Fuß maximal noch zu bewältigenden Wegstrecke. Einzig ein leistungsfähiges und billiges Nahverkehrssystem konnte diese Grenzen weiter hinausschieben. Die Umwälzung der traditionellen

---
20 Vgl. W. NAHRSTEDT, Die Entstehung der Freizeit, Göttingen 1972, S. 260.
21 Vgl. J.H. HEIDMANN, Hamburg's Verkehrsmittel und Wohnungsverhältnisse, Hamburg 1891, S. 7.

vorindustriellen städtischen Individualverkehrsmittel setzte zwar schon in der ersten Hälfte des 19. Jahrhunderts ein, doch erst seit den 1880er Jahren kann man vom zügigen Ausbau großstädtischer Massenverkehrsmittel sprechen. Den entscheidenden Durchbruch und Wendepunkt in der Geschichte der modernen innerstädtischen Massentransportmittel brachte dann die Elektrifizierung der Straßenbahn. Um die Jahrhundertwende war der Ausbau der innerstädtischen Verkehrslinien zu einem geschlossenen Verkehrssystem nahezu abgeschlossen. Die neuen Nahverkehrsmittel erschlossen zu diesem Zeitpunkt den größten Teil der besiedelten Stadtgebiete, sie banden auch die äußersten Vororte an das Stadtzentrum an, sie sprengten die offiziellen Stadtgrenzen und ließen Teile des städtischen Umlandes zum Nahbereich werden.

Zur Zeit der Reichsgründung 1871 entfielen in der neuen deutschen Hauptstadt Berlin pro Jahr nicht mehr als elf Fahrten mit innerstädtischen Verkehrsmitteln (inkl. der späteren Vororte) auf den Kopf der Bevölkerung. Bis 1880 waren es 47 Fahrten, bis 1890 120 Fahrten pro Kopf der Bevölkerung geworden. Seit den 1890er Jahren, zeitlich etwa zusammenfallend mit der Elektrifizierung der Straßenbahnen, kann man von dem Beginn des modernen Massenverkehrs sprechen. Bis 1900 stiegen die Verkehrszahlen noch einmal auf rund 200 Fahrten an und erreichten dann vor dem Ersten Weltkrieg ihren vorläufigen Höhepunkt mit rund 300 Fahrten pro Kopf der Bevölkerung in Berlin [22]. So imposant und faszinierend der Ausbau und Anstieg des innerstädtischen Personennahverkehrs am in Deutschland führenden Vorbild Berlin auch anmutet, so blieb er dennoch hinter den Erfordernissen, die die zunehmende funktionale Trennung von Wohnen und Arbeiten in den industrialisierten Großstädten verlangte, noch lange zurück. Darauf deuten schon die in Berlin für einen regelmäßigen Berufsverkehr zu niedrigen Verkehrszahlen selbst nach der Jahrhundertwende hin, als in vergleichbaren nordamerikanischen Großstädten bereits Zahlen um 500 Fahrten pro Jahr und Kopf der Bevölkerung erreicht wurden [23]. Die Benutzung der innerstädtischen Nahverkehrsmittel für den Weg von und zur Arbeitsstätte blieb zunächst in Deutschland ein Privileg mittlerer und höherer Einkommensbezieher. Wesentlichen Anteil hieran hatte eine Tarifgestaltung der zu Anfang fast ausschließlich privatwirtschaftlich organisierten Verkehrsträger, die sich an relativ hohen Fahrpreisen und nicht an hohen Fahrgastzahlen orientierte. Die verkehrstechnischen Fortschritte bedeuteten nur für die kleineren, besser verdienenden Teile der Bevölkerung eine Erleichterung in der Überbrückung der räumlichen Trennung von Arbeiten und Wohnen, solange die Fahrpreise und die Tarifgestaltung die finanziellen Möglichkeiten der Arbeiterschaft überschritten, obwohl auch in ihren Haushaltsbudgets die Verkehrsausgaben eine zunehmende Größe darstellten. Je weiter die frühere relative Einheit von Wohnen und Arbeiten auseinandertrat,

---

[22] Vgl. P.H. WITTIG, Das Verkehrswesen der Stadt Berlin und seine Vorgeschichte, Berlin 1931, S. 4.
[23] Vgl. W. HEGEMANN, Der Städtebau nach den Ergebnissen der allgemeinen Städtebau-Ausstellung in Berlin, 2 Teile, Berlin 1911 und 1913.

desto mehr wurden die Haushaltungsbudgets durch die Verkehrsausgaben belastet [24]. Dennoch hätte sich die neue Belastung als eine Erleichterung der Lebensbedingungen herausstellen können. Nicht nur, da sie an die Stelle langer, ermüdender Fußmärsche bequeme Transportmittel setzte, sondern vor allem durch die Eröffnung von neuen Möglichkeiten billigen und besseren Wohnens in den Vororten. Auf diesem Konzept basierten die meisten der in die deutsche Wohnungsreformdiskussion eingebrachten Vorschläge zur „Dezentralisation" städtischen Wohnens [25] — nur in der Praxis bestätigte sich die Grundannahme dieser Pläne nicht. Nach Hamburger Haushaltsrechnungen aus dem Jahre 1907 betrugen die Ausgaben für Verkehrsmittel in der Innenstadt und innenstadtnahen Lagen ca. 0,4 bis 1% des privaten Verbrauchs. In den hamburgischen Stadtrandlagen aber erhöhte sich dieser Satz auf 3 bis 5% [26]. Haushalte mit solch hohen Verkehrsausgaben konnten in den Vororten zwar auf ein billigeres Wohnungsangebot zurückgreifen, doch die Reduktion der Ausgaben für Miete beim Stadtrandwohnen, verglichen mit innenstadtnahen und das hieß in Hamburg arbeitsplatznahen Haushalten, betrug nur rund 1% des Haushaltungsbudgets. Betrachtet man also die Ausgaben für die Wohnung und den Verkehr im Zusammenhang, dann bedeutete das Wohnen in den Vororten keine Einsparung, sondern eine zusätzliche Belastung im privaten Verbrauch! Dies galt aber natürlich nur im Falle einer regelmäßigen Benutzung der Nahverkehrsmittel. Wer die Entfernung zwischen Wohn- und Arbeitsstätte zu Fuß bewältigte — und das tat die Masse der Arbeiterschaft trotz steigender Distanzen weiterhin —, dem konnte das Wohnen in den Vororten durchaus eine Ersparnis bringen.

Das Wohnen fern der Arbeitsstelle und die Benutzung der Nahverkehrsmittel zur täglichen Überbrückung der innerstädtischen Distanzen blieb in Verbindung mit vorteilhaften Arbeitszeitregelungen, mit den berufsspezifischen Arbeitsverhältnissen und der Regelmäßigkeit des Einkommens beschränkt auf den in fester Stellung befindlichen und gut verdienenden Teil der Erwerbstätigen. Für die Masse der großstädtischen Arbeiterbevölkerung erbrachte das Wohnen in den Vororten nur dann eine wesentliche Einsparung, wenn sie die Wege zwischen Wohnung und Arbeitsstätte weiterhin zu Fuß zurücklegte [27]. In der

---

[24] Vgl. W.G. HOFFMANN, Das Wachstum der deutschen Wirtschaft seit der Mitte des 19. Jahrhunderts (Enzyklopädie der Rechts- und Staatswissenschaft, Abteilung Staatswissenschaft), Berlin/Heidelberg/New York 1965, S. 134.

[25] Vgl. zum Dezentralisationskonzept z.B. C. HEISS, Wohnungsreform und Lokalverkehr (Die Wohnungsfrage und das Reich 7), Göttingen 1903, S. 119ff., oder X.B. LIEBIG, München, die werdende Millionenstadt und seine Verkehrsverhältnisse, München 1896, S. 39ff.; „Die Lösung der sozialen Frage ... liegt in der Lösung der Verkehrsfrage"; ebd., S. 41.

[26] Vgl. R.E. MAY, Kosten der Lebenshaltung und Entwicklung der Einkommensverhältnisse in Hamburg seit 1890, in: Kosten der Lebenshaltung in deutschen Großstädten, I. Ost- und Norddeutschland, 2. Hälfte, im Auftrage des Vereins f. Socialpolitik hg. v. F. EULENBURG (SchrVSP 145, T. 4), München/Leipzig 1915, S. 259-524, hier S. 426f.

[27] Entgegengesetzte Thesen ohne jeden Beleg bei A. SCHORR, Die Beziehungen zwischen Arbeitsort und Wohnort in Berlin, in: Raumforschung und Raumordnung 2 (1938), S. 352-357.

Folge eines Zusammentreffens überlebter Arbeitszeitstrukturen, eines in Teilbereichen unübersichtlichen Arbeitsmarktes und einer verfehlten Preispolitik der Nahverkehrsträger blieb die innerstädtische Mobilität trotz eines im allgemeinen qualitativ besseren und bezogen auf die Wohnfläche billigeren Wohnungsangebots in den äußeren Stadtteilen auf möglichst zentrale Wohnstandorte ausgerichtet. Dieser Zusammenhang läßt sich besonders anschaulich in der Gegenüberstellung der Wohnmobilitätsquoten und Leerwohnungsziffern zu zwei konjunkturell gegensätzlichen Zeitpunkten, dem abklingenden Wohnungsüberflußjahr 1895 und dem Wohnungsnotjahr 1900, erkennen.

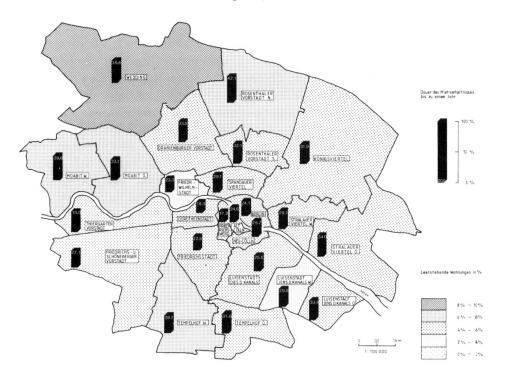

Quelle: Berechnet nach: Die Bevölkerungs- und Wohnungsaufnahme vom 2.December 1895 in der Stadt Berlin, 2 Teile, Berlin 1900-1901.

Abb. 8: Berlin 1895. Wohnmobilität und Wohnungsnachfrage

In den Zeiten eines Überangebotes an Wohnungen war die Wohnmobilitätsquote nicht nur insgesamt sehr hoch, sondern sie zeigte auch die charakteristische Tendenz einer Abnahme von den Außenbezirken zu den innenstadtnahen Wohnlagen, an der lediglich die Oberschichtenviertel nicht teilnahmen. Die Tendenz der Wohnungsnachfrage widerspiegelnd, war die Leerwohnungsziffer in den äußeren Stadtteilen außerordentlich hoch (Ziffern um 10% aller Wohnungen kann man sich unter heutigen Wohnungsmarktverhältnissen kaum mehr vorstellen) und sank in Teilen der Innenstadt auf die Hälfte dieser Ziffer. Fünf Jahre später war nicht nur in den Innenstädten,

Wohnung und Wohnquartier

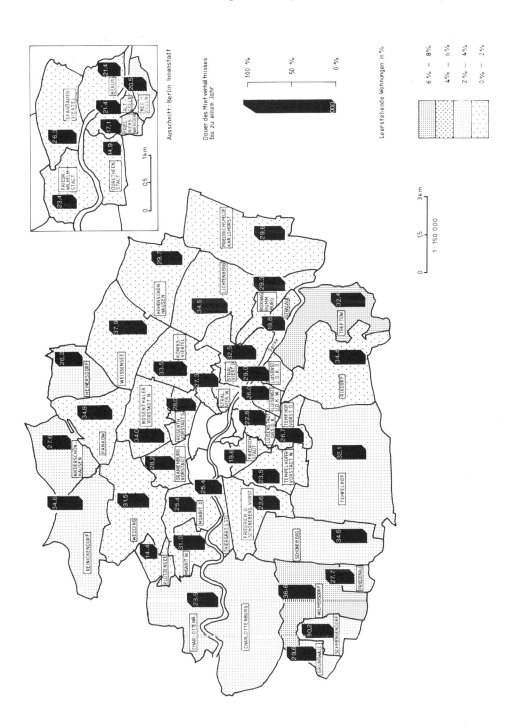

Quelle: Berechnet nach: Die Ergebnisse der Grundstücks- und Wohnungsaufnahme im Jahre 1900 in Berlin und den Nachbargemeinden, Berlin 1904.

Abb. 9: Berlin 1900. Wohnmobilität und Wohnungsnachfrage

sondern auch in den meisten Vororten der Leerwohnungsvorrat fast völlig absorbiert. Die Wohnungsnot führte zu einem deutlichen Sinken der Mobilitätsquote. Im 1900 erfaßbaren Berliner Gebiet einschließlich der Vororte erkennt man jedoch, daß zum Rand des Agglomerationsgebietes hin auch jetzt noch beide Indikatoren ansteigende Tendenz hatten. Dies verdeutlicht nur um so eindrucksvoller die klare Konzentrik der Mobilitäts- und Nachfragestruktur[28]. Während nach der Oberschicht nun auch die Mittelschichten zunehmend das Innere der Städte verließen, blieben große Teile der Arbeiterschaft noch lange gezwungen, Zentralität vor Wohnqualität zu setzen.

5. Zusammenfassung

Die Stadtentwicklung des 19. Jahrhunderts wurde — am frühesten und ausgeprägtesten in Preußen — von wirtschaftsliberalen Prinzipien geprägt. Ausgehend von einer zunächst kaum eingeschränkten Baufreiheit auf eigenem Grund und Boden war das Stadtwachstum ein weitgehend spontan voranschreitender Ausbau. Es wurde zwar nach der Mitte des Jahrhunderts allmählich von Bauordnungen und Bebauungsplänen eingegrenzt, doch beide setzten lediglich Rahmenbedingungen für Bebauung und Nutzung der Stadterweiterungsflächen fest, ohne in eine aktive städtebauliche Gestaltung einzutreten. Mit Ausnahme Berlins, wo der berühmt-berüchtigte „Bebauungsplan von den Umgebungen Berlins" von 1858/62 (Hobrecht-Plan) die Stadtentwicklung maßgeblich mitbestimmte (gültig bis 1919), wurden im übrigen die entscheidenden Steuerungsinstrumente in Bebauungsplänen und Zonenbauordnungen von der Mehrheit der Städte so spät geschaffen und in Kraft gesetzt, daß sie für die Stadtentwicklung bis zum Ersten Weltkrieg kaum noch praktische Bedeutung gewannen. Trotz aller Ausweitung der kommunalen Aktivitäten und des wachsenden Selbstbewußtseins einer qualifizierten Leistungsverwaltung blieb Stadtplanung noch „Anpassungsplanung" im weitesten Sinne[29].

---

[28] Bereits 1886 hatte der Berliner Berichterstatter in den Enquêten des Vereins für Socialpolitik die Bedenken der Betroffenen gegen die Dezentralisationsthese zusammengefaßt: „Obgleich somit durch Eisen- und Pferdebahnen der Bevölkerung die Möglichkeit geboten ist, in den Vororten von Berlin, wie Friedenau, Steglitz, Rixdorf, Tempelhof, Treptow, Pankow etc. zu wohnen, wird ... von derselben doch nur verhältnismäßig wenig Gebrauch gemacht; die theueren Fahrpreise der Pferdebahn, namentlich des Abonnements, die verhältnismäßig lange Fahrzeit tragen sicherlich einen Theil der Schuld daran. Außerdem ist mit dem Wohnen in Berlin selbst der große Vorzug verbunden, daß man alle Lebensbedürfnisse in bequemster Weise und größter Auswahl zu denselben, wenn nicht billigeren Preisen als in den Vororten haben kann. Vielleicht spricht auch der Umstand mit, daß die Arbeiter glauben, bei etwaigem Stellenwechsel schneller wieder Beschäftigung zu finden; ferner bietet sich auch den Arbeiterfrauen in Berlin reichlichere Gelegenheit, durch eigene Thätigkeit die Jahreseinnahme des Mannes zu erhöhen"; G. BERTHOLD, Die Wohnverhältnisse in Berlin, insbesondere die der ärmeren Klassen, in: Die Wohnungsnoth der ärmeren Klassen in deutschen Großstädten und Vorschläge zu deren Abhülfe, Bd. 2 (SchrVSP 31), Leipzig 1886, S. 199-235, hier S. 230.

[29] Vgl. H. MATZERATH/I. THIENEL, Stadtentwicklung, Stadtplanung, Stadtentwicklungsplanung. Probleme im 19. und 20. Jahrhundert am Beispiel der Stadt Berlin, in: Die Verwaltung 10 (1977),

Im Urbanisierungsprozeß der zweiten Hälfte des 19. Jahrhunderts bildeten sich in den deutschen Großstädten Grundzüge der Stadtviertelbildung aus, die auch für die moderne Stadtentwicklung des 20. Jahrhunderts bestimmend geblieben sind [30]. Sie waren nicht nur Ausdruck eines enormen flächen- und bevölkerungsmäßigen Wachstums, sondern zugleich Resultat einer Differenzierung städtischer Raumfunktionen und sozialer Verhaltensweisen, die sich im Gegensatz zur vorindustriellen Stadt in einer klaren räumlichen Konzentration gewerblicher Standorte und Segregation sozialspezifischer Wohnviertel niederschlug. In ihrer schärfsten Ausprägung entwickelte sich die soziale Segregation der Urbanisierungszeit in der außerordentlich exponierten Stellung der Oberschichtenviertel. Unterhalb dieser Spitze gab es zwar deutliche Abstufungen, jedoch führten sie nicht zu solchen extremen Segregationserscheinungen, wie sie aus amerikanischen Städten bekannt sind. Die Ursache dürfte u.a. darin zu sehen sein, daß es im Verlauf des Urbanisierungsprozesses nicht zu einer starken räumlichen Segregation der eingesessenen Bevölkerung gegenüber den Zuwanderern oder nach den Herkunftsgebieten der Zuwanderer kam.

Wohnungsnot in ihrer akuten Form war keine den Urbanisierungsprozeß kontinuierlich begleitende Erscheinung, sondern sie äußerte sich nur periodisch in bestimmten konjunkturellen Lagen in einem absoluten Mangel städtischen Wohnraums. Neben Phasen einer akuten quantitativen Wohnungsnot bestand aber langfristig parallel eine strukturelle Wohnungsnot, die aus dem Zurückbleiben von Teilen des Wohnungsbestands hinter den allgemeinen quantitativen Wohnstandards der meisten neuen Vororte resultierte. Mit gewissen Modifikationen je nach den innerstädtischen Entwicklungsbedingungen handelte es sich bei den schlechtesten Wohnquartieren der Großstädte entweder um absinkende, zumeist noch vorindustrielle Baubestände der Innenstädte oder aber um frühe, innenstadtnahe Unterschichtenquartiere. Die bekanntesten Beispiele bildeten die sog. Gängeviertel in der Hamburger Alt- und Neustadt, die erst in den Sanierungsmaßnahmen des 20. Jahrhunderts allmählich verschwanden, und die nord-nordwestlichen Berliner Vorstädte. Die Wohnungen waren hier absolut billig, aber bezogen auf eine Fläche von oft nur 20 bis 25 qm lag ihre Quadratmetermiete um bis zu dem Doppelten über der des Wohnungsangebots der moderneren Vororte. Wenn dennoch gerade Teile der unteren Unterschicht im Wandel der Urbanisierungszeit zäh am Wohnen in ihren traditionellen Lagen und Quartieren festhielten, was sich z.B. im Zuge der nach 1900 anlaufenden Hamburger Sanierung in einer Art „passivem Widerstand" geäußert haben soll, so waren die Gründe weniger in der absolut niedrigen Mietkostenbelastung und auch wohl nicht in einem klassenspezifischen Quartierseffekt zu finden, sondern

---

S. 173-196, bes. S. 175ff.
[30] Zur hier ausgeklammerten Diskussion um Übereinstimmungen des Stadtwachstums in der Urbanisierungsphase mit Modellen der modernen Stadtentwicklung vgl. u.a. THIENEL, wie Anm. 4; B. FRITZSCHE, Grundstückspreise als Determinanten städtischer Strukturen: Bern im 19. Jahrhundert, in: ZSSD 4 (1977), S. 36-54.

in der der Einkommensentwicklung der Unterschichten nicht Rechnung tragenden Verkehrserschließung der Vororte im Stadtwachstumsprozeß. Zumindest in Städten mit einer starken Arbeitsplatzkonzentration und einer überwiegenden räumlichen Starrheit der wichtigsten Arbeitsplätze blieb die innerstädtische Wohnungsnachfrage trotz eines im allgemeinen qualitativ besseren und, bezogen auf die Wohnfläche, billigeren Wohnungsangebots in den äußeren Stadtteilen auf möglichst zentrale Wohnstandorte ausgerichtet. Das Bindeglied zur Finanzierung city- und arbeitsplatznahen Wohnens bildete in vielen Fällen die Untervermietung. In ihr trafen sich die Interessen von Vermietern wie Untermietern an zentralen Wohngelegenheiten.

Ein rasch zunehmender und gegen Ende des 19. Jahrhunderts weit überwiegender Teil der großstädtischen Bevölkerung wohnte nicht mehr in den sich zur Innenstadt umwandelnden alten Kernstädten, sondern in den in der Urbanisierung entstehenden Vororten. Hier waren ihre Wohnungsverhältnisse, gemessen an Indikatoren des quantitativen Versorgungsniveaus, in der Regel besser als in den älteren Arbeiterquartieren der Kernstädte bzw. ihren frühen Vorstädten. Sieht man von den exponierten Oberschichtenvierteln ab, deren soziale Distanz zum übrigen Stadtgebiet sich tendenziell eher vergrößerte, dann deuten die langfristig greifbaren Stadtviertelindikatoren darauf hin, daß in den untersuchten deutschen Großstädten im späten 19. Jahrhundert in bezug auf Wohnraumversorgung, Wohnungsausstattung und Abbau extremer Unterversorgung ein Nivellierungsprozeß stattfand. Er stand ganz eindeutig im Zeichen des Massenwohnungsbaus der beiden letzten Jahrzehnte vor dem Ersten Weltkrieg und wurde durch baupolizeiliche und städtebauliche Maßnahmen beschleunigt, die den vorindustriellen Mietwohnungsbestand zunehmend zurückdrängten.

Armenviertel und „Mietskasernenviertel" der Großstädte waren keineswegs zwangsläufig identisch, wenngleich das die meist überlieferten Elendsreportagen gern suggerieren. Deren innerstädtischer Schauplatz bleibt jedoch in aller Regel völlig unhinterfragt. Mögen dem zeitgenössischen Leser seinerzeitiger Enquêten oder Polemiken die Namen von Wohnquartieren und Straßenzügen noch vertraut gewesen sein, so müssen sie heute erst entschlüsselt werden. Befragt man die Literatur zur Wohnungsfrage einmal unter räumlich-innerstädtischen Gesichtspunkten, so stellt man schnell fest, daß die überwältigende Mehrheit der zeitgenössischen Berichte (im Sinne ortsbezogener Sozialerhebungen) dem vor- und frühindustriellen Baubestand der Großstädte galt. Hier konzentrierten sich Elends- und Armutsviertel, während der Massenwohnungsbau des späten 19. Jahrhunderts unter quantitativen Versorgungsgesichtspunkten einen wesentlichen Fortschritt brachte[31]. Die zeitgenössische Kontroverse um die „Mietskaserne" ist denn auch weit weniger unter quantitativen Versorgungsgesichts-

---

[31] Eine explizite Bestätigung dieser These in der ausgezeichneten Studie von R. KEMPF, Das Leben der jungen Fabrikmädchen in München. Die soziale und wirtschaftliche Lage ihrer Familie, ihr Berufsleben und ihre persönlichen Verhältnisse (SchrVSP 135, T. 2), Leipzig 1911.

punkten geführt worden, wie dies für Zeiten akuter Wohnungsnot (auch etwa nach dem Zweiten Weltkrieg) charakteristisch war, sondern um Fragen des Wohnumfeldes im weitesten Sinne. Wenn man so will, kann man auch hieraus auf steigende Standards und Ansprüche im Wohnungswesen schließen. Dabei sollte aber natürlich nicht übersehen werden, daß es zwar Urbanisierung ohne permanente, akute Wohnungsnot gab, aber nicht ohne einen Strukturwandel innerhalb des individuellen und familiären Wohnverhaltens, der Wohnumwelt und in der städtebaulichen und architektonischen Gestaltung neuer Wohnformen: Aspekte, die heute die Diskussion um unsere städtischen Wohnungsverhältnisse beherrschen.

Versteht man unter Urbanisierung mehr als einen quantitativen Städtewachstums- und Verstädterungsprozeß, nämlich die Anpassung an eine zunehmend städtisch geformte gesamtgesellschaftliche Lebensweise [32], dann werden Disparitäten in den Wohnungsverhältnissen nicht nur zum Ausdruck sozialer Ungleichheiten, sondern sind zugleich Konstitutionsbedingungen neuer sozialer Ungleichheit, indem Wohnen und Wohnqualität handlungsbedeutsam für die Entwicklung der Lebenschancen von Individuen oder sozialen Gruppen werden. Noch vor einigen Jahren postulierte Ingrid Thienel, in der Tradition der älteren Reformliteratur: „Die klassen- und schichtspezifischen Einkommensverhältnisse korrespondierten mit den Wohnverhältnissen, verfestigten das etablierte Segregationsmuster und schufen Lebensbedingungen, die zu den sozialen Problemen der Stadt, zu sozialem Elend und Kriminalität, erheblich beitrugen." [33] In der Zwischenzeit sind eine Reihe von Forschungsansätzen formuliert worden, deren Ziel die kritische Überprüfung dieser Zusammenhänge ist. Sie begreifen das städtische Quartier als „Lebensraum" [34], als einen Sozialraum, der zwischen der Intimsphäre der Wohnung und der Anonymität der Großstadt vermittelt. Ihr Interesse gilt den Verbindungslinien von sozialer Lage, sozialem Verhalten und politischer Bewegung, was Bruno Fritzsche in der These komprimiert hat, daß die Wohnverhältnisse in der Entstehung von Arbeiterorganisationen, von Klassenbewußtsein und schließlich von Klassenkampf möglicherweise wichtiger waren als die Arbeitsplatzverhältnisse [35]. „Die Konzentration größter Einkommens- und Vermögensunterschiede im städtischen Raum demonstrierte die Existenz und die Gegensätze verschiedener Klassen, die Segregation aber der einzelnen Quartiere förderte oder ermöglichte erst die Solidarität innerhalb der gleichen Klasse" [36]. Es bleibt abzuwarten,

---

32 Vgl. J. REULECKE, Sozio-ökonomische Bedingungen und Folgen der Verstädterung in Deutschland, in: ZSSD 4 (1977), S. 269-287, bes. S. 271.
33 THIENEL, wie Anm. 4, S. 66.
34 Vgl. B. FRITZSCHE, Das Quartier als Lebensraum, in: W. CONZE/U. ENGELHARDT (Hgg.), Arbeiterexistenz im 19. Jahrhundert. Lebensstandard und Lebensgestaltung deutscher Arbeiter und Handwerker (Industrielle Welt 33), Stuttgart 1981, S. 92-113.
35 Diese Hypothese wird ausführlich begründet bei B. FRITZSCHE, Städtisches Wachstum und soziale Konflikte, in: Schweizerische Zeitschrift für Volkswirtschaft und Statistik 113 (1977), S. 447-473.
36 Ebd., S. 461.

wieweit es solchen Ansätzen gelingen wird, die großen methodischen Probleme zu lösen, die schon darin liegen, daß es sich bei älteren wie heutigen statistischen und administrativen Bezirken, Stadtvierteln oder Quartieren nun einmal nicht um sozial annähernd homogene Lebensräume handelt. Dazu sind sie in aller Regel zu groß, zu disparat und zu willkürlich, weshalb die quartierbezogene Forschung sich mittlerweile auch stärker einer mikrostatistischen Bezugsebene zuwendet. Stadtviertelanalysen bieten aber einen in der historischen Urbanisierungsforschung noch immer wenig beschrittenen Weg, neue Erkenntnisse über die werdende städtische Industriegesellschaft und die Entwicklung und sozialen Ungleichheiten ihrer Lebensbedingungen zu gewinnen. Es muß jedoch bislang offen bleiben, ob der Stadtviertel- resp. Quartieransatz auch zu einer fundierten Erklärung der historischen Entstehung sozialer und politischer Verhaltensweisen führen kann.

DAS WEITERLEBEN DÖRFLICHER STRUKTUREN IN DER HEUTIGEN STADT ZÜRICH

von Paul Hugger

Das Thema dieses Beitrages erwuchs aus einer spontanen Idee, mehr der Intuition folgend als bereits gesicherter Erkenntnis. Dörfliche Strukturen, Relikte früherer Gemeinschaftsformen im Denken und Handeln der heutigen Zürcher hatten sich bei meiner volkskundlichen Beschäftigung mit dieser Stadt immer wieder als wirksam erwiesen, etwa bei den Fasnachts-Untersuchungen [1] oder den Erhebungen zur Altersproblematik. Es kann sich hier ohnehin nur um eine Skizze dessen handeln, was einer größeren Untersuchung bedarf.

1. Präliminarien

Große Städte — von einer eigentlichen Großstadt kann man im Fall Zürichs nicht reden [2] — sind komplexe Gebilde, deren Bevölkerungen an unterschiedlichen Bewußtseinsebenen teilhaben. Dieses Phänomen des gespaltenen, letztlich aber kompensatorischen Bewußtseins, des städtischen und des dörflichen, des großräumigen und des lokal verhafteten, bildet den Inhalt meiner Ausführungen. Seit meiner Wohnsitznahme in Zürich vor rund zwei Jahren beschäftigt mich das Erscheinungsbild dieser Stadt. Die Volkskunde hat sich ohnehin zu lange dörflichen Reliktgebieten zugewandt, in der Schweiz im besonderen den abgelegenen alpinen Siedlungen. Dem Phänomen Stadt ist man ausgewichen, wohl wegen der Komplexität des Themas und weil sich in der Hinwendung zum ländlichen Leben auch ein nostalgisches Bedürfnis und eine Sympathie für Klein- und Kleinstgruppen befriedigen ließ.

Der Begriff „dörfliche Struktur" ist schwer abzugrenzen, weil die Übergänge zwischen Stadt und Land fließend sind. Während wir dem städtischen Leben Ausdrücke wie Großzügigkeit, Freiheit, Innovationsfreude, aber auch Verlorenheit, Anonymität, gesellschaftliche Leere zuordnen, verbinden wir mit dem Dorf Vorstellungen von Geborgenheit, sozialer Vernetzung, Kommunikationsdichte, menschlicher Wärme, aber auch von Enge und sozialer Kontrolle. Nicht in diesem mehr dem mythischen Denken zuzuordnenden Sinn soll vom Überleben dörflicher Strukturen die Rede sein, sondern ich meine hier das Weiterbestehen von räumlichen, organisatorischen und sozialen Gebilden, die in

---

[1] P. HUGGER, Fasnacht in Zürich. Das Fest der Andern, Zürich 1985.
[2] Bevölkerungsstand Juli 1984: 364.744 Einwohner.

ihren Wurzeln und ihrem Wesen noch in jene Zeit zurückreichen, als die Stadtteile selbständige politische Gemeinwesen waren. Wir denken bei dörflichen Strukturen an Eigenschaften im Leben menschlicher Gruppen, die noch der face-to-face-Gesellschaft zugehören, wie persönliche Orientierung im überschaubaren, nahen, sozialen und ökologischen Rahmen mit einem reichen Netz kommunikativer Interferenzen. Es geht also um Menschen, für die Quartierstrukturen noch historisch deutbar sind oder die das Bedürfnis haben, solche Strukturen wieder sinnvoll zu begreifen.

Letztlich ist hier nicht die Frage entscheidend, ob solche dörflichen Strukturen in Zürichs Quartieren wirklich weiterbestehen, sondern die Tatsache, daß die Menschen dörfliche Bilder in ihr Denken, Reden und Handeln einbringen. Es geht um Leitbilder, welche Stadtmenschen bewegen. Anschauung und Wirklichkeit brauchen dabei nicht deckungsgleich zu sein, das innere Bild zielt oft an äußeren Gegebenheiten vorbei. Und trotzdem prägt es das Verhalten.

Ich werde es mir nicht mit dem Hinweis leicht machen, daß des Zürchers Herz nicht in seiner City schlägt, sondern eher im „Dorf", dem Altstadtquartier rechts der Limmat, mit seinen verspielten Gassen und den Tavernen. Ich analysiere vielmehr das Quartierleben auf alte soziale und kulturelle Grundmuster hin, die immer wieder durchdrücken und auch in der urbanen Agglomeration ihre Vitalität beweisen. Es geht um die Bandbreite der Quartierinstitutionen und -organisationen, die mit den alten gemeindlichen Territorien zusammenfallen, bis hin zu neuen Formen des Selbstbewußtseins und des kulturellen Eigenwillens. In der Schweiz ist das Fortwirken alter Kulturgrenzen reichlich belegt. So spiegeln sich römische Verwaltungsgrenzen und Straßenzüge bis in Einzelheiten der lokalen Topographie wider. Und längst ist erhärtet, daß die große volkskulturale Scheide zwischen Ost- und Westschweiz nicht entlang der linguistischen Grenze verläuft, sondern der Napf-Reuss-Linie folgt, also einer geomorphologischen Scheide, die den Bistumsgrenzen im Hochmittelalter und wohl auch den alten Reichsgrenzen zwischen Hochburgund und dem Herzogtum Alemannien entspricht[3].

Die derart beschworenen dörflichen Strukturen äußern sich in Zürich auf verschiedenen Ebenen:

1. In visuell erfahrbarer Weise, von der Topographie des Raumes und der *Baugestalt der Siedlung* her. Es zeigt sich, daß überall dort, wo historische Dorfkerne oder Baugruppen erhalten blieben, sich daran ein Sonderbewußtsein festmacht und immer wieder neu bildet, daß solche Kernzonen Kristallisationspunkte des Eigenbewußtseins sind.

2. Auf *organisatorischer Ebene*. Einzelne Institutionen kommunaler Herkunft haben sich im Quartierbereich erhalten und spiegeln im territorialen Umfang die alten gemeindlichen Hoheitslimiten wider. Dies ist besonders bei den evangelischen Pfarreien der Fall, deren frühere dorfbezogene Ausdehnung bei der

---

[3] R. WEISS, Die Brüning-Napf-Reuss-Linie als Kulturgrenze zwischen Ost- und Westschweiz auf volkskundlichen Karten, in: Geographica Helvetica 2 (1947), S. 153-175.

Eingemeindung nicht angetastet wurde.

3. In den *Verteilstrukturen des Warenangebots* für den täglichen Bedarf. Die Quartiere besitzen eine beträchtliche Infrastruktur an Läden und anderen Dienstleistungsbetrieben, zwar in unterschiedlicher Weise, die aber mindestens die alltäglichen Bedürfnisse zu decken vermögen.

4. In *gesellschaftlicher, assoziativer Hinsicht*. Zu denken ist dabei an die vielen quartierbezogenen Vereine und Gruppierungen, die ihr Selbstverständnis noch aus der Zeit dörflicher Unabhängigkeit beziehen und, selbst wenn sie Neugründungen sind, in ihrer Namensgebung die alte Gemeindebezeichnung wieder aufnehmen.

5. Generell in der *lokalen Eigenkultur*, wie sie sich in Alltag und Fest äußert, und den sich dabei artikulierenden *Denkweisen* und *Anschauungen*.

Diese Kategorien sind gewiß unterschiedlicher Natur. Während es sich bei den visuell erfaßbaren um Reliktformen alter dörflicher Substanz handelt, zu denen die Leute kaum aktiv einen Beitrag erbringen können, handelt es sich bei den Punkten vier und fünf vor allem um Reaktionen der Bevölkerung, um kulturelle Antworten auf eine veränderte Situation.

Dies wird im einzelnen zu belegen sein. Eine besondere Schwierigkeit liegt darin, daß diese Beobachtungen schwer oder kaum zu quantifizieren sind, daß sich z.B. nicht feststellen läßt, in welchem prozentualen Ausmaß die Quartierbevölkerung solche Manifestationen trägt und wie sie das Jahr über dieses Bewußtsein wachhält. Auch hier trifft jene Feststellung zu, wie sie in einer Wiener Studie zur Ortsbezogenheit — gemeint sind die Vorstädte Döbling und Brigittenau — gemacht wird. Danach enthält die Bindung an einen Raumteil ein irrationales Element, welches mit den traditionellen Mitteln der empirischen Sozialforschung nur schwer greifbar sei [4]. Es wird von Interesse sein zu ermitteln, welche Leute ein solches Eigenbewußtsein im Quartier repräsentieren und nach außen vertreten, ob es die Alteingesessenen sind oder Zugezogene, ob die Alteingesessenen ein mehr passives Selbstverständnis gleichsam als „natives" haben, das sie nicht zu erwerben brauchen, das ihnen von Geburt her gegeben ist, und ob sich dagegen die Zugezogenen diese Legitimation und dieses Sonderbewußtsein aktiv erwerben müssen.

Ist dies gewichtig genug, um einen Vortrag vor einem internationalen Fachkollegium zu begründen? Es ist dies auch die Frage, ob darin ein Sonderfall Zürich liegt oder ob es sich um Vorgänge handelt, die sich in anderen Großstädten wiederholen, wenigstens tendenziell, in einer Zeit der großen Regionalisierungsbestrebungen. Man stößt dabei auf verschiedene Bedingungen des Städtewachstums, die ein unterschiedliches Verhalten der Bevölkerung begründen. Ein Vergleich mit Basel mag dies belegen. Dort ist der Gedanke an die „urbs", an die eine gemeinsame Stadt wachgeblieben. Ein Quartierbewußtsein hat sich in viel geringerem Maß als in Zürich ausgebildet, abgesehen

---

[4] E. BODZENTA/I. SPEISER/K.P. THUM, Wo sind Großstädter daheim? Studien über Bindungen an das Wohnviertel, Wien/Köln/Graz 1981, S. 186.

von der topographisch und historisch begründeten Zweiteilung in Groß- und Kleinbasel. Die Stadt ist eben nicht durch Eingemeindung gewachsen (Kleinhüningen ausgenommen), sondern durch konzentrische Ausdehnung in ein dünn besiedeltes Umfeld. Dafür hat sich in Basel der Zentrumsbezug erhalten. Die Innenstadt ist aktiv geblieben. Täglich manifestiert sich dieses Leben auf dem Markt, der sich vor dem Rathaus abspielt. Die Ströme des Lebens pulsieren aus dem Zentrum in die Außenquartiere zurück. Anders in Zürich, wo der Zentrumsbezug durch die bauliche Verödung der City gelitten hat, wo diese, mit Ausnahme des Quartiers rechts der Limmat, abends leer steht, tagsüber aber geschäftig, hektisch wirkt, Sitz der Banken, der Verwaltungen, der Versicherungen. Auch die großen Einkaufsfirmen, die Warenhäuser, befinden sich hier. Sonntags sind die meisten Gaststätten geschlossen. Die schöne Altstadt ist in den letzten Jahren ausgekernt worden. So sind die Quartiere auf sich verwiesen, das Gemeinschaftsleben muß sich peripher neu organisieren. Ähnliche Verhältnisse dürften sich in vielen deutschen Großstädten finden.

2. Die historische Dimension

Meine Überlegungen bedingen einen historischen Rückblick auf die beiden großen Eingemeindungswellen, welche die Stadt gekannt hat. Die erste geschah 1893, und zwar auf Betreiben einer Außengemeinde. Damals war das Zürcher Stadtterritorium von einem Kranz elf selbständiger Gemeinden umgeben, die im 19. Jahrhundert dank einer freiheitlichen Ordnung ein starkes Eigenleben entwickelt hatten. Diese Gemeinden waren wirtschaftlich eng mit dem städtischen Mittelpunkt verbunden. Sie erfuhren als Folge der Industrialisierung einen starken demographischen Schub, allerdings in unterschiedlichem Ausmaß. Zahlreiche Zuzüger aus dem In- und Ausland hatten sich hier niedergelassen, angelockt vom expandierenden Arbeitsmarkt der Stadt. Meist waren es Arbeiter, die nur eine geringe Steuerkraft, dafür aber infrastrukturelle Probleme in die Gemeinden brachten. Aussersihl z.B. war in wenigen Jahrzehnten auf 18.000 Einwohner angewachsen und damit zur zweitgrößten Gemeinde des Kantons geworden. Es stand wegen der vielen öffentlichen Bauaufgaben finanziell vor dem Ruin.

Nachdem sie die Hürde der parlamentarischen Beratung genommen hatte, mußte die Vereinigung der elf Außengemeinden mit der Kernstadt Zürich noch von der kantonalen Bevölkerung in einer Abstimmung angenommen werden. Hier erwuchsen dem Vorhaben große Widerstände, vor allem in bäuerlichen Kreisen, wobei das Gespenst eines Neu-Babylons heraufbeschworen wurde [5]. Die Abstimmung von 1891 erbrachte dennoch ein kantonales Mehr (rund drei Fünftel gegen zwei Fünftel), die betroffenen Gemeinden selbst stimmten, mit

---

[5] A. LARGIADÈR, Geschichte von Stadt und Landschaft Zürich, Bd. 2, Erlenbach/Zürich 1945, S. 254ff.

Ausnahme von Enge, zu. Die ländlichen Bezirke hatten mehrheitlich verworfen, aus Angst vor einem Übergewicht der Stadt im Kanton, vielleicht auch vor einer möglichen Rückkehr des Stadtregiments des 18. Jahrhunderts. Zu den ursprünglichen 169 Hektar der Kernstadt kamen nun 4.330 Hektar der neu eingemeindeten Vororte. Die Bevölkerungszahl wuchs von 28.099 auf 121.057 Einwohner (Abb. 1).

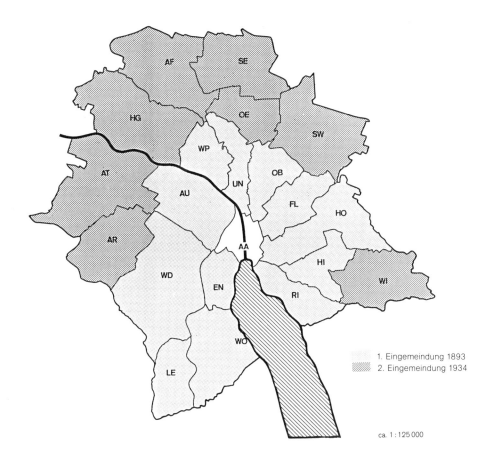

Abb. 1: Die beiden Stadtvereinigungen Zürichs. *Entwurf*: P. Hugger

Über den Charakter dieser Vororte schreibt Christian Schenkel: „Viele der damaligen Gemeinden waren historisch gewachsene Gebilde mit einem z.T. ausgeprägten Traditionsbewußtsein: Das politische Leben im übersichtlichen kommunalen Rahmen hatte sich zudem in den Jahrzehnten vor der Eingemeindung durch die Einführung der direkten Demokratie intensiver gestaltet.

Die Anhänglichkeit an den Gemeindeverband war — je nach Sozialstruktur — teilweise recht ausgeprägt."[6]

Doch der Prozeß der Verstädterung griff weiter um sich und brachte eine Reihe entfernterer Gemeinden in eine ähnliche Situation. Auch hier wurde schließlich die Eingemeindungsfrage akut[7]. Nach einer ersten, am kantonalen Mehr gescheiterten Abstimmung wurde 1931 eine zweite Vorlage angenommen, wodurch weitere acht Vororte (ursprünglich waren zwölf vorgesehen) mit Zürich vereinigt wurden[8]. 1933 zählte Groß-Zürich 312.600 Einwohner.

„Dörfer wachsen in der Stadt", so heißt der Titel eines Buches von Klaas Jarchow[9] mit Beiträgen zur städtischen Gegenkultur. Dörfer wachsen auch in Zürich, genauer gesagt, die einst unabhängigen Gemeinwesen haben nicht aufgehört, ihre Sonderart zu behaupten und zu betonen. Das wird nun im einzelnen zu zeigen sein.

3. „Uni sono", eine eindeutige Aussage

Dabei muß schon eine Feststellung stutzig machen. Welche Stadt von vergleichbarer Größe weist nur annähernd so viele Publikationen über ihre Quartiere auf wie Zürich? Gerade in den letzten Jahren haben sie sich gehäuft. Es sind durchaus aufwendige, reich illustrierte Bände, meist als Geschichte und Zeitchronik zugleich aufgebaut, teils von einem einzelnen Autor verfaßt, teils durch ein Team. Trotz verhältnismäßig hoher Preise verkaufen sie sich gut, und es bestehen kaum Absatzschwierigkeiten. In der Fußnote findet sich eine Liste der neueren Publikationen (seit 1960). Nicht berücksichtigt sind die zahlreichen Einzelstudien wie Vereinsmonographien, Festschriften usw.[10]. Selbst eine

---

[6] CH. SCHENKEL, Die erste Zürcher Stadtvereinigung von 1893, phil. Diss., Zürich 1980, S. 174.

[7] O. BICKEL-SCHIRMER, Eingemeindungsprobleme von Zürich, Zürich 1930.

[8] W. AKERET, Die zweite Zürcher Eingemeindung 1934 (Europäische Hochschulschriften, Reihe III: Geschichte und ihre Hilfswissenschaften 80), Bern/Frankfurt a.M. 1977.

[9] K. JARCHOW, Dörfer wachsen in der Stadt, Alpen 1980.

[10] W. ADAMS, Oberstrass. Seine Entwicklung von der oberen Strasse zum Stadtquartier von Zürich, Zürich 1983; Altstetten. Vom Bauerndorf zum Stadtquartier, hg. v. der Ortsgeschichtlichen Kommission im Auftrage des Quartiervereins, Zürich 1984; D. BIERI, Leimbach einst und jetzt. Eine baugeschichtliche Chronik in Wort und Bild, Meilen o.J.; A. BOLLINGER, Oerlikon. Geschichte einer Zürcher Gemeinde, 2. stark erw. Aufl., Zürich o.J.; TH. BRAND, Lebendiges Hirslanden, Zürich 1968; H.-D. FINCK/H.P. TREICHLER, Zürichs Dorf, Zürich 1981 (gemeint ist das Altstadtquartier rechts der Limmat); P. GUYER, Die Geschichte der Enge, Zürich 1980 (im folgenden zitiert: GUYER, Enge); Quartierfibel Riesbach, zusammengestellt von M. HAUPT, hg. vom Quartierverein Riesbach, Zürich 1980; J. KNECHT, Wollishofen — vom Bauerndorf zum Stadtquartier, Zürich 1960; N. LINDT, Der Asphalt ist nicht die Erde. Das Zürcher Selnauquartier im Wandel der Zeit, Zürich 1984; Quartier-Chronik von Zürich-Altstetten 1934-1959, bearb. v. E. SCHNEITER u. Mitarbeit v. A. BOLL u. E. KIPP, hg. v. Quartierverein Altstetten, Zürich 1960; Quartierfibel Fluntern (nachgeführt bis 1983), hg. v. Quartierverein Fluntern, o.O. o.J.; Unser Seebach. Beiträge zur Vergangenheit und Gegenwart eines Stadtquartiers, hg. v. Quartierverein Seebach, Zürich 1983; Zürich-Affoltern. Seine Geschichte, im Auftrage des Quartiervereins Zürich-Affoltern bearb. v. E. SPILLMANN, 2. durchgesehene und bis 1978 erg. Aufl., Zürich 1979; Schwamendinger-Buch, hg. vom Quartierverein Schwamendingen, Zürich 1981.

zusammenfassende Darstellung liegt vor mit kleinen Quartiermonographien jeweils aus der Feder eines auch sonst schriftstellernden Quartierbewohners. Die Beiträge sind mit viel Engagement und auch Emotion geschrieben[11]. Auffallenderweise fehlte aber bis in die letzten Jahre eine eigentliche Stadtgeschichte[12].

Bezeugen an sich schon diese vielfältigen Publikationen die Liebe zum Kleinräumigen, zum Partikularen, so ist zusätzlich der Tenor gewisser Aussagen unmißverständlich. Da schreibt Otto Steiger im Band über die Zürcher Quartiere: „Weltstädte sind zusammengepferchte Dörfer, so eng geschachtelt, daß die einzelnen Bezirke ihren eigenen Charakter verloren haben. Und die Bewohner von Großstädten sind Dörfler, die so dicht beieinander wohnen, daß sie sich gegenseitig auf die Füße treten."[13] Und über Höngg im besonderen heißt es dort: „Höngg ist — trotz seiner im Jahre 1934 erfolgten Eingemeindung — in ganz außerordentlichem Maße ein Dorf geblieben."[14] Im gleichen Band beteuert Margrit Mellert: „Albisrieden ist, obwohl seit 1934 zur Stadt gehörig, ein Dorf geblieben. Kein bäuerliches zwar — die Bauernbetriebe haben sich sukzessive bis auf zwei reduziert —, doch das landwirtschaftliche Gesicht ist schon im letzten Jahrhundert von Handwerkern, Kleinindustriellen, Fabrik- und Heimarbeitern zumindest durchsetzt gewesen. Aber eben, man kennt sich, weiß einiges voneinander und hält, auch wenn man nicht gar zu innig miteinander sein will und den Privatraum streng gegen den Nachbarn hin abgrenzt, doch zusammen: Ein 'fremder Fötzel'[15] hat da nichts zu suchen und zu fragen."[16] Und selbst über Enge, ein Quartier, das wegen der Verkehrslenkung schwerste bauliche Eingriffe erfahren hat, urteilt Martin Schlappner: „Nicht in jeder Gemeinde von Ehemals läßt es (das Quartierbewußtsein) sich so sorgfältig erhalten wie in der Enge."[17]

Was soll man von so vielen Beteuerungen halten? Entsprechen sie einem bloßen Wunschdenken von Leuten, die sich mit ihrem Quartier und dem kulturellen Eigenleben identifizieren? Oder steht dahinter die Realität des Zürcher Alltags?

Greifen wir einige der eingangs erwähnten Bereiche, in denen sich dörfliche Strukturen offenbaren, wieder auf. Zu den *visuell erfahrbaren* gehören die

---

[11] A. CATTANI (Hg.), Zürich und seine Quartiere. Gesichter einer Stadt, Zürich 1983.
[12] Wenn man von dem als Firmenchronik angelegten Band von P. KLÄUI, Zürich. Geschichte der Stadt und des Bezirks, Zürich-Zollikon 1948, absieht. Heute liegt vor: S. WIDMER, Zürich — eine Kulturgeschichte, Bd. 1-13, Zürich 1975-1985.
[13] O. STEIGER, Rebdorf im Banne der Großstadt. Streiflichter aus Höngg, in: CATTANI, wie Anm. 11, S. 136.
[14] Ebd., S. 139.
[15] Schimpfwort für Auswärtige.
[16] M. MELLERT, Albisrieden und Altstetten: Heimwege auf Stolpersteinen, in: CATTANI, wie Anm. 11, S. 62.
[17] M. SCHLAPPNER, Heimat in der Enge, in: CATTANI, wie Anm. 11, S. 125. Die Aussage steht allerdings im Gegensatz zu den Ausführungen des Stadtpräsidenten Emil Landolt im Band von GUYER, Enge, wie Anm. 10, S. 67.

Abb. 2: Dorfkern Witikon. *Foto*: P. Hugger

Bauten. In den Zürcher Quartieren haben sich z.T. erhebliche Baukomplexe aus früherer Zeit erhalten, besonders ausgeprägt und ansprechend in Affoltern, Höngg, Witikon, Fluntern, Riesbach, Albisrieden und Wollishofen. Die alten Häuser gruppieren sich meist um eine Kirche herum, der man ihre dörfliche Vergangenheit ansieht: niedriger Turm, bescheidene Raumdimensionen, Umfassungsmauern als Überreste des einstigen Friedhofs (Abb. 2-4). Auch die Häuser gleichen sich. Es ist die architektonische Formensprache der Ruralbauten der Zürcher Landschaft (Abb. 5, 6). Höngg z.B. erkennt man von weitem an seiner behäbigen Dorfkirche oberhalb des kleinen Rebbergs. Sie dominiert noch die Anhöhe, zieht die Blicke auf sich und läßt übersehen, daß der alte Dorfkern von flachdachigen Wohnblöcken umwuchert ist (Abb. 7). An solchen Baugruppen macht sich ein Quartierbewußtsein fest, prägen sich

Dörfliche Strukturen in Zürich 93

Abb. 4: Kirche Albisrieden. *Foto*: P. Hugger

Abb. 3: Kirche Altstetten. *Foto*: P. Hugger

Abb. 5: Ehemaliger Bauernhof Albisrieden. *Foto*: P. Hugger

Abb. 6: Riegelhaus in Albisrieden. *Foto*: P. Hugger

Abb. 7: Kirche Höngg von der Limmat aus. *Foto*: P. Hugger

Abb. 8: Maschinenfabrik Oerlikon. *Foto*: P. Hugger

Vorstellungs- und Erinnerungsbilder seit der Kindheit. Auch andere typische Bauformen und Baugestalten können diese Rolle übernehmen: Fabriken (Abb. 8), Quartierbahnhöfe und ihre Vorplätze, schloßartige Villen usw. Zurecht schreibt Margrit Mellert in „Zürich und seine Quartiere": „Nicht die großen Züge sind es, die den Charakter des Quartiers prägen, und es sind nicht einmal die wohlweislich erhaltenen Schönheiten, weder die Bauten, weder der Dorfkern noch die natürlichen, wie die Wiesen, die Bäume, der Wald, die ihm seinen eigenen Charme verleihen. Es ist die jeder Quartierplanung spottende Zufälligkeit des Nebeneinanders von Bauten verschiedenster Stil- und Geschmacksrichtungen, eine fast grundsätzlich zu nennende Eigensinnigkeit, die selbst in braven Siedlungen noch Wege findet, sich wenigstens in Details zu manifestieren."[18] Wo aber ein Quartier in seiner Mitte zerschnitten wurde, der Möglichkeit beraubt, sich dort zusammenzufinden, da steht es um das Quartierbewußtsein schlecht. Dies ist der Fall in Wipkingen, dessen Dorfkern schon um die Jahrhundertwende eine großräumige Verkehrsplanung zerstörte. Seit einigen Jahrzehnten spielt sich ähnliches in Oberstrass ab.

Auf *organisatorischer Ebene* ist hervorzuheben, daß man in Zürich anläßlich der Eingemeindungen aus staatspolitischer Klugheit nicht unnötig an territorialen Strukturen rüttelte. Das trug ohne Zweifel zur Erhaltung eines Quartierbewußtseins bei. Zu erwähnen sind die evangelischen Kirchgemeinden, die alten dörflichen Pfarreien, sodann die Quartiervereine, die bald nach der Eingemeindung mit behördlicher Förderung und Unterstützung entstanden und die zur Aufgabe haben, die Interessen der Quartierbevölkerung bei den städtischen Behörden zu vertreten. Ein aufschlußreiches Beispiel, wie die Stadt solche Grundmuster nutzt, liefern die Spitalexternen Dienste, Haus- und Gemeindekrankenpflege also, die vom stadtärztlichen Dienst organisiert werden. Die je zwanzig Haus- und Gemeindekrankenpflegeorganisationen sind aus den evangelisch-reformierten Kirchgemeinden hervorgegangen. Ihr Arbeits- und Kompetenzbereich deckt sich weitgehend mit dem Quartier. Die Mitglieder der Vorstände, die außer dem Kassier ehrenamtlich arbeiten, wohnen ebenfalls im Quartier. Die Stadt wendet jährlich rund 12 Mill. Franken (1983) für diese Dienste auf; Durchführung und Entscheidung im Einzelfall liegen aber bei der jeweiligen Quartierorganisation. Es ist dies ein eindrückliches Beispiel, wie die sozialmedizinische Betreuung einer großen Stadt sich auf gewachsene Strukturen abstützt, diese in ihr Versorgungskonzept einbezieht und so am Leben erhält.

Volkskundlich aussagekräftiger sind die *kulturellen Äußerungen* des Quartierlebens, wie etwa die eigenen Märkte, die reichhaltige Palette der *Vereine*, die Quartierfeste. Es ist nicht bedeutungslos, daß fast alle Vereine traditioneller

---

[18] MELLERT, wie Anm. 16, S. 60. Es sei auch auf die Arbeiten der Gruppe um I.-M. Greverus hingewiesen und ihre „Wahrnehmungsspaziergänge in Bergen-Enkheim", einem Vorort von Frankfurt; vgl. dazu I.-M. GREVERUS/H. SCHILLING, Heimat Bergen-Enkheim. Lokale Identität am Rande der Großstadt (Institut für Kulturanthropologie und europäische Ethnologie, Notizen 12), 2. Aufl., Frankfurt a.M. 1982.

Dörfliche Strukturen in Zürich

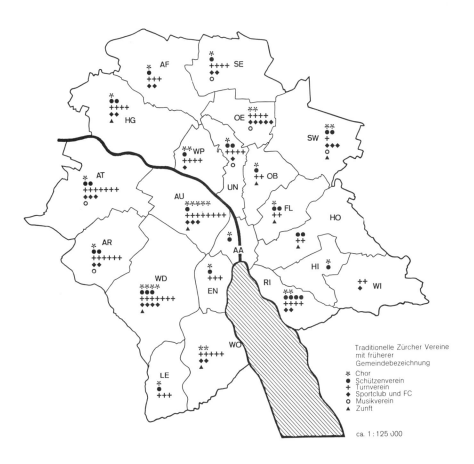

Abb. 9: Die quartierbezogenen Vereine alten Typs in Zürich. *Entwurf*: P. Hugger

Prägung in den Quartieren den Namen der einstigen unabhängigen Gemeinde tragen. Gewiß, oft reicht ihre Gründung in die Zeit vor der Stadtvereinigung zurück. Aber eine große Zahl von jüngeren und jüngsten Gruppierungen behält bei der Namensgebung diese Gewohnheit bei. Auf der Kartenskizze habe ich die traditionellen Vereine des klassischen Zuschnitts aufgeführt, soweit sie quartiermäßig organisiert sind (Abb. 9). Neuere Typen sind weggelassen, und auch so ist die Aufstellung nicht vollständig. Viele dieser Vereine, vor allem in zentrumsnahen Quartieren, leben von der Treue jener Mitglieder, die lang im Quartier ansässig waren, vielleicht ihre Jugend hier verbracht haben, nach ihrem Wegzug aber immer noch die Proben und Anlässe besuchen und so ihre Quartierverbundenheit bekunden, eine auch anderswo zu beobachtende Einstellung. Die Vereine wetteifern untereinander, sie treten als Repräsentanten ihres Quartiers an regionalen, kantonalen und nationalen Festen auf, sie bestreiten einen guten Teil der lokalen Kultur mit ihren Anlässen, Familienabenden usw. Viele haben prächtige Festschriften erscheinen lassen. Als z.B. der Turnverein Oerlikon 1984 erfolgreich vom Eidgenössischen Turnfest in Winterthur heimkehrte, holten ihn traditionsgemäß die Fahnendelegationen der anderen Vereine mit Musik, Füllhörnern und Ehrenjungfern am Bahnhof ab. Dann ging's im Zug zur „Metzgerhalle". Dort wurden Ansprachen gehalten, und man trank auf das Wohl des Vereins.

Die Quartiere feiern ihre *Feste*, nicht nur anläßlich von Jubiläen, wie 1984 zur Erinnerung an die Eingemeindung von 1934, sondern in regelmäßiger Abfolge. Fluntern begeht gemeinsam mit Schwamendingen ein sommerliches Waldfest. Der 1. August, der Nationalfeiertag, wird vielfach festlich gestaltet. Am 11.11. eröffnet man in Oerlikon und Schwamendingen separat die Fasnacht. Höngg feiert das „Wümmet-Fäscht"[19], sein wichtigstes Quartierfest, bei dem die Erinnerung an das einstige Rebdorf hochgehalten wird. Bei den „Räbeliechtli"-Umzügen, also Lichterzügen mit ausgehöhlten Rüben in der Zeit um Martini, wetteifern die Quartiere und die Nachbarschaften. 1980 führten 22 Quartiervereine solche Umzüge durch. Einer langen Vorbereitung steht dabei eine kurze Prachtentfaltung gegenüber. Der Brauch hat sich seit zwanzig Jahren vom einzelnen Lichtträger zum kollektiven Anlaß entwickelt.[20]

Auch die Vereinsfeste geben sich quartierverbunden. Vom 29. Juni bis 1. Juli 1984 organisierte z.B. der Musikverein Witikon, vor fünf Jahren gegründet, ein Witikoner Musikfest mit Fahnen- und Uniformenweihe und all den tradierten Ritualen, die solche Anlässe seit eh und je kennzeichnen. Dabei spielte die Solidarität zwischen den Vereinen am Ort eine große Rolle. Der Damenturnverein stellte die Ehrendamen und schneiderte dazu die rotweißen Galaröcke in den Farben des einstigen Dorfes.

So wirkt auch hier die Sprache der Symbole. Die Zürcher Quartiere besitzen ihr eigenes Wappen (die einstigen Embleme der Gemeinden). Diese Wappen erscheinen auf Fahnen, an Gebäuden, auf Einkaufstaschen, und auch öffentliche Verkehrsmittel sind damit geschmückt.

Und dann die *Quartiermuseen*, auch sie eine Sonderheit Zürichs innerhalb der Schweiz. Es bestehen in der Stadt (nebst den vielfältigen Spezialmuseen) fünf Ortsmuseen; drei weitere sind in Planung. Mit einer Ausnahme wurden sie alle erst nach der Eingemeindung gegründet. Träger sind kulturelle Institutionen. Die Museen setzen sich zum Ziel, die lokale Volkskultur zu dokumentieren, wobei den Bezugspunkt die frühere dörfliche Periode des Quartiers bildet. Dies ging neuerdings klar bei den Gründungsgesprächen über ein zukünftiges Ortsmuseum Witikon hervor. Die eigene Wunschvergangenheit ist eben nicht die städtische, sondern die dörfliche[21].

---

[19] Weinlese-Fest.
[20] U. GYR, Räbeliechtli-Umzüge in der Stadt Zürich. Zur Merkmalstypik eines modernen Kinderbrauchtums zwischen Vereins- und Quartierveranstaltung, in: Schweizerisches Archiv für Volkskunde 78 (1982), S. 36-52; vgl. dazu auch P. HUGGER (Hg.), Zürich und seine Feste, Zürich 1986.
[21] Eine Ausnahme bildet das geplante Quartiermuseum Aussersihl, das von alternativen Gruppierungen getragen wird und der Industrie- und Arbeiterkultur gewidmet sein soll.

Die Palette der kulturellen Manifestationen im Quartier konnte nur angedeutet werden. Zu erwähnen wären auch die zahlreichen *Quartierzeitungen*, die periodisch erscheinen und von kulturell aktiven Gruppen getragen werden, wie die „Aussersihler Zeitung" (Auflage 12.000) oder der „Kreis 5 Anzeiger"[22]. Höngg verfügt über eine Wochenzeitung, den „Höngger". In Oerlikon erscheint zweimal wöchentlich „Die Vorstadt" (Auflage 80.000) usw.

Wir haben in unserer Darstellung die Vereine traditioneller Prägung als Träger der Quartierkultur hervorgehoben. Dazu gehören gleichsam aus Berufung auch die *Quartiervereine* und die *Zünfte*, in denen sich die Etablierten, die Arrivierten zusammenfinden. Gerade in Quartieren aber, in denen die Zerstörung der hergebrachten Bausubstanz, vor allem im Wohnbereich, und die Bedrohung des Quartierlebens weit fortgeschritten sind, rührt sich Widerstand. Dieser Widerstand kann zu einem neuen Eigenbewußtsein führen. Es sind dies Gruppen mit politischen Zielsetzungen. Ursula Rellstab hat ihnen eine Untersuchung gewidmet, und zwar am Beispiel des Kreises 6 (Unterstrass und Oberstrass), der citynah einem starken Druck ausgesetzt ist[23]. Dort finden sich zwar immer noch die traditionellen Vereine; das Neue aber sind die zahlreichen *Quartiergruppen*. Die Verwaltung hat Mühe im Umgang mit ihnen, weil sie sich nicht in das gewohnte Bild statutarisch abgestützter Vereine einfügen. Die Quartiergruppen nehmen Bedürfnisse kleinräumiger Interessenlage wahr; sie umfassen meist nicht das ganze Quartier. Sie sind typisch für zentrumsnahe Quartiere — die peripheren weisen kaum solche Gruppen auf — und kennzeichnen Quartiere mit sozial gehobenen Schichten, die ihre Bedürfnisse zu artikulieren verstehen.

4. Ein Vergleich

Das Gesagte soll durch die *Gegenüberstellung zweier Quartiere* mit unterschiedlichem Profil veranschaulicht werden: Oerlikon (Kreis 11) und Aussersihl (Kreis 4).

Oerlikon, das gesamtschweizerisch als typisches Industriequartier gilt, war noch im frühen 19. Jahrhundert eine kleine Ortschaft. Mit der Entwicklung des Eisenbahn- und Straßenverkehrs wuchs die Bedeutung der Siedlung am Übergang zwischen Glatt- und Limmattal, zumal sich hier 1876 die Werkzeug- und Maschinenfabrik Oerlikon als Unternehmen etabliert hatte. Sie sollte Oerlikon für Jahrzehnte den Stempel aufdrücken. 1872 war das Dorf durch die Abtrennung von Schwamendingen zur eigenen politischen Gemeinde geworden. Die Bevölkerung nahm zeitweise sprunghaft zu, zwischen 1888 und 1900 um 113%. Viele Beschäftigte pendelten zusätzlich ein. Der Ort bekam Zentrumsbedeutung für das mittlere Glattal. 1934, im Jahr der Eingemeindung, zählte

---

[22] Herausgegeben von einer „Arbeitsgruppe Kreis 5 vor 12".
[23] U. RELLSTAB, Stadt-Quartier. Quartier-Arbeit anhand eines Zürcher Beispiels, Zürich 1980.

Oerlikon 14.789 Einwohner (1983: 16.402 Einwohner), konnte sich also nach schweizerischem Recht als Stadt bezeichnen. Städtisch waren denn auch gewisse Errungenschaften: effiziente Verwaltung (z.B. mit einem eigenen Gemeindeingenieur), Gas-, Wasser- und Elektrizitätswerk, städtisches Abfuhrwesen, neuzeitliche Schulhäuser, Krankenautobetrieb, unentgeltliche Geburtshilfe und eine Arbeitslosenversicherung. Dazu kam eine gemeindeeigene Tramlinie Zürich-Oerlikon-Seebach und Oerlikon-Schwamendingen. Seit 1892 erschien dreimal wöchentlich das „Echo vom Zürichberg" als Oerlikoner Zeitung, seit 1919 bestand auch ein großer Wochenmarkt. Schließlich gehörte dazu ein Steuerfuß, der um die Hälfte niedriger war als in der Nachbarschaft[24], Gründe genug, um auf das Erreichte stolz zu sein und sich über die ländlichen Gemeinden des Glattals erhaben zu fühlen.

Warum 1931 die Einwohner trotzdem mit starker Mehrheit einer Eingemeindung zustimmten, ist nie ganz klar geworden. Stand man unter dem Eindruck einer wirtschaftlichen Krise, oder war es die drohende Aussicht, mit den finanzschwachen Gemeinden des Glattals zu einem Groß-Oerlikon vereinigt zu werden, wie A. Bollinger[25] vermutet?

Heute stellt sich Oerlikon als Außenquartier mit betontem Eigenbewußtsein dar, obwohl vom baulichen Erscheinungsbild des 19. Jahrhunderts wenig mehr erhalten ist. Das Selbstbewußtsein äußert sich in einem aktiven Quartierverein mit einem zielbewußten Präsidenten, der es verstanden hat, sich in wichtigen Quartierfragen bei der Stadtverwaltung Gehör zu verschaffen. So gelang es ihm, eine Fällaktion im „Ligusterwald", einem Restwald mitten im Quartier, zu stoppen, obwohl sie vom forstwirtschaftlichen Standpunkt aus angebracht gewesen wäre. Es handle sich um einen Park, gab der Präsident dem Vorsteher des Baudepartements zu verstehen, und das geplante Vorgehen sei eine Zumutung für die Bevölkerung. Seither gilt die Regelung, daß der Quartierverein ins Vernehmen zu setzen ist, wenn mehr als ein Baum gefällt werden soll.

Vom Siedlungsbild und von der Bevölkerung her wirkt Oerlikon gemischt. Einfamilienhäuser wechseln mit uniformen Cityzonen und ausgedehnten Industrieanlagen. Ganz offensichtlich macht sich das Quartierbewußtsein an anderen baulichen Erscheinungen fest. Dazu gehören die Backsteinbauten der Maschinenfabrik (heute BBC) jenseits der Bahnlinien (Abb. 8), dazu gehören auch der charakteristische Bahnhof und vor allem das Gebäude des Hallenstadions, einer ruhmreichen Institution, die 1938 aus eigenen Mitteln erbaut wurde[26]. Zum Selbstbewußtsein tragen die 48 Vereine bei. Mit Stolz wird besonders auf das Feuerwehr Pikett Glattal verwiesen, Nachfahre der früheren Gemeindefeuerwehr. Das kleine Korps von 28 Mann, ein Mittelding zwischen

---

[24] In der Schweiz umfaßt die Gemeindeautonomie auch das Recht, die Höhe der Gemeindesteuern anzusetzen.
[25] BOLLINGER, wie Anm. 10, S. 60f.
[26] O. BONOMO, Geschichte des Hallenstadions Zürich-Oerlikon oder: Wo ein Wille, da ein Weg, Zürich 1982.

Miliz- und Berufsfeuerwehr, macht im Jahr rund 180 Einsätze. Die Mitglieder, vielfach sind es Söhne von Kleinunternehmern, also Handwerker usw, führen tagsüber bei der Arbeit ihre Funkgeräte mit, und in den Autos liegen die Uniformen bereit. Der Ehrgeiz beseelt sie, vor den Leuten der Berufsfeuerwehr an Ort und Stelle zu sein. So lebt im Pikett-Dienst Glattal ein Korpsgeist, entsprechend anspruchsvoll ist die Zulassung. Ältere Mitglieder scheiden aus und wechseln in den Ehemaligen-Verein über. Es hat in der Vergangenheit nicht an Versuchen gefehlt, diese Sonderfeuerwehr abzuschaffen — erfolglos. Der Pikett-Dienst war 1984 maßgebend am Scheitern einer städtischen Vorlage für eine besondere Brandwache am Irchel (in der Einsattelung zwischen Zürich und Oerlikon) beteiligt. Aus eigenen Mitteln wandte man 50.000 Franken für die Gegenpropaganda auf [27].

Und schließlich feiert Oerlikon seine Feste, die vereinseigenen und die quartierumfassenden, zu denen die Bundesfeier am 1. August gehört. Sie wird alle drei Jahre zu einem großen dreitägigen Quartierfest mit zwei- bis dreitausend Personen ausgedehnt. Im Ligusterwald hält man den Bettagsgottesdienst ab, als ökumenischen Anlaß mit den drei Landeskirchen sowie den Baptisten, Methodisten und der Heilsarmee.

Das alles führt dazu, daß man sich in Oerlikon trotz der kurzen autonomen Periode als Oerliker fühlt. Noch heute gilt die Losung: „Mä gaht is Dorf".

Aussersihl wirkt weniger homogen (1983: 28.049 Einwohner). Hier haben demographische und bauliche Veränderungen zu einem bipolaren Quartierleben und einem gespaltenen Quartierbewußtsein geführt. Die Gemeinde hatte, darin vergleichbar mit Oerlikon, nur eine kurze Periode der Eigenständigkeit gekannt (1784 - 1891). Zudem wies das Quartier immer eine große Mobilität der Bevölkerung auf. Aussersihl war eine klassische Immigrationsgemeinde. Schon bei der Industrialisierung und beim Bahnbau des letzten Jahrhunderts ließen sich hier neben Schweizern viele Italiener nieder, die sich integrierten. Ihnen folgten nach dem Zweiten Weltkrieg Spanier, Portugiesen, Jugoslawen, Türken usw. Früher dominierten die Arbeiter. Heute sind viele Ausländer Kleingewerbler, die Spezereiläden oder Reparaturwerkstätten für Autos, Mofas und Velos betreiben. Diese Immigranten bilden eine Welt für sich, Landsmannschaften nicht unähnlich. In der Rezessionsphase der 70er Jahre zogen viele weg. Es gab leere, preisgünstige Wohnungen. Junge Leute — ausgesprochene Individualisten — aus anderen Quartieren der Stadt, die sonst keine Wohnung fanden, zogen nach. Sie fanden im Quartier ein soziales Umfeld, wo sie sich frei und offen bewegen konnten. Das bunte und direkte Zusammenleben war schon immer ein Kennzeichen dieses proletarischen Quartiers. So entstand ein Sammelbecken für alternative Bewegungen.

In diesen Kreisen erwuchs ein neues Aussersihler Bewußtsein, das stark politisch motiviert ist und sich an der Vergangenheit der Arbeiterbewegung orientiert. Man entdeckte die Sozialgeschichte des Quartiers, die Arbeitskämpfe

---

[27] H. BRÜHLMANN/H.-P. STEINER, 50 Jahre Feuerwehr Pikett Glattal, Zürich 1980.

in der Zeit vor dem Ersten Weltkrieg [28], die heute heroisiert und für die eigene Identität vereinnahmt werden. Das dokumentiert eine historische Publikation, die ein Autorenteam 1983 verfaßte: „Aussersihl war und ist außer sich" [29]. Viele der Jungen, die in der Bewegung mitmachen, sind Schulabgänger ohne Lehre. Die Bewegung an sich ist wenig strukturiert, sie hat keinen Namen. Einer der Intellektuellen, der im Quartier aktiv ist, bezeichnet sie als „neue Heimatbewegung" im Sinne eines modernen, nicht patriotischen Heimatbegriffs. Die massiven Bedrohungen, denen das Quartier ausgesetzt ist, geben solchen Bestrebungen starken Aufwind. Im Gegensatz zu vergleichbaren Unternehmen im Basler Hafenquartier Kleinhüningen [30] ist die Aussersihler Bewegung farbig und einfallsreich. Das war schon zwischen 1974 und 1978 der Fall, als die Gruppe „Luft und Lärm" zu einprägsamen, bildhaften Aktionen griff. Da marschierten zwanzig Leute mit Gasmasken auf der Langstraße, einer verkehrsgeplagten Querachse, oder man trug Transparente mit der Aufschrift „Unser tägliches Seveso" in Anspielung an den durch eine Schweizer Firma verursachten Giftskandal in Oberitalien. Quartierumgänge werden organisiert, und dabei liefert man den Teilnehmern nicht-offizielle Informationen. In nächtelangen Diskussionen erwachsen neue Ideen. So mag der Gedanke des „Dächerheulens" entstanden sein, einer Protestaktion, die im Zusammenhang mit einer Hausbesetzung aufkam als Zeichen, daß man noch da sei. Es findet jeweils als eine Art Wolfsheulen in Vollmondnächten auf den Dächern statt. Es tönt schaurig und wird vom Knallen der Schwärmer und Raketen begleitet. In diesen Zusammenhang gehört auch die Autonomiebewegung. Sie kam im Winter 1982/83 auf, wohl mehr als symbolischer Akt. Faktisch denkt niemand an Loslösung. 1983 wurde der „Historische Verein Aussersihl" gegründet, auch er eine alternative Bewegung. Er setzt sich zum Ziel, Vergangenheit, Gegenwart und Zukunft des Quartiers zu erforschen. Das geplante Quartiermuseum wird seinen Standort voraussichtlich im alten Kanzleischulhaus erhalten.

Argwöhnisch betrachten die alten Aussersihler dieses neue Quartierbewußtsein. Sie halten es für zu politisch, zu links und zu anarchisch.

Das „alte" Aussersihler Bewußtsein dagegen wird vom Quartierverein repräsentiert, dem rund fünfzig Vereine angeschlossen sind. Der Quartierverein ist geographisch vor allem in zwei Zonen verankert, in der Gegend um den Stauffacher-Platz, dem alten Kerngebiet von Aussersihl mit den Gewerbetreibenden aus dem bürgerlichen Lager, und im Hard, jenseits der Seebahnlinie, einer Siedlungszone mit rund 90% Genossenschaftswohnungen und starkem sozialdemokratischen Wähleranteil. Durch die Aktionen der jungen Bewe-

---

[28] Vgl. H.-P. BÄRTSCHI, Industrialisierung, Eisenbahnschlachten und Städtebau. Die Entwicklung des Zürcher Industrie- und Arbeiterstadtteils Aussersihl. Ein vergleichender Beitrag zur Architektur- und Technikgeschichte (Schriftenreihe des Instituts für Geschichte und Theorie der Architektur an der ETH Zürich 25), Basel/Boston/Stuttgart 1983, S. 433ff.
[29] Zürich o.J. (1983).
[30] P. HUGGER, Kleinhüningen. Von der „Dorfidylle" zum Alltag eines Basler Industriequartiers, Basel 1984, S. 148.

gungen ist der Quartierverein in die Defensive gedrängt worden. Unterdessen hat er zu einer neuen Aktivität gefunden. Er wehrt sich heute ebenfalls gegen die Verschandelung des Quartiers, gegen den ausufernden Verkehr, das wuchernde Sexgewerbe mit den üblen Spekulationsfolgen. Alle Aktionen sind aber durch die Kontroverse links/rechts belastet. Der Quartierpräsident: „Leider benützen sehr viele Leute die Probleme des Quartiers, um sich politisch zu profilieren." Das ist ein Hieb gegen die Linken. Er verkennt dabei, wie gerade durch diese einfallsreichen, engagierten Jungen das lang verkannte Quartier [31] zu einem neuen Bewußtsein kommt, daß sich überall Kräfte der Erneuerung regen und daß die Jungen auf der Suche nach Heimat sind.

Aus dem *Vergleich der beiden Quartiere* Oerlikon und Aussersihl ergibt sich als *Fazit*: Am einen Ort beharren die Bewohner in ihrer Optik des aus Dörflichem erwachsenen, stolzen Vororts, obwohl dieser längst im Siedlungsbild der Stadt aufgegangen ist. Wir haben hier eine Kontinuität von Lebensvorstellungen. Am anderen Ort herrscht Diskontinuität: Eine junge Bevölkerung, von außen zugezogen, appropriiert die Vergangenheit des Quartiers, macht sie zu ihrer eigenen. Das dient der Identitätsfindung, aber auch der Verortung in einem neuen Wohnkreis und stärkt zudem die Integrationskraft solcher durch den Citydruck unmittelbar bedrohter Quartiere.

Es gibt unterschiedliche Verhaltensweisen von städtischen Bevölkerungen bei ihrer Vergangenheits- und Gegenwartsbewältigung. Die Kleinhüninger überhöhen mythisch das Verlorene ins Idyllisch-Paradiesische. Die Oerlikoner tun es, indem sie unbeirrt dörfliche Raster über ihr Stadtquartier stülpen. Die Aussersihler heroisieren die proletarischen Spannungen und Kämpfe des Jahrhundertbeginns. Entscheidend ist, daß solche Prozesse stattfinden. Dabei spielt die Frage des objektiv Berechtigten eine untergeordnete Rolle; die Berechtigung erhalten diese Vorgänge allemal in der subjektiven Legitimation einer Suche nach Identität und Heimat. Nicht die ästhetischen Merkmale und Qualitäten eines Quartiers sind dabei ausschlaggebend, auch Häßliches bietet sich durchaus zur Identifikation an. Entscheidend sind Freiräume für gruppale und intergruppale Kontakte, sind Besonderheiten baulicher und topographischer Art, an denen sich die Imagination festmachen kann und die zur Vorstellungskraft sprechen. Es geht um die Freiheit zu Kreativem und Rekreativem, im eigentlichen Wortsinn verstanden. Wenn diese Freiräume existieren, tun die Menschen das Richtige. Der Historiker Arthur E. Imhof spricht in seinem Buch: „Die verlorenen Welten. Alltagsbewältigung durch unsere Vorfahren" [32] von „mentalen Gehäusen", die den Vorfahren Halt im Alltag gaben. In diesem Sinn meine ich, daß sich jede Generation, jedes Individuum in der heutigen Stadtwirklichkeit ein eigenes Gehäuse von Vorstellungen, Leitbildern und Orientierungen aufbaut, die nicht mit den realen Erscheinungsbildern, wie sie

---

[31] Ein Hinweis auf die pejorative Bedeutung der Bezeichnung „Aussersihl" in früheren Jahren liegt in der Namensgebung der entsprechenden Zunft, die sich nach dem weniger belasteten Teilquartier Hard bezeichnet (Zunft im Hard, 1922 gegründet).
[32] A.E. IMHOF, Die verlorenen Welten. Alltagsbewältigung durch unsere Vorfahren, München 1984.

der Geograph oder der Historiker registriert, übereinstimmen, die aber im Leben der Menschen überaus wirksam sind [33].

Zum Schluß: Große Städte entwickeln ihr Eigenleben dank den Strukturen einer traditionsreichen Vergangenheit. Zürich liefert dafür ein Beispiel. Gerade Aussersihl belegt, wie eine junge Generation auf der Suche nach einer historischen Sinngebung ist, nach einer Vergangenheit, die man konstituierend in die eigene Existenz einbauen kann. Das historisch Gewachsene spricht zum Menschen die Sprache der Heimat [34]. Ohne Zweifel existieren die dörflichen Strukturen vornehmlich in der Vorstellung, es sind verinnerlichte Bilder, die sich an dechiffrierbaren Symbolen bilden. Das Entscheidende ist dabei die Interpretation. Politiker, Planer und Architekten tun gut daran, bei ihren Entwürfen eine Analyse der Wirklichkeit einzubeziehen, wie sie im Ort als geschichtlicher Prozeß eingegangen ist. Nur so erweisen sich Bauen und Planen als sinnstiftend. Nur so können Städte lebende Organismen bleiben oder werden, deren Teile stets regenerativ tätig sind im Suchen nach existentieller Sinngebung, nach Verwurzelung im Erscheinungsbild des Ortes.

---

[33] Vgl. dazu etwa R.M. DOWNS/D. STEA, Kognitive Karten: Die Welt in unseren Köpfen, New York 1982 (frdl. Hinweis von H. Heineberg).

[34] Vgl. I. NOSEDA, Ort — Heimat. Zur Auseinandersetzung in Architekturtheorie und Volkskunde über Ort, Identität und Heimat, in: archithese 14 (1984), H. 3, S. 3-7.

WILHELMINISCHER RING UND VILLENKOLONIENGRÜNDUNG

Sozioökonomische und planerische Hintergründe simultaner städtebaulicher Prozesse im Großraum Berlin 1860 bis 1920

von Burkhard Hofmeister

Einleitung

Die umfangreichsten städtebaulichen Veränderungen im Berliner Raum während der zweiten Hälfte des vorigen Jahrhunderts fanden *außerhalb* der engen administrativen Grenzen der Stadt selbst statt, zumal da der jahrzehntelange Eingemeindungsdisput zwischen dem Berliner Magistrat, der Stadtverordnetenversammlung, den zur Eingemeindung in Frage stehenden Gemeinden und den betroffenen Landkreisen Niederbarnim und Teltow eine Lösung der Frage der Verwaltungsorganisation bis 1920 verzögerte. Am Vorabend der Entstehung der Einheitsgemeinde Groß-Berlin war die eigentliche Stadtgebietsfläche der Reichshauptstadt nicht größer als 6.586 ha. Mit der Schaffung der Einheitsgemeinde wuchs sie auf das 13fache an.

So entstanden großenteils im Umfeld von Alt-Berlin in den fünf bis sechs Jahrzehnten nach 1860 zwei große, in allen erdenklichen Wesenszügen konträre bauliche Bereiche: der Wilhelminische Ring mit seiner überaus dichten, mehrgeschossigen Bebauung etwa je zur Hälfte innerhalb und außerhalb der damaligen Gemeindegrenzen Berlins und ein lockerer, im Südwesten nach Potsdam zu fast geschlossener Kranz von Villen- und Landhauskolonien gänzlich außerhalb des Stadtgebietes. Berlin entwickelte sich in jener Epoche „polar" (Posener), nämlich gleichzeitig zu der „größten Mietskasernenstadt der Welt" (Hegemann) und zu der Großstadt mit der größten Kette von Siedlungen mit Villen- und Landhausbebauung.

1. Der Wilhelminische Ring

Auf Veranlassung des an der künftigen Gestaltung seiner Residenzstadt interessierten Prinzregenten Wilhelm beauftragte der für die baulichen Belange Berlins zuständige Polizeipräsident den jungen Baurat James Hobrecht mit der Anfertigung eines Grundrißplanes. Dieser „Bebauungsplan der Umgebungen Berlins", den Hobrecht 1862 vorlegte, sah vor, daß Berlin in Analogie zur früheren Akzisemauer von einem *Ring von Boulevards* mit Sternplätzen umgeben sein sollte. In Teilen ging er auf den schon 1840 vom Generaldirektor der königlichen Gärten, Peter Joseph Lenné, gestalteten Plan der Schmuck- und Grenzzüge zurück. Im Verlaufe dieses auch als „Generalszug" bezeichneten Boulevardringes finden wir die nach den preußischen Generälen Tauentzien, Bülow, Yorck und Gneisenau benannten Straßen. Als weitere Leitlinien greifen gliedernd in den Wilhelminischen Ring die Ausfallstraßen nach den Berlin benachbarten Orten ein, die sich nach dem Zweiten Weltkrieg zu Sekundärzentren des Geschäftslebens entwickelt haben, sowie die Kopfbahnhöfe und Gleiskörper der von Berlin ausgehenden Fernbahnstrecken.

Die nachfolgende dichte Mietskasernenbebauung ist allerdings weniger dem Hobrechtplan und seinem Verfasser anzulasten, wiewohl der Plan mit seinen breiten Straßen und tiefen Grundstücken günstige Voraussetzungen dafür schuf, als vielmehr der damals geltenden Bauordnung aus dem Jahre 1853, die noch bis 1887 unverändert gültig blieb und auch dann nur geringfügige Beschränkungen für die weitere Bebauung setzte [1]. Bei einer Mindeststraßenbreite von 15m war vor 1887 keinerlei Höhenbeschränkung gegeben, nach 1887 war die Maximalhöhe mit 22m festgesetzt. Damit war fünfgeschossige, bei voller Wohnnutzung des Souterrains und vollem Ausbau eines Dachgeschosses faktisch bis zu siebengeschossige Bebauung möglich. Die Grundstücke durften mit Seitenflügeln und Hinterhäusern so weit zugebaut werden, daß die Hofabmessungen nur den Feuerschutzbestimmungen genügten, d.h. die Höfe mußten vor 1887 eine Mindestgröße von 5,3 × 5,3m oder 28qm haben, um das Wenden der damals kleinen Feuerspritzen und das Öffnen eines Sprungtuchs zu gewährleisten.

Die enorme Nachfrage nach Wohnraum und Gewerbeflächen und der sich gleichzeitig rasch entwickelnde Hypothekenmarkt ließen die Mietskaserne sofort zum Spekulationsobjekt werden. Bis zum Börsenkrach von 1873 waren auf dem Berliner Immobilienmarkt rund 60 Aktienbaugesellschaften im Geschäft. In der späteren Expansionsphase nach 1885 erreichte ihre Zahl ein Maximum von nur mehr zwölf [2]. Spielte auch das öffentliche Nahverkehrswesen für die Bautätigkeit im Bereich des Wilhelminischen Ringes im Gegensatz zu den Vororten, für die die Verkehrsanbindung zur Kommunikation mit Berlin lebenswichtig war, eine eher untergeordnete Rolle, so ist doch zu beobachten, daß die Spekulationen der Terraingesellschaften im Ringbahnbereich am kräftigsten waren [3].

Die Bebauung auch der rückwärtigen Grundstücksflächen schritt derart

---

[1] E. HEINRICH/H. JUCKEL, Der „Hobrechtplan", in: Jahrbuch für brandenburgische Landesgeschichte 13 (1962), S. 41-58.

[2] V. CARTHAUS, Zur Geschichte und Theorie der Grundstückskrisen in deutschen Großstädten, Jena 1917.

[3] D. RADICKE, Öffentlicher Nahverkehr und Stadterweiterung. Die Anfänge einer Entwicklung, beobachtet am Beispiel von Berlin zwischen 1850 und 1875, in: G. FEHL/J. RODRIGUEZ-LORES (Hgg.), Stadterweiterungen 1800-1875 (Stadt Planung Geschichte 2), Hamburg 1983, S. 345-357.

schnell voran, daß um die Jahrhundertwende etwa 47% der Bevölkerung in Hinterhäusern lebten. Zugleich aber war ein großer Teil der Hinterhäuser Standort von Blockkerngewerben. Selbst noch bei der Betriebsstättenzählung von 1968 in Berlin (West) befanden sich nicht weniger als 48% aller Industriearbeitsplätze im Bereich innerhalb des Stadtrings! So wurden die in der Wilhelminischen Ära geschaffenen Verhältnisse bis weit in die Nachkriegszeit hinein tradiert.

Früher lag dieser Anteil freilich noch höher. Bei den Fenstern vieler Hinterhäuser läßt sich an deren Abmessungen und Vergitterung einerseits und an den heute davorhängenden Gardinen andererseits ablesen, daß hier einstige Gewerbeflächen in erheblichem Umfange zu Wohnungen umgewidmet wurden. Die zahlreichen Klein- und Mittelbetriebe der Holzverarbeitung, der Metallverarbeitung, des graphischen Gewerbes, des Textil- und Bekleidungssektors und anderer Branchen profitierten hier von den kombinierten Vorteilen sehr niedriger Mieten, des Verbundes mit benachbarten Betrieben und der unmittelbaren Nähe zu den Wohnungen ihrer kleinen Belegschaft. Ein ganz entscheidender Wesenszug des Wilhelminischen Ringes war somit die enge Verzahnung von Wohnungen und Arbeitsstätten.

Die dichte Mietskasernenbebauung erzeugte eine Reihe von *baulichen, sanitären und sozialen Mängeln*. Die baulichen und sanitären Unzulänglichkeiten waren schließlich 1960 der Anlaß dafür, hier mit dem ersten Stadterneuerungsprogramm und der Ausweisung von Sanierungsgebieten anzusetzen. Die sozialen Probleme fanden dagegen vor Erlaß des Städtebauförderungsgesetzes und der damit verbindlich gewordenen förmlichen Festlegung von Sanierungsgebieten unter Aufstellung eines Sozialplanes keine Beachtung seitens der Behörden.

Bei der gegebenen dichten Überbauung ermangelte es häufig der genügenden Belichtung und Durchlüftung von Wohnungen, Hofräumen und Straßen, ebenso der Spielplätze für Kinder, der Grünflächen und — im Automobilzeitalter zum weiteren Problem geworden — der Autoeinstellplätze. Die größte Zahl der Wohnungen war so klein, daß sie nur nach einer Seite hin Fenster haben konnten, woraus der Mangel an Querlüftung resultierte, worauf besonders Eberstadt verwiesen hat [4]. Um die Jahrhundertwende lebten 71% der Bewohner in ein- und zweiräumigen Wohnungen, d.h. in Wohnungen mit einem bzw. zwei heizbaren Räumen. Während der ganzen Entstehungszeit des Wilhelminischen Ringes ergaben sich nur geringfügige Verschiebungen in Berlins Wohnraumangebot. Zwischen 1871 und 1910 sank der Prozentsatz der 1-Zimmer-Wohnungen von 52% auf 45%, während der Prozentsatz der 2-Zimmer-Wohnungen zwischen 1861 und 1910 von 25,2% auf 32,6% anstieg. Für weitere Details sei auf die Ausführungen von Schwippe verwiesen [5]. Ergänzend hierzu finden sich

---

[4] R. EBERSTADT, Handbuch des Wohnungswesens und der Wohnungsfrage, 2. verm. u. erw. Aufl., Jena 1910.
[5] In diesem Band, S. 195-224.

Angaben zur Höhe der Jahresmieten einzelner Berufssparten um 1900 bei Wischermann[6].

Ein besonderes Merkmal der im Übergangsbereich vom Vorderhaus zum Seitenflügel gelegenen Wohnungen war das sogenannte „Berliner Zimmer", ein unzureichend belichtetes, zum Hof gelegenes Durchgangszimmer. Bei den größeren Wohnungen kam die Verhaltensweise ihrer Bewohner hinzu, das eine Zimmer als „Putzzimmer" oder „gute Stube" außer bei Festlichkeiten oder Besuchen unbenutzt zu lassen, was den tatsächlich verfügbaren Wohnraum einschränkte. Aus finanziellen Gründen war das *Schlafleutewesen* weit verbreitet. Um die Jahrhundertwende erreichte die Zahl der Chambristen oder Schlafgänger fast 100.000. Von den bei der Wohnungszählung 1968 im Bezirk Kreuzberg als vor 1918 fertiggestellt erhobenen 70% aller Wohnungen hatten 95,8% nur Kohleöfen als Heizung, 64% besaßen nur Gemeinschaftstoiletten auf dem Treppenpodest oder im Hof.

Eberstadt hat auf die zutreffende Bezeichnung dieser Art der Bebauung hingewiesen: „Der Begriff ‚Kaserne' enthält die Aufhebung des Einzelwesens und des Einzelwillens und die Unterwerfung unter einen übergeordneten Zweck"[7].

Die Verbreitung der Mietskaserne kann für die äußere Begrenzung des Wilhelminischen Ringes herangezogen werden. In größeren Teilen fällt diese mit dem Verlauf des S-Bahn-Ringes zusammen. Im Norden aber, im Bezirk Wedding, geht sie um mehrere Baublöcke über die Ringbahn hinaus, im Südwesten bleibt sie um einiges innerhalb derselben und weicht in Wilmersdorf fast bis auf den Kurfürstendamm zurück. Die tatsächliche Grenze des Auftretens der Mietskaserne fällt mit der Gültigkeitsgrenze der Berliner Bauordnung, die den fünfgeschossigen Berliner Hochbau zuließ, zusammen[8].

2. Die Villen- und Landhauskolonien

Für die Anfänge der anderen Art des Wohnens ist die Entstehung der ersten Villenkolonie, Alsen, die später ein Teil der Gemeinde Wannsee wurde, bezeichnend. Der Gründer war ein Mann aus der Wirtschaft, der Kommerzienrat Wilhelm Conrad. Conrad hatte mehrere Jahre in Paris gelebt und den Sommer außerhalb der Stadt in deren weiterer Umgebung verbracht. Als er nach Berlin übersiedelte, suchte er ebenfalls nach einem geeigneten Som-

---

[6] C. WISCHERMANN, Wohnen und soziale Lage in der Urbanisierung: Die Wohnverhältnisse hamburgischer Unter- und Mittelschichten um die Jahrhundertwende, in: H.J. TEUTEBERG (Hg.), Urbanisierung im 19. und 20. Jahrhundert. Historische und geographische Aspekte (StF A 16), Köln/Wien 1983, S. 309-337.

[7] EBERSTADT, wie Anm. 4, S. 226f.

[8] D.O. MÜLLER, Verkehrs- und Wohnstrukturen in Groß-Berlin 1880-1980. Geographische Untersuchungen ausgewählter Schlüsselgebiete beiderseits der Ringbahn (BerlGeogrStud 4), Berlin 1978.

merwohnsitz. Er fand ihn am Wannsee, wo er ein altes Gasthaus mit einem etwa 80 ha großen Waldgrundstück erwarb.

Auf diesem Grundstück plante er dann den Ausbau einer Kolonie. Es gelang ihm, Mitglieder seines Herrenclubs „Club von Berlin" dazu zu überreden, Parzellen für die Errichtung von Villen auf diesem rund 16 km von der Stadtmitte Berlins gelegenen Grundstück zu erwerben, die alsbald nicht nur dem Sommeraufenthalt, sondern dem ganzjährigen Wohnen dienen sollten [9].

Bezeichnend ist weiterhin der in dieser und weiteren Villenkolonien erstrebte *parkartige Charakter*, der dazu führte, daß sich ein Teil der Villenvororte selbst als „Gartenstadt" deklarierte, wiewohl die mit dieser Art Siedlung im Sinne Ebenezer Howards angestrebten sozialen Ziele hier ganz und gar nicht erfüllt wurden. Den Entwurf für die Kolonie legte Conrad in die Hände Gustav Meyers, eines Schülers von Lenné und späteren Ersten Gartendirektors in Berlin. So wurde in dieser und jüngeren Villenkolonien nicht nur auf Individualität der Häuser und großzügig bemessene Gärten Wert gelegt und der Baumbestand auch auf den privaten Grundstücken grundbuchlich geschützt, sondern es wurden z.T. wie in Dahlem oder etwas später in Frohnau auch noch äußerst breite Straßenanlagen mit baumbestandenen Mittelstreifen angelegt. Man hat davon gesprochen, daß hier „Setzeier in Schlagsahne" gebraten würden [10].

Etwas anders verlief die Entwicklung in Friedenau und Lichterfelde, den beiden Koloniengründungen des Herrn v. Carstenn auf dem Gelände der von ihm aufgekauften Güter. v. Carstenn hatte noch an preisgünstige Eigenheime gedacht, um auch einer breiteren Mittelschicht das Wohnen in einer Villenkolonie zu ermöglichen. Aber während er durch unbillige Forderungen des Staates in finanzielle Schwierigkeiten gebracht wurde, bemächtigten sich anderer Siedlungsprojekte von vornherein spekulative Unternehmer mit unseriösen Praktiken, so daß im Zuge des Bankenkrachs und der Wirtschaftskrise in der Entwicklung der Villenkolonien von etwa 1873 bis 1885 eine Pause eintrat.

Nach 1885 kamen der Ausbau der begonnenen und die Gründung weiterer Kolonien wieder in Gang, zum Teil unter veränderten Vorzeichen. Die eine Veränderung lag darin, daß sich anstelle einzelner Grundstücksspekulanten in wachsendem Maße angesehene Bankhäuser an den Koloniengründungen beteiligten. Damit erhielten diese Unternehmungen eine solide Basis. Andererseits waren ihre Entwicklungsträger von vornherein auf Gewinn eingestellt, und an preisgünstiges Wohnen für die Mittelschicht war kaum mehr zu denken. Die Erwerber von Parzellen setzten sich vornehmlich aus Kaufleuten, Bankiers, höheren Beamten, Offizieren, Ärzten, Gelehrten, Künstlern, Verlegern und Pensionären zusammen. Hinzu kam ein ständiges Ansteigen der Bodenpreise. Für Dahlem berechnete Engel, daß im ersten Jahr der Existenz der Kolonie 1901

---

[9] K. WOLFF, Wannsee, Klein-Glienickes Schlösser und Park, Pfaueninsel, Nikolskoe. Vergangenheit und Gegenwart, 4. erw. u. neu bearb. Aufl., Berlin 1974.
[10] J. POSENER/B. BERGIUS, Individuell geplante Einfamilienhäuser 1896-1968, in: Berlin und seine Bauten, Teil IV: Wohnungsbau, Bd. C, hg. v. Architekten- und Ingenieur-Verein zu Berlin, Berlin/München/Düsseldorf 1975, S. 1-42, hier S. 3.

der Quadratmeter durchschnittlich 17,14 Mark kostete, im Kriegsjahr 1915 bereits 34,63 Mark [11]. Allerdings mutet dieser Preisanstieg bescheiden an im Vergleich zu unserer Nachkriegszeit, in der der Bodenwert in Dahlem in einem vergleichbaren Zeitraum von 1968 bis 1982 von 101 DM auf 587 DM angestiegen ist.

Die zweite Veränderung lag in der Art der Bebauung. Vor allem nach 1900 machte sich der Einfluß des Architekten Hermann Muthesius bemerkbar. Muthesius war mehrere Jahre lang als Kulturattaché der deutschen Botschaft in London eigens mit der Aufgabe beigegeben, sich mit der Wohnweise der englischen Bevölkerung zu befassen. Seine Erfahrungen legte er in einem dreibändigen Werk über das englische Haus nieder und brachte sie in seine eigene Bautätigkeit in den Berliner Vororten und anderen deutschen Städten ein [12]. Für die innere Gestaltung des Hauses erhob er zum Prinzip, daß jeder Raum für einen bestimmten Zweck individuell ausgelegt werden und sich das ganze Gebäude aus der jeweils benötigten Anzahl solch individueller Räume zusammensetzen müsse. Für die äußere Gestaltung entscheidend wurde die Idee stärkerer Naturverbundenheit, die in erster Linie dadurch zustande kam, daß das meist bei der repräsentativen Villa vorhandene Sockelgeschoß mit der Freitreppe zum erhöhten Erdgeschoß entfiel und die Räume direkten Zugang zum Garten gewannen. Dieses Gestaltungsprinzip galt aber nicht nur für das einzelne Landhaus — diese Bezeichnung trat nun meist an die Stelle des Wortes „Villa" —, sondern wurde auch in der Gesamtanlage der jüngeren Landhauskolonien dadurch verwirklicht, daß man sich in den Grundrißplänen stärker der Topographie anpaßte und die Natur mehr in die Kolonie integrierte, wie es z.B. im Falle von Nikolassee mit der Rehwiese oder in Dahlem mit dem Schwarzen Grund geschehen ist.

Bei aller Naturnähe aber blieben die Villen- und Landhauskolonienbewohner über ihren Beruf mit der Stadt verbunden. Entscheidend bei den Entfernungen zwischen etwa 5 und 15 km von den Grenzen der Stadt Berlin war daher ihre *Verkehrsanbindung*. So steht die Entwicklung der Villenvororte in engstem Zusammenhang mit dem großzügigen Ausbau breiter, repräsentativer, anfänglich sogar teilweise mit gesonderten Reitwegen versehener Straßenzüge. Für die Kolonie Westend und die etwas jüngere Kolonie Heerstraße in Charlottenburg war der Ausbau von Bismarckstraße/Kaiserdamm/Heerstraße wichtig, für die Kolonien Grunewald und Dahlem der Kurfürstendamm und der Hohenzollerndamm, für Friedenau die Kaiserallee bzw. heutige Bundesallee und für Lichterfelde der Hindenburgdamm.

Noch wichtiger aber wurden die Anschlüsse an die Vorortbahnen, um die zwischen Koloniegründern und Eisenbahngesellschaften hart gerungen wurde. Meist mußten erstere erhebliche Opfer bringen, um die Eröffnung einer

---

[11] M. ENGEL, Geschichte Dahlems, Berlin 1984, S. 356.
[12] Hermann Muthesius 1861-1927. Ausstellung in der Akademie der Künste (Akademie-Katalog 117), Berlin 1977.

Haltestelle an den zunächst nur für den Fernverkehr konzipierten Strecken bei den Bahngesellschaften zu erreichen. Oft erfolgte diese Verkehrserschließung etappenweise, indem einzelne Vororte im Laufe der Zeit zwei Bahnanschlüsse erhielten. So bekam die Kolonie Westend schon bei ihrer Gründung 1865 eine Pferdebahnverbindung vom Kupfergraben bis zur Spandauer Straße und 1882 den Bahnhof Westend an der Ringbahn. v. Carstenn konnte für seine Kolonie Lichterfelde erreichen, daß 1868 der Bahnhof Lichterfelde-Ost an der Anhalter Bahn und 1871 der Bahnhof Lichterfelde-West an der Berlin-Potsdamer Bahn eingerichtet wurden. Die Kolonie Grunewald erhielt an der Strecke nach Wannsee den Bahnhof Grunewald, an der Ringbahn den Bahnhof Halensee. Die Kolonie Nikolassee bekam einen Doppelbahnhof an der Berlin-Potsdamer Bahn und an der Wannseebahn. Für die Erschließung der Vorortkolonien des Berliner Südwestens hat auch der Bau der U-Bahn-Linie 2 nach Krumme Lanke, die zunächst bis zum Bahnhof Thielplatz geführt und später verlängert wurde, einen nicht unbedeutenden Anteil gehabt.

Nicht unerwähnt bleiben darf, daß die gehobenere Schicht eine Alternative zu den Vorortkolonien darin besaß, daß auch Großvillen und vornehme Miethäuser, von denen etliche zu den ersten Berliner Wohnbauten mit Fahrstuhl gehörten, zur selben Zeit am Rande des Tiergartens, in Charlottenburg, Wilmersdorf und Schöneberg errichtet wurden. Es bedarf eingehenderer Studien, um zu klären, wie damals die Wohnstandortpräferenzen waren. So ist z.B. bemerkenswert, daß, obwohl die Villenkolonie Grunewald als „Millionärsvorort" bezeichnet wurde, ein großer Teil gerade der Bankiers in Tiergartenvillen lebte. Es kann nur eine Vermutung sein, daß das Bankgeschäft doch eines schnelleren Kontaktes von Wohnung und Büro bedurfte, als er durch die zeitgenössischen Verkehrs- und Kommunikationsmittel zwischen Vorort und City gegeben war. Eventuell wäre das aus Biographien und anderen persönlichen Dokumenten der Betreffenden zu erschließen, was mir aus zeitlichen Gründen leider nicht möglich war.

Bohm hat in seinem Beitrag über Frohnau [13] das Beispiel der Wohnungssuche zweier berühmter Historiker, Hintze und Meinecke, herangezogen, jedoch ohne auch in der Lage zu sein, ihre jeweiligen Motive der etwa gleichzeitigen Wohnstandortwahl restlos zu klären. Es liegt ebenfalls im Bereich der Vermutung, daß Hintze, dem jüdischen Bildungsbürgertum zugehörig, seine Wohnung aus diesem Umstand heraus nahe dem und später direkt am Kurfürstendamm nahm, während Meinecke, aus Süddeutschland zugezogen, eher Gefallen an der Vorortatmosphäre von Dahlem fand.

An dem oben genannten Beispiel des Kommerzienrats Conrad und der Villenkolonie Alsen wird überdies klar, daß es sich zumindest in den Anfangsjahren kaum um spontane Entschlüsse zum Hinausziehen in diese Kolonien gehandelt hat, sondern daß es bei vielen Grundstückskäufern der

---

[13] E. BOHM, Wohnsiedlung am Berliner Stadtrand im frühen 20. Jahrhundert. Das Beispiel Frohnau, in: Siedlungsforschung. Archäologie - Geschichte - Geographie 1 (1983), S. 117-136, hier S. 123f.

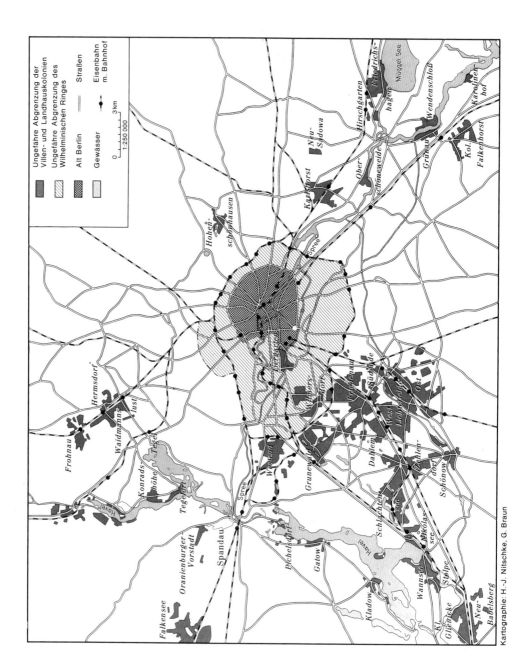

Abb. 1: Die Lage von Wilhelminischem Ring und Villenkolonien. *Entwurf*: B. Hofmeister

Überredung bedurfte, derart weitab von der Hauptstadt selbst ansässig zu werden.

3. Wilhelminischer Ring und Villenkolonien im Vergleich

Zwei Kriterien sind den beiden geschilderten städtebaulichen Erscheinungen gemeinsam: Beide entstanden während derselben Zeitspanne von fünf bis sechs Jahrzehnten nach 1860, und beide waren am Ende dieser Zeitspanne annähernd gleich groß. Die Mietskasernenbebauung erstreckte sich über ein Areal von rund 9.300ha. Die landhausmäßige Bebauung, die zwar nur im Südwesten mehr oder weniger räumlich zusammenhängend bestand, sonst über größere Teile des Stadtraumes verstreut war, nahm ihrerseits eine Fläche von nochmals ungefähr dieser Größe, nämlich rund 8.000ha, ein (Abb. 1).

Von diesen beiden Gemeinsamkeiten abgesehen, sind aber der Wilhelminische Ring und die Villen- und Landhauskolonien in allen erdenklichen Merkmalen verschieden mit der Ausnahme, daß auch die Mietvilla wie die Mietskaserne als Spekulationsobjekt diente. In der folgenden Tabelle wird versucht, die beiden baulichen Erscheinungen einander gegenüberzustellen und ihre Verschiedenartigkeit anhand einer Reihe von Merkmalen herauszuarbeiten.

4. Die gesellschaftlich-wirtschaftlichen Rahmenbedingungen

Die geschilderten umfangreichen und simultan ablaufenden, aber doch in ihrem Ergebnis sehr unterschiedlichen städtebaulichen Prozesse im Berliner Raum sind nur vor dem Hintergrund der gesellschaftlich-wirtschaftlichen Umwälzungen in Deutschland seit etwa 1800 und ihrer Auswirkungen auf die preußische und spätere Reichshauptstadt zu verstehen.

Zu diesem *Bündel von Veränderungen* gehörten die Grundentlastung und Separation, d.h. die Herstellung der Freizügigkeit für die damals noch etwa 75% ausmachende ländliche Bevölkerung (im Gebiet des Deutschen Reiches gab es 1816 rund 18,5 Mill. landwirtschaftliche und 6,3 Mill. nicht-landwirtschaftliche Bevölkerung) [14] und die Mobilität des Grund und Bodens, sodann die Neugestaltung des Bodenkreditrechts mit grundbuchlicher Festlegung des Ranges einer Hypothek und Möglichkeit der Beleihung des Bodens für den Grundbesitzer (Verschuldungsfreiheit), die Gewerbefreiheit mit der Lösung der Gewerbetreibenden aus dem Zunftzwang, der Einsatz der Dampfkraft in Industriewirtschaft und Verkehrswesen, die fabrikmäßige Organisation vieler Branchen der gewerblichen Produktion, nicht zuletzt verbesserte Ernährungsgrundlagen und Hygiene mit zunächst langsam, von der Jahrhundertmitte

---

[14] F. NAUMANN, Neudeutsche Wirtschaftspolitik, 3. Aufl., Berlin-Schöneberg 1911, S. 30.

Tabelle 1

Funktionale und gestalterische Merkmale des Wilhelminischen Rings und der Villenkolonien

Merkmal	Wilhelminischer Ring	Villen/Landhauskolonien
Zeitspanne der Entstehung	1862 - 1914	1863 - 1913
Flächenausdehnung um 1914	ca. 9.300 ha	ca. 8.000 ha
Entfernung vom Stadtzentrum	1 - 5 km	5 - 15 km
Verkehrsanbindung	Entfernungen kurz, da größtenteils innerhalb des S-Bahnringes; breite Straßen	Bahnanschluß entscheidend; einzelne Kolonien erhielten 2 Bahnhöfe; Straßenausbauten: Bismarck-, Heerstr., Kurfürsten-, Hohenzollerndamm, Kaiserallee, Hindenburgdamm, U-Bahnstrecke nach Krumme Lanke
Städtebaulicher Typ	systematische Stadterweiterung	örtliches Stadtrandphänomen: Stadtrand ist Standortfaktor für die Funktion Wohnen
Funktionsausstattung	stark: hohe Einwohner-Arbeitsplatz-Dichte	gering: hoher Auspendlergrad
Administrativer Status	einbezogen in Verwaltung und Versorgungsnetze existierender Gemeinden	oft zunächst unselbständig, später als Landgemeinde konstituiert, oft in Versorgung von Nachbargemeinden abhängig
Vorheriger Grundeigentümer	Bauern, Gutsbesitzer	Forstfiskus, Rittergutsbesitzer
Grundstücksmobilität	sehr hoch, z.T. mehrfacher Besitzerwechsel pro Jahr	relativ gering mit Ausnahme von Mietvillen
Bauordnung, Art der Bebauung	Berliner Hochbau entspr. den BO von 1853, 1887, 1892	landhausmäßige Bebauung; Vororthochbau soweit zulässig
Grundflächenzahl nach BO von 1887	0,67 bei unbebauten, 0,75 bei bebauten Grundstücken	0,3 bzw. bei Eckgrundstücken 0,4
Geschoßflächenzahl	1,5 - 4,2	0,1 - 0,6
Behausungsziffer	über 75 (75 = B. für die Stadt Berlin 1905)	um 10, in Mietvillenbereichen höher
Bevölkerungsdichte	maximal 130.000 E/qkm	1.500 - 10.000 E/qkm
Planerische Vorbilder	vorwiegend der Umbau von Paris: Boulevards, Sternplätze mit vielen Eckgrundstücken	vorwiegend England (v. Carstenn, ab 1900 Muthesius); kennzeichnend Namen wie „Westend"
Gestaltungsgrundsätze	wichtig ist die Fassade des Vorderhauses	„Gartenstadt"-Charakter; bes. ab 1900 stärkere Anpassung an die Topographie
Sozialstruktur	vorwiegend Unterschicht (Arbeiterviertel)	vorwiegend gehobene Schicht (Kaufleute, Bankiers, Beamte, Offiziere, Ärzte, Gelehrte, Künstler, Pensionäre), teilweise Mittelschicht
Zuzugsmotive der Bewohner	Nähe zum Arbeitsplatz (oft zu Fuß erreichbar); relativ niedrige Mieten, da vorwiegend Kleinwohnungen (1900: rd. 70% aller Wohnungen 1-räumig oder 2-räumig)	„Stadtflucht" vor inhumanen Behausungen, Naturverbundenheit: Veranden, Terrassen, Gartenanlagen; Abkehr vom unruhigen Stadtleben und Pflege des Familienlebens; Abkehr vom Mietobjekt, Hinwendung zum Immobilieneigentum; geringe oder keine kommunale Steuer

Entwurf: B. Hofmeister

rascher abnehmender Sterblichkeit, deutlich zunehmender Lebenserwartung und schnellerem Bevölkerungswachstum.

Alle diese Faktoren leiteten eine Entwicklung ein, die im Laufe der *zweiten Häfte des 19. Jahrhunderts* bis hin zum Ersten Weltkrieg an Schwungkraft gewann und bedeutende Folgeerscheinungen für die Wirtschaftsstruktur und das Siedlungswesen mit sich brachte. Das Tempo dieser Entwicklung in Preußen soll mit zwei Zahlenreihen belegt werden:

Tabelle 2

Indikatoren der technisch-wirtschaftlichen Entwicklung in Preußen 1852/1878

Jahr der Erhebung	Dampfmaschinen in Gewerbe und Landwirtschaft		Lokomotiven	
	Zahl	PS	Zahl	PS
1852	2.124	43.049	607	40.194
1878	35.431	958.366	6.991	2033.001

Quelle: Preußen — Zur Sozialgeschichte eines Staates. Eine Darstellung in Quellen, hg. v. P. BRANDT unter Mitwirkung v. TH. HOFMANN und R. ZILKENAT (Preußen. Versuch einer Bilanz. Eine Ausstellung der Berliner Festspiele GmbH, Bd. 3), Reinbek 1981.

Die um die Jahrhundertmitte noch recht bescheidenen Zahlen schnellten in den folgenden Jahrzehnten rapide in die Höhe. Dieselbe Entwicklung von Industrialisierung und Verstädterung läßt sich aus der Verteilung der Menschen auf die Wirtschaftssektoren ablesen. Im Raume des Deutschen Reiches sah sie wie folgt aus:

Tabelle 3

Landwirtschaftliche und nicht-landwirtschaftliche Bevölkerung im Deutschen Reich 1855/1875/1910

Jahr	Landwirtsch. Bevölkerung	Nicht-landwirtsch. Bevölkerung
1855	18,5 Mill.	17,6 Mill.
1875	18,5 Mill.	24,0 Mill.
1910	18,0 Mill.	46,9 Mill.

Quelle: F. NAUMANN, wie Anm. 14, S. 30.

Während die landwirtschaftliche Bevölkerung, die auch schon 1816 18,5 Mill. betragen hatte, über das ganze 19. Jahrhundert hinweg so gut wie konstant blieb, erreichte die nicht-landwirtschaftliche Bevölkerung kurz nach der Jahrhundertmitte die Größenordnung der landwirtschaftlichen, um sie dann zu Beginn des Ersten Weltkrieges um das Zweieinhalbfache zu übertreffen.

Entsprechend wuchsen die Städte. Noch 1840 war Berlin die einzige Stadt in Preußen, Hamburg die einzige Stadt in Deutschland außerhalb Preußens, die die statistische Großstadtgröße erreicht hatten. In Preußen wuchs die Zahl der Großstädte bis 1910 auf 33 an, gleichzeitig die Zahl der Industriegemeinden, die zwischen 1870 und 1910 zur selbständigen Stadtgemeinde erhoben oder einer benachbarten Stadt eingemeindet wurden, von fünf auf 106 [15]. Berlins Bevölkerung wuchs im Laufe des 19. Jahrhunderts von 172.000 Einwohnern 1800 auf 1.889.000 Einwohner 1900, also auf das Elffache an. Allein der Zuwachs des Jahres 1870 betrug 66.000 Menschen, die Größenordnung einer guten Mittelstadt.

In Anbetracht dieser Zahlen war der Bedarf an Wohnraum in Berlin enorm. Wie weit eine Befriedigung dieser Nachfrage nach Wohnraum überhaupt erfolgte, möge angesichts der obwaltenden schrecklichen Überbelegung vieler Wohnungen dahingestellt bleiben. Jedenfalls expandierte der Immobilienmarkt gewaltig und kam zumindest einem erheblichen Teil dieser Nachfrage innerhalb der von Politik, Finanzwirtschaft und Rechtsgrundlagen gesteckten Rahmenbedingungen nach. Wie sah nun dieser Rahmen im einzelnen aus?

In einer Zeit liberalistischen Denkens war die Schaffung von Wohnraum der privaten Wirtschaft überlassen. Gegen sie vermochten gemeinnützige Wohnungsbauunternehmen, deren erstes in Berlin immerhin schon vor 1850 gegründet worden war, bis zum Beginn der Weimarer Republik nichts auszurichten. Durch Grundentlastung und Separation hatte sich ein erheblicher Teil des ländlichen Grundbesitzes in den Händen einer relativ kleinen Zahl von Landwirten konzentriert. Einige von ihnen wandten sich selbst dem Grundstückshandel zu. Sonst aber waren es Städter, Einzelpersonen, in größerem Umfange aber *Terraingesellschaften*, die Boden aufkauften und für eine Wohnhausbebauung parzellierten. Während so der Bodenverkauf im allgemeinen in größerem Maßstab betrieben wurde, war das Baugewerbe, in dessen Händen die eigentliche Erstellung von Wohnraum lag, stark zersplittert. Den Hauptgrund hierfür sah Naumann darin, daß im Baugeschäft keine zentrale Kraft wie z.B. die Dampfkraft eingesetzt werden konnte. Weitere Gründe mögen die Saisonalität des Baugeschäfts und der geringe Kapitaleinsatz, der zur Eröffnung eines solchen Betriebes erforderlich war, gewesen sein [16].

Die Terraingesellschaften ihrerseits arbeiteten eng mit den *Hypothekenbanken* zusammen. „Zu den zahlreichen einzelnen Schritten, welche das neue Bodenkreditrecht begründeten, gehörten etwa die Einführung des Grundbuchs, die Fixierung des Rechtsranges einer Hypothek durch Eintragung oder auch die Verschuldungsfreiheit, d.h. das Recht des Grundbesitzers, seinen Boden zu

---

[15] H. MATZERATH, Von der Stadt zur Gemeinde. Zur Entwicklung des rechtlichen Stadtbegriffs im 19. und 20. Jahrhundert, in: AfK 13 (1974), S. 17-46.
[16] NAUMANN, wie Anm. 14, S. 73.

verschulden. Insgesamt schufen diese Maßnahmen die Voraussetzung dafür, daß potentielle Geldgeber auf die Sicherheit ihrer Anlage vertrauen konnten."[17] Die Hoffnung auf hohe Gewinne aus der Steigerung der Bodenpreise und dem Weiterverkauf führten zu spekulativer, risikoreicher Überbeleihung und Konkursgefahr. „Bei aller Kritik an den unsozialen Auswirkungen dieser Bodenspekulation ist in einer gesamtwirtschaftlichen Bilanz allerdings auch zu berücksichtigen, daß wohl nur ein kapitalistisches Bodenkreditrecht in der Lage war, Kapital in größerem Umfang dem Sog der Industrie zu entziehen, dem Bodenkredit zuzuführen und damit den notwendigen schnellen Ausbau der Städte zu ermöglichen."[18]

Als dritter Faktor müssen noch einmal die *Bauordnungen* genannt werden. Die zunächst für Berlin gültige Baupolizeiordnung von 1853 setzte nur minimale Anforderungen im Hinblick auf den Feuerschutz. Eine Höhenbeschränkung der Gebäude gab es überhaupt nicht. Die vorgeschriebene minimale Abmessung der Höfe erlaubte eine außerordentlich dichte Überbauung des einzelnen Grundstückes. Die Baupolizeiordnung von 1887 brachte nur geringfügige Beschränkungen und daher keine wesentlichen Veränderungen im Mietskasernenbau gegenüber der Zeit davor. Ein grundlegender Wandel trat erst viel später, nämlich nach dem Ersten Weltkrieg mit der Bauordnung von 1925 ein. Im Gegenteil wurde der Geltungsbereich der Baupolizeiordnung von 1887 noch ausgedehnt auf Gebiete, in denen wie in Friedenau zunächst landhausmäßige Bebauung vorgesehen gewesen war. Der viergeschossige Vororthochbau mit der Möglichkeit der zusätzlichen Wohnnutzung des Dachgeschosses war ab 1898 auf die Vororte außerhalb der Ringbahn beschränkt.

In dieser zweiten Jahrhunderthälfte wuchsen die bereits nach Tausenden von Arbeitskräften zählenden Großunternehmen in raschem Tempo und expandierte ebenso rasch die Exportwirtschaft. Neben den Landadel traten als führende Schicht im Staate das Großbürgertum und zum Teil das Bildungsbürgertum. Gleichzeitig aber wuchs auch schnell eine städtische Arbeiterklasse heran. Damit weitete sich die soziale Distanz zwischen Ober- und Unterschicht aus und zeigte sich die Tendenz zu deren räumlicher Segregation, begleitet von der Entwicklung neuer Wohnformen.

So entwickelten sich nach 1860 gleichzeitig zwei weitgehend verschiedene Haustypen, die Mietskaserne und die Vorortvilla, und die beiden von ihnen bestimmten großen Siedlungskomplexe des Wilhelminischen Mietskasernenringes und des Kranzes der Villen- und Landhauskolonien.

---

[17] CH. ENGELI, Stadterweiterungen in Deutschland im 19. Jahrhundert, in: W. RAUSCH (Hg.), Die Städte Mitteleuropas im 19. Jahrhundert (Beiträge zur Geschichte der Städte Mitteleuropas 7), Linz 1983, S. 47-72, hier S. 49f.
[18] Ebd., S. 50.

ENTWICKLUNG DES STÄDTISCHEN GRÜNEN
WOHNUMFELDES SEIT DEM 19. JAHRHUNDERT
UNTER BESONDERER BERÜCKSICHTIGUNG
DER STADT KÖLN [1]

von Henriette Meynen

Das grüne Wohnumfeld, wie wir es heute in unseren mitteleuropäischen Städten kennen, entstand in Typ und Gestalt vornehmlich erst im Zuge der neuzeitlichen Stadtentwicklung. Zu diesem Stadtgrün gehören größere und kleinere begrünte Flächen innerhalb oder am Rande des bebauten Stadtgebiets. Villen-, Klein- und Vorgärten sowie begrünte Hinterhöfe bzw. Blockkerne zählen ebenso zum städtischen Grün wie Stadtgärten und -parks, Zoologische und Botanische Gärten, Alleen, Schmuckplätze u.a.m. Eigentümer der großräumigen Grünbereiche ist meist die öffentliche Hand, während die kleinräumig parzellierten Freiflächen hauptsächlich in Privatbesitz sind. Die Wesensart der Anlagen begründet sich aber nicht nur in deren Flächenausdehnung, sondern wird durch die Häufung, Anordnung und Art der Pflanzungen bestimmt. Bäume, Gebüsch, Wiese, Blumen oder Naturpflanzen sind die prägenden pflanzlichen Elemente; Geländemodellierung, Wegeführung, Wasserflächen, Brunnen, Mauerzüge, Ruhe-, Spiel- und Sportanlagen usw. die gartenarchitektonischen Attribute.

Die gestalterische und funktionale (einschließlich der sozialbezogenen) Entwicklung des Kölner Stadtgrüns läßt sich — wie auch in anderen Großstädten — trotz vielfacher Überformungen und Entstellungen noch anhand des heutigen Erscheinungsbildes nachvollziehen. Im Vergleich zu den ehemaligen Residenzstädten, die ihr innerstädtisches öffentliches Grün dem Repräsentationsbedürfnis vergangener Herrscherhäuser verdanken [2], fehlten solche Parkanlagen in der „Kaufmannsstadt" Köln bis zum Beginn des 19. Jahrhunderts nahezu vollends. Innerhalb der ummauerten Stadt Köln bestanden zwar auch begrünte Flächen, aber es handelte sich hier weniger um Stadtgrün im engeren Sinne als um quasi in die Stadt hereingeholte ländliche Nutzungen, um

---

[1] Der Beitrag stützt sich auf folgende Literatur: H. KOCH, Gartenkunst im Städtebau, 2. Aufl., Berlin 1921; H. MEYNEN, Die Kölner Grünanlagen. Die städtebauliche und gartenarchitektonische Entwicklung des Stadtgrüns und das Grünsystem Fritz Schumachers (Beiträge zu den Bau- und Kunstdenkmälern im Rheinland 25), Düsseldorf 1979; Handbuch Stadtgrün. Landschaftsarchitektur im städtischen Freiraum, hg. v. G. RICHTER u.a., München/Wien/Zürich 1981; H. WIEGAND, Entwicklung des Stadtgrüns in Deutschland zwischen 1890 und 1925 am Beispiel der Arbeiten Fritz Enckes (Geschichte des Stadtgrüns 2), Berlin/Hannover o.J. [1977].
[2] Z.B. Herrenhäuser Gärten in Hannover oder Nymphenburger Schloßpark in München.

Gemüsegärten von Ackerbürgern und Weingärten städtischer Klöster. Als einzige allgemein zugängliche Grünanlagen bestanden lediglich relativ kleine botanische Gärten: zunächst der gegen 1500 vom Arzt Dr. Johann Echt angelegte Garten im dichtbebauten Stadtzentrum; der spätere, 1725 für die Universität eingerichtete, 26 Ar große botanische Garten am Rande des einstigen Übergangs von der geschlossenen zur aufgelockerten Bebauung innerhalb des mittelalterlichen Stadtgebietes; schließlich der 1798 zum botanischen Garten umgestaltete ehemalige Ziergarten des Jesuitenkollegs auf dem Gelände des heutigen Hauptbahnhofs und dessen Vorplatzes. Diese Gärten wurden nicht zuletzt wegen ihrer begrenzten Zweckbestimmung de facto nur von Gelehrten besucht. Ansonsten entnehmen wir früheren Plänen und Ansichten, daß vor dem 19. Jahrhundert im ummauerten Kölner Stadtgebiet nur wenige baumbestandene Straßen und Plätze — hier ist vor allem der Neumarkt zu nennen — bestanden.

Die ersten nennenswerten städtischen Grüngestaltungen aus dem 19. Jahrhundert beschränkten sich auf kleine Bereiche inner- und außerhalb des bebauten Stadtraumes. Als erste Maßnahme zur Begrünung von öffentlichem Raum erhielten — wenn auch unter militärstrategischen Gesichtspunkten — zu Beginn des 19. Jahrhunderts im Zuge der französischen Besetzung die großen, radial auf die mittelalterliche Altstadt zulaufenden Fernstraßen flankierende Baumreihen. Ihre einstige Existenz ist heute Grundlage für die — inzwischen baumfreien — relativ breiten, durch die Vororte führenden Ausfallstraßen.

Im Altstadtbereich begann die Begrünung im 19. Jahrhundert fleckenhaft. Inmitten der dichten Bebauung wurden auf kleinen Restflächen Schmuckplätze angelegt. Deren Bepflanzung mit Bäumen, Sträuchern und Blumen war mehr als Augenweide, d.h. dekoratives Beiwerk gedacht, denn als Freiraum-Promenade für erholungssuchende Spaziergänger. Häufig waren Denkmäler mit derartigem Schmuckgrün umgeben. Solche Arrangements dienten in erster Linie zur Rahmung öffentlicher Bauten. So gab es kleinräumige Grünanlagen vor dem Justizgebäude, dem Stapelhaus oder dem Wallraf-Richartz-Museum. Vermehrt als stadtgestalterisches Element eingesetzt wurden solche Grünflächen und -flecken aber erst in den 80er Jahren des 19. Jahrhunderts mit der Anlage der Kölner Neustadt, die sich als halbkreisförmiges Neubaugebiet an das bebaute mittelalterliche Stadtgebiet anschloß. Dieses Schmuckgrün innerhalb gebauter Ensembles, an Straßenkreuzungen, Platzerweiterungen usw., sowie in der Nachbarschaft von Kirchen oder sonstigen besonderen Gebäuden diente der städtebaulichen Gliederung und Akzentuierung. Seine Ausgestaltung während der Hauptentstehungszeit im ausgehenden 19. Jahrhundert nahm analog zu den reich geschmückten gründerzeitlichen Fassaden dekorative, vielgestaltige Formationen an. Blumen- und Strauchbewuchs bildeten ein dichtes Nebeneinander kleinteiliger Zierformen. Als Höhepunkt dekorativer Anpflanzungen des ausgehenden 19. Jahrhunderts muß der ehemalige Grünbereich um den Dom gelten — eine Anlage, deren Entstehungsgeschichte teilweise bis zum Anfang des 19.

Jahrhunderts zurückreicht [3].

Für großflächigere Grünräume stand im Altstadtbereich kaum Platz zur Verfügung. Eine Durchgrünung der gebauten Stadt unter ökologischen bzw. Umweltgesichtspunkten mochte damals kaum jemandem in den Sinn kommen. Dennoch kam es schon relativ früh zu einer Parkschöpfung am Rand des mittelalterlichen Stadtgebietes. Die Gründe hierfür entstammen allerdings auch einer anderen, zeitspezifischeren Zielsetzung: Im Laufe des 19. Jahrhunderts hatte sich in Köln wie in anderen deutschen Städten eine als „Verschönerungsverein" zusammengeschlossene Bürgerinitiative gebildet (Gründung: 1822) [4]. Im Rahmen ihrer Zielsetzung, das Stadtbild ansprechend zu gestalten, wurde 1826 am nordwestlichen Kölner Stadtrand der sogenannte Stadtgarten in Verbindung mit einer Baumschule angelegt. Die Kölner sollten sich hier, an der Peripherie der Stadt, an einem der Natur nachempfundenen idealen Landschaftsteilstück, wo pflanzliche Besonderheiten in scheinbar zufälliger Anordnung nebeneinander wuchsen, erfreuen können. Es liegt nahe, daß diese „lehrreiche" und „erbauliche" Erholungsmöglichkeit vornehmlich von gebildeten Bevölkerungsgruppen wahrgenommen wurde. Dies ist auch nicht verwunderlich, wenn man bedenkt, daß derartige Freizeitaktivitäten seinerzeit die bürgerliche Adaption von Lebensgewohnheiten adliger Herrschaften bedeuteten. Dem entspricht die Ausgestaltung als verkleinerter Schloßpark [5]. Die bewußt unregelmäßige, lichte Bepflanzung mit teilweise fremdartigen Baumindividuen — bei späteren Anlagen durchmischt mit kleineren verschiedenartigen Schmuckpartien — folgte dem allmählich gewachsenen spezifischen Schönheitsempfinden einer gebildeten Bevölkerungsschicht. Der scheinbar zufällige Standort eines jeden Baumes bzw. jeglicher Pflanze war Resultat eines ästhetisch ausgeklügelten Anordnungssystems.

Nach dem Stadtgarten entstanden im Laufe des 19. Jahrhunderts an der sich immer weiter in das Umland hinausschiebenden Peripherie der Stadt weitere öffentliche Grünbereiche mit spezieller Nutzungsbestimmung. Als „belehrende" und „erbauliche" Grünanlagen wurden im Norden Kölns außerhalb der offenzuhaltenden Schußflächen, des Rayons vor den Stadtbefestigungen, 1859/1860 der Zoologische Garten und 1862/1864 die Flora, eine Art botanischer Garten, geschaffen. Diese durchaus zeittypischen Anlagen (auch in anderen deutschen Städten entstanden erste derartige Einrichtungen) [6] lagen bezeich-

---

[3] Seit 1803 Entwürfe insbesondere von Weyhe, Greiß, Strauß, Berkenkamp und Kowallek; vgl. H.R. JUNG, Die Gartenanlagen am Dom zu Köln einst und jetzt, in: Zeitschrift für Gartenbau und Gartenkunst 14 (1896), S. 1-46; J. BREUER, Die Grünanlagen am Dom im 19. Jahrhundert, in: Kölner Domblatt NF 43 (1978), S. 119-142.
[4] Bürger- und Verschönerungsvereine entstanden im 19. Jahrhundert u.a. auch in Bremen, Frankfurt und Stuttgart.
[5] Vgl. hierzu u.a. RICHTER, wie Anm. 1, S. 19.
[6] Gründungen von Zoologischen Gärten im 19. Jahrhundert: 1838 Amsterdam, 1843 Antwerpen, 1844 Berlin, 1858 Frankfurt. Nach der Kölner Zoogründung entstanden Zoologische Gärten in Dresden, Breslau, Hamburg und Hannover. Die Kölner Flora ist die erste ihrer Art in Deutschland. Ihr folgten die Flora-Gesellschaft „Palmengarten" in Frankfurt am Main (1869/71) und die in Charlottenburg/Berlin (1871/73).

nenderweise in der Nähe der großartigen Villa des Bankiers Oppenheim, der sich als Mäzen finanziell wesentlich an diesen Lehr- und Ziergärten beteiligte. Ein Vertreter des „Geldadels" initiierte hier demnach im Umkreis seines Wohnsitzes Anlagen, deren Ursprung in fürstlichen Parks, insbesondere den Tier- und Kräutergärten zu suchen ist.

Auch für eine anders gelagerte Entstehungsweise von Parkanlagen findet sich in Köln ein typisches Beispiel: Zu Beginn des 19. Jahrhunderts hatten sich einige begüterte Kölner Bürger Landsitze vor den Toren der Stadt inmitten des landwirtschaftlich genutzten Umlandes anlegen lassen. Im Zuge der Ausweitung des Kölner Stadtgebietes bzw. der ersten neuzeitlichen Eingemeindung 1888 rückte das Weichbild der Stadt immer näher an diese Herrensitze heran, die deshalb schon gegen Ende des Jahrhunderts von ihren Besitzern meist wieder aufgegeben wurden. Die das repräsentative Wohnhaus umgebende Parkanlage erfuhr infolgedessen nicht selten eine funktionale Umgestaltung. So wurde die sogenannte Kitschburg, ein dem feudalen Lebensstil nachempfundener Herrensitz einer Bankiersfamilie, zum Herzstück des 1896 angelegten Stadtwaldes, einer ersten großräumigen öffentlichen Grünanlage am damaligen Vorstadtrand. Derartige Nutzungswechsel vom einst privaten zum später öffentlichen Zugang vollzogen und vollziehen sich seit dem 19. Jahrhundert auch in anderen deutschen Städten [7].

Der Kölner Stadtwald folgte mit seiner an ästhetischen Prinzipien ausgerichteten Gestaltung der Tradition der im landschaftlichen Stil gehaltenen Ursprungsparks von Weyhe, blieb also auf die Bedürfnisse anspruchsvoller Bevölkerungskreise zugeschnitten. Dementsprechend vollzog sich die Entstehung einer angrenzenden, auf den Grünraum bezogenen Villenbebauung im engen Kontext mit der Parkgestaltung, was beispielhaft für eine auch in anderen deutschen Städten zu beobachtende Entwicklung ist [8]. Aus diesem Villenviertel rekrutierte sich wiederum der Kreis der Parkbesucher, was den Stadtwald schon allein standortbedingt als eine Grünanlage vornehmlich der Oberschicht auswies.

Eine mittelbare soziale Klassifizierung der zukünftigen Bebauung bzw. Bewohnerschaft durch die Grünplanung hatte in Köln verstärkt bereits mit der Errichtung der Neustadt seit 1880 eingesetzt. Ursache hierfür war nicht zuletzt die in den Bebauungsplänen für die Umgebung der Grünanlagen vorgesehene aufgelockerte Bauweise. Hinzu kam dort die Ausgestaltung von Straßenzügen zu baumbestandenen, teils mit Reitalleen auf den Mittelstreifen versehenen Boulevards, deren Vorbilder in der feudalen Gartenarchitektur zu suchen sind. Die nicht nur infolge größeren Flächenbedarfs, sondern auch durch die repräsentative Wohnumgebung bedingten hohen Grundstückspreise derartiger

---

[7] Z.B. Hamburger Villengärten in Nähe der Elbe, Alster und Bille. Das wohl bekannteste Hamburger Beispiel eines heute in öffentlicher Hand befindlichen ehemaligen Herrensitzes ist der Jenischpark. Vgl. dazu: Gärten, Landhäuser und Villen des Hamburger Bürgertums (Aus den Schausammlungen/Museum für Hamburgische Geschichte 4), Hamburg 1975.

[8] Z.B. Villen am Rande des Berliner Grunewalds; vgl. auch RICHTER, wie Anm. 1, S. 20.

Neubaugebiete vermochten natürlich nur begüterte Bauherren aufzubringen, um der Enge des Altstadtbereichs zu entfliehen.

Nicht nur private parkartige Gartenanlagen bildeten am Stadtrand die Keimzelle für eine aufgelockerte, anspruchsvolle Bebauung. Neue geplante Wohngebiete entstanden auch in Außengebieten um eigens hierfür angelegte Parkflächen [9]. Diese wohnungsnahen Grünräume stellten gleichermaßen einen Siedlungsanreiz für gehobene Sozialschichten dar. So war im ausgehenden 19. Jahrhundert bei der Projektion des Villenviertels Marienburg die Anlage des Südparks — d.h. die Sicherung eines grünen Wohnumfeldes — von vornherein Bestandteil der Planung. Dessen Ausgestaltung mit konventionellem Ziergrün war eine Selbstverständlichkeit.

Wenige Jahre später, kurz nach der Jahrhundertwende, plante die Stadt Köln im Südwesten Kölns den Stadtteil Klettenberg, innerhalb dessen südwestlicher Randgebiete der Klettenbergpark eine gewisse Wohnqualität vermitteln sollte [10]. Bezeichnenderweise wurde dieser Park nach dem Eigennamen des ihn umgebenden Ortsteils benannt. Auch im Umkreis dieser Grünanlage lag — wie schon in der Neustadt — die begehrteste Wohngegend des betreffenden Stadtteils. Wie auch an anderen vergleichbaren Standorten war ein soziales Gefälle der Bevölkerung mit wachsender Entfernung von diesen Grünbereichen zu verzeichnen. Umgekehrt hatte die Anlage eines Parks den Anstieg des sozialen Niveaus vom bereits bestehenden — nicht oder wenig durchgrünten — Wohngebiet zum Neubaugebiet in Parknähe zur Folge. So veränderte sich, als um 1914 der Blücherpark entstand, die Sozialgruppenzugehörigkeit des ursprünglich als reine Arbeiterwohnbebauung konzipierten randlichen Neu-Ehrenfelds. Im Anschluß an die Genossenschaftswohnungen der Ehrenfelder Arbeiterwohnungsgenossenschaft kam es hier in Nähe des neuen Grünraumes zum Bau von Reiheneigenheimen für die Mittelschicht [11].

Im Laufe der Jahrzehnte blieb das Wohnen am Rande eines öffentlichen Grünraumes immer weniger ein ausschließlich der Oberschicht vorbehaltenes Privileg. Entstanden im 19. Jahrhundert am Stadtwald, am Volksgarten oder am Südpark noch ausnahmslos Wohnungen der „guten Gesellschaft", so waren die Wohnansprüche der Anwohner des Klettenbergparks zu Beginn des 20. Jahrhunderts schon geringer und noch mehr diejenigen der Anwohner des Blücherparks. Besucher des Klettenberg- und des Blücherparks waren selbstverständlich nicht nur die nächsten Anwohner, sondern auch die in einfachen Mietwohnungen lebenden Personen aus dem weiteren Umkreis.

---

[9] Isoliert plazierte Volks- oder Stadtgärten bzw. Stadtparks entstanden vielerorts inmitten von neuen Wohnvierteln bis zum I. Weltkrieg, beispielsweise in Berlin der Friedrichshain, Humboldthain, Treptower Park u.a.; vgl. Berlin und seine Bauten, T. XI: Gartenwesen, hg. v. Architekten- und Ingenieur-Verein zu Berlin, Berlin/München 1982.

[10] Vgl. Klettenberg (Kunststättenheft 198), Köln 1984.

[11] Reichsheimstätten für Studienräte, Volksschullehrer u.a.; vgl. H. MEYNEN, Die Wohnbauten im nordwestlichen Vorortsektor Kölns mit Ehrenfeld als Mittelpunkt (FDtLdkd 210), Trier 1978, S. 80ff.

Die veränderte Gestaltung der Grünbereiche ist Indiz für ihre abnehmende schichtenspezifische Nutzung. Nicht mehr die erlesenen, teilweise auch exotischen Pflanzen bestimmten das Parkbild, sondern heimische Blumen, Sträucher und Bäume wurden seit der Jahrhundertwende gepflanzt. Statt der isolierten Baumindividuen prägten nunmehr Baumgruppen die einzelnen Parkpartien. Grünanlagen waren immer weniger Miniaturausgaben von herrschaftlichen Gärten. Die kleinräumig gleichartigen Gruppenpflanzungen ermöglichten weitläufigere offene Räume als Solitärpflanzen und zugleich eine klarere funktionsräumliche Gliederung. Spielwiesen, Sandspielplätze und Ruheplätze inmitten von Schmuckzonen waren die überall wiederkehrenden Grünräume, denen sich individuelle Parkpartien anschlossen.

Insgesamt gewann um die Jahrhundertwende in Köln wie in anderen Städten der Grünraum in und am Rande der Stadt in der theoretischen und praktischen Stadtplanung wachsende Bedeutung [12], so wie auch die Naturliebe in Kunst und Literatur stärkere Beachtung fand. Ursache hierfür war nicht zuletzt auch der dem Grün zugeschriebene Funktionswandel oder besser Funktionszuwachs. Neben dem ästhetischen trat damals der gesundheitliche Wert der Grünanlagen ins allgemeine Bewußtsein. Begriffe wie „sanitäres" und „hygienisches" Grün tauchten auf. Das Erholungsbedürfnis auch der ärmeren Bevölkerungsschichten rückte allmählich in den Mittelpunkt der planerischen Grünbestrebungen. Die Stadtplaner berücksichtigten demzufolge das Grün vermehrt auch wegen seiner Bedeutung als Sauerstoffproduzent und Luftfilter zur Verbesserung der Stadtluft [13]. Aus jener Zeit stammen die ersten großräumigen Planungen für Frischluftreservoirs, von denen der Wald- und Wiesengürtel in Wien das namhafteste Beispiel war. In Köln kam eine derartige Planungsidee zur Belüftung der Stadt zunächst nur in eingeschränkter Form und lediglich für einen engeren Stadtbereich auf. Die dichtbebaute Alt- und Neustadt sollte ein stark durchgrünter Villengürtel halbkreisförmig umfangen. Für diese Belüftungszone zwischen der Innenstadt und den Vororten war der Grünbestand zu gleichen Teilen als Schmuck und zur Erholung vorgesehen. Diese unmittelbar vor dem Ersten Weltkrieg festgeschriebene Planung kam infolge des Kriegsausbruches nur in randlichen, kleinräumigen Teilstücken zur Ausführung [14].

Weitere Nutzungsmöglichkeiten des Stadtgrüns erlangten im zweiten Jahrzehnt des 20. Jahrhunderts an erhöhter Bedeutung und ließen den beschlossenen Bebauungsplan als überholt erscheinen. Grün als Erholungsraum zur aktiven Betätigung, d.h. für Sport und Spiel, wurde zum erstrebenswerten Element innerhalb der Wohngebiete. Schon im ersten Jahrzehnt des 20. Jahrhunderts

---

[12] Innerhalb der städtischen Verwaltungen wurden damals im Zuge dieses Bewußtseinswandels Gartenbauämter eingerichtet: 1860 Mainz, 1870 Berlin, 1890 Hannover. 1904 gab es bereits 27 Gartenbauämter in 61 in dieser Hinsicht untersuchten Städten. Vgl. u.a. KOCH, wie Anm. 1, S. 247.

[13] Derartige Erkenntnisse kamen u.a. aus Amerika nach Deutschland und fanden durch die „Allgemeine Städtebauausstellung" 1910 in Berlin in weiten Kreisen Beachtung.

[14] Vgl. hierzu MEYNEN, wie Anm. 1, S. 29ff.

hatte man in Köln in kleinem Umfang für derartige Freiflächen gesorgt. Der damalige Gartenbaudirektor Fritz Encke hatte vornehmlich innerhalb der südlichen und westlichen Vororte Kölns Stadtplätze geplant, die in einen Schmuckplatz mit Ruhebänken und in einen Spielplatz zweigeteilt waren. Von der Existenz von Spielwiesen innerhalb der größeren Parkanlagen, die bewußt am Rande eines Vorortes, wie der Blücherpark oder auch wie der Vorgebirgspark, zwischen zwei Vororten angelegt wurden, war bereits die Rede [15]. Erst nach dem Ersten Weltkrieg wurden jedoch die verschiedenen, neu erkannten Nutzungsmöglichkeiten in großem Maßstab in die Realität umgesetzt [16]. Anstelle des geplanten Villengürtels wurde der sogenannte Innere Grüngürtel in Form einer Kette von Grünräumen für die unterschiedlichsten Funktionen geschaffen. Die streng geometrische Grundrißgestaltung der Einzelräume, die klare Abgrenzung der grünen Nutzräume voneinander sowie die Aufreihung von multifunktionalen Räumen nebeneinander, d.h. das Nebeneinander von Spielwiese, Sportplatz, Ruhebereichen, Schrebergärten, Sandspielplätzen u.dgl., spiegelt die sachliche Zielsetzung der Planer der 20er Jahre. Viele ehemalige Funktionen des Stadtgrüns sind heute aufgegeben. Ein durchgehender, mehr oder weniger gleichartiger Grünstreifen prägt das Bild des heutigen Grüngürtels wie auch das vergleichbarer Anlagen. Vor allem die raumbildenden, regelhaften geometrischen Baumgruppierungen zeugen heute noch von der einstigen Multifunktionalität dieser Freiräume.

Seit der Zeit um den Ersten Weltkrieg beschränkte sich die Kölner Grünraumplanung nicht mehr nur auf Teilräume des Stadtgebietes. Stadtgrün als notwendige Nutzungseinheit innerhalb und am Rande des bebauten Stadtgebietes wurde nunmehr ein wesentlicher Bestandteil der um diese Zeit aufkommenden Generalbebauungspläne, den Vorläufern unserer heutigen Stadtentwicklungspläne [17]. Diese großräumige Grünplanung bezog somit nicht nur die bebauten Stadtgebiete, sondern auch den Stadtrand mit ein. Prototypen derartiger Planungen waren einerseits der Wald- und Wiesengürtel Wiens (dessen Ursprung in den Wettbewerbsentwürfen für die Wiener Generalregulierung lag) und die Wettbewerbsentwürfe für Groß-Berlin von 1910 sowie andererseits die englischen Gartenstadtplanungen Howards [18]. In Köln handelte

---

[15] Stadtteilbezogene Parkanlagen entstanden seit der zweiten Hälfte des 19. Jahrhunderts besonders in den USA (Central Park in New York u.a.) und in England. Derartige Versorgungen eines Wohnbereiches mit Grün gewannen auch bei stadtplanerischen Überlegungen in Deutschland seit der Jahrhundertwende zunehmend an Bedeutung. Als prominentestes Beispiel ist der Hamburger Stadtpark (angelegt ab 1910) zu nennen. Vgl. M. GOECKE, Vorgeschichte und Entstehung des Stadtparkes in Hamburg-Winterhude und seine Bedeutung für das Hamburger Stadtgrün, rer. hort. Diss., Hannover 1980.

[16] Auch in anderen deutschen Städten plante man in den 20er Jahren großflächige Grünräume, die allerdings vielfach im Gegensatz zum Kölner Beispiel nur teilweise verwirklicht werden konnten.

[17] Vgl. u.a. die publizierten Generalsiedlungspläne, Grünflächenpläne, Grünsysteme usw. bei: H. EHLGÖTZ, Die Aufschließung des Baugeländes, in: A. GUT (Hg.), Der Wohnungsbau in Deutschland nach dem Weltkriege, München 1928, S. 64-97.

[18] Vgl. MEYNEN, wie Anm. 1, S. 102ff.

es sich dabei nicht um die Wahrung oder Ergänzung von bestehendem Forst wie in Wien bzw. Berlin, sondern um reine Neuanlagen. Fritz Schumacher plante für Köln ein ganzes Grünsystem, wobei zwei konzentrische Zonen, ein innerer Halbring (der Innere Grüngürtel) und eine äußere Kreiszone (der Äußere Grüngürtel), der sowohl links- als auch rechtsrheinisch verläuft, die vorgegebenen Rückgrate lieferten. Radiale Grünzüge verbinden nach der Schumacherschen Planung das Innenstadtgrün, den Inneren Grüngürtel, mit dem Grün am Stadtrand, dem Äußeren Grüngürtel [19].

Die nach dem Versailler Vertrag aufgelassenen Festungsflächen, die sodann in städtischen Besitz übergingen, bildeten die Grundlage für eine zügige Durchführung weiterer Teile der Planungen Schumachers. Dank der umfangreichen Öffentlichkeitsarbeit des Städtebauers Fritz Schumacher, der den noch sehr vagen Kölner Generalbebauungsplan aus der Vorkriegszeit in den Jahren 1920 bis 1923 völlig neu überarbeitete und publizierte, wurde Köln zum Paradebeispiel für eine sinnvolle, das Stadtgrün berücksichtigende Großstadtplanung [20]. Seit dieser Zeit entstanden in Köln grüne „Stadtlungen" als Erholungsanlagen für alle Schichten der Bevölkerung. Zu der Auswahl von ausschließlich heimischen Bäumen trat nun deren noch umfangreichere Häufung und deren Gruppierung zu noch größeren, leicht überschaubaren Grünräumen. Der im wesentlichen in den 20er Jahren geschaffene Äußere Grüngürtel mit seinen von Waldstreifen umgebenen Wiesen spiegelt die neue Grünauffassung besonders deutlich wider. Dieses hier geschaffene sogenannte Sozialgrün ist vom Typ her als Volkspark zu bezeichnen. Ein Park der 20er Jahre erhielt in Köln diese Typenbezeichnung als Eigennamen. Schlichte geometrische Grundrißformen sind Grundlage für die Untergliederung des Kölner Volksparks: Hier bestehen Grünräume mit einem Planschbecken für Kleinkinder, mit einem Sandbereich für größere Kinder, mit einem Reigenplatz für Jugendliche, mit Ruheplätzen für ältere Personen, mit Sitzflächen für ganze Familien zum geselligen Beisammensein im Freien und schließlich eine große Rasenfläche als Binnenraum zum Sporttreiben für jedermann [21].

Ein weiterer Grünflächentyp erweitert die Palette der verschiedenartigen grünen Nutzräume: In der Zeit um den Ersten Weltkrieg lebte infolge des Notstands die Kleingartenbewegung auf, und in den 20er Jahren wurden die Kleingärten bzw. Laubenkolonien fester Bestandteil der gesamtstädtischen

---

[19] Gliederung, Belüftung usw. des Stadtgebietes durch Grünzüge und -gürtel wurden seit den 20er Jahren vermehrt diskutiert und in unterschiedlichem Maße verwirklicht, z.B. Grünzug in der Dulsbergsiedlung in Hamburg, Parkring Tempelhofer Feld in Berlin.

[20] Vgl. u.a. F. SCHUMACHER, Köln. Entwicklungsfragen einer Großstadt, München/Köln 1923. Erster überregional beachteter Vortrag Schumachers auf dem „Internationalen Städtebaukongreß" in Amsterdam 1924: F. SCHUMACHER, Grünpolitik der Großstadtumgebung, in: Conference Internationale de l'Amenagement des Villes, Internationale Städtebautagung Amsterdam 1924, Bd. 1: Vorträge, o.O. 1924, S. 89-102.

[21] WIEGAND, wie Anm. 1, S. 116-121 und F. ENCKE, Ein Volkspark, in: Denkschrift zum 100jährigen Bestehen der Höheren Gärtnerlehranstalt Berlin-Dahlem, früher Wildpark, hg. v. d. Höheren Gärtnerlehranstalt Berlin-Dahlem, Frankfurt a.O. 1924, S. 214-225.

Grünvorhaben, so daß zahlreiche Grünbereiche in ihren Randgebieten Kleingärten besitzen bzw. Schrebergärten in das Grünsystem mit eingebunden wurden [22].

Dieses flächige Stadtgrün wird durch das von Bauten durchsetzte private Grün in Form von Hausgärten vor, hinter oder um die Wohnbauten ergänzt. Vorgärten im urbanen Lebensraum gab es in Köln schon um die Mitte des 19. Jahrhunderts und zwar in den städtischen Randgebieten. Um diese Zeit, die Jahre der ersten neuzeitlichen Vorortgründungen, finden sich erste Vorgärten in den Katasterkarten eingetragen, d.h. die hier nachgewiesenen Freiflächen vor den Gebäuden lassen auf Vorgärten schließen [23]. Es ist zu vermuten, daß es sich hierbei um Ziergärten handelte. In größerem Umfang wurden dann in der Kölner Neustadt, also ab 1880, in Vierteln für gehobene Ansprüche Vorgärten im Fluchtlinienplan vorgeschrieben [24]. Zu einer derartigen Festlegung der Bebauungsweise, die eine anspruchsvolle Wohnbebauung und eine entsprechende Sozialstruktur zur Folge hatte, kam es in der Folgezeit auch in vielen Vorortstraßen. Eine entsprechende Steigerung der Wohnqualität ergab sich bei einer noch stärkeren Durchgrünung, bei der Anlage von Hausgärten, die ein repräsentativer, allseitig umgebender Rahmen von Wohnbauten, genauer gesagt von Villen, sein können [25].

Eine völlig neue, funktional andersartige Hausgartenart entwickelte sich parallel dazu gegen Ende des 19. Jahrhunderts: In einen gewissen Gegensatz zu dem dekorativen Grün der Wohnbereiche für gehobene Ansprüche trat das Nutzgrün von Wohnbauten für Arbeiter. In den preiswerteren Stadtrandlagen entstanden — im Rahmen genossenschaftlicher Bestrebungen und vielfach nur mit Hilfe finanzkräftiger Stifter bzw. Förderer — bescheidene sogenannte Erwerbswohnbauten, zu denen je ein kleiner Hausgarten als Nutzgarten für den eigenen Küchenbedarf gehörte. Die Idee, solche Gärten anzulegen, entstammte nicht zuletzt der Tatsache, daß viele Arbeiter aus den landwirtschaftlichen Räumen kamen und es ihnen als Nutzgartenbesitzer leichter fiel, in der Stadt Fuß zu fassen. Bis zu den 20er Jahren unseres Jahrhunderts blieb jedoch das Wohnen im Grünen vornehmlich der Mittel- und Oberschicht vorbehalten, und nur relativ wenige Arbeiterfamilien kamen in den Genuß dieses Privilegs.

Im Zuge der Gartenstadtbewegung entstanden zu Beginn des 20. Jahrhunderts in Vorortrandgebieten — zum großen Teil mit kommunaler Unterstützung —

---

[22] Kleingärten, die ihren Ursprung in Armengärten und den Leipziger Schrebergärten haben, werden wie in Köln auch in anderen Städten vermehrt nach dem I. Weltkrieg angelegt; vgl. RICHTER, wie Anm. 1, und E. JOHANNES, Entwicklung, Funktionswandel und Bedeutung städtischer Kleingärten (Schriften des Geographischen Instituts der Universität Kiel 15, H. 3), Kiel 1955.
[23] Vgl. MEYNEN, wie Anm. 11, S. 117.
[24] Vgl. H. KIER, Die Kölner Neustadt, (Beiträge zu den Bau- und Kunstdenkmälern im Rheinland 23), Düsseldorf 1978, und R. CONRAD, Die Kölner Neustadt, phil. Diss., 2 Bde., Köln 1955.
[25] Planerisch vorgegebene Villenbebauung war die Regel, sei es durch einen Bebauungsplan wie beispielsweise den Plan für die Kölner Marienburg von 1896 oder durch private Terraingesellschaften bzw. auch Grundstücksspekulanten wie im Südwesten Berlins (z.B. Lichterfelde).

Reiheneigenheime bzw. -siedlungen, wo individuelle Nutzgärten hinter den Häusern und teilweise auch Vorgärten als kleine Zierbereiche vor den Häusern vorhanden waren [26]. Zu diesem privaten Grün für einkommensschwächere Kreise kamen in Köln schon zu Beginn der 20er Jahre die großen Mietblöcke mit parkartig gestalteten Innenhöfen. Der 1922 errichtete Siedlungskomplex „Grüner Hof" am nördlichen Rand des Vorortes Nippes ist wohl der erste seiner Art in Deutschland [27]. Der rechteckige, von mehreren Wegen durchzogene grüne Innenbereich ist zu zwei Straßenzügen hin geöffnet und so für jedermann zugänglich. Abgeschlossen sind dagegen die beiden randlichen, parallel dazu gelegenen Innenhöfe, die als Nutzfläche zum Wäschetrocknen nur von den Siedlungsbewohnern betreten werden können [28].

Diese Wohnbauten im Grünen wurden nach dem Motto „hygienisches, gesundes Bauen" erstellt. Es handelte sich hierbei um eine neue Art des Wohngrüns: das halböffentliche Grün, das zwar dem Bauherrn gehört, aber von jedermann betreten werden darf. Die großen Siedlungen mit weiten halböffentlichen Grünflächen, wie in der Hamburger Jarrestadt oder die Berliner Hufeisensiedlung Britz, entstanden in Deutschland vornehmlich von der Mitte bis zum Ende der 20er Jahre.

In den 30er Jahren schließlich wurde das Grün als lebensnotwendiger Bestandteil innerhalb des städtischen Raums angesehen. Die Stadtplanung strebte nunmehr danach, gerade den untersten Sozialschichten zu grünem Lebensraum zu verhelfen. Seit 1931 [29] entstanden in Köln [30] wie in anderen deutschen Städten die sogenannten Randsiedlungen. Darunter sind die Siedlungen mit Kleinsthäusern bzw. -wohnungen zu verstehen, zu denen jeweils mindestens 600m² Grünfläche als Nutzraum für Gemüseanbau zum Eigenbedarf gehören.

So kann zusammenfassend gesagt werden, daß das frühe Stadtgrün von herrschaftlichen Vorbildern, von Schloß- und Residenzgärten abzuleiten ist. Die ersten öffentlichen Grünräume, d.h. vor allem die Grünanlagen des 19. Jahrhunderts, waren sozialgebunden genutzt. Sie waren für die Oberschicht entworfen. Erst im 20. Jahrhundert fiel mit neuen sozialen und ökologischen Einsichten die einseitig schichtenspezifische Orientierung des Stadtgrüns weg. Die Entwicklung vollzog sich von der einseitig repräsentativen Grünanlage mit wertvollen seltenen Pflanzen zum schlicht gestalteten Stadtgrün mit unterschiedlichen Nutzräumen.

---

[26] In Köln wurde die erste derartige Siedlung (Bickendorf I) im Jahre 1913 begonnen; vgl. dazu auch A. GUT (Hg.), Der Wohnungsbau in Deutschland nach dem Weltkriege, München 1928.

[27] Erst danach, ab 1923 entstanden in Köln wie in Wien, Berlin, Hamburg usw., weitere entsprechende Siedlungsanlagen, die sich um einen Park gruppieren.

[28] Zur städtebaulichen und kunsthistorischen Wertung des von W. Riphahn entworfenen Grünen Hofes vgl. W. HAGSPIEL, Der Kölner Architekt Wilhelm Riphahn. Sein Lebenswerk von 1913 bis 1945, phil. Diss., Köln 1981.

[29] Notverordnung des Kabinetts Brüning vom 6.10.1931. Hierin wurde vom Staat eine finanzielle Unterstützung zur Anlage von Kleinsiedlungen zugesagt.

[30] Erste Kölner Randsiedlung 1932: Vogelsang; vgl. MEYNEN, wie Anm. 11, S. 95ff.

Das im Laufe der Zeit entstandene Stadtgrün erfuhr in den letzten Jahrzehnten verschiedenerlei Veränderungen und wurde auch von verschiedenen Standorten zugunsten anderer städtischer Funktionen verdrängt. Die Pflege der Grünanlagen mußte infolge abnehmender Anzahl von Arbeitskräften in diesem Bereich von einer intensiven zu einer extensiven übergehen. Viele von Blumen geschmückte Anlagen verloren ihre kleingliedrigen Blumenbeete zu Teilen oder völlig. Sträucher, die den Grünanlagenbesucher vom Betreten weiterer Grünteile abhalten sollen, wie die stacheligen Berberitzen, begrenzen anstelle von Blumenrabatten die Spazierwege im Grünen. Einstige Nutzgärten im privaten Bereich wurden im Zuge des wirtschaftlichen Aufschwungs nach dem Zweiten Weltkrieg in Ziergärten umgewandelt. Gelegentlich wurden auch die vielen schmalen Einzelgärten hinter den bescheidenen Reihenhäusern zu gemeinschaftlichen Gärten zusammengefaßt. Die überkommenen Patriziergärten werden bis zum heutigen Tage vermehrt als Privatgärten aufgegeben. Gelegentlich werden sie für die Bürgerschaft allgemein als Erholungsraum zugängig gemacht. So wurde der Villengarten des Zuckerfabrikanten Pfeiffer in Köln-Ossendorf Teilraum des neuen nordwestlichen Grünzugs im Abschnitt Takupark. Villengärten wie besonders in dem Kölner Vorort Marienburg sind begehrte Standorte für luxuriöse Eigentumswohnungen und Residenzen. Das Vorgartengrün fällt entweder dem privaten oder allgemeinen Verkehr zum Opfer, d.h. es verschwindet, um Platz für eine private Einstellfläche oder für eine Straßenverbreiterung zu machen. Auch die Alleen werden häufig Opfer des ruhenden oder fließenden Verkehrs. Ein ähnliches Schicksal ist vielfach den Stadtplätzen beschieden. Die begrünte untere Ebene mußte zugunsten parkender Autos beseitigt werden, und nur der Baumbestand konnte erhalten werden. Wohnen im Grünen ist daher im großen und ganzen an den Stadtrand verlagert. Die Citybildung spielte bei diesem räumlichen Verdrängungsprozeß keine unwesentliche Rolle. Heute sind umgekehrte Bestrebungen in der Stadtplanung aktuell. Begrünung von Straßen im Zuge der Verkehrsberuhigung, Blockentkernung, Innenhof-, Fassaden- und Dachbegrünung sind allgemein planerische Bestrebungen, um Grün im engeren Stadtbereich zurückzugewinnen.

II. SOZIALTOPOGRAPHISCHE UND SOZIALRÄUMLICHE VERÄNDERUNGEN

ASPEKTE SOZIALGEOGRAPHISCHER
INTERPRETATIONEN INNERSTÄDTISCHER
MOBILITÄT IM 19. UND 20. JAHRHUNDERT

Allgemeiner Forschungsstand und Forschungsbeispiele

von Dietrich Denecke

1. Forschungsfelder und Forschungsstand

Die Untersuchung innerstädtischer Mobilität (Umzüge innerhalb der Stadtgrenzen) in historischen Epochen ist lange Zeit in historisch-geographischen Arbeiten zur Bevölkerungs- und Stadtgeschichte kaum thematisiert worden [1]. Erst in jüngster Zeit ist diese Problematik dann als ein eigener Fragenkomplex herausgegriffen worden, besonders in englischen und amerikanischen historischen und sozialhistorischen Untersuchungen [2]. Dazu gehören etwa auch Arbeiten von J.H. Jackson [3], der als Amerikaner die innerstädtische Mobilität der Ruhrgebietsstädte, unter besonderer Berücksichtigung von Duisburg, für das Ende des 19. Jahrhunderts behandelt hat. Auch S. Hochstadt [4] hat sich als Amerikaner mit der Mobilität im 19. Jahrhundert in Deutschland befaßt, so daß in diesem Falle die Fragestellung und die Methoden in Deutschland sehr wesentlich von der amerikanischen Forschung angestoßen worden sind. Dies liegt wohl daran, daß einerseits die Problemstellung in Amerika äußerst aktuell

---

[1] Die wenigen frühen Arbeiten von historischer Seite, in denen neben den Zuzügen und Fortzügen auch die innerstädtischen Umzüge behandelt werden, sind: Die Bewegung der Bevölkerung im Jahre 1891 (Beiträge zur Statistik der Stadt Frankfurt a.M., NF 2), bearb. v. H. BLEICHER, Frankfurt 1893, für Frankfurt a.M.; A. DULLO, Die Bevölkerungsbewegung in Königsberg in Preußen (Königsberger Statistik 7), Königsberg 1906, für Königsberg und R. HEBERLE/F. MEYER, Die Großstädte im Strome der Binnenwanderung. Wirtschafts- und bevölkerungswissenschaftliche Untersuchungen über Wanderung und Mobilität in deutschen Städten, Leipzig 1937, für einzelne deutsche Großstädte.
[2] Vgl. besonders P.H. ROSSI, Why Families move. A Study in the Social Psychology of Urban Residential Mobility, Glencoe 1955; P.R. KNIGHTS, The Plain People of Boston 1830-1860: A Study in City Growth, New York 1971; R.J. DENNIS, Intercensal Mobility in a Victorian City, in: TransIBG NS 2 (1977), S. 349-363; L. GLASCO, Migration and Adjustment in the 19th Century City: Occupation, Property and Household Structure of Native-born Whites, Buffalo (N.Y.) 1855, in: T.K. HAREVEN/M.A. VINOVSKIS (Hgg.), Family and Population in 19th Century America, Princeton (N.Y.) 1978, S. 154-178; C.G. POOLEY, Residential Mobility in the Victorian City, in: TransIBG NS 4 (1979), S. 258-277.
[3] J.H. JACKSON, Migration in Duisburg, 1867-1890: Occupational and Familial Contexts, in: JournUrbHist 8 (1982), S. 235-270.
[4] S.L. HOCHSTADT, Migration in Germany. An Historical Study, phil. Diss., Brown University 1983.

ist, vor allem auch von Untersuchungen der Gegenwart her, andererseits ist aber auch die quantitative Forschung in der Geschichtswissenschaft in Amerika weiter entwickelt.

Die Arbeiten basieren weitgehend auf öffentlichen Statistiken der Zeit, vornehmlich auf ungedruckten Registern. Im Mittelpunkt stehen, in Abhängigkeit von den vorhandenen Quellen, aber auch von den verfolgten Fragestellungen, die größeren, rasch wachsenden Industriestädte des 19. Jahrhunderts. Die Untersuchungen zielen vor allem auf die Zusammenhänge zwischen dem Prozeß der Industrialisierung bzw. Urbanisierung und der wachsenden Mobilität der Bevölkerung. Allgemein kann gesagt werden, daß bisher nur einige Aspekte an wenigen Fallbeispielen erarbeitet worden sind, ohne daß die Zusammenhänge, die hinter den Umzugsvorgängen standen, schon übergreifend und systematisierend dargestellt werden können.

Die Mobilitätsforschung, die durchaus bereits in das vorige Jahrhundert zurückgeht, hat sich bisher fast ausschließlich mit dem Phänomen der Wanderung (Wohnortwechsel über die Ortsgrenzen hinaus) befaßt, speziell mit der Binnenwanderung (Verlegung des Wohnsitzes von einer Gemeinde zur anderen, zunächst ohne Berücksichtigung der Entfernung, die dabei überbrückt werden muß) [5]. Die vorhandenen Daten lassen meist auch keine weitere Differenzierung

---

[5] Vgl. hierzu die Arbeiten von: A. MARKOW, Das Wachstum der Bevölkerung und die Entwicklung der Aus- und Einwanderungen, Ab- und Zuzüge in Preußen und Preußens einzelnen Provinzen, Bezirken und Kreisgruppen von 1824 bis 1885 (Beiträge zur Geschichte der Bevölkerung in Deutschland 3), Tübingen 1889; K. BÜCHER, Die inneren Wanderungen und das Städtewesen in ihrer entwicklungsgeschichtlichen Bedeutung. Entstehung der Volkswirtschaft, Tübingen 1893; A. WIRMINGHAUS, Stadt und Land unter dem Einfluß der Binnenwanderung. Ein Überblick über den gegenwärtigen Stand der Forschung, in: JbfNÖuSt 64 (1895), S. 1-34, hier S. 21ff.; R. BÖCKH, Der Anteil der örtlichen Bewegung an der Zunahme der Bevölkerung der Großstädte, in: Huitième Congrès Intern. d'Hygiène et de Démographie 1894, T. 7, Budapest 1896, S. 382ff.; H. ALLENDORF, Der Zuzug in die Städte. Seine Gestaltung und Bedeutung für dieselben in der Gegenwart. Ein Beitrag zur Statistik der Binnenwanderungen mit bes. Berücksichtigung der Zuzugsverhältnisse der Stadt Halle/S. im Jahre 1899 (Sammlung nationalökonomischer und statistischer Abhandlungen 30), Jena 1901; HEBERLE/MEYER, wie Anm. 1; R. HEBERLE, German Approaches to Internal Migration, in: D.S. THOMAS (Hg.), Research Memorandum on Migration Differentials (Social Science Research Council, Bulletin 43), New York 1938, S. 269-299; W. KÖLLMANN, Binnenwanderung und Bevölkerungsstrukturen der Ruhrgebietsgroßstädte im Jahre 1907, in: Soziale Welt 9 (1958), S. 265-276; S. KUZNETS/D.S. THOMAS, Population Redistribution and Economic Growth, United States 1870-1950 (Demographic Analyses and Interrelations 3), Philadelphia 1964; S. THERNSTROM/P.R. KNIGHTS, Men in Motion. Some Data and Speculations about Urban Population Mobility in 19th Century America, in: T.K. HAREVEN (Hg.), Anonymous Americans. Explorations in 19th Century Social History, Englewood Cliffs 1971, S. 17-47; W. KÖLLMANN, Industrialisierung, Binnenwanderung und „Soziale Frage". Zur Entstehungsgeschichte der deutschen Industriegroßstadt im 19. Jahrhundert, in: DERS., Bevölkerung in der industriellen Revolution (Kritische Studien zur Geschichtswissenschaft 12), Göttingen 1974, S. 106-124; C. TILLY, Migration in Modern European History, in: W.H. MCNEIL/R.S. ADAMS (Hgg.), Human Migration. Patterns and Policies, Bloomington 1978, S. 48-71; J.H. JACKSON, Migration and Urbanization in the Ruhr Valley, 1840-1900, phil. Diss., Univ. of Minnesota 1980; W.H. HUBBARD, Binnenwanderung und berufliche Mobilität in Graz um die Mitte des 19. Jahrhunderts, in: H.J. TEUTEBERG (Hg.), Urbanisierung im 19. und 20. Jahrhundert. Historische und geographische Aspekte (StF A 16), Köln/Wien 1983, S. 117-129; HOCHSTADT, wie Anm. 4. Der Zuzug in die Städte im Zuge der Industrialisierung steht in diesen Arbeiten im Mittelpunkt.

nach Entfernungen zu. Für räumliche Untersuchungen von Wanderungsbewegungen ist jedoch eine weitere Gliederung sehr wesentlich: in Nachbarschaftswanderung, Nahwanderung und Fernwanderung.

Im Zusammenhang mit der Betrachtung der innerstädtischen Mobilität ist allein die Nachbarschaftswanderung von Interesse, die bei erfolgter, weit ausgreifender Eingemeindung als innerstädtischer Umzug erfaßt wird. Bei einer Expansion der Stadt über ihre kommunale Grenze hinaus in ihre Umgebung hinein werden diese quasi innerstädtischen Bewegungen jedoch als Binnenwanderung registriert. Dieses Problem spielt bei größeren Städten (größer als 50.000 Einwohner) in der Zeit des 19. Jahrhunderts eine wesentliche Rolle.

So stellt Langewiesche mit Recht fest, daß „Teile der großstädtischen Zu- und Abwanderungen ... nicht eigentlich als Binnenwanderungen, sondern eher als Umzüge innerhalb eines städtischen Agglomerationsbereiches anzusehen" sind [6]. Für die Betrachtung kleinerer Städte mag diese Zone des Nahbereiches allerdings unbeachtet bleiben, da sie im 19. Jahrhundert allgemein noch nicht von der städtischen Bebauung erreicht worden ist.

2. Sozialgeographische Fragestellungen innerstädtischer Mobilität und ihre Differenzierung

Bei der Untersuchung innerstädtischer Mobilität im 19. und frühen 20. Jahrhundert sind der Maßstab der Betrachtung, vor allem im Detail der Ursachenanalyse, wie auch die Größenordnung der jeweils untersuchten Städte von entscheidender Bedeutung. In dieser Zeit stehen rasch wachsende Industriestädte neben Mittel- und Kleinstädten, die mit der industriellen Entwicklung nicht Schritt halten konnten. Unterschiede in diesen Städten verschiedener Größenordnung zeigen sich sehr deutlich in der jeweiligen Entwicklung der Bevölkerung und der Sozialstruktur, aber auch in den Vorgängen einer innerstädtischen Mobilität.

Bildet in den wachsenden Industriestädten eine zugewanderte Bevölkerungsschicht einen großen Teil der mobilen Bevölkerung, so weisen die Städte geringerer Entwicklung meist noch weit zurückreichende, beharrende Mobilitätsstrukturen auf. Industrialisierungsprozeß und Bevölkerungsmobilität einerseits und Fragen der Struktur vorindustrieller innerstädtischer Mobilitätsvorgänge andererseits sind damit unterschiedliche Problemstellungen und

---

Wenn dabei auch die Theorie und Analyse der Mobilität allgemein angesprochen werden, so ist die innerstädtische Mobilität selbst meist gar nicht oder nur am Rande behandelt. Auch die Übersicht über die frühe Forschung zur Binnenwanderung (HEBERLE, a.a.O., mit Bibliographie zum Thema, S. 300-341) zeigt, daß die innerstädtische Mobilität bis dahin noch kaum untersucht worden ist.

[6] D. LANGEWIESCHE, Wanderungsbewegungen in der Hochindustrialisierung. Regionale, interstädtische und innerstädtische Mobilität in Deutschland, 1880-1914, in: VSWG 64 (1977), S. 1-40, hier S. 12.

Arbeitsziele. Bei den hier zugrundegelegten Untersuchungen stehen kleinere ehemalige Ackerbürgerstädte im Vordergrund der Betrachtung.

3. Quellen, Materialauswertung und Darstellung der Mobilitätsvorgänge

Als Quellen stehen für größere Städte bereits seit der Zeit um 1860 polizeiliche Melderegister zur Verfügung, aus denen Zuzüge, Fortzüge und Umzüge zu entnehmen sind, jeweils unter Angabe weiterer Personalien. Für die meisten, vor allem kleineren Städte, liegen auch bis zum Ende des 19. Jahrhunderts nur vereinzelte Einwohnerlisten für einzelne Zeitschnitte vor, die in einigen Fällen fortgeschrieben sind und nur dann als Quelle für Mobilitätsvorgänge herangezogen werden können. Weiterhin können Erhebungsbögen von frühen Volkszählungen ausgewertet werden, die Daten des jeweiligen Einzugs angeben.

Entscheidend ist für die geographische Fragestellung nach dem räumlichen Umzugsverhalten, daß hier nicht, wie für fast alle bisherigen Untersuchungen, statistische Daten der Umzüge allein ausreichen, sondern daß für jeden einzelnen Umzug Ausgangs- und Zieladresse in der Quelle enthalten sein muß, um räumlich bzw. kartographisch ausgewertet werden zu können.

Eine sehr wesentliche Quelle sind unter diesen Voraussetzungen die um 1850/60 einsetzenden und in mehr oder weniger großen Abständen erarbeiteten und veröffentlichten Adreßbücher oder Einwohnerbücher[7]. Hier allerdings ist nur durch einen Vergleich einzelner Jahrgänge und durch die Verfolgung jeder einzelnen Person mit ihrem Wohnort ein Bild von den Ausmaßen und auch der räumlichen Struktur des Wohnungswechsels in einer Stadt zu gewinnen.

Die Adreßbücher sind keine amtlichen Unterlagen, sondern kommerziell erstellte Verzeichnisse, in die verschiedenste amtliche oder institutionelle Erhebungen eingegangen sind (Einwohnerlisten, Gilde- oder Innungsverzeichnisse, Steuererhebungen u.a.). Bei einer Auswertung ist hier äußerst quellenkritisch vorzugehen. Vor allem notwendige Nachträge und erfolgte Veränderungen sind nicht immer auf dem letzten Stand, sondern oft aus der vorigen Ausgabe übernommen. Stichproben haben gezeigt, daß jeder einzelne Band auf seine Verläßlichkeit in bezug auf seine Aktualität hin überprüft werden muß. Der generelle Nachteil ist, daß die Umzüge als solche nicht genau datiert, sondern nur zeitlich eingegrenzt werden können und daß Fortzüge durch das Fehlen einer Angabe im Vergleich mit der vorigen Ausgabe nicht als solche gesichert sind, da auch ein Abgang durch Tod möglich ist.

Auswerten lassen sich auch einige der erarbeiteten Häuserbücher für einzelne Städte, die allerdings von unterschiedlichem Informationswert sind. Aber auch

---

[7] Für England vgl. die quellenkritische Übersicht von G. SHAW, British Directories as Sources in Historical Geography (Historical Geography Research Series 8), Norwich 1982. Für Deutschland gibt es, außer einem z.T. lückenhaften Verzeichnis (E. VON WAGNER (Hg.), Adreßbuch der deutschen Adreßbücher, Berlin 1939), bisher noch keine grundlegende Darstellung dieser Quelle.

hier muß der einzelne Haushalt bzw. die einzelne Wohnung verfolgt werden, um Umzüge, Zuzüge oder Fortzüge differenzieren zu können. Die Häuserbücher können allerdings nur für die Gruppe der Hausbesitzer herangezogen werden, die Mietbevölkerung ist hier allgemein nicht erfaßt.

In den genannten Quellen nicht gesondert nachzuweisen sind allgemein unselbständige Einzelpersonen (familienfremde Personen im Haushalt) wie Dienstpersonal, Gesellen, Lehrlinge sowie Studenten oder auch Teile der Unterschicht. Sind diese in einer auszuwertenden Quelle jedoch vollständig erfaßt, so sollten sie möglichst gesondert behandelt werden, da sie meist einen bedeutenden Anteil ausmachen und damit das allgemeine Bild der innerstädtischen Mobilität stark beeinflussen. So sind z.B. in Dresden in der Zeit zwischen 1895 und 1901 an den gesamten innerstädtischen Umzügen 16 bis 18% Dienstboten beteiligt. In Hamburg waren es in den Jahren 1897 und 1898 sogar 25 bis 26%.

Die Auswertung erfolgte zunächst in Form einer Zettelkartei, und zwar von dem einzelnen Haushaltsvorstand ausgehend, um nicht nur eine Mobilitätsstatistik, sondern auch ein räumliches Bild der Mobilitätsvorgänge darstellen zu können. Weiterhin gibt dies die Möglichkeit, die vorhandene Bevölkerung nach besonderen Häufigkeiten des Wohnungswechsels zu gliedern und dabei zugleich auch die Gruppen und Räume einer hohen Wohnortkonstanz auszuweisen, was sozialgeographisch von gleichem Interesse ist wie die Mobilität. Aufgenommen werden so viele Angaben zur Person und zum Haushalt, wie in den jeweiligen Quellen vorhanden sind (Alter, Geschlecht, Familienstand, Kinder, Beruf, Wohnort, Hausbesitzer/Mieter, Stockwerk der Wohnung u.a.). Die Kartei wird so erstellt, daß sie in einem weiteren Schritt in eine Datenverarbeitung eingehen kann. Von hier aus ist dann auch eine Erschließung des Materials vom einzelnen Haus oder der einzelnen Wohnung her möglich, um räumliche Unterschiede in der Wohndauer pro Haus oder Wohnung feststellen zu können.

Über die rein statistische Auswertung der innerstädtischen Mobilität hinaus, differenziert nach verschiedensten Kriterien oder Ursachen, geht es bei dem hier vertretenen räumlich-sozialgeographischen Ansatz besonders um die Darstellung der innerstädtischen Räume oder Quartiere verschieden hoher Mobilität, um Bewegungsrichtungen innerhalb des Stadtgebietes bis hin zur kartographischen Veranschaulichung der Umzugswege einzelner Haushalte aufzeigen zu können. Letzteres ist nur für Einzelfälle oder jeweils ausgewählte kleinere Ausgangs- und Zielgebiete darstellbar, wenn man die Wanderungen durch Verbindungslinien kenntlich machen will.

4. Die Analyse der Mobilitätsvorgänge innerhalb einer Stadt

Grundsätzlich muß für die Frage der innerstädtischen Mobilität zwischen hausbesitzenden Haushalten im eigenen Hause, Mietern und Untermietern unterschieden werden. Der Anteil der mobilen Bevölkerung ist unter den

Mietern nicht nur weit höher als unter den Hausbesitzern, sondern es sind auch die Motive oder Anstöße beider Gruppen für einen Wohnungswechsel allgemein zu unterscheiden. Weiterhin ist bei allen angegebenen statistischen Werten deutlich zu differenzieren zwischen Zuzügen von außen und Fortzügen nach außen (Binnenwanderung), Umzügen von und nach dem unmittelbaren Einzugsbereich der Stadt jenseits der Stadtgrenze (ortsnahe Binnenwanderung) und der eigentlichen innerstädtischen Mobilität (Umzüge). Diese Unterscheidungen werden in den bisherigen Arbeiten nicht immer klar getroffen.

Die Ursachen und Motive innerstädtischer Mobilität sind aus den Quellen selbst allgemein nicht zu erschließen. Ein sehr wesentlicher Faktor hinter den Umzügen ist im späten 19. und frühen 20. Jahrhundert die zunehmende Bautätigkeit, d.h. die Expansion der Städte nach außen, die Schaffung eigenen Hausbesitzes oder der Umzug aus der Innenstadt in die Neubauviertel. Allerdings darf dieser Faktor nicht überschätzt werden. Zwar spielt der Wohnungsmarkt in den entstehenden Neubauten seit der zweiten Hälfte des 19. Jahrhunderts eine zunehmende Rolle für die Wohnungswahl bei Umzügen, auf die Zahl der Umzüge allgemein wirkte sich die Bautätigkeit jedoch nur wenig aus. Dies mögen zwei Beispiele zeigen, die allerdings nur einen ungefähren Anhaltspunkt vermitteln.

In Duisburg lag in den Jahren zwischen 1895 und 1904 das Verhältnis zwischen umgezogenen Familien innerhalb der Stadt und jährlich fertiggestellten Wohnungen zwischen 8 und 16%. In Braunschweig lagen die Zahlen für die Zeit zwischen 1897 und 1904 bei 10-13%. Rechnet man jeweils den Zuzug hinzu, so dürfte der Wohnungsbedarf überhaupt nur zu weniger als 10% durch Neubauwohnungen abgedeckt gewesen sein. Wieweit dabei der Neubau unmittelbare Ursache für einen Umzug gewesen ist, muß dahingestellt bleiben, jedenfalls für den Bereich der Mietwohnungen.

Unter räumlichen Aspekten stellt sich die Frage nach der Herkunft der Erstmieter in Neubaugebieten. Wenn auch dieses Bild sehr differenziert ist, so zeigt sich doch allgemein, daß der größte Teil der Zuzüge in die Neubaugebiete, vor allem in den Mittel- und Kleinstädten, aus der Stadt selbst heraus erfolgte, während die Zuzüge von außen eher auf Altbauwohnungen in der Innenstadt gerichtet waren.

Allgemein schwer zu fassen ist das Wohnungsangebot, das den Wohnungssuchenden bzw. den Umzüglern zur Verfügung stand. Die Zahl der leerstehenden Wohnungen, die für Stichtage in einigen Statistiken enthalten ist, kann hier nur vage Vorstellungen vermitteln. Allgemein lag diese Zahl unter 10% der durch umziehende und zuziehende Familien bezogenen Wohnungen. Dabei darf diese Zahl leerstehender Wohnungen sicher auch nicht als ein Maß eines Überangebotes gewertet werden, sondern sie erfaßt eher weitgehend das mehr oder weniger kurzfristige Übergangsstadium zwischen Auszügen und Einzügen.

Der Anteil der Familien an den innerstädtischen Umzügen ist in retardierenden und wenig von der Industrialisierung erfaßten Städten besonders hoch, was aber auch daran liegt, daß hier die Zahl der Alleinstehenden im

Verhältnis allgemein geringer war. In Königsberg z.B. lag der Anteil von Familien an den innerstädtischen Umzügen insgesamt für die Zeit zwischen 1896 und 1905 bei 55% [8]. In Duisburg dagegen waren 1895 42% und 1896 nur 37% Familien an den innerstädtischen Umzügen beteiligt. Es zeigt sich, daß der Anteil der Alleinstehenden an den Umzügen in den in jener Zeit rasch wachsenden Industriestädten am größten ist, was sich auch in der allgemeinen Bevölkerungsstruktur und den Zuzügen dieser „jungen" Städte zu erkennen gibt.

Es liegt auf der Hand, als eine wesentliche Ursache für die innerstädtischen Umzüge von Familien die Anpassung der Wohnungsgröße an die jeweilige Veränderung der Familiengröße anzunehmen, d.h. den Familien- oder im weiteren Sinne den Lebenszyklus. Dies ist z.B. das wesentliche Ergebnis der Untersuchungen von Rossi für die Stadt Philadelphia der 50er Jahre [9]. Mit Recht bezweifelt Langewiesche [10], vor allem für frühere Verhältnisse, eine Verallgemeinerung dieser Ursache. Um in dieser Richtung zu einer Aussage zu kommen, fehlen in den Quellen des 19. Jahrhunderts meist die Angaben zum Alter und Familienstand (etwa in den Adreßbüchern), die nur auf der Basis von erarbeiteten Einwohner- oder Häuserkarteien oder durch Heranziehung weiterer Quellen (Kirchenbücher u.a.) gewonnen werden können.

Soweit dies überhaupt einigermaßen sicher faßbar ist, scheint in der deutschen Stadt des 19. Jahrhunderts vor allem für die Unter-, aber auch für die Mittelschicht nur eine geringe Möglichkeit für eine Anpassung der Wohnungsgröße an die wachsende Familie gegeben gewesen zu sein. Es ist auch für die meisten Umzüge kaum erkennbar, daß mit dem Wohnungswechsel eine wesentliche Verbesserung oder Vergrößerung des Wohnraumes erreicht worden wäre. Anders ist dies allerdings bei den Umzügen in Neubauten.

Die Häufigkeit und auch die Gründe für einen Wohnungswechsel sind auch zu differenzieren nach sozialen Schichtungen. Die sozial schwachen Gruppen, darunter besonders Hand- und Bauarbeiter, alleinstehende Personen und auch Mieter allgemein sind an innerstädtischen Umzügen meist am stärksten beteiligt. Die Bezugsdauer war bei der mietenden Bevölkerung, auch in kleinen Städten, im 19. Jahrhundert erstaunlich gering. Bei Dienstpersonal, Gesellen und Lehrlingen war die Mobilität noch größer. Dienstpersonen wie auch Lehrlinge, höhere Schüler oder Studenten sollten deshalb bei den Mobilitätsuntersuchungen möglichst getrennt untersucht werden, da ihre Wohnstandorte wie auch die Ursachen ihrer Mobilität grundsätzlich unterschiedlich sind gegenüber denen der Hausbesitzer- und Mieterhaushalte.

---

[8] Vgl. DULLO, wie Anm. 1.
[9] ROSSI, wie Anm. 2; vgl. hierzu auch die Arbeiten von C. TILLY/C.H. BROWN, On Uprooting, Kinship and the Auspices of Migration (Wilmington Del.), in: C. TILLY (Hg.), An Urban World, Boston 1974, S. 108-133; und H.P. CHUDACOFF, Newlyweds and Family Extension: The first Stage of the Family Cycle in Providence, Rhode Island, 1864-1865 and 1879-1880, in: HAREVEN/VINOVSKIS, wie Anm. 2, S. 179-205.
[10] LANGEWIESCHE, wie Anm. 6, S. 28.

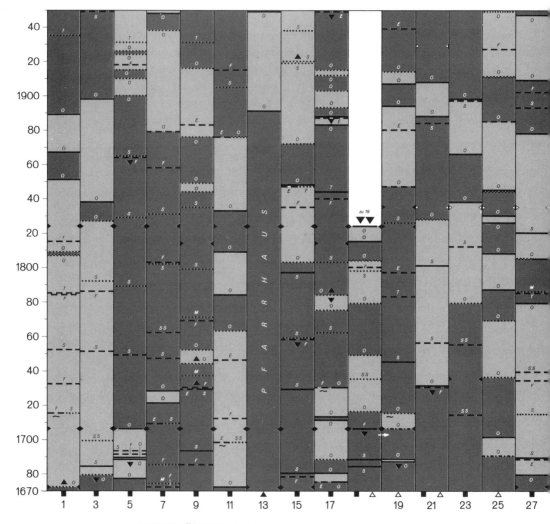

Abb. 1: Häufigkeit und Art des Besitzwechsels der Häuser in Seesen, 1670-1950 (Beispiel: Lange Straße)

Innerstädtische Mobilität im 19. und 20. Jahrhundert 141

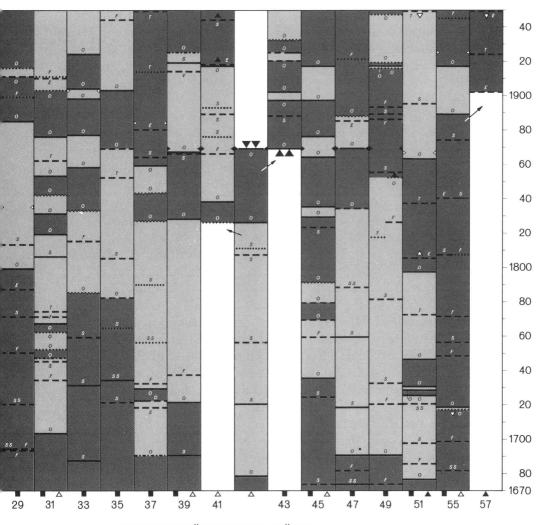

BAULICHE VERÄNDERUNGEN, BRÄNDE,
ÄNDERUNGEN DER PARZELLIERUNG:

▶ ◀ Brand (mit großem Gebäudeschaden)

▷ ◁ Brand (mit geringem Gebäudeschaden oder Schaden allein an Nebengebäuden)

▲▲ Beginn des Nachweises unter einer eigenen, neuen Haus- oder Parzellennummer oder Bau auf einer neu ausgewiesenen Parzelle (z.B. bei Teilung von Grundstücken)

▼▼ Ende des Nachweises unter einer eigenen Hausnummer (z.B. bei Zusammenlegung von Grundstücken oder Aufgabe als Baugrundstück)

GEBÄUDESTATUS

■ Brauhaus
▲ Büdnerhaus
△ Bürgerhaus
3 heutige Hausnummer

▬▬ durchgehend in der Hand der gleichen Familie

Quelle: Daten nach C.F.W. HARTMANN, Geschichte der Stadt Seesen. Geschichte der Seesener, der Brau-, Büdner- und Bürgerhäuser ..., Seesen 1971. Darstellung: Umzeichnung nach DENECKE, wie Anm. 11, Abb. 14.

In Einbeck z.B. war die Mieterbevölkerung in der Mitte des 19. Jahrhunderts im Durchschnitt alle drei bis sechs Jahre umgezogen [11]. In manchen Häusern zog etwa jährlich ein neuer Mieter ein, was allerdings schon Extremwerte sind. Ähnlich waren die Verhältnisse in Göttingen. Bei der Untersuchung der Wohnstandorte von Professoren in Göttingen für das 18. und 19. Jahrhundert zeigte sich, daß diese — als Mieter — innerhalb von 20 bis 30 Jahren im Durchschnitt drei- bis viermal in der Stadt umgezogen waren [12].

Langewiesche [13] gibt im Vergleich hierzu einige durchschnittliche Werte der Bezugsdauer in größeren deutschen Städten am Ende des 19. Jahrhunderts an. Ein Drittel aller Wohnungen wechselte schon im ersten Jahr des Einzugs wieder den Mieter, und nur ein Siebtel bis maximal ein Drittel aller Wohnungen ist länger als fünf Jahre beibehalten worden. Hier ist in den kleinen Städten des 19. Jahrhunderts allerdings doch eine größere Konstanz festzustellen.

Bei Bewohnern eines eigenen Hauses hängt die Mobilität eng zusammen mit dem Besitz oder einer Veräußerung ihres Grundstückes. Zur Besitzgeschichte des gesamten Hausbestandes in Seesen am Harz wurden auf der Grundlage eines Häuserbuches für das 17. bis zur Mitte des 20. Jahrhunderts haus-, berufs- und besitzgeschichtliche Studien gemacht [14]. Betrachtet man die Besitzzeiträume für die einzelnen Häuser, so zeigt sich zunächst, daß diese eine große Schwankungsbreite aufweisen (etwa zwischen 60 und nur einem Jahr). Eine Häufung liegt zwischen 20 und 30 Jahren. Hier wird der dahinterstehende Lebenszyklus deutlich, der Generationswechsel. So ist ein großer Teil der Häuser in Seesen vom 17. bis ins 20. Jahrhundert über mehrere Generationen in der Hand gleicher Familien. Dies bedeutet für den Wohnstandort, jedenfalls für einen zur Familie gehörenden Haushalt, eine oft lebenslange Konstanz, setzt man einmal voraus, daß die Besitzerfamilie auch das Haus bewohnte, was allgemein, aber auch nicht immer der Fall war, da manche mehrere Häuser besaßen, die dann vermietet waren (vgl. Abb. 1).

Eine quantitative Analyse des Besitzwechsels, dem vor allem beim Erbgang keineswegs immer auch ein Wechsel des Bewohners entsprach, zeigt, daß in der Zeit zwischen 1670 und 1950, also in einem Zeitraum von 280 Jahren, die Häuser in Seesen von acht- bis zu 25mal den Besitzer wechselten. Verkauf war dabei etwa von 20 bis zu maximal 50% vertreten, wobei allerdings allgemein der Erbgang an Häufigkeit deutlich überwog (im Durchschnitt 75% aller Übertragungen).

Eine räumliche Differenzierung der Häufigkeit des Besitzwechsels und des Anteils von Veräußerung bzw. Erbgang läßt sich in Seesen kaum erkennen. Ein

---

[11] Ausgewertet wurde das Wohn- und Einwohnerregister der Stadt Einbeck (Stadtarchiv Einbeck). Vgl. auch D. DENECKE, Die historische Dimension der Sozialtopographie am Beispiel süd-niedersächsischer Städte, in: BerrDtLdkd 54 (1980), S. 211-252.
[12] Vgl. D. DENECKE, Göttingen. Materialien zur historischen Stadtgeographie und zur Stadtplanung (Göttingen. Planung und Aufbau 17), Göttingen 1979, S. 120f.
[13] Vgl. LANGEWIESCHE, wie Anm. 6, S. 29.
[14] Vgl. DENECKE, wie Anm. 11, S. 222f. u. Abb. 14.

Haus mit einer sehr wechselvollen Besitzgeschichte steht neben anderen, deren Geschichte weitgehend im Generationswechsel verlief. Dies wird in größeren Städten anders sein, wo das private Eigenheim in seiner Nutzung und der Sozialstruktur der Besitzer weit differenzierter ist, was vor allem auch zu klaren räumlichen Unterschieden in einzelnen Vierteln führt.

In großen Städten ist auch die Besitzdauer im Vergleich eine andere. Hier waren oft zwischen 50 und 60% aller bebauten Grundstücke weniger als zehn Jahre in einer Hand. In Breslau z.B. lag Ende des 19. Jahrhunderts die Besitzdauer im Durchschnitt bei 10,1 Jahren. Auch bei der Übertragung (meist Verkauf) an Familienfremde lag die folgende Bezugsdauer in kleinen Städten vornehmlich zwischen 20 und 30 Jahren, wenn auch gerade bei den Verkäufen eine oft sehr kurzfristige Besitzdauer auftritt. Hier könnten Spekulation, Zwischenverkauf, Zahlungsunfähigkeit oder anderes als Grund angenommen werden.

Die Käufe vollzogen sich, jedenfalls bei den untersuchten Städten im südlichen Niedersachsen, weitgehend unter Ortsansässigen. Man vergrößerte oder verbesserte sich oder kaufte für Söhne und Töchter. So besaßen manche Familien auch mehrere Häuser am Ort, ein Phänomen, dem einmal systematisch nachzugehen wäre, d.h. über einen größeren Raum vergleichend und zugleich über eine längere Zeit hinweg (Investition in Grund und Boden, Vorgänge einer Besitzakkumulation).

Es reicht nicht aus, die Quantität und die räumliche Struktur der Mobilität allein zu rekonstruieren. Um Fragen der Ursachen lösen zu können, müssen vielmehr auch die möglichen verursachenden Prozesse in ihrem Verlauf herausgearbeitet werden, d.h. etwa der Zuzug und Fortzug, Bautätigkeit, Anteil von Mietern und Hausbesitzern, soziale Schichtung, Familienstrukturen, Arbeitsplatzangebot u.a. sind Faktoren, die ebenfalls durch Daten erhoben werden und in Korrelation gesetzt werden müssen.

5. Die räumliche Verteilung der Umzüge

Das räumliche Bild der Mobilität innerhalb des Stadtgebietes zeigt, besonders in größeren Städten, eine deutliche Differenzierung. Hier gibt es äußerst mobile Bezirke, die besonders an der Peripherie und in den Vorstädten liegen, und innerstädtische Bereiche größerer Konstanz. Es zeigen sich räumliche Korrespondenzen mit einer sozialräumlichen Gliederung, mit der Art der Bebauung und der Verteilung der unterschiedlichen Anteile von Hausbesitzern und Mietern. In den kleinen Städten im südlichen Niedersachsen läßt sich z.B. feststellen, daß in den zentralen Straßenzügen die Zahl der Umzüge prozentual geringer ist als in den peripheren Bereichen. Dies hängt nun deutlich mit der Verteilung der Untermieter insgesamt zusammen, die sich in den peripheren Bereichen häufen, mit den Wohnstandorten der sozial schwächeren Klassen und zugleich mit den Wohnbereichen, die im 19. Jahrhundert oft weit überbelegt waren.

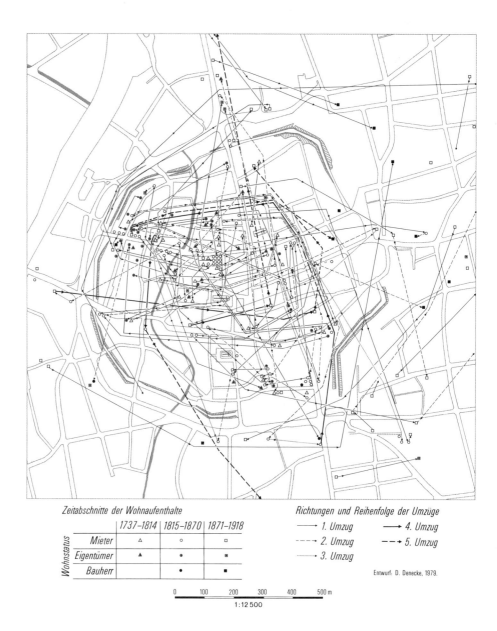

Quelle: Daten nach W. NISSEN, Göttinger Gedenktafeln. Ein biographischer Wegweiser. Göttingen 1962 (Daten des Wohnaufenthalts erarbeitet nach der ungedruckten Häuserkartei für die Stadt Göttingen, Stadtarchiv Göttingen). *Entwurf*: D. Denecke.

Abb. 2: Wohnstandorte und innerstädtische Umzüge bedeutender Professoren der Universität Göttingen während des 18. und 19. Jahrhunderts

Für Göttingen erlauben die Adreßbücher auch eine Lokalisierung der einzelnen Haushalte nach Vorderhaus und Hinterhaus sowie nach Stockwerken. Es zeigt sich, daß der Hauseigentümer meist im Erdgeschoß wohnte und in den übrigen Geschossen bzw. im Hinterhaus z.T. Mieter. Umzüge in den Hinterhäusern waren besonders häufig, es folgten die Obergeschosse, während im Untergeschoß Umzüge weit seltener waren. Dies änderte sich erst mit der Entwicklung von Einzelhandelsgeschäften in den Untergeschossen der zentralen Straßenzüge.

Unter dem raum-zeitlichen Aspekt der Umzüge lassen sich im Verlauf des 19. und 20. Jahrhunderts allgemein wie auch für bestimmte Gruppen deutliche räumliche Verlagerungen erkennen. Dies zeigt etwa das Beispiel der Wohnstandorte der Professoren in Göttingen [15]. Die meisten Professoren waren im 18. und 19. Jahrhundert Mieter (1860 noch 55%). Sie wohnten in einigen bevorzugten Straßen, möglichst in der Nähe der Unterrichtsräume. Die Umzüge vollzogen sich innerhalb oder zwischen diesen Standorten (Abb. 2). Sie erfolgten im Durchschnitt dreimal in 20 bis 30 Jahren Dienstzeit. 1826 wohnten noch 94% der Professoren in der Altstadt. In der zweiten Hälfte des 19. Jahrhunderts begannen sie dann als erste im Vorfeld des Walles und an den Ausfallstraßen entlang Häuser zu bauen, so daß zwischen 1880 und 1905 die Zahl der Hausbesitzer die der Mieter schon übertraf (Abb. 3). Ende des 19. Jahrhunderts verlegte sich die Bautätigkeit auf ein neu erschlossenes Villenviertel, das sog. Ostviertel. Nach dem I. und besonders nach dem II. Weltkrieg nahm die Zahl der Mieter und Dienstwohnungsinhaber, in neu angelegten Vierteln, die durch Baugesellschaften an der Peripherie der Bebauung erstellt worden waren, wieder drastisch zu. Seit den 60er Jahren wuchs dann die Zahl der Eigenheime an, die zum großen Teil in einzelnen benachbarten Dörfern gebaut wurden.

Ähnliche Verlagerungen räumlicher Schwerpunkte lassen sich auch für andere Berufsgruppen oder Sozialschichten erkennen, so z.B. für die gehobenen Handwerker in Göttingen. Ende des 19. Jahrhunderts konnten viele von ihnen in den neu erschlossenen Wohngebieten unmittelbar vor der Stadt, z.T. auf ehemaligem eigenem Gartenland, große Mietvillen errichten [16]. Sie verließen damit ihre alten Gebäude in der Innenstadt, die vermietet und zum großen Teil auch zu Geschäftsräumen umgebaut wurden.

Es werden also z.T. sozial- oder berufsspezifische Verlagerungen der Wohnstandorte und damit auch der Umzugsrichtungen deutlich, die für einzelne Phasen der Stadtentwicklung spezifisch sind. Dies zeigt, daß die innerstädtische Mobilität historischer Epochen sich nicht von den Beobachtungen gegenwärtiger Prozesse her erschließen läßt, sondern in ihrem zeitlichen Ablauf — soweit dies mit den wenigen zeitgenössischen Quellen möglich ist — rekonstruiert werden muß.

---

[15] Vgl. DENECKE, wie Anm. 12, S. 120f.
[16] Vgl. M. HABENICHT, Die bauliche Entwicklung des Göttinger Ostviertels, in: GöttJb 28 (1980), S. 141-176.

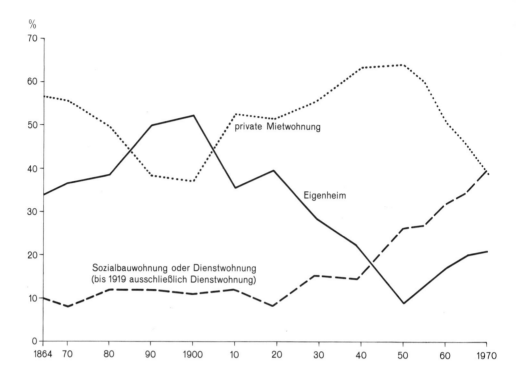

Quelle: Daten nach D. TESKE, Die Wohnstandorte des Lehrkörpers der Göttinger Universität vom Beginn des 19. Jahrhunderts bis zur Gegenwart. Staatsarbeit f. d. Lehramt an Gymnasien im Fach Geographie, Göttingen 1972 (masch.). Darstellung: DENECKE, wie Anm. 12, S. 121.

Abb. 3: Veränderungen im Wohnstatus der Professoren in Göttingen in der Zeit zwischen 1864 und 1970 (anteilig, in %)

Im Zusammenhang mit den Zuzügen in die Stadt und innerstädtischen Umzügen stellt sich die Frage, wieweit innerstädtische Umzüge u.a. sukzessive Ausgleichsbewegungen nach erfolgten Zuzügen sind. Es wird damit die Hypothese aufgestellt, daß Zuzügler zunächst „vorläufig" Fuß faßten, um dann nach einer geraumen Zeit zunehmenden Kontakts genehmere Wohnungen zu suchen.

Zunächst läßt sich feststellen, daß die Zuzüge, auf den Stadtbereich verteilt, nach deutlichen Schwerpunkten differenziert sind. Hansen hatte für München in der Zeit um 1885 [17] und Bleicher [18] für Frankfurt (1891) konstatiert, daß die Innenstädte den höchsten Prozentsatz an Zuzüglern aufweisen. Dies trifft auch für die kleineren Städte zu, deren Außenviertel Ende des 19. Jahrhunderts ohnehin noch klein und sehr jung waren. Der billigere Wohnraum, der von Zuzüglern fast aller Schichten bevorzugt wurde, lag in den Altbaugebieten der Innenstadt.

---

[17] Nach ALLENDORF, wie Anm. 5, S. 33.
[18] BLEICHER, wie Anm. 1.

Hier jedoch war der Zuzug im einzelnen sozialräumlich differenziert. In Göttingen war z.B. der Anteil von Beamten und Angestellten Ende des 19. Jahrhunderts unter den Zuzüglern, die sich in einem mittleren Ring um die zentralen Geschäftsstraßen ansiedelten, relativ hoch. Nach Umzügen im engeren Umkreis erfolgte dann nach der Jahrhundertwende häufig ein Umzug in die Neubaugebiete außerhalb des Walles. Diese Beobachtungen beruhen auf der Verfolgung einer größeren Zahl einzelner Familien. Nur so lassen sich diese Fragen der Umzugswege im Lebenszyklus bisher beantworten. Eine statistische Gesamterfassung und vor allem auch eine räumliche Darstellung wäre nur mit einem unverhältnismäßig großen Aufwand möglich.

6. Ausgangs- und Zielgebiete innerstädtischer Mobilität

Die eigentliche historisch-sozialgeographische Fragestellung konzentriert sich auf die räumliche Anordnung der Ausgangs- und Zielorte im Rahmen der innerstädtischen Mobilität. Sind mit Neubaugebieten die Zielorte vorgegeben, so ist doch interessant zu sehen, daß der Zuzug im 19. und frühen 20. Jahrhundert in die Neubauten zunächst weniger von außen als aus der Stadt heraus erfolgte. Das geschah in einer deutlichen sozialräumlichen Gliederung, die durch die Art der Bebauung (Villen, Einfamilienhäuser, Reihenhäuser, Miethäuser) jeweils bereits vorbestimmt war. Spezifisch ist in diesem Zusammenhang auch die Beteiligung unterschiedlicher sozialer Schichten an der städtischen Expansion in ihrem zeitlichen Ablauf (z.B. in Göttingen zwischen 1860 und 1900: Professoren, gehobene Handwerker, frühe Baugesellschaften von Beamten und Angestellten).

Ein noch recht „konservatives" räumliches Umzugsverhalten zeigt sich in der Anordnung der Ausgangs- und Zielorte in kleinen Städten in der zweiten Hälfte des 19. Jahrhunderts. Hier wird an einer Reihe untersuchter Beispiele (Göttingen, Einbeck, Seesen) deutlich, daß sich meist mehr als 50% der Umzüge innerhalb eines jeweiligen Stadtviertels vollzogen haben, in zweiter Linie unmittelbar benachbarte Viertel als neuer Wohnstandort bevorzugt wurden und selten weiter weg gelegene Quartiere aufgesucht worden sind. So vollzogen sich z.B. in Einbeck in der Zeit zwischen 1849 und 1855 anteilig jeweils die meisten Umzüge innerhalb einer Nachbarschaft. Den nächsthöheren Anteil bildeten Zuzüge aus den unmittelbar anliegenden Nachbarschaften (Abb. 4 und 5) [19].

Aber auch in Großstädten sind die Umzüge innerhalb des gleichen Stadtviertels anteilig oft am zahlreichsten gewesen. So sind z.B. in Magdeburg in der Zeit zwischen 1898 und 1904 von den 75.488 (1901) bis 86.611 (1898) innerstädtischen Umzügen (Personen) 72 bis 74% innerhalb des jeweils gleichen Stadtviertels vollzogen worden. Nur ein Viertel der Umzüge war auf andere Stadtteile gerichtet, wobei noch ein Teil von ihnen unmittelbar benachbart lag.

---

[19] Vgl. hierzu DENECKE, wie Anm. 11, S. 224f.

148 Dietrich Denecke

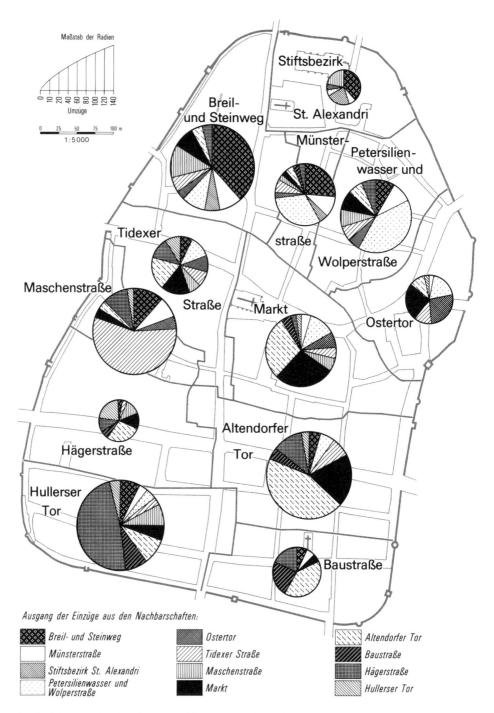

Quelle: Daten nach Einwohnerverzeichnis der Stadt Einbeck 1805 und 1868; Stadtarchiv Einbeck.
Darstellung: Umzeichnung nach DENECKE, wie Anm. 11, Abb. 16.

Abb. 4: Anzahl, Ausgang und Ziel der Umzüge innerhalb der Stadt Einbeck
im Zeitraum zwischen 1849 und 1855, nach Nachbarschaften, in %

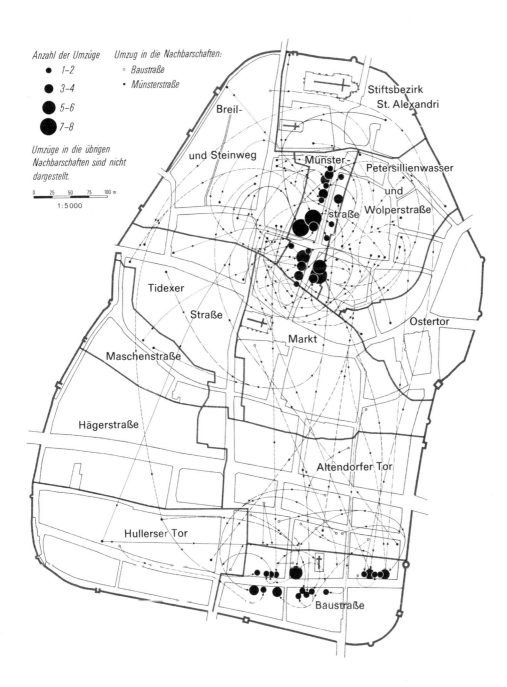

Quelle: Daten nach Einwohnerverzeichnis (wie Abb. 4). Darstellung: D. Denecke.

Abb. 5: Wege und Häufigkeit von Einzügen in den Nachbarschaften Münsterstraße und Baustraße in Einbeck, 1849-1855

Das Angebot von Neubauwohnungen war relativ gering (1900: 685 Wohnungen), so daß die weitaus meisten Umzüge Wohnungswechsel im Altbaubereich waren.

Ursache dieser Bevorzugung der Standortwahl der neuen Wohnung im gleichen Stadtteil war zunächst offensichtlich die vorgegebene adäquate Sozialstruktur eines Viertels, aus der man sich nicht herauslöste, d.h. ein offensichtlich festgefügtes soziales Beziehungsnetz im vertrauten Wohnumfeld. Wieweit die Lage des Arbeitsplatzes in diesem Standortverhalten eine Rolle gespielt hat, wäre noch genauer zu untersuchen. Dies sind sozialräumliche Bindungen, wie sie sich aus dem Mittelalter bis in die Neuzeit haben erhalten können. Leider liegt bisher noch sehr wenig Vergleichsmaterial vor.

7. Regionale Unterschiede innerstädtischer Mobilität

Wirtschaftliche Entwicklung, Bautätigkeit, das Wohnungsangebot und Veränderungen in der sozialen Stellung (vertikale soziale Mobilität) sind Vorgänge, die in einzelnen Gebieten im Deutschland des 19. Jahrhunderts sehr unterschiedlich weit vorangeschritten waren [20]. So ist auch das Bild der innerstädtischen Mobilität in Abhängigkeit von diesen Faktoren in einzelnen Städten im Vergleich oft sehr unterschiedlich. Sinnvolle Vergleiche sind nur innerhalb ähnlicher Größenordnungen von Städten möglich, da die Größe und damit zugleich auch der städtische Entwicklungsgrad entscheidende Unterschiede bedingen.

So lag das Verhältnis der innerstädtischen Umzüge zur Zahl der Einwohner im Jahre 1895 in Breslau und Königsberg bei rund 50%, in Dortmund und Aachen dagegen nur bei 17% (Tab. 1). Für das Stichjahr 1905 liegen die Werte ganz ähnlich, bei einigen deutlichen Veränderungen. Dabei sind gerade die hohen Umzugszahlen nicht einfach auf die Bevölkerung umzulegen, sondern sie entstehen z.T. dadurch, daß ein größerer Anteil von Personen mehrfach im Jahr umgezogen ist.

Deutlich wird die Bedeutung innerstädtischer Umzüge besonders auch durch ihre hohen Anteile an den gesamten Einzügen in andere Wohnungen in einer Stadt (Umzüge plus Zuzüge). In Berlin, Breslau oder Köln wurden z.B. 1895 rund 77% neu gewählte Wohnstandorte (nach Personen) durch Umziehende innerhalb der Stadt eingenommen (Tab. 1). Der nicht gerade geringe Zuzug tritt demgegenüber in seiner Bedeutung deutlich zurück. Interessant sind in diesem Zusammenhang einige Gegenbeispiele, so etwa Charlottenburg, wo 1895 nur 28% der neu Einziehenden aus dem Stadtteil selbst stammten. Hier werden die extreme Wachstumsphase und die Bedeutung des Zuzugs von außen besonders deutlich.

---

[20] Vgl. hierzu u.a. F.B. TIPTON, Regional Variations in the Economic Development of Germany during the 19th Century, Middletown (Conn.) 1976.

Tabelle 1

Innerstädtische Umzüge in deutschen Städten (über 50.000 E.) in ihrem Verhältnis zur Einwohnerzahl und zu den Zu- und Fortzügen (1895 und 1905)

1895							
Ort	1	2	3	4	5	6	7
Berlin	1678976	675761	40	200982	77	81	+40554
Breslau	372996	186916	50	55831	77	79	+ 6628
Dresden	337210	90287	27	64703	58	64	+13220
Köln	322150	133952	42	43223	76	77	+ 2226
Königsberg	172342	84781	49	34635	71	70	- 1249
Nürnberg	163050	47030	29	19032	71	78	+ 6133
Charlottenburg	132377	27503	21	71504	28	34	+17067
Halle	116270	22701	20	26323	46	51	+ 4185
Braunschweig	115190	24858	22	20519	55	59	+ 3547
Dortmund	111130	18755	17	22244	46	52	+ 4667
Aachen	110660	19108	17	13070	59	63	+ 2074
Essen	95890	37532	39	21505	64	69	+ 4541
Augsburg	82010	25786	31	13196	66	74	+ 3915
Görlitz	70350	19751	28	11712	63	66	+ 1715
Frankfurt/O.	59630	13299	22	7313	65	66	+ 444
Spandau	55890	25000	45	8108	76	72	- 1377

1905							
Ort	1	2	3	4	5	6	7
Berlin	2040148	1381382	68	287860	83	87	+80641
Breslau	970904	226735	48	70074	76	79	+ 8887
Dresden	516996	-	-	-	-	-	-
Köln	428722	178301	42	63647	74	75	+ 4273
Königsberg	223770	92387	41	47270	66	68	+ 3036
Nürnberg	294426	100360	34	35848	74	83	+14857
Charlottenburg	239559	77613	32	84162	48	53	+13995
Halle	169916	33037	19	35327	48	51	+ 3422
Braunschweig	136397	-	-	23708	-	-	+ 1616
Dortmund	175577	67573	38	40048	63	66	+ 5975
Aachen	144095	-	-	16076	-	-	+ 1400
Essen	231360	84083	36	51227	62	64	+ 3577
Augsburg	94923	39344	41	15299	72	78	+ 4059
Görlitz	83766	12182	15	17492	41	42	+ 934
Frankfurt/O.	64304	5614	9	8348	40	40	- 147
Spandau	70295	21066	30	-	-	-	-

1) Einwohner am 31. Dez. 1895 bzw. am 1. Dez. 1905
2) innerstädtische Umzüge (Personen)
3) Verhältnis der innerstädtischen Umzüge (Personen) zur Zahl der Einwohner (in %)
4) Zuzüge (Personen)
5) Anteil innerstädtischer Umzüge (Personen) an den Einzügen in eine andere Wohnung insgesamt (Umzüge + Zuzüge), in %
6) Anteil innerstädtischer Umzüge (Personen) an den Auszügen aus einer Wohnung (Umzüge + Fortzüge), in %
7) Wanderungsgewinn bzw. -verlust

Quelle: StatJb 1890ff.

Diese Werte von Großstädten wurden in den Mittel- und Kleinstädten allgemein nicht erreicht, weil hier der Anteil an Hausbesitzern höher lag bzw. der der Mieterbevölkerung niedriger, weil zudem der Zuzug einer in der Folgezeit dann meist besonders mobilen Bevölkerung weit geringer war und auch die Bautätigkeit im Verhältnis weit bescheidener gewesen ist.

Leider haben wir die Zahlen der Umzüge für die Zeit ab 1888 bis 1920 nur für die wenigen Großstädte, so daß ein vollständiges Bild vor allem in bezug auf die verschiedenen Größenordnungen von Städten noch nicht entworfen werden kann. Deutlich wird, daß die rein statistische Zahl der Umzüge allgemein korrespondiert mit dem Anteil an Untermietern in einer Stadt. So geht z.B. der hohe Prozentsatz an innerstädtischen Umzügen in Augsburg (1897: 37,5% d. Bev.) besonders auf einen gerade hier schon weit zurückreichenden hohen Prozentsatz an Mietern zurück, der schon in der Mitte des 16. Jahrhunderts bei 55% lag.

Eine übergreifende, großräumige Frage ist es, ob die Quote innerstädtischer Umzüge, die im einzelnen Vergleich sehr deutliche Unterschiede zeigt, als ein charakterisierendes Typenmerkmal für eine Stadt angesehen werden kann. Diese Frage sei hier nur aufgeworfen, ohne daß sie schon beantwortet werden könnte, da für die Mittel- und Kleinstädte die Daten fehlen. Auch wäre herauszuarbeiten, zu welchen bevölkerungs- und wirtschaftsgeographischen Erscheinungen Korrelationen bestehen, um so eine Vorstellung von der Bedeutung der innerstädtischen Mobilität für das „städtische Leben" oder den „sozialökonomischen Charakter" einer Stadt zu bekommen.

8. Veränderungen und Schwankungen innerstädtischer Mobilität im Verlauf des 19. und 20. Jahrhunderts

Untersuchungen des Verlaufs der Zu- und Abnahme der Binnenwanderung im 19. und 20. Jahrhundert für Städte mit mehr als 50.000 Einwohnern haben übereinstimmend gezeigt, daß die Kurven städtischer Zuwanderungsbewegungen (Wanderungshäufigkeit) deutlich korrespondieren mit dem Verlauf von Konjunkturzyklen. Dies bestätigt, daß wirtschaftliche Ursachen unter den Wanderungsmotiven dominieren. Bei Binnenwanderungsvorgängen, die die Möglichkeit eines neuen und zugleich besseren Arbeitsplatzes voraussetzen, ist dies zu erwarten.

Die Zahlen der Umzüge für einige Großstädte in der Zeit von 1888 bis 1920 zeigen allgemein einen Anstieg, wie dies auch bei den Zahlen der Zu- und Fortzüge und auch der Bevölkerungsentwicklung der Fall ist (Abb. 6). Allerdings verläuft diese Entwicklung nicht proportional, so daß auch die dahinterstehenden Vorgänge unterschiedlich sein müssen. Es fällt auf, daß bei den meisten großen Städten die ansteigende Kurve der Zahlen der innerstädtischen Umzüge in den Jahren 1891/92, zum Teil auch noch bis 1894 und nochmals in den Jahren 1901 bis 1903 rückläufig gewesen ist. Bei den Zu- und Fortzügen ist diese Rückläufigkeit zum Teil auch vorhanden, jedoch keineswegs so durchgehend und ausgeprägt, während die Entwicklung der Bevölkerung weitgehend ungestört aufsteigende Tendenzen zeigt.

Die innerstädtischen Umzüge in Klein- und Mittelstädten zeigen im 19. Jahrhundert dagegen eine größere Stetigkeit über längere Zeiträume hinweg. Hier haben sich Konjunkturschwankungen nicht so deutlich ausgewirkt.

Allgemein ist in südhannoverschen Städten etwa ab 1870 eine Zunahme innerstädtischer Umzüge zu erkennen, was mit mehreren sich überlagernden Faktoren zusammenhängt:

1. die allgemeine Zunahme des Anteils von Mietern, besonders durch Zuzug;
2. eine Zunahme des Miethausbaus, besonders nach dem I. Weltkrieg;
3. die Verbesserung der Wohnverhältnisse und damit die Möglichkeit, die Wohnqualität durch Umzug zu verbessern;
4. die zunehmende Bautätigkeit und Erschließung von Wohngebieten außerhalb des Walles;
5. eine zunehmende Ausbreitung des Einzelhandels im Kern der Städte und damit eine teilweise Verdrängung der Wohnfunktion.

Im Jahresgang zeigt die Intensität des Zuzugs (Ende des 19. Jahrhunderts) zwei deutliche Spitzen im April und im Oktober. Dies wird in verschiedenen Arbeiten immer wieder bestätigt[21]. Der Tiefpunkt liegt im Dezember, aber auch die Sommermonate treten zurück. Bei den innerstädtischen Umzügen ist diese saisonale Gliederung, soweit dies bisher an wenigen Beispielen beobachtet werden konnte, weniger ausgeprägt, weil vermutlich bei den kürzeren Wegen die Jahreszeit eine geringere Rolle spielte und auch das Moment des Arbeitsplatzangebotes weitgehend entfiel.

9. Umzug von Geschäften und Betrieben

Ein besonderer Bereich innerstädtischer Mobilität sind die Standortverlagerungen oder Umzüge von Geschäften und Betrieben. Dabei geht es hier nicht vornehmlich um die Frage der Standorte, wozu gerade in jüngerer Zeit für das 19. Jahrhundert besonders in England einige Arbeiten entstanden sind[22], sondern um die Mobilität und besonders die Häufigkeit und die Zielrichtungen von Standortwechseln wie auch um die Veränderung der Standortmuster seit der ersten Hälfte des 19. Jahrhunderts.

In einzelnen untersuchten Klein- und Mittelstädten in Südniedersachsen (bes. Göttingen, Northeim, Einbeck) zeichnet sich ab, daß das Handwerk bis in die

---

[21] ALLENDORF, wie Anm. 5, S. 38; LANGEWIESCHE, wie Anm. 6, S. 16.
[22] Vgl. hierzu D.G. ALEXANDER, Retailing in England during the Industrial Revolution, London 1970; und G. SHAW, The Geography of Changes in Retail Trading Patterns, phil. Diss. (masch.), Univ. of Hull 1975.

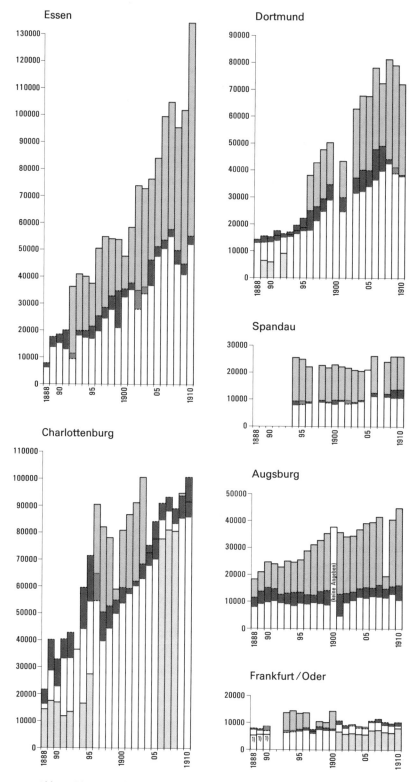

Abb. 6: Die Entwicklung der Zahl der Umzüge in ausgewählten deutschen Großstädten (> 50.000 E.) in ihrem Verhältnis zur Zahl der Zu- und Fortzüge (Binnenwanderung), 1888-1910

Innerstädtische Mobilität im 19. und 20. Jahrhundert 155

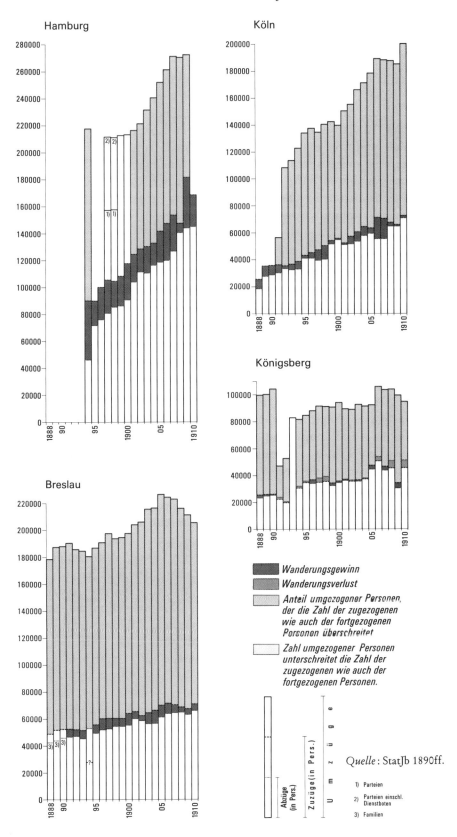

Quelle: StatJb 1890ff.

erste Hälfte des 19. Jahrhunderts, mit deutlichen räumlichen Differenzierungen, nahezu über die gesamten Innenstädte verbreitet war. In der zweiten Hälfte des 19. Jahrhunderts setzte ein Übergang zum Einzelhandel ein, in den meisten Fällen ohne eine Standortverlagerung, so daß der Einzelhandel zwar an einigen Hauptachsen konzentriert auftrat, durchaus aber auch in peripheren Straßen, und zwar zunächst punkthaft, vertreten war. Ende des 19. Jahrhunderts und im Laufe des 20. Jahrhunderts setzte dann ein Konzentrationsprozeß des Einzelhandels ein, von der Hauptachse der Stadt ausgehend und mit weiterem Wachstum in einige anschließende Straßen hineingreifend. Der Mobilitätsgrad der Einzelhandelsgeschäfte war z.T. branchenspezifisch und im Verlauf der Zeit starken Schwankungen unterworfen, die, soweit sich dies fassen läßt, unter anderem auch konjunkturbedingt gewesen sind.

10. Bemerkungen zur Erklärung innerstädtischer Mobilität

Langewiesche stellt auf der Grundlage eines umfassenden Literaturstudiums und eigener Untersuchungen fest, daß die „interregionale Mobilität ... als ein umfassendes soziales Phänomen verstanden werden [muß], das der Anpassung an ökonomischen und sozialen Wandel dient"[23]. Diese Anpassung findet vor allem darin ihren Ausdruck, daß nicht nur ein bisheriger *Wohnstandort* verlassen wird, sondern vor allem auch der *Arbeitsplatz*, um eine neue, oft sogar ganz andere Arbeit aufzunehmen. Der Entschluß zur Wanderung hängt mit personenbezogenen Faktoren (Geschlecht, Alter, Familienstatus, Beziehung zu Verwandten, Ausbildungsstand u.a.) zusammen, vor allem aber mit sozialen und ökonomischen Faktoren (Konjunkturverlauf, Verkehrsverhältnisse, Informationsfluß, Verbesserung der Verdienstmöglichkeiten, Zug zu städtischem Leben).

Bei *innerstädtischen Umzügen* wird der Arbeitsplatz meist beibehalten und — wie sich gezeigt hat — auch das soziale Umfeld. Die Anstöße und Ursachen innerstädtischer Mobilität sind damit grundlegend anders. Der Lebenszyklus allgemein, d.h. Lehre, Eheschließung, Vergrößerung der Familie, Schaffung eigenen Besitzes, Erbschaft, allgemeine familiäre Beziehungen[24] u.a., sind hier allgemeine steuernde Faktoren. Die hohe Mobilität bei den sozial schwachen Schichten ist besonders mit den desolaten Wohnverhältnissen, sozialer Zerrüttung[25], Spannungen unter den Mieterparteien, Zahlungsunfähigkeit u.a. zu erklären, wofür es genügend einzelne Anhaltspunkte gibt. Hier jedoch muß die sozialgeschichtliche Forschung weiter ansetzen mit Untersuchungen, wie sie

---

[23] LANGEWIESCHE, wie Anm. 6.
[24] Vgl. u.a. KNIGHTS, wie Anm. 2, und E. STEINBERG, Wohnstandortwahlverhalten von Haushalten bei intraregionaler Mobilität, in: Informationen zur Raumentwicklung (1974), S.407-416.
[25] R. BERTHOFF, An Unsettled People: Social Order and Disorder in American History, New York 1971.

Rossi für Philadelphia [26], Tilly für Wilmington/Delaware [27] oder Chudacoff [28] für Providence angestellt haben.

Vom Ansatz her kommen historisch-geographische Untersuchungen innerstädtischer Mobilität in ihrem Zusammenhang mit dem Lebens- und Familienzyklus, der Wohnumwelt wie auch den Lebensbedingungen als steuernden Faktoren räumlich wirksamer Handlungen und Entscheidungen den Zielen der *human geography* nahe.

Sind Binnenwanderungen auf statistischer Grundlage bereits recht gut untersucht, so daß hier auch Modelle und Theorien der Wanderungsvorgänge entwickelt worden sind [29], so ist die Erforschung innerstädtischer Umzüge noch weit von solchen Ansätzen entfernt. Die zahlreichen Arbeiten zur Theorie der Mobilität lassen den Bereich innerstädtischer Bewegungen auch weitgehend außer acht. Dieser Beitrag kann nur einen allgemeinen Einstieg in die Thematik der innerstädtischen Mobilität des 19. und frühen 20. Jahrhunderts vermitteln, auf der Grundlage noch nicht abgeschlossener Untersuchungen vor allem in südniedersächsischen Städten, und zu weiterführenden Forschungen anregen.

---

[26] ROSSI, wie Anm. 2.
[27] TILLY, wie Anm. 9.
[28] CHUDACOFF, wie Anm. 9.
[29] Vgl. R. HEBERLE, Migratory Mobility. Theoretic Aspects and Problems of Measurement, in: Proceedings of the World Population Conference 1954, Bd. 2, New York 1955, S. 527-542; DERS., Theorie der Wanderungen. Soziologische Betrachtungen, in: SchmollersJb 75 (1955), S. 1-13; H. RÖDER, Ursachen, Erscheinungsformen und Folgen regionaler Mobilität. Ansätze zu ihrer theoretischen Erfassung (Beiträge zum Siedlungs- und Wohnungswesen und zur Raumplanung 16), Münster 1974; R.P. SHAW, Migration Theory and Fact: A Review and Bibliography of Current Literature (Regional Science Research Institute, Bibliography Series 5), Philadelphia 1975.

SOZIALTOPOGRAPHIE IN DER STADT MÜNSTER 1770 UND 1890 MIT AUSBLICKEN AUF 1971

von Mechthild Siekmann und Karl-Heinz Kirchhoff

Vorbemerkung

Arbeiten mit sozialtopographischem Inhalt spüren den Beziehungen zwischen sozialen (sozial-ökonomischen) Strukturen in Städten und ihren räumlichen Systemen (Anordnungsmustern) nach [1]. Dabei ist die Verstandortung von sozialstatistischen Merkmalen [2] auf der Makro-, Meso- und Mikro-Ebene möglich. Untersuchungen der ersten und zweiten Kategorie — also auf der Basis von ganzen Städten, von Stadtteilen und -vierteln oder von statistischen Einheiten — sind in großer Zahl vorhanden [3]. Forschungen, die von der Mikro-Ebene, also der kleinsten räumlichen Einheit von Parzelle und Haus, ausgehen und daher nicht sofort durch weitreichende Generalisierung kleinräumige Strukturen überdecken, sind in der historisch-topographischen Forschung zumeist am Ende des 18. Jahrhunderts angesiedelt, da zu der Zeit in vielen Territorien und Städten erste offizielle Hausnummern eingeführt wurden. Mit deren Hilfe (häufig unter Hinzuziehung oder Erstellung weiterer Nummernkonkordanzen) können dann Quellenaussagen auf möglichst exakten zeitgleichen Stadtplänen kartographiert werden. Versuche, diese Hausnummern zurückzuschreiben, so daß auch Informationen aus Quellen, die vor der jeweils ersten Numerierung liegen, Haus für Haus verstandortet werden können, und dadurch zu sozial-topographischen Erkenntnissen über ältere historische Zu-

---

[1] Zu sozialtopographischen Problemen im allgemeinen vgl. H.-CH. RUBLACK, Probleme der Sozialtopographie der Stadt im Mittelalter und in der frühen Neuzeit, in: W. EHBRECHT (Hg.), Voraussetzungen und Methoden geschichtlicher Städteforschung (StF A 7), Köln/Wien 1979, S. 177-193.

[2] Siehe dazu D. DENECKE, Die historische Dimension der Sozialtopographie am Beispiel südniedersächsischer Städte, in: BerrDtLdkd 54 (1980), S. 211-252, insbes. S. 214ff. (im folgenden zitiert: DENECKE, Historische Dimension); DERS., Die sozio-ökonomische Gliederung südniedersächsischer Städte im 18. und 19. Jahrhundert. Historisch-geographische Stadtpläne und ihre Analyse, in: NdsJb 52 (1980), S. 25-38, insbes. S. 30f. (im folgenden zitiert: DENECKE, Sozio-ökonomische Gliederung).

[3] Forschungsüberblick bei D. DENECKE, Sozialtopographische und sozialräumliche Gliederung der spätmittelalterlichen Stadt. Problemstellungen, Methoden und Betrachtungsweisen der historischen Wirtschafts- und Sozialgeographie, in: J. FLECKENSTEIN/K. STACKMANN (Hgg.), Über Bürger, Stadt und städtische Literatur im Spätmittelalter. Bericht über Kolloquien der Kommission zur Erforschung der Kultur des Spätmittelalters 1975-1977 (AbhAkGött, F. 3, 121), Göttingen 1980, S. 161-202, hier insbes. S. 161f. mit Anm. 4 und 5a.

stände zu gelangen, wurden bisher u.W. nur sehr vereinzelt unternommen [4], was auf die oft fehlende Voraussetzung einer guten Quellenlage und auf den immer sehr großen Arbeitsaufwand zurückzuführen ist.

Die Anbindung von Reihenquellen des 17./18. Jahrhunderts an die erste Hausnumerierung (im Hochstift Münster 1768) wurde im Teilprojekt A 6 des Sonderforschungsbereichs 164 (Dr. K.-H. Kirchhoff) für die Städte Warendorf und Münster mit Erfolg durchgeführt. Die Aufnahme der Quellen erfolgte rückschreitend nur bis Mitte des 17. Jahrhunderts, da die Register erst ab ca. 1650 die gewünschten Informationen zu Haus, Haushalt, Familie, Erwerbstätigkeit, Gesinde etc. durchgängig enthalten.

Die aus diesen Forschungen gewonnenen Ergebnisse werden hier nur zu einem kleinen Teil dargestellt und als Grundlage für die Beantwortung der Frage nach Beharrung und Wandel bestimmter sozialer Phänomene in Raum und Zeit genommen [5]. Anders gefragt: Wie verhalten sich verschiedene Merkmale wie z.B. Beruf, Haushaltsgröße, Vermietung etc., die — nicht nur in Münster — über Jahrhunderte hinweg eine zentral-periphere Ausrichtung zeigen (mit individuellen Besonderheiten), unter den fundamental anderen Gegebenheiten des 19. Jahrhunderts mit Industrialisierung und Urbanisierung? Unsere Methode, die Verstandortung von bestimmten aus Quellen gewonnenen sozialstatistischen Merkmalen auf Mikro-Ebene in möglichst exakten zeitgleichen (Kataster-)Karten, wurde für das 17./18. Jahrhundert erprobt; sie wird (in Kenntnis der damit verbundenen Probleme) hier auch auf das 19. Jahrhundert angewendet, um kleinräumige Wandlungen und/oder Beharrungen kenntlich zu machen, die bei starker Generalisierung und großräumiger Verstandortung und Analyse verwischt und überdeckt würden. Auf die Hinzuziehung von Angaben zur baulichen Struktur (Geschoßhöhe, Wohnungsgröße, Zahl der Wohnungen, Überbauung etc.), die das gewonnene Bild abrunden und ergänzen würden, muß hier verzichtet werden.

---

[4] So z.B. in der frühen Kartierung der Berufsverteilung in Hannover um 1435: K.F. LEONHARDT (Bearb.), Hannover, in: Niedersächsischer Städteatlas, hg. v. P.J. MEIER, Abt. II: Einzelne Städte, Lfg. 2, Braunschweig/Hamburg 1933; auch E. LICHTENBERGER, Die Wiener Altstadt. Von der mittelalterlichen Bürgerstadt zur City, Wien 1977 (im folgenden zitiert: LICHTENBERGER, Wiener Altstadt); DIES., Historische Stadtforschung und Kartographie. Die sozialräumliche und funktionelle Gliederung von Wien um 1770, in: Kartographie der Gegenwart in Österreich, hg. vom Institut für Kartographie der Österr. Akademie der Wissenschaften und der Österr. Kartographischen Kommission der Österr. Geographischen Gesellschaft, Red.: E. ARNBERGER, Wien 1984, S. 170-192.

[5] Vgl. die für Wien in beispielhafter Weise durchgeführten Untersuchungen von E. LICHTENBERGER, — hier besonders die Aufsätze: Von der mittelalterlichen Bürgerstadt zur City. Sozialstatistische Querschnittsanalysen am Wiener Beispiel, in: Beiträge zur Bevölkerungs- und Sozialgeschichte Österreichs. Nebst einem Überblick über die Entwicklung der Bevölkerungs- und Sozialstatistik, im Auftrag des Österreichischen Statistischen Zentralamtes hg. v. H. HELCZMANOVSZKI, München 1973, S. 297-331 und DIES., Wien — Das sozialökologische Modell einer barocken Residenz um die Mitte des 18. Jahrhundert, in: W. RAUSCH (Hg.), Städtische Kultur in der Barockzeit (Beiträge zur Geschichte der Städte Mitteleuropas 6), Linz/Donau 1982, S. 235-262.

Unsere Untersuchung basiert für das 18. Jahrhundert auf der flächendeckenden Bearbeitung des gesamten Stadtgebietes [6] von Münster, die erstmalig für das Jahr 1770 durchgeführt werden konnte, wobei zur Kartierung eine Katasterkarte „Münster 1828" auf den Stand 1770 rückgeschrieben wurde [7]. Diese Karte [8] steht auch dem Teilprojekt A 6 zur Verfügung und dient als Grundlage für weitere Rückschreibungen. Die gelegentlichen Rückblicke auf 1676 stellen Ergebnisse aus der Arbeit des Teilprojektes dar. Das von der Reihe (1676) - 1770 - 1971 abweichende Stichjahr 1890 wurde gewählt, weil die als Quellen herangezogenen Adreßbücher erst von 1890 an neben den Bewohnern auch die Eigentümer der Häuser nennen. Zum Stichjahr 1890 konnte u.a. der „Plan der Stadt Münster 1892" (1 : 10.000) von E. Pahnke, zum Jahr 1971 die Grundkarte (1 : 5.000) benutzt werden.

Da der Schwerpunkt unserer Arbeit im 17. und 18. Jahrhundert liegt und da die Stadt Münster bis zur Schleifung der Wälle ab 1764 keine Vorstadtbildung erfahren hatte, steht die heutige Altstadt innerhalb des Promenadenringes im Mittelpunkt der Vergleiche. Nur für einige Fragestellungen wird das ab 1840 bebaute und 1875 eingemeindete Umland mit herangezogen. Aus der Vielzahl sozialer Merkmale oder Indices [9], deren Anordnung in sozialtopographischen Mustern untersucht werden könnte, wurden hier nur solche ausgewählt, für die über zwei bis drei Jahrhunderte vergleichbares Material vorlag bzw. erstellt werden konnte. Dargestellt werden die Veränderungen zwischen 1676 und 1971 in den Eigentumsverhältnissen, im Mietwesen, in der Gebäudenutzung, in Gewerbe- und Wohnstandorten ausgewählter Berufe und Berufsgruppen u.a.

Den Autoren ist die Problematik einer Jahrhunderte übergreifenden Anwendung gleicher Termini und Kriterien, die vor allem im 19. Jahrhundert veränderten Inhalt bekommen können, wohl bewußt. Bei den Berufen wurde so z.B. die mittelalterliche globale Bezeichnung „Kramer", wie sie noch 1770 gebräuchlich war, auf das Handelsgut hin untersucht, so daß zu den sehr differenzierten Handelsbezeichnungen des 19. Jahrhunderts Entsprechungen gefunden werden konnten. Ähnlich wurde bei den Tagelöhnern bzw. Arbeitern des 18. Jahrhunderts verfahren. Auch die Bewertung der Eigentümer auf der Grundlage der Zahl ihrer Gebäude ist für das 19./20. Jahrhundert sicher nicht unproblematisch, da die Gebäude immer uneinheitlicher in Grund- und Aufriß werden; genauere Untersuchungen müßten zumindest die Fläche miteinbeziehen.

---

6 Ein kleiner, abgeschlossener Teilausschnitt der Stadt — der Prinzipalmarkt — wurde bereits in einer Staatsarbeit untersucht: M. SIEKMANN, Der Prinzipalmarkt in Münster. Sozioökonomische Wandlungen einer Marktstraße, Staatsarbeit für das Höhere Lehramt (masch.), Münster 1974.
7 M. SIEKMANN, Die Struktur der Stadt Münster am Ausgang des 18. Jahrhunderts, phil. Diss. (masch.), Münster 1982, demnächst in: Siedlung und Landschaft in Westfalen 18 (1986).
8 Das Blatt Münster ist für die 4. Lieferung des „Westfälischen Städteatlas" der Historischen Kommission für Westfalen vorgesehen.
9 DENECKE, wie Anm. 2.

1. Einführung

Da in der Topographie der Altstadt Münsters die Strukturen der Stadtentstehungszeit und des Spätmittelalters bis heute sichtbar und ihre Auswirkungen heute noch spürbar sind, ist ein kurzer historischer Rückblick angebracht [10].

Der schildförmige ehemalige Festungsgürtel umschließt zwei durch die Aa getrennte Stadtteile, im Zentrum des östlichen Teiles hebt sich die ehemalige Domburg deutlich ab. In einigem Abstand von der Domburg lagen die Haupthöfe des kirchlichen Agrarbesitzes: Bispinghof (bischöflicher Besitz) und Brockhof (Besitz des Domkapitels). Vor der Ostseite der Burg entwickelte sich im 9./10. Jahrhundert an der Kreuzung zweier Fernstraßen ein kleiner *mercatus* mit Kapelle (später St. Lamberti), im Westen das *suburbium* Überwasser. Aus dem *mercatus* entstand nach einem Brand (1121) eine *civitas* mit einer neuen Marktanlage (später Prinzipalmarkt), die um 1175 mit den übrigen Siedlungskernen zur Stadt vereinigt wurde.

Nachdem die Domburg ihre Schutzfunktion verloren hatte, ließen sich die Ministerialen auf dem Bispinghof und die Laien im Stadtgebiet nieder; die Domburg blieb als Immunität erhalten. Die Bebauung der Stadtfläche begann im Zentrum an den Märkten, die aus erweiterten Durchgangsstraßen entstanden sind, dann folgten die Ausfallstraßen, zuletzt die Querstraßen und Mauerstraßen.

Eine Sonderstellung innerhalb der Bürgerschaft nahmen die Kaufleute ein, die als erste an den Märkten wohnten. Diese ca. 20 bis 25 Familien bildeten im 13. Jahrhundert ein Patriziat (= Erbmänner), das bis ins 15. Jahrhundert allein den Rat besetzte. Der soziale Aufstieg dieser Familien ist im Stadtgebiet topographisch darstellbar: sie verlassen um 1300 die engen Märkte und beziehen Großgrundstücke (= Höfe) außerhalb des alten *mercatus* [11]. Die Attraktivität der Märkte blieb — unter weitgehendem Wegfall der Wohnfunktion — bis heute unverändert stark [12]. Die sog. Erbmännerhöfe hoben sich in Form und Größe deutlich von den schmalen, tiefen Parzellen des übrigen Bürgertums ab; dieser zwischen Klemensstraße und Hörsterstraße entstandene Vorzugsstandort mit dem Zentrum Salzstraße und Alter Steinweg blieb — besetzt von wechselnden, aber immer sozial gehobenen Bewohnern — bis in die neuere Zeit erhalten.

So gut sich der innerstädtische Prozeß der Differenzierung zwischen Patriziat und Bürgertum genealogisch und topographisch erfassen läßt, so schwierig ist es, weitere soziale und ökonomische Gruppierungen in der mittelalterlichen Stadt festzumachen. Wohl konnten für die Ereignisse der Jahre 1450 und 1535 die ad

---

[10] Vgl. zum folgenden J. PRINZ, Mimigernaford — Münster. Die Entstehungsgeschichte einer Stadt (VHKommWestf 22, Geschichtliche Arbeiten zur westfälischen Landesforschung 4), 2. verb. und erg. Aufl., Münster 1976.
[11] Vgl. K.-H. KIRCHHOFF, Die Erbmänner und ihre Höfe in Münster, in: WestfZ 116 (1966), S. 3-26.
[12] Vgl. SIEKMANN, wie Anm. 6.

hoc entstandenen Gruppen mit ihrem Hausbesitz kartographiert werden [13], aber diese Zufallsauswahl kann mangels Quellen bis zum 17. Jahrhundert nicht durch flächendeckende Untersuchungen ergänzt oder abgesichert werden. Auch scheint es — abgesehen von den Kaufleuten an den Märkten —, daß am Ausgang des Mittelalters topographisch faßbare gewerbliche Gruppierungen nur noch in Resten erhalten waren.

Ausgesprochene Gewerbestraßen gab es in Münster im 15. und 16. Jahrhundert nicht. Ob es sie in anderen Städten jemals gegeben hat, ist nicht generell nachweisbar [14]. Im mittelalterlichen Münster sind Gewerbestandorte des Handwerks nur in einer gewissen Häufung von Messermachern an der Bogenstraße [15] und von Schuhmachern an der Schomeckerriege [16] überliefert. Funktionalnamengebundene Standorte sind (neben Roggenmarkt, Fischmarkt etc.) vielleicht für die Salzstraße, sicher für die (Bade-)Stubengasse belegt. Dagegen ist für Loerstraße, Corduanengasse, Bäckergasse, Kuhstraße kein Bezug zu den im Namen angesprochenen Gewerben feststellbar.

2. Eigentumsverhältnisse

2.1 Nichtbürgerliches Eigentum 1676, 1771, 1890 und 1971

Am Beginn der Neuzeit waren große Teile der Stadtfläche nicht im Besitz von Bürgern. Neben den unmittelbaren wirtschaftlichen Folgen dieses Zustandes (Ausfall von Steuern und Dienstgeldern) wirkte sich die starke Präsenz von Geistlichkeit und Adel auf die Sozialstruktur der Einwohnerschaft und auf den allgemeinen Charakter der Stadt aus: die „Metropolis Westphaliae" war als „Bischofsstadt" der zentrale Hauptort eines geistlichen Territoriums.

Zu dem geistlichen Grundbesitz der Gründungszeit (Domburg, Bispinghof, Pauli-Freiheit, Stifts- und Pfarrkirchen) kamen zahlreiche Klöster. Die Neugründungen endeten nach einer dritten Gründungswelle im 16./17. Jahrhundert. Da Freiflächen nicht mehr verfügbar waren, kauften die Konvente bürgerliche und erbmännische Häuser auf, um ihre Kloster-Anlagen zu errichten [17]. Nach

---

[13] Vgl. K.-H. KIRCHHOFF, Die Täufer in Münster 1534/35. Untersuchungen zum Umfang und zur Sozialstruktur der Bewegung (VHKommWestf 22, Geschichtliche Arbeiten zur westfälischen Landesforschung 12), Münster 1973 (im folgenden zitiert: KIRCHHOFF, Täufer); DERS., Die Unruhen in Münster/W. 1450 - 1457, in: W. EHBRECHT (Hg.), Städtische Führungsgruppen und Gemeinde in der werdenden Neuzeit (StF A 9), Köln/Wien 1980, S. 153-312.

[14] DENECKE, Historische Dimension, wie Anm. 2, S. 219f. mit Anm. 23; vgl. auch J. CRAMER, Gerberhaus und Gerberviertel in der mittelalterlichen Stadt (Studien zur Bauforschung 12), Bonn 1981; DERS., Zur Frage der Gewerbegassen in der Stadt am Ausgang des Mittelalters, in: ZSSD 11 (1984), S. 81-111.

[15] PRINZ, wie Anm. 10, S. 178.

[16] Ebd., S. 175 mit Anm. 39.

[17] K.-H. KIRCHHOFF, Klöster und Konvente in Münster bis 1800, in: Monastisches Westfalen. Klöster und Stifte 800 - 1800. Ausstellungskatalog, hg. v. G. JASZAI im Auftrage des Landschaftsverbandes Westfalen-Lippe, Münster 1982, S. 551-560.

der gleichen Methode entstanden in der zweiten Hälfte des 17. Jahrhunderts die sog. Adelshöfe, die Stadtquartiere des Landadels. Derartige Kumulationen von Grundbesitz sind in Einzelfällen schon nachgewiesen (Dominikaner-Kloster an der Salzstraße; Lotharinger-Kloster an der Hörsterstraße [18]; Fraterhaus an der Neustraße [19]; großer Schmisinger-Hof an der Neubrückenstraße [20]) und können für Konvente und Adelshöfe an vielen weiteren Objekten nicht nur literarisch, sondern auch topographisch aufgezeigt werden. Die flächige Ausweitung des Grundeigentums von Adel und Geistlichkeit kann als ein innerstädtischer Prozeß angesehen werden, der (auf Kosten der Bürgerschaft) letztlich zur Umwandlung in eine Residenz- oder Garnisonsstadt geführt hätte, wenn die politische Entwicklung im Hochstift Münster 1801/03 anders verlaufen wäre.

Die folgenden Karten zeigen zu vier Zeitständen Wachstum, Verlagerungen und Veränderungen des Besitzes der nicht-bürgerlichen Eigentümer (Geistlichkeit, Erbmänner/Adel und öffentliche Hand). Es handelt sich um generalisierte Karten (ohne Parzelleneinteilung), die aus parzellenscharfen, großformatigen Karten (1 : 1.250) entwickelt wurden.

Die bisher früheste „parzellenscharfe" Kartierung zum Jahr 1676 erfaßt zwei Drittel der Stadt; im fehlenden Drittel (NW und NO) gibt es keine entsprechenden Quellen, hier konnten von Kirchen, Konventen und Armenhäusern nur die Basis-Grundstücke eingezeichnet werden.

Auffallend ist die breite Zone des geistlichen Besitzes, die diagonal das Stadtgebiet durchquert und im Zentrum die ehemalige Domburg einbezieht. Es ist die Talaue der Aa, an deren Rändern die Konvente genügend Platz für ihre Niederlassungen fanden (Johanniter, Observanten, Minoriten, Liebfrauen, Jesuiten, Aegidiikirche und -kloster, Georgskommende). Die am äußeren Rand (Fraterhaus, Lotharinger, Niesing) oder nahe der Stadtmitte liegenden Konvente (Dominikaner, Kapuziner) sind aus angekauftem bürgerlichen oder erbmännischen Besitz entstanden, denn je später die Konvente in die Stadt kamen, desto schwieriger wurde die Niederlassung, da freie Flächen kaum noch vorhanden waren und die Stadt den wachsenden Grundbesitz der „toten Hand" nur ungern sah. Der übrige geistliche Besitz besteht aus Stifts- und Pfarrkirchen mit relativ kleiner Umgebung, wobei als die größten die Stifter Martini und Ludgeri angesehen werden können.

Große Adelshöfe liegen im Westen (z.T. als Altbesitz der Grafen Bentheim und Steinfurt) und im Osten und Süden (Alter Steinweg, Ludgeristraße und Aegidiistraße); neue Höfe sind im Süden der Stadt entstanden, z.T. durch Besitzkumulationen, die in die Zeit der Beschlagnahme der Täufer-Häuser nach 1535 zurückgehen (z.B. der Hof des Erbmarschalls von Morrien an der

---

[18] M. GEISBERG, Die Stadt Münster (Bau- und Kunstdenkmäler von Westfalen 41, 6), Münster 1941, S. 390ff., 470ff.

[19] K.-H. KIRCHHOFF, Die Entstehung des Fraterhauses „Zum Springborn" in Münster, in: Westfalen 51 (1973), S. 92-114.

[20] H. POTTMEYER, Der Landsberg-Schmisinger Hof an der Neubrückenstraße in Münster, in: Westfälisches Adelsblatt 4 (1927), S. 56-59.

Sozialtopographie der Stadt Münster 165

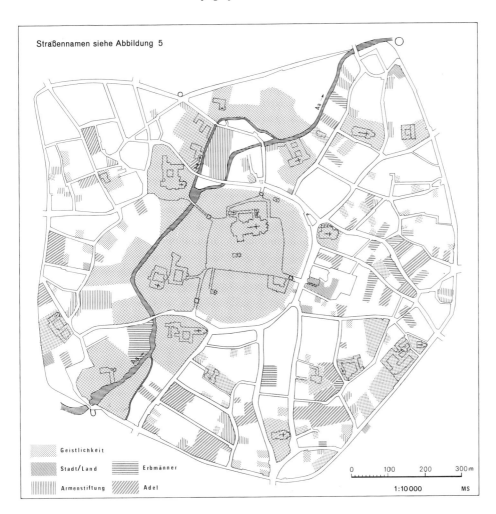

Quelle: Register der Eigentümer und Mieter 1676. Stadtarchiv Münster, A VIII 259.

Abb. 1: Nichtbürgerliches Eigentum 1676

Aegidiistraße). Nicht belegt, aber existent sind die Burgmannslehen auf dem Bispinghof. Zwischen Salzstraße und Alter Steinweg liegen die ehemaligen Erbmännerhöfe, die nun im Adelsbesitz sind. Insgesamt sind 1676 nur noch wenige Erbmännerhöfe im Besitz des Patriziats.

Der städtische Besitz beschränkt sich auf die Verwaltungsgebäude an den Märkten und einige wenige Wohnhäuser („Herrengademe" an der Herren- und Lotharingerstraße) und das Haus des Scharfrichters mit der Büttelei (Stadtmauer im Südosten). Der Landesherr ist im geistlichen Bereich des Domplatzes vertreten und seit der Eroberung der Stadt durch Christoph Bernhard (1661) auch im Südwesten der Stadt: der Fürstbischof hatte das Kloster der Fraterherren während der Erbauung der Citadelle zu seiner Residenz bestimmt und ließ dort Hofgarten und Reitbahn mit einem Stall anlegen.

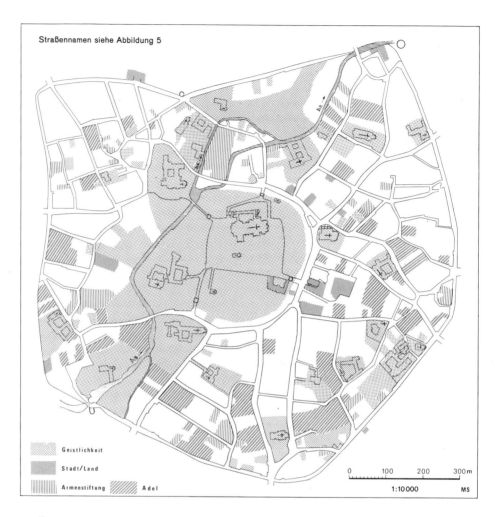

Quelle: Brandversicherungskataster der Stadt Münster 1771.

Abb. 2: Nichtbürgerliches Eigentum 1771

Einhundert Jahre später hat sich das Bild der Innenstadt kaum verändert. Die Stadtmauer, die 103ha (eigene Planimetrierung) umschloß, ist im Abbruch befindlich, die Befestigungsanlagen mit Citadelle, die die Stadtfläche auf 192ha vergrößert hatten, sind dem im Bau befindlichen Schloß mit Schloßgarten gewichen. Für den Besitz der geistlichen Hand ist hier mit 13,5% der Gebäude der Höchststand der 800jährigen Entwicklung festgehalten. Bereits zwei Jahre später (1773) wird Münster von ersten Säkularisierungs-Maßnahmen berührt: der Jesuiten-Orden wird durch päpstliches Dekret aufgehoben, säkularisiert werden das Fraterherrenhaus an der Neustraße und das ehemalige adelige Damenstift Liebfrauen zu Überwasser. Der Grundbesitz beider Institutionen

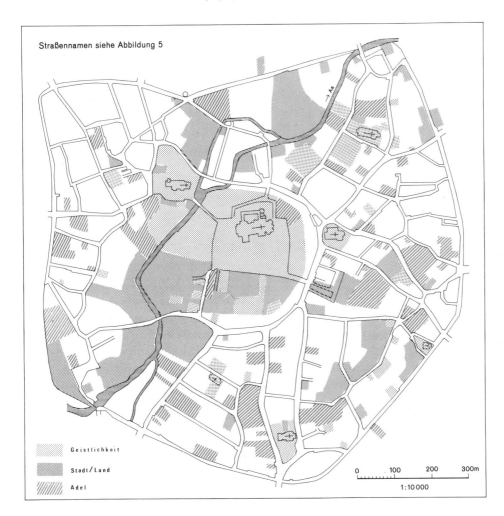

Quelle: Adreßbuch der Stadt Münster i.W. 1890.

Abb. 3: Nichtbürgerliches Eigentum 1890

wird dem neugegründeten Priesterseminar bzw. der Universität als „Studienfonds" übertragen [21].

Die dem Adel gehörenden Flächen (7,8% der Gebäude) haben sich ausgeweitet, häufig liegen sie auf ehemaligem Erbmännerbesitz, vor allem am Alten Steinweg. Der städtische Besitz ist unverändert gering; die Herrengademe sind nach dem Brand von 1759 noch nicht wieder aufgebaut; dem Landesherrn bzw. der Regierung gehören: Münze, Regierung, Zuchthaus, Gardehotel und Reit-

---

[21] K.-H. KIRCHHOFF/M. SIEKMANN, Die räumliche Ausweitung der Universität im Stadtgebiet Münsters 1773-1980, in: H. DOLLINGER (Hg.), Die Universität Münster 1780-1980, Münster 1980, S. 121-127.

stall, das Schloß befindet sich im ersten Baustadium [22].

Die Karte zum Jahr 1890 zeigt ein völlig anderes Bild. Die Säkularisation von 1803 hat den geistlichen Besitz kräftig reduziert (z.B. ist die Altstadt völlig frei von Klosterniederlassungen); er ging in den Besitz des Königreichs Preußen (bzw. der Provinz Westfalen) über und wurde z.T. von der öffentlichen Verwaltung genutzt (am Domplatz: Regierung, Post, Museum, Universität, Kgl. Bank etc.), an anderen Stellen wurden Klöster zu Kasernen und Versorgungseinrichtungen. Der eigentlich kirchliche Besitz (einschl. ev. und jüd.) ist so auf 4,7% der Gebäude zurückgegangen.

Etwas größer ist mit 6,2% der Anteil der Gebäude in öffentlich-weltlicher Hand (einschl. Stadt, Landesherr, Armenhäuser, Vereine, Stiftungen).

Der Adel ist weiterhin mit zahlreichen Einzelobjekten vertreten, die 5,9% der Gebäude der Altstadt ausmachen.

Unsere Karte zeigt wegen der Vergleichbarkeit mit 1771 nur die historische Altstadt; auf die Häuserzahl der Gesamtstadt bezogen (ca. 4.400) sinkt der Anteil des geistlichen Besitzes noch weiter auf 3,2% und der Anteil des öffentlich-weltlichen auf 5,0%. Am stärksten ist mit 3,5% der Anteil des Adels zurückgegangen, der offenbar außerhalb der alten Stadtmauer kaum Besitz an Gartenland hatte oder es bereits parzelliert und zur Bebauung verkauft hatte.

Bei den Eigentumsverhältnissen 1971 muß auf zahlenmäßige Differenzierung verzichtet werden, da infolge der starken Über- und Verbauung der Gegenwart die numerierte Hauseinheit nicht mehr als Grundlage dienen kann. Wie die Karte zeigt, nimmt die öffentlich-weltliche Hand als Eigentümer sehr stark zu und zwar vor allem flächenhaft mit einer Fülle von Großbauten. Diese starke Überbauung wurde z.T. durch die Zerstörung im II. Weltkrieg ermöglicht; an manchen Stellen liegen Großbauten über einem ganzen Wohnviertel mit ehemals ca. 60 Einzelhäusern (z.B. zwischen Hindenburgplatz und Jüdefelderstraße).

Der geistliche Besitz ist nur noch in sehr geringem Maße flächig ausgeprägt. Der Adel hat sich auf die Kerngebiete Königsstraße, Alter Steinweg, Salzstraße zurückgezogen; allerdings ist auch ein Beharren auf historischen Gegebenheiten zu beobachten (z.B. der noch heute vorhandene Merveldtsche-Besitz an der Windthorststraße).

Die Verteilung des Grundbesitzes in Münster auf drei nicht-bürgerliche Eigentümergruppen im 17./18. Jahrhundert spiegelt die Entwicklung innerhalb einer Bischofsstadt wider, die zwischenzeitlich Garnisons- und Festungsstadt (1661-1763) mit ersten Ansätzen zur Residenzstadt war. 1803 brach diese Entwicklung ab, und an die Stelle der (nicht ausgereiften) Residenzfunktion trat die Entwicklung zur Provinzialhauptstadt. Der private Besitz ist über Jahrhunderte hinweg mit ca. 70 bis 80% der Gebäude ziemlich konstant geblieben.

---

[22] Die in der Literatur anzutreffende Meinung, mit dem Schloßbau sei auch der Grundriß der Stadt unter absolutistischen Gesichtspunkten verändert worden — z.B. die angebliche Verlegung der Frauenstraße — ist unzutreffend. Vgl. auch SIEKMANN, wie Anm. 7, S. 41 mit Anm. 163.

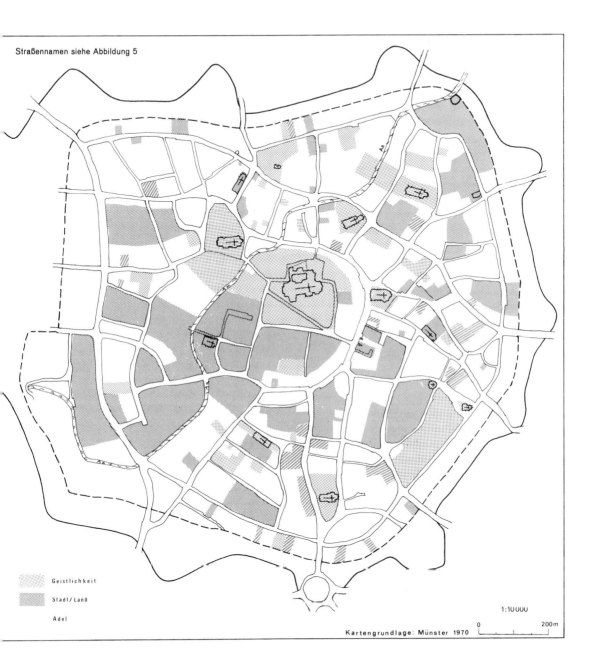

Quelle: Adreßbuch der Stadt Münster i.W. 1971/72.

Abb. 4: Nichtbürgerliches Eigentum 1971

2.2 Differenzierung der Eigentumsverhältnisse

Die Eigentumsverhältnisse innerhalb der Stadt Münster, die oben bereits generalisierend angesprochen wurden, sollen im folgenden — vorwiegend für die Altstadt — für die Stichjahre 1771 und 1890 differenziert werden. Der Zustand 1676 (im Teilprojekt A 6 erarbeitet) kann hier nicht dargestellt werden; das Stichjahr 1971 bleibt ebenfalls unberücksichtigt.

Die Basis unseres Vergleichs liefern das Brandkataster 1771 mit 2.049 gezählten Gebäuden und das Adreßbuch 1890 mit ca. 4.400 Gebäuden (Gesamtstadt). Es wurden sowohl öffentliche als auch unbewohnte oder im Bau befindliche Gebäude erfaßt. Sie verteilen sich auf folgende Eigentümergruppen:

Tabelle 1

Gebäudeeigentümer in Münster 1771/1890

Eigentümer der Gebäude	1771 v.H.	1890 Altstadt v.H.	1890 Gesamtstadt v.H.
1. Nichtbürgerl. Eigentümer			
Geistlichkeit	13,5	4,7	3,2
Stadt/Land/Stiftungen	1,9	6,2	5,0
Armenhäuser (geistl./städtisch)	4,8		
Adel	7,8	5,9	3,5
	28,0	16,8	11,7
2. Bürgerliche Eigentümer			
Beamte/Bedienstete	11,3	6,0	8,7
Handel/Verkehr	15,5	20,8	21,9
Handwerk und Gewerbe	24,8	38,1	38,6
Übrige	20,3	18,3	19,1
	71,9	83,2	88,3

Quellen: Brandversicherungskataster der Stadt Münster 1771 und Adreßbuch der Stadt Münster i.W. 1890.

a) Eigentümer und Mieter 1771

Innerhalb der Eigentümer-Gruppen gab es natürlich starke Schwankungen der Besitzgrößen. 1771 besaßen acht Klöster nur ein Haus, zwei Klöster hatten zehn bis elf Häuser, drei hatten 14 bis 27 Häuser.

Auch beim Adel ist der Besitz weit gestreut; so hatte z.B. je ein Adeliger neun, zwölf und 25 Häuser. Bei den Bürgern hatten drei Personen 12 bis 21, weitere 32 Personen sechs bis elf Gebäude [23].

---

[23] SIEKMANN, wie Anm. 7, S. 235ff.

Die Lage dieser nicht selbst bewohnten, sondern vermieteten Gebäude zum persönlichen Wohnhaus ist bei den Eigentümergruppen unterschiedlich: die kirchlichen und die adeligen Eigentümer haben die Tendenz, ihren Besitz um ihr „Haupthaus" zu arrondieren; das gilt (natürlich nur in eingeschränktem Maße) auch für die Vikarien und ähnliche Einrichtungen (z.B. Armenfonds), die auf Stiftungsbesitz angewiesen sind. Die bürgerlichen Eigentümer dagegen haben ihren Besitz oft weit verstreut in der Stadt, gelegentlich sind aber auch ganze Häuserreihen im Besitz eines Bürgers. Bei Zweithäusern handelt es sich meist um ein Neben- oder Hinterhaus.

Insgesamt besaß in Münster 1771 ein Drittel aller Eigentümer mehr als ein Haus. Dieser umfangreiche Mehrfach-Hausbesitz bildete die Basis für ein ausgeprägtes Mietwesen, dessen Anfänge bis in das Mittelalter zurückreichen. Bereits 1184 sind für das Magdalenen-Hospital Einkünfte aus vermieteten Häusern belegt [24]. Im Jahre 1535 waren von 684 identifizierten Wohngebäuden rund 23% (meist Nebenhäuser) vermietet [25]; für 1676 konnte aus Belegen zu zwei Dritteln des Stadtgebietes ein Anteil von 77% Miethäusern ermittelt werden; 1771 waren 64% aller Gebäude vermietet, 1890 waren es 71% [26].

Die einzelnen Berufsgruppen waren 1771 in unterschiedlichem Ausmaß am Mieterstatus beteiligt: z.B. wohnte das Handwerk zu 54% zur Miete, beim Handel waren es 40%, bei den Beamten 56%, bei den Lohnarbeitern 95%. Innerhalb der Gruppen gab es aber große Schwankungen: nur 10% der Bäcker wohnten in angemieteten Häusern, nur 8% der Weinhändler und nur 30% der Räte und Hofräte. Allein aus dem Mieterstatus kann daher nicht auf die soziale Stellung geschlossen werden, z.B. wohnten 45% der Prokuratoren und 81% der promovierten Juristen zur Miete; diese Beamten besaßen durchaus Vermögen und Hauseigentum, aber ihre Häuser (ererbt oder als Geldanlage gekauft) lagen nicht in guten Wohnstraßen oder haben nicht jene Qualität, die dem Status eines hohen Beamten angemessen gewesen wäre; andererseits standen Gebäude in den „guten" Wohnstraßen (Alter Steinweg, Königsstraße) nicht zum Kauf zur Verfügung, da sie seit Jahrhunderten in der Hand von Erbmännern bzw. Adeligen waren; so konnten die Beamten, die hier wohnen wollten, nur als Mieter einziehen.

Die Verteilung der Miethäuser in der Stadt ist generell als zentral-peripher zu bezeichnen, doch treten — unter den oben angegebenen Umständen — durchaus auch im Zentrum und an Hauptwohn- und Geschäftsstraßen vermietete Gebäude auf.

---

[24] K.-H. KIRCHHOFF, Die legendären Bogenhäuser in Münster 1184, in: Westfalen 57 (1979), S. 1-6.

[25] KIRCHHOFF, Täufer, wie Anm. 13, S. 35; LICHTENBERGER, Wiener Altstadt, wie Anm. 4, S. 53, gibt für Wien im 16. Jh. 70% Mietwohnungen an.

[26] Eine sehr frühe und ausführliche Arbeit über Wohn- und Besitzverhältnisse liegt vor in der Untersuchung von J. GREVING, Wohnungs- und Besitzverhältnisse der einzelnen Bevölkerungsklassen im Kölner Kirchspiel St. Kolumba vom 13. bis 16. Jahrhundert, in: AHVN 78 (1904), S. 1-79.

b) Eigentümer und Mieter 1890

Hundert Jahre später, nach der Säkularisation 1803 und der Eingemeindung 1875, sehen die Eigentumsverhältnisse in der Stadt Münster etwas anders aus. Wenn überhaupt noch Klöster als Eigentümer auftreten, dann haben sie höchstens ein oder zwei Gebäude (und nicht bis zu 27 wie 1771). Die einzigen großen geistlichen Mehrfach-Eigentümer sind das nicht-säkularisierte Domkapitel und der Bischöfliche Stuhl. Die Gebäude der Ordens-Klöster gingen als Kasernen in staatlichen Besitz über, die übrigen Häuser aus Klosterbesitz wurden an Private verkauft.

Von 42 Adeligen haben nur 13 je ein Haus, 20 haben zwei bis fünf, die übrigen haben sechs bis 17 Häuser. Vom Handel und Handwerk haben 1.608 Personen je ein Haus, 486 haben zwei bis fünf Häuser; 36 besitzen sechs bis zehn Häuser und 13 sogar elf bis 26. Unter letzteren sind sechs Maurer bzw. Bauunternehmer. Ein Vergleich der Eigentümer im Umschreibe-Register 1873 mit dem Adreßbuch 1890 zeigt, daß die Bauunternehmer ihren Hausbesitz bald wieder verkauft haben; sie können als Träger des Stadtausbaues angesehen werden [27]. Ob diese Baumeister schon Sub-Unternehmer größerer Baugesellschaften waren, muß offen bleiben [28].

Eine weitere Gruppe, die vom Wachstum der Stadt profitiert, sind die zur Gruppe „Verkehr" rechnenden Dienstleistungsberufe, z.B. die Fülle von Restaurant- und Gaststättenbetrieben (weniger die Schenken) und die Fuhrleute, Droschkenbesitzer und Hauderer. Eine neu auftretende Hauseigentümergruppe sei nur kurz erwähnt: die Privatiers, Rentiers u.ä., die über 10% aller Gebäude verfügen. Im Gegensatz zum 18. Jahrhundert, als Hausbesitz fast immer mit einem Beruf oder Gewerbe verbunden war, hat sich jetzt eine besitzende Gruppe herausgebildet, die von den Einnahmen aus Immobilien leben konnte, womöglich ohne eine andere Berufstätigkeit [29].

Auch 1890 müssen große Teile der Bevölkerung (77% der Haushalte nach Adreßbuch) zur Miete wohnen. Der Anteil der Mieter innerhalb der einzelnen Berufe kann noch nicht exakt festgelegt werden, es zeigt sich aber bereits jetzt, daß im Handel die Mieterquote relativ gering bleibt (30%), wohingegen sie bei den Lohnarbeitern (rund 90%) und auch bei der Masse der kleinen und mittleren Beamten und Bediensteten bei Regierung, Provinzial-Verwaltung, Post, Eisenbahn, Militär etc. sehr viel höher ist; gerade diese Berufsgruppen sind zahlenmäßig stark angewachsen, ohne im gleichen Ausmaß am Hauseigentum beteiligt zu sein.

Die öffentlichen Eigentümer, aber auch der Adel haben ihren meisten Besitz innerhalb der Altstadt: ähnlich sieht es z.B. bei den „Händlern" aus (ihre Häuser

---

[27] Vgl. L. HOCHHEIM, Bodenpreisentwicklung der Stadt Münster i.W. von 1874 - 1914, phil. Diss. (masch.), Erlangen 1922, S. 36ff.
[28] H. BOBEK/E. LICHTENBERGER, Wien. Bauliche Gestalt und Entwicklung seit der Mitte des 19. Jahrhunderts (Schriften der Kommission für Raumforschung der Österreichischen Akademie der Wissenschaften 1), Graz/Köln 1966, S. 52f.
[29] Ebd., S. 38 und 52.

liegen zu 72% in der Altstadt), ebenso bei Bäckern, Metzgern und/oder Schenkenbesitzern. Insgesamt liegen rund 49% aller Gebäude, die im Besitz der Eigentümergruppen Handel/Verkehr und Handwerk sind, in der Altstadt. In der Gruppe der Beamten und Bediensteten sind es nur 34,5% (dieser Wert bleibt auch bei der Einzelanalyse der „Sekretäre", „Inspektoren" und „Räte" erhalten); ein gleich niedriger Anteil (30%) zeigt sich auch bei den wenigen Gebäuden, die im Besitz von „Arbeitern" sind.

3. Gewerbe- und Wohnstandorte

3.1 Vorbemerkung zur Berufstopographie

Die Karten der Gewerbestandorte, erarbeitet für die Jahre 1668 und 1770, enthalten parzellengenau den Beruf bzw. die Berufssparte des Haupt-Haushaltsvorstandes, unabhängig davon, ob er Eigentümer oder Mieter des Hauses war. Die in Münster im Jahre 1668 und 1770 vorkommenden rund 200 Berufe wurden in acht Großgruppen eingeteilt: Verwaltung, Handel, Handwerk, Militär, Geistlichkeit, Gesundheitswesen, Tagelöhner, Berufslose und Arme. Die 88 Berufe des Handwerks mußten in acht Sparten aufgeteilt werden. Die Ergebnisse dieser großen Farbkarte (1 : 1.250) können hier nur in reduzierter Form wiedergegeben werden, wobei wir uns auf die Gegenüberstellung der zahlenmäßig größten und für die Sozialstruktur der Stadt wesentlichen Berufsgruppen beschränken.

In Handel und Handwerk waren Wohnung und Arbeitsplatz weitgehend identisch; die Standorte richteten sich nach ständisch-repräsentativen und nach ökonomischen Gesichtspunkten: nach der Lagegunst in Hinblick auf Verkehr, Nachfrage, Versorgung ebenso wie nach der wirtschaftlichen Kraft, die — abgesehen von individueller Leistung — hinter einem Beruf stand. Da die Einzelmerkmale sich innerhalb des gleichen Berufes summierten, entstand ein berufsbezogenes Standortmuster, das im Kartenbild sichtbar wird: z.B. haben nur die Wandschneider und die „besseren" Kramer und Weinhändler ihre Wohn-/Geschäftshäuser im Marktzentrum, die „geringen" Kramer und Höcker, aber auch Bäcker und Fleischer sind dort nicht zu finden. Die räumliche Verteilung der hier ausgewählten Berufsgruppen ist in Münster seit dem Spätmittelalter im wesentlichen konstant geblieben, soweit das aus bisherigen Untersuchungen zu ersehen ist. Für manche Gewerbe kann die Konstanz eines Berufes in einem Haus über mehrere Generationen hinweg (auch nach Verkäufen oder Versteigerungen) beobachtet werden. Meist sind es die in einem Haus zur Verfügung stehenden Betriebseinrichtungen, z.B. für Bäcker, Schmiede und Zinngießer, die diese Konstanz bewirken [30].

---

[30] Vgl. auch DENECKE, Historische Dimension, wie Anm. 2, S. 223.

3.2 Berufstopographie 1770

Für ausgewählte Berufsgruppen bzw. Berufe sind die Standorte auf einem generalisierten Stadtplan (ohne Parzellen) eingezeichnet worden; davon werden hier nur einige abgebildet.

Die Berufe, die der primären Versorgung dienen, also Bäcker, Höcker, auch Schneider und Schuhmacher, sind recht gleichmäßig über die Stadt verteilt, doch sind deutliche Ballungen in verkehrsmäßig bevorzugten Lagen erkennbar (besonders bei Bäckern und Höckern): an Ecklagen, an Ausfallstraßen und vor den Stadttoren (Abb. 5: Standorte der Bäcker und Brauer 1770). Jedoch gibt es an einigen Stellen größere Lücken (am Marktzentrum, an Salzstraße und Alter Steinweg, aber auch an den Mauerstraßen und in Quergassen), die vermuten

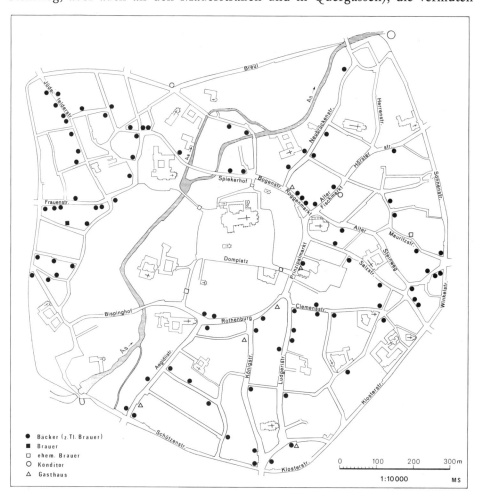

Quelle: Register der Kopfschatzung in der Stadt Münster 1770.

Abb. 5: Standorte der Bäcker und Brauer 1770

lassen, daß hier eine Massierung anderer Berufe die Primär-Versorger ausschließt. Diese Lücken werden z.T. durch die Kramer und Wandschneider geschlossen (Abb. 6: Standorte der Handelsleute 1770). Die Kaufmannschaft hat den großen Bogen der Marktstraßen östlich der Domburg seit Jahrhunderten besetzt. Hier liegen die Wohn- und Geschäftshäuser der letzten Vertreter der einst zahlreichen und einflußreichen Wandschneider (= Fernhändler), die 1770 fast ganz von den Kramern abgelöst sind, die alles feilbieten, was der Handel von draußen heranschafft. Auch die Weinhändler, häufig in Verbindung mit Weinstuben, wohnen in der Nähe des Zentrums. Nach der Einschätzung durch die Feuerversicherung lag der Wert der Gebäude im Stadtzentrum mit an der Spitze der Werte für bürgerliche Gebäude [31]. Die Standorte der Kleinhändler

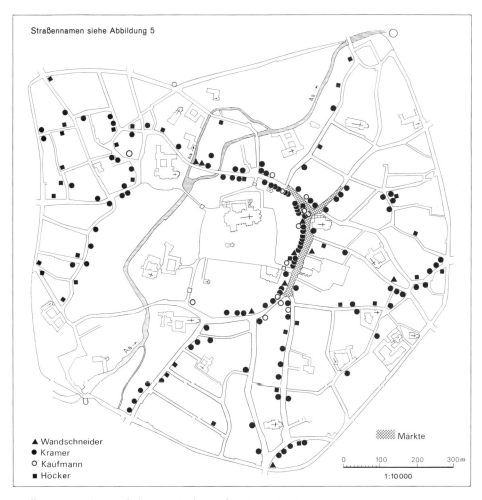

Quelle: Register der Kopfschatzung in der Stadt Münster 1770.

Abb. 6: Standorte der Handelsleute 1770

---

[31] SIEKMANN, wie Anm. 7, S. 254ff.

(= Höcker), die Lebensmittel, Hausrat und dergleichen verkaufen, sind im Stadtgebiet weit verstreut, allerdings unter Auslassung der extremen Randlagen.

Die von den oben genannten Berufen freigebliebenen Teile der Stadt, die Mauerstraßen und die zu ihnen führenden Gassen, werden 1770 von einer großen, indifferenten Gruppe bewohnt: von Tagelöhnern, Soldaten und Personen ohne Berufsangabe (alte Leute, Arme, Witwen) (Abb. 7: Standorte der Tagelöhner und Berufslosen 1770). Die bauliche Ausstattung dieser Gassen ist ärmlich: auf kleinen Parzellen stehen sog. Gademe (= traufenständige Reihenhäuser unter einem Dach), oft nur einstöckig, aber meist mit mehr als einem Haushalt belegt. In der Feuerversicherungs-Taxation haben sie die niedrigsten Werte. Zweifellos wohnen hier die unteren sozialen Gruppen, die in Münster schon im Mittelalter an die Peripherie der Stadt gedrängt wurden.

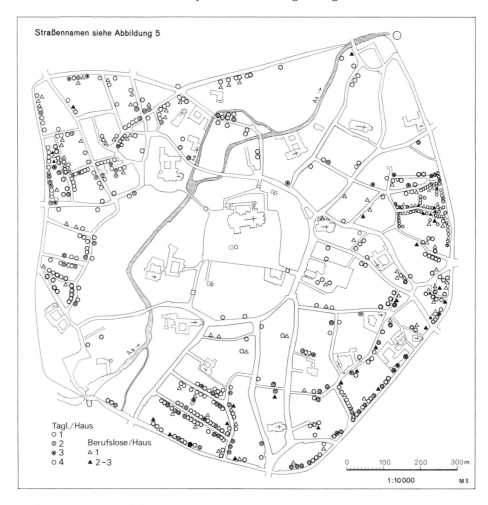

Quelle: Register der Kopfschatzung in der Stadt Münster 1770.

Abb. 7: Standorte der Tagelöhner und Berufslosen 1770

Sozialtopographie der Stadt Münster   177

Das Gegenbild zeigt die Karte der Wohnungen der Beamten und Rechtskundigen (Abb. 8), die im ehemaligen Erbmännergebiet und an einigen Ausfallstraßen besonders dicht belegt sind. Die Erbmännerhöfe wurden bis 1770 fast alle vom Landadel übernommen, der auf den Großparzellen die sog. Adelshöfe errichtete. Diese wurden dann an höhere Beamte und Offiziere (oft Adelige) vermietet; sie werden mit ihrem Gebäudewert durchweg hoch eingeschätzt. Insgesamt geht — mit individuellen Abweichungen — das zentral-periphere Gefälle der Standorte der sozialen Gruppen parallel zum Wert der Gebäude nach der Taxation für die hochstift-münstersche Brandversicherung.

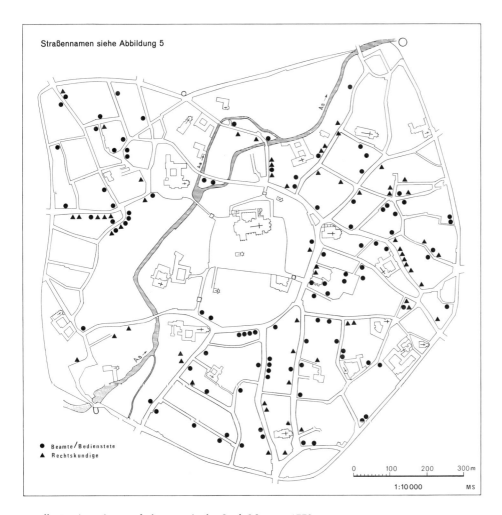

Quelle: Register der Kopfschatzung in der Stadt Münster 1770.

Abb. 8: Wohnungen der Beamten und Rechtskundigen 1770

3.3 Berufstopographie 1890

Im städtischen Erwerbsleben ist im 19. Jahrhundert eine scharfe Trennung zwischen Handwerk (= Produktion) und Handel (= Vertrieb) kaum noch möglich. Dennoch muß an diesen Begriffen festgehalten werden, um überhaupt zu einem Vergleich mit den Verhältnissen in früheren Jahrhunderten zu gelangen. Das gilt für die sog. Fabrikanten, aber auch für Handwerker wie Buchdrucker, -händler und -binder, Goldschmiede, Hutmacher, Schirmmacher etc., also für jene Gewerbe, die nicht nur auf Bestellung arbeiten, sondern auch Lagerhaltung und Verkauf betreiben. Die Wohnstandorte der Handeltreibenden sind für diese Zeit in Münster im allgemeinen noch identisch mit den Geschäftsstandorten. Unter den im Adreßbuch 1890 erfaßten rund 500 bis 600 Handlungen (= Geschäftslokalen) sind nur 75, deren Inhaber nicht im gleichen Haus wohnten, davon lagen 60 bis 63 im engeren Bereich des Zentrums. Eine beginnende Trennung von Wohnung und Geschäft ist im Handel am Auftreten erster Filialen zu beobachten; Filialen haben: eine Baumaterial- und eine Porzellan-/Glas-Handlung, zwei Blumen(macher-)handlungen, zwei Colonialwarenhandlungen (davon eine mit drei Filialen), zwei Cigarren- und Tabakhandlungen (davon eine mit drei Filialen), zwei Drogerien, zwei Fischhandlungen und zwei Kurz-, Galanterie- und Luxuswarenhandlungen.

Im Handwerk ist die Aufhebung der Einheit Werkstätte/Wohnung erst in geringem Ausmaß erfolgt; einige Betriebe haben ihre Werkstatt in die Außenstadt verlegt, wo sie z.T. als „Fabriken" bezeichnet werden. Auch bei Handwerksbetrieben gibt es nun die ersten Filialen, die wohl dem Verkauf der eigenen Produkte dienen: vier Bäcker (davon einer mit zwei Filialen), ein Baumwoll- und Schönfärber, ein Bildhauer, ein Blechwarenfabrikant und ein Bürsten- und Pinselfabrikant. Die noch überwiegende Einheit von Wohnung und Betrieb unter einem Dach (wobei Lager, Packhäuser und Kontore gelegentlich schon getrennt untergebracht sind) bedeutet für den sozialtopographischen Aspekt, daß die berufsbedingte Sozialposition eines Händlers und Handwerkers auch in dieser Zeit noch an dem Standort seiner Wohnung bzw. seines Geschäftes ablesbar ist.

a) Standorte des Handels

Die 1770 übliche Berufsbezeichnung „Kramer" ist für 1890 nicht mehr brauchbar; der Hinweis im Branchen-Adreßbuch 1890: „Krämer s. Höcker/ Viktualienhändler" zeigt, daß das mittelalterliche Berufsbild des Kramers (= Kaufmann) sich inzwischen zum Krämer (= Lebensmittel-Kleinhändler) verengt hat. Die für 1890 auf einer Karte zusammengefaßten Kaufleute betreiben Handelsgeschäfte, deren Warensortiment in etwa dem Handelsgut des früheren Kramers entspricht: Kolonialwaren (Tee, Kaffee, Gewürze, Rosinen etc.) inkl. Tabak, Drogerieartikel (Farben, Lacke, Öle, Handwerksartikel und Zubehör), Kurz-, Galanterie- und Luxuswaren, Manufaktur- und Modewaren (Textil und Bekleidung), gehobene Haushaltsausstattung (Teppiche, Möbel, Spiegel, Glas, Porzellan), Schuhe und Lederwaren.

Sozialtopographie der Stadt Münster 179

Das Kartenbild (Abb. 9) zeigt, daß die Kolonialwaren (inkl. Tabak) und die Drogeriehandlungen verstreut an Ausfallstraßen liegen; im Zentrum sind sie vereinzelt zu finden, dagegen werden die Nebenstraßen ausgelassen. Dort sind die Lebensmittelhändler des täglichen Bedarfs (Höcker und Viktualienhändler) überwiegend ansässig. Die Bekleidungs- und Ausstattungshändler zeigen sich sehr stark auf der Westseite der Marktstraßen konzentriert (auffallend ist, wie in allen Jahrhunderten zuvor, die Sonderstellung der Ostseite des Prinzipalmarktes), weisen aber auch Häufungen an den Hauptstraßen (Ludgeri- und Salzstraße) auf. Diese Geschäfte sind ganz auf den Altstadtbereich beschränkt, sie fehlen in der Außenstadt noch völlig.

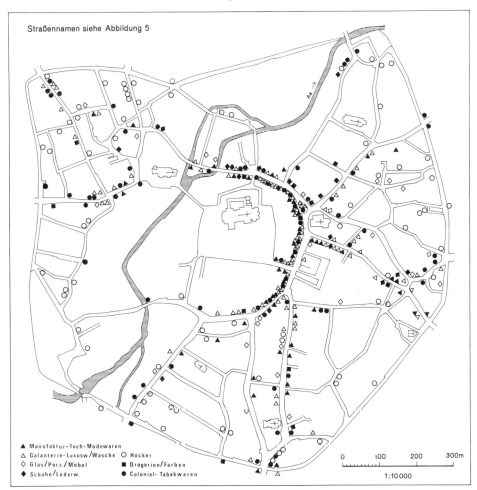

Quelle: Adreßbuch der Stadt Münster i.W. 1890.

Abb. 9: Standorte der Handelsleute 1890

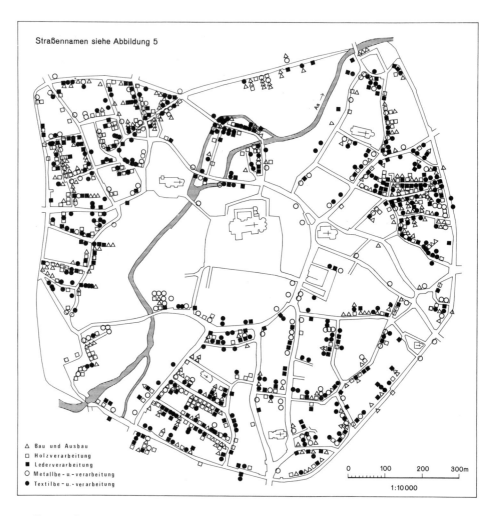

Quelle: Adreßbuch der Stadt Münster i.W. 1890.

Abb. 10: Wohnstandorte des Handwerks 1890

b) Standorte des Handwerks

Die Wohnstandorte der Handwerker füllen die Räume zwischen den Ausfallstraßen und — das ist das Neue 1890 — in starker Ballung das 1875 eingemeindete Umland der Stadt. Hier überwiegen die Berufe des Bauhandwerks und Ausbaus, was auf die rege Neubautätigkeit dieser Zeit hindeutet. Die Karte zur Altstadt (Abb. 10, ohne die Sparte „Nahrungsmittel") zeigt das Marktzentrum bis auf wenige Goldschmiede bzw. Uhrmacher frei von Handwerkern, jedoch findet man sie nun auch in den Nebengassen und Mauer-

Sozialtopographie der Stadt Münster 181

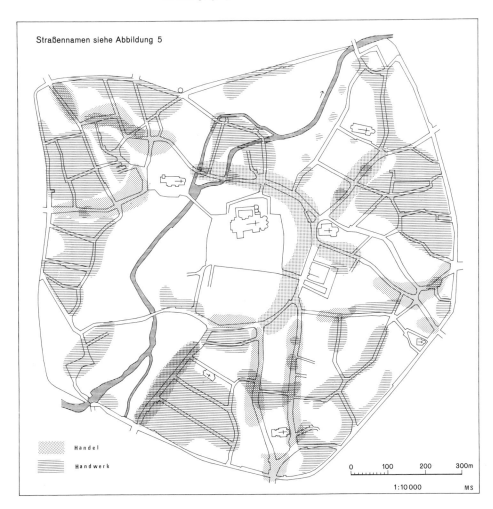

Quelle: Adreßbuch der Stadt Münster i.W. 1890.

Abb. 11: Räumliche Verdichtung von Handel und Handwerk 1890

straßen, die 1770 noch den unteren Sozialschichten vorbehalten waren. Eine Kombination der beiden Standortkarten „Handel" und „Handwerk" (Abb. 11) verstärkt das Bild einer deutlichen Trennung dieser Berufsstandorte, die zugleich Wohnstandorte sind, innerhalb der Altstadt; nur an wenigen Straßen bzw. Straßenabschnitten kommt es zu Überlagerungen. Vom Bodenpreis her haben die von Handwerkern bewohnten Straßen ein relativ niedriges Niveau (geringe Größe der Wohnungen, wenig Komfort etc.), diese Standorte werden aber wegen der Nähe zum Stadtzentrum bevorzugt [32].

---

[32] HOCHHEIM, wie Anm. 27, S. 77.

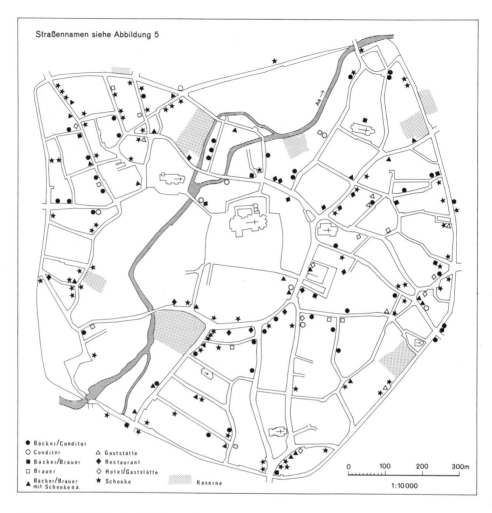

Quelle: Adreßbuch der Stadt Münster i.W. 1890.

Abb. 12: Standorte der Bäcker und Brauer 1890

Die Verteilungsmuster der einzelnen Berufe bieten das zu erwartende Bild: starke Streuung bei Gewerben der täglichen und mittelfristigen Bedarfsdeckung; Konzentration im Stadtzentrum bei Erzeugnissen des gehobenen und seltenen Bedarfs. Als Beispiel für erstere mögen die Standorte der Bäcker und Brauer genügen (Abb. 12); ihre Lokale liegen in der Nähe der ständigen Kundschaft weit gestreut in den Wohnstraßen, aber auch in günstiger Verkehrslage an den Toren und im Zentrum, letzteres vor allem dann, wenn sie gleichzeitig Brauer sind und Ausschank betreiben oder Übernachtungen anbieten. Die Gaststätten, Restaurationen oder Hotels sind dem Stadtkern näher, die Schenken liegen häufig in der Nähe von Kasernen. Schuster und Schneider als weitere Versorger mittelfristiger Bedürfnisse sind dagegen mehr in den Nebenstraßen zu finden. In der neuen Außenstadt haben sich nur wenige Vertreter dieser Berufe niedergelassen, meist an Hauptausfallstraßen, in Ecklagen und in Stadtnähe. Noch 1921 werden keine weiteren Geschäftsstraßen in der Außenstadt genannt — ein Bedarf daran wird bezweifelt [33].

Die für den seltenen und Luxusbedarf produzierenden Gewerbe arbeiten nur im östlichen Teil der Altstadt, hier besonders an den Marktstraßen (Juweliere, Gold- und Silberschmiede, Buchhändler, Buchdrucker). Zu diesen Branchen zählen auch die Uhrmacher, die aber als erste mit fünf Werkstätten auch in der Außenstadt vertreten sind.

Eine Untersuchung von 82 im Adreßbuch genannten „Fabrikanten" ergab, daß es sich in den meisten Fällen um Handwerksbetriebe handelte. 1895 gibt es zwei (= 0,05%) Großbetriebe mit durchschnittlich 60 bis 70 Beschäftigten und 216 (= 5,3%) Mittelbetriebe mit durchschnittlich 15 Beschäftigten; die Masse von 3.857 (= 94,7%) kleinen Handwerksbetrieben hat durchschnittlich zwei bis drei Beschäftigte [34]. In 57 Fällen stellten Wohnung und Fabrikation noch eine Einheit in einem Haus dar. Rund die Hälfte der sog. Fabriken — gemeint sind wohl die Mittelbetriebe — liegt außerhalb der Altstadt mit einer deutlichen Häufung im Winkel zwischen Hammer- und Gasstraße (heute Hafenstraße), also in unmittelbarer Nähe zu Bahnhof und Gasanstalt und später zum Stadthafen. Dieses Gebiet wird in der Baupolizeiordnung von 1906 als Gewerbegebiet ausgewiesen.

Von den dienstleistenden Berufen seien einige wenige herausgehoben. Von fünf Apotheken liegen drei im Stadtzentrum. Barbiere (Raseure) haben ihre auf gehobene Kundschaft angewiesenen Kleinbetriebe an den Ausfallstraßen und im Zentrum, ebenso Zahnärzte und Ärzte [35]. Nur letztere sind auch schon in der neuen Außenstadt anzutreffen.

In der Sozialgeschichte des Mittelalters und der frühen Neuzeit wird den „Unterschichten" besondere Aufmerksamkeit geschenkt; die Kartierung der Wohnungen von Tagelöhnern, Berufslosen, Armen etc. zeigt für 1770 eine Ballung in bestimmten peripheren Gassen. (Selbstverständlich gab es auch in jedem Haus oder Haushalt eine vertikale soziale Schichtung.) Zu beachten ist, daß die aus Steuerlisten des 18. Jahrhunderts gewonnene Berufsangabe „Tagelöhner" durchaus auf Handwerker „geringerer Condition" angewendet wurde, besonders im Bereich des Textilhandwerks und des Bauwesens. Ähnlich verhält es sich wohl 1870 mit der Berufsbezeichnung „Arbeiter" [36]. Vergleichbare Angaben sind für 1890 nur zu gewinnen, wenn man Berufe bzw. Berufsgruppen wählt, die in etwa dem Berufsbild „Tagelöhner 1770" entsprechen. So wurde nach dem Adreßbuch 1890 die Häufigkeit der Berufsangaben „Arbeiter, Maurer,

---

[33] HOCHHEIM, wie Anm. 27, S. 45.
[34] Ebd., S. 9f.
[35] Vgl. auch den Beitrag von H. HEINEBERG in diesem Band.
[36] Zu den Gründungsversammlungen der politischen „Arbeitervereine" fanden sich 1872 Maurer- und Zimmergesellen in großer Zahl ein; vgl.: Münster im deutschen Kaiserreich. Die Stadtchronik 1870-1873, verf. v. A. HECHELMANN, hg. v. H. LAHRKAMP, in: H. LAHRKAMP (Hg.), Beiträge zur Stadtgeschichte (QFGM NF 11), Münster 1984, S. 1-126.

Näherin, Wäscherin und Büglerin" u.ä. ausgezählt, wobei allerdings nicht erkennbar ist, ob es sich um Familienvorstände oder um Einzelpersonen handelte. Die Zählung ergab 1.968 Nennungen (Altstadt 1.071, Außenstadt 897), das sind 17,2% der Wohneinheiten des Adreßbuchs.

Um eine Vorstellung von der Verteilung der Bevölkerungsgruppe „Arbeiter" auf die Stadt zu gewinnen, wurden die Nennungen nicht punktuell kartiert, sondern die pro Straße ermittelte Anzahl wurde in Beziehung gesetzt zu der Gesamtzahl der in der Straße genannten Anwohnereinheiten; die so gewonnene Prozentzahl ergibt (sicherlich sehr grob) den Anteil der Arbeiter an der Bewohnerschaft dieser Straße.

Das Kartenbild (Abb. 13) zeigt, daß in der Altstadt das Marktzentrum und die Hauptgeschäftsstraßen fast frei sind von Arbeitern. Im Westen und Osten treten mit einem Anteil von über 40% die gleichen Gebiete hervor wie schon 1770. Dagegen haben die Mauerstraßen, die 1770 ebenfalls mit Tagelöhnern dicht besetzt waren, 1890 nur einen Arbeiteranteil von 10 bis 20%. In der Außenstadt zeichnen sich vor allem im Nordwesten und im Süden Schwerpunkte ab, und zwar sind es Seiten- und Stichstraßen. Zu beachten ist aber, daß in den oft erst lückenhaft bebauten Straßen der Außenstadt die Berechnung der Anteile nur auf wenigen Häusern beruht.

Vergleicht man die Karten „Arbeiteranteile" und „Wohnstandorte des Handwerks" (Abb. 10 und 13), so zeigt sich, daß der Arbeiteranteil in den dicht vom Handwerk besetzten Straßen besonders groß ist. Ein Vergleich der „Arbeiterstraßen" mit den Standorten des Handels zeigt das Gegenbild: in den Zentren des Handels liegt der Anteil der Arbeiter unter 10%.

Die Frage, ob die Stadt Münster 1890 ein von einer „Oberschicht" bevorzugtes Wohngebiet (so etwas wie ein „Westend") hatte, kann durch die Kartierung der Wohnstandorte hoher Beamter und Militärs (nur Aktive, ohne Witwen) beantwortet werden (Abb. 14). Eine kleinräumige, aber deutliche Verdichtung zeigt sich im Westen der Altstadt, südlich des Schlosses: hier wohnten z.B. die beim Oberpräsidenten (Sitz: Schloß) oder den Gerichten tätigen Beamten. Stärkere Ballungen zeigen sich auch im südlichen Vorfeld der Stadt, in den ruhigen Verbindungsstraßen zur Promenade und zwischen den Ausfallstraßen. Die Wohnhäuser der hohen Militärs weisen eine Nähe zu den Kasernen in Altstadt und Außenstadt und den militärischen Verwaltungseinrichtungen auf. Auffallend ist im Vergleich mit 1770, daß nun die Wohnhöfe des Adels — vor allem am Alten Steinweg — nicht länger die bevorzugten (angemieteten) Wohnquartiere der Beamten sind. Die Höfe werden 1890 durchweg von den adeligen Eigentümern selbst oder von anderen Adeligen bewohnt. Innerhalb des Promenadenringes gibt es kein flächiges Wohngebiet „gehobenen Charakters", nur eine lineare Zone gehobener Wohnbauten entwickelte sich an den Außenseiten der ehemaligen Mauerstraßen (zur Promenade). Einzelne „Villen" standen hier schon in der Mitte des 19. Jahrhunderts.

Im Vorfeld der Stadt entstanden (nach der Öffnung des Mauerringes) bis 1890 qualitativ hochstehende Wohngebiete, bevorzugt im südlichen Vorfeld, das straßenmäßig am besten erschlossen war.

Sozialtopographie der Stadt Münster 185

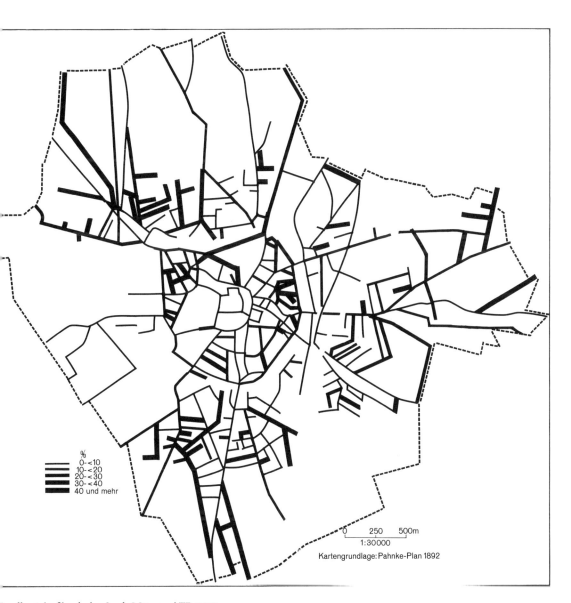

Quelle: Adreßbuch der Stadt Münster i.W. 1890.

Abb. 13: Anteil der Arbeiter an den Bewohnern je Straße 1890

186 M. Siekmann/K.-H. Kirchhoff

Quelle: Adreßbuch der Stadt Münster i.W. 1890.

Abb. 14: Wohnstandorte gehobener Berufe 1890

Diese aufgrund der Berufstopographie gewonnenen Ergebnisse werden durch die Untersuchung der Bodenpreise von 1874 bis 1914 gestützt [37]. Die mit Händlern dicht besetzten Straßen in der Altstadt weisen die höchsten Bodenwerte auf, gefolgt von den gemischten Wohn- und Geschäftsgebieten. Denen entsprechen wertmäßig in der Außenstadt die Straßen der gehobenen Stände in Promenadennähe, die von Bebauung und Bauqualität her den Charakter von Villenstraßen haben. Als reine Wohnstraßen mit „mittleren bis guten Wohngebäuden" weist Hochheim einen Teil der ehemaligen Mauerstraßen aus (Neuplatz, Breul, Winkelstraße, Klosterstraße, Schützenstraße), die auch nach unseren Verstandortungen von mittleren Ständen bewohnt werden. Die von uns als „Arbeiterstraßen" ausgewiesenen Bereiche fallen nach Hochheims Untersuchung fast alle in die letzte Kategorie „Straßen mit Arbeiter pp. Wohngebäuden" (= Kleinwohnungen ohne Komfort); es sind vergleichsweise wenige, da es in Münster aufgrund der wirtschaftlichen Struktur kaum Fabrik- und Manufakturarbeiter gab, so daß die Nachfrage nach solchen Arbeiter-Kleinwohnungen gering war [38].

4. Bevölkerungswachstum und Stadterweiterung 1800-1890

Das Grundgerüst der frühneuzeitlichen Stadt, das im Katasterplan 1828/29 erstmals vermessen wurde, zeigt sich in den Stadtplänen 1839 (Manger), 1862 (Hundt) und 1873 (Weiß) fast unverändert. Die Kleinstruktur der Parzellierung ist weitgehend erhalten geblieben, auch die Unterschiede in der Größe der Parzellen zwischen den Wohnstraßen des Adels, der Kaufmannschaft und der Kleinbürger. Auch das Straßennetz ist kaum verändert; lediglich im Gebiet des aufgehobenen Magdalenen-Hospitals ist 1828 eine Erschließungsstraße gebaut worden; an der neuen Aegidii-Pfarrkirche (ehemalige Klosterkirche der Kapuziner) führt nun ein Verbindungsweg von der Aegidiistraße zur Krummen Straße; die Wevelinghofergasse hat einen eigenen Zugang zur Sonnenstraße erhalten.

Bis in die 70er Jahre bewahrte die Stadt ihren mittelalterlichen Charakter [39]; nur zögernd öffneten sich die Verbindungen zum neuen Hauptbahnhof (1890), zum Stadthafen (1899) und zu den neuen Wohngebieten, die nach der Eingemeindung 1875 im nahen Umland entstanden waren.

---

[37] HOCHHEIM, wie Anm. 27.
[38] Ebd., S. 50.
[39] N. GUTSCHOW, Stadtplanungsprojekte in Münster/Westfalen zwischen 1854 und 1880. Stadterweiterungen in den vorstädtischen Gärten, in: G. FEHL/J. RODRIGUEZ-LORES (Hgg.), Stadterweiterungen 1800-1875 (Stadt Planung Geschichte 2), Hamburg 1983, S. 303-314.

Tabelle 2

Gebäude und Gebäudenutzung 1771 bis 1971

Jahr	Bevölkerung	1 Häuserzahl ohne unbew., im Bau etc.	2 nur vom Eigent. bewohnt		3 von Mieter u.Eigent. bewohnt		4 nur vom Mieter bewohnt		5 ohne bzw. nur funkt. Wohnnutzung	
			abs.	%	abs.	%	abs.	%	abs.	%
Altstadt (ohne Domimmunität)										
1771a)	ca.10.000	1905	614	32,2	29	1,5	1192	62,6	70	3,7
1818b)	15.000									
1871b)	25.000	2335b)								
1890c)	22.000	2372	332	14,0	1080	45,5	813	34,3	147	6,2
1971d)	14.000	1253	53	4,2	347	27,7	513	40,9	340	27,1
Außenstadt										
1864	3-4.000									
1875e)	8.900	638								
1890c)	21.000	1911	254	13,3	750	39,2	832	43,5	75	3,9

Quellen:

a) Register der Kopfschatzung in der Stadt Münster 1770 und Brandversicherungskataster der Stadt Münster 1771.
b) W. LECHTAPE, wie Anm. 41, S. 8ff.; 2335 = nur Wohnhäuser.
c) Volkszählung 1890. Stadtarchiv Münster, Stadtregistratur Fach 17/23 (ohne Militär) und Adreßbuch der Stadt Münster i.W. 1890.
d) Stadt Münster. Statist. Bericht. 1. Vierteljahr 1971, S. 8 und Adreßbuch der Stadt Münster i.W. 1971/72.
e) S. REEKERS, Die Gebietsentwicklung der Kreise und Gemeinden Westfalens 1817 - 1967 (Veröffentlichungen des Provinzialinstituts für westfälische Landes- und Volksforschung des Landschaftsverbandes Westfalen-Lippe Reihe 1, H. 18), Münster 1977, S. 63.

Die Bevölkerung der Altstadt war in der ersten Hälfte des 19. Jahrhunderts von 15.158 (1818) auf 23.000 (1858) gewachsen und stand 1871 bei 25.000. Um 1840 galt Münster mit 11.000 E/km² als die dichtest besiedelte Stadt der Provinz Westfalen [40], und das blieb sie auch im Vergleich mit anderen Städten (Dortmund, Düsseldorf) bis 1900 [41]. Dabei ist noch zu berücksichtigen, daß die bebaute Fläche (historische Altstadt ohne Schloßbezirk) nur 54% des Stadtgebietes umfaßte, so daß sich für die Altstadt zum Jahre 1871 ein Dichtewert von rund 24.000 E/km² errechnet.

Den Grund für das starke Wachstum der historischen Territorialstädte in der ersten Hälfte des 19. Jahrhunderts sieht Wischermann in der „Intensivierung der

---

[40] W.R. KRABBE, Die Eingemeindungen und Stadterweiterungen Münsters im 19. und frühen 20. Jahrhundert, in: LAHRKAMP, wie Anm. 36, S. 127-153.
[41] W. LECHTAPE, Die Bevölkerung der Stadt Münster in den hundert Jahren vor dem Weltkriege, phil. Diss. (masch.), Münster 1918, Tab. 30.

zentralen Funktionen"⁴². Dahinter steht ein Zusammenwirken verschiedener Faktoren:

a) Die Gewerbe- und Niederlassungsfreiheit sowie die Neuordnungen des Bürgerrechts und der Heiratsbeschränkungen u.a.m. ermöglichten es Handwerksgesellen und Dienstpersonal, Familien zu gründen und getrennt vom Arbeitgeber und Meister zu wohnen.
b) Die Ausstattung der Provinzialhauptstadt mit zivilen und militärischen Dienststellen bewirkte eine personelle Vermehrung in Dienstleistung und Verwaltung, wodurch
c) die Stadt wachsende Attraktivität für den Zuzug von Handel- und Gewerbetreibenden gewann, zumal sie nach der Jahrhundertmitte durch den Anschluß an die Eisenbahn aus ihrer Abseitslage heraustrat.

Die natürliche Bevölkerungsvermehrung durch steigende Geburtenzahlen und Rückgang der Sterblichkeitsrate beschleunigte sich in den 70er Jahren: zwischen 1870 und 1875 stieg die Bevölkerung der Stadt (ohne Eingemeindung) um 7,5%, zwischen 1875 und 1880 um 13,7%, von 1880 bis 1885 um 9% und von 1885 bis 1890 um 12% ⁴³. Wie die Verdoppelung der Bevölkerung auf gleicher Stadtfläche sich im Wohnungs- und Mietwesen ausgewirkt hat, ist für Münster noch nicht untersucht; unsere Beobachtungen deuten auf eine zunehmend dichtere Belegung der Häuser hin. Die Anzahl der Gebäude in der Altstadt nahm bis zur Eingemeindung 1875 nur um ca. 400 zu (Tab. 2, Sp. 1); die ehemaligen Mauerstraßen wurden nun auch an der Außenseite (zur Promenade) bebaut, desgleichen die Winkel im Norden und Süden zwischen Stadt und Schloßbezirk; außerdem wurden bereits bis zum Ende des 18. Jahrhunderts die im Siebenjährigen Krieg zerstörten 200 Häuser im nordöstlichen Martini-Viertel wiedererrichtet. Bei einem Vergleich der Stadtpläne von Münster, die eine Parzellenstruktur aufweisen: 1828 (Urkatasterkarte), 1839 (Manger) und 1862 (Hundt), konnte eine zunehmende Überbauung der Altstadt (Verringerung von Garten- und Hofflächen etc.) nicht festgestellt werden; zu Veränderungen im Aufriß sind allerdings kaum Angaben möglich⁴⁴. Der in den 80er Jahren einsetzenden stärkeren Über- und Verbauung wird ab 1892 mit der Bestimmung begegnet, daß ein Drittel (ausnahmsweise ein Viertel) des Grundstücks frei bleiben muß ⁴⁵.

Die zunehmende Bevölkerung und die Umstrukturierung der Haushalts-

---

⁴² C. WISCHERMANN, An der Schwelle der Industrialisierung (1800-1850), in: W. KOHL (Hg.), Westfälische Geschichte, Bd.3 (VHKommWestf 43), Düsseldorf 1984, S. 41-162, hier S. 51.
⁴³ W.R. KRABBE, Wirtschafts- und Sozialstruktur einer Verwaltungsstadt des 19. Jahrhunderts: Das Beispiel der Provinzialhauptstadt Münster, in: K. DÜWELL/W. KÖLLMANN (Hgg.), Rheinland-Westfalen im Industriezeitalter, Bd. 1 (Beiträge zur Landesgeschichte des 19. und 20. Jahrhunderts), Wuppertal 1983, S. 197-206, hier S. 201f.
⁴⁴ Die in manchen Residenzstädten (Bonn, Mannheim) bereits im 18. Jahrhundert beobachtete Verdichtung durch Aufstockung, Auflassung von Friedhöfen etc. ist in Münster bis über die Mitte des 19. Jahrhunderts hinaus nicht festzustellen.
⁴⁵ HOCHHEIM, wie Anm. 27, S. 47.

zusammensetzungen hatten Auswirkungen auf die Nutzung der Häuser. Nach Siekmann [46] waren 1770 durchschnittlich 75% der Häuser mit nur einem Haushalt belegt, im Stadtinnern sogar 85%. Wie oben bereits erwähnt, waren nur 32% der Haushalte Eigentümerhaushalte (Tab. 2, Sp. 2 bis 4) gegenüber 62% reinen Mietshäusern; ein verschwindend geringer Wert von 1,5% der Häuser vereinigte Mieter- und Eigentümerhaushalte. Hier fanden bis 1890 die stärksten Veränderungen statt: die Eigentümer-Häuser fallen auf 14% und die Miethäuser auf 34%, dagegen haben die gemischt-bewohnten Häuser mit 45% einen enormen Zuwachs zu verzeichnen. Über die Art der Wohnverhältnisse (eigene Wohnung, untervermietete Wohnungen oder Zimmer) kann keine Aussage gemacht werden. Die Änderungen in den Wohnverhältnissen können wohl nicht ohne bauliche Veränderungen (Anbauten, Ausbauten im Dachgeschoß, seltener Aufstockung, keine Kellerwohnungen) und Teilungen des vorhandenen Raumes vor sich gegangen sein, so daß die Wohnverhältnisse sicherlich beengter wurden; ob sie allerdings auch die aus Industriestädten bekannten Zimmermieter und Schlafgänger hervorbrachten, darf für Münster bezweifelt werden.

Eine Auswertung der Volkszählung des Jahres 1890 ermöglicht es, die demographischen Veränderungen straßenweise (für Altstadt und Außenstadt getrennt) zu berechnen. Gegenüber dem niedrigen Wert von durchschnittlich 1,26 Haushalten pro Haus im Jahre 1770 [47] bilden die Ein-Haushalt-Häuser 1890 offenbar eine verschwindende Ausnahme, denn die Belegdichte beträgt jetzt im Durchschnitt 2,05 [48] Haushalte pro Haus, sie war aber straßenweise unterschiedlich hoch:

Tabelle 3

Haushaltsdichte in ausgewählten Straßen 1890

geringste Belegdichte	Haushalte pro Haus	höchste Belegdichte	Haushalte pro Haus
Drubbel	1,1	Brinkstraße	4,1
Telgter Straße	1,3	Corduanengasse	3,5
Spiekerhof	1,4	Wevelinghofergasse	3,2
Alter Steinweg	1,6	Bült	3,2
Prinzipalmarkt, Ludgeristraße, Rothenburg	1,7	Mauritzstraße	3,0
Roggenmarkt, Jüdefelderstraße	1,8		
Alter Fischmarkt	1,9		

Quelle: Adreßbuch der Stadt Münster i.W. 1890.

---

[46] SIEKMANN, wie Anm. 7, S. 65.
[47] Ebd., S. 63.
[48] Vgl. auch LECHTAPE, wie Anm. 41, Tab. 33a.

Da die Personenzahl pro Haushalt in der Altstadt von durchschnittlich 3,5 (1770) nur geringfügig auf 4,5 (1890) angestiegen war, führte allein die Zunahme der Haushalte zu der starken Erhöhung der Behausungszahl (Personen pro Haus) von 4,7 (1770) auf 9,3 (1890). Die größte Behausungsdichte wiesen die Brinkstraße mit 16,7 und die Corduanengasse mit 13,0 Personen pro Haus auf, die geringste der Drubbel mit 5,7 und der Alte Steinweg mit 6,9 [49]. Ein Blick zurück auf die Berufstopographie zeigt die Beziehungen zwischen „Handelsstraßen", „gehobenen und mittleren Wohnstraßen", „Handwerker- und Arbeiterstraßen" und den jeweiligen Dichtewerten auf; grob gesagt: je höher die Behausungsdichte, desto geringer die soziale Position der Bewohner und desto geringer das Bodenpreisniveau (s.o.).

Die niedrigen Wohndichtewerte und hohen Bodenwerte für den Markt und die angrenzenden Straßen verweisen auch auf den vielzitierten Prozeß, der zur „Entleerung der Innenstädte" führte, d.h. auf die vertikal zunehmende Umwandlung von Wohnraum in Geschäfts- oder Büroräume. Die Gruppe der Gebäude ohne oder mit nur funktioneller Wohnnutzung (z.B. Hausmeister in einer Schule) hat sich von 1770 bis 1890 verdoppelt. Bei der Verstandortung zeigte sich, daß die Häuser ohne Wohnfunktion 1890 zu einem sehr großen Teil am Altstadtrand oder in Nebenstraßen liegen. 1971 sind die Gebäude ohne Wohnnutzung nicht länger kleine Häuser (Lager oder Packhäuser), nun sind es große Häuser, die ausschließlich als Geschäftshäuser oder Geschäfts- und Bürohäuser genutzt werden. Sie sind massiert im Zentrum (Prinzipalmarkt, Salzstraße, Ludgeristraße) zu finden. Die damit verbundene Entleerung der Innenstadt darf allerdings nicht dahingehend interpretiert werden, daß dort niemand mehr wohne: 1970 waren es z.B. am Prinzipalmarkt noch 100 Personen [50].

Außenstadt

Die Erschließung des Umlandes und die Ausdehnung der Bebauung erfolgte in Münster (wie auch in anderen Städten) in der ersten Hälfte des 19. Jahrhunderts nicht aufgrund einer Planung der Stadt (es gab kein stadteigenes Umland, keine sog. Feldmark), sondern durch private Initiative einzelner Bürger bzw. bürgerlicher Gruppen (z.B. Bauunternehmer und Baugesellschaften), wobei sie möglicherweise auf kleinflächigen Eigen- und Pachtbesitz im sog. Gartenring zurückgreifen konnten [51]. Ein Vergleich der Stadtpläne Münster 1839 (Manger) und 1873 (Weiß) zeigt, daß die den Gartenring durchziehenden Wege und

---

[49] Zur Bandbreite von Behausungsdichten vgl. K. JASPER, Der Urbanisierungsprozeß dargestellt am Beispiel der Stadt Köln (Schriften zur Rheinisch-Westfälischen Wirtschaftsgeschichte 30), Köln 1977, S. 111ff.

[50] SIEKMANN, wie Anm. 6, S. 115.

[51] Vgl. zu den Planungen GUTSCHOW, wie Anm. 39, und für das Kreuzviertel A. BAUMEISTER, Die Bebauung des Kreuzviertels in Münster, Staatsarbeit für das Lehramt an Grund- und Hauptschulen (masch.), Münster 1972. Zur Nutzung und zum Besitz im Gartenring vgl. H. PAPE, Die Kulturlandschaft des Stadtkreises Münster um 1828 (Westfälische Geographische Studien 9), Münster 1956.

Stiegen von der Mitte des 19. Jahrhunderts an zunehmend bebaut worden sind. Die erste Eingemeindung [52], die der Stadt einen Zugewinn von 638 Wohnhäusern mit 8.963 Menschen brachte, so daß die Bevölkerungszahl von 24.817 (1871) auf 35.563 (1875) stieg, vergrößerte die Stadtfläche von 192ha auf 1.000ha. Die Bautätigkeit nach der Eingemeindung war sehr rege; so wurden zwischen 1878 und 1890 jährlich rund 370 bis 410 Baugesuche eingereicht, ab 1891 sogar zwischen 500 und 600 [53]. In den meisten Straßen der neuen Außenstadt herrschte geschlossene Bauweise mit drei bewohnbaren Geschossen vor; nur wenige Straßen — vor allem in Promenadennähe — sind mit halboffener oder sogar offener (Villen-) Bauweise ausgewiesen [54]. Die Bebauung des Umlandes war z.T. von der historischen Topographie, z.T. auch von neuzeitlichen Gegebenheiten abhängig, so daß sie in sehr unterschiedlichem Maße vor sich ging. Die geringsten topographischen Hindernisse gab es im Süden im Bereich der Hammer Straße, der Süd- und Gasstraße (heute Hafenstraße), wo bereits 1848 mit dem Bau der Bahnlinie Münster-Hamm die Bebauung mit kleinen Häuschen für Eisenbahn-Beamte und -Angestellte ihren Anfang genommen hatte. Diese oft minderwertigen Gebäude wurden zumeist in den 70/80er Jahren durch neue ersetzt [55]. Im Osten standen die beiden Bahnlinien, im Südosten die Bahnhöfe einer flächenhaften Ausdehnung im Wege; sie wurden um 1888/90 zu einem Bahnkörper und zu einem Zentralbahnhof zusammengelegt. Eine flächenhafte Bebauung fand im Ostviertel daher erst ab den 90er Jahren statt [56].

Im Norden fehlte eine Straßenverbindung, da die Kreuzstraße durch die vorgelagerte sog. Münzkaserne als Ausfallstraße weggefallen war. Hier gab es 1890 nur geringe Bebauung in Promenadennähe (Langenstraße, Heerdestraße). Erst der Anschluß an die Altstadt (Durchbruchstraße „Am Kreuztor" zur Nordstraße, 1898) ermöglichte die Entstehung eines einheitlichen gehobenen Wohnviertels, des sog. Kreuzviertels [57].

Die Erschließung des westlichen Vorfeldes war durch die Großanlagen des 17./18. Jahrhunderts (Neuplatz, Citadelle/Schloß, Schloßgarten) blockiert. 1890 zeigen sich erste Ansätze zur Umgehung dieses Hindernisses im Süden und Norden des Schlosses. Die rege Bautätigkeit war durch die stark anwachsende Bevölkerung ausgelöst worden, die in der Gesamtstadt von 34.000 (1875) auf 49.000 (1890) Einwohner stieg, was fast ausschließlich der neuen Außenstadt zugute kam. Die Art der Bebauung, vorzugsweise in geschlossener Bauweise mit Etagenwohnungen und wenigen offenen und halboffenen Gebieten, schlägt sich auch in der Eigentümerstruktur nieder, nach der der Anteil der Eigenheime nur

---

[52] W.R. KRABBE, Eine Ring-Stadt um Münster als Alternative zur Eingemeindung? In: WestfZ 130 (1980), S. 64-69; DERS., wie Anm. 40 und 43.
[53] HOCHHEIM, wie Anm. 27, S. 52. — Diese Zahlen schließen auch Anträge auf Umbauten ein.
[54] Ebd., S. 42ff.
[55] Ebd., S. 57.
[56] Ebd., S. 59.
[57] BAUMEISTER, wie Anm. 51.

bei 13% lag; dagegen ist die Anzahl der ganz vermieteten Gebäude um 9% höher als in der Altstadt (Tab. 2, Sp. 4) [58]. Entsprechend der durchschnittlichen Größe der Neubauten ist die Anzahl der Haushalte pro Gebäude in der Außenstadt geringfügig höher (2,47) als in der Altstadt, ebenso die daraus resultierende Behausungszahl von durchschnittlich 10,85 Personen pro Haus. Betrachtet man die Straßen, die über diesem Mittelwert liegen (z.B. Windstraße 17,5, Overberg- und Sternstraße 15, Geiststraße und Sandgrube 13) und diejenigen darunter (z.B. Bohlweg 7,5, Langenstraße 7,4, Junkerstraße 8,1, Warendorfer, Wehr- und Lazarettstraße 8,9 und Piusstraße 9,0), so sind auch hier wieder Beziehungen zur sozialen Struktur der Bewohner erkennbar (Abb. 13 und 14); es muß aber noch einmal darauf hingewiesen werden, daß es besondere Siedlungen für Arbeiter im Stadtgebiet bis 1903 nicht gab.

Es zeigte sich, daß die Stadt Münster insgesamt ihren Charakter als Verwaltungs- und Behördenstadt, aber auch als Handelsstadt mit ihren jeweils typischen Berufsvertretern (Beamte, Juristen, Angestellte, Händler und Gewerbetreibende) über Jahrhunderte hinweg bewahren konnte. Selbst das kirchlich-geistliche Element blieb ihr trotz der tiefgreifenden Maßnahmen der Säkularisation in großem Maße erhalten, wohingegen das die Stadt lange Zeit prägende Element des Adels verlorengegangen und als Relikt nur noch in einigen Adelshöfen erkennbar ist.

Im Detail waren sozialtopographisch z.T. erstaunlich kleinräumige Persistenzen in Erscheinung getreten: z.B. ist der Prinzipalmarkt kontinuierlich seit dem 12. Jahrhundert die exklusive Hauptgeschäftsstraße; auch die beiden angrenzenden Hauptstraßen Salzstraße und Ludgeristraße hatten ihren Charakter als Geschäftsstraßen — allerdings mit etwas stärkerer Wohnnutzung — bereits früh ausgebildet. Bis zur Gegenwart ist die Wohnnutzung insgesamt immer stärker zurückgegangen. Aber auch Wandlungen, die oft auf sehr kleinem Raum stattfanden, haben sich unter dem Einfluß der sich topographisch und bevölkerungsmäßig ausweitenden Stadt gezeigt. So erfuhren die ehemaligen Mauerstraßen mit den anschließenden Gassen im Westen und Osten (Brinkstraße/Tasche und Wevelinghofergasse/Corduanengasse) eine Umbewertung, mit der wiederum eine Abwanderung bestimmter Berufsgruppen in andere (manchmal neue) Stadträume verbunden war. Die zusätzlich zu den Berufsstandorten herangezogenen Kriterien Haus- bzw. Bodenwerte und Behausungsdichte stützten im großen und ganzen die gewonnenen Ergebnisse.

Die zweite Eingemeindung 1903 mit ihrem neuen Außengürtel in halboffener und offener Bauweise und — für die Altstadt — vor allem die Folgen der Zerstörungen im II. Weltkrieg haben eine zweite, stärkere Umformungswelle ausgelöst.

Der Grundriß der Altstadt blieb aber, von wenigen Ausnahmen abgesehen, vom Mittelalter bis heute erhalten.

---

[58] Vgl. auch den Beitrag von H.-J. TEUTEBERG in diesem Band.

Quellen

1676	Register der Eigentümer und Mieter. Stadtarchiv Münster, A VIII 259
1770	Register der Kopfschatzung in der Stadt Münster und
1771	Brandversicherungskataster der Stadt Münster. Beide veröffentlicht in: Quellen und Forschungen zur Geschichte der Stadt Münster, NF 10 (1980)
1873	Umschreiberegister der Stadt Münster. Stadtarchiv
1890	Volkszählung 1890. Stadtarchiv Münster, Stadtregistratur Fach 17/23
1890	Adreßbuch der Stadt Münster i.W.
1971/72	Adreßbuch der Stadt Münster i.W.

Karten und Pläne

1828	Urkataster Stadt Münster 1:1.250 (unveröffentlicht)
1839	v. Manger: Grundriß der Provinzial-Hauptstadt Münster 1:5.000
1862	Th. Hundt: Special-Plan von Münster 1:2.500
1873	A. Weiss: Neuester Plan der Stadt Münster 1:10.000
1892	E. Pahnke: Plan der Stadt Münster 1:10.000
1934	Katasterplan Münster 1:2.000; Verkleinerung (ca. 1:5.000) als Beilage in H.C.C. Hüffner, Münster in Schutt und Asche, Münster 1983
1970	Deutsche Grundkarte Münster 1:5.000

PROZESSE SOZIALER SEGREGATION UND FUNKTIONALER SPEZIALISIERUNG IN BERLIN UND HAMBURG IN DER PERIODE DER INDUSTRIALISIERUNG UND URBANISIERUNG

von Heinrich Johannes Schwippe

1. Die räumliche Organisation der Stadt im Prozeß der Industrialisierung: Städtische Raumstrukturen in der städtebaulichen Diskussion

Im noch jungen wissenschaftlichen Städtebau der zweiten Hälfte des 19. Jahrhunderts bildet die Frage nach der optimalen räumlichen Ordnung der schnell wachsenden Städte ein zentrales Thema. Schon im Jahre 1874 veröffentlicht Adelheid Gräfin Dohna von Poninski unter dem Pseudonym Arminius erste Vorstellungen von einer wünschenswerten räumlichen Ordnung der entstehenden Großstädte. Während noch in den §§ 65 und 66 des Allgemeinen Preußischen Landrechts die allgemeine Baufreiheit des Grundstückseigentümers, ganz im Sinne des liberalen Staates, festgestellt wird, verlangt Arminius nach wirksamen Instrumenten zur Steuerung der Stadtentwicklung: „Es ist theils die durchgehende Zweckmäßigkeit der Construction der Wohnungen, so daß dieselben den naturgemäßen Bedürfnissen entsprechen, theils ist es das richtige Verhältnis zwischen den kleinen Wohnungen, den mittleren und den großen Quartieren sowie die Lage derselben, was in's Auge gefaßt und berücksichtigt werden muß. Hiernächst kommen in Betracht die Kirchen, Schulen, die öffentlichen Gebäude für Administration und Justiz, für Parlamente, für Kunst und Wissenschaft, Industrie und Handel, die Bahnhöfe, die Institute für barmherzige Werke. Neben diesen und anderen Bauten machen ihre Ansprüche an das städtische Areal die Markt- und Handelsplätze und die Schienenwege geltend. Eine nicht geringe Berücksichtigung aber verdienen die Erholungsstätten in freier Natur für alle Schichten der großstädtischen Bevölkerung; sie gehören wesentlich in den weiteren Begriff des Wohnens. — Ihre richtige Würdigung aber wurde bis jetzt in hohem Maße vernachlässigt! — Beim Erweitern der Städte hat man es eben auch überall mit gegebenen, höheren Vorschriften zu thun, was zu wiederholen nicht überflüssig ist; man darf nicht aus beliebigen Rücksichten bauen, man hat die natürlichen, d.h. die dem Bedürfnisse der verschiedenen Categorien gleichmäßig zuträglichen und deshalb richtigen Proportionen inne zu halten. Weder Spekulationsbauten von Privaten, noch momentane Lieblingslaunen der Baulustigen, von Capital unterstützt, noch

Launen des Publikums dürfen diese Pflichten beeinträchtigen. Die Gewährung oder Verweigerung der obrigkeitlichen Bauconcessionen nach geregelten Prinzipien und hieraus hervorgegangenen Gesetzen ... vermag die nötigen Zügel anzulegen. Sobald diese Gesetze festgestellt sind, wird der Anschein der Willkühr bei nöthiger Verweigerung von Bauconcessionen wegfallen. Die Berechtigung der Obrigkeit zu solchen Maßregeln kann jedenfalls nicht geläugnet werden und ruht auf derselben Basis wie jede andere ihrer Berechtigungen, indem sie dem Prinzipe des Staates entspricht, den Einzelnen zum Wohle des Ganzen zu beschränken. In diesem Prinzipe wird auch die Rechtfertigung eines Gesetzes zu finden sein, welches feststellt: ,Kein Neubau darf störend in ein vorliegendes Bedürfnis irgend einer einzelnen Categorie der Einwohnerschaft eingreifen!' Berücksichtigt die Obrigkeit in Fällen, die sich auf materielle Interessen beziehen, bei Bauconcessionen und deren Beschränkung das Wohl der Stadt — z.B. bezüglich der Wahrung gegen Feuersgefahr, oder allgemeiner Sicherheit bei Anlegung von Fortificationen, oder wegen nöthiger Reservierung von Grund und Boden zu Eisenbahnbauten oder anderen Verkehrswegen — warum sollte sie bei ihren Bauconcessionen das Wohl der Stadt rücksichtlich der Interessen zu Wahrung der Moralität minder berücksichtigen dürfen? Sind die Interessen unbedeutender? Sicher nicht! Und gehört die Reservierung freier Flächen vor den Thoren zur Anlegung der Erholungsstätten in der Natur nicht wesentlich zu den moralischen Interessen der Bevölkerung?"[1]

Auch wenn insgesamt die Vorstellungen zur räumlichen Anordnung der verschiedenen Nutzungskategorien bei Arminius noch recht ungenau bleiben, wird eines in jedem Falle deutlich: eine ungesteuerte Entwicklung der Städte soll es in Zukunft in keinem Fall mehr geben.

Noch im gleichen Jahr wie Arminius veröffentlicht der Verband Deutscher Architekten- und Ingenieur-Vereine seine „Grundzüge für Stadterweiterungen nach technischen, wirtschaftlichen und polizeilichen Beziehungen"[2], die maßgeblich von Reinhardt Baumeister erarbeitet worden sind.

Zwei Jahre später erscheint dann Baumeisters für die gesamte städtebauliche Disziplin grundlegendes Werk „Stadt-Erweiterungen in technischer, baupolizeilicher und wirtschaftlicher Beziehung"[3]. Darin schlägt er als räumliches Ordnungsprinzip drei separierte Nutzungskategorien vor: „Wenn wir daher ein Bild der Zukunft entwerfen, so möchten in der Hauptsache drei Abtheilungen zu unterscheiden sein. Die erste umfaßt Großindustrie und Großhandel, vorzugsweise Gewerbeplätze, Fabriken und Speicher, aber auch wohl Wohnungen

---

[1] ARMINIUS, Die Großstädte in ihrer Wohnungsnot und die Grundlagen einer durchgreifenden Abhilfe, Leipzig 1874, S. 38f.
[2] Grundzüge für Stadterweiterungen nach technischen, wirtschaftlichen und polizeilichen Beziehungen. Referat von R. BAUMEISTER vor der Hauptversammlung des Verbandes deutscher Architekten- und Ingenieur-Vereine in Berlin am 25. September 1874. Erstmals veröffentlicht in: Deutsche Bauzeitung 8 (1874), S. 346, (wiederabgedr. in: J. STÜBBEN, Der Städtebau, Darmstadt 1890.
[3] R. BAUMEISTER, Stadt-Erweiterungen in technischer, baupolizeilicher und wirtschaftlicher Beziehung, Berlin 1876.

der darin beschäftigten Arbeiter, Angestellten und selbst der Fabrikherren; die zweite alle Geschäfte, welche den unmittelbaren Verkehr mit dem Publikum fordern und zugleich diejenigen Wohnungen, welche mit dem Geschäftslokal vereinigt sein müssen ...; die dritte Wohnungen, deren Eigenthümer keinen Beruf haben, oder demselben außerhalb der Wohnungen nachgehen, Leute in allerlei Vermögensumständen ..."[4]. Die räumliche Anordnung dieser Baugebietstypen soll nach den Vorstellungen Baumeisters „... mit Rücksicht auf Bodenbeschaffenheit, Verkehrsmittel, auf schon vorhandene Bauten gleicher Gattung u.s.w. so sorgfältig gewählt sein, daß die Baulustigen die Zweckmäßigkeit sofort anerkennen, und sich gern in derjenigen Gruppe ansiedeln, welche ihren Bedürfnissen entspricht"[5].

Wie Baumeister orientiert sich auch Josef Stübben bei dem Entwurf einer städtischen Raumorganisation an funktionalen Strukturelementen. Im Gegensatz jedoch zu Baumeister, der bei seiner Gliederung von nur drei Gebietstypen (Geschäftsstadt, Wohnbezirk und Industriebezirk) ausgeht, unterscheidet Stübben fünf Gebiete unterschiedlicher baulicher Nutzung: „Es sind vornehmlich fünf Arten der Benutzung und Bevölkerung, welche im Stande sind, einer Stadtgegend ein bestimmtes Gepräge aufzudrücken, nämlich: 1) Großgewerbe und Großhandel, 2) die Arbeiterbevölkerung, 3) Ladengeschäfte, 4) die Handwerke und 5) derjenige Theil der wohlhabenden Bürgerschaft, welcher innerhalb der Wohnung eine besondere Berufsthätigkeit nicht ausübt (Rentner, Kaufleute, Industrielle, Beamte u.s.w.)"[6].

Einen interessanten Beitrag in der Diskussion über die optimale räumliche Organisation der Stadt liefert sechs Jahre nach der Publikation von J. Stübben Theodor Fritsch in seiner kleinen Schrift „Die Stadt der Zukunft"[7]. Nach Meinung von Fritsch ist charakteristisch für die räumliche Ordnung der Städte des ausgehenden 19. Jahrhunderts „die Planlosigkeit in der Verteilung der Gebäude. Rauchende und lärmende Fabriken drängen sich zwischen Mietskasernen, Villen, Kirchen und öffentliche Gebäude ..., alles zu einem Kunterbunt der unsäglichsten Art vermischend"[8]. Zur Beseitigung dieser offenkundigen Mißstände fordert Fritsch darum eine Trennung der Nutzungen und Funktionen in einem strengen geometrischen Plan. Nach seinen Vorstellungen sind die verschiedenen städtischen Funktionen in der Form konzentrischer Halbkreise anzuordnen. „Monumentale öffentliche Gebäude, die nicht gerade den alltäglichen Verkehrs-Bedürfnissen dienen, ... würden auf einem freien, möglichst reichlich bemessenen Platz zu gruppieren sein, der den idealen Mittelpunkt des gesammten Stadtplanes bildet — von allen Stadtteilen gleichgut erreichbar. Um diesen Platz herum wären zunächst Privat-Bauten von mo-

---

[4] Ebd., S. 80.
[5] Ebd., S. 83.
[6] J. STÜBBEN, Der Städtebau, Braunschweig/Wiesbaden 1980 (Nachdr. der 1. Aufl. von 1890), S. 51f.
[7] TH. FRITSCH, Die Stadt der Zukunft, 2. (Titel-)Ausgabe, Leipzig 1896.
[8] FRITSCH, wie Anm. 7, S. 7.

numentalem Charakter (vornehme Villen) zu gruppieren. Daran würden sich Wohnhäuser besserer Art, dann gewöhnliche Wohn- und Geschäftshäuser anschließen, ferner ein Viertel für kleinere Werkstätten und Arbeiter-Wohnungen. Alles zonenweise abgegrenzt. Die Fabriken wären in die äußerste Peripherie zu verweisen, in die Nachbarschaft der Bahnhöfe — mindestens einige Kilometer von dem klassischen Viertel der Innen-Stadt entfernt." [9]

Zwei Jahre vor Beginn des Ersten Weltkrieges veröffentlicht E. Faßbender weitere Vorstellungen zur räumlichen Organisation der Stadt [10]. Faßbenders strukturelle Ordnung der Stadt ist im System der Hauptverkehrswege und in der Art der Flächennutzung nach den drei Grundkategorien Wohngebiete, Geschäftsgebiete und Industriegebiete begründet. „Die Grundzüge zum Aufbau der Stadt müssen unbedingt für immer festgelegt werden: so das Hauptverkehrsnetz, die Hauptanlagen der Eisenbahnen und Wasserwege, die Stadteinteilung nach der Verwendungsart und Verbauung sowie nach der Windrichtung" [11]. Die bauliche Nutzung gliedert sich nach Faßbender in folgender Weise: „Diesbezüglich lassen sich im allgemeinen drei Arten unterscheiden: Zu Wohnzwecken, zu Geschäftszwecken und für Industriebetriebe, wozu noch weitere Verwendungsarten kommen können ... Selbstverständlich lassen sich diese drei Arten nicht streng absondern; sie werden sich mehr oder minder vermischen. Die Wohnviertel brauchen Geschäftsleute, letztere Wohnungen und Arbeitsstätten in der Nähe; und die Industriebezirke wieder Wohnviertel, insbesondere für die Arbeiter. Aber in allen dreien müssen Erholungs- und Vergnügungsstätten, müssen Luftbecken und genügend Flächen von grünem Land eingestreut sein. Die Verteilung der Verbauung, die Festlegung der drei Verwendungsarten im Stadtgebiet darf nicht willkürlich, sie muß naturgemäß, durch die örtlichen Verhältnisse bedingt, geschehen, so daß die Eignung hierzu sofort klar ins Auge springt." [12]

2. Fragestellung und Forschungsansatz

Die fünf, im obigen Abschnitt aufgeführten Vorstellungen zur Raumorganisation und Nutzungsverteilung in der Stadt stellen nur einen kleinen Ausschnitt aus der recht zahlreichen städtebaulichen Literatur des ausgehenden 19. Jahrhunderts zu diesem Thema dar. Die vielen Analysen städtischer Raumstrukturen und die zahlreichen Vorschläge zu ihrer Verbesserung und künftigen Entwicklung dokumentieren das lebhafte Interesse einer informierten Öffentlichkeit an einer künftigen geordneten und geplanten Stadtentwicklung. Das

---

[9] Ebd., S. 8f.; zur geistesgeschichtlichen und politischen Einordnung von Th. Fritsch vgl. D. SCHUBERT, Theodor Fritsch und die völkische Version der Gartenstadt, in: Stadtbauwelt H. 73 (1982), S. 463-468.
[10] E. FASSBENDER, Grundzüge der modernen Städtebaukunde, Leipzig/Wien 1912.
[11] Ebd., S. 83.
[12] Ebd., S. 63f.

in einer Phase raschen Wachstums entstandene Nutzungsmuster wird jedenfalls als ungeordnet, planlos, teilweise sogar als chaotisch bewertet.

Die vorliegende Studie hat sich zur Aufgabe gesetzt, den Prozeß der Stadtentwicklung im 19. Jahrhundert unter der besonderen Berücksichtigung der räumlichen Trennung der städtischen Funktionen und sozialen Schichten am Beispiel der beiden größten Städte des Deutschen Reiches, Berlin und Hamburg, zu untersuchen.

Theoretischer Bezugsrahmen ist dabei der in der soziologischen Stadtforschung bereits in den 20er Jahren dieses Jahrhunderts an der Universität von Chicago entwickelte sozialökologische Forschungsansatz. Durch verschiedene Arbeiten u.a. von P. Atteslander und B. Hamm, U. Herlyn und J. Friedrichs ist dieser Ansatz auch in der deutschsprachigen Stadtforschung bekannt geworden[13]. Es sind vor allem Arbeiten von E. Lichtenberger gewesen, die die Tragfähigkeit dieses Ansatzes auch in der historischen Stadtforschung nachgewiesen haben[14].

Das Verdienst, den sozialökologischen Forschungsansatz einer breiteren wissenschaftlichen Öffentlichkeit zugänglich gemacht zu haben, kommt in erster Linie B. Hamm zu. Ihm ist es gelungen, mit der Neuformulierung und Weiterentwicklung des Konzeptes der Sozialökologie die in der Literatur immer wieder angesprochenen Theoriedefizite, insbesondere der Sozialraumanalyse, abzubauen und den Streit über die Gültigkeit der unterschiedlichen "klassischen" Ansätze zu überwinden.

Den konkreten Bezugsrahmen für diese Studie bildet das von B. Hamm formulierte sog. „Dreistufenmodell sozialräumlicher Differenzierung": Danach ist die räumliche Organisation in der Stadt das Ergebnis einer räumlichen Trennung der Funktionen (Spezialisierung) und sozialen Gruppen (Segregation). Sozialräumliche Differenzierung wird definiert als eine Entwicklung, die als "dreistufiger Prozeß abläuft, der am deutlichsten sichtbar — aber keineswegs ausschließlich — durch zunehmende Verstädterung ausgelöst wird"[15], „wobei primär die Spezialisierung städtischer Subräume nach Nut-

---

[13] P. Atteslander/B. Hamm (Hgg.), Materialien zur Siedlungssoziologie (Neue Wissenschaftliche Bibliothek 69), Köln 1974; U. Herlyn (Hg.), Stadt- und Sozialstruktur (Nymphenburger Texte zur Wissenschaft 19), München 1974; B. Hamm, Die Organisation der städtischen Umwelt (Soziologie in der Schweiz 6), Frauenfeld/Stuttgart 1977 (im folgenden zitiert: Hamm, Organisation); ders., Zur Revision der Sozialraumanalyse. Ein Beitrag zur Ableitung von Indikatoren der sozialräumlichen Differenzierung in den Städten, in: Zeitschrift für Soziologie 6 (1977), S. 174-188 (im folgenden zitiert: Hamm, Revision); ders., Prozesse der sozialräumlichen Differenzierung in Städten, in: Sozialökologie. Bericht über ein Kolloquium der Deutschen UNESCO-Kommission vom 23. bis 26.2.1977 (Seminarbericht der Deutschen UNESCO-Kommission 30), München/New York/London/Paris 1978, S. 69-84.; J. Friedrichs, Stadtanalyse. Soziale und räumliche Organisation der Gesellschaft, Reinbek 1977.

[14] E. Lichtenberger, Wien — Das sozialökologische Modell einer barocken Residenz um die Mitte des 18. Jahrhunderts, in: W. Rausch (Hg.), Städtische Kultur in der Barockzeit (Beiträge zur Geschichte der Städte Mitteleuropas 6), Linz 1982, S. 235-262; dies., Die Stadtentwicklung in Europa in der ersten Hälfte des 20. Jahrhunderts, in: W. Rausch (Hg.), Die Städte Mitteleuropas im 20. Jahrhundert (Beiträge zur Geschichte der Städte Mitteleuropas 8), Linz 1984, S. 1-40.

[15] Hamm, Revision, wie Anm. 13, S. 176.

zungen, sekundär und darauf aufbauend die soziale Segregation nach Mietpreisen erfolgt. Soziokulturelle Barrieren und Selektionsmechanismen bestimmen dann definitiv die Verteilung der Bevölkerung über das städtische Gebiet" [16]. Der primäre und wichtigste Differenzierungsprozeß, der Prozeß der räumlichen Spezialisierung, wird dabei unmittelbar über die Bodenpreise gesteuert.

3. Die Untersuchungsstädte: Berlin und Hamburg

Nach den Ergebnissen der ersten Großzählung im Kaiserreich leben im Dezember 1871 von den 41,06 Mill. Einwohnern rund 4,8% (= 1,97 Mill.) in acht Städten mit mehr als 100.000 Einwohnern. Berlin und Hamburg mit 825.937 bzw. 302.082 Einwohnern sind mit Abstand die größten Städte. Bis zur Zählung des Jahres 1880 erhöht sich die Zahl der Großstädte auf 14. Ihr Anteil an der Reichsbevölkerung liegt nunmehr bei 7,2%. Weitere zehn Jahre später werden im Gebiet des Deutschen Reiches 26 Großstädte mit insgesamt 6,24 Mill. Einwohnern (= 11,4% der Reichsbevölkerung) gezählt. Berlin ist mit 1,59 Mill. Einwohnern die mit Abstand größte deutsche Stadt. An zweiter Stelle in der Rangordnung steht Hamburg, dessen Einwohnerzahl aber nur ein gutes Drittel der Berliner Bevölkerung beträgt (573.198 Einwohner). Nach den Ergebnissen der letzten Großzählung vor dem Ersten Weltkrieg gibt es im Gebiet des Deutschen Reiches sogar 48 Großstädte. Im Vergleich mit der Ausgangssituation des Jahres 1871 hat sich die Zahl der in Großstädten lebenden Bevölkerung auf 21,2% der Reichsbevölkerung erhöht. Berlins Einwohnerschaft ist auf gut 2,07 Mill. angestiegen, damit nimmt sie auch weiterhin unangefochten die Spitzenstellung unter den deutschen Großstädten ein. Seit 1890 ist auch Hamburgs Einwohnerzahl noch einmal stark gewachsen. Mit 931.035 Einwohnern steht Hamburg auf dem zweiten Platz in der Rangskala der Großstädte, mit deutlichem Abstand gefolgt von München mit 596.467 Einwohnern, Leipzig mit 589.850 und Dresden mit 548.308 Einwohnern. Mehr als eine halbe Million Einwohner haben noch Köln (516.527 Einwohner) und Breslau (512.105 Einwohner). Frankfurt am Main als nächste Stadt in der Rangordnung nach der Zahl der Einwohner liegt mit 414.576 Einwohnern schon deutlich unterhalb der 500.000 Einwohner-Grenze.

Innerhalb eines Zeitraumes von nur vierzig Jahren ist die Bevölkerung Berlins um 114,2% und die Hamburgs sogar um 251,8% gewachsen. Während jedoch in Hamburg die positive Bevölkerungsentwicklung, mit Ausnahme einer kurzen, durch die Cholera-Epidemie verursachten Unterbrechung, über den gesamten Zeitraum von vierzig Jahren anhält, ist für Berlin etwa seit Anfang der 1890er Jahre ein deutlicher Rückgang der Wachstumsraten zu beobachten.

Das starke Wachstum der städtischen Bevölkerung zwischen 1871 und 1910

---

[16] HAMM, Organisation, wie Anm. 13, S. 50.

ist hauptsächlich auf außergewöhnlich hohe Wanderungsgewinne zurückzuführen: In Hamburg macht der Wanderungsgewinn, mit der Ausnahme einer kurzen Unterbrechung in den 90er Jahren, immer deutlich mehr als 50% der gesamten Bevölkerungszunahme aus. Die Berliner Situation ist bis zur Jahrhundertwende ebenfalls durch hohe Anteilswerte des Wanderungsgewinns gekennzeichnet. Doch schon im letzten Jahrzehnt vor der Jahrhundertwende kündigt sich eine neue Situation an. Erstmals seit mehr als dreißig Jahren sinken die Zuwachsraten deutlich ab. Zum einen kann die recht schwierige ökonomische Situation zu Anfang der 90er Jahre für diesen Rückgang verantwortlich gemacht werden, zum anderen muß aber auch ein verstärkter Abfluß von Bevölkerung in die Berliner Vororte konstatiert werden. Hamburg bleibt wegen seiner andersgearteten siedlungsstrukturellen Situation von einer Entwicklung in diesem Ausmaße weitgehend verschont, obwohl auch hier ein Bevölkerungsaustausch mit den Nachbargemeinden festzustellen ist.

4. Die Neubewertung der Standorte im Stadtraum

4.1 Die Umverteilung der Bevölkerung

Bei einem starken gesamtstädtischen Bevölkerungswachstum verläuft die Entwicklung im Innern der Städte höchst unterschiedlich. Neben Quartieren mit einer stagnierenden oder gar rückläufigen Bevölkerung stehen große Stadtbezirke, deren Einwohnerzahlen sich rasch vermehren. Es sind in erster Linie die Viertel in den Kernstädten, die eine negative Einwohnerentwicklung zeigen, während die Bezirke an der Peripherie des Gemeindegebietes die höchsten Zuwachsraten besitzen. In vielen Fällen greift von hier aus das Bevölkerungswachstum über die administrativen Grenzen auf benachbarte Gemeinden über; es kommt zur Bildung von Agglomerationsräumen.

In den meisten deutschen Großstädten setzt dieser Prozeß einer Neuverteilung der Bevölkerung nach der Mitte des 19. Jahrhunderts ein. Noch zu Anfang der 1860er Jahre lebt der überwiegende Teil der Berliner Bevölkerung in zentrumsnahen Wohnquartieren. Allein in den ehemals von der Zollmauer umschlossenen Stadtvierteln wohnen 1861 rund 76% aller Einwohner. Bis zum Jahre 1890 steigt die Einwohnerzahl in diesem Raum zwar weiter an (1861: 400.286 Einwohner; 1890: 662.714 Einwohner), der Anteil an der gesamten Berliner Bevölkerung geht jedoch kontinuierlich zurück; 1880 liegt er noch bei etwas mehr als 50% und bis 1890 ist er auf rund 42% zurückgegangen. Nach 1890 schließlich setzt auch ein absoluter Rückgang der Bevölkerung ein; 1910 leben im Gebiet innerhalb der ehemaligen Zollmauer noch 511.665 Einwohner. Das ist nur noch etwa ein Viertel der Einwohner Berlins, das in diesem Jahr mehr als zwei Millionen Einwohner zählt. Auch innerhalb dieses Kerngebietes verläuft die Entwicklung der Bevölkerung höchst unterschiedlich: In den zentralen Stadtteilen (Berlin, Kölln, Friedrichswerder, Dorotheenstadt und Friedrichstadt) gehen schon in den 60er bzw. in den frühen 70er Jahren die Einwohnerzahlen zurück, während die ebenfalls zum Kerngebiet zählende innere Luisenstadt noch bis Anfang der 90er Jahre eine positive Bevölkerungsentwicklung aufzuweisen hat. Doch dann setzt auch hier der Bevölkerungsrückgang ein, und im Jahre 1910 wohnen mit 97.174 Einwohnern schon weniger Personen in diesem Stadtviertel als im Jahre 1867. Den stärksten Rückgang zeigen die Stadtviertel um die Spreeinsel: Sie haben 60 bis 70% ihrer Bevölkerung verloren. Ganz so stark sind die Bevölkerungsverluste in der Dorotheenstadt und der Friedrichstadt noch nicht, aber auch in diesen Stadtteilen sind die Einwohnerzahlen um rund 50% zurückgegangen.

Die Verschiebungen in der Verteilung der Bevölkerung beschränken sich in Berlin nicht allein auf das Berliner Stadtgebiet, sie reichen weit darüber hinaus. Im Zensus 1867 werden im Gebiet des späteren Zweckverbandes 898.018 Einwohner gezählt, davon wohnen fast vier Fünftel (= 78,2%) innerhalb der Stadt Berlin. Bis 1890 ist die Bevölkerung innerhalb des Zweckverbandsgebietes auf 2,1 Mill. Einwohner angewachsen, der Berliner Anteil ist nur geringfügig auf rund 75% zurückgegangen. Die nächsten Jahrzehnte sind von einem weiteren Wachsen der Bevölkerung gekennzeichnet. 1910 werden fast 4 Mill. Einwohner im Zweckverband gezählt, der Berliner Anteil liegt nun aber nur noch bei etwas mehr als 50%.

Eine durchaus mit Berlin vergleichbare Entwicklung ist auch in Hamburg zu beobachten. Auch hier geht die Bevölkerung in den zentralen Stadtteilen absolut und relativ zurück. 1910 wohnt in der Hamburger Innenstadt (Alt- und Neustadt) nur noch gut ein Zehntel der gesamten Bevölkerung, während es im Jahre 1871 etwas mehr als die Hälfte gewesen ist (Tab. 1). Das starke Bevölkerungswachstum findet dagegen in den an der Peripherie entstehenden neuen Wohnquartieren statt. 1890 wohnen schon mehr als 50% der Hamburger in den Wohnvierteln am Rande der Stadt und bis zum Zensus von 1910 hat sich ihr Anteil weiter erhöht (70,4%).

Tabelle 1

Bevölkerungsentwicklung in der Stadt Hamburg* 1871-1910

	Alt- und Neustadt abs.	%	St. Georg u. St. Pauli abs.	%	Äußere Stadtteile abs.	%
1871	157.342	51,5	78.118	25,6	69.859	22,9
1875	169.373	47,9	93.117	26,3	91.418	25,8
1880	170.875	41,0	115.714	27,7	130.554	31,3
1885	163.891	34,1	137.840	28,7	178.280	37,2
1890	160.811	27,7	158.580	27,3	261.146	45,0
1895	141.245	22,3	159.966	25,2	333.504	52,5
1900	139.221	19,4	173.117	24,2	404.269	56,4
1905	127.757	15,7	178.008	21,8	510.098	62,5
1910	102.069	10,8	178.891	18,8	668.246	70,4

* = Gebietsstand Dez. 1912

Quelle: Statistik des Hamburgischen Staates, H. 28, Hamburg 1919, S. 13.

Auch in Hamburg deuten sich erste Trends zur Bildung eines größeren Agglomerationsraumes an. Nicht nur die beiden Nachbarstädte Hamburg und Altona gehen siedlungsmäßig ohne größere Unterbrechung ineinander über, sondern auch ein Netz enger funktionaler Verflechtungen hat sich zum Ende des 19. Jahrhunderts zwischen der Hansestadt und ihren Nachbargemeinden herausgebildet. Während aber innerhalb Berlins spätestens seit der Jahrhundertwende die größeren Baulandreserven nahezu restlos ausgeschöpft sind, stehen im Gebiet des Hamburgischen Staates unmittelbar im Anschluß an die bestehende Bebauung auch noch nach 1900 größere Freiflächen als Bauland zur Verfügung. Folglich bleibt Hamburg weiterhin das Ziel der Zuwanderung. Zwar haben auch die Nachbargemeinden einen hohen Bevölkerungszuwachs zu verzeichnen, ihr Gewicht innerhalb eines größeren Raumes bleibt, gemessen an der Hamburger Bevölkerung, jedoch immer noch gering: Im Jahre 1910 liegt der Bevölkerungsanteil der innerhalb eines Radius von 10 km um die Hansestadt liegenden Gemeinden bei nur rund 27% und dieser Anteil ist über einen Zeitraum von mehreren Jahrzehnten in etwa konstant geblieben.

Der Prozeß einer Neugruppierung der Bevölkerung innerhalb der Städte, die Entleerung der Innenstädte und Verlagerung der Bevölkerung an die Peripherie, ist der interessierten zeitgenössischen Öffentlichkeit nicht verborgen geblieben. Zahlreiche Beiträge in den kommunalstatistischen Reihen widmen sich diesem Thema. Aber auch in Einzelveröffentlichungen wird dieser Prozeß des räumlich-strukturellen Wandels[17], der nach dem Londoner Vorbild allgemein als „Citybildung" bezeichnet wird, ausführlich dargestellt. Fast alle Studien gewinnen ihre Ergebnisse auf der Basis von Aggregatdaten, darum kann es auch nicht verwundern, wenn das so gewonnene Bild der Citybildung einseitig bleiben muß. Wichtige Aspekte bleiben einfach unerwähnt. So wird im allgemeinen nicht deutlich genug gemacht, daß es sich bei dem Prozeß der Entleerung der Innenstädte um einen Prozeß der Verdrängung der Wohnfunktion (erzwungene Mobilität) durch renditestärkere Nutzungen handelt. Im übrigen lassen sich Verdrängungsprozesse über eine einfache Aggregatdaten-Analyse auch gar nicht überzeugend nachweisen. Darum werden zeitgenössische Schilderungen um so wichtiger.

Rudolf Eberstadt schildert die Vorgänge in der Innenstadt aus seiner umfassenden Kenntnis der Stadtentwicklungsprozesse in Westeuropa. In seiner Darstellung wird insbesondere der Zwangscharakter des Entleerungsprozesses deutlich. Die Vorgehensweisen der Hauseigentümer bei der Durchsetzung renditestärkerer Nutzungen werden klar herausgestellt. Und für den kritischen Beobachter der Stadtentwicklung der 60er und 70er Jahre dieses Jahrhunderts ergeben sich überraschend Parallelen zur Situation der Jahrhundertwende: Die Unterlassung notwendiger, substanzerhaltender Investitionen, die Teilung von

---

[17] Vgl. H. SCHMIDT, Citybildung und Bevölkerungsdichte in Grossstädten, staatswiss. Diss., München 1909; S. SCHOTT, Die Citybildung in den deutschen Städten seit 1871, in: StatJb 14 (1907), S. 21-46.

Wohnraum und die Vermietung an soziale Randgruppen bei einer, gemessen am Ausstattungsstandard der Wohnung, überhöhten Miete und bei einer nur kurzen Laufzeit des Mietverhältnisses sind offensichtlich Taktiken, die nicht erst in der Gegenwart angewandt werden, um einer renditestärkeren Nutzung zum Durchbruch zu verhelfen.

„Das Zentrum unserer Städte galt bis in unsere Zeit als der beste Wohnbezirk; neuerdings dagegen wird die Innenstadt gerade von den wohlhabenden Ständen verlassen und die Außenbezirke werden als Wohngegend bevorzugt. Parallel mit dieser Verschiebung im Wohnungswesen verwandelt sich ein Teil des Zentrums zur Geschäftsstadt. Diese doppelte Bewegung aber ... vollzieht sich nicht auf einen Zug, sondern stückweise, in Abschnitten und in einer auf Jahre und Jahrzehnte verteilten Umwandlung, die in einer bestimmten Stadt niemals zum endgültigen Abschluß gelangt. In dieser Umbildung entwickeln sich einzelne Straßen zu Laufstraßen, Geschäftsstraßen und Hauptverkehrsstraßen, in denen für Läden und Geschäfte die höchsten Mieten bezahlt werden. Hier werden die alten Wohngebäude, wenn auch nicht an einem Tag, so doch in rascher Folge abgerissen und durch neue ertragreichere Gebäude ersetzt. Unmittelbar daneben finden sich Straßen und Gassen mit älteren Häusern, die z.T. von seßhaften Altstadtbewohnern eingenommen werden; zu einem großen Teil werden sie aber in Erwartung baldigen Abbruchs oder mangels besserer Mieter einer minder guten Mieterschaft überlassen und geraten in Verwahrlosung. Es gibt keine City in der alten oder neuen Welt, die nicht in ihrer nächsten Umgebung Prostitutionsviertel und minderwertige Wohnbezirke besitzt. Der Wohnungsverfall der zentralen Bezirke ist eine allgemeine, in den Verschiebungen der Bodenwerte begründete Erscheinung." [18]

In dem Maße, wie das Zentrum der Stadt, der Kern des Agglomerationsraumes, eine Aufwertung als Standort vor allem für den tertiären Sektor erfährt, steigt das Interesse der Grundstückseigentümer an einer Umwandlung von Wohnungen in gewerblich genutzte Räume. In einer Art „Übergangsnutzung" werden die Häuser zum Teil mit Angehörigen sozialer Randgruppen belegt. Der verstärkte Zustrom dieser Bevölkerungsgruppen und die Zweckentfremdung von Wohnraum bzw. der Abbruch von Wohngebäuden und die Errichtung von Geschäftshäusern im Stadtzentrum sind zwei Erscheinungsformen desselben regional-ökonomischen Prozesses, der — so stellt es R. Eberstadt dar und befindet sich damit in Übereinstimmung mit der sozialökologischen Theorie — über den Bodenpreis gesteuert wird. Den Einfluß des Bodenpreisgefüges auf die städtische Siedlungsentwicklung des ausgehenden 19. und frühen 20. Jahrhunderts hat erst vor wenigen Jahren H. Böhm [19] ausführlich

---

[18] R. EBERSTADT, Handbuch des Wohnungswesens und der Wohnungsfrage, 2. verm. u. erw. Aufl., Jena 1910, S. 289f.

[19] H. BÖHM, Bodenmobilität und Bodenpreisgefüge in ihrer Bedeutung für die Siedlungsentwicklung. Eine Untersuchung unter besonderer Berücksichtigung der Rechtsordnungen und der Kapitalmarktverhältnisse für das 19. und 20. Jahrhundert, dargestellt an ausgewählten Beispielen (Bonner Geographische Abhandlungen 65), Bonn 1980.

untersucht und dabei die sozialökologischen Aussagen über Entstehung und Wirkung der Bodenpreise bestätigt.

In Berlin wird um die Jahrhundertwende in der räumlichen Differenzierung des Bodenpreises das nach der sozialökologischen Theorie erwartete Bodenpreismuster voll bestätigt. Erwartungsgemäß werden die weitaus höchsten Bodenpreise im Stadtzentrum gezahlt, dabei werden im siebenjährigen Mittel in der Dorotheenstadt und der nördlichen Friedrichstadt pro Quadratmeter über 1.000 Mark gezahlt, während die Bodenpreise in Berlin (Stadtteil) schon deutlich darunter liegen (Abb. 1). Die innere Stadt ist umgeben von einem nach Norden und Osten geöffneten Halbkreis von Stadtbezirken, die in die nächstniedrigere Preiskategorie fallen. Der Wedding und der Gesundbrunnen im Norden, die nördliche Rosenthaler Vorstadt, das äußere Königsviertel und die nordöstlichen Bezirke des Stralauer Viertels heben sich deutlich von den inneren Stadtbezirken, dem Südwesten und Süden ab, sie weisen ein wesentlich niedrigeres Bodenpreisniveau auf, sind in sich jedoch auch nicht homogen.

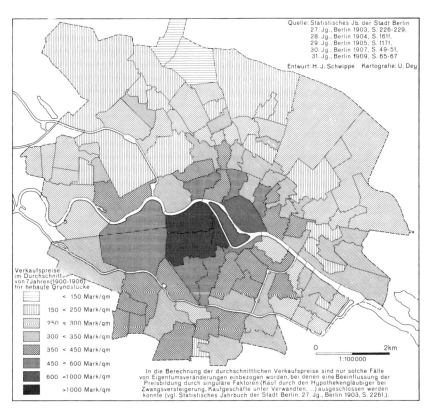

Abb. 1: Bodenpreise in Berlin 1900-1906. Preise für bebaute Grundstücke

Dieses zentral-periphere Raummuster des Bodenpreises setzt sich jenseits der Berliner Gemeindegrenzen in der zunächst erwarteten Deutlichkeit nicht weiter fort. Es ist mit Sicherheit nicht nur die unterschiedlich gute verkehrliche Anbindung der einzelnen Gemeinden an das Zentrum des Verdichtungsraumes, die als Erklärung heranzuziehen ist. Darüber hinaus sind es wohl auch die in den Bauordnungen seit 1890 für die Vororte, in einzelnen Fällen sogar für einzelne Teilräume der Vororte, unterschiedlich getroffenen Regelungen über die Art und das Maß der baulichen Nutzung der Grundstücke, welche die Preisbildung in starkem Maße beeinflussen. Ein Vergleich der Bodenpreise innerhalb der gleichen Baugebietskategorien zeigt dann auch, daß sich die schon in Berlin erkennbaren räumlichen Verteilungsmuster doch außerhalb der Kernstadt fortsetzen. Deutlich werden die Unterschiede zwischen den Wohngebieten des Nordens und Ostens auf der einen Seite und den Wohngebieten des Westens und Südwestens auf der anderen Seite (Tab. 2). Gleichzeitig zeigt sich die standortbildende Bedeutung des öffentlichen Nahverkehrssystems: So sind etwa für Grundstücke in den vom Nahverkehr gut erschlossenen Vorortgemeinden des Südwestsektors höhere Preise zu zahlen als für Grundstücke gleicher Bauklasse in den sehr viel schlechter an die Kernstadt angebundenen Gemeinden des Nordens.

Tabelle 2

Bodenpreise in Gemeinden des Berliner Agglomerationsraumes 1910/14:

Bauklasse I* — vier Wohngeschosse, geschlossene Bauweise			
	M/qm		M/qm
Wilmersdorf	800,-	Reinickendorf	500,-
Schöneberg	750,-	Niederschönhausen	500,- bis 350,-
Friedenau	750,-	Pankow	600,-
Steglitz	650,-	Weißensee	500,-
Schmargendorf	700,-	Heinersdorf	600,-
Lichterfelde	700,-	Lichtenberg	1.350,-*/700,-*
		Friedrichsfelde	400,-
		Treptow	500,-
		Rixdorf	650,-

Bauklasse E* — zwei Wohngeschosse, offene Bauweise	
	M/qm
Grunewald	750,-
Steglitz	500,-
Dahlem	400,- bis 250,-
Lichterfelde	200,-
Lankwitz	200,-

* = Bauklassen der Baupolizeiordnung für die Berliner Vororte von 1912

Quelle: W. LEISKE, Der Boden und seine Bewertung in Groß-Berlin. Die Hypothekenbanken im Bodenkredit Groß-Berlins (Handbuch Groß-Berliner Wohnungspolitik T. 4), Berlin 1919.

4.2 Die Entmischung der Bevölkerung

Ein Kennzeichen städtischer Bevölkerung in der Phase der Industrialisierung und Urbanisierung ist ihre außerordentlich große räumliche Mobilität. Dabei sind es nicht nur die hohen jährlichen Zuzugs- und Fortzugszahlen, welche diese Mobilität ausmachen, genauso tragen dazu auch die zahlreichen innerstädtischen Umzüge bei. Im Jahre 1890 sind in Berlin fast 50% der Wohnungen von einem Umzug betroffen.

Tabelle 3

Zu- und Fortzüge in Berlin 1890 - 1910

Jahr	Zuzüge[a]	Fortzüge[a]
1890	126,8	105,0
1895	121,0	115,7
1900	134,5	119,7
1905	143,2	123,9
1910	127,9	127,8

[a] = pro 1.000 ortsanw. Bevölkerung

Quelle: StatJbBerlin, Jg. 16/17-32, Berlin 1893-1913.

Diese hohen Mobilitätsziffern bleiben nicht ohne Auswirkungen auf die Zusammensetzung der Bevölkerung. Eine hinlänglich bekannte Folge sind die hohen Anteile zugewanderter Personen an der Bevölkerung der deutschen Großstädte. Um die Jahrhundertwende sind in Hamburg z.B. nur knapp die Hälfte der Einwohner in der Stadt selbst geboren (49,8%), in der Nachbarstadt Altona liegt dieser Anteil etwa sieben Prozentpunkte (42,9%) darunter. In Berlin sind ebenfalls nur gut 40% der Bevölkerung am Ort selbst geboren. In einigen Berliner Vororten liegen die Werte noch erheblich niedriger: In Charlottenburg sind nur für ein knappes Fünftel der Bevölkerung (18,9%) Aufenthalts- und Geburtsort identisch; etwa in gleicher Höhe liegt auch der Anteilswert in Reinickendorf (20,1%); in Rixdorf/Neukölln ist rund ein Viertel der Einwohner auch dort geboren. Im Durchschnitt liegt der Anteil der am Wohnorte selbst geborenen Personen in den Berliner Vororten bei etwa 20%.

Überhaupt bilden sich bis zur Jahrhundertwende zwischen den verschiedenen Gemeinden des Berliner Agglomerationsraumes intensive Wanderungsverflechtungen heraus. So kommt in den Jahren um die Jahrhundertwende rund ein Fünftel aller Zuwanderer nach Berlin aus den umliegenden Vororten, während umgekehrt gut 30 Prozent aller fortziehenden Personen als Fortzugsziel einen Berliner Vorort angeben.

Die Beziehungen zwischen Berlin und den übrigen Gemeinden des Agglomerationsraumes gestalten sich doch recht unterschiedlich. Dies zeigen jedenfalls die anläßlich der Großzählung im Jahre 1910 ermittelten Daten (Tab. 4).

Tabelle 4

Die Wohnbevölkerung in Berliner Vororten
nach dem letzten Wohnort 1910: aus Berlin Zugezogene[a]

Charlottenburg	34,0	Neukölln	38,1
Schöneberg	43,9	Lichtenberg	43,1
Wilmersdorf	29,8	Stralau	24,4
Friedenau	22,3	Rummelsburg	44,2
Schmargendorf	22,3	Treptow	47,4
Grunewald	29,2	Weißensee	37,2
Dahlem	19,0	Pankow	46,9
Lichterfelde	18,3	Reinickendorf	48,1
Steglitz	23,3		

[a] = in Prozent der Wohnbevölkerung

Quelle: StatJbBerlin, Jg. 33, Berlin 1916, S. 50f.

Innerstädtische und innerregionale Wanderungsbewegungen führen aufgrund der sozial unterschiedlichen Zusammensetzung und Richtung der Wanderungsströme zur räumlichen Trennung gesellschaftlicher Schichten.

Innerstädtische Wanderungsströme haben nach der sozialökologischen Theorie ihren Ursprung in der Verdrängung der Wohnfunktion aus der Kernstadt. Damit wird eine Zwangssituation, der viele Haushalte und Familien gar nicht ausweichen können, für eine fortschreitende Bevölkerungssuburbanisierung verantwortlich gemacht. Doch reicht allein die Konkurrenz zwischen der Funktion Wohnen und tertiären Nutzungsträgern um die zentralen Standorte in der Kernstadt, die schließlich zur Verdrängung der „schwächeren" Nutzungsform führt, nicht zur Erklärung des räumlichen Verteilungsmusters gesellschaftlicher Schichten aus. Ein ebenso wichtiger Erklärungsansatz für die Suburbanisierung ist in einem steigenden Flächenanspruch der Bevölkerung, der auf Veränderungen im sozialen Status und/oder der Stellung im Lebenszyklus zurückzuführen ist, zu sehen. Gerade diese Ansprüche können häufig in der Kernstadt selbst oder in Kernstadtnähe nicht mehr befriedigt werden, weil einfach das Raumangebot nicht vorhanden ist oder aber die geforderten Mieten über denen liegen, die ein Haushalt zu zahlen bereit und in der Lage ist.

Schon bei einem gleichbleibenden Wohnungsangebot ergeben sich daraus zwangsläufig Wanderungsströme zwischen dem Kern des Agglomerationsraumes und seiner Peripherie. Eine Verringerung gruppenspezifischer Wohnungsangebote durch Zweckentfremdung oder Abriß von Wohnungen — genau dies geschieht in der Kernstadt — führt zu einer Verschärfung dieses Prozesses. Starke Wohnungsbautätigkeit, vor allem an der Peripherie, bedeutet eine zusätzliche Beschleunigung.

Eine Untersuchung dieser Prozesse hat immer zu beachten, daß sie nicht unabhängig von der gebauten Umwelt, d.h. insbesondere nicht unabhängig vom vorhandenen Wohnungsbestand ablaufen:

1) Auch in einer Phase raschen Wachstums stellt die Bausubstanz einer Stadt im Vergleich zur Bevölkerung ein relativ statisches Element dar; es ist deshalb davon auszugehen, daß sich die Bevölkerung eher an die vorhandene Bausubstanz anpaßt als umgekehrt.

2) Der Wohnungsmarkt besteht aus mehr oder weniger sektoral begrenzten Teilmärkten. Das Angebot auf diesen jeweils erreichbaren Teilmärkten begrenzt die Möglichkeiten eines aktiven Verhaltens im Raum, einer Veränderung des Wohnstandortes. Wohnstandortveränderungen ergeben sich nur dann, wenn auch ein entsprechendes Angebot zur Verfügung steht. Neben der Wohnungsgröße, die in einem angemessenen Verhältnis zur Größe des Haushaltes stehen muß, ist es das Verhältnis von Miete und Einkommen, welches den Handlungsrahmen eingrenzt. Für Mitglieder höherer sozialer Schichten steht somit auf dem Wohnungsmarkt ein relativ breites Angebot zur Verfügung, während die finanzschwachen Unterschichtenhaushalte nur eine sehr schwache Marktposition einnehmen. Aufgrund der engen materiellen Schranken sind die Möglichkeiten einer freien Wahl des Wohnstandortes gerade für sie stark eingeschränkt bzw. gar nicht vorhanden. Häufig zwingt die Situation auf dem Wohnungsmarkt gerade Unterschichtenhaushalte, sich auf Teilmärkten zu bewegen, die ihnen nicht angemessen sind. Die auch um die Jahrhundertwende immer noch recht häufig zu beobachtende „Bereitschaft" gerade von Unterschichtenmitgliedern, familienfremde Personen in den Haushalt aufzunehmen, ist als Versuch zu bewerten, die im Grunde nicht zu tragenden Belastungen aus Miete und Wohnungsgröße durch eine Verbesserung der Einkommenssituation aufzufangen.

Die Struktur des Wohnungsangebotes stellt sich damit als ein entscheidender Selektionsfaktor dar.

Die intensive Wohnungsbautätigkeit seit 1870 hat in Berlin und Hamburg einige Veränderungen in der Struktur des Wohnungsbestandes bewirkt. Neben den allgemeinen Verbesserungen des Ausstattungsstandards der Wohnungen vor allem im sanitären Bereich haben sich gerade in Hamburg deutliche Verschiebungen bei den Wohnungsgrößenklassen ergeben: Noch 1875 machen die Wohnungen mit nur einem heizbaren Zimmer mehr als 40% des Wohnungsbestandes aus. Bis 1910 ist der Anteil dieses Wohnungstyps auf rund 16% zurückgegangen, während gleichzeitig die Zahl der größeren Wohnungen, das gilt besonders für Wohnungen mit zwei und drei heizbaren Zimmern, zugenommen hat. In Berlin sind dagegen strukturelle Veränderungen im Wohnungsbestand kaum feststellbar (Tab. 5).

Berlin und Hamburg zeigen um die Jahrhundertwende eine beachtliche räumliche Differenzierung des Wohnungsbestandes nach der Größe.

Im Jahre 1910 finden sich in Hamburg (Abb. 2) die weitaus größten Wohnungen in den beiden auf dem Westufer der Außenalster liegenden Stadtteilen Rotherbaum und Harvestehude. Hohenfelde auf der östlichen Seite der Außenalster fällt in gleicher Weise durch hohe Anteilswerte großer Wohnungen auf. Uhlenhorst dagegen hat sich durch die Errichtung von Mietskasernen in seinen östlichen Bezirken in seinem Charakter stark verändert.

Tabelle 5

Wohnungen nach Größenklassen in Berlin und Hamburg 1875-1910

Hamburg heizb. Zi.	1875 abs.	%	1890 abs.	%	1910 abs.	%
0	669	0,9	750	0,6	314	0,1
1	31.681	44,5	34.852	29,5	34.714	15,7
2	17.374	24,4	37.487	31,7	74.940	33,9
3	8.706	12,2	24.199	20,8	65.797	29,8
4	4.727	6,6	10.137	8,5	27.217	12,4
5 - 7	5.144	7,2	6.980	5,9	12.968	5,9
8 u. mehr	2.911	4,2	3.542	3,0	4.866	2,2
gesamt	71.212		117.947		220.816	

Berlin heizb. Zi.	1875 abs.	%	1890 abs.	%	1910 abs.	%
0	3.239	1,5	3.376	0,9	6.779	1,4
1	109.115	51,3	183.291	50,0	230.206	48,9
2	53.689	25,3	98.722	26,9	132.144	28,2
3	22.010	10,4	40.324	11,0	52.628	11,2
4	9.831	4,6	17.255	4,7	21.469	4,6
5 - 7	11.472	5,4	19.403	5,3	21.496	4,6
8 u. mehr	3.198	1,5	4.536	1,2	5.009	1,1
gesamt	212.554		368.105		470.977	

Quelle: Veröffentlichungen der Statistischen Ämter von Berlin und Hamburg.

Es sind nicht mehr die großen Wohnungen, die dieses Quartier bestimmen, sondern in erster Linie die Wohnungen mit zwei bis drei heizbaren Zimmern. Nahezu ausschließlich Wohnungen dieser Größenordnung sind dagegen in den weiter am Rande liegenden Stadtteilen errichtet worden. Eine Ausnahme stellt das an Wandsbek angrenzende Eilbeck dar; in diesem Stadtteil sind nicht ausschließlich Kleinwohnungen erstellt worden, sondern auch komfortablere, größere Wohnungen. Der Wohnungsbestand der Innenstadt besteht zu einem großen Teil aus Wohnungen mit nur einem bzw. zwei heizbaren Zimmern. In den Vorstädten St. Pauli und St. Georg ist dagegen der Wohnungsbestand breiter gestreut, die kleinen Wohnungen sind längst nicht so dominierend wie in der Innenstadt.

Auch in Berlin haben sich die schon in den 70er Jahren erkennbaren Raumstrukturen weiter gefestigt. In den nördlichen und östlichen Stadtteilen, im Wedding und Gesundbrunnen, in der nördlichen Rosenthaler Vorstadt und im äußeren Königsviertel, aber auch im Stralauer Viertel und im Südosten, in der äußeren Luisenstadt, wird der Wohnungsbestand bestimmt von kleinen Wohnungen (ein bzw. zwei heizbare Zimmer). In der Tempelhofer Vorstadt und in der Schöneberger Vorstadt im Süden ist dagegen das Wohnungsangebot deutlich breiter gefächert. In den inneren Stadtteilen sind wie in Hamburg

Soziale Segregation und funktionale Spezialisierung

besonders die Kleinwohnungen stark vertreten; eine Ausnahme bilden die Dorotheen- und die Friedrichstadt. Beide Stadtteile fallen durch vergleichsweise hohe Werte bei den großen Wohnungen auf. Sind es in Hamburg die Stadtteile beiderseits der Außenalster, die aufgrund des hohen Anteils großer Wohnungen hervortreten, so sind dies in Berlin die ebenfalls topographisch begünstigten Wohnquartiere nördlich und in besonderer Weise auch südlich des Tiergartens. Diese Ober- und Mittelschicht-Wohnungen, für die an die City gebundenen Bewohner zunächst noch in Zentrumsnähe errichtet, setzen sich jenseits der

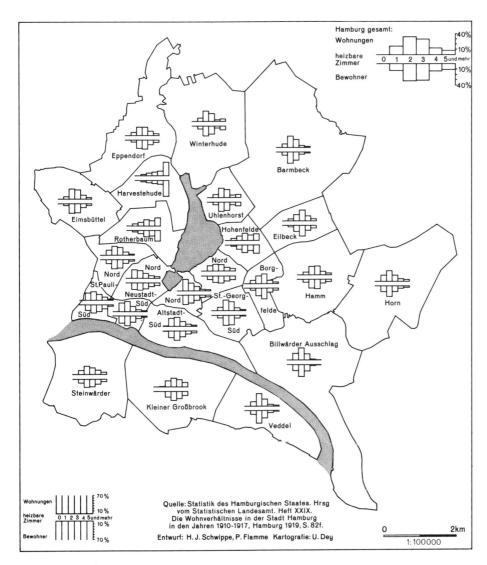

Abb. 2: Hamburg 1910. Wohnungen und Bewohner nach Wohnungsgröße (heizbare Zimmer)

Berliner Gemeindegrenzen in südwestlicher Richtung fort (Abb. 3). Große Wohnungen werden in Dahlem und Grunewald errichtet, aber auch in Friedenau, in Lichterfelde und in Steglitz. Selbst in den „großstädtischen" Nachbargemeinden Berlins, in Charlottenburg, in Wilmersdorf und in Schöneberg ist der Anteil großer Wohnungen auffallend hoch. Die besondere Stellung der Gemeinden des Berliner Südwestens wird noch deutlicher im Vergleich mit den Nachbargemeinden im Südosten, Osten und Norden. In Rixdorf/Neukölln, Stralau-Rummelsburg, Lichtenberg, Pankow oder Reinickendorf sind, wie in den benachbarten Berliner Stadtteilen, überwiegend Kleinwohnungen entstanden.

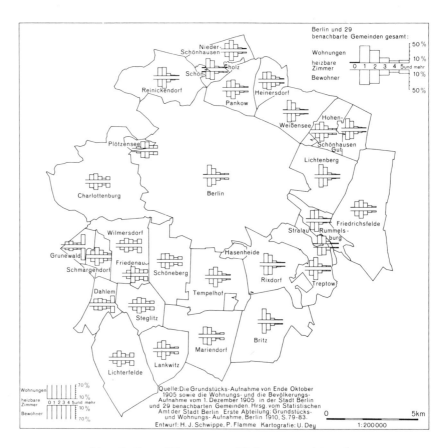

Abb. 3: Berlin und Vororte 1905. Wohnungen und Bewohner nach Wohnungsgröße (heizbare Zimmer)

4.3 Zur kommunalen Bauleitplanung in Preußen

Auch in der Zeit der Hochindustrialisierung läuft die Stadtentwicklung nicht in einem „planungsfreien Raum" ab. Gemessen an der heutigen Situation ist das Instrumentarium zur Steuerung der Siedlungsentwicklung noch sehr schwach entwickelt, ohne jede Möglichkeit einer Beeinflussung von Siedlungstätigkeit und Raumnutzung sind die Kommunen jedoch zu keinem Zeitpunkt. In welchem Umfang die Kommunen von den ihnen zur Verfügung stehenden Instrumenten Gebrauch machen, ist eine sicher zentrale Frage zum Verständnis der Stadtentwicklung an der Wende vom 19. zum 20. Jahrhundert, im Rahmen dieser Studie soll sie jedoch nicht weiter verfolgt werden [20].

Mit dem Fluchtliniengesetz von 1875 wird in Preußen die Bauleitplanung endgültig zu einer Angelegenheit der Kommunen, nachdem sie schon seit 1855 aufgrund eines Erlasses des Handelsministeriums [21] an der Aufstellung sog. Bau- und Retablissements-Pläne beteiligt sind. Mit diesem Fluchtliniengesetz wird der Übergang vom traditionellen Bauordnungsrecht, in dessen Mittelpunkt der Aspekt der Gefahrenabwehr und der Ordnung von Einzelbauvorhaben gestanden hat, zur vorausschauenden und umfassenden Gesamtplanung markiert [22]. Im Gegensatz zur heutigen gesetzlichen Situation bietet das Fluchtliniengesetz den Gemeinden keine Möglichkeit, auf das Maß und die Art der baulichen Nutzung der Grundstücke hinter den Fluchtlinien Einfluß auszuüben. Allein über polizeiliche Bauordnungen eröffnen sich hier Möglichkeiten, weitere Festsetzungen für die Anliegergrundstücke vorzunehmen, die jedoch bei gerichtlichen Überprüfungen nur dann Bestand haben, wenn sie allein auf dem Gesichtspunkt der Gefahrenabwehr beruhen. So wird es möglich, über eine polizeiliche Bauordnung für Teile des Gemeindegebietes die Errichtung und den Betrieb gewerblicher und industrieller Anlagen zu untersagen, da durch ihre

---

[20] Zu Fragen der kommunalen Bauleitplanung in der 2. Hälfte des 19. Jahrhunderts vgl. H. MATZERATH/I. THIENEL, Stadtentwicklung, Stadtplanung, Stadtentwicklungsplanung, in: Die Verwaltung 10 (1977), S. 173-196.

[21] Ministerialerlaß, „die Aufstellung und Ausführung städtischer Bau- und Retablissements-Pläne betreffend", in: Ministerial-Blatt für die gesammte Verwaltung der Kgl. Preussischen Staaten V (1855), S. 100-103.

[22] Nach diesem Gesetz (einschließlich späterer Novellierungen und Durchführungserlasse) können Fluchtlinien für einzelne Straßen, Straßenabschnitte oder Plätze, ggf. von der Straßenfluchtlinie abweichende Baufluchtlinien sowie allgemein zugängliche Freiflächen festgesetzt oder nach der voraussichtlichen Entwicklung in näherer Zukunft Bebauungspläne, die größere Teile des Gemeindegebietes umfassen, aufgestellt werden. Bei der Festsetzung der Fluchtlinien sind neben der Feuersicherheit und der öffentlichen Gesundheit Bedürfnisse des Wohnens und des Verkehrs zu berücksichtigen. Auch gestalterische Fragen sollen beachtet werden. Besonders wichtig für die Steuerung der Siedlungstätigkeit ist die in § 12 des Fluchtliniengesetzes den Gemeinden eröffnete Möglichkeit, über eine Ortssatzung die Errichtung von Wohngebäuden an nicht ausgebauten Straßen entschädigungslos zu untersagen. Darüber hinaus haben die Gemeinden über den § 15 die Möglichkeit, in einer Ortssatzung die Beitragspflicht der Anlieger zu den Erschließungskosten zu regeln.

Emissionen eine Gefährdung bzw. eine Belästigung der Bevölkerung eintreten könnte [23].

Darüber hinaus regeln polizeiliche Bauordnungen, auch dies durchaus unterschiedlich innerhalb des Gemeindegebietes, das Maß der baulichen Nutzung der Grundstücke (Zahl der Vollgeschosse, Grundflächenzahl ...) und die Bauweise (offene Bauweise, offene Bauweise in der Form von Hausgruppen, geschlossene Bauweise ...).

Baupolizeiordnungen erweisen sich somit als ein brauchbares Instrument, um 1.) über die Festsetzung reiner Wohngebiete und die Ausweisung von Räumen, in denen die Errichtung gewerblicher Anlagen erleichtert ist, den Prozeß der funktionalen Differenzierung innerhalb eines Gemeindegebietes zu lenken und 2.) über die Festlegung von Bauweise und Überbaubarkeit der Grundstücke den Prozeß sozialer Segregation zu beeinflussen.

4.4 Zur Bauleitplanung in den Berliner Vororten: Die Baupolizeiordnungen 1892 - 1907

Im Berliner Agglomerationsraum wird erstmals in der Baupolizeiordnung vom 5. Dezember 1892 (geändert und ergänzt 31.5.1894 u. 24.8.1897) [24] von der Möglichkeit Gebrauch gemacht, die Art der Nutzung eines Baugrundstückes festzulegen. Diese Baupolizeiordnung, deren Geltungsbereich alle außerhalb der Ringbahn liegenden Vororte bis weit nach Südosten, bis nach Königswusterhausen, und weit nach Norden, bis nach Lehnitz bei Oranienburg, umfaßt, unterscheidet nach der Lage der Grundstücke zwei Klassen [25]. In beiden Fällen besteht die Möglichkeit, die Gebäude in offener (Bauwich 6m bzw. 5m) oder geschlossener Bauweise zu errichten. Aus beiden Bauklassen nimmt die Bauordnung nun Gebiete aus, die ausschließlich einer landhausmäßigen Bebauung vorbehalten bleiben sollen. Es handelt sich dabei um größere Gebietsfest-

---

[23] Bereits nach § 16 der Reichsgewerbeordnung kann im Einzelfall der Ausschluß störender gewerblicher Anlagen bestimmt werden. Mit Hilfe von Baupolizeiordnungen ist es nun aber möglich, Teilräume des Gemeindegebietes gänzlich von störendem Gewerbe freizuhalten. Nach höchstrichterlicher Rechtsprechung verletzt auch die Ausweisung von sog. Landhausgebieten dann den Aspekt der Gefahrenabwehr nicht, wenn diese Gebiete sich als „Ausgleichsräume" zu den dicht bebauten Quartieren in der Nachbarschaft anbieten. Vgl. Entscheidungen des Preuß. Oberverwaltungsgerichts 26 (1894), S. 323ff., hier S. 330.

[24] Vgl. Die Baupolizeiverordnungen für Berlin und seine Vororte, für den Handgebrauch zusammengestellt v. A. RÖSSLER (Hg.), 2. Aufl., Berlin 1903, S. 62-100; Erläuterungen zur Karte des Geltungsbereichs der Baupolizei-Ordnung für die Vororte von Berlin vom 5. Dezember 1892, unter Berücksichtigung der durch die Verordnung vom 31. Mai 1894 eingeführten Änderungen. Im Auftrage der Kgl. Regierung zu Potsdam bearb. u. hg. v. J. STRAUBE, Berlin 1894.

[25] Bauklasse I betrifft alle voll erschlossenen Grundstücke, während zur Bauklasse II die Grundstücke an den noch nicht ausgebauten Straßen mit fehlender Wasserversorgung und Kanalisation gehören. Bei einer zulässigen Geschoßzahl von vier ist in der Bauklasse I die max. Gebäudehöhe auf 18m und die Überbaubarkeit der Grundstücke auf 0,5 festgelegt (Grundflächenzahl bei Eckgrundstück: 0,6). In der Bauklasse II ist die zulässige max. Gebäudehöhe auf 15m bei dreigeschossiger Bebauung und einer Grundflächenzahl von 0,4 (Eckgrundstück: 0,5) festgesetzt.

setzungen in den südwestlichen Vororten, an der Oberspree und in einigen nördlichen Vororten (Abb. 4), Gemeinden bzw. Gemeindebezirke, die über das Eisenbahnnetz gut an die Kernstadt angebunden sind. Diese Festsetzung, die im übrigen eine schon seit den 70er Jahren bestehende Entwicklung aufnimmt, sie planerisch absichert und für die Zukunft weitere Entwicklungsmöglichkeiten eröffnet, bringt zwar einschneidende Einschränkungen in der Grundstücksnutzung — bei einer offenen Bauweise (Hausgruppen bis zu einer Länge von 40m sind möglich) ist nur eine zweigeschossige Bebauung mit einer Überbaubarkeit des Grundstücks von 30% (Eckgrundstück 40%) zulässig — doch soll durch diese Festsetzungen, insbesondere durch den weitgehenden Ausschluß gewerblicher Einrichtungen [26], ein von störenden Emissionen freies Wohn-

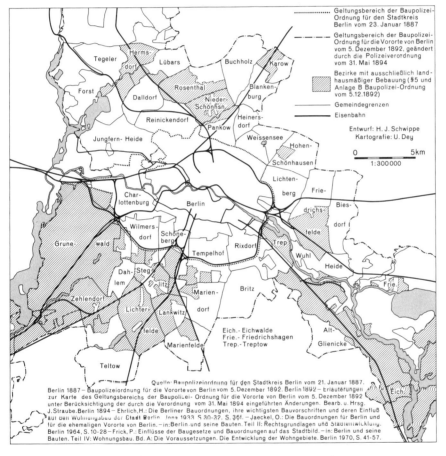

Abb. 4: Gebietsausweisung nach der Baupolizei-Ordnung für die Berliner Vororte von 1892/1894

---

[26] § 5.1 „Es dürfen — abgesehen von Nebenanlagen und den ... zu Bildungs-, Erholungs- und Vergnügungszwecken dienenden Gebäuden — nur Gebäude errichtet werden, welche ausschließlich oder zum überwiegenden Teile Wohnzwecken dienen und ganz oder an drei Seiten frei liegen. Die Einrichtung von Werkstätten kleineren Umfangs und von Geschäftsläden ist gestattet. Die Herstellung von Fabrikanlagen ist verboten."

umfeld sichergestellt werden. Alle planerischen Festsetzungen zielen darauf ab, die Landhausgebiete zu attraktiven Wohnstandorten für eine kapitalkräftige Einwohnerschaft zu entwickeln.

Diese mit der Baupolizeiordnung des Jahres 1892 geschaffenen räumlichen Nutzungsmuster haben jedoch nicht lange Bestand. Bereits zwei Jahre später (1894) wird die Baupolizeiordnung geändert, und dabei werden einige, bisher einer landhausmäßigen Bebauung vorbehaltene Gebiete der geschlossenen Bauweise geöffnet. Vor allem in den kernstadtnahen Gemeinden, in Schöneberg, Wilmersdorf und Schmargendorf, in Pankow und Niederschönhausen, werden Flächen aus der Landhaus-Klasse herausgenommen und Bauklassen zugeteilt, die eine dichtere Bebauung erlauben. Mit diesen Umwidmungen gelingt es aber offensichtlich nicht, die verstärkte Nachfrage nach Bauland mit hohem Nutzungsgrad langfristig zu befriedigen. Drei Jahre später wird die Baupolizeiordnung ein weiteres Mal geändert, und auch dieses Mal werden die Flächen für eine dichtere Bebauung auf Kosten der Landhaus-Klasse vergrößert. In Schöneberg und in Steglitz werden erhebliche Teile der Landhaus-Bebauung einer geschlossenen Bauweise geopfert. Auch in dem vom Zentrum relativ weit entfernten Köpenick werden in größerem Umfang Umwidmungen durchgeführt, die das Landhausgebiet auf Kosten der geschlossenen Bauweise erheblich verkleinern. Neu in die Landhaus-Klasse aufgenommen wird dagegen nur der gesamte Gutsbezirk Dahlem, in dem bisher eine geschlossene Bauweise zulässig gewesen ist.

Die fortschreitende Bautätigkeit in den Berliner Vororten macht dann schon wenige Jahre später eine erneute Anpassung der Gebietsfestsetzungen an die eingetretene Entwicklung erforderlich. 1903 wird für die Berliner Vororte eine neue Baupolizeiordnung erlassen, die nun nicht mehr, wie noch die Bauordnung des Jahres 1892, zwischen drei, sondern zwischen sechs Bauklassen unterscheidet [27]. In den Gebietsausweisungen folgt auch diese Baupolizeiordnung dem schon in den Revisionen der alten Ordnung von 1892 erkennbaren Trend. Es werden erneut große Flächen, die bisher einer landhausmäßigen Bebauung vorbehalten waren, aufgegeben und einer intensiveren Nutzung zugeführt. Diese „Umzonungen" finden in erster Linie in den Gemeinden an der Oberspree und in den östlichen und nördlichen Vororten statt. Die südlichen Vororte sind zwar auch nicht gänzlich von den Veränderungen ausgenommen [28], es bleiben allerdings auch weiterhin noch größere Flächen für eine landhausmäßige Bebauung erhalten. Im Norden, Osten und Südosten Berlins ist mit dieser Bauordnung in Zukunft jedoch nur noch eine geschlossene Bauweise zulässig. Damit sind alle Hindernisse beseitigt, die bisher einer Entwicklung dieser Gemeinden, die sowohl von den traditionellen industriellen Standorten in-

---

[27] Bauklasse I u. II geschlossene Bauweise mit vier bzw. drei Geschossen; Bauklasse A, B, C u. D offene Bauweise, die Bauklassen C u. D entsprechen mit ihren Festsetzungen der Landhaus-Klasse der Baupolizei-Ordnung von 1892; vgl. RÖSSLER, wie Anm. 24, S. 153–237.

[28] In Friedenau, in Steglitz, in Lichterfelde und in einigen anderen Vorortgemeinden werden Flächen in intensiver nutzbare Bauklassen überführt.

nerhalb von Berlin als auch von den neuen Fabrikstandorten an der Oberspree gleichermaßen gut erreichbar sind, im Wege gestanden haben. Die Festsetzungen der neuen Bauordnung haben jedenfalls die rechtlichen Voraussetzungen für eine intensive Bautätigkeit im Mietwohnungsbau der höchsten Verdichtung geschaffen [29].

Im Vergleich der Gebietsausweisungen der Berliner Vorort-Bauordnungen wird die besondere Stellung der Gemeinden im südwestlichen Sektor deutlich. Jede Neufassung der polizeilichen Vorschriften bringt eine Steigerung der Grundstücksnutzung, eine Ausweitung der Flächen mit geschlossener, mehrgeschossiger Bebauung. Auch der Südwesten ist von diesem Trend nicht ausgenommen, doch bleiben in diesem Sektor, in guter Erreichbarkeit von der Kernstadt, immer noch größere Flächen einer landhausmäßigen Bebauung vorbehalten als in den Vorortgemeinden des Nordens und Ostens. Die nachstehende tabellarische Zusammenstellung spiegelt diese strukturellen Unterschiede zwischen den Vororten des Ostens und Nordens und den Vororten des Südwestens deutlich wider (Tab. 6).

Tabelle 6

Grundstücksüberbauung in Berlin und in Berliner Vororten 1910

	1	2		1	2
Berlin (Stadt)	3,5	10,2			
unt. Friedrichs-vorstadt	10,8	55,3	Luisenstadt j.d. Kanals östl.	1,6	4,2
Tiergarten Vorstd.	5,3	23,3	Wedding	2,9	4,2
Charlottenburg	5,1	10,7	Neukölln	3,3	4,8
Schöneberg	2,6	5,3	Rummelsburg	7,1	10,5
Grunewald	46,7	42,4	Lichtenberg	8,3	12,8
Friedenau	7,2	14,3	Friedrichsfelde*	22,9	37,4
Dahlem	39,2	39,6	Weissensee	17,2	27,7
Steglitz	10,3	20,1	Pankow	7,2	17,1
Lichterfelde	41,3	30,7			
Lankwitz	31,8	32,0			

* — 1905
1 = bewohnte Grundstücke mit einer Wohnung (%)
2 = bewohnte Grundstücke mit 2-5 Wohnungen (%)

Quellen: Gross-Berlin. Statistische Monatsberichte, Jg. 5, H. I/II, S. 10*-15*; Die Grundstücks-Aufnahme vom 15. Oktober 1910 sowie die Wohnungs- und die Bevölkerungs-Aufnahme vom 1. Dezember 1910 in der Stadt Berlin und 44 Nachbargemeinden, H. 1, Berlin 1913, S. 22f.

---

[29] Der Wechsel der Baupolizeiordnungen setzt sich für die Berliner Vororte auch nach 1903 fort. Schon 1907 wird eine neue Baupolizeiordnung in Kraft gesetzt. Auch aus dieser neuen Bauordnung ergeben sich wiederum Änderungen in den Gebietsausweisungen, das alte Nutzungsmuster aus dem Jahre 1903 bleibt jedoch in seinen Grundzügen erhalten.

4.5 Zur sozialen Segregation

4.5.1 Das räumliche Verteilungsmuster gesellschaftlicher Schichten

Die deutliche räumliche Differenzierung nach Art und Maß der Grundstücksnutzung zwischen den Berliner Vororten findet ihre Entsprechung in der räumlichen Segregation sozialer Schichten. Diese Segregation ist nicht das Ergebnis eines mehr oder weniger zufällig ablaufenden Prozesses, sondern ist bewußt geplant. Dies hat die Analyse der Baupolizeiordnungen für die Vororte klar gezeigt.

Welches Ausmaß die räumliche Segregation um die Jahrhundertwende bereits erreicht hat, kann wohl am besten die graphische Darstellung (Abb. 5) verdeutlichen, in der die Wohnungsgröße in den verschiedenen Berliner Stadtteilen und in 23 Berliner Vororten dem Anteil der Arbeiter an der erwerbstätigen Bevölkerung gegenübergestellt wird. In der äußeren Luisenstadt, im Wedding und im Stralauer Viertel, in Rixdorf, Lichtenberg und in Boxhagen-Rummelsburg erreicht der Arbeiteranteil mehr als 75%, gleichzeitig gehören zu den Wohnungen in diesen Gemeinden bzw. Stadtteilen im Durchschnitt weniger als drei Wohnräume. Auf der anderen Seite der Verteilung finden sich das Tiergarten-Viertel und die Gemeinde Grunewald. In beiden Fällen liegt der Arbeiteranteil weit unter 50%; die Wohnungen sind im Durchschnitt sehr groß: während im Tiergarten-Viertel zu einer Wohnung durchschnittlich rund fünf Wohnräume gehören, liegt im Grunewald die mittlere Wohnungsgröße noch erheblich darüber.

Schon in den 60er und 70er Jahren haben kritische Beobachter der Stadtentwicklung vor den Gefahren, die sich ihrer Meinung nach aus der räumlichen Trennung der gesellschaftlichen Schichten ergeben, gewarnt. E. Bruch hat auf die Gefährdung des sozialen Friedens als Folge sozialer Segregation in seiner umfangreichen Analyse der Berliner Wohnverhältnisse hingewiesen.

„Bei der Zusammensetzung dieser ... städtischen Wohngebäude zu Straßen und Bauvierteln wird man gut thun, nicht eine locale Scheidung der socialen Klassen der Bevölkerung herbeizuführen. Die großen Arbeiterviertel waren das Verderben für Paris, die Beamten- und Commis-Viertel London's in stundenweiter Entfernung von den Bureaux und Comtoirs sind — abgesehen von allem Anderen — für uns jetzt ein Ding der Unmöglichkeit. Viel besser erscheint es, eine Scheidung der Gesellschaft nach ihren hauptsächlichen Geschäfts- und Berufs-Centren herbeizuführen. Wie wir das gemeinschaftliche Geschäfts- und Wohnhaus als Eigenthum des Principals oder Meisters mit den unter demselben Dache den Gewerbegehülfen überwiesenen Räumen für das schönste Wohnungs-Ideal ansehen müssen, so halten wir es auch für die beste Erscheinungsform bei einem größeren Fabrikbetrieb, wenn der Fabrikherr mit seinen Beamten und Arbeitern gemeinschaftlich sich in unmittelbarer Nähe um die Fabrik herumgruppiert. Das so sehr gepriesene englische Ideal führt zu einer Auseinanderreißung der gemeinschaftlichen Interessen, zu gegenseitiger Gleichgültigkeit und Feindschaft. Wenn die Arbeiterschaaren aus den nördlichen Vorstädten, der Fabrikherr (oder gar der Actiengesellschafts-Director) vom

Soziale Segregation und funktionale Spezialisierung

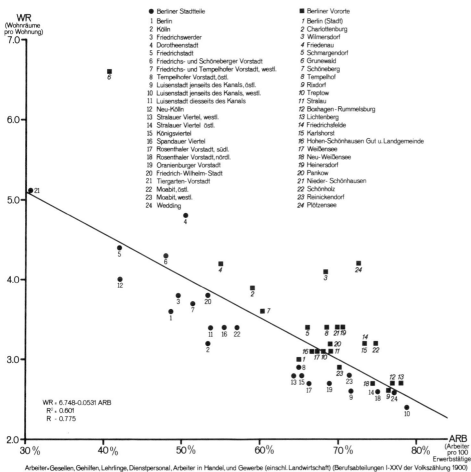

Abb. 5: Arbeiterquote und Wohnungsgröße in Berlin und in Berliner Vororten 1900

Thiergarten und der unverheiratete Commis aus einem Chambre-garnie des mittleren Theiles der Stadt sich nur für die täglichen Arbeitsstunden gezwungen zusammenfinden, kann keine Harmonie zwischen dem Arbeitgeber und -Nehmer, zwischen Besitz und Arbeit entstehen. Der Arbeiter betrachtet sich nicht als thätiges und nützliches Mitglied innerhalb eines bestimmten Industrie-Zweiges, sondern als einen Vertreter von Standes-Interessen. Er wird nicht so häufig die Arbeit und damit die Wohnung wechseln, nicht so leicht zum Streiken geneigt sein und damit seine Existenz und Zahlungsfähigkeit in Frage stellen, wenn das gemeinschaftliche Band, welches alle an denselben Arbeitsheerd fesselt, auch die Wohnungsheerde umschließt. Das ständeweise Zusammenwohnen der Gesellschaft ist nicht ein Cultur-Ideal, wie es öffentlich genannt ist, sondern im Gegenteil eine beständige Gefahr für die Cultur."[30]

In ähnlicher Weise argumentiert auch J. Hobrecht, der Schöpfer des Berliner Bebauungsplanes von 1862, für eine räumliche Mischung der sozialen Schichten. „Nicht ‚Abschliessung', sondern ‚Durchdringung' scheint mir aus sittlichen, und darum aus staatlichen Rücksichten das Gebotene zu sein. Das Sehen und Kennenlernen, die Berührung mit der Armuth und der Unbemitteltheit in allen Abstufungen ist für den Reichen und Wohlhabenden eine sittliche Schule, während die Abschliessung, je nach dem, entweder zu einer Verhärtung, oder bei empfindsameren Naturen, wenn einmal diese Berührung eintritt ... zu einer falschen und nervösen Humanität führt."[31] Mit dem Bau von großen Wohnanlagen der sozialen Segregation entgegenwirken zu wollen, hat sich aus der heutigen Sicht als ein ungeeigneter Weg erwiesen. Insbesondere hat die Tatsache, daß sich in den großen Mietskasernen, im Unterschied zu kleineren Mietshäusern, Wohnungen unterschiedlichster Größe und Ausstattung befinden, langfristig nicht dazu geführt, daß die Wohnungen tatsächlich auch von Angehörigen verschiedener gesellschaftlicher Schichten bewohnt werden. Im übrigen ist es überhaupt die Frage, ob es Hobrecht mit seiner Argumentation für die Mietskaserne wirklich darum gegangen ist, dem Auseinanderfallen der verschiedenen gesellschaftlichen Schichten eine wirksame Strategie entgegenzustellen. Die sozialpolitische Argumentation Hobrechts wirkt auf jeden Fall nachgeschoben und aufgetragen. Es ist wohl eher richtig, Hobrechts Äußerungen als Rechtfertigung eines Mißstandes großstädtischer Wohnsituation zu bewerten [32].

Hobrechts Bericht und die Studie von E. Bruch zeigen in jedem Fall, daß der Prozeß der sozialen Segregation schon in den ausgehenden 60er Jahren des vergangenen Jahrhunderts längst eine alltägliche Erfahrung ist.

Zwar stellt G. Berthold in seiner in der Mitte der 80er Jahre publizierten Analyse der Berliner Wohnverhältnisse noch fest, daß es in der Stadt eine Konzentration der Arbeiterbevölkerung in bestimmten Stadtbezirken — er orientiert sich bei seiner Einschätzung der räumlichen Segregation offensichtlich an Beispielen aus englischen Industriestädten — nicht gibt. Gleichzeitig muß er aber zugeben, daß „sie [die Arbeiter] doch naturgemäß in den mehr vom Centrum entfernten Stadtgegenden, in denen die Häuser nach ihrer ganzen Bauart (Familienhäuser), nach den billigeren Miethen den Verhältnissen der

---

[30] E. BRUCH, Wohnungsnot und Hülfe, in: Berlin und seine Entwicklung. Jahrbuch für Volkswirthschaft und Statistik 6 (1872), S. 14-85, hier S. 50f.
[31] J. HOBRECHT, Über öffentliche Gesundheitspflege und die Bildung eines Central-Amts für öffentliche Gesundheitspflege im Staate, Stettin 1868, S. 14.
[32] Vgl. M. HECKER, Die Berliner Mietskaserne, in: L. GROTE (Hg.), Die deutsche Stadt im 19. Jahrhundert. Stadtplanung und Baugestaltung im industriellen Zeitalter (Studien zur Kunst des neunzehnten Jahrhunderts 24), München 1974, S. 273-294, hier S. 281f.

Arbeiter entsprechender erscheinen", überdurchschnittlich stark vertreten sind [33].

Die Stadtentwicklung in der Phase der Industrialisierung ist auch in den kontinentaleuropäischen Großstädten in Richtung auf eine sich zunehmend verstärkende räumliche Separierung der sozialen Schichten abgelaufen, daran haben die kritischen Äußerungen aus dem bürgerlich-konservativen Lager nichts zu ändern vermocht.

4.5.2 Der öffentliche Personennahverkehr

Soziale Segregation ist ohne einen leistungsfähigen und preisgünstigen öffentlichen Personennahverkehr nicht denkbar. Ein funktionierender Nahverkehr ist die entscheidende Voraussetzung dafür, daß die in den großen Industriebetrieben beschäftigten Arbeiter auch in größerer Entfernung von ihrem Arbeitsplatz wohnen können. Ein solches Nahverkehrssystem steht in den meisten deutschen Großstädten spätestens in den 90er Jahren des letzten Jahrhunderts zur Verfügung. Die seit der Mitte der 60er Jahre in den Großstädten nach und nach aufgebauten Pferdeeisenbahnen werden zu diesem Zeitpunkt elektrifiziert und damit in ihrer Leistungsfähigkeit deutlich gesteigert.

In Berlin werden um die Jahrhundertwende im gesamten öffentlichen Personennahverkehr rund 546 Mill. Personen befördert, das entspricht etwa 190 Fahrten pro Jahr für jeden Einwohner des Zweckverbandsgebietes Groß-Berlin. Für das tägliche Verkehrsaufkommen nicht unwichtig ist dabei das doch bereits erhebliche tägliche Pendleraufkommen. Nach amtlichen statistischen Erhebungen aus demselben Jahr pendeln aus dem Umland nach Berlin täglich rund 84.800 Personen ein, dabei legen rund 36% der Pendler zwischen Wohnung und Arbeitsplatz eine Entfernung bis zu 7km zurück, für 44% liegt diese Entfernung zwischen 5 und 7 Kilometern [34]. Umgekehrt sind von Berlin in die umliegenden Vororte täglich fast 15.000 Personen zu befördern.

Zum gleichen Zeitpunkt verfügt auch die Hansestadt Hamburg über einen leistungsfähigen Personennahverkehr. Der wichtigste Träger des Nahverkehrs, die Straßenbahn, befördert um die Jahrhundertwende im Jahr rund 102,6 Mill. Personen. Ein nicht unwesentlicher Teil entfällt dabei genauso wie in Berlin auf die täglich zu befördernden Pendler zwischen Wohnung und Arbeitsplatz. Das Ausmaß der täglichen Pendlerströme macht die folgende Tabelle deutlich (Tab. 7).

In diesen hohen täglichen Pendlerzahlen drückt sich nicht nur die schon weit fortgeschrittene Trennung von Wohnen und Arbeiten aus, sondern gleichzeitig auch eine deutliche soziale Segregation.

---

[33] G. BERTHOLD, Die Wohnverhältnisse in Berlin, insbesondere die der ärmeren Klassen, in: Die Wohnungsnoth der ärmeren Klassen in deutschen Großstädten und Vorschläge zu deren Abhülfe, Bd. 2 (SchrVSP 31), Leipzig 1886, S. 199-235, hier S. 206f.

[34] Vgl. M. BROESIKE, Arbeitsort und Wohnort der Bevölkerung in den Grossstädten und einigen Industriebezirken Preussens am 1. Dezember 1900, in: Zeitschrift des Kgl. Preussischen Statistischen Bureaus 44 (1904), S. 1-18, hier S. 13f.

Tabelle 7

Erwerbstätige in Hamburg nach der Lage der Arbeitsstätte 1900 und 1910

Arbeitsstätte	1900		1910	
	abs.	%	abs.	%
in der eigenen Wohnung,	—	—	117.643	29.3
auf demselben Grundstück			69.713	17.4
in demselben Stadtteil gesamt	132.721	54.4	187.356	46.7
in einem anderen Stadtteil	105.699	43.2	189.946	47.4
in der Stadt gesamt	238.420	97.6	377.302	94.1
außerhalb der Stadt	5.961	2.4	23.645	5.9
gesamt	244.281	100.0	400.947	100.0
Arbeitsstätte wechselnd, unbekannt	49.999		39.768	

Quelle: Statistische Mitteilungen über den Hamburgischen Staat, Nr. 24, Hamburg 1930, S. 16.

4.5.3 Wahlen und Wahlverhalten

An den Ergebnissen der Wahlen zum Deutschen Reichstag im Januar 1907 kann für Hamburg die räumliche Differenzierung nach gesellschaftlichen Schichten deutlich gezeigt werden (Abb. 6). Die besten Abstimmungsergebnisse für die Sozialdemokraten werden bei dieser Wahl in den hauptsächlich von Arbeitern bewohnten großen peripheren Wohnquartieren, im Billwärder Ausschlag, in Barmbeck, in Winterhude, in Eimsbüttel usw. erzielt. In der Innenstadt gelingt es der Sozialdemokratie ebenfalls, gute Abstimmungsergebnisse zu erreichen. Auch in diesen Stadtteilen sind die Arbeiteranteile immer noch relativ hoch. In Harvestehude, in Rotherbaum auf dem rechten Ufer der Außenalster, aber auch in Hohenfelde, in Stadtteilen mit einem relativ niedrigen Arbeiteranteil (unter 45%), erzielen dagegen die Freisinnigen und die Nationalliberalen Stimmenanteile, die zusammen mehr als 50% der abgegebenen Stimmen ausmachen. Eine Position zwischen den ‚Hochburgen' der Sozialdemokratie und den Bezirken mit den besten Ergebnissen für die beiden liberalen Parteien nehmen das nördliche St. Georg und Eilbeck ein. In beiden Fällen erreichen die Sozialdemokraten einen Stimmenanteil, der um 50% liegt, obwohl ihre traditionelle Wählerschaft in diesen Stadtteilen nicht übermäßig stark vertreten ist.

Auch wenn eine Analyse von Wahlergebnissen die soziale Segregation nicht in ihrem gesamten Umfang deutlich machen kann, so sind räumliche Grundstrukturen in jedem Falle auf diese Weise zu erkennen.

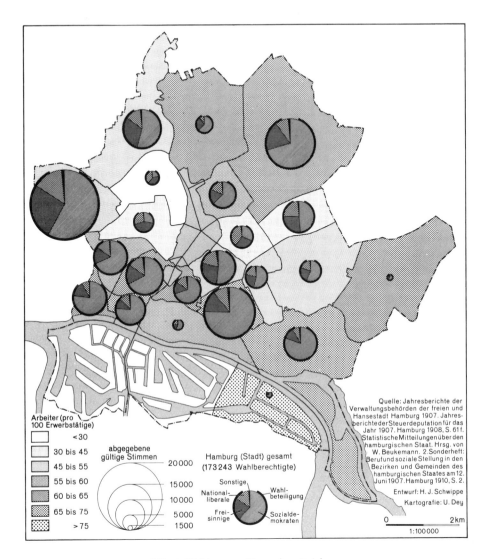

Abb. 6: Wahlen zum Deutschen Reichstag
am 25. Januar 1907 in Hamburg

5. Zusammenfassung

Stadtentwicklung in der Industrialisierung ist, das hat diese Studie deutlich zeigen können, ein vielschichtiger Prozeß. Es sind nicht nur die rasche Zunahme der Einwohnerzahlen und das schnelle flächenhafte Wachstum, die die Stadtentwicklung in der zweiten Hälfte des 19. Jahrhunderts bestimmen. Beides sind sicher wichtige Elemente, sie sind aber zu werten als Ausdruck eines tiefgreifenden innerstädtischen räumlich-strukturellen Wandels.

Während auf der einen Seite Prozesse ablaufen, die mittelfristig auf eine

Trennung der verschiedenen Funktionen abzielen, entfernen sich gleichzeitig die in der städtischen Gesellschaft existierenden verschiedenen gesellschaftlichen Schichten und Gruppen zunehmend räumlich voneinander. Die Standorte des produzierenden Sektors bewegen sich auf die Peripherie des entstehenden Agglomerationsraumes zu, im Stadtzentrum konzentrieren sich die Standorte des Handels, der Verwaltungen und anderer Dienstleistungseinrichtungen und verdrängen die bisher an diesen Standorten wohnende Bevölkerung in die an der Peripherie entstehenden Wohnquartiere. Die Trennung der Gewerbe- und Dienstleistungsstandorte wird überlagert von der Trennung der beiden Funktionsbereiche Wohnen und Arbeiten. Voraussetzung und Bedingung ist ein leistungsfähiger und preisgünstiger öffentlicher Personennahverkehr.

Am Beispiel der beiden größten deutschen Städte, Berlin und Hamburg, ist in dieser Studie der Versuch unternommen worden, diesen Prozeß der Stadtentwicklung in der Phase der Urbanisierung und Industrialisierung in der Gleichzeitigkeit seiner verschiedenen Entwicklungsstränge in der notwendigen Kürze zu beschreiben und zu erklären.

III. STANDORTENTWICKLUNG UND DIFFERENZIERUNG TERTIÄRER UND QUARTÄRER FUNKTIONEN

THE DEVELOPMENT OF RETAILING IN NINETEENTH CENTURY BRITISH CITIES

by Gareth Shaw

1. The transformation of the retail system

One of the continuing and major themes in British urban historical geography is the study of the emerging industrial city [1]. Most of the research and the subsequent debate has focussed on the social dimensions of the transition from pre-industrial to industrializing cities during the nineteenth century [2]. However, other aspects of this transition, especially those associated with economic features, have more recently received attention. In particular research by geographers and economic historians has contributed towards a more detailed understanding of how retail distribution networks reacted towards changes in the British urban economy [3].

The evolution of retail facilities during the transition from pre-industrial to industrial urban economies can best be viewed as a 'stage' type model (Fig. 1). This attempts to link together urban growth and retail change, while recognising the influences exerted by changes in population, per capita income and consumer mobility. In the pre-industrial state, low levels of economic development are characterised by diffuse patterns of purchasing power, and the retail system is dominated by periodic markets. Increasing economic and urban growth leads to a greater concentration of purchasing power. For example, in Britain the number of consumers doubled between 1801 and 1851; but more important, urban consumers grew from 20% of the total market in 1801 to around 50% by 1851. This growth in the urban system favoured the development of more permanent markets, and craftsmen/retailers operating from fixed shops. The latter developed primarily because of poor levels of inter-urban transport, which limited areas of supply and led to the production of consumer goods on a localized scale.

---

[1] R. DENNIS, English Industrial Cities of the Nineteenth Century: A Social Geography (Cambridge Studies in Historical Geography 4), Cambridge 1984; D. CANNADINE, Victorian Cities: how different?, in: SocHist 2 (1977), pp. 457-482.

[2] J.H. JOHNSON/C.G. POOLEY (eds.), The Structure of Nineteenth Century Cities, London 1982, chapt. 1.

[3] D.G. ALEXANDER, Retailing in England during the Industrial Revolution, London 1970; G. SHAW, The Role of Retailing in the Urban Economy, in: JOHNSON/POOLEY, see note 2, pp. 171-194.

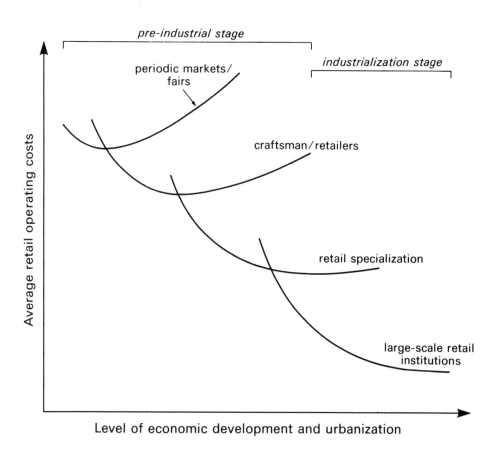

Fig. 1: Stages in the development of British retailing. *Draft*: G. Shaw

However, improvements in transport technology during the second half of the nineteenth century, together with changes in production techniques which allowed the production of more consumer goods, stimulated further changes in the retail system. These two forces of improvements in transport and production technology increased the geographical area of supply networks, which in turn called for more complex and larger marketing organisations. The general timing of such developments in Britain are outlined in Figure 2. The consequence of such forces produced a fragmentation of the distribution system, and the emergence of large scale retail institutions (Fig. 1). Thus multiple retail organisations grew most rapidly after 1880, and by 1900 there were 257 firms controlling about 11,650 shops [4].

---

[4] J.B. JEFFERYS, Retail Trading in Britain 1850 - 1950 (Economic and Social Studies 13), Cambridge 1954.

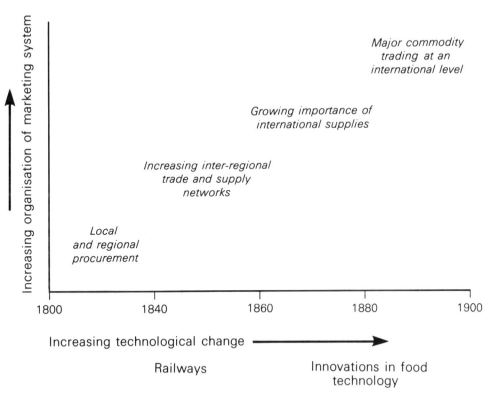

Fig. 2: Changes in transport and the development of market areas. *Draft*: G. Shaw

From the available evidence there seems little doubt that by the first quarter of the nineteenth century, shops had become important in a wide range of settlements [5]. In most urban settlements the highest rates of shop growth occurred between the end of the eighteenth century to around 1820. This increased provision of shops can be measured by calculating average rates of population per shop, which fell sharply from 136.5 in 1801 to 56.0 by 1881 [6].

2. Changes in urban retail provision

Concealed behind the growth of shop numbers are other important developments; in particular the changing roles of markets and itinerant traders in the urban economy. In the same way that shop development was stimulated by

---

[5] M. TREVOR WILD/G. SHAW, Population Distribution and Retail Provision: The Case of the Halifax-Calder Valley Area of West Yorkshire during the second Half of the Nineteenth Century, in: JournHistGeog 1 (1975), pp. 193-210.

[6] These figures are based on data for Leeds, Hull, Halifax, Huddersfield, Rochdale, Oldham, Wakefield, Lancaster, York and Beverley.

the concentration of purchasing power in urban areas, so too was the growth of markets and itinerant traders.

Between 1800 and 1890 some 64 urban settlements (excluding London) had obtained local acts of parliament to either extend existing markets or create new ones. The full force of these developments have been described at a local scale for Sheffield, Leeds and Manchester by Blackman, Grady and Scola respectively; although little information exists at a national level [7]. Figure 3 shows the geographical distribution of changes in the country's markets during the nineteenth century. From this it can be seen that although much development was concentrated in the northern industrial centres such as Manchester and Sheffield, other settlements, in more rural settings, also made market improvements. The picture throughout the urban hierarchy is one showing the expansion of market facilities as urban populations grew. Urbanization also gave a boost to certain types of itinerant traders, whose numbers increased steadily throughout the second half of the nineteenth century from 14,662 in 1841 to 58,939 by 1891. These figures, although based on the national census, should be interpreted with some caution as the transient nature of this occupation precluded accurate enumeration. Furthermore, it seems likely that numbers fluctuated in response to general levels of employment, with some unemployed and seasonal workers moving into petty trading [8]. The link between urban

Table 1

Variations in shop provision for selected settlements 1801 - 1881[a]

	Population per shop			
	1801	1821	1851	1881
Leeds	340	89	61	51
Hull	97	73	60	72
Halifax	742	105	87	67
Huddersfield	429	103	69	53
York	57	70	83	48
Wakefield	115	55	62	60
Beverley	36	36	30	33

a) Settlements are ranked according to population size and shop data has been interpolated to the nearest census date, i.e. 1798 to 1801 and 1823 to 1821.

Source: Census and Directories.

---

[7] J. BLACKMAN, The Food Supply of an Industrial Town, in: Business Hist. 5/6 (1962-64), pp. 83-87; K. GRADY, The Provision of Markets and Commercial Amenities in Leeds 1822 - 1829, (Publications of the Thoresby Soc. 59), Leeds 1976; R. SCOLA, Food Markets and Shops in Manchester 1770 - 1870, in: JournHistGeog 1 (1975), pp. 153-168.

[8] D.R. GREEN, Street Trading in London: A Case Study of Casual Labour, 1830 - 1860, in: JOHNSON/POOLEY, see note 2, pp. 129-151.

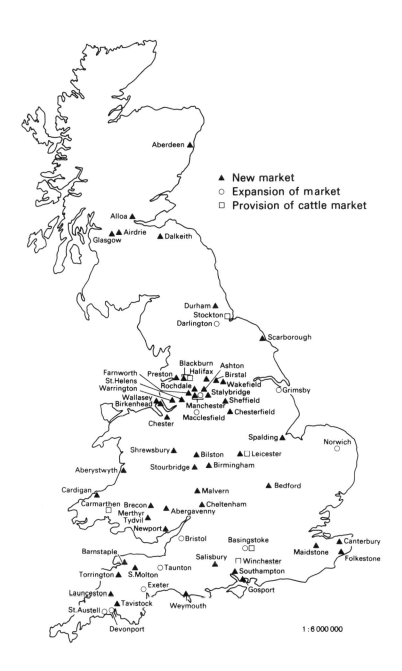

Fig. 3: Market expansion during the nineteenth century. *Source*: Parliamentary Reports.

development and the growth of itinerant traders is partly illustrated in Figure 4. This shows that heavily urbanized counties, such as Lancashire, the West Riding and the central lowlands of Scotland had the highest proportions of traders relative to population.

As previously indicated the numbers of shops increased throughout the nineteenth century in most settlements. However, the pattern of change through out the urban hierarchy was by no means straightforward as Table 1 shows. From this information it can be seen that changes in shop provision occurred in a fairly irratic fashion between 1801 and 1881, as population and shops increased at different rates. It is also significant that in the early part of the nineteenth century levels of shop provision were highest in the established market towns of York and Beverley, compared with the larger industrial settlements such as Leeds and Halifax [9]. However, by 1851 and after, shop provision had become far more equalised in the different types and sizes of settlements (Table 1). One exception to these general patterns of change is illustrated by the small market centre of Beverley, which had a relatively constant and high level of shop provision throughout the period.

Before attempting to explain these trends it is important to consider some of the problems associated with the data. Thus, some of the early differences in shop provision, may be exaggerated by the under-representation of shops in the early directories covering the larger settlements [10]. However, these inaccurracies are probably not sufficient to fully account for all the variations.

One major explanation for the rapid growth of shops in the larger settlements after 1821, was the expansion of food shops relative to other trade types. As Figure 5 shows food shops increased at a faster rate than clothing and other non-food retailers especially in the second part of the nineteenth century. Much of this growth was focussed on the ever expanding working class suburbs of the industrial towns such as Leeds and Hull. In contrast, places similar to Beverley experienced little population growth and established central retail facilities were able to cope with these new consumers. Furthermore, the extent of suburban growth was extremely limited. For example, whilst Beverley's urban area increased by 84.7% between 1801 and 1881, Leeds experienced an expansion of 1,350% over the same period. The full extent of these changes can best be understood by examining trends in retail suburbanisation.

3. Intra-urban retail patterns

Patterns of urban retail change can best be illustrated by taking a detailed example of one particular city. Figure 6 shows that the development of shopping

---

[9] ALEXANDER, see note 3, discusses the possible effects of settlement type of shop provision during the early nineteenth century.
[10] G. SHAW, British Directories as Sources in Historical Geography (Historical Geography Research Series 8), Norwich 1982.

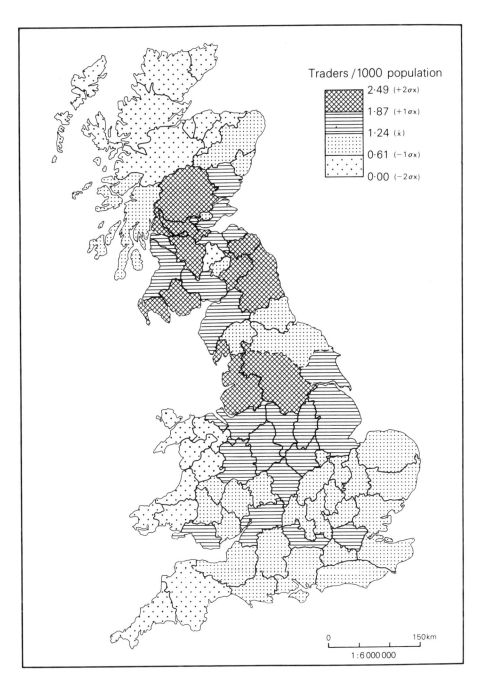

Fig. 4: The distribution of itinerant traders in 1851. *Source*: Census.

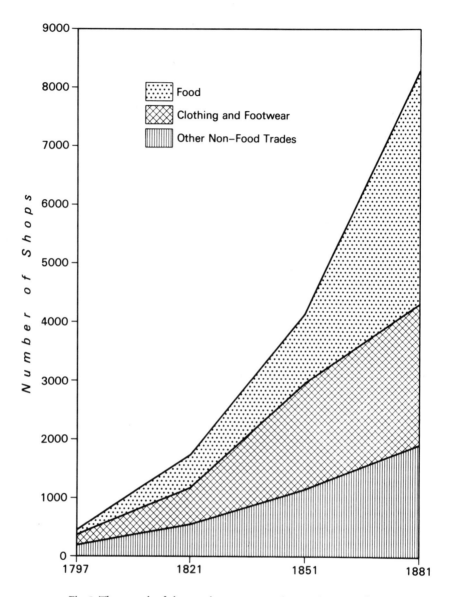

Fig. 5: The growth of shop trades 1801-1881. *Source*: Census and Directories.

streets in Hull was restricted to the central area and immediately around the market place in the late eighteenth century. However, by the first quarter of the nineteenth century small suburban centres had started to emerge on the immediate edge of the city centre. By 1851 the original suburban centres had developed into fairly extensive shopping areas as the number of streets containing shops continued to expand. The greatest changes were however to occur in the second half of the century and were marked by a rapid spread of suburban shopping streets. It was largely through improvements in urban

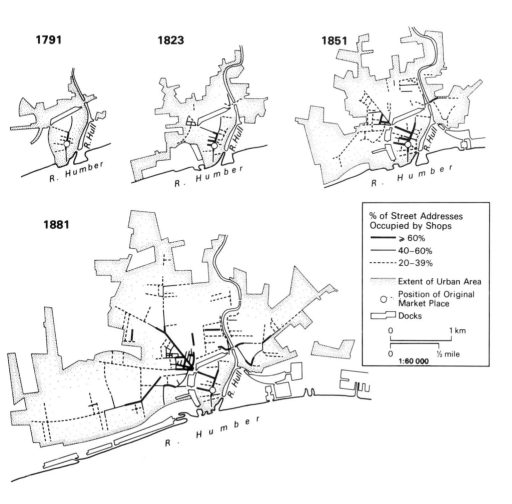

Fig. 6: Development of shopping streets in Hull. *Source*: Directories.

transport, especially the development of tramways which allowed greater rates of population dispersal, that suburban retail facilities grew so rapidly. Indeed, we can recognize by 1881 the early development of linear shopping areas that form such a characteristic feature of the late Victorian city.

The picture suggested by this city-wide study of Hull indicates that the suburbanization of shops was a relatively early phenomena in Britain. Indeed, the evidence obtained by trade directories for a range of settlements confirms this view, and shows that even in smaller cities an increasing proportion of shops were occupying suburban locations (Fig. 7). From this information of changes in shop densities it becomes clear that the extension of retailing away from the established central shopping areas was a dominant trend in most towns. The pace and extent of change obviously varied depending on city size: although, all the settlements in Figure 7 show similar breaks in shop densities at a distance of about 300 - 400 metres away from the central market place. This line of demarkation gives some general idea of the average size of central retail areas.

Two other important features are revealed in Figure 7. The first is, that between 1823 and 1851 shop densities in the central areas of all the sample towns increased, although the scale of change did vary. For example, established market centres such as York experienced only small changes in the city centre, compared with newer, industrial towns represented by Oldham and Rochdale. The second feature is most prominent in the larger settlements, and concerns the decline of shop densities in central areas after 1851. In cities such as Hull, this change was not specifically one of retail decentralization, but rather a reorganization of city centre landuse and the growth of larger shops. Smaller settlements did not experience such a change at this period, thus in York and Huddersfield central area shop densities continued to increase between 1851 and 1881.

Table 2

Variations in the mean percentage of food shops within central areas[a]

Settlement size (Population)	1823	1851	1881
Above 100,000	-	-	24.5
50,000 - 99,999	27.0	28.7	25.9
Below 50,000	35.5	29.5	28.0

a) Central refers to within 200 metres of market place for Leeds, Hull, Halifax, Huddersfield, Oldham, Rochdale, York, Wakefield and Beverley.

Source: Directories.

The decline in shop densities within central areas was largely due to the suburbanization of food retailers, especially in the larger towns. In general therefore as settlement size increased, the proportion of food shops operating from central sites declined (Table 2). Unfortunately, due to data limitations it is not possible from these figures to determine the precise population thresholds at which such structural decentralization begins. However, earlier work has highlighted those retail food trades which led the move to new suburban sites [11].

The processes of retail locational change behind these trends are fairly complex and obviously reflect the decisions of large numbers of businessmen. The scale of such processes, together with a lack of information precludes any worthwhile analysis at this city-wide level. To overcome these difficulties some recent, though largely unsuccessful attempts have been made to focus on

---

[11] M. TREVOR WILD/G. SHAW, Locational Behaviour of Urban Retailing during the Nineteenth Century: The Example of Kingston-upon-Hull, in: TransIBG 61 (1974), pp. 101-118.

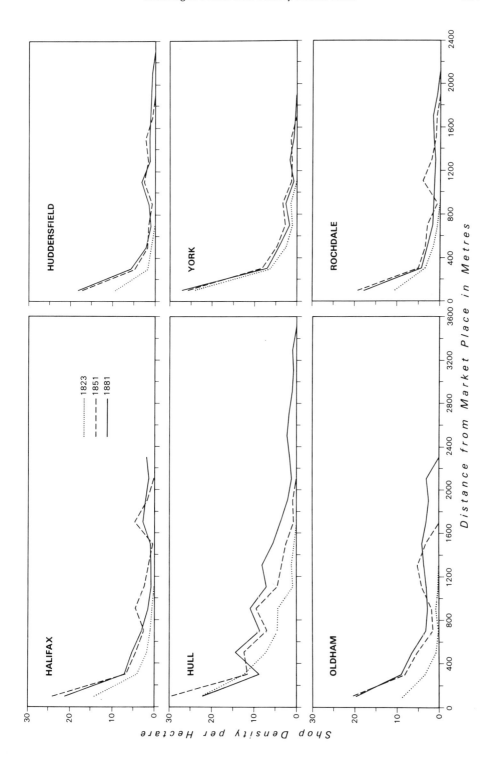

Fig. 7: The suburbanization of shops by size of settlement. *Source*: Directories.

individual retail organisations [12]. However, before any firm conclusions and generalities can be made about the decision-making processes of retailers, far more widespread studies need to be undertaken.

A quite different approach can be taken to understanding retail locational trends, which is based less on behavioural studies and orientated more towards on ecological perspective [13]. Thus, the processes of shop change can be considered by measuring variations in shop mortality, the creation of new shops, the upgrading or downgrading of trade types, the location of branch outlets and the amalgamation of shop premises. The interaction of these processes in different parts of the city were responsible for shaping the area's retail character. An examination of such processes moves some way towards developing a more dynamic picture of retail locational change and marks a significant departure from many of the traditional, cross-sectional studies that beset early research on retail patterns [14].

Table 3

Processes of shop change in selected towns, 1823 - 1881
(% of shops in each category)

Locations	New	Withdrawn	Amalgamated premises	Branch shops	Upgrading	Downgrading
1823 - 1851						
Central area	13.8	47.5	90.9	6.5	49.7	29.3
Zone 1	34.4	52.5	9.1	93.5	50.3	70.7
Zone 2	51.8	0.0	0.0	0.0	0.0	0.0
	100.0	100.0	100.0	100.0	100.0	100.0
1851 - 1881						
Central area	3.7	50.2	85.0	3.8	36.8	22.0
Zone 1	23.9	29.0	13.8	31.9	41.4	36.0
Zone 2	31.8	20.8	1.2	55.0	21.8	42.0
Zone 3	40.6	0.0	0.0	9.3	0.0	0.0
	100.0	100.0	100.0	100.0	100.0	100.0

Zone 1 = Built up area developed between 1798 and 1823;
Zone 2 = Built up area developed between 1823 and 1851;
Zone 3 = Built up area developed between 1851 and 1881
Towns used were Halifax, Huddersfield, Hull, Oldham, Rochdale and York.

Source: Directories.

---

[12] R. JONES, Consumer's Co-operation in Victorian Edinburgh: The Evolution of a Location Pattern, in: TransIBG NS 4 (1979), pp. 292-305.
[13] P.T. KIVELL/G. SHAW, The Study of Retail Location, in: J.A. DAWSON (ed.), Retail Geography, New York 1980, pp. 96-155.
[14] KIVELL/SHAW, see note 13.

Table 3 shows the results that can be obtained by using this ecological approach on six sample towns. From these data the changing importance of the different mechanisms of shop change can be studied. For example, we can see the changing role of branch shops, both over time, and also in relation to the stage of suburban development. Thus, in the period 1823 - 1851, the inner suburbs (growth zone 1) accounted for 93.5% of all branch shops, whilst between 1851 and 1881 such shops were predominant in the newer suburbs (growth zone 2). This shows one of the ways in which established retailers based in central areas followed the suburbanization of population.

The scale of shop change is also illustrated in Table 3. Thus, the pace of shop closures is shown as being extremely high throughout the period, particularly in central areas. Similarly, other aspects of change concerning shop types are revealed in the figures on upgrading and downgrading processes [15]. By the period 1823 - 1851, the upgrading of shops from lower order food trades to higher order types was significant in both the central area and the inner suburbs; as more food shops were replaced by non-food retailers.

All the processes of change resulted in the creation of a well developed retail structure in late nineteenth century British cities. An examination of the intra-urban retail hierarchy, as shown in Figure 8, does however illustrate some important differences with mid-twentieth century cities [16]. From this it can be seen that in Hull a diverse range of shopping centres existed within fairly close proximity to one another. For example, in the city there were 38 local/neighbourhood shopping centres, located within a net built-up area of 771 hectares; with the greatest concentrations occurring in predominantly working class inner suburbs. In addition, more localized needs for basic groceries were provided by over 500 shops located outside recognizable centres. The two 'second order' centres, both located at short distances away from the central retail area, evolved from smaller shopping complexes to cater for a widening, working class demand after 1870 [17].

The high density of shopping centres in the nineteenth century city reflected the influence of two quite different factors. The first, and possibly most important, was the low level of consumer mobility that existed among working class households. Indeed, transport in urban areas only started to improve in the 1870s; whilst the period of cheap, effective transport for the working classes took place much later after 1880 [18]. Consequently the pattern of shops mirrored fairly closely that of population. The second factor at work was that particular

---

[15] Upgrading refers to shops changing from a low order trade, such as food retailing, to a higher order non-food function. Down grading is the reverse of the process.
[16] For a discussion of the methods used to identify these shopping centres see SHAW, note 3.
[17] W.H. FRASER, The Coming of the Mass Market, 1859 - 1914, Hamden (Conn.) 1981.
[18] P.S. BAGWELL, The Transport Eevolution from 1770, London 1974; T. BARKER, Towards an Historical Classification of Urban Transport Development since the late Eighteenth Century, in: JournTransportHist (3rd series) 1 (1980), pp. 75-90.

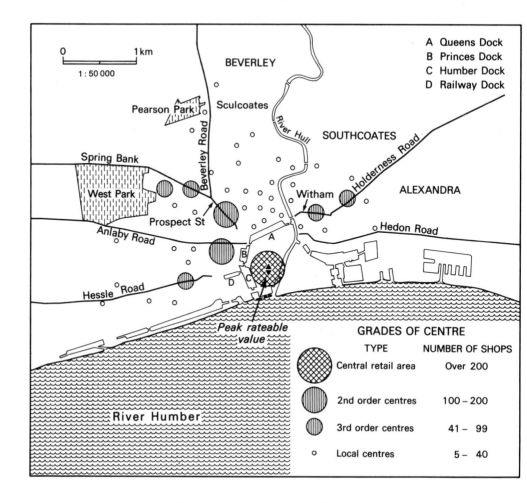

Fig. 8: The shopping centre characteristics of Hull, 1881. *Source*: Directories.

shopping centres grew up purely to serve the demands of different social groups. Thus, the higher income groups had their own shopping districts, usually in central areas, which contained fashionable stores and shopping arcades [19].

4. Inner city retailing

At the start of the nineteenth century most city centres contained a diverse mixture of activities, and it was not possible to recognize a distinctive pattern of landuses that set such areas apart from other regions of the city. The major exception to this was London which, according to Bowden, had already

---

[19] A. ADBURGHAM, Shops and Shopping, 1800 - 1914, London 1964.

established a central business structure before the nineteenth century [20]. In most provincial towns and cities the transformation of central areas was a process that only got fully underway after 1850, and even in London major landuse changes occurred during this period.

The part that retailing played in the transformation of city centres was significant, but must also be viewed relative to changes in industry, office development and the extension of railway networks. Unfortunately little research has been undertaken on the impact of industrial landuse, similarly the development of offices has received only scant attention [21]. In contrast, Kellett's work on the coming of the railways illustrates the significant impact they had on the internal structure of urban areas. Apart from increasing accessibility to city centres, the railways had two other significant controls over the emergence of central business districts. The first was to force up land values, indirectly through increasing site accessibility; and directly due to what Kellett terms 'railway land hunger'. To illustrate the scale of this demand for land Kellett has calculated that railways occupied 5.4% of central area land in London by 1900, and as much as 9.0% in Liverpool [22]. The second control by railways was in restricting the spatial expansion of many central areas, the boundaries of which sometimes coincided with a railway line as Elmington and Tillott have commented on in the case of Birmingham [23].

It is against such a background of central area changes that the role of retailing must be assessed. However, it is certainly clear that before the arrival of railways the processes of transformation were already underway.

The early transformations of inner city retailing were associated with the physical expansion and reorganization of central markets. The pace and national extent of such changes has already been highlighted with reference to the increasing number of market improvement acts passed by parliament. A closer inspection of this legislation shows that in the first part of the nineteenth century, most of the local acts were associated with general town improvement schemes. These usually involved the widening and realignment of the congested streets around the central markets.

By the 1840s most improvement acts referred to specific market schemes, and many at this time were also linked with improvements in public health. These developments represented substantial investments either by local authorities or joint stock companies. Even in small urban centres, such as Wakefield, investment for new market facilities was fairly considerable. In this town a joint stock company brought a private bill before parliament in 1847 to develop a new

---

[20] M.J. BOWDEN, Growth of the Central Districts in Large Cities, in: L.F. SCHNORE (ed.), The New Urban History, Princeton (N.J.) 1975, pp. 75-109.
[21] N.J.W. TAYLOR, Monuments of Commerce, London 1968.
[22] J.R. KELLETT, The Impact of Railways on Victorian Cities, London 1969, chap. 10.
[23] C. ELRINGTON/P.M. TILLOTT, The Growth of the City, in: W.B. STEPHENS (ed.), The City of Birmingham (A History of the County of Warwick 7), London 1964, pp. 4-25.

retail market with an initial capital outlay of £12,000 [24]. It was these types of schemes that increased commercial investment in city centres, forcing up land values and pushing out lower value activities.

These planned elements initiated important improvements in city centres, but it was the unregulated growth of main shopping streets and large stores that carried through the full force of change. The attempts, at first mainly by clothing retailers, to obtain scale economies by increasing the number and range of articles sold, resulted in a demand for larger shops. Such processes started in the 1830s with drapers shops such as Wallis's in Holborn, London, extending into furniture and carpeting [25]. One early means of achieving increases in retail floorspace was through the amalgamation of adjoining shop premises. This process was especially important in city centres after 1850 and remained so until the early years of the twentieth century. Thus, from our sample towns in Table 3, it can be seen that the amalgamation of shop premises remained almost exclusively a central area process.

The development of larger shops, and ultimately the growth of department stores was occurring in most provincial towns and cities, although the patterns of change are most recognizable in London's West End. Three main evolutionary

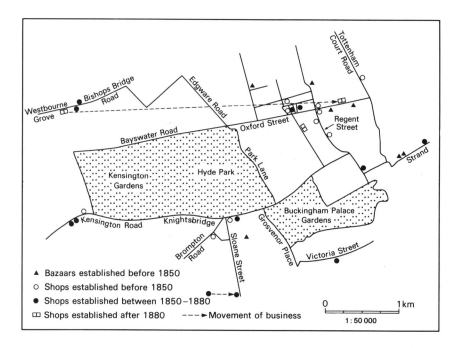

Fig. 9: The development of department stores in London's West End. *Source*: Directories.

---

[24] Wakefield Borough Market Bill, House of Commons Papers, 1847, p. 24.
[25] FRASER, see note 17.

phases can be recognized in the development of department stores in the area (Fig. 9).

The earliest was the construction of bazaars during the 1830s and 1840s, these were the fashionable equivalents of market halls in the northern, industrial towns, where retailers could rent a stall [26]. Some of these became the forerunners of department stores, whilst other remained as bazaars until the end of the nineteenth century. The second phase of development, which ran in parallel with the first with regard to timing, was the amalgamation of shop premises. In the West End of London there were two types of shops that grew in this way; the long established firms that increased in size fairly slowly, and those that emerged after 1850 which grew more rapidly. The ultimate aim of many of the early department stores was to obtain an 'island' site or complete street block, by buying up and moving into adjoining buildings. The third phase of growth accurred after 1880 with the construction of purpose built department stores. This trend reached its peak in the West End in the early twentieth century with the opening of Selfridges in 1909 (Fig. 8). These stores laid more stress on vertical development and made much more use of the upper floors as sales areas, in response to rising land values and improvements in building construction methods.

The full extent of these trends was to complete the development of the West End of London into a fashionable shopping area. Initially, retailers had been attracted to this area through the growth of Knightsbridge and Kensington as middle class suburbs in the 1850s. The general transformation of main shopping streets can be illustrated by the case of Oxford Street. As Figure 10 shows, the street's retailing structure was still undergoing transformation in the last part of the nineteenth century as more fashionable clothing retailers replaced food shops.

These processes of change described for London also occurred, though in a smaller way, in most large provincial cities. Consequently, most city centres were by the 1880s and 1890s undergoing a further phase of transition involving the rationalization of landuse in many main shopping streets, which in turn created a major rise in land values.

5. Conclusions

This paper has shown that both structural and distributional changes in British retailing were occurring throughout the nineteenth century. In terms of urban retailing it is clear that British cities of all types were experiencing rapid rates of shop development before 1850, and that the suburbanization of shops was also a relatively early feature. That such dispersal was taking place before the major developments in transport after 1870, largely reflected high rates of urban

---

[26] ADBURGHAM, see note 19.

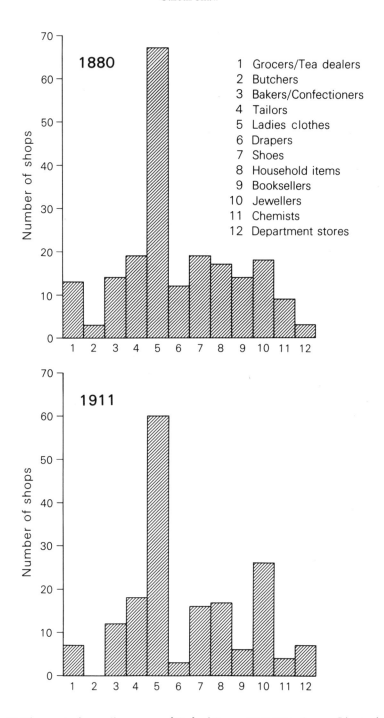

Fig. 10: Changes in the retail structure of Oxford Street, 1880-1911. *Source*: Directories.

population growth and low levels of consumer mobility. By the 1880s retail suburbanization was an already established feature, and in larger settlements the decentralization of food shops was in progress.

The latter trend was associated with the development of central area landuses and the creation of central business districts. From the evidence available it seems that the reshaping of city centres passed through a number of stages, during which different factors operated. In the first part of the century institutional forces of change, related to general improvement schemes, were at work. By 1850 and 1860 railway development, along with the growth of main shopping areas, offices and the redevelopment of market places became important factors of change. Finally, we can recognize the importance of larger stores in shaping central areas, through the creation of specialist retail environments.

BEOBACHTUNGEN ZUM WANDEL VON STRUKTUR UND STANDORTEN DES EINZELHANDELS IN KLEINSTÄDTEN SEIT DEM ENDE DES 19. JAHRHUNDERTS AM BEISPIEL WEISSENBURGS IN BAYERN

von Günter Heinritz

Der Strukturwandel des kleinstädtischen Einzelhandels scheint kein sehr aufregendes Thema zu sein. Greift man sich einmal einige Kleinstädte in Süddeutschland heraus, um festzustellen, wie viele Einzelhandelsbetriebe dort in den Jahren 1950 und 1980 vorhanden waren, so wird man auf sehr ähnliche Zahlen kommen. Beispielsweise erhält man für Weißenburg in Bayern, eine als Mittelzentrum eingestufte Große Kreisstadt im südlichen Mittelfranken mit ca. 16.000 Einwohnern, davon rund 13.000 Einwohner in der Stadt selbst, in beiden Jahren die gleiche Zahl, nämlich 196. Wenig ermutigende Aussichten für jemanden, der eine Arbeit über den Strukturwandel im kleinstädtischen Einzelhandel schreiben will! Läßt man sich aber nicht gleich abschrecken, so hat man als nächstes die Frage zu stellen, wie viele Betriebe während dieser 30 Jahre in Weißenburg neu eröffnet bzw. geschlossen worden sind. Solche Zahlen sind keiner amtlichen Statistik zu entnehmen, sondern müssen oft sehr mühsam selbst ermittelt werden. Thomas Brilmayer [1] hat sich dieser Aufgabe unterzogen und für die Zeit von 1950 bis 1980 insgesamt 247 Betriebseröffnungen registriert, denen eine gleich große Zahl von Betriebsschließungen gegenübersteht.

Die Rekonstruktion der Einzelhandelsentwicklung [2] in Weißenburg ist in

---

[1] TH. BRILMAYER, Der Strukturwandel des Weißenburger Einzelhandels, Diplomarbeit am Geogr. Inst. der TU München, München 1980.

[2] Aus Gründen der Überschaubarkeit mußte die große Anzahl der Einzelhandelsbetriebe in einige wenige, möglichst homogene Gruppen zusammengefaßt werden. Die Branchengliederung erfolgte in Anlehnung an G. MEYER, Junge Wandlungen im Erlanger Geschäftsviertel. Ein Beitrag zur sozialgeographischen Stadtforschung unter besonderer Berücksichtigung des Einkaufsverhaltens der Erlanger Bevölkerung (ErlGeogrArb 39), Erlangen 1978, S. 91.

Branche 1: Nahrungs- und Genußmittel
Branche 2: Apotheken, Drogerien, med. Bedarf, Optik, Kosmetik
Branche 3: Textilien, Schuhe, Wäsche, Stoffe
Branche 4: Art. d. Freizeitgestaltung und d. pers. Bedarfs (Sport-, Uhren-, Schmuck-, Spielwaren-, Geschenkartikel-, Photo-, Lederwaren-, Schreibwaren-, Bücher-, Büroartikel-, Zoo- und Blumengeschäfte)
Branche 5: Möbel, Hausrat, Elektrowaren, Wohnbedarf.

Abbildung 1 dargestellt. Sie zeigt, daß die Gesamtzahl der Betriebe bis 1960 um etwa 25% angestiegen war, um von 1960 an zunächst stärker, dann abgeschwächt wieder abzunehmen. Der Rückgang der Betriebszahlen ist im wesentlichen auf die starke Abnahme in der Nahrungs- und Genußmittelbranche zurückzuführen, die von 112 Geschäften (1960) auf 63 (1980), d.h. um 44% zurückgegangen ist. Die Gesamtbetriebszahlen der Branchen 3, 4 und 5 sind erheblich geringeren Schwankungen unterworfen und stagnieren seit 1970.

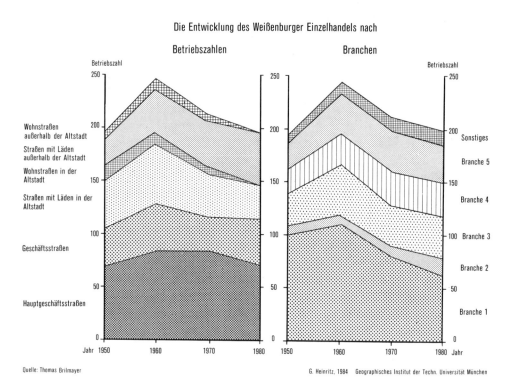

Abb. 1

Weitaus gravierender als der Wandel der Branchenstruktur waren die Veränderungen, die die räumlichen Verteilungsmuster der Einzelhandelsbetriebe in den letzten 30 Jahren erfahren haben. Ein Vergleich der Standortverteilung von 1950 (Abb. 2) und 1980 (Abb. 3) läßt vor allem den starken Bedeutungsverlust der Randbereiche der Weißenburger Altstadt als Einzelhandelsstandort erkennen. Deutlich wird aber auch, daß sich Betriebe der Textilbranche zunehmend in den Hauptgeschäftsstraßen konzentrieren und daß die große Verkaufsflächen beanspruchende Branche 5 verkehrsgünstige Standorte an der

Peripherie bevorzugt[3]. Im Zeitraum von 1950 bis 1980 waren 54 Standortverlagerungen zu beobachten, d.h. es zog ca. ein Achtel aller während des Beobachtungszeitraumes existierenden Betriebe einmal um, oder anders gesagt: Auf fünf Betriebsschließungen war ein Standortwechsel zu registrieren.

Die Hauptgeschäftsstraßen erweisen sich, was die Fluktuation von Betrieben angeht, als relativ stabil (Tab. 1). Die als zweitbeste Lagekategorie definierten „Geschäftsstraßen" dagegen zeigen, vor allem im Vergleich zur Gesamtzahl der dort angesiedelten Betriebe, sehr viele Veränderungen. Die stärkere Stabilität der Hauptgeschäftsstraßen wirkt sich auch darin aus, daß bei Geschäftsaufgaben dort als Nachfolger häufig ein Betrieb gleicher Branche einzieht oder das Geschäftslokal von einem Nachbarn zur Erweiterung seiner Verkaufsfläche übernommen worden ist. In den „Geschäftsstraßen" dagegen sind die Nachfolgenutzer frei werdender Ladenlokale meist Betriebe anderer Branchen oder Dienstleistungsunternehmen. In schlechten Lagen, insbesondere in den randlichen Altstadtstraßen mit Läden, findet sich in der Regel keine gewerbliche Nachfolgenutzung mehr. Die Räume stehen entweder leer oder werden zu Wohnräumen umfunktioniert.

Ein weiterer wichtiger Vorgang im Rahmen des Strukturwandels des Einzelhandels ist das Vordringen von Filialen (Tab. 2). Zwischen 1950 und 1980 sind in Weißenburg sowohl die absolute Zahl der Filialbetriebe als auch ihr Anteil an dem gesamten Bestand von Einzelhandelsbetrieben in der Stadt erheblich angestiegen. Gab es 1950 nur sechs Filialen, was einem Anteil von 3% entsprach, die bis 1970 auf 19 Betriebe — ungefähr 9% des damaligen Betriebsbestandes — angewachsen waren, so erfolgte in den 70er Jahren ein deutlicher Sprung nach oben. 1980 war bereits jeder fünfte Betrieb eine Filiale.

Die Filialisierungswelle hat die Nahrungs- und Genußmittelbranche am frühesten, die Branchen Textilien, Bekleidung und Schuhe aber am stärksten erfaßt; dort wird heute ca. jeder dritte Betrieb (32,5%) als Filiale geführt. Als Standort bevorzugen die Filialen vor allem die Hauptgeschäftsstraßen in der Altstadt und Lagen außerhalb der Altstadt, wo sie Anteile von 28% erreichen. In den „Straßen mit Läden in der Altstadt" dagegen kommt ihnen nur eine geringe Bedeutung zu. Von den seit 1975 in den Hauptgeschäftsstraßen und den Geschäftsstraßen der Altstadt neu eröffneten Ladengeschäften sind 65% bzw. 57% Filialen! Von den letzten zehn dort neu gegründeten Betrieben sind nur noch zwei selbständige Unternehmen! Hierin manifestieren sich eindrucksvoll die für die gesamte BRD zu beobachtenden Konzentrationstendenzen im

---

[3] Zu ganz ähnlichen Ergebnissen kommt auch R. Kollick in seiner Untersuchung von Mindelheim, der als Mittelzentrum eingestuften Kreisstadt des Landkreises Unterallgäu mit 12.000 Einwohnern, von denen rd. 9.000 im geschlossenen Ortsgebiet leben. Bei einem Ausgangsbestand von 156 Betrieben 1950 registriert Kollick bis 1980 105 Gründungen und 106 Schließungen, so daß 1980 der Stand von 1950 wieder erreicht ist. Im genannten Zeitraum kommt es hier insgesamt zu 29 Betriebsverlagerungen, d.h. in 30 Jahren ist rd. ein Zehntel aller Betriebe einmal umgezogen; vgl. R. KOLLICK, Die Entwicklung der Einzelhandelsstruktur von Mindelheim in den Jahren 1950 bis 1981, Staatsexamensarbeit am Geogr. Inst. der TU München, München 1981.

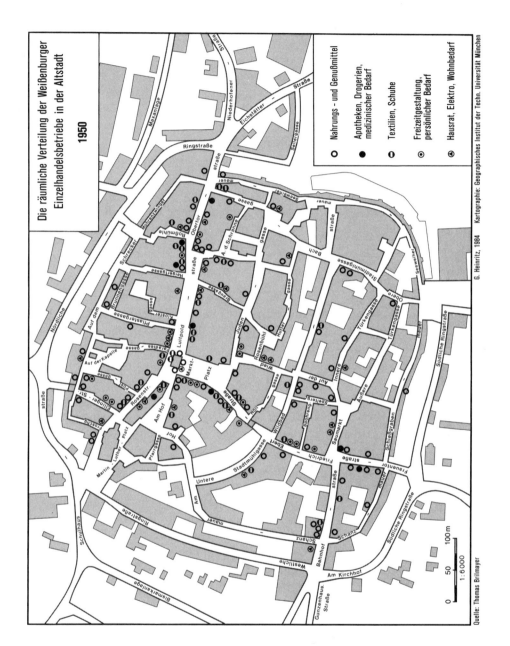

Abb. 2

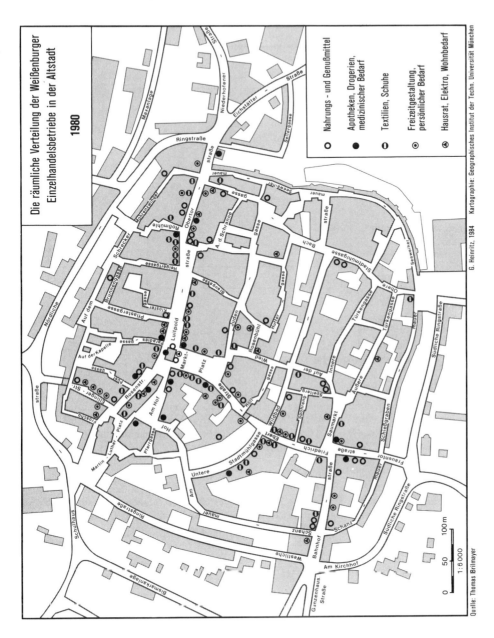

Abb. 3

Tabelle 1

Die zahlenmäßige Entwicklung des Weißenburger Einzelhandels

Straße	A	B	C	Nachfolgenutzung			
				D	E	F	G
Hauptgeschäftsstraßena)	80	78	16	0	25	42	11
Geschäftsstraßenb)	61	54	9	6	24	20	4
Straßen mit Läden in der Altstadtc)	59	71	12	34	14	22	1
Wohnstraßen in der Altstadtd)	11	25	3	19	4	2	0
Summe Altstadt	211	228	40	59	67	86	16
Straßen mit Läden außerhalb der Altstadte)	82	56	11	29	12	14	1
Wohnstraßen außerhalb der Altstadtf)	8	17	3	16	1	0	0
Summe Weißenburg	301	301	54	104	80	100	17

Erklärung der Spalten:
A = Gründungen 1951-1980
B = Schließungen 1951-1980
C = davon Betriebsverlegungen
D = aufgelassene Standorte
E = gleiche Branche folgt
F = Branchenwechsel
G = Erweiterung anderer Betriebe

a) Friedrich-Ebert-Straße, Rosenstraße, Luitpoldstraße, Marktplatz
b) Obertorstraße, Untere Stadtmühlgasse, Ellinger Straße, Bahnhofstraße, Frauentorstraße
c) Am Hof, Saumarkt, Bachgasse, Rosenbühl, Martin-Luther-Platz, Obere Stadtmühlgasse, Judengasse, Auf der Wied, Wildbadstraße, An der Schranne, Roßmühle, Äußere Türkengasse, Huttergasse, Auf dem Schrecker, Plärrer
d) alle sonstigen Straßen in der Altstadt
e) Galgenbergstraße, Emetzheimer Straße, Nördliche Ringstraße, Augsburger Straße, Nürnberger Straße, Eichstätter Straße, Gunzenhauser Straße, Treuchtlinger Straße, Schulhausstraße, Rothenburger Straße, Hafnerbühl, Schafscheuer, Berliner Straße, Fleischmannstraße, Dr.-Knöll-Straße, Feuchtwanger Straße, Krankenhausstraße, Lindenstraße, Niederhofener Straße, Voltzstraße, Holzgasse, Rohrbachstraße, Industriestraße
f) alle sonstigen Straßen außerhalb der Altstadt

Quelle: BRILMAYER, wie Anm. 1.

Einzelhandel und die größere Kapitalkraft von Mehrbetriebsunternehmen, die es ihnen ermöglicht, höhere Mieten als kleinere Einzelbetriebe zu bezahlen, so daß letztere im Wettbewerb um die besten Standorte oft den kürzeren ziehen.

Wir wollen uns im folgenden aber nicht näher mit der aktuellen Situation des Weißenburger Einzelhandels befassen, sondern versuchen, seine Entwicklung über das Jahr 1950 hinaus weiter zurückzuverfolgen. Das aber ist nur mit Hilfe

Tabelle 2

Die Entwicklung der Filialbetriebe nach Branchen und Straßentypen

Jahr	Nahrungs- und Genußmittel	Apotheken- und medizinischer Bedarf	Textilien und Schuhe	Artikel der Freizeit- gestaltung u.d. persön- lichen Bedarfs	Hausrat, Elektro- und Wohnbedarf	insgesamt
Hauptgeschäfts- und Geschäftsstraßen						
1950	4	0	0	0	0	4
1960	4	0	1	0	0	5
1970	4	0	4	1	1	10
1980	5	2	11	4	3	25
Restliche Straßen der Altstadt						
1950	0	0	0	0	0	0
1960	1	0	0	0	0	1
1970	1	0	0	0	0	1
1980	2	0	1	0	0	3
Straßen außerhalb der Altstadt						
1950	1	0	1	0	0	2
1960	2	0	0	0	0	2
1970	7	0	0	0	0	7
1980	7	0	1	1	5	14
Gesamte Stadt						
1950	5	0	1	0	0	6
1960	7	0	1	0	0	8
1970	12	0	4	1	1	18
1980	14	2	13	5	8	42

Quelle: BRILMAYER, wie Anm. 1.

von Adreßbüchern möglich, die in Weißenburg 1897 einsetzen, aber leider außer der Nennung von Namen und Anschrift keine weiteren Angaben enthalten. Auf viele Variablen, die bei einer aktuellen Untersuchung zu Recht als unverzichtbar gelten, muß bei unserer historischen Betrachtung also doch verzichtet werden. Wenn damit auch die Analysemöglichkeiten eingeschränkt sind, so bleibt eine Auswertung dieser Quelle aber doch nicht ganz ohne Ergebnisse. Sie kann in folgenden sieben Punkten zusammengefaßt werden:

1. Die Tabelle 3 zeigt in absoluten Zahlen, daß der Bestand an Einzelhandelsbetrieben seit der Jahrhundertwende insgesamt nur mäßig gestiegen ist. Während die Bevölkerung Weißenburgs sich seither von 6.300 auf 13.500

Einwohner mehr als verdoppelt hat, gibt es heute gerade ein Fünftel mehr Einzelhandelsbetriebe als 1897!

Die Tabelle läßt deutlich zwei Perioden erkennen, in denen die Einzelhandelsentwicklung Maxima erreicht hat. Dabei fällt auf, daß in beiden Fällen Wachstum stattfindet, ohne daß gleichzeitig auch die Bevölkerung wachsen würde: Im Jahrzehnt von 1895 bis 1905 nimmt die Stadtbevölkerung um ca. 6%, der Einzelhandelsbestand aber um 36% zu; auch in der zweiten Wachstumsperiode findet mit 0,7% kaum ein Bevölkerungswachstum statt, dennoch steigt die Zahl der Einzelhandelsbetriebe um 25%!

2. Sehen wir uns die erste, „gründerzeitliche" Wachstumsperiode noch etwas näher an! Ein genauer Vergleich der Adreßbücher von 1897 und 1906 zeigt, daß von den 154 Betrieben des Jahres 1897 neun Jahre später knapp 10% nicht mehr existieren, aber 69 neue Betriebe während dieser Zeit eröffnet worden sind. Das ist nicht weniger als ein Drittel des gesamten Bestandes von 1906! Ein beachtlicher Teil dieser neuen Geschäfte — immerhin rund 20% — hat sich offenbar aus handwerklicher Wurzel zum Einzelhandelsbetrieb entwickelt. Da erscheint der frühere Hafner nun unter der Rubrik Glas- und Tonwaren, die Seifensiederei als Wachswarenhandlung, die Schlosserei als Eisen- und Haushaltswarengeschäft, der Drechsler als Stock- und Schirmgeschäft etc.

Neben den neuen Betrieben, die fast ausschließlich innerhalb der Stadtmauern ihren Standort finden — nur neun Läden werden in den neuen Wohngebieten an den Ausfallstraßen der Stadt gegründet — tragen weitere 29 Betriebe, die entweder ihren Standort oder ihre Branche (meist in Verbindung mit dem jeweiligen Besitzer) gewechselt haben, zum Strukturwandel des städtischen Einzelhandels bei. Kaum zu unterscheiden ist, ob ein mehrfach zu registrierender Wechsel von „Schnitt-, Kurz- und Spezereiwarenhandlung" zu „Colonialwaren-, Farben- und Ölgeschäft" tatsächlich einen Branchenwechsel anzeigt oder ob dies nicht nur eine Modernisierung der Bezeichnung ist, so wie etwa die 1897 noch gebrauchten Firmenbezeichnungen Melberei oder Pfragnerei durch moderne Namen (Mehlhandlung bzw. Spezereiwarenhandlung) ersetzt worden sind.

3. Die für die Zeit nach 1950 beobachtete Veränderung der Branchenstruktur hatte mit gleicher Tendenz, wenngleich in erheblich geringerem Tempo, auch schon in der ersten Hälfte unseres Jahrhunderts stattgefunden. Diese Wandlungen spiegeln auf eindrucksvolle Weise die Veränderungen des Bedarfs, d.h. des Anspruchs- und Kaufkraftniveaus der Weißenburger Bevölkerung, wider, die selbstverständlich stärker von gesamtstaatlichen und gesamtgesellschaftlichen als von lokalen Faktoren bestimmt worden sind.

4. Auch für das räumliche Muster der Verteilung der Geschäftsstandorte (Abb. 4 und 5) läßt sich feststellen, daß die für die Periode 1950 bis 1980 beobachteten Tendenzen bereits vor dem II. Weltkrieg wirksam gewesen sind. Die neun Straßenzüge der Altstadt, die 1980 als Geschäftsstraßen eingestuft wurden (und nicht weniger als 57% der Einzelhandelsbetriebe der Gesamtstadt bzw. 77% der

Tabelle 3

Einzelhandelsstruktur der ehemaligen Freien Reichsstadt Weißenburg in Bayern 1897 - 1980
absolute Zahlen der Betriebe

Jahr	Nahrungs- und Genußmittel	Apotheken- und medizinischer Bedarf	Textilien und Schuhe	Artikel der Freizeit- gestaltung u.d. persön- lichen Bedarfs	Hausrat, Elektro- und Wohnbedarf	insgesamt
			Hauptgeschäfts- und Geschäftsstraßen			
1897	34	2	21	6	9	72
1906	43	8	27	6	16	100
1937	46	7	22	15	17	107
1950	42	8	21	16	11	98
1960	43	9	30	23	15	120
1970	33	11	25	25	15	109
1980	25	12	30	24	15	106
			Restliche Straßen der Altstadt			
1897	58	-	11	4	5	78
1906	70	1	14	2	10	97
1937	51	-	7	2	8	68
1950	35	-	8	4	11	58
1960	38	-	11	1	16	66
1970	19	-	8	4	13	44
1980	14	3	6	2	7	32
			Straßen außerhalb der Altstadt			
1897	1	-	-	2	1	4
1906	9	-	-	3	1	13
1937	17	-	6	3	4	30
1950	24	-	3	2	3	32
1960	30	-	6	4	8	48
1970	30	-	5	6	8	49
1980	24	1	4	6	14	49
			Gesamte Stadt			
1897	93	2	32	12	15	154
1906	122	9	41	11	27	210
1937	114	7	35	20	29	205
1950	101	8	32	22	25	188
1960	112	9	47	28	39	235
1970	80	11	38	33	38	200
1980	63	16	40	32	36	187

Quellen: eigene Auswertung der Weißenburger Adreßbücher von 1897, 1906 und 1937; für die Jahre 1950, 1960, 1970 und 1980 vgl. BRILMAYER, wie Anm. 1.

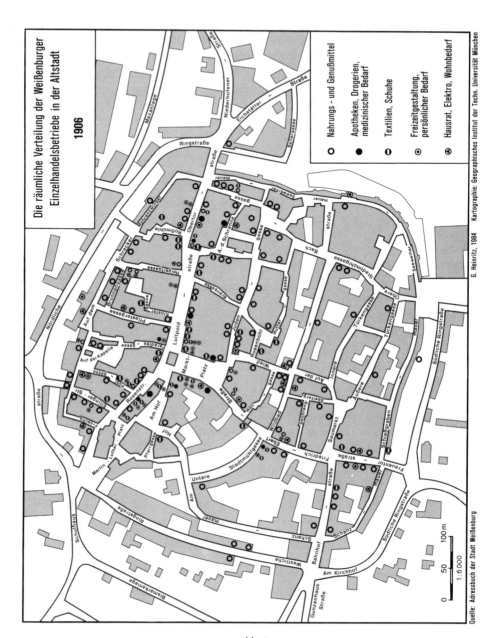

Abb. 4

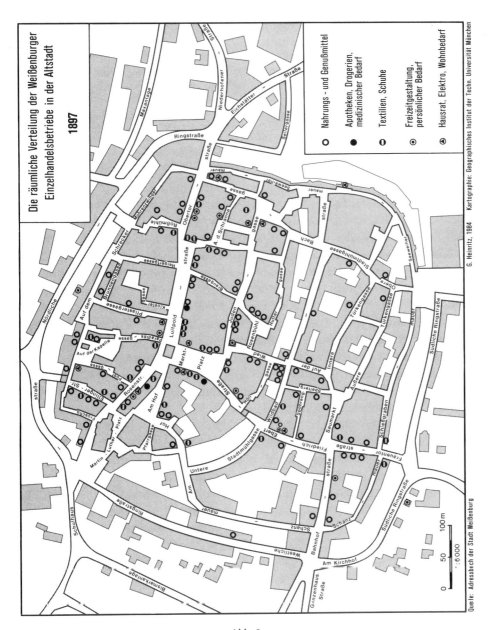

Abb. 5

Betriebe in der Altstadt auf sich vereinten), hatten zu Ende des letzten Jahrhunderts allerdings — was die Zahl der Betriebe betrifft — keineswegs so stark dominiert wie 1950. Ihr Anteil am gesamten Betriebsbestand lag 1897 volle zehn Prozentpunkte niedriger; mehr als die Hälfte aller Ladengeschäfte hatte damals ihren Standort in den „übrigen Altstadtstraßen", die 1980 gerade noch 17% aller Betriebe aufnehmen. Anders gesagt: Bezogen auf das Ausgangsjahr 1897 beträgt 1980 die Zahl der Einzelhandelsbetriebe in den Geschäftsstraßen 148%, in den sonstigen Altstadtstraßen aber nur mehr 41% des Ausgangsbestandes. Die Veränderungen des Standortmusters stehen denen der Branchenstruktur also keineswegs nach.

5. Die räumliche Verteilung der Einzelhandelsstandorte um die Jahrhundertwende entsprach damals durchaus der Bevölkerungsverteilung. Die Bebauung hatte um 1850 ja gerade erst über die Stadtmauern auszugreifen begonnen. Zwar wuchs der außerhalb der Mauern wohnhafte Teil der Bevölkerung bis 1910 stetig an, doch ist deshalb die absolute Zahl der in der Altstadt lebenden Bevölkerung bis 1950 nicht kleiner geworden. Das geschah erst während der 1960er und vor allem der 1970er Jahre. Heute leben innerhalb der Stadtmauern nicht mehr rund 7.000 Einwohner wie 1950, sondern nur noch knapp über 2.000 Menschen[4]. Dieser für die Stadtentwicklung der Kleinstädte in der BRD ganz typische, wenngleich in der Literatur kaum beachtete Vorgang der Bevölkerungsentleerung des durch die Stadtmauer abgegrenzten historischen Kerns unserer Kleinstädte hat zweifellos mit dazu beigetragen, daß die auf den täglichen Bedarf einer Wohnbevölkerung eingestellten Ladengeschäfte in den Wohnstraßen der Altstadt den größten Teil ihrer Kunden und damit ihre Existenzgrundlagen verloren haben.

Betrachtet man dagegen die Entwicklung der Geschäfte außerhalb der Altstadt, so zeigt sich zwar ein hoher prozentualer Anstieg, die Relation „Zahl der Betriebe pro 1.000 Einwohner" aber nimmt laufend ab. Auch wenn dies mangels Daten für 1897 nicht exakt belegt werden kann, so ist doch mit großer Sicherheit anzunehmen, daß sich die Relation „Verkaufsfläche pro 1.000 Einwohner" außerhalb der Altstadt entgegengesetzt entwickelt hat, da hier ja großflächige Formen des Einzelhandels (Verbrauchermärkte) ihren Standort gefunden haben. So lagen 1981 immerhin 44% der gesamten Verkaufsfläche von rund 35.000qm außerhalb der Altstadt. Da innerhalb der Stadtmauern nur noch knapp 15% der Bevölkerung wohnen, sind allerdings auch bei Wahl des Indikators „Verkaufsfläche" klare Persistenzwirkungen zugunsten der Altstadt nicht zu übersehen.

6. Vor dem Hintergrund des Bevölkerungsexodus tritt die Konzentration des Einzelhandels in den genannten Geschäftsstraßen der Altstadt um so eindrucksvoller in Erscheinung. Dennoch wäre es falsch zu glauben, daß es erst in

---
[4] J. GELTL/G. HEINRITZ, Veränderungen der Wohnbevölkerung in der Altstadt von Weißenburg in Bayern im Zeitraum von 1973 bis 1978, in: MittFrkGeogrGes 25/26 (1980), S. 185-194.

jüngerer Zeit zur Herausbildung dieser Geschäftsstraßen gekommen wäre. Die Straßen, die 1980 als Geschäftsstraßen klassifiziert worden sind, haben sich schon um 1897 von den sonstigen Straßen als eine besondere Standortkategorie abgehoben, und zwar weniger durch die Zahl der dort angesiedelten Einzelhandelsbetriebe — sie war in anderen Straßen nicht viel geringer — als durch ein spezifisches Branchenspektrum (Tab. 4). So lag etwa der Anteil der zur Nahrungsmittelbranche gehörenden Betriebe stets unter dem gesamtstädtischen Durchschnitt. Für die Branchen med. Bedarf, Textilien und Schuhe sowie persönlicher Bedarf trifft das Gegenteil zu. Nur die Betriebe der Branchengruppe Hausrat, Elektrowaren und Wohnbedarf treten nach dem II. Weltkrieg im Branchenspektrum der Geschäftsstraßen nicht mehr mit überdurchschnittlichen Werten auf, sondern spielen in den sonstigen Altstadtstraßen und in jüngster Zeit insbesondere außerhalb der Altstadt eine größere Rolle.

7. Dieser Zusammenhang wird noch klarer, wenn wir neben dem Branchenspektrum der einzelnen Standortkategorien auch die Standortaffinitäten der einzelnen Branchen betrachten, also nicht nur den Anteil einer Branche an der gesamten Betriebszahl einer Standortkategorie berechnen, sondern auch die Verteilung der Betriebe einer Branche auf die verschiedenen Standortkategorien (Tab. 5). Dann zeigt sich, daß die Betriebe der Branchengruppe Hausrat/Wohnbedarf an Standorten außerhalb der Altstadt in der Tat kontinuierlich zugenommen haben. Wir erkennen auch, daß der Verlust der Wohnfunktion sich in einem drastischen Rückgang des auf die sonstigen Altstadtstraßen entfallenden Anteiles der Nahrungsmittelbranche ausgewirkt hat. Während die Geschäftsstraßen von Betrieben der Branchen med. Bedarf und Textilien stets besonders begehrt worden sind, haben sie für Betriebe, die persönlichen Bedarf anbieten, erheblich an Wert gewonnen.

Kleinstädten gilt in der deutschen Stadtgeographie nur ein sehr begrenztes Interesse. Deshalb habe ich keine großen Hoffnungen, daß wir bald für eine größere Zahl von Kleinstädten vergleichbares Material zur Verfügung haben werden, um die Verallgemeinerungsfähigkeit der an unserem Fallbeispiel gewonnenen Befunde einschätzen zu können. Auch wenn dies also eine offene Frage bleiben muß, so hoffe ich doch, gezeigt bzw. wahrscheinlich gemacht zu haben, daß die in der Stadtgeographie aus Untersuchungen der Einzelhandelsentwicklung in Großstädten und Verdichtungsräumen gewonnenen Ergebnisse nicht umstandslos auf Kleinstädte übertragen werden können, sondern daß der Strukturwandel des Einzelhandels als raumrelevanter Prozeß dort durchaus auch spezifische Züge hat, die näher zu untersuchen lohnend wäre.

Tabelle 4

Einzelhandelsstruktur der ehemaligen Freien Reichsstadt Weißenburg in Bayern 1897-1980
Branchenspektrum der Standortkategorien*

Jahr	Nahrungs- und Genußmittel	Apotheken- und medizinischer Bedarf	Textilien und Schuhe	Artikel der Freizeitgestaltung u.d. persönlichen Bedarfs	Hausrat, Elektro- und Wohnbedarf
Hauptgeschäfts- und Geschäftsstraßen					
1897	47	3	29	8	12
1906	43	8	27	6	16
1937	43	7	21	14	16
1950	43	8	21	16	11
1960	36	7	25	19	12
1970	31	10	23	23	14
1980	24	15	28	23	14
Restliche Straßen der Altstadt					
1897	74	-	14	5	6
1906	72	1	14	2	10
1937	75	-	10	3	12
1950	60	-	14	7	19
1960	58	-	17	2	24
1970	43	-	18	9	30
1980	44	9	19	6	22
Straßen außerhalb der Altstadt					
1897	-	-	-	-	-
1906	-	-	-	-	-
1937	57	-	20	10	13
1950	75	-	9	6	9
1960	62	-	12	8	17
1970	61	-	10	12	16
1980	48	2	8	12	28
Gesamte Stadt					
1897	60	1	21	8	10
1906	58	4	20	5	13
1937	56	3	17	10	14
1950	54	4	17	12	13
1960	48	4	20	12	17
1970	40	5	19	16	19
1980	34	9	21	17	19

* (Summe der Betriebe in der Standortkategorie = 100; mit Rundungsfehlern)

Quellen: wie Tab. 3.

Tabelle 5

Einzelhandelsstruktur der ehemaligen Freien Reichsstadt Weißenburg in Bayern 1897–1980
Standort-Affinitäten*

Jahr	Nahrungs- und Genußmittel	Apotheken- und medizinischer Bedarf	Textilien und Schuhe	Artikel der Freizeitgestaltung u.d. persönlichen Bedarfs	Hausrat, Elektro- und Wohnbedarf	alle Branchen
\multicolumn{7}{c}{Hauptgeschäfts- und Geschäftsstraßen}
1897	38	100	66	50	60	47
1906	35	89	66	55	59	48
1937	40	100	63	75	59	52
1950	42	100	66	73	44	52
1960	38	100	64	82	38	51
1970	41	100	66	76	39	53
1980	40	75	75	75	42	57
\multicolumn{7}{c}{Restliche Straßen der Altstadt}
1897	62	-	34	33	33	51
1906	57	11	34	18	37	46
1937	45	-	20	10	28	42
1950	35	-	25	18	44	31
1960	34	-	23	4	41	28
1970	24	-	21	12	34	22
1980	22	19	15	6	19	17
\multicolumn{7}{c}{Straßen außerhalb der Altstadt}
1897	1	-	-	17	7	3
1906	7	-	-	27	4	6
1937	15	-	17	15	14	15
1950	24	-	9	9	12	17
1960	27	-	13	14	21	20
1970	37	-	13	18	21	24
1980	38	6	10	19	39	26

* (Betriebe der gesamten Branche = 100; mit Rundungsfehlern)

Quellen: wie Tab. 3.

INNERSTÄDTISCHE STANDORTENTWICKLUNG AUSGEWÄHLTER QUARTÄRER DIENSTLEISTUNGS- GRUPPEN SEIT DEM 19. JAHRHUNDERT ANHAND DER STÄDTE MÜNSTER UND DORTMUND

von Heinz Heineberg

1. Einführung

Mit diesem Beitrag sollen einige beispielhafte Arbeitsergebnisse aus dem von mir geleiteten Teilprojekt B 8 des Sonderforschungsbereichs 164 „Vergleichende geschichtliche Städteforschung" zu Münster vorgestellt werden, das den Arbeitstitel trägt: „Standortverhalten quartärer Dienstleistungsgruppen in ausgewählten westdeutschen Großstädten seit dem Ende des 19. Jahrhunderts" [1].

Ein wichtiger Ausgangspunkt für das Teilprojekt bestand in der Erkenntnis, daß bezüglich der empirischen Erforschung des Standortverhaltens quartärer Dienstleistungsgruppen — oder allgemeiner: der Büronutzungen — in Deutschland ein erhebliches Forschungsdefizit besteht. Dies gilt in besonderem Maße für historisch-geographische, vergleichende Analysen von innerstädtischen Standortveränderungen [2]. Die Untersuchung historischer Entwicklungsprozesse

---

[1] Dabei werden — in Anlehnung an J. GOTTMANN, Megalopolis. The Urbanized Northeastern Seabord of the United States, New York 1961 — unter „quartären Funktionen" die Dienstleistungsaktivitäten zusammengefaßt, für deren Ausübung höhere Ausbildung und Schulung erforderlich sind und die z.T. einen großen Beitrag zu Entscheidungsprozessen leisten; vgl. auch G. GAD, Büros im Stadtzentrum von Nürnberg. Ein Beitrag zur City-Forschung, in: MittFrkGeogrGes 13/14 (1968), S. 133-341 (zugleich: ErlGeogrArb 23).

[2] Zum allgemeinen Stand, zu den Ansätzen und Problemen der Bürostandortforschung vgl. H. HEINEBERG/G. HEINRITZ, Konzepte und Defizite der empirischen Bürostandortforschung in der Geographie, in: H. HEINEBERG/G. HEINRITZ/G. GAD/N. DE LANGE/J. HARTWIEG, Beiträge zur empirischen Bürostandortforschung (Münchener Geographische Hefte 50), Kallmünz/Regensburg 1983, S. 9-28. Zur Methodik der geographischen Cityforschung bzw. zur Analyse der funktionalen Ausstattung von Geschäftsstraßen vgl. H. HEINEBERG/N. DE LANGE, Die Cityentwicklung in Münster und Dortmund seit der Vorkriegszeit — unter besonderer Berücksichtigung des Standortverhaltens quartärer Dienstleistungsgruppen, in: P. WEBER/K.-F. SCHREIBER (Hgg.), Westfalen und angrenzende Regionen. FS zum 44. Deutschen Geographentag in Münster 1983, T.1 (MGA 15), Paderborn 1983, S. 221-285; dazu auch W. MESCHEDE, Geschäftsstraßen in der Bielefelder City. Zur Problematik der Klassifikation und kartographischen Darstellung von kommerziell-zentralen Einrichtungen, in: Westfalen — Nordwestdeutschland — Nordseesektor. Wilhelm Müller-Wille zum 75. Geburtstag von seinen Schülern (Westfälische Geographische Studien 37), hg. v. H. KLEINN u.a., Münster 1981, S. 121-130; desweiteren H. HEINEBERG, Zentren in West- und Ost-Berlin. Untersuchungen zum Problem der Erfassung und Bewertung großstädtischer funktionaler Zentrenausstattungen in beiden Wirtschafts- und Gesellschaftssystemen Deutschlands (BochumGeogrArb, Sonderreihe 9), Paderborn

von Bürostandortverteilungen ist aber nicht nur von Bedeutung für die Erfassung der Standortdynamik des quartären Sektors seit dem 19. Jahrhundert, die zugleich ein wichtiger Indikator des dynamischen Urbanisierungsprozesses (funktionale Urbanisierung) ist [3], sondern zugleich auch zur Erklärung heutiger Standortstrukturen bzw. -muster in unseren Innenstädten.

Das Teilprojekt beschäftigt sich beispielhaft mit den folgenden Großstädten, von denen in erster Linie die Innenstadtgebiete hinsichtlich der Standortentwicklung der quartären Funktionen untersucht werden: Berlin (vor allem West-Berlin), die Landeshauptstädte München, Düsseldorf und Hannover [4] sowie die Oberzentren Münster und Dortmund. Während in einigen bereits veröffentlichten Beiträgen das innerstädtische Standortverhalten ausgewählter Dienstleistungsgruppen seit der Zwischenkriegszeit analysiert wurde [5], soll sich diese Arbeit auf Standortentwicklungen seit dem 19. Jahrhundert am Beispiel des Gesundheits- und Rechtswesens in den Städten Münster und Dortmund beziehen.

1977, insbes. S. 16ff. Besonders hingewiesen sei auch auf die folgenden Veröffentlichungen von Elisabeth Lichtenberger, in denen bereits historische Querschnittsanalysen bezüglich der Standortverteilungen einzelner Gruppen von Wirtschaftsfunktionen (einschließlich ausgewählter Büronutzungen) enthalten sind und (im „Altstadtbuch") auch der Versuch unternommen wurde, die Dezentralisierung spezifischer Bürogruppen aus der City zu erfassen: E. LICHTENBERGER, Wirtschaftsfunktion und Sozialstruktur der Wiener Ringstraße (Die Wiener Ringstraße — Bild einer Epoche 6), Wien/Köln/Graz 1970, und DIES., Die Wiener Altstadt. Von der mittelalterlichen Bürgerstadt zur City, Wien 1977 (Text- und Kartenband). Vgl. auch DIES., Ökonomische und nichtökonomische Variablen kontinentaleuropäischer Citybildung, in: Die Erde 103 (1972), S. 216-262, und DIES., Die Wiener City. Bauplan und jüngste Entwicklungstendenzen, in: Mitteilungen der Österreichischen Geographischen Gesellschaft 114 (1972), S. 42-85, sowie die folgende jüngere Arbeit des Verfassers, in der Standortveränderungen quartärer Dienstleistungsgruppen in den beiden Stadtzentren und ausgewählten Nebengeschäftszentren des geteilten Berlin im räumlichen und zeitlichen Vergleich (zwischen Ende der 60er Jahre und 1981/84) analysiert wurden: H. HEINEBERG, Jüngere Wandlungen in der Zentrenausstattung Berlins im West-Ost-Vergleich, in: Berlin. Beiträge zur Geographie eines Großstadtraumes, FS zum 45. Deutschen Geographentag in Berlin vom 30.9.1985 bis 2.10.1985, hg. v. B. HOFMEISTER u.a., Berlin 1985, S. 415-461.

[3] Vgl. H. HEINEBERG, Geographische Aspekte der Urbanisierung: Forschungsstand und Probleme, in: H.J. TEUTEBERG (Hg.), Urbanisierung im 19. und 20. Jahrhundert. Historische und geographische Aspekte (StF A 16), Köln/Wien 1983, S. 35-63, sowie H. HEINEBERG, Stadtgeographie (Grundriß Allgemeine Geographie X), Paderborn 1986.

[4] Vgl. aus dem Teilprojekt B 8 auch den Beitrag von N. DE LANGE in diesem Band.

[5] Vgl. HEINEBERG/DE LANGE, wie Anm. 2, und N. DE LANGE, Standortverhalten ausgewählter Bürogruppen in Innenstadtgebieten westdeutscher Metropolen, in: HEINEBERG/HEINRITZ/GAD/DE LANGE/HARTWIEG, wie Anm. 2, S. 61-100.

2. Arbeitsziele zur Erforschung des Standortverhaltens quartärer Dienstleistungsgruppen

Das *Arbeitsziel* unseres Forschungsteilprojektes B 8 läßt sich nun (nach den einführenden Bemerkungen) wie folgt knapp umreißen: Das Projekt widmet sich der raumzeitlichen vergleichenden Analyse innerstädtischer Entwicklungsprozesse und Regelhaftigkeiten im differenzierten Standortverhalten wichtiger Funktionen des quartären Dienstleistungssektors in westdeutschen Großstädten. Es wird davon ausgegangen, daß die in der bisherigen Bürostandortforschung entwickelten Teiltheorien, z.B. der kommunikationstheoretische Ansatz in den Arbeiten von J.B. Goddard u.a.[6], vor allem hinsichtlich branchen- oder gruppenspezifischer Regelhaftigkeiten im Rahmen bestimmter Entwicklungsphasen und bezüglich der Persistenz von Standortmustern (Persistenzhypothese, vgl. Abschnitt 3.) ergänzungsbedürftig sind.

Diesbezüglich gehen wir in unserem Forschungsteilprojekt u.a. folgenden *Hauptfragestellungen* nach, die auch in diesem Beitrag größtenteils Berücksichtigung finden sollen:

1. Analyse des Bedeutungs- und Funktionswandels einzelner quartärer Dienstleistungsgruppen seit dem 19. Jahrhundert, vor allem seit Beginn des modernen Citybildungsprozesses (d.h. seit ca. 1870), und dessen Auswirkungen auf raumrelevante Prozesse; dies betrifft z.B. die Entstehung neuer oder die Aufspaltung vorhandener quartärer Funktionen und deren Bedeutung für die Standortentwicklung.
2. Analyse des Standortverhaltens quartärer Dienstleistungsgruppen bezüglich innerstädtischer Entwicklungsprozesse anhand des Vergleichs ausgewählter Großstädte mit unterschiedlicher sozio-ökonomischer Struktur und verschiedener Stellung in der zentralörtlichen Hierarchie.
3. Analyse des Standortverhaltens quartärer Dienstleistungsgruppen bezüglich der Entwicklungsprozesse auf Städtesystemebene (Makroebene).
4. Analyse (allgemeiner) sozio-ökonomischer Ursachen und politischer Steuerungsfaktoren zur Bewertung der Entwicklungsprozesse im quartären Dienstleistungssektor.

Auf die Darlegung der differenzierten Arbeitshypothesen soll hier verzichtet werden[7]. Auch die angewendeten Arbeitsmethoden können hier im einzelnen nicht diskutiert werden, sie werden jedoch im Verlaufe des Beitrages weitgehend verdeutlicht.

---

[6] J.B. GODDARD, Office Communications and Office Location: A Review of Current Research, in: Regional Studies 5 (1971), S. 263-280 (im folgenden zitiert: GODDARD, Office Communications); DERS., Office Linkages and Location. A Study of Communications and Spatial Patterns in Central London (Progress in Planning 1,2), Oxford 1973; DERS., Office Location in Urban and Regional Development (Theory and Practice in Geography), London 1975.

[7] Vgl. dazu — insbesondere im Hinblick auf die Beispielstädte Münster und Dortmund — HEINEBERG/DE LANGE, wie Anm. 2, S. 223f.

3. Zur Auswahl des Städtepaares Münster und Dortmund

Die unter 2. genannten Hauptfragestellungen lassen sich gut auf zwei Großstädte mit bedeutenden historischen Stadtkernen anwenden, wie es bei der ehemaligen Territorialhauptstadt des früheren Fürstbistums Münster bzw. der späteren preußischen Provinz Westfalen (Provinzialhauptstadt Münster ab 1816) und der ehemaligen Freien Reichsstadt Dortmund (1815 in den preußischen Regierungsbezirk Arnsberg eingegliedert) gegeben ist. Beide Stadtkerne haben im II. Weltkrieg vergleichbare Zerstörungen erfahren (jeweils mehr als 90% der Bausubstanz), so daß auch die Frage nach dem Nachwirken früherer Standortmuster (Persistenzhypothese) von besonderer Relevanz ist. Außerdem sind Münster und Dortmund heute die beiden bedeutendsten und zudem stark miteinander konkurrierenden Oberzentren innerhalb Westfalens, wobei Münster jedoch im öffentlichen Verwaltungs- und Kulturbereich seit der preußischen Zeit trotz des Verlustes seiner Hauptstadtfunktion nach dem II. Weltkrieg das überragende Zentrum dieser Region darstellt. Demgegenüber verfügt Dortmund als westfälische Ruhrgebietsmetropole seit dem enormen Aufstieg als Bergbau- und Industriestadt, d.h. nach Mitte des 19. Jahrhunderts, über besondere wirtschaftliche Zentralfunktionen.

Erhebliche Unterschiede zwischen den beiden Städten bestehen nicht nur hinsichtlich ihrer administrativen, kulturellen und ökonomischen Funktionen, sondern auch bezüglich ihrer jeweils vorherrschenden Sozialstrukturen (Münster als Beamten- und Angestellten-, Dortmund als Bergbau- und Industriearbeiterstadt), ihrer unterschiedlichen Einwohnerzahlen (Münster heute rund 270.000 E., Dortmund rund 608.000 E.) und der voneinander abweichenden Ausstattung mit Subzentren (in Dortmund von größerer Bedeutung). Hinzu kommen z.B. auch Gegensätze in den Citygestaltungsmaßnahmen in der Nachkriegszeit im Rahmen des Wiederaufbaus[8].

4. Zur kartographischen Darstellungsmethodik

Die Ausführungen in den Hauptkapiteln 5 und 6 (Abschnitte 5.2 und 6.2) beziehen sich auf Kartendarstellungen der Standortverteilungen des Gesundheits- und Rechtswesens für vier ausgewählte Zeitschnitte (1886/87, 1906/07, 1932, 1980/81), für die geeignetes Quellenmaterial für beide Städte zur

---

[8] Zu den in diesem Abschnitt genannten Aspekten vgl. im einzelnen: Dortmund (DtStAtl, Lfg. 1, 3), hg. v. H. STOOB, Dortmund 1973; Dortmund. 1100 Jahre Stadtgeschichte. FS, im Auftrage der Stadt Dortmund hg. v. G. LUNTOWSKI/N. REIMANN, Dortmund 1982; HEINEBERG/DE LANGE, wie Anm. 2; H. HEINEBERG/A. MAYR, Östliches und mittleres Ruhrgebiet. Entwicklungs- und Strukturzonen unter siedlungs-, wirtschafts-, sozialräumlichen und planerischen Aspekten, in: DIES. (Hgg.), Exkursionen in Westfalen und angrenzenden Regionen. FS zum 44. Deutschen Geographentag in Münster 1983, T.2 (MGA 16), Paderborn 1983, S. 119-150; H. HEINEBERG, Münster — Entwicklung und Funktionen der westfälischen Metropole, in: GR 35 (1983), S. 204-210.

Verfügung stand: vor allem Adreßbücher mit Branchenteilen, großmaßstäbliche Karten mit Hausnummernsystemen, eigene geschoßweise Totalerhebungen der Innenstadtnutzungen 1980/81.

Da die Koordinaten sämtlicher Einzelstandorte in den Verteilungskarten digitalisiert wurden, konnten zur (geometrischen) Charakterisierung der einzelnen Standortverteilungen die Schwerpunkte der Verteilungen (arithmetisches Mittelzentrum als Ellipsenmittelpunkt) sowie die Maximal- und Minimalstreuungen (Standardabweichungen als Ellipsenhalbachsen) mittels EDV berechnet werden (Abb. 2-17). Die sog. Standardabweichungsellipse vermag die räumliche Form der Standortstreuungen und (beim zeitlichen Vergleich) deren Veränderungen insgesamt besser zu verdeutlichen als die einfache Standarddistanzberechnung bzw. -darstellung in Gestalt eines Kreisradius [9].

In den Standortverteilungskarten sind außerdem sämtliche öffentlichen Gebäude dargestellt. Dies erfolgte aus folgenden Gründen:

1. Öffentliche Gebäude belegen, zusammen mit ihren angrenzenden Freiflächen im öffentlichen Besitz, Räume, die als potentielle Mikrostandorte für private Dienstleistungseinrichtungen (Büros, Praxen etc.) i.a. ausfallen. Insbesondere läßt sich für Münster seit Übernahme der Funktion als Provinzialhauptstadt im 19. Jahrhundert ein früher, bedeutender „Auffüllungsprozeß" mit öffentlichen Gebäuden innerhalb der Altstadt nachweisen. Öffentliche Gebäude weisen in der Regel — trotz Kriegszerstörungen — ein hohes Ausmaß an Persistenz (Beharrungseffekt) auf. Dabei haben sie z.T. auch „Barrieren" für die Cityexpansion gebildet; letzteres läßt sich am Beispiel der Auswirkungen des umfassenden Kirchenbesitzes in Münster sehr gut belegen.

2. Andererseits wirken öffentliche Gebäude zugleich in unterschiedlicher Weise als „Kristallisationskerne" für Standortagglomerationen privatwirtschaftlicher Dienstleistungsgruppen (z.B. Anziehungskraft der Gerichtsstandorte auf Rechtsanwälte und Notare, Bedeutung von Krankenanstalten für die Standortorientierung von Arztpraxen).

3. Die Entwicklung von Standorten oder auch Häufungen spezieller administrativer Leitfunktionen (z.B. Regierung, königliche Bank) können die Herausbildung sog. „repräsentativer" Lagen oder Standorträume bewirken und damit für die Standortentscheidungen bestimmter privatwirtschaftlicher Einrichtungen von großer Bedeutung sein.

Zur Verdeutlichung verkehrsgünstiger Lagen wurden für die Zeitschnitte 1906/07 und 1932 auch die öffentlichen Verkehrslinien eingezeichnet, da dem öffentlichen Nahverkehr zu den damaligen Zeiten vermutlich eine besondere Bedeutung zukam.

---

[9] Zur mathematischen Ableitung der Standardabweichungsellipse vgl. z.B. D. EBDON, Statistics in Geography, Oxford 1981.

Die Darstellung der Hauptgeschäftsbereiche [10] als vom Einzelhandel geschlossen, d.h. räumlich zusammenhängend und intensiv genutzte und durch einen bedeutenden Passantenverkehr charakterisierte Teile der Innenstädte sowie (für die letzten beiden Zeitschnitte) der Citygebiete [11] soll die Standortbedingungen „zentrale Lage", „Verkehrsgunst", „Agglomerationsvorteile (insgesamt)" und z.T. auch „Repräsentativität der Lage" weiter differenzieren.

5. Vergleich der Veränderungen und Standortentwicklung im Gesundheitswesen seit dem 19. Jahrhundert

5.1 Bedeutungs- und Funktionswandel der Einrichtungen des Gesundheitswesens

Die folgende Darstellung der Entwicklung des Gesundheitswesens seit dem 19. Jahrhundert in Preußen bzw. Westfalen im allgemeinen sowie in Münster im besonderen bezieht sich zunächst großenteils auf Arbeiten der Medizinalgeschichte, bezüglich der Veränderungen in Münster und Dortmund seit dem letzten Viertel des 19. Jahrhunderts auf Adreßbuchauswertungen (Branchenteile). Es ist bezeichnend, daß keine der medizingeschichtlichen Untersuchungen die innerstädtischen Standortverteilungen bzw. -veränderungen von Arztpraxen berücksichtigt (vgl. dazu 5.2) [12].

Um 1800 bestand das Gesundheitswesen aus „Armenpflege" und Medizinalwesen. Die eigentliche Entfaltung eines Krankenhauswesens erfolgte erst im Verlauf des 19. Jahrhunderts, vor allem in dessen letztem Viertel (Abb. 1).

Entwicklung der Armenpflege und des Krankenhauswesens am Beispiel von Münster:

Die um 1800 in Münster vorhandenen 22 Armen- bzw. Altersheime, von denen sieben der städtischen und elf der kirchlichen Armenpflege unterstanden, waren ursprünglich zum großen Teil als Krankenhäuser gegründet worden. Sie dienten zu Beginn des 19. Jahrhunderts jedoch größtenteils als Altersheime [13]. Daneben bestand das St. Clemens-Hospital, das 1753 „für völlig alleinstehende oder

---

[10] Die Abgrenzungen der Hauptgeschäftsbereiche basieren auf genauen Standortverteilungskarten sämtlicher Einzelhandelseinrichtungen für die ausgewählten Zeitschnitte, die im Rahmen unseres Teilprojektes entwickelt wurden; zur Definition der Hauptgeschäftsbereiche und Abgrenzungsmethodik vgl. HEINEBERG/DE LANGE, wie Anm. 2, S. 238.

[11] Zum Citybegriff und zur Methodik der Cityabgrenzung vgl. HEINEBERG/DE LANGE, wie Anm. 2, S. 237-238. Für die Jahrgänge 1886 und 1906/07 konnten bislang noch keine genauen Citybegrenzungen empirisch ermittelt werden.

[12] Vgl. G. LÜNENBORG, Die öffentliche Gesundheitsfürsorge der Stadt Münster in Westfalen. Ein historischer Überblick von den Anfängen bis zur Errichtung staatlicher Gesundheitsämter, med. Diss. (masch.), Münster 1971.

[13] H. SCHWANITZ, Gesundheit, Krankheit und Alter in Münster im 19. Jahrhundert. Fakten und Meinungen, med. Diss. (masch.), Münster 1979, S. 5, 126.

Innerstädtische Standortentwicklung quartärer Dienstleistungsgruppen 269

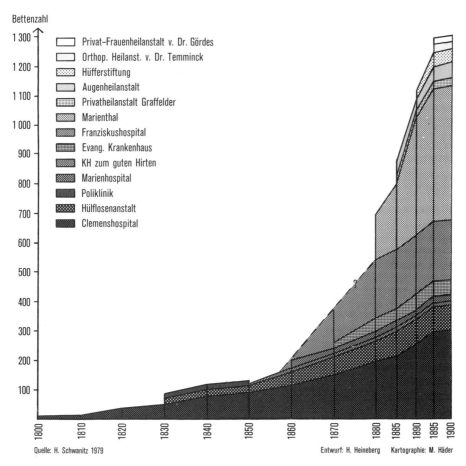

Abb. 1: Anwachsen des „Bettenberges" in Münster im 19. Jahrhundert

ansteckende Kranke sowie für erkrankte Handwerksgesellen"[14] errichtet worden war. Im Laufe des 19. Jahrhunderts, vor allem in dessen zweiter Hälfte, kamen in Münster jedoch weitere zwölf Krankenanstalten hinzu. Die Anzahl der Krankenhausbetten wuchs besonders im letzten Viertel des 19. Jahrhunderts stark an (Abb. 1), vor allem bedingt durch die Gründung bzw. den Ausbau von zwei größeren Krankenhäusern im 1875 eingemeindeten Umland der Stadt. Damit begann im Krankenhauswesen — entsprechend der Entwicklung im öffentlichen Verwaltungsbereich[15] — der Prozeß einer Standortdekonzentration. Die Expansion bzw. die Standortentwicklung im Krankenhauswesen war nicht nur durch das rasche städtische Bevölkerungswachstum (Münster 1850: 21.333 E.; 1880: 40.074 E.; 1900: 63.754 E.), sondern wohl in erheblichem Maße durch die Einführung der Kranken-, Invaliden- und Unfallversicherung im Jahre

---

[14] Ebd., S. 7.
[15] Vgl. HEINEBERG/DE LANGE, wie Anm. 2, S. 229.

1883 bedingt; letzteres hat den Krankenhäusern den Charakter von Armenanstalten genommen [16].

Entwicklung des ärztlichen Berufsstandes:
Die berufliche Aufgliederung der Medizinalpersonen unterlag in den beiden Beispielstädten ab der preußischen Zeit preußischem Recht. Demnach wurde diese zunächst sehr heterogene Berufsgruppe bis 1825 „eingeteilt in promovierte und nichtpromovierte praktische Ärzte, Stadt- und Landwundärzte, Militärärzte, Hebammen, Apotheker und Tierärzte sowie in für einzelne Zweige der Chirurgie zuständige und geprüfte Heilpersonen wie Zahnärzte, Okulisten (Augenheilkundige), Bruch- und Steinschneider u.a." [17].

Nach dem Preußischen Prüfungsreglement von 1825 gab es nur noch drei Gruppen von Heilkundigen:

1. Promovierte praktische Ärzte, die Gymnasialabschluß besitzen mußten; falls diese zusätzlich zur inneren Medizin auch die Chirurgie (nach klinisch-chirurgischer Ausbildung und Prüfung) ausübten, durften sie sich dann als „praktischer Arzt und Wundarzt" bezeichnen [18].
2. Der Wundarzt I. Klasse, der an einer medizinisch-chirurgischen Lehranstalt ausgebildet wurde. Dieser durfte innere und chirurgische Praxis betreiben; er war ein nicht-promovierter praktischer Arzt.
3. Der Wundarzt II. Klasse durfte demgegenüber — nach einer dreijährigen Lehrzeit bei einem Wundarzt I. Klasse und einem chirurgischen Kursus — nur chirurgische Praxis ausüben [19].

Aufgrund der preußischen Medizinalreform von 1852 wurde das Nur-Wundarzt-Studium aufgehoben; bereits einige Jahre vorher (1848/49) waren die medizinisch-chirurgischen Lehranstalten geschlossen worden, wovon auch Münster betroffen war. Ab 1852 mußte jeder promovierte Arzt die Approbation als praktischer Arzt, Wundarzt und Geburtshelfer erwerben; damit war die traditionell strikte Trennung zwischen Medizin und Chirurgie aufgehoben [20]. Schließlich wurde 1872 den wenigen noch übrig gebliebenen Wundärzten I. Klasse die Führung des Titels „Praktischer Arzt" erlaubt, womit sie den promovierten Ärzten gleichgestellt waren. Von dieser Zeit an findet sich in den Adreßbüchern daher auch nicht mehr die alleinige Bezeichnung Wundarzt.

Ab ca. 1870 begann also die eigentliche Entwicklung des heutigen Ärztestandes. Die Tabelle 1 zeigt, daß die Zahl der Ärzte in Münster erst in den letzten beiden Jahrzehnten des 19. Jahrhunderts stärker angestiegen war. Die

---

[16] TH. HERBERHOLD, Die ärztliche Versorgung der Provinz Westfalen unter besonderer Berücksichtigung des öffentlichen Gesundheitswesens, med. Diss. (masch.), Münster 1937, S. 14.
[17] SCHWANITZ, wie Anm. 13, S. 135.
[18] Ebd., S. 135.
[19] Ebd., S. 136.
[20] Ebd., S. 136.

Tabelle 1

Entwicklung der Ärzte und Ärztedichte in Münster im 19. Jahrhundert

Jahr	Anzahl der Prakt. Ärzte (u. Wundärzte)	Nur-Wundärzte	Einwohner/Arzt
1834	21	5	.730
1853	21	4	.880
1870	21	3	1.034
1883	29	-	1.465
1890	41	-	1.203
1895	68	-	.895
1900	58	-	1.052

Quelle: SCHWANITZ, wie Anm. 13, S. 138.

Ärztedichte war mit rund 1.000 E./Arzt sehr hoch; sie lag weit über der sonst in Preußen oder in Deutschland herrschenden Dichte (z.B. 1887: 3.000 E./Arzt) [21].

Allgemein gilt, daß sich die Ärzte in dieser Zeit bereits sehr stark in den Städten konzentrierten, wo eine scharfe Konkurrenz unter den niedergelassenen Ärzten herrschte [22]. Eine besondere Konkurrenz für den Ärztestand bildete die im 19. Jahrhundert noch weit verbreitete Quacksalberei oder Kurpfuscherei, d.h. die Krankenbehandlung durch nichtausgebildete Laienpersonen. Diese Art der Versorgung resultierte wohl vor allem aus der bis um die Mitte der 80er Jahre fehlenden gesetzlichen Krankenversicherung der unteren Einkommensgruppen bzw. aus den relativ hohen Arzthonoraren [23].

Das Arztwesen war in der zweiten Hälfte des 19. Jahrhunderts noch durch zwei weitere Veränderungen gekennzeichnet, von denen anzunehmen ist, daß sie sich auf die Standortstrukturen oder -veränderungen auswirkten. Zum einen setzte sich seit der Mitte des 19. Jahrhunderts mehr und mehr die Sprechstunde gegenüber den bis dahin fast gänzlich vorherrschenden Hausbesuchen der Ärzte durch. Von den 70er Jahren an wurde die Sprechstunde etwa in der heutigen Form gebräuchlich [24], d.h. die *Standorte* der Ärzte erhielten mit der Einführung echter Praxen eine Funktion, die mit der gegenwärtigen weitgehend vergleichbar ist.

Eine zweite Wandlung des Arztwesens bestand im 19. Jahrhundert in der Ausbildung von Spezialfächern der Medizin, was sich in dem Aufkommen von Spezialisten oder Fachärzten äußerte. Für das Jahr 1875 sind in Münster neben

---

[21] Nach E. BREUER, Das Verhältnis der Ärzte und Fachärzte zur Gesamtbevölkerung im Deutschen Reich und in der Bundesrepublik Deutschland in der Zeit von 1825 bis 1958, med. Diss. (masch.), München 1963, S. 19.
[22] SCHWANITZ, wie Anm. 13, S. 137f.
[23] Ebd., S. 152.
[24] I. VIELER, Die deutsche Arztpraxis im 19. Jahrhundert, med. Diss. (masch.), Mainz 1958, S. 2.

den insgesamt 24 Ärzten und Wundärzten nur ein Augenarzt (mit einer privaten Augenklinik), der jedoch im Adreßbuch noch unter der Rubrik promovierte Praktische Ärzte und Wundärzte aufgeführt wurde, und zwei Zahnärzte (Tab. 2) sowie darüber hinaus fünf zivile Tierärzte ausgewiesen. Die Augenärzte waren im 19. Jahrhundert im allgemeinen die ersten Fachärzte, später folgten die Frauenärzte. Bis zum Jahre 1906 war die Zahl der Ärzte (ohne Tierärzte) in Münster auf insgesamt 66 erheblich angewachsen, davon waren nunmehr 19 (= 29%) Fachärzte (zum Vergleich: in Preußen betrug der Anteil der Fachärzte z.B. im Jahre 1904 durchschnittlich lediglich 15%). Hinzu kam, daß in Münster drei praktische Ärzte noch zusätzliche Spezialisierungen angaben (Homöopath, Orthopäde, Zahnarzt). In Dortmund waren die Verhältnisse noch extremer: Noch 1886 gab es außer den 31 praktischen Ärzten und Wundärzten und lediglich drei Zahnärzten nur einen ausgewiesenen Facharzt (in Münster waren es in dem Jahr immerhin schon vier). In den darauffolgenden ca. 20 Jahren (bis 1907) war die Zahl der Mediziner in Dortmund allerdings außerordentlich stark auf insgesamt 109 (ohne Tierärzte) angewachsen, unter denen nunmehr 45 (= 41%) Fachärzte waren. Hinzu kam auch bereits ein Fachzahnarzt. Die Unterschiede in der Ärzteanzahl zwischen beiden Städten sind wohl durch die verschiedenen Stadtgrößen bedingt.

Die „Arztdichte" (Einwohner je Arzt) war bereits 1887 in Münster wesentlich höher als in Dortmund (weniger Einwohner pro Arzt). Während diese allgemein auch 1906/07 in Münster größer war als in Dortmund (Tab. 2), wies Dortmund jedoch eine höhere Facharztdichte auf.

Es ist jedoch zu beachten, daß um 1906/07 die Facharztspezialisierung noch nicht durchgehend so ausgeprägt war wie zur Gegenwart. Denn es bestand eine Reihe von Kombinationen bestimmter Fachrichtungen, wie z.B. Hautarzt und Urologe, Chirurg und Frauenarzt, Augen- und Ohrenarzt, die auf erste Spezialisierungstendenzen hinweisen.

Allgemein gilt, daß zu Beginn des 20. Jahrhunderts die Universitätsstädte mit Medizinerausbildung in Deutschland die jeweils größte Zahl an Fachärzten aufwiesen, absolut führend war dabei Berlin mit z.B. 799 Fachärzten im Jahre 1904. Die relativ geringe Anzahl der Fachärzte in Münster zu der damaligen Zeit ist wohl darauf zurückzuführen, daß hier erst 1902 die Universität (nach ihrer Schließung im Jahre 1818) wiedereröffnet worden war.

Ein weiteres Merkmal für die Entfaltung des ärztlichen Berufsstandes war die Zahl der Privatkliniken, die bis zum Beginn dieses Jahrhunderts in beiden Städten stark angewachsen war. Von den 19 Fachärzten Münsters im Jahre 1906 unterhielten neun eine Privatklinik, von den 45 Fachärzten der Stadt Dortmund im Jahre 1907 hatten zehn eine Privatklinik.

Bis zur Gegenwart hat sich nicht nur die Anzahl der Praxen allgemein bzw. in den Beispielstädten ganz erheblich erhöht (Tab. 2), hinzu kam — als allerdings jüngerer Trend — das Entstehen kooperativer Formen der Arztpraxen in Gestalt von Doppel-, Gemeinschafts-, Gruppenpraxen, Ärztehäusern etc., was auch das Standortverhalten von Ärzten, insbesondere in den Innenstädten, beeinflußt hat.

Tabelle 2

Ärzte (Humanmedizin)[a] in Münster und Dortmund 1875/86 bis 1980/81

	Münster					Dortmund				
	Prakt. Ärzte	Fach- ärzte	Zahn- ärzte	Ärzte insges.	E/A[b]	Prakt. Ärzte	Fach- ärzte	Zahn- ärzte	Ärzte insges.	E/A[b]
1875	24	1	2	27		–	–	–	–	
1886(DO) 1887(MS)	28	4	3	35	rd. 1300	31	1	3	35	rd. 2370
1906(MS) 1907(DO)	38	19	9	66	rd. 1270	53	45	10	109	rd. 1800
1932	41	71	30	142	rd. 870	151	133	85	369	rd. 1450
davon im City- gebiet[c]	20%	66%	67%	53%		15%	56%	47%	37%	
1980(MS)[d] 1981(DO)[d]	89	277	170	536	rd. 500	214	404	228	846	rd. 720
davon im City- gebiet[e]	12%	42%	32%	34%		7%	20%	15%	15%	
Zunahme 1932- 1980/81	+117%	+290%	+467%	+277%		+ 42%	+204%	+168%	+129%	

Quellen: Adreß-Buch der Stadt Münster für 1875, Münster 1875; Adreß-Buch der Stadt Münster für 1887, Münster 1887; Adreßbuch der Stadt Münster i.W. 39 (1906), Münster 1906; Einwohnerbuch der Stadt Münster (Westf.) 58 (1932), Münster 1932; Dortmunder Wohnungs- und Geschäftsanzeiger für das Jahr 1886, Dortmund 1886; Dortmunder Adreßbuch für das Jahr 1907, Dortmund 1907; Dortmunder Adreßbuch für das Jahr 1932, Dortmund 1932; Amtliches Fernsprechbuch 8, Bereiche Münster/Warendorf, 1980/81; Branchen-Fernsprechbuch 8, Bereich Münster, 1980/81; Amtliches Fernsprechbuch 31, Ortsnetz Dortmund, 1980/81; Branchen-Fernsprechbuch 31/66, Ortsnetz Dortmund und Bereiche Hamm, Unna, 1980/81; Aufstellung der Ärzte in Münster und Dortmund laut EDV-Ausdruck der Ärztekammer Münster vom Febr. 1980; eigene Erhebungen in den Innenstädten (1980/81).

a) ohne Homöopathen
b) E/A = Einwohner je Arzt („Ärztedichte")
c) zur Citygebietsabgrenzung vgl. Abb. 6 und 8
d) Anzahl der freipraktizierenden Ärzte einschl. der in Krankenhäusern praktizierenden Chefärzte bzw. der Direktoren der Universitätskliniken Münster (ohne Anästhesisten, Pathologen und Homöopathen).
e) zur Citygebietsabgrenzung vgl. Abb. 7 und 9.

5.2 Standortveränderungen der Arztpraxen in Münster und Dortmund seit dem letzten Viertel des 19. Jahrhunderts

5.2.1 Die Entwicklung vor dem I. Weltkrieg

Die Gesamtzahl der Ärzte der Humanmedizin war während des ersten Zeitschnittes, d.h. um 1886/87, mit je 35 in beiden Städten genau gleich (Tab. 2). Sie hatte sich — wie das Beispiel Münster im Jahre 1875 zeigt — bis dahin nur relativ langsam entwickelt. Eine ganz erhebliche Zunahme ist jedoch für die folgenden zwei Jahrzehnte festzustellen: in Münster nahezu eine Verdoppelung, in Dortmund sogar eine Verdreifachung der Zahl der Ärzte. D.h. das sprunghafte Wachstum der Arztpraxen setzte wahrscheinlich erst ab den 90er Jahren des 19. Jahrhunderts ein.

Die beiden Standortverteilungskarten für Münster (1887 und 1906) verdeutlichen, daß dieser Prozeß auch mit bemerkenswerten Standortveränderungen bzw. -verdichtungen verbunden war (Abb. 2 und 3).

Standorte der Arztpraxen in Münster 1887 (Abb. 2):

Die Karte zeigt eine (erste) Häufung von Arztpraxen in der östlichen und südlichen Altstadt. Bevorzugt wurden offenbar besonders verkehrsgünstige Standorte entlang der in den Altstadtkern hineinführenden Hauptstraßen, wobei z.T. auch Repräsentationslagen (z.B. in der Königsstraße in der Nähe der Adelspaläste) von Bedeutung waren. Auch die Anlage des Bahnhofs östlich der Altstadt hat die Standortverteilung beeinflußt. Auffällig ist, daß die zentralsten, vom Einzelhandel besonders intensiv genutzten Bereiche (Hauptgeschäftsbereiche) kaum Arztpraxen aufwiesen. Inwieweit die Nahlage zu den Krankenanstalten bedeutend war, ist nur schwer abzuschätzen. Standorte am Rande oder auch außerhalb der Altstadt (in den ersten Stadterweiterungsbereichen) zeigen, daß auch die Wohnstandortorientierung der Ärzte von Relevanz war. Da aber die Einwohnerzahl in der gesamten Altstadt noch relativ groß war, hatte der Standortfaktor ‚Patientennähe' insgesamt wohl erhebliche Bedeutung.

Die Lage und Form der Standardabweichungsellipse drücken das in NW-SO-Richtung ausgerichtete Verteilungsmuster der Arztpraxen mit ihrem Schwerpunkt im südöstlichen Sektor der Altstadt und des angrenzenden Stadterweiterungsgebietes aus.

Standorte der Arztpraxen in Münster 1906 (Abb. 3):

Die o.g. Standorttendenzen haben sich teilweise verstärkt, z.T. aber auch verändert. Die Arztpraxen konzentrieren sich nunmehr deutlicher in einigen Abschnitten des Hauptgeschäftsbereichs (Ludgeristraße, um die Lambertikirche), d.h. in zentralsten Lagen, aber auch im Nahbereich der Krankenanstalten (vermutlich Beginn des Belegarztsystems). Eine zweite bedeutende Veränderung hatte sich im Bahnhofsbereich ereignet: Mit der Südwärtsverlegung des Hauptbahnhofs und dem Ausbau eines neuen Stadtviertels, des Bahnhofsviertels, zwischen dem Bahnhof und der Promenade in den 90er Jahren des 19. Jahrhunderts entwickelte sich dieser verkehrsgünstig gelegene Bereich, der auch durch einen neuen Straßendurchbruch (Windthorststraße) gut an die Altstadt

Innerstädtische Standortentwicklung quartärer Dienstleistungsgruppen 275

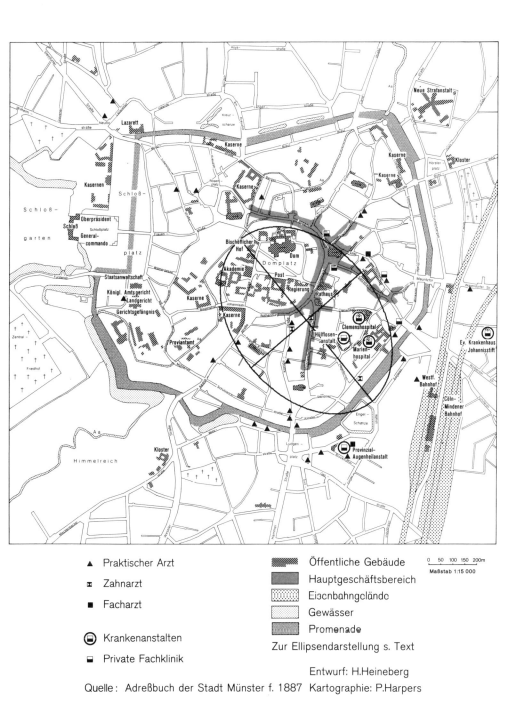

Abb. 2: Standorte der Arztpraxen in Münster 1887

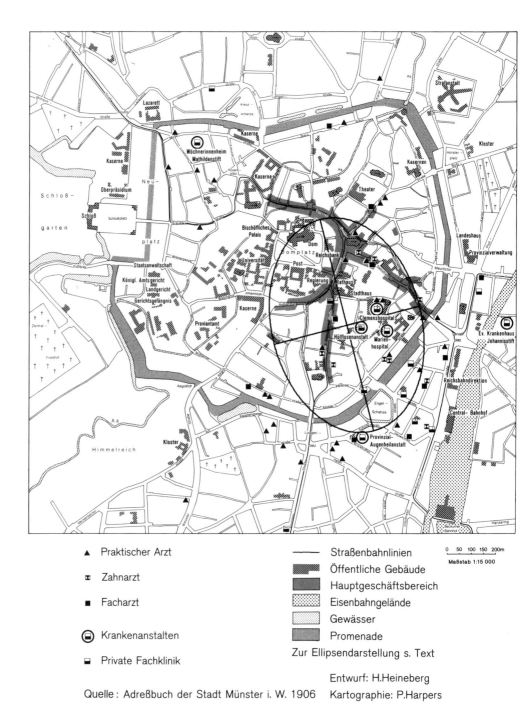

▲ Praktischer Arzt
⌧ Zahnarzt
■ Facharzt
⊖ Krankenanstalten
▭ Private Fachklinik

——— Straßenbahnlinien
▨ Öffentliche Gebäude
▬ Hauptgeschäftsbereich
░ Eisenbahngelände
░ Gewässer
▒ Promenade
Zur Ellipsendarstellung s. Text

0 50 100 150 200m
Maßstab 1:15 000

Entwurf: H. Heineberg
Quelle: Adreßbuch der Stadt Münster i. W. 1906   Kartographie: P. Harpers

Abb. 3: Standorte der Arztpraxen in Münster 1906

angebunden worden war, zu einem „Ärzteviertel", in dem 1906 sogar vier Privatkliniken und eine aus einer früheren Privatklinik entstandene Provinzial-Augenheilanstalt lokalisiert waren. Damit zeichnete sich auch die Cityexpansion (oder -bildung) in Südostrichtung ab.

Die Standardabweichungsellipse für 1906 verdeutlicht — im Vergleich zu 1887 —, daß sich der Schwerpunkt der Verteilung nunmehr eindeutig in die Nähe der Krankenanstalten bzw. des zentralsten Bereichs verlagert hatte. Die Maximalstreuung in NW-SO-Richtung unterstreicht auch die Hauptstandorttendenz (zwischen zentralster Lage und Bahnhofsviertel).

Im Vergleich zu Münster waren die Standortmuster der Arztpraxen in Dortmund in den Jahren 1886 und 1907 sehr viel disperser:

Standorte der Arztpraxen in Dortmund 1886 (Abb. 4):
Es zeichnet sich schon eine gewisse Bevorzugung verkehrsgünstiger Standorte (Wälle, Hauptstraßen, Bahnhofsnähe) und zentralster Lagen (z.B. Hellweg) ab, jedoch weist die relativ gleichmäßige (disperse) Verteilung über die gesamte Altstadt auf eine stärkere Wohnstandortorientierung (Patientennähe) hin.

Die gleichmäßigere Streuung wird auch durch die Form der Standardabweichungsellipse verdeutlicht, deren Mittelpunkt jedoch im zentralsten Bereich der Altstadt lokalisiert ist.

Standorte der Arztpraxen in Dortmund 1907 (Abb. 5):
Die Praxenstandorte tendieren nun — wie in Münster — auffälliger zu verkehrsorientierten und zugleich repräsentativen Standorten (z.B. entlang des zwischenzeitlich weiter ausgebauten Promenadenrings). Auch wird nunmehr stärker die Nahlage zu Krankenanstalten (im Südwesten der Altstadt) bevorzugt. Aufgrund dieser Standortverteilung zeichnet sich bereits ab, daß sich die Citybildung in Dortmund nicht asymmetrisch-sektorartig — wie in Münster —, sondern stärker flächenhaft im gesamten Bereich der Altstadt vollzieht; die Altstadt wurde bis zum Beginn dieses Jahrhunderts — im Gegensatz zu Münster — von allen Seiten mit dichten Mietskasernenvierteln und Industrie sowie an drei Flanken von Eisenbahntrassen (mit Bahnhöfen) eingerahmt. D.h. es sind bei der Interpretation der Standortverteilungen quartärer Dienstleistungsgruppen auch die unterschiedlichen städtebaulichen, funktions- und sozialräumlichen Entwicklungen und deren Auswirkungen in Städten zu berücksichtigen.

Die Standardabweichungsellipse für 1907 verdeutlicht die flächenhafte Zunahme der Streuung und die Standorttendenz in Richtung Krankenhausviertel im Südwesten. Der Schwerpunkt der Verteilung im zentralsten Bereich der Altstadt hat sich bis 1907 jedoch kaum verändert.

5.2.2 Entwicklung bis zur Gegenwart
Standorte der Arztpraxen in Münster 1932 (Abb. 6):
Bis zu Beginn der 30er Jahre war der „Cityauffüllungsprozeß" mit Arztpraxen erheblich weiter fortgeschritten; es läßt sich für diese Zeit in Münster auch bereits eindeutig ein Citygebiet abgrenzen. Es heben sich nunmehr zwei sehr verkehrsgünstig gelegene Standortkonzentrationen, vor allem Standorthäufun-

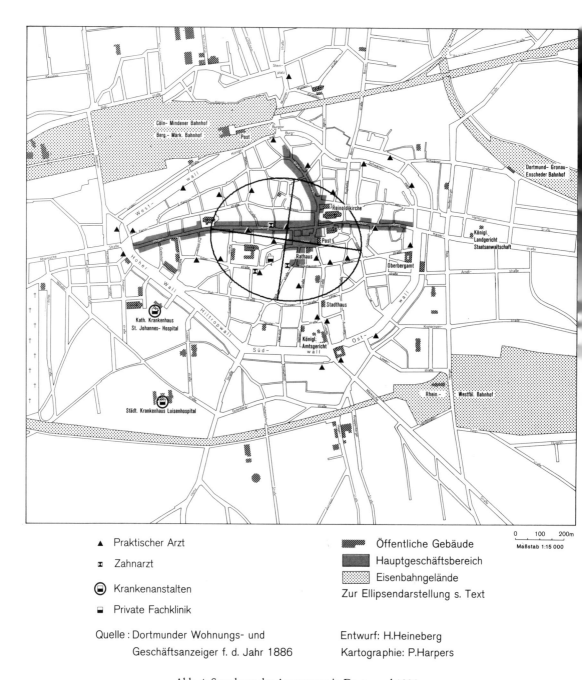

Abb. 4: Standorte der Arztpraxen in Dortmund 1886

Innerstädtische Standortentwicklung quartärer Dienstleistungsgruppen 279

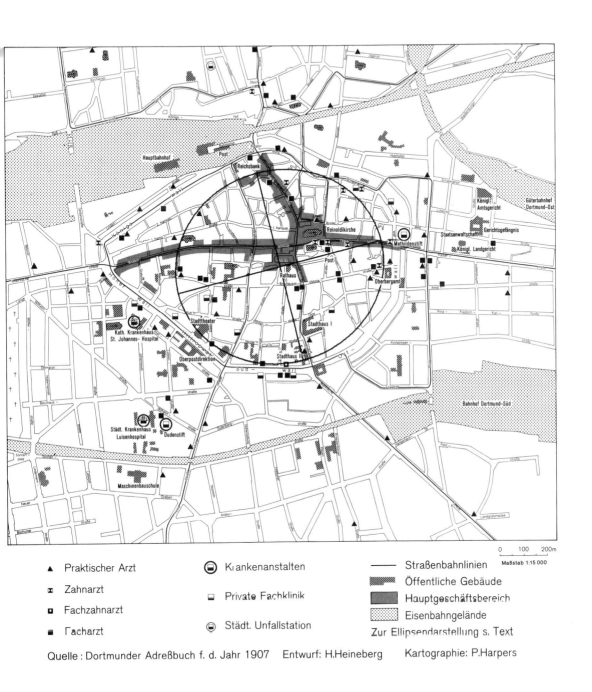

Abb. 5: Standorte der Arztpraxen in Dortmund 1907

280   Heinz Heineberg

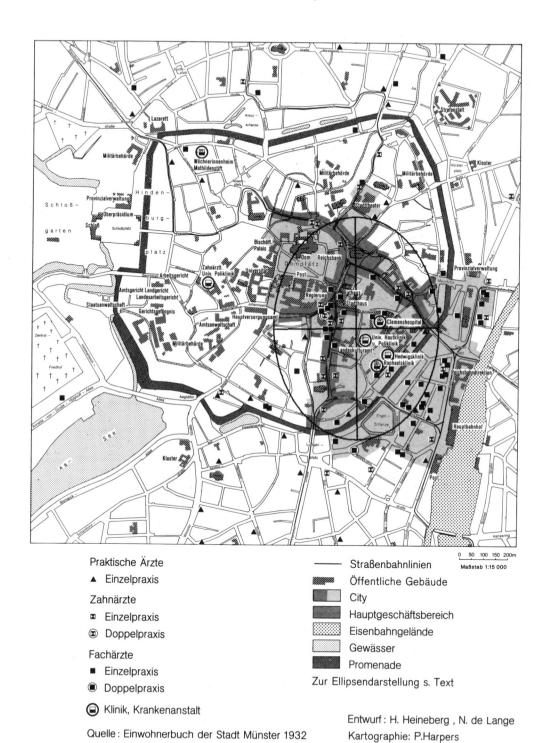

Abb. 6: Standorte der Arztpraxen in Münster 1932

Innerstädtische Standortentwicklung quartärer Dienstleistungsgruppen 281

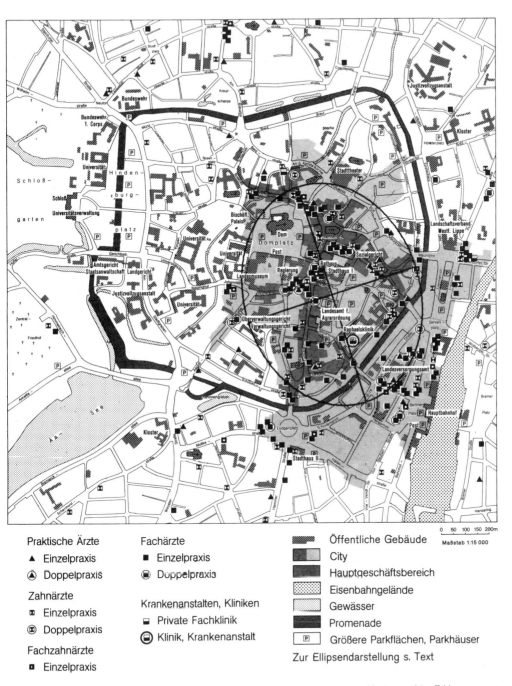

Abb. 7: Standorte der Arztpraxen in Münster 1980

gen von Facharztpraxen, hervor: die nördliche Ludgeristraße und die Rothenburg, d.h. zentrale Hauptgeschäftsbereichsabschnitte, sowie das Bahnhofsviertel. Auffällig ist auch die Gruppierung um die vier Krankenanstalten in der Mitte der gesamten Standortagglomeration (vermutlich Auswirkung des nunmehr bedeutenden Belegarztsystems). Nicht ganz zu erklären ist die relativ geringe Standortdichte im nördlichen Abschnitt des Hauptgeschäftsbereichs (um die Lambertikirche). Wahrscheinlich war dafür das geringere Raumangebot in diesem geschäftlich intensivst genutzten Citybereich verantwortlich. Die ersten beiden Doppelpraxen in der Standortverteilung zeigen den Beginn innerbetrieblicher Konzentrationen an.

Insgesamt weisen die besonderen Standorthäufungen in zentraler und/oder verkehrsgünstiger Lage sowie in der Nähe der Krankenanstalten auf die Bedeutung des Standortfaktors „Agglomerationsvorteile" hin.

Standorte der Arztpraxen in Münster 1980 (Abb. 7):
Die Abbildung verdeutlicht die starke Zunahme der Arztpraxen, insbesondere der Facharzt- sowie Doppelpraxen, in den verkehrsgünstigsten und auch repräsentativsten Teilen der Hauptgeschäftsbereiche, des Bahnhofsviertels und an anderen Standorten mit besonderer Verkehrslagegunst (vor allem an wichtigen Verkehrsknotenpunkten am Cityrand). Trotz flächenhafter Kriegszerstörungen besteht ein erhebliches Ausmaß an Standortpersistenz, bezogen auf die früheren Standorthäufungen von Arztpraxen. Die starke Expansion des Arztwesens führte jedoch nicht nur zu Standortverdichtungen im Citygebiet, sondern auch zur verstärkten Dezentralisierung in der übrigen Innenstadt sowie darüber hinaus in äußeren Stadtteilen. Trotz dieser Standortdekonzentration ist die City für Praxengründungen aber nach wie vor der attraktivste Standort; hier konzentrieren sich noch 42% der münsterschen Fachärzte gegenüber allerdings 66% im Jahre 1932; absolut hat sich aber die Zahl der Fachärzte in der City seit 1932 von 47 auf 116 gesteigert, d.h. fast verdreifacht! Die Agglomerationsvorteile, die sich aus Häufungen in zentraler und verkehrsgünstiger Lage, aber etwa auch aus den intensiver genutzten Möglichkeiten von Überweisungen bei Standortnähe (z.B. in einem Haus) ergeben, sind offenbar von großer Bedeutung. Aufgrund des sehr beschränkten Raumangebots bestehen jedoch für die Zukunft nur noch begrenzte Möglichkeiten der Standortverdichtung.

Der Vergleich der Standardabweichungsellipsen für 1932 und 1980 zeigt, daß vor allem die Lage des Schwerpunktes der Standortverteilungen, aber in erheblichem Maße auch das Ausmaß und die Richtung der Streuung seit 1932 — und darüber hinaus seit Beginn dieses Jahrhunderts — bemerkenswert konstant geblieben sind.

Standorte der Arztpraxen in Dortmund 1932 (Abb. 8):
In Dortmund, das zwischen 1907 und 1932 im Zusammenhang mit dem großen Bevölkerungszuwachs (verbunden mit großflächigen Eingemeindungen in den 20er Jahren) eine sehr starke Zunahme der Arztpraxen erfahren hat, zeigt das Verteilungsmuster für 1932, daß sich auch hier besonders verkehrsgünstige und

Innerstädtische Standortentwicklung quartärer Dienstleistungsgruppen 283

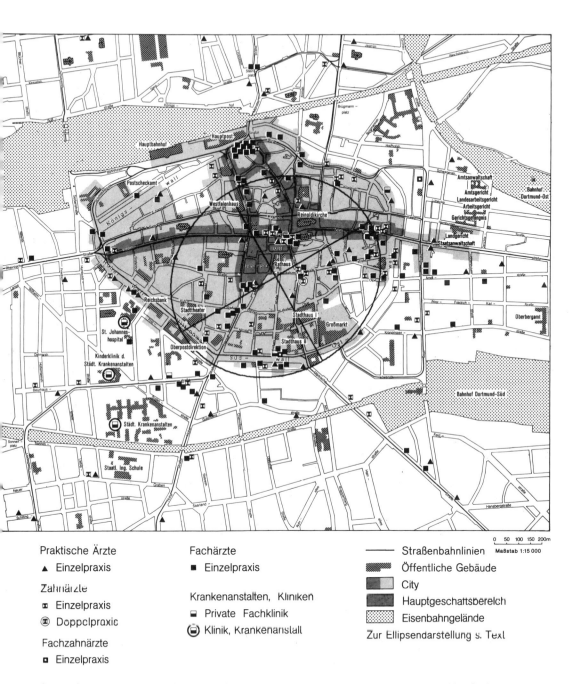

Praktische Ärzte
▲ Einzelpraxis

Zahnärzte
⊠ Einzelpraxis
⊛ Doppelpraxis

Fachzahnärzte
▫ Einzelpraxis

Fachärzte
■ Einzelpraxis

Krankenanstalten, Kliniken
▭ Private Fachklinik
⊖ Klinik, Krankenanstalt

——— Straßenbahnlinien
▨ Öffentliche Gebäude
■ City
■ Hauptgeschäftsbereich
▦ Eisenbahngelände
Zur Ellipsendarstellung s. Text

Maßstab 1:15 000

Quelle: Dortmunder Adreßbuch 1932   Entwurf: H. Heineberg, N. de Lange   Kartographie: P. Harpers

Abb. 8: Standorte der Arztpraxen in Dortmund 1932

repräsentative Lagen bereits durch bedeutende Agglomerationen von Praxen auszeichneten (Bahnhofsnähe, Teile des Hauptgeschäftsbereichs, Wälle). Auch war die Nahlage zu der (inzwischen) bedeutenden Konzentration von Krankenanstalten südwestlich der City nunmehr offenbar ein wichtiger Standortfaktor (Agglomerationsvorteile). Die stärkere Bevölkerungsverdichtung um die Altstadt hatte auch bereits zu einer — im Verhältnis zu Münster — bedeutenderen Standortdekonzentration von Praxen, vor allem entlang der Hauptausfallstraßen, geführt.

Standorte der Arztpraxen in Dortmund 1981 (Abb. 9):
Aufgrund der erheblichen Kriegszerstörungen der Altstadt und der — gegenüber Münster — stärkeren Veränderung des Verkehrsnetzes und der Bebauung in der ersten Nachkriegszeit (z.B. Verbreiterung der Wälle, Durchbruch zweier Hauptverkehrsachsen, Errichtung von größeren Versicherungsgebäuden am Südwall, Schaffung von Freiflächen für den ruhenden Verkehr) haben sich die Mikrostandortbedingungen seit der Zwischenkriegszeit teilweise verändert. Dennoch spiegelt sich im gegenwärtigen Verteilungsbild der Arztpraxen das frühere Standortmuster größtenteils wider. Dabei haben sich einige der räumlichen Standortkonzentrationen der Zwischenkriegszeit verstärkt, z.T. durch Häufung von Arztpraxen in einem Gebäude (besondere Agglomerationsvorteile), bzw. auch abgeschwächt; letzteres war zum erheblichen Teil durch Kriegszerstörungen und nachfolgende städtebauliche Veränderungen, z.B. beiderseits des Südwalles, bedingt.

Insgesamt sind aber — wie in Münster — die Standortfaktoren Agglomerationsvorteile und Verkehrsorientierung mit allen ihren Varianten (z.B. Nahlage zu großen Warenhäusern, zu bedeutenden Einrichtungen des ruhenden Verkehrs, Lage an wichtigen Verkehrsknotenpunkten) von ausschlaggebender Bedeutung, wobei eine — gegenüber Münster — stärkere Streuung innerhalb der Standortverteilung besteht. Diese Streuung gilt nicht nur für die gesamte Innenstadt, sondern auch für das ganze Stadtgebiet; sie ist in erster Linie abhängig von der größeren Bevölkerungsdekonzentration, aber auch -dichte sowie von der Existenz einer größeren Zahl bedeutender Subzentren (in alten Ortslagen wie z.B. Hörde) als in Münster (wohnortorientierter Dekonzentrationsprozeß).

Auch in Dortmund hat sich die Lage des Verteilungsschwerpunktes der Arztpraxen in der Innenstadt nur wenig verändert (geringe Südverlagerung). Der — gegenüber Münster — bedeutendere Dekonzentrationsprozeß innerhalb der in Abbildung 9 schematisch abgegrenzten Innenstadt macht sich an der Größenzunahme der Standardabweichungsellipse bemerkbar. Die Richtungen der größten und kleinsten Streuungen sind jedoch seit der Zwischenkriegszeit — in gewisser Weise sogar seit Beginn dieses Jahrhunderts — konstant geblieben.

Die seit der Zwischenkriegszeit — im Verhältnis zu Dortmund — stärkere relative Zunahme des gesamten Arztwesens in Münster (vor allem der Fach- und Zahnärzte) wie auch die seit 1887 höhere Arztdichte (vgl. Tab. 2) sind wohl

Innerstädtische Standortentwicklung quartärer Dienstleistungsgruppen 285

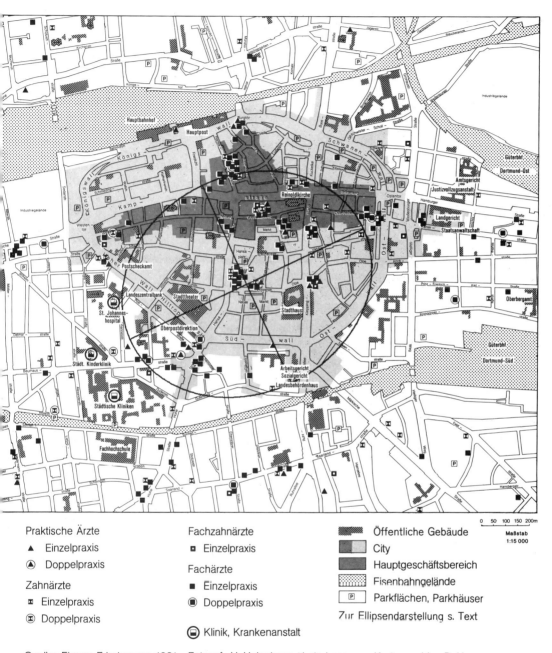

Praktische Ärzte
- ▲ Einzelpraxis
- ⓐ Doppelpraxis

Zahnärzte
- ⊠ Einzelpraxis
- ⊠ Doppelpraxis

Fachzahnärzte
- ▫ Einzelpraxis

Fachärzte
- ■ Einzelpraxis
- ⬤ Doppelpraxis

- ⊖ Klinik, Krankenanstalt

Öffentliche Gebäude
City
Hauptgeschäftsbereich
Eisenbahngelände
Parkflächen, Parkhäuser
Zur Ellipsendarstellung s. Text

Maßstab 1:15 000

Quelle: Eigene Erhebungen 1981   Entwurf: H. Heineberg, N. de Lange   Kartographie: P. Harpers

Abb. 9: Standorte der Arztpraxen in Dortmund 1981

bedingt durch die größere allgemeine Attraktivität der Stadt, vor allem der Altstadt, die relativ gehobene Sozialstruktur der Bevölkerung (hoher Anteil an Privatpatienten), aber auch durch die bedeutende Medizinerausbildung an der Universität Münster; letztere fehlt an der Universität Dortmund. Der starke Zusammenhang zwischen Studien- und (späterem) Arbeitsort von freiberuflichen Akademikern konnte von uns z.B. im Falle der Rechtsanwälte eindeutig mittels Befragungen nachgewiesen werden [25].

6. Vergleich der Veränderungen und Standortentwicklung im Rechtswesen seit dem 19. Jahrhundert

6.1 Entwicklung des Berufsstandes der Rechtsanwälte und Notare

Auch der Berufsstand der Rechtsanwälte und Notare hat seit dem 19. Jahrhundert erhebliche Veränderungen erfahren [26]. Er gibt bis heute zwischen den einzelnen Bundesländern, z.T. auch innerhalb der Bundesländer, noch Unterschiede in der Strukturierung des Berufsstandes.

In der „Allgemeinen Gerichts-Ordnung" Preußens von 1793 wurde der wirkliche Parteivertreter im Rechtswesen (vor Gericht) Justizkommissar genannt. Nach der preußischen Verordnung von 1849 wurde für Altpreußen bestimmt, daß die Justizkommissare und die daneben bestehenden Advokaten (= Rechtsberater) den Amtscharakter „Rechtsanwalt" annehmen; damit war die Bezeichnung des Rechtsanwalts für den Rechtsberater *und* -vertreter für das größte der deutschen Länder gesetzlich eingeführt worden [27].

Während in Preußen durch die allgemeine Gerichtsordnung Anwaltschaft und Notariat vereinigt waren (Verleihung des Notariats an ältere, bewährte Rechtsanwälte), war etwa in der Rheinprovinz unter der napoleonischen Fremdherrschaft, aber auch z.B. in Bayern (1801), das französische Notariat eingeführt worden, das von der Anwaltschaft getrennt war. Obwohl durch preußische Gesetze der Jahre 1880 und 1890 die Verbindung von Anwaltschaft und Notariat auch in der Rheinprovinz zugelassen wurde, ist für die linksrheinischen Gebiete das Nur-Notariat bis heute noch charakteristisch. Ähnliches gilt für Süddeutschland.

Von Bedeutung für unsere Fragestellung ist weiterhin, daß bis zur Rechtsanwaltsordnung des Deutschen Reiches vom 1.7.1878 in den meisten deutschen Staaten (so auch in Preußen) die Beschränkung der Zahl und die staatliche Anstellung der Rechtsanwälte die Regel waren. Im münsterschen Stadtadreßbuch von 1875 beispielsweise sind die Rechtsanwälte und Notare den einzelnen

---

[25] Vgl. Abschnitt 6.2.2 sowie HEINEBERG/DE LANGE, wie Anm. 2.
[26] Zur allgemeinen Entwicklung bis zum 19. Jahrhundert vgl. F. STIER-SOMLO/A. ELSTER (Hgg.), Handwörterbuch der Rechtswissenschaft, Bd.4, Berlin/Leipzig 1927, S. 226ff.
[27] Ebd., S. 227.

Königlichen Justizbehörden zugeordnet; sie führen fast ausnahmslos die Berufsbezeichnung „Justizrath".

Durch die Rechtsanwaltsordnung von 1878 (mit Wirkung vom 1.10.1879) wurden die Verhältnisse für Rechtsanwälte in ganz Deutschland einheitlich geregelt[28], wobei u.a. die Beseitigung des Beamtencharakters des Anwalts in Verbindung mit der Statuierung der Freiheit der Zulassung zur Rechtsanwaltschaft von Bedeutung waren. Die Auswirkung dieser Neuordnung der Rechtsanwaltschaft, insbesondere das nunmehr unbeschränkte Zulassungsrecht an den Gerichten I. und II. Instanz, führte nun in den darauffolgenden Jahrzehnten — im Zusammenhang mit der Bedeutungszunahme des gesamten Rechtswesens seit Gründung des Deutschen Reiches und im Rahmen der darauffolgenden stürmischen Wirtschaftsentwicklung — zu einer starken Zunahme der Zahl der Rechtsanwälte (z.B. 1907: 8.608 Rechtsanwälte im Deutschen Reich, 1924 etwa 13.500). Die Steigerungsrate war in den Beispielstädten Münster und Dortmund, die beide — vor allem Dortmund — seit den 70er Jahren des 19. Jahrhunderts eine bedeutende Bevölkerungsentwicklung und funktionale Entfaltung erlebten, noch erheblich größer (Tab. 4).

Ein besonders starkes Wachstum hat die quartäre Dienstleistungsgruppe der Rechtsanwälte und Notare im westlichen Deutschland in der letzten Nachkriegszeit, dabei vor allem in den letzten beiden Jahrzehnten, erfahren (Tab. 3).

Heute stellt die Berufsgruppe der freien rechtsberatenden Berufe — nach den freien Heilberufen und den freien wirtschafts- und steuerberatenden Berufen — die drittstärkste Gruppe unter den sogenannten freien Berufen dar[29].

Mit der starken Zunahme der Rechtsberatung sind auch zwei wichtige innerbetriebliche Prozesse verbunden, die sich ebenfalls auf die Standortwahl von Kanzleien ausgewirkt haben. Gemeint ist ein bemerkenswerter Wandel zum einen in der organisatorischen Struktur der Praxen in Gestalt eines stark zugenommenen Trends zu Assoziierung und betrieblicher Konzentration sowie — damit im Zusammenhang stehend — zum anderen in der Struktur der Spezialisierung der Rechtsanwälte. Diese Entwicklung ähnelt derjenigen der Arztpraxen, jedoch mit einigen erheblichen Unterschieden: So ist der Trend zu großen Anwaltsgemeinschaften (sog. Bürogemeinschaften und vor allem sog. Sozietäten), dessen innovative Kraft offenbar die jungen Anwälte bilden, bei den Rechtsanwaltskanzleien — im Verhältnis zu den Gemeinschaftspraxen und anderen kooperativen Formen bei den Ärzten — noch wesentlich stärker ausgeprägt. So sind heute Kanzleien mit vier oder mehr Rechtsanwälten in den Großstadtzentren keine Seltenheit, sondern vielmehr in einem starken Zuwachs

---

[28] Ebd. S. 228.
[29] W. PAUL, Anwaltsberuf im Wandel — Rechtspflegeorgan oder Dienstleistungsgewerbe? Fakten und Überlegungen zur empirischen Verdeutlichung des Verhältnisses von Anwaltschaft und Gesellschaft in Deutschland, in: F. KÜBLER (Hg.), Anwaltsberuf im Wandel. Rechtspflegeorgan oder Dienstleistungsgewerbe (Arbeiten zur Rechtsvergleichung 111), Frankfurt a.M. 1982, S. 11-35, hier S. 15.

Tabelle 3

Wachstum der Anzahl der Rechtsanwälte in der Bundesrepublik Deutschland

	Gesamtzahl der zugelassenen Rechtsanwälte (einschl. Patentanwälte)
1931 (Gebiet der BRD)	8.809
1950	11.818
1961	18.720
1980	36.081

Quelle: PAUL, wie Anm. 29.

begriffen. Die großen Sozietäten verfügen i.a. über die höchste Eigenspezialisierung der Rechtsanwälte und die höchste Kanzleispezialisierung. Im Gegensatz zu den Ärzten darf jedoch die Spezialisierung eines Rechtsanwalts oder einer Kanzlei (mit Ausnahme der Fachanwälte für Steuerrecht und Verwaltungsrecht sowie der Patentanwälte) nach außen hin nicht bekannt gemacht werden, woraus sich erhebliche Probleme bei der geographischen Analyse der Standortverteilungen der Kanzleien ergeben.

Hinzu kommt, daß in der Praxis zwischen unterschiedlichen Arten der Spezialisierung, d.h. grundsätzlich zwischen der Fachgebietsspezialisierung (klassische Arbeitsgebiete der Rechtsberatung), der Problembereichsspezialisierung sowie der Klienten- und Mandantenspezialisierung zu unterscheiden ist, woraus sich verschiedene Spezialisierungstypen (z.B. „Geschäftsanwalt", „Gerichtsanwalt", „Gemeinwesen- und Sozialanwalt") und auch unterschiedliche Standortansprüche der Rechtsanwälte bzw. Kanzleien ergeben [30].

Bei der Fachgebietsspezialisierung dominiert das lukrative Wirtschaftsrecht, wobei die Anwälte großer Sozietäten (und auch die Syndikatsanwälte) die größten wirtschaftsrechtlichen Spezialisierungen aufweisen — Zweiersozietäten, Einzelanwälte und Anwaltnotare dagegen die kleinsten [31]. I.a. wird die höchste Einkommensklasse von Sozietäten mit mehr als vier Anwälten erreicht, die vor allem wirtschaftsbezogene Gebiete und Rechtssachen (Steuerrecht und Industrieberatung) bearbeiten und einen geringen Anteil an Privatklientel vertreten. Daraus wird die starke Zunahme von großen Sozietäten vor allem in den Wirtschaftsmetropolen verständlich (z.B. Düsseldorf) [32]. Derartige „Geschäftsanwaltspraxen" sind — im Gegensatz zu einer „Gerichtsanwaltspraxis" — nicht unbedingt auf die Gerichtsnähe oder zentrale Lage ihres Standortes angewiesen.

„Die rätselhafteste Größe im empirischen Erscheinungsbild des Berufswandels (der Rechtsberatung) ist das Auftreten des — vorwiegend auf sozialstaatliche, demokratische, ökologische u.a. Klientel spezialisierten — ‚Volks-

---

[30] Ebd., S. 27ff.
[31] Ebd., S. 27.
[32] Vgl. dazu DE LANGE, wie Anm. 5.

und Stadtteilanwalts'" (auch „Gemeinwesen- und Sozialanwalt" genannt), der in „den Rand- und Problemmilieus unserer Großstädte ansässig" ist[33] und offenbar weniger zu zentralen Standorten tendiert.

6.2 Standortveränderungen der Rechtsanwalts- und Notarpraxen in Münster und Dortmund seit dem letzten Viertel des 19. Jahrhunderts

6.2.1 Entwicklung vor dem I. Weltkrieg

Entsprechend den Ärzten gab es in den 80er Jahren des 19. Jahrhunderts in beiden Städten eine noch relativ geringe, dabei annähernd gleich große Zahl von Rechtsanwälten und Notaren (Tab. 4). Im Gegensatz zu den Ärzten erfolgte das sprunghafte Wachstum im Rechtswesen erst nach dem ersten Jahrzehnt des 20. Jahrhunderts, d.h. mit einer Phasenverschiebung von rund zwei Jahrzehnten. Der Vergleich mit den heutigen Gesamtzahlen in den Beispielstädten verdeutlicht, daß die Rechtsanwälte und Notare ebenfalls eine sehr expansive Dienstleistungsgruppe darstellen.

Standorte der Rechtsanwalts- und Notarpraxen in Münster 1887 (Abb. 10):
Die Standortverteilung der Rechtsanwälte und Notare ist durch eine relativ disperse Anordnung innerhalb der Altstadt gekennzeichnet, wobei aber vorherrschende Standortprinzipien erkennbar sind: Ein großer Teil der Kanzleien ist an Hauptausfallstraßen lokalisiert, dabei z.T. in repräsentativer Lage (Königsstraße), sowie in der Nähe früherer und derzeitiger Gerichtsstandorte[34]; die Standorthäufung um das neue Amts- und Landgericht im westlichen Teil der Altstadt, darunter vier Rechtsanwälte ohne Notariat (d.h. jüngere Anwälte), war beispielsweise 1875 überhaupt noch nicht vorhanden. Daß die Wohnorientierung der Praxen von relativ geringer Bedeutung war, verdeutlicht das Fehlen von Kanzleien im jüngeren Stadterweiterungsgebiet außerhalb der Altstadt (mit Ausnahme eines vermutlich verkehrsorientierten Standortes in Bahnhofsnähe).

Die Standardabweichungsellipse kennzeichnet die Maximalstreuung der Kanzleien in westöstlicher Richtung, d.h. zwischen dem neuen Gerichtsviertel im Westen und dem Südostsektor der Altstadt in Richtung Bahnhof, und (mit der Lage ihres Mittelpunktes) die stärker nach Süden tendierende Gesamtverteilung der Standorte.

Standorte der Rechtsanwalts- und Notarpraxen in Münster 1906 (Abb. 11):
Bis 1906 haben sich die früheren Standorttendenzen verstärkt: Orientierung auf verkehrsgünstige Lagen, was vor allem durch das Entstehen einer Agglomeration

---

[33] PAUL, wie Anm. 29, S. 33.
[34] Das früher südwestlich des Domplatzes gelegene Appellationsgericht, das spätere Oberlandesgericht, wurde 1878 von Münster nach Hamm verlegt. Das östlich der Ludgeristraße lokalisierte ehemalige Kreisgericht wurde offenbar zugunsten des 1874-79 am Schloßplatz (heutiger Hindenburgplatz) errichteten Königlichen Amts- und Landgerichts aufgelöst.

Tabelle 4

Rechtsanwälte und Notare sowie Patentanwälte
in Münster und Dortmund 1875/86 bis 1980/81

	Münster					Dortmund				
	R	R/N	N	P	insges.	R	R/N	N	P	insges.
1875	-	10	-	-	10					
1886(DO) 1887(MS)	7	13	-	-	20	7	11	-	-	18
1906(MS) 1907(DO)	17	7	2	-	26	25	16	-	-	41
1932	21	51	-	-	72	46	80	-	4	130
davon im Citygebiet	67%	80%	-	-	76%	57%	81%	-	100%	73%
1980(MS) 1981(DO)	109	136	-	3	248	98	212	2	4	316
davon im Citygebiet	28%	65%	-	-	48%	27%	80%	100%	75%	63%
Zunahme 1932-1980/81	+419%	+167%	-	-	+244%	+113%	+165%	-	-	+143%

R = Rechtsanwälte   N = Notare
R/N = Rechtsanwälte mit Notariaten   P = Patentanwälte

Quellen: wie Tab. 2.

im neuen Bahnhofsviertel belegt wird, und Häufung von Kanzleien in Gerichtsnähe. Somit waren Agglomerationsvorteile bereits von gewisser Bedeutung. Standorte im zentralst gelegenen Abschnitt des Hauptgeschäftsbereichs sowie Lagen in neuen Wohngebieten wurden noch in relativ geringem Maße bevorzugt.

Die Lage des Verteilungsschwerpunktes (Standardabweichungsellipse) auf halber Entfernung zwischen dem Gerichtsstandort und dem Bahnhofsviertel sowie auch die maximale Streuung in dieser West-Ost-Richtung charakterisieren sehr gut das allgemeine Verteilungsbild der Kanzleistandorte.

Standorte der Rechtsanwalts- und Notarpraxen in Dortmund 1886 (Abb. 12):
In Dortmund hatten sich bereits im letzten Viertel des 19. Jahrhunderts in der Altstadt bzw. am Altstadtrand zwei ausgeprägte Standorthäufungen von Kanzleien herausgebildet, die sich vor allem durch eine gute Verkehrslage (größtenteils an Hauptstraßen) wie auch durch Gerichtsnähe auszeichneten.

Standorte der Rechtsanwalts- und Notarpraxen in Dortmund 1907 (Abb. 13):
Die zwischenzeitliche Verlagerung des Amtsgerichts (vom Südrand der Altstadt in den nordöstlichen Teil des Stadterweiterungsgebietes des 19. Jahrhunderts), die Verbesserung des öffentlichen Verkehrswesens sowie die starke Zunahme der Zahl der Rechtsanwälte und Notare hat nun innerhalb von zwei Jahrzehnten zu einer deutlichen Veränderung des Verteilungsmusters geführt: Die Kanzleien reihten sich 1907 perlschnurartig beiderseits des östlichen Teils der von Westen nach Osten verlaufenden Hauptverkehrs- und Hauptgeschäftsachse des Hell-

Innerstädtische Standortentwicklung quartärer Dienstleistungsgruppen 291

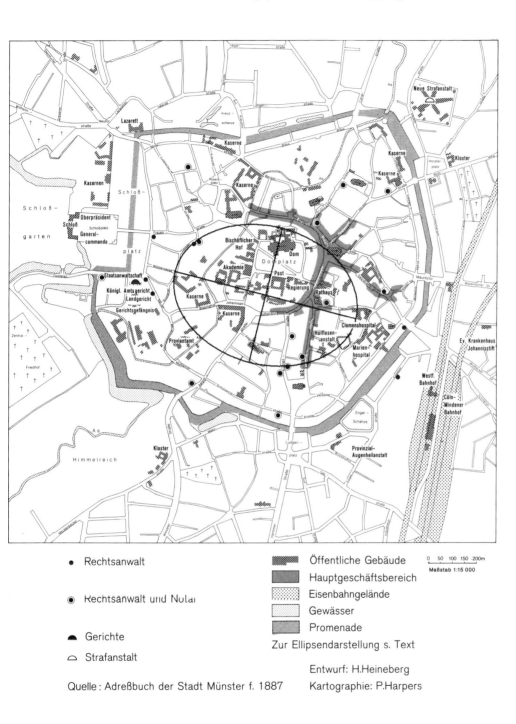

- Rechtsanwalt
- Rechtsanwalt und Notar
- Gerichte
- Strafanstalt

Quelle: Adreßbuch der Stadt Münster f. 1887

Öffentliche Gebäude
Hauptgeschäftsbereich
Eisenbahngelände
Gewässer
Promenade

Zur Ellipsendarstellung s. Text

0 50 100 150 200m
Maßstab 1:15 000

Entwurf: H. Heineberg
Kartographie: P. Harpers

Abb. 10: Standorte der Rechtsanwalts- und Notarpraxen in Münster 1887

292   Heinz Heineberg

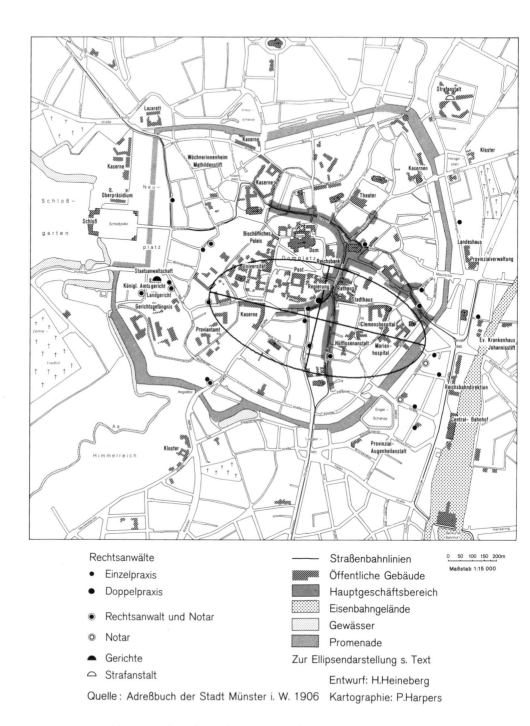

Rechtsanwälte
- Einzelpraxis
- Doppelpraxis
- Rechtsanwalt und Notar
- Notar
- Gerichte
- Strafanstalt

——— Straßenbahnlinien
▨ Öffentliche Gebäude
▨ Hauptgeschäftsbereich
▨ Eisenbahngelände
▨ Gewässer
▨ Promenade

Zur Ellipsendarstellung s. Text

0 50 100 150 200m
Maßstab 1:15 000

Quelle: Adreßbuch der Stadt Münster i. W. 1906   Entwurf: H. Heineberg
Kartographie: P. Harpers

Abb. 11: Standorte der Rechtsanwalts- und Notarpraxen in Münster 1906

Innerstädtische Standortentwicklung quartärer Dienstleistungsgruppen 293

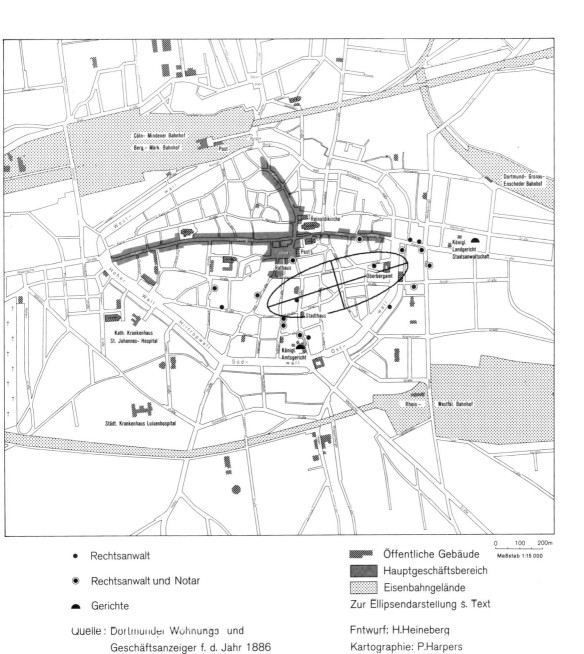

- Rechtsanwalt
- Rechtsanwalt und Notar
- Gerichte

Quelle: Dortmunder Wohnungs- und Geschäftsanzeiger f. d. Jahr 1886

Öffentliche Gebäude
Hauptgeschäftsbereich
Eisenbahngelände
Zur Ellipsendarstellung s. Text

Maßstab 1:15 000

Entwurf: H.Heineberg
Kartographie: P.Harpers

Abb. 12: Standorte der Rechtsanwalts- und Notarpraxen in Dortmund 1886

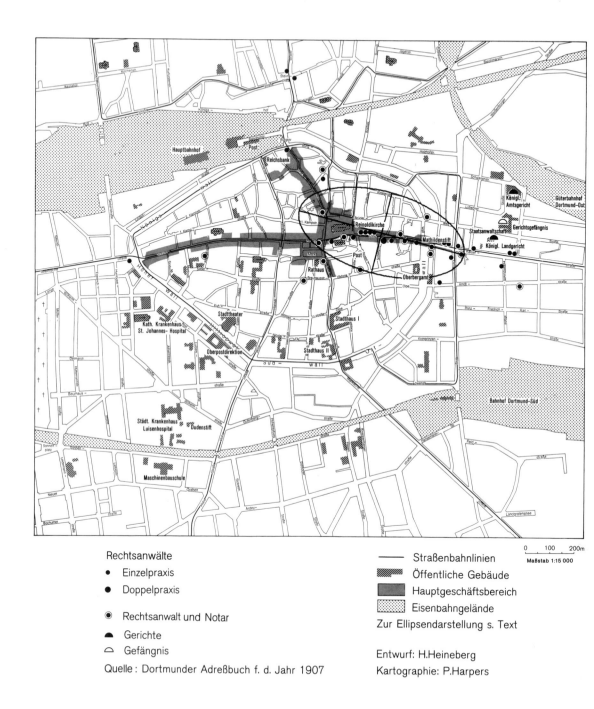

Abb. 13: Standorte der Rechtsanwalts- und Notarpraxen in Dortmund 1907

wegs (Ostenhellweg) sowie seiner östlichen Verlängerung (der Kaiserstraße) in Richtung der beiden Gerichte auf. Diese Verteilung deutet darauf hin, daß die Gerichtsnähe zwar von Bedeutung für die Standortwahl war, jedoch die Kombination mit der besonderen Verkehrslagegunst (u.a. im Spannungsfeld zwischen Gerichten und Hauptbahnhof) und wohl auch mit dem Agglomerationsvorteil und der Repräsentativität zentraler Lagen besonders ausschlaggebend war. Auch außerhalb der wichtigsten Häufung von Standorten bestanden z.T. besonders verkehrsgünstige Kanzleistandorte (Bahnhofsnähe).

Die Strukturen sowie die Veränderungen in den Standortverteilungen werden durch die Ellipsendarstellungen gut charakterisiert: Wanderung des Schwerpunktes zum Ostenhellweg; relativ geringe, jedoch zunehmende Streuungen mit der Verlagerung der „Maximalstreuungsachse" in die Richtung Hauptbahnhof - Gerichte.

Insgesamt ergeben sich für die Entwicklungsphase vor dem I. Weltkrieg große Parallelen zwischen dem Standortverhalten von Rechtsanwalts- und Notarkanzleien in beiden Städten: Besonders verkehrsgünstige und z.T. auch repräsentative Lagen mit Orientierung auf die Gerichte wurden in zunehmendem Maße bevorzugt. Die Wohnstandortnähe war offenbar — im Gegensatz zu den Arztpraxen — von untergeordneter Bedeutung.

6.2.2 Entwicklung zwischen 1932 und 1980/81

Standorte der Rechtsanwalts- und Notarpraxen in Münster 1932 (Abb. 14):
Die Verteilung zeigt, daß sich die Kanzleien in den bereits vor dem I. Weltkrieg bevorzugten Standorträumen, dabei vor allem in Hauptgeschäftslagen und im Bahnhofsviertel, weiter verdichtet haben, wozu u.a. die Bedeutungszunahme des Eisenbahnverkehrs beigetragen haben dürfte. Die Expansion der Rechtsberatung wird nicht nur durch die größere Zahl der Praxen, sondern auch durch die zwischenzeitlich entstandenen Sozietäten (Praxen mit zwei bis drei Rechtsanwälten und Notaren) deutlich.

Die nunmehr stärkere Häufung in zentralsten Abschnitten des Hauptgeschäftsbereichs (um die Lambertikirche/Salzstraße) hat eine Verlagerung des Schwerpunktes der Verteilung in östlicher Richtung, d.h. in die Nähe des Mittelpunktes der Arztpraxenverteilung, aber auch eine Richtungsänderung der Hauptstreuungsachse (nunmehr von Nordwest in Richtung Südost) zur Folge gehabt.

Standorte der Rechtsanwalts- und Notarpraxen in Münster 1980 (Abb. 15):
Trotz flächenhafter Kriegszerstörungen haben sich in den Standorträumen, die bereits 1906 in Ansätzen erkennbar waren und sich bis 1932 mit Kanzleien verdichtet hatten (vor allem Bahnhofsviertel und Hauptgeschäftsstraßen), in der Nachkriegszeit neue ähnliche Agglomerationen von Rechtsanwalts- und Notarpraxen herausgebildet, woraus sich eine Persistenz von Standorthäufungen ergibt; dabei hat sich jedoch ein sehr zentraler Teil des Hauptgeschäftsbereichs

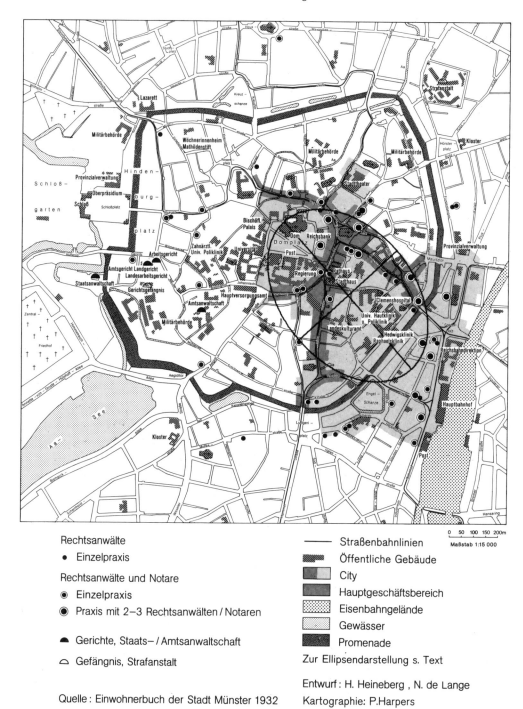

Abb. 14: Standorte der Rechtsanwalts- und Notarpraxen in Münster 1932

Innerstädtische Standortentwicklung quartärer Dienstleistungsgruppen

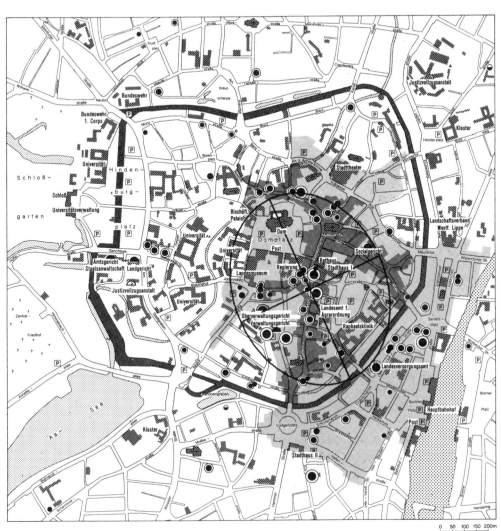

Rechtsanwälte
- Einzelpraxis
- Praxis mit 2–3 Rechtsanwälten

Rechtsanwälte und Notare
- Einzelpraxis
- Praxis mit 2–3 Rechtsanwälten / Notaren
- Praxis mit ≥ 4 Rechtsanwälten / Notaren

Patentanwälte
- Einzelpraxis
- Praxis mit 2–3 Patentanwälten

Justizbehörden
- Oberverwaltungsgericht / Verfassungsgerichtshof von Nordrhein–Westfalen
- Sonstige Gerichte / Staatsanwaltschaft
- Justizvollzugsanstalt

Öffenliche Gebäude
City
Hauptgeschäftsbereich
Eisenbahngelände
Gewässer
Promenade
Größere Parkflächen, Parkhäuser
Zur Ellipsendarstellung s. Text

Quelle: Eigene Erhebungen 1980   Entwurf: H. Heineberg, N. de Lange   Kartographie: P. Harpers

Abb. 15: Standorte der Rechtsanwalts- und Notarpraxen in Münster 1980

(Rothenburg, südlicher Prinzipalmarkt, Ludgeristraße), der auch relativ nahe zu den nach dem Kriege neu errichteten Oberverwaltungs- und Verwaltungsgerichten gelegen ist, zu einem besonderen Schwerpunkt (zugleich Mittelpunkt der Standardabweichungsellipse) entwickelt. Kennzeichnend ist eine besondere Standortorientierung, vor allem der Sozietäten, zu den repräsentativsten, teuersten und verkehrsmäßig besten Lagen, die zugleich über besondere allgemeine Agglomerationsvorteile verfügen; dies gilt auch für den nördlichen Teil des Hauptgeschäftsbereichs. Daß die nähere Umgebung um das Amts- und Landgericht nunmehr von untergeordneter Bedeutung ist, kann mit Sicherheit auf das beschränktere Raumangebot im westlichen Teil der Alt- bzw. Innenstadt (u.a. größere Dichte öffentlicher Gebäude, vor allem der Universitätseinrichtungen) zurückgeführt werden. Trotz angewachsener Konzentration der Praxen in der eigentlichen City, die sich von der Domburg sektorartig bis zum Ludgeriplatz im Süden und dem Bahnhofsbereich im Osten erstreckt, ist auch eine Standortdekonzentration (Praxen im Stadterweiterungsgebiet des 19. Jahrhunderts) festzustellen, die jedoch wohl weniger als Wohnstandortorientierung der Rechtsanwälte zu deuten ist, sondern vielmehr wohl durch das Raumangebot (billigere Mieten in noch verhältnismäßig zentraler Lage) bedingt ist.

Standorte der Rechtsanwalts- und Notarpraxen in Dortmund 1932 (Abb. 16):
In der Dortmunder Innenstadt hat sich die schon 1907 ausgebildete Standortkonstellation bis zur Zwischenkriegszeit weiter verstärkt bzw. verdichtet. Neu hinzugekommen ist eine Standortagglomeration am nördlichen Wall in Bahnhofsnähe, d.h. in sehr verkehrsgünstiger und zugleich repräsentativer Situation. Da das Raumangebot für Rechtsanwalts- und Notarpraxen in der Achse Ostenhellweg - Kaiserstraße offenbar größtenteils erschöpft war, erfolgte eine „Verbreiterung" dieses Standortraumes durch Standortwahlen in der Nähe (Nebenstraßen). Insgesamt ergibt sich, daß sich — wie in Münster — die Praxen im Bahnhofsviertel, im Hauptgeschäftsbereich und in der Gerichtsumgebung weiter verdichtet haben; dort ist auch der Anteil von Praxen mit zwei bis drei Rechtsanwälten bereits recht groß. Die relativ unbedeutende Dekonzentration von Praxenstandorten beschränkt sich — wie in Münster — vor allem auf einige verkehrsmäßig gute Lagen in Altstadtnähe.

Der räumliche Schwerpunkt und die Gesamtstreuung der Standortverteilung (Standardabweichungsellipse) haben sich seit Beginn dieses Jahrhunderts nur wenig verändert.

Standorte der Rechtsanwalts- und Notarpraxen in Dortmund 1981 (Abb. 17):
Die flächenhaften Kriegszerstörungen, die Veränderungen des Verkehrsnetzes in der Innenstadt (Verbreiterung der Wälle; Ausbau zweier neuer Hauptverkehrsachsen, weitere Straßenverbreiterungen, Anlage großer Parkplätze und Parkhäuser in der Nachkriegszeit) und die Errichtung zahlreicher Großbetriebe des Einzelhandels im Verlauf der Haupteinkaufsachse des Hellwegs waren wohl die wichtigsten Einflußfaktoren für die Mikrostandortveränderungen seit der Zwischenkriegszeit. Resultate waren eine stärkere „flächenhafte Ausweitung"

Innerstädtische Standortentwicklung quartärer Dienstleistungsgruppen 299

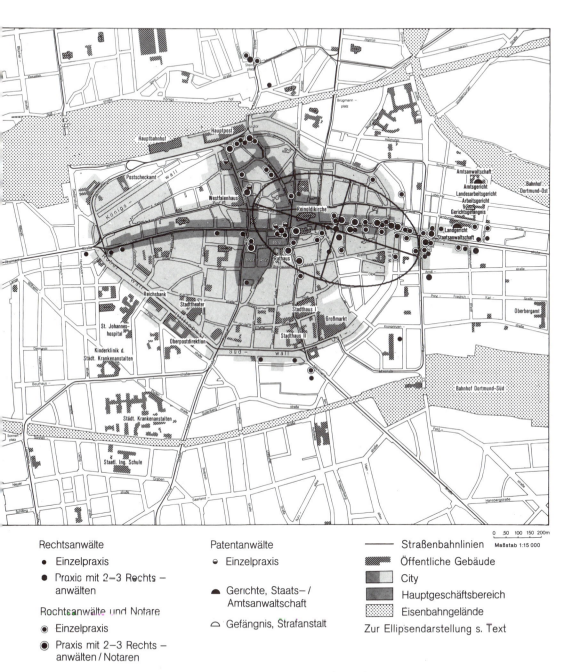

Abb. 16: Standorte der Rechtsanwalts- und Notarpraxen in Dortmund 1932

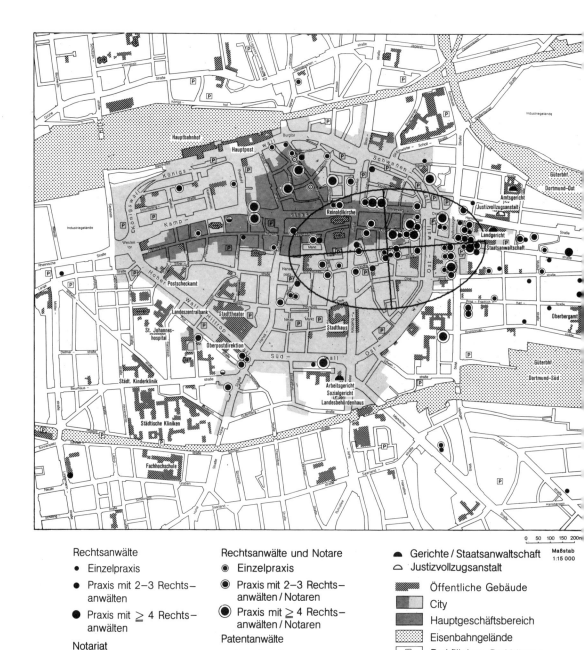

Abb. 17: Standorte der Rechtsanwalts- und Notarpraxen in Dortmund 1981

der Kanzleiagglomerationen beiderseits der Hauptgeschäftsachse, jedoch wiederum in Richtung der Gerichte, sowie die Wahl besonders verkehrsgünstig gelegener Standorte an den neuen bzw. verbreiterten Straßenachsen und an wichtigen Verkehrskreuzungen. Das beschränkte Raumangebot in der City und das gleichzeitig starke Wachstum der Rechtsanwälte und Notare bzw. der Kanzleien sowie der Trend zur Errichtung großer Sozietäten haben auch zur stärkeren Standortstreuung in den östlichen und südlichen Teilen der Innenstadt, dabei vor allem in Gerichtsnähe oder an Hauptausfallstraßen, beigetragen.

Das — vor allem gegenüber den Arztpraxen — nach wie vor bedeutende Ausmaß der Standortkonzentrationen der Rechtsanwalts- und Notarpraxen im östlichen Teil der City wird durch die Lage und relativ geringe Größe der Standardabweichungsellipse ausgedrückt.

Aufgrund der Standortverteilungen in den Innenstadtgebieten beider Städte und ihrer Veränderungen seit der Zwischenkriegszeit ergibt sich die Hypothese, daß die Standortfaktoren „zentrale", „verkehrsgünstige" und „repräsentative Lage" sowie „Gerichtsnähe", d.h. vor allem Agglomerationsvorteile, in ihrer Kombination für die Mikrostandortwahl für Rechtsanwalts- und Notarpraxen von ausschlaggebender Bedeutung sind, wobei jedoch das jeweilige Raumangebot für Kanzleien ein wichtiger modifizierender Einflußfaktor ist. Diese Hypothese wurde auch durch die Ergebnisse unserer schriftlichen Befragungen der Rechtsanwälte und Notare in Münster und Dortmund bestätigt[35]. Für beide Großstädte gilt auch, daß die Rechtsanwalts- und Notarkanzleien im Verhältnis zu den Arztpraxen nach wie vor insgesamt sehr viel stärker cityorientiert sind (Tab. 4); letzteres trifft vor allem für Rechtsanwälte mit Notariatsfunktion zu. Demgegenüber weisen die „Nur-Rechtsanwälte" eine wesentlich geringere Citybindung auf; es handelt sich bei dieser Gruppe vor allem um junge Anwälte, die offenbar zunächst häufiger zweitrangige Standorte in Kauf nehmen (müssen).

Insgesamt ergibt sich für die Rechtsanwälte in Münster — vergleichbar zu den Ärzten — eine sehr viel stärkere relative Zunahme als in Dortmund, was vor allem für die „Nur-Rechtsanwälte" gilt. In dieser Hinsicht besteht offenbar ein großer Zusammenhang zwischen dem Studien- und Arbeitsort (im Durchschnitt hat ein Rechtsanwalt pro Kanzlei das Jurastudium in Münster absolviert)[36]. Unsere Befragungen der Rechtsanwälte haben auch weitere Aufschlüsse über die Makrostandortbedingungen ergeben: Entscheidende Faktoren für die Standortwahl oder Niederlassung in Münster wie auch in Dortmund waren persönliche Kontakte, gefolgt von früheren beruflichen Kontakten, z.B. während der Referendarzeit, sowie — in der subjektiven Bewertung erst an dritter Stelle — die Bedeutung der beiden Städte als oberzentrale Orte[37].

---

[35] Vgl. HEINEBERG/DE LANGE, wie Anm. 2.
[36] Vgl. ebd., S. 274.
[37] Ebd., S. 273f.

7. Folgerungen

Aus den vergleichenden Interpretationen der Standortverteilungskarten für die beiden ausgewählten personenbezogenen quartären Dienstleistungsgruppen der Ärzte und Rechtsanwälte ergibt sich, daß erhebliche zeitliche, aber auch branchenspezifische Unterschiede in dem *Standortverhalten* und den zugrunde liegenden *Standortfaktoren* festzustellen sind, wobei zwischen den Städten — trotz ihrer sozio-ökonomisch unterschiedlichen Strukturen — viele Parallelen hinsichtlich der jeweiligen Standorttendenzen bestehen.

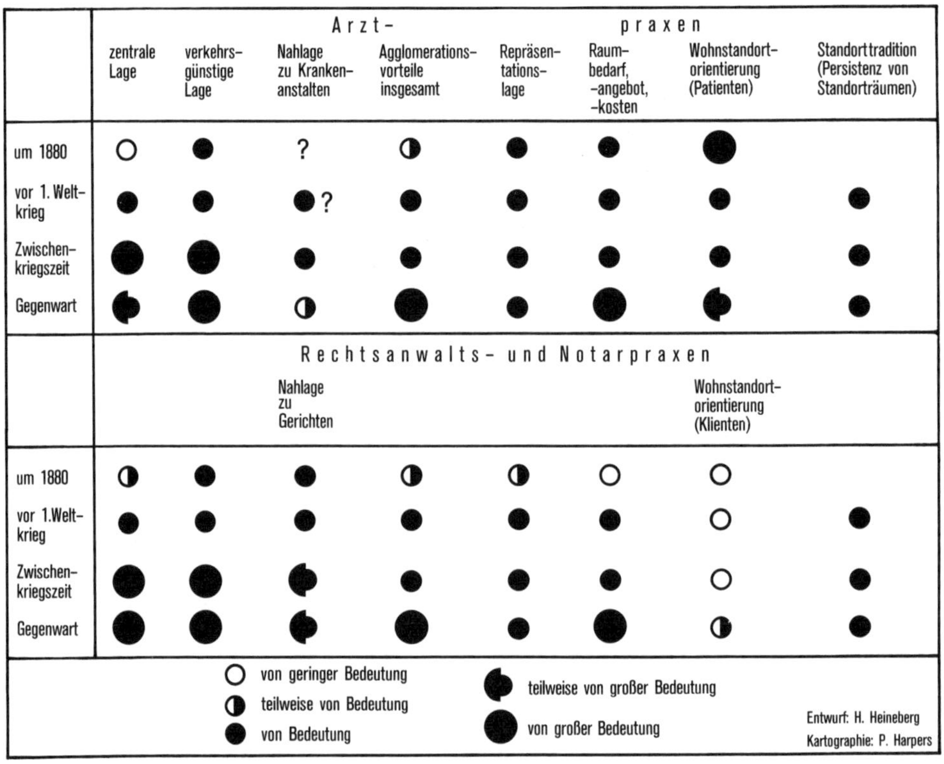

Abb. 18: Bedeutungswandel wichtiger Mikrostandortfaktoren
für Arzt- sowie Rechtsanwalts- und Notarpraxen in westdeutschen Großstädten —
anhand der Beispiele Münster und Dortmund

In der Abbildung 18 sind die bisherigen Interpretationsansätze für die wohl wichtigsten Mikrostandortfaktoren der Arzt- sowie Rechtsanwalts- und Notarpraxen bezüglich der ausgewählten Zeitschnitte schematisch zusammengefaßt; dabei wurden die Faktoren nach ihrer jeweiligen, aus der Interpretation bzw. teilweise (für die Gegenwart) durch Befragungen bestätigten Bedeutung in Abstufungen dargestellt. Der Übersichtlichkeit halber blieben brancheninterne Unterschiede (z.B. zwischen Praktischen Ärzten und Fachärzten) unberücksichtigt.

Das Schema zeigt, daß einige Standortfaktoren für die beiden ausgewählten Dienstleistungsgruppen erheblich an Einfluß gewonnen haben (zentrale Lage, verkehrsgünstige Lage, Agglomerationsvorteile insgesamt, Raumangebot). Eine derartige Bedeutungszunahme gilt jedoch nicht durchgängig; so ist etwa für die Arztpraxen die Bedeutung der zentralen Lage sowie (teilweise) der Nahlage zu Krankenanstalten insgesamt geringer geworden, während der zentral gelegene Standort und die Gerichtsnähe für einen großen Teil der Rechtsanwälte immer noch von besonderem Gewicht sind.

Die Standorttradition, d.h. vor allem die Persistenz einzelner Standortagglomerationen und deren zunehmende Verdichtung (z.B. im Bahnhofsviertel in Münster), war sowohl für das Standortverhalten der Ärzte wie auch der Rechtsanwälte von gleichbleibender Bedeutung.

Auch der Faktor „Repräsentationslage" war seit dem letzten Viertel des 19. Jahrhunderts für beide Dienstleistungsgruppen durchweg bedeutend.

Große Unterschiede zwischen den Ärzten und Rechtsanwälten ergeben sich jedoch im Hinblick auf die Wohnstandortorientierung, d.h. die stärker dezentralisierte Standortwahl in der Nähe zu Patienten bzw. Klienten. Letztere spielt für Rechtsanwälte traditionell eine geringe Rolle; sie ist offenbar erst in jüngerer Zeit, insbesondere für die noch verhältnismäßig kleine Gruppe der sogenannten Volks- und Stadtteilanwälte (vgl. 6.1) relevant geworden. Demgegenüber war für die Ärzte (vor allem für die Fachärzte) die Patientennähe zunächst von abnehmender Bedeutung; sie ist jedoch in der Nachkriegszeit im Rahmen des beachtlichen Dekonzentrations- oder auch Suburbanisierungsprozesses von Arztpraxen (z.B. Standortgründungen in Vororten der Großstädte) teilweise wieder wichtiger geworden.

Raumbedarf, -angebot und -kosten waren bereits vor dem I. Weltkrieg für die Standortwahl von Arzt- und Rechtsanwaltspraxen relevant. Entscheidende Bedeutung erlangten diese Kriterien aber erst in der jüngeren Vergangenheit bei stetig wachsender Konkurrenz um den knapper werdenden Raum in attraktiven Standortlagen, d.h. vor allem in den Hauptgeschäftsbereichen und Citygebieten.

Dieses empirisch abgeleitete System des Bedeutungswandels wichtiger Mikrostandortfaktoren ausgewählter quartärer Dienstleistungsgruppen im Rahmen unseres Forschungsprojektes soll in anderen westdeutschen Großstädten auf seine Allgemeingültigkeit hin überprüft werden. Für die Gruppe der Rechtsanwälte und Notare konnten für die Standorttendenzen in Düsseldorf und München seit der Zwischenkriegszeit bereits vergleichbare Bedingungen empirisch festgestellt werden, wenngleich sich für diese größeren Städte mit ihren noch bedeutenderen Standortagglomerationen hinsichtlich der jüngeren Entwicklung einige Modifizierungen ergeben[38]. So sind vor allem in München die Persistenz von Standorträumen in zentraler Lage sowie die Orientierung auf die Gerichtsstandorte und auf den Hauptgeschäftsbereich (u.a. stärkere Konkurrenz durch Einzelhandelsnutzung) nicht mehr so ausgeprägt; hier kommt einer im Zusammenhang damit stehenden verstärkten Dezentralisierung mit Tendenz zu repräsentativen Standorten eine zunehmende Bedeutung zu[39]. Das zeigt, daß

---

[38] Vgl. DE LANGE, wie Anm. 5.
[39] Ebd., S. 86ff.

u.a. die jeweilige Größe einer Stadt und deren Stellung im zentralörtlichen System zu Modifizierungen hinsichtlich der Bedeutung einzelner Standortfaktoren führen können.

Für das Standortwahlverhalten von Arztpraxen in größeren Verdichtungsräumen wurde von W. Thiele [40] eine bedeutende empirische Studie über Berlin (West) veröffentlicht, deren Ergebnisse sich hinsichtlich der Bewertung der Mikrostandortfaktoren zum erheblichen Teil mit den hier vorgelegten Resultaten decken. Auch aufgrund dieser Untersuchung erweist es sich, „daß eine historische Analyse der Bedingungen der Standortwahl unabdingbar ist für die Erklärung heute vorfindbarer Verteilungen von Kassenarztpraxen im Raum" [41]. Allerdings konnten die Standortveränderungen durch Thiele lediglich für die Nachkriegszeit analysiert werden, wobei in erster Linie die Stadtbezirke, teilweise aber auch die bedeutendsten Versorgungszentren innerhalb von West-Berlin, nicht jedoch die Einzelstandorte der Praxen (wie in unseren empirischen Untersuchungen) die räumlichen Bezugseinheiten darstellten. Hinsichtlich der Standortfaktoren ergab sich, daß aus dem Komplex unterschiedlichster Faktoren für das Standortwahlverhalten von Ärzten lediglich (wie in unseren Arbeiten) die wichtigsten analysiert werden konnten. Das Ergebnis war, daß vor allem für die spezialisierten Fachärzte (für Organe und Verfahren) die Ausnutzung der Agglomerationsvorteile in zentralen Lagen und die gute verkehrliche Erreichbarkeit von ausschlaggebender Bedeutung für die Mikrostandortwahl sind. Hinzu kam die empirische Feststellung, daß auch die innere sozialräumliche Gliederung der Stadt die Standortwahl von Arztpraxen erheblich mitbeeinflußt: starke Bevorzugung sozial privilegierter Stadtteile.

Von besonderem Interesse für unsere Fragestellung ist, daß die Effekte der Persistenz, d.h. der Standortbeharrung, von erheblicher Bedeutung innerhalb der empirisch feststellbaren Standorttendenzen sind. Die Persistenzhypothese wurde auch in Untersuchungen über größere Regionen (regionale Persistenz) bestätigt [42].

Abschließend sei darauf hingewiesen, daß die bisherigen Resultate unserer Standortuntersuchungen die für die Mikroebene bislang vorliegenden *Theorieansätze*, die sich auf die allgemeine Bürostandortentwicklung beziehen, bereits erheblich modifizieren bzw. ergänzen. Dies gilt z.B. bezüglich des wichtigen Büro-Lebenszyklus-Ansatzes von P. Cowan [43], der von G. Pritchard [44] erweitert wurde. Bei diesem Ansatz (Teiltheorie) wird zwar richtigerweise davon

---

[40] W. THIELE, Standortwahlverhalten von Kassenärzten in einem Ballungsgebiet (Strukturforschung im Gesundheitswesen 4), Berlin 1982.

[41] Ebd., S. 22.

[42] Vgl. z.B. W.F. SCHRÄDER, Regionale Persistenz von Einrichtungen der medizinischen Versorgung am Beispiel der ambulanten zahnärztlichen Versorgung in der BRD, in: DERS./V. VOLKHOLZ (Hgg.), Regionale Analyse der medizinischen Versorgung (Strukturforschung im Gesundheitswesen 2), Berlin 1977, S. 169-188.

[43] P. COWAN/D. FINE/J. IRELAND, The Office: A Facet of Urban Growth, London 1969.

[44] G. PRITCHARD, A Model of Professional Office Location, in: Geografiska Annaler 57 B (1975), S. 100-108.

ausgegangen, daß die einzelnen Büros im Laufe der Zeit einem Wandel von Standortansprüchen unterliegen, wobei die Bürogröße, d.h. das Wachstum einzelner Büros, einen erheblichen Einfluß auf die Art der Standortanforderungen haben soll. P. Cowan folgert, daß der sogenannte birth-growth-death-process (Neugründung - Wachstum - Aufgabe) eines Büros sich daher nicht auf Standortentscheidungen bezüglich des Gründungsstandortes beschränkt, sondern im Rahmen des Bürowachstums mit Standortverlagerungen verbunden ist. Er vernachlässigt dabei jedoch etwa die Bedeutung des Persistenzfaktors, der aber eigentlich noch differenzierter zu betrachten ist, als ich es bislang vereinfachend getan habe: nämlich Persistenz im Sinne des „Überlebens" von bestimmten Standortagglomerationen oder Bürovierteln (meine bisherige Betrachtung) und Standortpersistenz in Form der Beharrung des Einzelstandortes eines Betriebes. Letzteres ist branchenspezifisch, aber auch innerhalb einzelner Branchen sehr verschieden; so ergeben unsere Untersuchungen für Münster und Dortmund, daß etwa die Standortmobilität von Rechtsanwaltskanzleien i.a. wesentlich größer ist als diejenige von Arztpraxen. M. Licher [45] stellte bezüglich der Standortpersistenz von Arztpraxen in Münster (zwischen 1962 und 1982) fest, daß Zahnarztpraxen und Fachärzte für Organe und Verfahren am deutlichsten die Tendenz zur Persistenz an einem einmal gewählten Standort, auch bei Wechsel des Praxisinhabers, zeigen.

P. Cowan berücksichtigt auch zu wenig die allgemeinen Veränderungen im „Büro-Umwelt-System", wie etwa die Veränderungen von Verkehrssystemen (Beispiel Dortmund in der Nachkriegszeit), die Beschränkung im Raumangebot durch andere Nutzungskonkurrenten etc. — Faktoren, deren Bedeutung hier allerdings nur angedeutet werden konnte.

Einen zusätzlichen Erklärungsgehalt besitzt der sogenannte kommunikationstheoretische Ansatz, der u.a. von G. Gad [46], J.B. Goddard [47] oder G. Törnqvist [48] vertreten wird; dieser geht davon aus, daß Kommunikationsbedürfnisse und Kontaktstrukturen entscheidende Standortkriterien sind. Dieses drückt sich bei unseren Beispielen etwa in den Gerichtsorientierungen der Rechtsanwälte, aber auch in der Notwendigkeit der Erreichbarkeit von Praxenstandorten in zentraler, verkehrsgünstiger Lage zwecks Entwicklung optimaler persönlicher Kontakte (face-to-face-Kontakte) mit den aus einem größeren Einzugsbereich stammenden potentiellen Klienten aus. Auch die verschiedenen Kooperationsformen von Ärzten deuten auf die Notwendigkeit von face-to-face-Kontakten hin. Mittels des kommunikationstheoretischen Ansatzes können jedoch etwa die Auswirkungen des Raumangebotsfaktors oder

---

[45] M. LICHER, Standortveränderungen von Arztpraxen in Münster seit 1960. Analyse zum Standortverhalten im quartären Dienstleistungssektor, Staatsexamensarbeit Sek. II, Münster 1984.
[46] GAD, wie Anm. 1.
[47] GODDARD, Office Communications, wie Anm. 6.
[48] G. TÖRNQVIST, Contact Systems and Regional Development (Lund Studies in Geography B 35), Lund 1970.

selbst der Repräsentationswert eines Standortes oder z.T. auch der Persistenzeffekt nur schwer erklärt werden.

So bedarf es — und das sollte dieser Beitrag u.a. verdeutlichen — noch erheblicher empirischer Analysearbeit, um dem Standortphänomen des quartären Dienstleistungssektors auch mittels erklärender Theorien in differenzierter, d.h. in branchenspezifischer und -interner Weise gerecht zu werden. Dazu konnten in unserem Forschungsteilprojekt bislang Bausteine entwickelt werden, die jedoch im Hinblick auf die Entwicklung einer differenzierten Matrix der Bedeutungsunterschiede der Standortbedingungen quartärer Dienstleistungsgruppen (und deren zeitliche Veränderungen) in westdeutschen Großstädten angelegt sind.

STANDORTVERHALTEN DES FINANZWESENS IN DEN REGIONALZENTREN DÜSSELDORF UND HANNOVER SEIT DEM 19. JAHRHUNDERT

von Norbert de Lange

1. Ziel der Untersuchung

Das Wachstum und die zunehmende Differenzierung von Dienstleistungsfunktionen und deren Standortverhalten sind mit der allgemeinen Entwicklung der (Innen-)Städte unmittelbar und wechselseitig verknüpft. Einerseits sind infolge der Wachstumsprozesse einer Stadt oder einzelner Dienstleistungsgruppen standorträumliche Veränderungen zu erwarten. Andererseits kann man auch von Persistenzeffekten ausgehen, d.h. von der Beharrung an einem Standort, wobei u.a. tradierte Lage- oder Prestigewerte einzelner innerstädtischer Standorte oder kleinerer Standorträume wie auch überkommene Baustrukturen Einflußfaktoren einer Standortpersistenz sein können. Insbesondere können differierende Standortanforderungen einzelner Dienstleistungszweige, d.h. gruppenspezifische Verhaltensweisen, Standortveränderungen oder auch Standortpersistenzen bedingen. Derartige innerstädtische Entwicklungsprozesse stehen zudem auch im Zusammenhang mit der sich u.U. zeitlich verändernden ökonomischen Funktion einer Stadt oder der zentralörtlichen Stellung im Städtesystem. Insgesamt stellt somit das Standortverhalten von Dienstleistungseinrichtungen einen bedeutenden Bestandteil innerstädtischer Prozesse im 19. und 20. Jahrhundert dar.

Besondere Bedeutung besitzen die quartären Dienstleistungsgruppen, zu denen insbesondere die Bank-, Versicherungs-, Arzt- und Rechtsanwaltsfunktionen gehören, die bereits im 19. Jahrhundert entwickelt waren [1]. Dieser Beitrag will am Beispiel der Bankfunktionen Ansätze und erste Teilergebnisse einer umfassenden Analyse der innerstädtischen Entwicklungsdynamik quartärer Dienstleistungsfunktionen in den (heutigen) Regionalmetropolen Düsseldorf

---

[1] H. HEINEBERG/N. DE LANGE, Die Cityentwicklung in Münster und Dortmund seit der Vorkriegszeit — unter besonderer Berücksichtigung des Standortverhaltens quartärer Dienstleistungsgruppen, in: P. WEBER/K.-F. SCHREIBER (Hgg.), Westfalen und angrenzende Regionen. FS zum 44. Deutschen Geographentag in Münster 1983, T. 1 (MGA 15), Paderborn 1983, S. 221-285; N. DE LANGE, Standortverhalten ausgewählter Bürogruppen in Innenstadtgebieten westdeutscher Metropolen, in: H. HEINEBERG/G. HEINRITZ/G. GAD/N. DE LANGE/J. HARTWIEG, Beiträge zur empirischen Bürostandortforschung (Münchener Geographische Hefte 50), Kallmünz/Regensburg 1983, S. 61-100.

und Hannover aufzeigen. Bearbeitet wurde zunächst der Zeitraum von 1870 bis 1932, womit die Entwicklung von der Zeit kurz vor der Reichsgründung bis zur Bankenkrise 1931 umfaßt wird. Dabei ist dieser Beitrag in ein größeres Forschungsprojekt eingebunden, das sich der raum-zeitlichen, vergleichenden Analyse innerstädtischer Standortentwicklungen quartärer Dienstleistungsfunktionen seit der zweiten Hälfte des 19. Jahrhunderts widmet [2].

2. Entstehung des deutschen Bankwesens

Aufgrund der Entwicklungsdynamik des Bankwesens ist es nicht möglich, dieser Untersuchung für alle Zeitschnitte gültige Definitionen von „Bankunternehmen" oder von „Bankgeschäften" voranzustellen. Insbesondere ist die Entwicklung der verschiedenen Bankfunktionen derartig differenziert und mit allgemeinen historischen Prozessen vielfältig verknüpft, so daß selbst ein Abriß der Entstehungs- bzw. Entwicklungsgeschichte der einzelnen Bankfunktionen den Rahmen dieses Beitrags sprengen würde [3]. In einer ersten Gliederung können Notenbanken, Privatbankiers, Banken in der Rechtsform einer AG, KGaA oder GmbH, Sparkassen, Kreditgenossenschaften und Spezialbanken unterschieden werden [4].

---

[2] Teilprojekt B 8: „Standortverhalten quartärer Dienstleistungseinrichtungen in ausgewählten westdeutschen Großstädten seit dem Ende des 19. Jahrhunderts" im Rahmen des von der Deutschen Forschungsgemeinschaft geförderten Sonderforschungsbereiches 164 „Vergleichende geschichtliche Städteforschung". Vgl. auch den Beitrag von H. HEINEBERG in diesem Band S. 263-306, der Standortstrukturen für das Ärzte- und Rechtswesen in Dortmund und Münster seit 1875 analysiert und somit Funktionen erfaßt, die einen geringeren Raumbedarf und geringere bauliche Ansprüche haben. So kann — im Vergleich zum Bankwesen — für diese Dienstleistungsgruppen größere Mobilität und ein flexibleres Standortverhalten postuliert werden. Demgegenüber werden in diesem Beitrag mit dem Bankwesen Einrichtungen einer anderen (räumlichen) Größenordnung betrachtet. Zum Untersuchungsansatz vgl. HEINEBERG/DE LANGE, wie Anm. 1, und DE LANGE, wie Anm. 1. Grundlagen der Analysen stellen jeweils Standortverteilungskarten dar, die auf der Basis von Adreßbuchauswertungen erarbeitet wurden.

[3] Den allgemeinen Ausführungen zur Bankengeschichte in diesem Beitrag liegen zugrunde: K.E. BORN, Vom Beginn des Ersten Weltkriegs bis zum Ende der Weimarer Republik (1914-1933), in: Deutsche Bankengeschichte, Bd. 3, Frankfurt a.M. 1983, S. 17-146; F.-W. HENNING, Die Industrialisierung in Deutschland 1800 bis 1914 (Wirtschafts- und Sozialgeschichte 2), 3. Aufl., Paderborn 1976, S. 100ff. und 178ff; DERS., Das industrialisierte Deutschland 1914 bis 1972 (Wirtschafts- und Sozialgeschichte 3), 2. Aufl., Paderborn 1975, S. 77ff. und 97ff.; E. KLEINE, Von den Anfängen bis zum Ende des alten Reiches (1806) (Deutsche Bankengeschichte 1), Frankfurt a.M. 1982; H. POHL, Das deutsche Bankwesen (1806-1848), in: Deutsche Bankengeschichte, Bd. 2, Frankfurt a.M. 1982, S. 11-140; M. POHL, Einführung in die Deutsche Bankengeschichte (Taschenbücher für Geld, Bank und Börse 79), Frankfurt a.M. 1976; DERS., Die Entwicklung des deutschen Bankwesens zwischen 1848 und 1870, in: Deutsche Bankengeschichte, Bd. 2, Frankfurt a.M. 1982, S. 141-219 (im folgenden zitiert: POHL, Entwicklung).

[4] Knappe Zusammenstellungen von Entwicklung und Funktion dieser Sparten finden sich in: Banklexikon. Handwörterbuch für das Bank- und Sparkassenwesen (mit Bankverzeichnis), 9. Aufl., Wiesbaden 1983; G. DIEPEN (Hg.), Der Bankbetrieb. Lehrbuch und Aufgabensammlung, 8. Aufl., Wiesbaden 1977; M. HEIN, Einführung in die Bankbetriebslehre, München 1981.

Die ersten Notenbanken waren allerdings nicht mit den heutigen zu vergleichen. Sie betrieben als reine Geschäftsbanken alle Arten von Bankgeschäften und nahmen vor allem Gold zur Aufbewahrung gegen Aushändigung von Depotscheinen (d.h. Banknoten) an. Nach der Reichsgründung kam es am 9.7.1873 zur Währungsreform (Münzgesetz), zur Einführung der Goldwährung und in den darauffolgenden Jahren zur Gründung einer zentralen Notenbank. Die Aufgaben der Reichsbank bestanden u.a. in der Notenemission, wobei die Konvertibilität der inländischen Zahlungsmittel in Gold und damit auch in ausländische Zahlungsmittel gewährleistet werden mußte, sowie im Wechsel- und Girogeschäft. Dabei waren ihr das allgemeine Kreditgeschäft untersagt und somit Kredite z.B. nur an Kreditunternehmen oder Körperschaften erlaubt. Die Reichsbankstellen übten dabei im zugewiesenen Bezirk Funktionen der Notenbank aus. Im Jahre 1875 bestanden noch 33 private Notenbanken, 1905 existierten neben der Reichsbank noch die bayerische, badische, sächsische und württembergische Notenbank.

Bis zur Mitte des 19. Jahrhunderts konnten die Privatbankiers in einzelnen Städten den Kreditbedarf für Handel und Industrie noch voll befriedigen. Jedoch erforderten der nach 1848 (verstärkt) einsetzende Konjunkturaufschwung und die Entstehung von größeren Industrie-, Handels- und Verkehrsunternehmen einen höheren Finanzbedarf. Diesen Erfordernissen der Industrie konnte der Privatbankier nicht mehr gerecht werden. Beinahe zwangsläufig mußte sich das Bankwesen verändern. Zwischen 1848 und 1856 setzte in Deutschland eine erste und nach 1866 eine zweite Welle von Bankgründungen ein: u.a. Deutsche Bank in Berlin (1869), Commerz- und Disconto Bank in Hamburg (1870) und Dresdner Bank (1872) in Dresden. Die Zeit danach ist zusammenfassend durch einen erheblichen Konzentrationsprozeß charakterisiert: Rückgang der Privatbankiers sowie Bedeutungsgewinne, Geschäftsausweitungen und räumliche Ausbreitung der Aktienbanken zu Lasten der Privatbankiers.

Bis zur Mitte des 19. Jahrhunderts waren die Sparkassen reine Anlageinstitute, die auf breite Bevölkerungsschichten ausgerichtet waren. Kredite wurden noch nicht vergeben. Entscheidend für das räumliche Verhalten der Sparkassen wurde die Trägerschaft: Bis 1830 hatten sich nämlich die kommunalen Sparkassen herausgebildet. Das starke Anwachsen führte 1831 zum preußischen Sparkassenreglement und damit zum Beginn der staatlichen Aufsicht und Förderung.

Durch die Erfolge der von Schulze-Delitzsch bzw. von Raiffeisen um die Mitte des 19. Jahrhunderts gegründeten Kreditgenossenschaften entwickelten sich auf der Grundlage der Selbsthilfe und der solidarischen Haftpflicht der Mitglieder neue Kreditinstitute, die Lücken in der Kreditversorgung des gewerblichen und landwirtschaftlichen Mittelstandes schlossen.

Zu den ersten Spezialbanken gehörten die Realkreditinstitute, die sich auf einen Spezialzweig des Bankgeschäfts, nämlich auf das Hypothekengeschäft, beschränkten.

3. Die Bankfunktionen in Düsseldorf und Hannover im Jahre 1870

In Düsseldorf war 1870 das Bankwesen noch wenig differenziert; mit insgesamt 15 Einrichtungen bestand nur eine relativ geringe Zahl an Bankfunktionen. Insofern ist es schwierig, ein ausgeprägtes Standortverhalten anhand der Verteilungskarte auszumachen oder allgemeine Standortprinzipien abzuleiten (Abb. 1). Jedoch sind anhand der Straßenführung Zusammenhänge mit der Baustruktur und der städtebaulichen Entwicklung zu erkennen [5].

Bis zum Ende des 18. Jahrhunderts war die Stadt lediglich im Süden bzw. Nordwesten über die mittelalterliche Ausdehnung hinausgewachsen, wobei die Karlstadt, d.h. das Gebiet zwischen Carlsplatz und Schwanenmarkt, erst nach 1787 bebaut wurde. Entscheidend für die gesamte bauliche Entwicklung bis heute war das erste Jahrzehnt des 19. Jahrhunderts. Nach sechsjähriger Besatzungszeit räumten die Franzosen im Jahre 1801 die Stadt und sprengten sämtliche Festungsanlagen. Düsseldorf wurde nach Osten im Verlauf der ehemaligen Befestigung großzügig erweitert: Es entstanden die Alleestraße als östliche Begrenzung der Altstadt gegen den Hofgarten und die Königsallee zu beiden Seiten des begradigten Stadtgrabens. Erst nach 1854 wuchs das Viertel im Osten zwischen Königsallee, Oststraße und Schadowstraße. Im Jahre 1870 war die spätere Friedrichstadt im Süden größtenteils noch unbebaut. Der Hofgarten bildete die Nordgrenze der dichteren Bebauung, die sich somit auf einen relativ kleinen Teil des Kartenausschnitts beschränkte [6].

Auf der Grundlage dieser Ausführungen läßt sich die Verteilung der elf privaten Bankhäuser thesenartig charakterisieren: Die mittelalterliche Stadt bzw. das Zentrum, das in den sechziger Jahren des 19. Jahrhunderts immer noch der Umkreis des Marktplatzes darstellte (Abb. 1), war von privaten Bankfunktionen völlig unbesetzt [7]. Eine überkommene bzw. unzureichende Baustruktur werden (u.a.) dafür ursächlich gewesen sein. Hingegen war eine Orientierung auf die neueren, großzügig angelegten Teile der Stadt zu erkennen. Dieses Verhalten

---

[5] Im Gegensatz zu Hannover gab es für Düsseldorf erhebliche Probleme, für historische Zeitschnitte großmaßstäbliche topographische Karten (nach Möglichkeit mit Hausnummernsystemen) als Grundlage von Adreßbuchauswertungen zu erhalten. Der Abb. 1 lag der „Bau- und Nivellementsplan über die Erweiterung der Stadt Düsseldorf" von 1854 im Maßstab 1:5.000 zugrunde. Als weitere Quellen wurden das Straßenverzeichnis im „Adreßbuch der Oberbürgermeisterei Düsseldorf 1870" sowie die Übersichtskarten in mehreren Adreßbüchern der Stadt Düsseldorf aus dem 19. Jahrhundert verwandt. Ähnliche Schwierigkeiten bestanden bei den Zeitschnitten 1900 und 1932. Grundlage der zugehörigen Karten bildete der Neuordnungsplan von 1950 im Maßstab 1:2.500, der noch den Vorkriegszustand wiedergibt. Auch hierbei wurden als weitere Informationsquellen Adreßbücher mit entsprechenden Übersichtsdarstellungen benutzt. — Zur Entwicklung der Stadtkartographie in Düsseldorf vgl. W. HENSEL, 75 Jahre Vermessungsamt der Stadt Düsseldorf, Düsseldorf o.J. [1960].

[6] Vgl. H. WEIDENHAUPT, Kleine Geschichte der Stadt Düsseldorf, 7. Aufl., Düsseldorf 1979, S. 65ff.

[7] In der Karte ist der Geschäftssitz der Privatbankiers wiedergegeben, der sich aus dem Adreßbuch eindeutig ermitteln ließ. Somit besteht nicht die Gefahr, daß die Betrachtung von Wohnstandorten Fehlinterpretationen hervorruft.

Standortverhalten des Finanzwesens in Regionalzentren 311

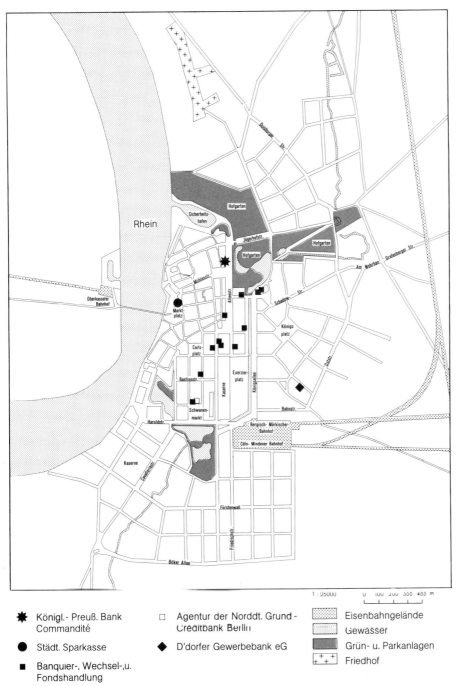

✱ Königl.- Preuß. Bank Commandité
● Städt. Sparkasse
■ Banquier-, Wechsel-,u. Fondshandlung
□ Agentur der Norddt. Grund - Creditbank Berlin
◆ D'dorfer Gewerbebank eG

Eisenbahngelände
Gewässer
Grün- u. Parkanlagen
Friedhof

Quelle: Adreßbuch der Oberbürgermeisterei Düsseldorf 1870 Entwurf: N. de Lange 1984
Kartographie: B. Deilmann

Abb. 1: Funktionen des Bankwesens in Düsseldorf 1870

betraf nicht nur das Nordende der Königsallee am Hofgarten, sondern auch die Karlstadt, was an der dortigen, heute noch zum Teil erhaltenen Bebauung zu belegen ist. Bezüglich des 19. Jahrhunderts spricht Weidenhaupt von einer „schönen und harmonischen Bebauung dieser Straßen"[8]. So lassen sich anhand der Abbildung 1 ein Repräsentationsbedürfnis und Standorte an hochwertigen Lagen oder Plätzen aufzeigen[9]. Die an die Kasernen angrenzenden Straßen wurden z.B. gemieden.

Die städtische Sparkasse war 1870 an den Standort ihres Trägers gebunden, sie befand sich als städtische Einrichtung im Rathaus.

Die einzige Genossenschaftsbank, die Düsseldorfer Gewerbebank, siedelte sich im neu entstehenden Ostviertel an.

Die Zweigstelle der Preußischen Bank befand sich nördlich des Friedrichsplatzes, d.h. auf dem (kommunalem) Gelände der ehemaligen Befestigungsanlagen. Zweifellos war dies ein repräsentativer und der Bedeutung dieser Funktion um 1870 „angemessener" Standort an der Alleestraße gegenüber dem Hofgarten. Diese Zweigstelle der staatlichen Notenbank lag aber auch in Kontaktnähe zum Regierungspräsidialgebäude (Sitz des Regierungspräsidenten), das sich an der Mühlenstraße westlich vom Friedrichsplatz erstreckte.

Im Gegensatz zu Düsseldorf war 1870 das Bankwesen in Hannover weiter entwickelt und zeigte ein vielfältigeres Standortverhalten, das sich aber ebenfalls an der Baustruktur und an der baulichen Entwicklung orientierte. Gegründet als Marktsiedlung wuchs Hannover im Mittelalter zu einer bürgerlichen Handelsstadt und wurde ab 1636 Residenz der Welfenherzöge. In den nächsten Jahrzehnten entwickelte sich die Calenberger Neustadt westlich der Leine zum Wohnviertel der Staatsbeamten und Hofhandwerker. Es entstand durch die Umwallung von Alt- und Neustadt eine stark befestigte Residenzstadt. In der Abbildung 2 sind noch die (westlichen) Befestigungen der Neustadt enthalten, die Georgstraße zeigt den Verlauf der ehemaligen Befestigungsanlagen im Norden und Osten der lanzettförmigen Altstadt an. Eine neue und sehr entscheidende Phase in der Stadtentwicklung setzte erst 1837 ein[10]. Die Wälle wurden abgetragen, die Stadt wurde in Verbindung mit der Neuanlage des Bahnhofs ab 1843 nach Norden bzw. nach Osten erweitert (u.a. Anlage der Georgstraße). Es entstand das neue Bahnhofsviertel, die sog. Ernst-August-Stadt, mit breiten, zur Georgstraße und zum Theaterplatz führenden Straßen. Im folgenden Jahrzehnt setzte sich die Bebauung weiter nach Osten bis zur Nord-Süd verlaufenden Prinzenstraße fort und griff bis 1870 auch auf die Nordostseite des Bahnhofs über[11].

---

[8] WEIDENHAUPT, wie Anm. 6, S. 82.

[9] Vgl. Schwanenmarkt, Königsallee bzw. Canalstraße, Alleestraße; zu beachten sind die Straßenbezeichnungen.

[10] 1714 gingen die Welfen als Könige mit dem Hof nach England (Personalunion zwischen Hannover und England); 1837 kehrte Ernst August als König von Hannover zurück; vgl. G. SCHNATH u.a., Geschichte des Landes Niedersachsen (Geschichte der deutschen Länder - Territorien-Ploetz-Sonderausgabe), Würzburg 1972, S. 51ff.

[11] Zur Stadtgeschichte vgl. P. SIEDENTOPF, Das Stadtbild Hannovers in dem Zeitraum von 1800 bis 1930, in: Jahrbuch der Geographischen Gesellschaft zu Hannover für 1932 und 1933 (Deutsche

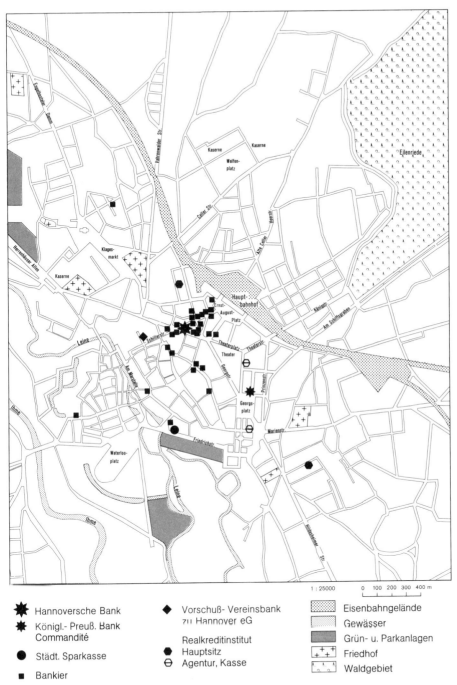

Abb. 2: Funktionen des Bankwesens in Hannover 1870

Städte und Landschaften), Hannover 1933, S. 15-33; K.-F. LEONHARDT, Ursprung und Entwicklung der Stadt Hannover, in: Jahrbuch der Geographischen Gesellschaft zu Hannover für 1932 und 1933, Hannover 1933, S. 1-14.

Ähnlich wie in Düsseldorf lokalisieren sich in Hannover 1870 die privaten Bankhäuser vornehmlich in den neueren, großzügig bebauten Teilen der Stadt. Auch hier ist eine Häufung in den jüngst erschlossenen Gebieten der ehemaligen Befestigungsanlagen zu erkennen. Wurde dieses Standortverhalten in Düsseldorf mit der Orientierung auf gehobene, der Bedeutung und Funktion der Bankiers entsprechende Lagen erklärt, so kam für Hannover ein sehr entscheidender Standortfaktor hinzu. Wesentlich für die Konzentration der 19 (von insgesamt 27) Privatbankiers zwischen der Georgstraße und dem Ernst-August-Platz war die Lage der Hannoverschen Bank, die 1870 noch das Recht der Notenemission besaß. Nach der Auflistung im Adreßbuch der Stadt Hannover von 1870 war sie daneben befugt, das Diskonto- und Wechselgeschäft zu betreiben, Gelder zur Verzinsung anzunehmen, Kommissionsgeschäfte zu tätigen und Edelmetalle zu handeln. Darlehen konnte sie nur kurzfristig „gegen Verpfändung von edlen Metallen, Pretiosen, Wechseln, Staatspapieren und ähnlichen Effekten" oder gegen andere hohe Sicherheiten ausgeben. Insbesondere durfte sie nicht diejenigen Darlehensgeschäfte tätigen, für welche die Landes- und provinziellen Kreditanstalten bestanden [12]. Sie konnte daher u.a. keine Realkredite geben oder Darlehen gegen geringe Sicherheiten oder mit langer Laufzeit gewähren. Somit gab es notwendige Funktionsergänzungen durch die übrigen Kreditinstitute bzw. die privaten Bankhäuser. Diese Funktionsteilung einerseits sowie die für Geldaustauschgeschäfte notwendige Kontaktnähe untereinander und auch zu der Zentralbank andererseits erklären die Konzentration. Ferner haben auch Spezialisierungen zu dieser Konkurrenzagglomeration beigetragen. Sicherlich werden auch die sich aufgrund der Bedeutung der Hannoverschen Bank im Umkreis ergebende Repräsentativität und die Lage in der Verkehrsspannung zwischen Bahnhof und Altstadt als Gunstfaktoren eine Rolle gespielt haben. Die städtische Sparkasse befand sich wie in Düsseldorf als kommunale Behörde im neuen Rathaus an der Friedrichstraße. Die Zweigstelle der Preußischen Bank wurde erst 1868 nördlich des Georgsplatzes gegründet, so daß von ihr Impulse auf das Standortverhalten noch nicht zu erwarten waren.

In Hannover waren 1870 zwei Realkreditinstitute ansässig, der 1825 gegründete Calenberg-Göttingen-Grubenhagen-Hildesheimsche Ritterschaftliche Creditverein zur Förderung des langfristigen Agrarkredits und die 1849 entstandene Hannoversche Landeskreditanstalt [13]. Diese Kreditinstitute besaßen einen abseitigen Standort, der sich u.a. auch aus der Spezialisierung erklärt. Sie

---

[12] Vgl. Adreßbuch, Stadt- und Geschäfts-Handbuch der Königlichen Residenzstadt Hannover für 1870, Abth. II, S. 117.

[13] C. DOEHRING, Der Bankplatz Hannover, in: Der Bankplatz Hannover. Börse und Banken in Hannover (Europäische Wirtschaft in Einzeldarstellungen), Trautheim über Darmstadt/Mainz o.J. [1962], S. 29-48. Der Creditverein lag im Süden der Stadt und besaß eine mehr zentrumsorientiert gelegene Kasse am Aegidientorplatz (Abb. 2); die Funktionen des Creditvereins sind sind mit denen der sog. Landschaften Preußens zu vergleichen; vgl. M. POHL, Festigung und Ausdehnung des deutschen Bankwesens zwischen 1870 und 1914, in: Deutsche Bankengeschichte, Bd. 2, Frankfurt a.M. 1982, S. 220-356, hier S. 296ff.

beteiligten sich nicht am allgemeinen Kreditgeschäft, das eine größere Zentrums- und Publikumsnähe erfordert hätte.

Die beiden Beispielstädte zeigen, daß die Zahl und die Struktur der Bankfunktionen die tradierte Stellung einer Stadt im Städtesystem widerspiegeln. Der Bedeutungsvorsprung Hannovers als ehemaliger Mittelpunkt des Königreichs Hannover (bis 1866!) kann im Jahre 1870 eindeutig an der Zahl und Vielfalt der Bankfunktionen abgelesen werden[14]. Bereits seit 1815 gehörte die Stadt Düsseldorf — als Mittelpunkt lediglich eines Regierungsbezirks — zu Preußen. So war sie 1870 in der Verwaltungshierarchie der preußischen Provinzen nicht mit der Stadt Hannover zu vergleichen, die Provinzhauptstadt mit tradierten Hauptstadtfunktionen war. Ähnlich unterschiedlich war die Stellung als Handelsmittelpunkt, worin Düsseldorf von Köln übertroffen wurde. So entwickelte sich zunächst auch Köln zum bedeutenderen Bankplatz der Rheinlande[15].

4. Die Bankfunktionen in Düsseldorf und Hannover im Jahre 1900

Wesentliche Entwicklungstrends des Bankwesens in der Zeit nach 1870 waren: Fusionen und somit Konzentrationen von Bankinstituten, Bedeutungsgewinne der Aktienbanken bei Bedeutungsverlusten der Privatbankiers, Entstehung von Zentralfunktionen und Neuregelung des Notenbankwesens.

Im Vergleich der beiden Kartengrundlagen für Düsseldorf fallen zunächst eine Reihe bedeutender Veränderungen des Straßenbildes auf. So ist die Bebauung im Jahre 1900 bereits über die Kartengrenzen hinaus fortgeschritten. Eine Gegenüberstellung mit dem Stand von 1870 läßt das ringförmige Wachstum und die gründerzeitliche Zunahme erkennen. Entscheidend für die gesamte spätere Entwicklung der Innenstadtstruktur sind die Veränderungen der Eisenbahnführung im Süden der Innenstadt und die Verlegung bzw. Zusammenfassung der beiden ehemaligen Bahnhöfe (Abb. 3).

Die Zahl der Privatbankhäuser ist mit zwölf (1900) gegenüber elf (1870) Einrichtungen fast konstant geblieben. Eine Ausrichtung oder Anlehnung an andere Banken erfolgte nicht. So erscheint insbesondere die Reichsbankstelle — mit gegenüber 1870 konstantem Sitz — im Verteilungsbild isoliert. Bei der geringen Zahl an Privatbankiers ist als räumlicher Entwicklungstrend lediglich eine Verlagerung in das relativ junge Viertel östlich der Königsallee zu erkennen, wobei eine gewisse Ausrichtung auf den Umkreis des Königsplatzes

---

[14] Zu beachten ist auch die Notenbankfunktion der Hannoverschen Bank.
[15] W. TREUE, Gesellschaft, Wirtschaft und Technik Deutschlands im 19. Jahrhundert, in: Gebhardt. Handbuch der Deutschen Geschichte, 9., neu bearb. Aufl. hg. v. H. GRUNDMANN, Bd. 3, Stuttgart 1970, S. 377-541.

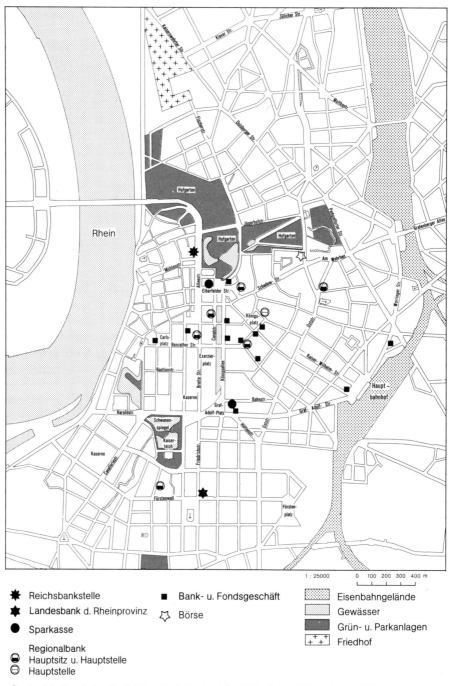

Abb. 3: Funktionen des Bankwesens in Düsseldorf 1900

bestand [16]. Die städtische Sparkasse hat sich vom Standort im Rathaus aufgrund einer notwendig gewordenen räumlichen Expansion gelöst und hat einen Standort an der Bahnstraße gefunden [17]. Daneben gab es noch eine private Sparkasse an der Elberfelder Straße. Die übrigen Banken weisen ebenfalls eine Standortstreuung auf, eine spezifische Ausrichtung bzw. Bevorzugung von Standorträumen läßt sich anhand des Verteilungsmusters und aufgrund der geringen Zahl nicht erkennen.

Trotz des im Vergleich zu Hannover immer noch spärlich ausgebildeten Bankwesens weist die Existenz zweier Funktionen in Düsseldorf im Jahre 1900 auf die bislang gewachsene und auch auf die zukünftige Bedeutung als Bankplatz hin. So befand sich in Düsseldorf bereits eine amtliche Börse. Ferner ist die Landesbank der Rheinprovinz herauszustellen, die 1888 aus der Provinzial-Hülfskasse hervorgegangen ist. Sie hatte ihren Standort in der Friedrichsstadt (Abb. 3). Jedoch konnte sich Düsseldorf um die Jahrhundertwende noch nicht mit den beiden wichtigsten Bankorten des Rheinlands (Köln und Elberfeld) vergleichen — wie Tabelle 1 belegt:

Tabelle 1

Wechselankauf und neu gewährte Lombarddarlehen der wichtigsten rheinischen Reichsbankbezirke 1900 in Mill. Mark

Reichsbankbezirk	Wechselankauf	Lombarddarlehen
Köln	256,631	48,866
Elberfeld	180,960	22,013
Krefeld	102,175	8,475
Düsseldorf	89,245	35,062

Quelle: F.-W. HENNING, Düsseldorf und seine Wirtschaft. Zur Geschichte einer Region, Bd. 2: Von 1860 bis zur Gegenwart, Düsseldorf 1981, S. 457.

Wie die Verteilungskarten der Bankfunktionen für die Jahrhundertwende verdeutlichen, besaß das Bankwesen der Stadt Hannover unterschiedliche Wachstumstrends. Die Kreditinstitute haben sich zum Teil zahlreicher und differenzierter entwickelt, sie zeigten zudem ein klareres Standortverhalten. Ähnlich wie in Düsseldorf hat die Bebauung die Kartengrenze überschritten. Der Vergleich der Kartengrundlagen belegt auch hier die grunderzeitliche Zunahme. Allerdings hat sich der Verlauf der Verkehrsleitlinien nicht verändert. Die Bahntrasse durchschneidet das Stadtgebiet, schnürt die „Oststadt" ab und engt die Expansion von Cityfunktionen wesentlich ein. In den achtziger Jahren

---

[16] Vgl. auch die dortigen Standorte zweier Aktienbanken.
[17] Vgl. E.-J. HAAS, Stadt-Sparkasse Düsseldorf 1825-1972. Ein Beitrag zur Wirtschaftsgeschichte der Landeshauptstadt Düsseldorf (Untersuchungen über das Spar-, Giro- und Kreditwesen A 85), Berlin 1976, S. 140.

des vergangenen Jahrhunderts wurde die Karmarschstraße in Nord-Süd-Richtung als Verbindungsachse zwischen der aufstrebenden und mit gehobenen Cityfunktionen besetzten Ernst-August-Stadt und dem traditionellen Geschäftsbereich angelegt.

Beim Vergleich der Standortverteilungskarten für Hannover fallen sofort die Zunahme der privaten Bankhäuser (von 27 auf 56 im Jahre 1900) und die gewachsene Verdichtung der schon 1870 vorhandenen Konzentration zwischen Georgstraße und Hauptbahnhof entlang der Schillerstraße auf. Dabei zog dieses „Bankenviertel" drei weitere Bankinstitute sowie eine Zweigstelle (!) der Sparkasse der Stadt Hannover in die nähere Umgebung (Selbstverstärkungseffekte). Die Hannoversche Bank übte lediglich bis 1889 das Notenprivileg aus. Jedoch blieb sie das bedeutendste Kreditinstitut in Hannover [18].

Die Stadtsparkasse hat sich wie in Düsseldorf vom Standort der Kommunalverwaltung gelöst und ihre Hauptstelle in die Altstadt (neben das alte Rathaus) verlegt. Seit 1889 besaß die Stadtgemeinde das Gebäude, in dem die „Rathsapotheke" und das Baupolizeiamt ihren Sitz hatten [19]. Dieses Kreditinstitut ging somit eine Standortgemeinschaft mit einer publikumsintensiven Einrichtung ein, orientierte sich gegenüber 1870 stärker auf den zentralen Geschäftsbereich und besaß das Gebäude (Bündelung von Standortfaktoren).

Abseits der übrigen Bankfunktionen hatte die Sparkasse des Landkreises Hannover ihren Standort. Als Besonderheiten sind eine Reihe weiterer Sparkassen anzuführen. So besaß die Kapital-Versicherungsanstalt eine Sparkasse — sogar mit acht Nebeneinnahmestellen, die sich jedoch zum Teil in Privatwohnungen befanden und in der Karte nicht ausgewiesen wurden [20]. Auch die übrigen Genossenschaftsbanken hatten im Adreßbuch eine (angegliederte) Sparkasse ausgewiesen. Hierdurch kommt neben der Kreditbeschaffung die Sonderfunktion der Sparmöglichkeit auch in diesen Kreditinstituten zum Ausdruck, wodurch sie sich insbesondere gegen die Geschäftsbanken abgrenzten.

Im Gegensatz zu Düsseldorf gab es in Hannover im Jahre 1900 sechs Kreditgenossenschaften und sogar zwei genossenschaftliche Zentralinstitute. Die Landesgenossenschaftskasse war 1890 gegründet worden und fungierte als Zentralkasse der ländlichen Raiffeisen-Genossenschaften im Gebiet des heutigen Niedersachsen und Bremen (ohne Oldenburg). Die Zentralgenossenschaftskasse Niedersachsen war 1893 von 16 Kreditgenossenschaften gegründet worden. Ihre Funktionen wurden aber noch 1900 von der Kreditbank zu Hannover an der Friedrichstraße übernommen [21].

Als Bankplatz besaß Hannover um die Jahrhundertwende eindeutig größere

---

[18] Vgl. Die Kreditinstitute in Hannover, in: Der Bankplatz Hannover, wie Anm. 13, S. 53-129.
[19] Nach Angaben im Adreßbuch der Stadt Hannover von 1900.
[20] Die Kapital-Versicherungsanstalt ging auf eine Renten-Versicherungsanstalt mit angeschlossener Sparkasse zurück; vgl. Die Kreditinstitute in Hannover, wie Anm. 18, S. 97ff.
[21] Beide Institute besaßen identische Vorstände (nach Angaben im Adreßbuch der Stadt Hannover von 1900).

Bedeutung. Jedoch täuscht die Abbildung 4 ein zu großes Übergewicht vor. Zwar ist im Vergleich der beiden Zeitschnitte die Zunahme der Privatbankiers besonders auffällig, allerdings ist sehr fraglich, ob im gleichen Maße auch deren Bedeutung wuchs [22]. Viele der in Hannover ansässigen Kreditinstitute waren im Tätigkeitsfeld und in der räumlichen Zuständigkeit eingeschränkt: die Kreditgenossenschaften, die Realkreditinstitute wie auch die Privatbankiers. Die entscheidenden Impulse für die Wirtschaft gingen jedoch von den finanzstärkeren Aktienbanken aus. In diesem Sektor verzeichnete die Stadt Düsseldorf ein stärkeres Wachstum, die Zahl der (Aktien-)Banken war dort größer (Abb. 3 und 4).

5. Die Bankfunktionen in Düsseldorf und Hannover im Jahre 1932

Die Konzentrationstendenzen der Privatbankiers und der privaten Regional- und Lokalbanken aus dem 19. Jahrhundert setzten sich nach 1900 fort. Insbesondere hat die Bankenkrise 1931 einen (weiteren) erheblichen Schrumpfungs- und Ausleseprozeß bewirkt [23]. Daneben gab es im Bankwesen noch zwei sehr wesentliche Entwicklungsprozesse. Zum einen bauten durch Fusionen mit Lokal- und Regionalbanken die Berliner Großbanken ein ausgedehntes Filialnetz auf, das u.a. die Industriegebiete einschloß. Zum anderen entwickelten sich die Sparkassen zu Universalbanken [24].

Infolge des stark gewachsenen Geschäftsvolumens ist die städtische Sparkasse räumlich expandiert und hat ihre Hauptstelle von der Bahnstraße zum Königsplatz verlagert [25]. Bis 1932 hat die städtische Sparkasse mit 17 Zweigstellen ein recht differenziertes Versorgungsnetz ausgebildet. So entstanden in den 1909 bzw. 1929 eingemeindeten Stadtteilen und Nebenzentren Heerdt, Stockum, Rath, Gerresheim und Eller bzw. Benrath und Kaiserswerth neue Zweigstellen. Auch innerhalb des Kartenausschnitts ist eine flächenmäßige Ausdehnung festzustellen. Es zeigte sich bereits, daß die Standorte dieser Sparkassen-Zweigstellen in hohem Maße bevölkerungs-, d.h. wohnorientiert waren. Bei der Mikrostandortwahl wurden offenbar Standorte in zentralen Lagen (z.B. Ecklagen) wie auch an Ausfallstraßen, die die Funktion von Subzentren ausübten, bevorzugt. Daneben wurden auch die zentralen Geschäftsbereiche in der Altstadt, an der Königsallee und der Schadowstraße durch Zweigstellen am

---

[22] Vgl. TREUE, wie Anm. 15, S. 245.
[23] Zur Bankenkrise vgl. BORN, wie Anm. 3, S. 97-140.
[24] Vgl. allgemein POHL, Entwicklung, wie Anm. 3, und BORN, wie Anm. 3, sowie H. BÜHRING, Das kommunale Sparkassen- und Bankwesen Deutschlands unter besonderer Berücksichtigung seiner historischen und organisatorischen Grundlagen, Diss., Würzburg 1926; L. POULLAIN, Die Sparkassenorganisation (Taschenbücher für Geld, Bank und Börse 15), Frankfurt a.M. 1972; A. TRENDE, Geschichte der deutschen Sparkassen bis zum Anfang des 20. Jahrhunderts, Stuttgart 1957.
[25] Vgl. HAAS, wie Anm. 17, S. 189.

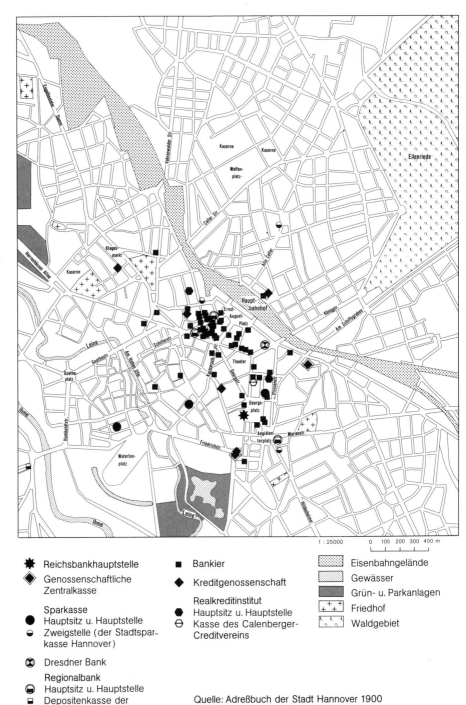

Abb. 4: Funktionen des Bankwesens in Hannover 1900

Standortverhalten des Finanzwesens in Regionalzentren 321

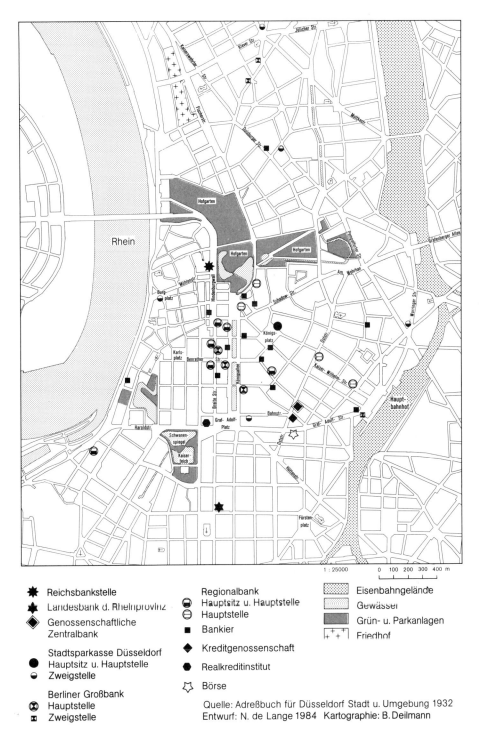

Abb. 5: Funktionen des Bankwesens in Düsseldorf 1932

Burgplatz und an der Bahnstraße sowie durch die Hauptstelle am Königsplatz bedient (Abb. 5). Dieses Standortverhalten ist kennzeichnend für das allgemeine „Bestreben von Sparkassen, sämtliche Stadtbereiche mit annähernd gleicher Intensität zu durchdringen, um eine möglichst ortsnahe Versorgung aller Benutzerkreise zu gewährleisten"[26].

Die Landesbank der Rheinprovinz (mit persistentem Standort in der Friedrichsstadt) ist seit 1900 zu einem Spitzeninstitut des Sparkassenwesens gewachsen. Nach der Ausweitung der Geschäftstätigkeiten der Sparkassen um die Jahrhundertwende übernahm die Landesbank Girozentralfunktionen, so daß Düsseldorf bezüglich des öffentlichen Bankwesens eine zentrale Stellung innerhalb des Rheinlands besaß.

Der Sektor der Kreditgenossenschaften zeigte zum Jahre 1932 den größten Zuwachs. Es waren sieben gewerbliche Kreditgenossenschaften im Düsseldorfer Stadtgebiet ansässig, wovon allerdings sechs außerhalb des Kartenausschnitts in den eingemeindeten Stadtteilen Rath, Gerresheim, Heerdt, Eller und Kaiserswerth lagen. Sie waren von lokaler Bedeutung und übernahmen die Kreditversorgung der (ehemaligen) Randgemeinden, die vor der Eingemeindung von den in Düsseldorf ansässigen Kreditinstituten nicht bzw. unzureichend versorgt wurden, so daß die Kreditgenossenschaften als Selbsthilfeeinrichtungen entstanden. Im Innenstadtbereich existierte eine Volksbank an der Oststraße, die somit in räumlicher Nähe zur genossenschaftlichen Zentralbank lag. Diese ging mit der Rheinischen Landbank eine Haus- und Interessengemeinschaft mit gleicher Geschäftsführung ein[27].

Die Berliner Großbanken Deutsche Bank und Disconto Gesellschaft (sog. De-Di-Bank[28]), Dresdner Bank, Commerz- und Privatbank sowie die Regional-Großbanken Danat Bank und Barmer Bankverein waren 1932 in Düsseldorf an den Repräsentationsachsen Hindenburgwall/Breite Straße und Königsallee ansässig. Somit orientierten sich diese bedeutendsten Banken auf den zentralen Bereich Düsseldorfs zwischen Altstadt und Oststadt, der schon früh Standortraum von Bankfunktionen war. Die Großbanken besaßen 1932 zum Teil Zweigstellen, die eine ähnliche räumliche Orientierung wie die Sparkassenzweigstellen aufwiesen.

Wesentlich — selbst für die heutige Stadtstruktur — war das Mikrostandortverhalten dieser Großbanken seit der Jahrhundertwende. Räumliche Neuorientierungen wurden durch die rasante Geschäftsentwicklung, durch das allgemeine Wachstum der Banken und — mit der Expansion korrelierend —

---

[26] J.D. SIEPMANN, Die Standortfrage bei Kreditinstituten. Eine Analyse der Standortfaktoren, Standortstruktur und Standortpolitik des westdeutschen Bankensystems (Untersuchungen über das Spar-, Giro- und Kreditwesen A 40), Berlin 1968, S. 86; vgl. zudem TH. BRZOSKA, Die öffentlich-rechtlichen Sparkassen zwischen Staat und Kommunen. Zum Standort der Sparkassen unter besonderer Berücksichtigung des sparkassentypischen Regionalprinzips (Untersuchungen über das Spar-, Giro- und Kreditwesen B 10), Berlin 1976.
[27] Nach Angaben im Adreßbuch für Düsseldorf Stadt und Umgebung, 1932.
[28] Die De-Di-Bank entstand aus der Fusion der Deutschen Bank mit der Disconto Gesellschaft 1929. Diese Banken hatten ihren Geschäfts-Hauptsitz in Berlin.

durch gestiegene Raum- und Flächenansprüche erforderlich. Daneben war ein Repräsentationsbedürfnis vorhanden, das sich noch heute an den nicht zerstörten Bankgebäuden der Jahrhundertwende nachempfinden läßt (mit z.B. aufwendiger Fassadengestaltung oder mit einem Säulenportal).

Entscheidend für die Mikrostandortwahl waren die räumlichen Expansionsmöglichkeiten in zentralen Lagen der Innenstädte (vgl. das Repräsentationsbedürfnis) und somit insgesamt die städtebaulichen Entwicklungen, die letztendlich innerstädtische Wanderungen von Kreditinstituten auslösten. Dieses Mikrostandortverhalten der bedeutenderen und größeren Banken läßt sich in beiden Städten — z.B. anhand der Standortentwicklung der Bergisch-Märkischen Bank und der Hannoverschen Bank — belegen.

Um die Jahrhundertwende war die Königsallee nur an der Ostseite bebaut, die westliche Begrenzung bildete der begradigte Stadtgraben, an den sich im Süden der Exerzierplatz und weiter westlich große Kasernenanlagen anschlossen. Somit waren zentrale Bereiche der Innenstadt mit cityuntypischen Funktionen besetzt. Als das Regiment 1897 verlegt wurde, hat die Militärverwaltung den Exerzierplatz der Stadt überlassen [29]. Eine große Fläche (einschließlich der Kasernenanlagen) konnte wiederbesetzt werden. Somit bestand in Düsseldorf noch zu Anfang des 20. Jahrhunderts ein Expansionsgebiet für zentrumsorientierte Funktionen innerhalb einer bebauten Innenstadt!

An der Benrather Straße, also am Nordende des ehemaligen Militärgeländes, wurden zwei Bankhäuser errichtet: an der Ecke zur Königsallee die Bergisch-Märkische Bank (1905) und an der Ecke zur Breiten Straße der Barmer Bankverein. Die Bergisch-Märkische Bank hat dabei ihren Standort vom Königsplatz verlagert. Sie wurde im Jahre 1914 von der Deutschen Bank übernommen; der Barmer Bankverein fusionierte 1932 mit der Commerz- und Privatbank [30]. Die Dresdner Bank war seit der Übernahme der Rheinisch-Westfälischen Disconto Gesellschaft (1917) und deren Zweigstelle in der Breiten Straße in Düsseldorf ansässig. Somit waren Ende des Jahres 1932 im Umkreis der Kreuzung Benrather- und Breite Straße die Düsseldorfer Hauptstellen der drei bedeutendsten Großbanken entstanden, Düsseldorf wurde zudem zum gemeinsamen Drehpunkt ihres regionalen Zweigstellennetzes.

Auch im Jahre 1932 war das Bankwesen in Hannover vielfältiger besetzt und differenzierter ausgeprägt. Beim Vergleich der Abbildungen 4 und 6 fallen die Verlagerung des Schwerpunkts von Bankfunktionen, eine Abnahme der privaten Bankgeschäfte und eine Zunahme der sonstigen Banken auf. So konzentrierten sich innerhalb der drei Baublöcke nördlich des Georgsplatzes allein 19 Kreditinstitute, unter denen sich die bedeutendsten Banken befanden. Die Verteilungskarte der Bankfunktionen für das Jahr 1932 hält somit den (vorläufigen) Abschluß eines innerstädtischen Verlagerungsprozesses fest: Im Jahre

---

[29] Vgl. WEIDENHAUPT, wie Anm. 6, S. 144.
[30] Der Barmer Bankverein ist in der Abb. 5 noch als selbständiges Kreditinstitut vertreten. 1932 befand sich der Sitz dieser Bank in Düsseldorf; vgl. Adreßbuch für Düsseldorf Stadt und Umgebung, 1932, und BORN, wie Anm. 3, S. 78 und S. 136.

1900 machte die Hannoversche Bank, die ehemalige Notenbank, noch eindeutig den Kristallisationskern aus. Eine Orientierung auf den in den letzten Jahrzehnten des 19. Jahrhunderts erschlossenen Bereich östlich des Theaterplatzes war aufgrund der Verteilungskarte bereits zu erahnen. So bot dieser Raum in zentraler Innenstadtlage noch Expansionsmöglichkeiten: In einer Repräsentationslage am Theater und am Georgsplatz bestand ein noch nicht vollständig bebauter Standortraum, ein Expansionsgebiet für gehobene, raumbeanspruchende quartäre Funktionen. Die Hannoversche Bank expandierte und verlagerte um die Jahrhundertwende ihren Standort dorthin und errichtete ein repräsentatives Bankgebäude [31]. So fand der bereits in Düsseldorf aufgezeigte innerstädtische Expansionsprozeß auch in Hannover statt.

Die Verteilungskarte der Bankfunktionen in Hannover im Jahre 1932 drückt zum vorhergehenden Zeitschnitt (im Gegensatz zu Düsseldorf) eine erhebliche Abnahme der privaten Bankgeschäfte von 56 auf 34 aus. Allerdings ist der Konzentrationsprozeß nicht allein mit Fusionen auswärtiger Großbanken zu erklären, sondern primär auf einen Ausleseprozeß aufgrund der erwachsenen Konkurrenz der finanzstärkeren Großbanken zurückzuführen.

Auch das Kreditgenossenschaftswesen befand sich 1932 im Umbruch. So wies das Adreßbuch Hannover 1932 fünf Volksbanken bzw. Raiffeisenkassen in Liquidation aus. Ferner schlossen sich 1932 drei gewerbliche Kreditgenossenschaften zur Vereinsbank Hannover (ab 1939 Volksbank Hannover) als einem Unternehmen mit drei Zweigstellen zusammen. Im Jahre 1900 bestand an der Friedrichstraße eine Standortgemeinschaft zwischen der Kreditbank zu Hannover und der Zentralgenossenschaftskasse Niedersachsen. Diese Zentralbank der gewerblichen Kreditgenossenschaften fusionierte mit anderen genossenschaftlichen Zentralkassen, expandierte und verlagerte ihren Standort nach Nordosten zum Schiffgraben, die Landesgenossenschaftsbank (Zentralkasse der ländlichen (Raiffeisen-)Genossenschaften) zog über einen Standort am Aegidientorplatz nach Erwerb eines Hauses im Jahre 1922 an die Rathenaustraße (östlich des Opernhauses) [32]. Dort eröffnete sie die Hannoversche Landwirtschaftsbank (Haus- und Interessengemeinschaft mit identischer Geschäftsführung) [33].

Die Stadtsparkasse hat ihren Standort beibehalten — primär wohl aufgrund der Eigentumsverhältnisse (vgl. Kap. 4). Sie lag somit abseits vom Bankenzentrum isoliert innerhalb der Altstadt. Mit ihrer Lage im Geschäftszentrum in der Nähe des Marktes wies sie aber eine gewisse Kundenorientierung auf und bildete eine wichtige Infrastruktureinrichtung für die gesamte westliche In-

---

[31] Die Hannoversche Bank ist im Adreßbuch der Stadt Hannover seit 1901 am Georgsplatz ausgewiesen.
[32] Informationen aufgrund einer Informationsbroschüre der heutigen Norddeutschen Genossenschaftsbank.
[33] Nach Angaben im Adreßbuch der Stadt Hannover, 1932. In den Abb. 5 und 6 wurden die Standorte jeweils durch das Symbol der höherrangigen Funktion (Genossenschaftliche Zentralbank) gekennzeichnet.

Standortverhalten des Finanzwesens in Regionalzentren 325

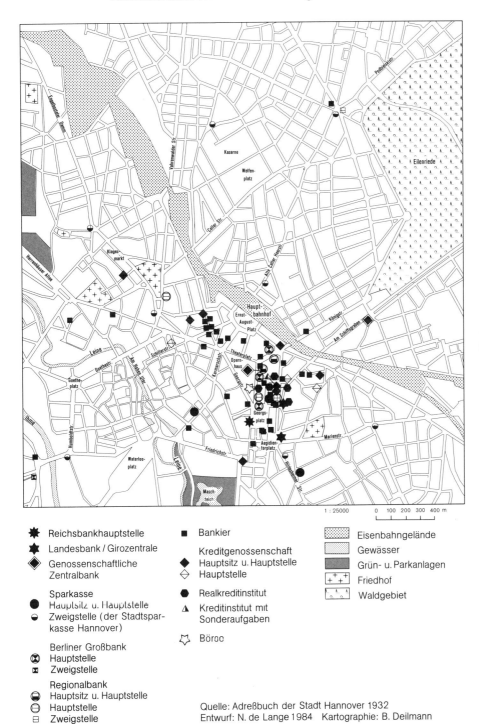

Abb. 6: Funktionen des Bankwesens in Hannover 1932

nenstadt. Zwei Bankstellen lagen in dem 1920 eingemeindeten Ortsteil Linden und weitere drei Vertretungen ebenfalls außerhalb des Kartenausschnitts.

Neben der Sparkasse der Stadt Hannover gab es 1932 in Hannover noch die Sparkasse der Kapital-Versicherungsanstalt („öffentl. mündelsichere Sparkasse unter Garantie der Stadt Hannover") mit persistentem Hauptsitz und vier Zweigstellen sowie die Sparkasse des Landkreises Hannover südlich der Marienstraße mit drei Zweigstellen außerhalb des Stadtgebiets im Landkreis Hannover[34]. Auch bei diesen kommunalen Sparkassen zeigt sich im Standortverhalten der Bankstellen eine Ausrichtung auf die ortsnahe Versorgung der Bevölkerung[35], wobei sich diese Kreditinstitute auf das jeweilige Gebiet des Trägers beschränkten und sich somit die Kreis- und die Stadtsparkasse bzw. die Sparkasse der Kapitalversicherungsanstalt ergänzten. Damit war die Mikrostandortwahl der kommunalen Sparkassen in beiden Städten ähnlich.

In Hannover besaßen im Jahre 1932 neben den Sparkassen auch die Deutsche Bank und Disconto Gesellschaft eine sowie die Dresdner Bank und die Danat Bank jeweils zwei Zweigstellen und waren sämtlich in dem 1920 eingemeindeten Stadtteil Linden vertreten. Im Vergleich zu Düsseldorf hatten sie somit ihr Zweigstellennetz nur gering entwickelt. Auch die Kreditgenossenschaften waren stärker zentrumsorientiert.

Im Jahre 1932 waren die Sparkassengirozentrale (am Aegidientorplatz) und die 1919 gegründete Landesbank der Provinz Hannover noch getrennte Kreditinstitute, die sich erst 1933 zur Niedersächsischen Landesbank-Girozentrale zusammenschlossen. In Hannover wurde somit später als im Rheinland eine Landesbank gegründet, die in Düsseldorf bereits zu Beginn des 20. Jahrhunderts Giro-Zentralfunktionen übernehmen und sich schon früh zu einem Spitzeninstitut entwickeln konnte. Daneben gab es mehrere öffentliche, zum Teil funktionsteilig organisierte Realkreditinstitute in der Trägerschaft des Hannoverschen Provinzialverbandes: die Hannoversche Landeskreditanstalt (für den landwirtschaftlichen Realkredit) und die 1918 gegründete Stadtschaft der Provinz Hannover (für den städtischen Realkredit). Ferner bestand noch der Calenberg-Göttingen-Grubenhagen-Hildesheimsche Ritterschaftliche Kreditverein, der ebenfalls im Hypothekengeschäft tätig war[36]. Auch diese Funktionen wurden in Düsseldorf in der Landesbank der Rheinprovinz zentralisiert, der in Hannover 1932 fünf Kreditinstitute gegenüberstanden. Die Landesbank der Rheinprovinz stellte somit eine erhebliche Finanzmacht dar und trug wesentlich zur zentralörtlichen Bedeutung Düsseldorfs bei.

---

[34] Trennung der räumlichen Zuständigkeiten.
[35] Vgl. die Ansätze um 1900 in Abb. 4.
[36] Vgl. Die Kreditinstitute in Hannover, wie Anm. 18.

6. Fazit

Die Analyse beider Regionalzentren belegt, daß die Größe und Struktur des Bankwesens eindeutig die Stellung der Stadt im Städtesystem widerspiegeln. So besaß Hannover als Hauptstadt des ehemaligen Königreichs und der späteren Provinz gegenüber Düsseldorf bis zu Beginn der dreißiger Jahre einen Bedeutungsvorsprung und insgesamt ein höheres Maß an gehobenen Zentralfunktionen. Erst im 20. Jahrhundert stieg Düsseldorf zur Regionalmetropole auf [37]. Dieser Zuwachs ist zum Teil auch auf den Bedeutungsgewinn als Bankplatz zurückzuführen. Demgegenüber waren in Hannover schon frühzeitig vielfältige Banktypen ansässig. Die einzelnen Bankeinrichtungen zeigten ein klares Standortverhalten und bildeten bereits räumliche Konzentrationen aus.

Nach der Jahrhundertwende schlug sich der Umstrukturierungsprozeß im Bankwesen besonders in Hannover nieder: Abnahme der Privatbankiers, Bedeutungsgewinn der (Aktien-)Banken und Übernahme der Funktionen der Privatbankiers von den (Aktien-)Banken. Dieser Ausleseprozeß fand hingegen in Düsseldorf nicht statt; dort erweiterten die (Aktien-)Banken ihre räumlichen Geschäftsbereiche und vergrößerten den Einzugsbereich sowie die Bedeutung als Bankplatz.

Beide Städte zeigen nach 1900 die Herausbildung neuer räumlicher Bankenzentren. Als Ursachen können jeweils bauliche Entwicklungsmöglichkeiten zu Beginn des 20. Jahrhunderts angeführt werden, als die führenden Banken nach Standorten für repräsentative Bankgebäude suchten. Parallel zu der Geschäftsentwicklung, den expandierenden Bankgeschäften und dem Wachstum zu Größe und Macht entstand ein Bedarf an raumbeanspruchenden Gebäuden in zentrumsorientierten, repräsentativen Lagen, die die eigene Bedeutung nach außen herausstellten. Dieser Prozeß zeigte sich deutlich in Hannover, wo sich die Zentrierung der (kleineren) privaten Bankgeschäfte auflöste und eine Konzentration von Bank-Gebäuden am Theaterplatz und Georgsplatz wuchs. Ähnlich, aber aufgrund der insgesamt geringeren Zahl an Kreditinstituten nicht derartig ausgeprägt, bestanden Zentrierungstrends in Düsseldorf. In beiden Städten spielten die räumlichen (Entwicklungs-)Möglichkeiten eine entscheidende Rolle.

Die bisherige Zusammenfassung der Standorttrends betrifft lediglich die Privatbankiers und die (Aktien-)Banken. Demgegenüber besaßen die Sparkassen ein sehr unterschiedliches Standortverhalten, das auf eine breite Versorgung der Bevölkerung ausgerichtet war. Diesen kommunalen Infrastruktureinrichtungen fehlte ein Repräsentationsbedürfnis. Analog führten die differierende Organisation und die andersartigen Aufgaben der Kreditgenossenschaften zu einem unterschiedlichen räumlichen Verhalten. So orientierten sie sich nicht an der

---

[37] H.H. BLOTEVOGEL, Kulturelle Stadtfunktionen und Urbanisierung: Interdependente Beziehungen im Rahmen der Entwicklung des deutschen Städtesystems im Industriezeitalter, in: H.J. TEUTEBERG (Hg.), Urbanisierung im 19. und 20. Jahrhundert. Historische und geographische Aspekte (StFA 16), Köln/Wien 1983, S. 143-185, hier S. 169.

(allgemeinen) Bevölkerungsverteilung und suchten keine repräsentativen Standorte.

Die aufgezeigten Standorttrends modifizieren und ergänzen die theoretischen Standortlehren der Kreditinstitute, die primär unter betriebswirtschaftlichen Gesichtspunkten Standorte analysieren und historische Entwicklungen vernachlässigen. Stadtentwicklungsprozesse, die räumliche Expansionsmöglichkeiten beinhalten und Verlagerungen oder Persistenz- und Repräsentationseffekte sowie öffentliche Einflußnahmen erklären können, werden nur randlich berücksichtigt. So diskutiert Heinle z.B. als primären Einflußfaktor der bankbetrieblichen Standortwahl das standortbezogene Umsatz- und Ertragspotential, das er hauptsächlich von der Gewerbe- und Bevölkerungsstruktur und zweitrangig von wirtschaftsgeographischen Charakteristika und von der Konkurrenzlage abhängig sieht[38]. Ähnlich argumentieren Tank und Klemm[39]. Als sekundären Einflußfaktor führt Heinle die standortbezogene Kostenstruktur an (u.a. Raum- und Personalkosten, Steuervorteile). Das Repräsentationsmoment kommt bei ihm lediglich als eine Erklärungsvariable bezüglich des Makrostandorts vor, um die angesichts der lokalen Nachfragestruktur nicht zu rechtfertigenden Bankstellen in Orten mit regionaler und überregionaler Ausstrahlungskraft zu begründen[40]. Tank und Klemm formulieren weitergehend: „Je bedeutender eine Zweigstelle ist, desto mehr wird man allerdings geneigt sein, auch Gesichtspunkten der Repräsentation, des Prestiges und des Rufs Rechnung zu tragen, Dingen, die beim Standort der Hauptverwaltung schließlich eine recht bedeutende Rolle spielen dürften"[41]. Dieses Zitat drückt stellvertretend für die übrigen theoretischen Arbeiten zum Standort von Kreditinstituten die Schwierigkeiten und eine gewisse Unsicherheit aus, solche Erklärungsvariablen miteinzubeziehen, die nicht primär betriebswirtschaftliche Aspekte vertreten, sondern z.B. auch Repräsentationsmomente, subjektive Standortbewertungen, Persistenzfaktoren oder Stadtentwicklungsprozesse betreffen[42].

---

[38] W. HEINLE, Der Standort des Bankbetriebes. Untersuchung über die Einflußkomponenten der bankbetrieblichen Standortwahl, Diss., Mannheim 1970. Unter ‚wirtschaftsgeographischen Charakteristika' versteht er u.a. die ‚interlokale Verkehrslage' (Verkehrsanbindung, Pendlerstruktur) und lokale Besonderheiten.

[39] H. TANK unter Mitarbeit von U. KLEMM, Standorttendenzen in Branchen des Dienstleistungssektors und ihre Bedeutung für die Stadtentwicklungsplanung (Forschungsberichte des Landes Nordrhein-Westfalen, Fachgruppe Wirtschafts- u. Sozialwissenschaften 2908), Opladen 1980, S. 104ff.

[40] Der Standortfaktor Repräsentation wird von Heinle nicht im Hinblick auf Prestigeaspekte verwandt, sondern unter dem Gesichtspunkt der Werbewirksamkeit gesehen; vgl. HEINLE, wie Anm. 38, S. 92.

[41] TANK und KLEMM, wie Anm. 39, S. 104ff.

[42] Vgl. u.a. D. BECKER, Bankbetriebliche Zweigstellenexpansion und Standortforschung. Eine empirische und theoretische Analyse unter besonderer Berücksichtigung der Standortfaktoren, Diss., Göttingen 1975; H. FUCHS, Planung und Probleme des Standorts von Kreditinstituten, Diss., Köln 1969; HEINLE, wie Anm. 38; SIEPMANN, wie Anm. 26; vgl. aber auch HEINEBERG/DE LANGE, wie Anm. 1, S. 235ff. und Übersicht 1 auf S. 236.

Zwar darf auch bei historischen Standortanalysen z.B. das Umsatzpotential nicht vernachlässigt werden, das insbesondere zur Erklärung der Expansion der Berliner Großbanken und ihrer Zielrichtung auf das rheinisch-westfälische Industriegebiet oder der Zweigstellenstandorte der Stadtsparkassen herangezogen werden muß. Jedoch sind — wie in dem vorliegenden Beitrag aufgezeigt wurde — diese theoretischen Arbeiten erheblich zu modifizieren und zu ergänzen.

BEZIEHUNGEN ZWISCHEN URBANISIERUNG UND DIENSTLEISTUNGEN AN BEISPIELEN DEUTSCHER GROSS-STÄDTE 1890 BIS 1910

von Marjatta Hietala

„The German cities are thinking of tomorrow as well as of to-day, of the generations to follow as well as the generation that is now upon the stage, Germany almost alone among the civilized nations sees the city as the permanent centre of the civilization of the future and Germany almost alone is building their cities to make them contribute to the happiness, health and well being of the people." [1]

1. Problemstellung und Untersuchungsansatz

Am Ende des vorigen und zu Anfang dieses Jahrhunderts entstand in Europa und den Vereinigten Staaten ein neues Phänomen, die Großstadt. Beamten und Entscheidungsträgern war es dank der besser gewordenen Verkehrsbedingungen leicht möglich, die Lebensqualität und die Lebensbedingungen der Menschen in anderen Städten kennenzulernen. Entweder wurden sie so von der ausgezeichneten Situation in ihrer eigenen Stadt überzeugt — wie Deutsche, die nach Italien gereist waren — oder wünschten aufgrund ihrer Erfahrungen eine Veränderung — wie der progressive Amerikaner Frederic C. Howe oder der finnische Kreisarzt Relander [2]. Eine Gemeinsamkeit der erhaltenen Dokumente ist, daß ein Kennenlernen des Städtewesens fast immer Beobachtungen über Dienstleistungen zum Inhalt hatte. Neben den Reiseberichten erleichterten die damalige Fachpresse und die Entstehung vergleichender Statistiken den Entscheidungsträgern ihre wichtige Entwicklungsarbeit.

Um die Jahrhundertwende bildeten vor allem die Großstädte das entscheidende Forum für den Austausch im Rahmen von Konferenzen, Tagungen und Ausstellungen, die zweifellos die Entwicklung des tertiären Sektors stark beeinflußten.

Heutzutage ist man der Auffassung, daß der Zweck der Dienstleistungen darin besteht, die Lebensqualität und die Lebensbedingungen der Menschen zu sichern oder zu verbessern. Dienstleistungen werden als ein Gewerbe definiert,

---

[1] F.C. Howe, European Cities at Work, New York 1913, S. 3f.
[2] Vgl. M. Hietala, The Diffusion of Innovations. Some Examples of Finnish Civil Servant's Professional Tours in Europe, in: Scandinavian Journal of History 8 (1983), S. 23-36; Howe, wie Anm. 1; A. Moeglich, Das Deutsche Städtewesen, in: Städte-Zeitung 5 (1907/1908), v. 3.7.1908.

das immaterielle Nutzwerte produziert [3]. In ihrer heutigen Bedeutung decken die Dienstleistungen viele Tätigkeiten ab, die man früher nicht unter dieser Bezeichnung zusammengefaßt hätte. Zu nennen wären hierbei Aktivitäten in den Bereichen der Kommunaltechnik, der Verwaltung, der Sozial- und Gesundheitsfürsorge, der Ausbildung, der Freizeit und der Erholung. Die Forschung hat der gleichzeitigen und parallelen Entwicklung von Dienstleistungen verschiedenen Typs relativ wenig Aufmerksamkeit geschenkt. Vor allem bei den öffentlichen Dienstleistungen ist ihre Entwicklung von der Einstellung der beschlußfassenden Personen und von den materiellen Ressourcen abhängig gewesen.

In der Regionalplanung werden die Dienstleistungen als Gradmesser des Entwicklungsstandes einer Region benutzt, desgleichen bei der Beschreibung des Urbanisierungsprozesses. Die Geographen haben sich für das Vorhandensein verschiedenartiger Dienstleistungen in Städten verschiedener Größe interessiert. Dabei wird davon ausgegangen, daß die Dienstleistungen eine Zentralfunktion sind, aufgrund derer die Zentren eine eigene Anziehungskraft und ein eigenes Einflußgebiet haben [4]. Hinter den von Christaller, Lösch und Isard entwickelten Zentralitätstheorien steht die Auffassung von einer Hierarchie der menschlichen Bedürfnisse. Danach sind in den unteren Zentren diejenigen Dienstleistungen lokalisiert, die am meisten nachgefragt werden, und in den oberen Zentren diejenigen, die seltener beansprucht werden [5].

Auch andere Disziplinen haben sich der Dienstleistungen, wenngleich auch mit unterschiedlichen Forschungsansätzen, angenommen. Wirtschaftswissenschaftler haben Nachfrage und Angebot von Dienstleistungen und deren Zusammenhang mit dem wirtschaftlichen Wachstum untersucht. Soziologen und Vertreter der Sozialpolitik haben sich für Dienstleistungen als Wohlstandsfaktor sowie für die Auswirkungen von Dienstleistungen im gesellschaftlichen Leben interessiert. Architekten und Experten der Kunstgeschichte haben die Entstehung von Stadtvierteln und städtebaulichen Zusammenhängen erforscht. Für die Geschichtsforschung sind m.E. die interessantesten Forschungsaspekte die Entstehung und die Entscheidungsfindungsprozesse bei der Einrichtung der Dienstleistungen, die Verlagerung von verschiedenen Formen der Dienstleistungen aus einem Land ins andere und von einer Stadt zur anderen sowie die Beziehungen zwischen Urbanisierung und Dienstleistungen.

---

[3] Vgl. A.G.P. FISHER, The Economic Implications of Material Progress, in: IntLabRev 32 (1935), S. 5-18; A.G.B. FISHER, Economic Progress and Social Security, London 1945.

[4] Vgl. H.H. BLOTEVOGEL, Kulturelle Stadtfunktionen und Urbanisierung: Interdependente Beziehungen im Rahmen der Entwicklung des deutschen Städtesystems im Industriezeitalter, in: H.J. TEUTEBERG (Hg.), Urbanisierung im 19. und 20. Jahrhundert. Historische und geographische Aspekte (StF A 16), Köln/Wien 1983, S. 143-185.

[5] Vgl. W. CHRISTALLER, Die zentralen Orte in Süddeutschland. Eine ökonomisch-geographische Untersuchung über die Gesetzmäßigkeit der Verbreitung und Entwicklung der Siedlungen mit städtischen Funktionen, Jena 1933; W. ISARD, Location and Space-Economy (The Regional Science Studies Series 1), Cambridge (Mass.)/ London 1956; A. LÖSCH, Die räumliche Ordnung der Wirtschaft, Jena 1940.

Im folgenden werde ich mich auf den zuletztgenannten Aspekt konzentrieren. Ich möchte analysieren, wie sich die Entwicklung der Dienstleistungen dem Wachsen der Städte anpaßte bzw. angepaßt wurde. Die rasche Bevölkerungszunahme in den Städten war für die Entscheidungsträger eine Herausforderung. Die eine Frage war, was der Bevölkerung, die in ihrer Alters-, Nationalitäts- und Berufsstruktur immer vielfältiger geworden war, angeboten werden sollte. Die andere Frage betraf den Aufbau von Dienstleistungen für die Bedürfnisse des Gewerbes und der Industrie, d.h. hauptsächlich die Entwicklung der Kommunaltechnik.

Die folgende Darstellung beruht auf einer umfangreichen Untersuchung, in der versucht worden ist, die Ausstattung mit Dienstleistungen in den größten deutschen Städten zu analysieren sowie das Wesen und die Entwicklung dieser Ausstattung in verschiedenartigen Städten um die Jahrhundertwende, d.h. in den Jahren 1890 bis 1910, darzulegen. Als Hauptquelle habe ich das Statistische Jahrbuch Deutscher Städte benutzt. Hierdurch war es möglich, auch die privaten Dienstleistungen mit einzubeziehen.

Einer der wichtigsten Dienstleistungssektoren, bei dem es sowohl private als auch öffentliche Dienstleistungen gibt, ist das Gesundheitswesen. Neben den infrastrukturellen Dienstleistungen wurden auch einige Dienstleistungen des Gesundheitswesens empirisch untersucht.

Die 44 deutschen Städte, die hier untersucht wurden, waren mittelgroße Städte und Großstädte [6]. Bei Erscheinen des Statistischen Jahrbuchs für 1890 galten als Grenze zwischen Mittel- und Großstädten 50.000 Einwohner, 1900 wurde dieser Schwellenwert auf 100.000 Einwohner erhöht.

Schwerpunkt der Untersuchung war das Dienstleistungsniveau der verschiedenen Städte, nicht die Analyse einzelner Dienstleistungen: Die Dienstleistungen wurden in meiner umfassenden Untersuchung nach Sektoren betrachtet (Gesundheitswesen, Ausbildung, Lehrangebot, infrastrukturelle Dienstleistungen, kommunaltechnische Dienstleistungen, einige Verkehrs- und Freizeitdienstleistungen), aus denen jeweils bestimmte Funktionen ausgewählt wurden. Die erwähnten 44 Städte wurden nicht jede für sich, sondern in Gruppen untersucht. Variablen bei der Einteilung in diese Gruppen waren u.a. Größe der Stadt, Grad der Industrialisierung und geographische Lage [7].

Die Gestaltung der Dienstleistungen unterliegt besonders stark der kulturellen Tradition und den Wertvorstellungen der Menschen in der jeweiligen Epoche. Die Form, in der die Dienstleistungen organisiert werden, wird durch die ökonomischen und geistigen Ressourcen bestimmt. Die Lebensbedingungen

---

[6] Die untersuchten Städte sind: Aachen, Altona, Augsburg, Barmen, Berlin, Braunschweig, Bremen, Breslau, Cassel, Chemnitz, Crefeld, Danzig, Dortmund, Dresden, Düsseldorf, Elberfeld, Erfurt, Essen, Frankfurt/M., Frankfurt/O., Görlitz, Halle, Hamburg, Hannover, Karlsruhe, Kiel, Köln, Königsberg, Leipzig, Lübeck, Magdeburg, Mainz, Mannheim, Metz, Mülhausen, München, Nürnberg, Posen, Potsdam, Stettin, Straßburg, Stuttgart, Wiesbaden und Würzburg.

[7] Vgl. M. HIETALA, Services and Urbanization at the Turn of the Century. Some Examples from Germany and the United Kingdom between 1890 and 1910, Helsinki 1983 (Ms.).

und die Urbanisierung haben sich dahingehend ausgewirkt, daß der Bedarf an Dienstleistungen zugenommen hat, z.B. haben soziale Mißstände nach einer Lösung verlangt. Zugleich haben aber die Möglichkeiten der jeweiligen Zeit das Niveau der Dienstleistungen beschränkt. Es kann behauptet werden, daß die Produktion von Dienstleistungen mit dem Entwicklungsstand des jeweiligen Gebietes (der jeweiligen Gemeinde) verknüpft ist. Die Ansichten über die Bedürfnisse, die einzelne Menschen, verschiedene Sozialgruppen und die Gesellschaft hätten, haben die Entwicklung der Dienstleistungsproduktion, d.h. von immateriellen Gütern, bestimmt.

Inwieweit sich die Ansichten der beschlußfassenden Organe über die Bedürfnisse der Stadtbewohner wirklich mit den Erwartungen der Einwohner um die Jahrhundertwende deckten, ist eine interessante, jedoch kaum untersuchte Frage. Die Motive für den Ausbau von Dienstleistungen sind recht verschiedener Art gewesen und hingen davon ab, wer die Dienstleistungen plante und wer über deren Errichtung Beschlüsse faßte. Hiermit ist die Frage — wie oben angedeutet — der Interessenlage und der Ressourcen einer Stadt bzw. Gemeinde verbunden. Das Angebot privater Dienstleistungen ist demgegenüber leichter auf die Nachfrage der Konsumenten (auch des Umlandes) zurückzuführen, wobei Einkommens- und Ausbildungsniveau die Nachfrage beeinflussen.

Eine der problematischsten Fragen ist die Einschätzung der Qualität dieser Dienstleistungen. Die statistischen Quellen aus der Zeit um die Jahrhundertwende geben hierüber nur wenig Aufschluß. Die Antworten auf qualitative Fragen müssen hauptsächlich aus anderen Quellen abgeleitet werden. Als eine besonders wertvolle Quelle in dieser Hinsicht haben sich solche Zeitungen wie die „Städte-Zeitung", die „Kommunale Rundschau" oder das englische „Municipal Journal" erwiesen, die sich besonders mit der Planung und Verwaltung der Kommunaltechnik befassen.

2. Der Zusammenhang zwischen Urbanisierung und Dienstleistungen — eine theoretische Betrachtung

Die Urbanisierung wird im Rahmen der industriellen und technologischen Entwicklung gesehen. Einerseits gibt es Städte, deren Entwicklung in einem engen Zusammenhang mit ihrem Umland steht. Jedoch sieht das Bild der Entwicklung in Europa nicht überall gleich aus. So siedelte sich z.B. in den nordischen Ländern die Industrie in kleinen geschlossenen Ortschaften an, die, an einem Gewässer gelegen, gute Standorte z.B. für Sägewerke und die holzverarbeitende Industrie boten. Die so entstandenen Siedlungen konnten nicht als Städte angesehen werden, denn von den Merkmalen einer Stadt erfüllten diese nur das Kriterium einer städtischen Lebensform.

In der folgenden Betrachtung wird der Urbanisierungsprozeß in drei Phasen eingeteilt: eine Startphase, eine Phase des raschen Wachstums und eine Phase des sich verlangsamenden Wachstums.

Theorien über die Phasen der Urbanisierungsentwicklung haben bisher u.a.

Wilbur Thompson, Allan Pred und Alfred Watkins vorgetragen. Sie haben Kriterien erörtert, mit Hilfe derer die verschiedenen Phasen des Wachstums voneinander unterschieden werden können. Bei seinen Untersuchungen zur Urbanisierung in den Vereinigten Staaten unterschied Pred eine Periode, in der die Handelsstädte wuchsen (mercantile period) und eine dynamische Wachstumsphase von Industriestädten, die um 1860 einsetzte und auf einer Arbeitsteilung zwischen den Städten sowie einer Spezialisierung beruhte. Die Lage der Rohstoffvorkommen war jetzt, nachdem sich die Transportverbindungen gebessert hatten, von geringerer Bedeutung als früher [8].

Wilbur Thompson unterschied in der Entwicklung der Städte erst eine Phase der Spezialisierung auf den Export, in welcher oft ein Industriezweig vorherrschend ist; eine Phase der Exportkomplexe, in welcher die lokale Produktion auf andere Produkte ausgedehnt wird; eine Phase des wirtschaftlichen Reifens, in der viele Dienstleistungen entstehen; eine Phase des regionalen Wachstums, in der die Städte eine führende Stellung in ihrer Region, u.a. als Anbieter von Dienstleistungen, gewinnen; und eine fünfte Phase, die mit einer technisch-fachlichen Kompetenz verbunden ist [9].

Nach Auffassung von Alfred Watkins besitzen die Städte einen Lebenszyklus, sie wachsen, reifen und stagnieren. Um diese Phasen voneinander zu unterscheiden, errechnete er das prozentuale Wachstum der Städte und verglich diese Zahlen mit der Urbanisierungsgeschwindigkeit innerhalb des gesamten Staates. Die „Wachstumsphase" wurde einer Stadt zugeschrieben, wenn diese die mittlere Urbanisierungsgeschwindigkeit auf nationaler Ebene entweder überschritten oder unterschritten hatte. Watkins betont, wie fließend die Entwicklung war; Wesenszüge der vorausgegangenen Phase hielten sich bis weit in die nächste Phase [10].

Alfred Watkins kritisierte die Klassifizierungen, die auf der Grundlage von Einwohnerschwellenwerten durchgeführt worden sind. In letzter Zeit sind diese Schwellenwerte viel diskutiert worden. Für die Untersuchung der Dienstleistungen ist eine Berücksichtigung von Einwohnergrößen wichtig, u.a. bei der Entstehung privater Dienstleistungen, denn bestimmte Dienstleistungen benötigen zu ihrer Entstehung ein gewisses Bevölkerungspotential. Andererseits haben sich im Hinblick auf die öffentlichen Dienstleistungen das Interesse der Stadt oder rechtliche Bestimmungen (Gemeindeordnung) als ein wichtigeres Kriterium im Vergleich zur Bevölkerungszahl erwiesen.

Bei der Betrachtung der verschiedenen Urbanisierungsphasen kommen wir auf die Frage, welche Rolle der Stadt im Verhältnis zur übrigen Entwicklung im Umkreis zugestanden werden soll. Nach Eric E. Lampard ist die Urbanisierung

---

[8] Vgl. A. PRED, The Spatial Dynamics of U.S. Urban Industrial Growth 1800-1914 (The Regional Science Studies Series 6), Cambridge (Mass.)/London 1966, S. 143-198.
[9] Vgl. W.R. THOMPSON, A Preface to Urban Economics, Baltimore 1968.
[10] Vgl. A.J. WATKINS, The Practice of Urban Economics (Sage Library of Social Research 107), London 1980, S. 151-190.

als ein Teil der Sozialgeschichte zu betrachten [11]. Asa Briggs wiederum betont, daß die Städte selbständige Einheiten sind, die unterschiedliche Nachfragestrukturen haben und verschiedene eigene Entwicklungskennzeichen in den einzelnen Wachstumsphasen besitzen können. [12] Ich bin mit Briggs der Auffassung, daß die Städte in der Entwicklung der Urbanisierung und der Dienstleistungen auch eine eigene aktive Rolle einnahmen.

In der folgenden theoretischen Darstellung, die auf bisherigen Forschungsergebnissen und von mir durchgeführten empirischen Untersuchungen beruht, führe ich die m.E. wichtigsten theoretischen Abhängigkeiten zwischen der Entwicklung der Dienstleistungen und der Urbanisierungsentwicklung an. In der Praxis gibt es von diesem theoretischen Modell Abweichungen, die durch andere als die im Modell enthaltenen Faktoren verursacht werden. In der theoretischen Untersuchung wird mit langen Zeiträumen operiert. Für eine empirische Analyse über einen so langen Zeitraum geben die Quellen, die es über die Dienstleistungen gibt, nicht genügend Aufschluß. Für die theoretische Darstellung gilt also ein längerer zeitlicher Horizont als für die eigentliche empirische Untersuchung.

2.1 Die Startphase

Unter günstigen ökonomischen Voraussetzungen entwickelt sich die Technologie; diese wiederum schafft Wachstumsmöglichkeiten, derer man sich bewußt wird. Die potentiellen Unternehmer erkennen die Exportmöglichkeiten. Die Entscheidungsträger in den Städten wiederum sehen ein, daß mit Hilfe der Infrastruktur und der Dienstleistungen das industrielle Wachstum und dadurch auch das Wachstum der Stadt gefördert werden können. Es ist klar, daß nicht alle der sich eröffnenden Möglichkeiten gleichzeitig genutzt werden können. Die Innovatoren versuchen daher, andere in ihrer Kommune oder Stadt von Nutzungsmöglichkeiten zu überzeugen. Voraussetzungen dafür sind ein unbehinderter Informationsfluß und hinreichende Informationskanäle. Andere Städte folgen dem Beispiel, sobald sie die Erfolge der Wachstumspolitik wahrnehmen. Somit fungieren Unternehmer als Referenzgruppe für andere Unternehmer, und entsprechend fungieren Städte sowohl auf nationalem als auch auf internationalem Niveau als Referenz für andere Städte.

Eine zweite Voraussetzung ist, daß Wachstum als wichtiges Ziel angesehen wird. Die Motivation kann z.B. aus der Konkurrenz zwischen den Städten entstehen, oder sie kann Ziele auf der nationalen Ebene widerspiegeln.

Die dritte Voraussetzung ist das Vorhandensein von Geldmitteln. Die Städte haben Einnahmen in Form von Steuern, Gebühren, Krediten und staatlichen Zuwendungen. Gilt Wachstum als wichtiges Ziel und werden die Wachstumschancen wahrgenommen, so wird man bestrebt sein, sich die Ressourcen

---

[11] Vgl. E.E. LAMPARD, The History of the Cities in the Economically Advanced Areas, in: Economic Development and Cultural Change 3 (1955), S. 82-136.
[12] A. BRIGGS, Victorian Cities, London 1963, S. 33.

z.B. über Kredite zu beschaffen. Eine meiner Hypothesen ist: Je höher verschuldet eine Stadt in der Startphase ist, desto besser hat sie die Wachstumsmöglichkeiten erkannt und desto motivierter ist sie zu einem Wachstum (unter Ausschluß der Einwirkung anderer Faktoren).

Die Dienstleistungen und die Infrastruktur sind für die Stadtführung Mittel, mit denen das Wachstumsziel erreicht werden kann. Hieraus folgt, daß Dienstleistungen und Infrastruktur in eine Präferenzreihenfolge eingeordnet werden, je nachdem, wie sie dem Wachstum und der Produktion förderlich sein können. Bei der Entscheidungsfindung gelten Dienstleistungen und die Infrastruktur je mehr, desto größer ihr Grenznutzen im Hinblick auf das Wachstum ist. Wegen anderer Zielsetzungen (die hier nicht behandelt werden) muß die Stadt bzw. Kommune auch in andere Dienstleistungen außer denjenigen, die unmittelbar die Produktion fördern, investieren.

Das Wachstum schafft Einkommen. In der Anfangsphase können vor allem die Einkommen (Gewinne) der Unternehmer beträchtlich sein. Die Einkommensverteilung ist ungleichmäßig. Bei den Großverdienern besteht eine hohe Sparbereitschaft. Die Ersparnisse gelangen in die Banken, deren Fähigkeit, Kredite zu vergeben, zunimmt. Die Städte sind als Kreditkunden beliebt, da mit den an sie vergebenen Krediten ein verhältnismäßig geringes Risiko verbunden ist. Den Städten werden sogar manchmal Kredite aufgedrängt. Gleichzeitig nehmen die Steuereinnahmen der Städte bzw. Kommunen zu. Nachdem der Wachstumsprozeß in Gang gekommen ist, vermehrt er auf diese Weise die den Städten zur Verfügung stehenden Ressourcen. Die Städte werden veranlaßt, Gemeindebetriebe zu gründen. Hierbei werden sie von lokalen Unternehmern unterstützt. Die Infrastruktur und andere Dienstleistungen werden als sinnvolle Investitionsobjekte für das sich ansammelnde Vermögen angesehen. Das Produzieren von Dienstleistungen kann dann wieder Einnahmen und Liquidität verschaffen. Dieses „Liquiditätsmotiv" spielt am Ende der Startphase mit hinein. In der Startphase wirken sich auf nationaler Ebene (der Makroebene) die gleichen Faktoren wie auch auf der kommunalen bzw. städtischen Ebene aus. Es können jedoch folgende Unterschiede konstatiert werden:

— Auf die Wichtigkeit des Wachstumsziels wirken sich die internationale Konkurrenz (der Wettbewerb zwischen verschiedenen Ländern) und die Konkurrenz zwischen den verschiedenen Staaten in Deutschland aus, während wiederum auf der Ebene der Städte die Konkurrenz zwischen Städten und Städtegruppen stattfindet.
— Die Wachstumsmöglichkeiten können zuerst auf nationaler Ebene wahrgenommen werden. Das Wachstum muß sich allerdings auf regionaler bzw. kommunaler Ebene realisieren.

Staat und Reich können sich einiger Dienstleistungen, die dem Wachstum förderlich sind, annehmen, und sie können auf verschiedene Weise die Kommunen bzw. Städte motivieren oder Druck auf diese ausüben. Die Motivationen der Städte können somit von oben, von der Reichsebene, stammen — z.B. von den Weltausstellungen. Dabei können Kommunen bzw. Städte beteiligt sein, für die Wachstum noch kein erklärtes Ziel ist, sondern die durch verschieden abgestufte Verpflichtungen, die von oben kommen, zu der Ausübung einer Wachstumspolitik veranlaßt werden.

— Der internationale Handel bedeutet auf der Reichsebene eine wichtige Einkommensquelle, deren Bedeutung mit der Industrialisierung wächst, wenn neue tauschbare Industrieprodukte aufkommen. Auf Reichsebene wachsen die wirtschaftlichen Ressourcen.

2.2 Die Phase des raschen Wachstums

Die Phase des raschen Wachstums wird dann erreicht, wenn der Wachstumsprozeß sich selbst zu tragen beginnt. Die Infrastruktur- und anderen Dienstleistungsinvestitionen fördern die Investitionen der Industrie, die wiederum Einkommen schaffen und einen Anreiz zum Zuzug in die betreffende Kommune bilden.

Es entsteht eine Nachfrage nach Dienstleistungen, Wohnungen und weiterer Infrastruktur. Die gestiegenen Steuereinkommen ermöglichen es, daß das Angebot an öffentlichen Dienstleistungen angehoben wird. Die verbesserte Infrastruktur schafft weiterhin Voraussetzungen für die Industrie, die investiert und neues Einkommen schafft.

In der Phase des raschen Wachstums wird das Angebot an Dienstleistungen in einer Stadt bzw. Kommune vielfältiger. Hierfür gibt es folgende, miteinander verbundene Gründe:

— Die der Produktion dienenden und die physischen Grundbedürfnisse befriedigenden Dienstleistungen sind geschaffen worden, wodurch Raum zu einer Erfüllung von höheren Bedürfnissen bleibt. Innerhalb der Hierarchie von Dienstleistungen steigt man höher.
— Infolge des Wachstumsprozesses haben sich die Ressourcen vermehrt.
— Die Städte bzw. Kommunen stehen teilweise in einem Wettbewerb um Arbeitskräfte, insbesondere Facharbeiter. Konkurrenzfähig können Städte und Kommunen sein, wenn sie Wohnungen und Dienstleistungen anzubieten haben. Unternehmer können durch Auszahlung höherer Löhne konkurrieren. Die Stellung der Arbeiter wird etwas stärker (Beginn ihrer politischen Verhandlungskraft). Ihnen stehen mehr öffentliche Dienstleistungen zur Verfügung. Dank ihres gestiegenen Einkommens können sie auch mehr private Dienstleistungen nachfragen.

Dienstleistungen sind nicht mehr ausschließlich ein Mittel, um ein Wachstumsziel zu erreichen, sondern in zunehmendem Maße bekommen sie Wesenszüge einer eigenen Zielsetzung. Mit Hilfe der Dienstleistungen kann das Wohlergehen der Bevölkerung gesteigert werden, was zu einem immer wichtigeren Ziel für die Entscheidungsträger wird. Der Ausbau der Dienstleistungen kann auch im Zusammenhang mit der Sicherung der Zufriedenheit innerhalb der Arbeiterschaft gesehen werden (während gleichzeitig die Macht der Arbeiter mit ihrer gewerkschaftlichen und politischen Organisation wächst).

2.3 Die Phase des sich verlangsamenden Wachstums

Wann die Phase des raschen Wachstums beendet ist, kann aus dem Blickwinkel der Technologie betrachtet werden. Die Industrialisierung und die mit ihr verbundene Urbanisierung basieren auf einer Technologie, die sich im Laufe der vorausgegangenen 200 Jahre, also einer recht langen Zeitspanne, entwickelt hat. Diese Technologie wird explosionsartig schnell verwertet, als die Zeit endlich reif dafür ist. Zum größten Teil ist die Technologie bereits in der Startphase vorhanden. In der Wachstumsphase handelt es sich um eine Aneignung und Anpassung der existierenden Technologie. Die Phase des raschen Wachstums ist beendet, als dieser Aneignungsprozeß so weit fortgeschritten ist, wie es unter den gegebenen Umständen möglich ist. Sobald die von der Industrie unbedingt benötigte Infrastruktur und die anderen Dienstleistungen geschaffen worden sowie die Industrieproduktion soweit angewachsen sind, daß sie die potentielle Nachfrage im In- und Ausland decken können, wird die Grenze des raschen Wachstums erreicht. Allerdings gibt es sowohl während der Startphase als auch in der Phase des raschen Wachstums eine verdeckte, nicht befriedigte Nachfrage nach neuen, billigen Industrieprodukten in Serienherstellung.

Es ist ein Übergang von den Verhältnissen der klassischen Wirtschaftstheorie (Startphase und Phase des raschen Wachstums) zu den Verhältnissen der keynesianischen Wirtschaftstheorie (Phase des nachlassenden Wachstums). Die Bedeutung der Angebotsfaktoren wird geringer und die Bedeutung der Nachfragefaktoren größer, wenn die Phase des raschen Wachstums in die Phase des sich verlangsamenden Wachstums übergeht.

In der Phase des sich verlangsamenden Wachstums läßt die industrielle Wachstumsgeschwindigkeit aus den oben angeführten Gründen nach. Das Anwachsen der Dienstleistungen ist jedoch weiterhin erheblich. Gemessen an den Arbeitsplätzen verlagert sich der Wachstumsschwerpunkt von der Industrie in den Dienstleistungssektor. Im Hintergrund stehen für das Anwachsen der Dienstleistungen in dieser Phase folgende Ursachen:

— Gesteigerte Einkommen schaffen eine Nachfrage für private Dienstleistungen und verbessern, durch Zunahme des Steuereinkommens, die Möglichkeit, öffentliche Dienstleistungen anzubieten.
— Die gewerkschaftliche und politische Organisierung der Arbeiter wirkt sich auf die Entstehung gewisser Dienstleistungen aus.
— Die Technologie zur Produktion von Dienstleistungen entwickelt sich, wenn zur Produktion von Dienstleistungen mehr Ressourcen zur Verfügung stehen.
— Der Einfluß politischer und humanitärer Strömungen für eine Verbesserung der Lebensumstände der Arbeiter nimmt zu.
— Man glaubt, daß eine Verbesserung der Dienstleistungen ökonomisch und sozial günstig sei, da sich die sozialen Störfaktoren verringern würden. Man ist also der Ansicht, daß die Dienstleistungen produktionssteigernd seien und die sozialen Kosten verringern würden.

Somit kann behauptet werden, daß Dienstleistungen besonders stark mit den Wertschätzungen und Auffassungen der jeweiligen Zeit verknüpft gewesen sind. In der Startphase, und z.T. auch in der Wachstumsphase, glaubte man an eine unmittelbar förderliche Wirkung der Dienstleistungen, vor allem der Infrastruktur, auf das industrielle Wachstum. Später hatte die Entwicklung der Infrastruktur keine gleichgroße Auswirkung mehr auf das Wachstum. Damals begann man auch den störenden Erscheinungen und Mißständen, die mit dem Urbanisierungsprozeß entstanden waren, Aufmerksamkeit zu schenken. Man erhoffte sich von ihrer Behebung in dieser Situation bedeutsame wirtschaftliche Auswirkungen.

Das Ansteigen der Produktivität bei Dienstleistungen ist sehr langsam gewesen. Das gilt auch weiterhin. Dies hat zur Folge, daß die Arbeitsplatzzahlen im Dienstleistungsbereich verhältnismäßig stark ansteigen, während sich gleichzeitig die Einkommenssteigerung vergrößert und sich gemäß der Bedürfnishierarchie auf die Produktion von Dienstleistungen auswirkt.

3. Die Anpassung der Dienstleistungen an die Entwicklung der Urbanisierung

Die Entwicklung der Urbanisierung war in Deutschland um die Jahrhundertwende am stärksten. Insbesondere wuchsen die Städte mit mehr als 100.000 Einwohnern, deren Einwohnerzahl im Jahre 1910 21,3% der gesamten Reichsbevölkerung betrug. In Gemeinden mit 2.000 und mehr Einwohnern wohnten 60% der Bevölkerung des gesamten Reiches.

Die Wachstumsgeschwindigkeit der erwähnten 48 Städte mit über 100.000 Einwohnern betrug in den Jahren 1871 bis 1880 31,5%, 1880 bis 1890 40,2%, 1890 bis 1900 36,6% und 1900 bis 1910 36,3%. Das Wachstum dieser Großstädte stagnierte in den ersten Jahren des 20. Jahrhunderts [13].

In Tabelle 1 sind die Großstädte und mittelgroßen Städte dieser Untersuchung eingeteilt worden: in Städte, deren Wachstumsgeschwindigkeit über 40% innerhalb der betreffenden Zeitspanne betrug, und in solche, bei denen sie unter 40% lag. Aus dieser Tabelle wird ersichtlich, daß unter den untersuchten Städten nur bei fünf Städten die Spitzenperiode des Wachstums in die Zeit von 1900 bis 1910 fällt. Andererseits erreichen nur Hamburg und Wiesbaden das schnellste Wachstum bereits in den Jahren 1871 bis 1880. In dieser Periode erlangen auch Bremen, Breslau, Danzig, Frankfurt/O. und Würzburg Höhepunkte ihres Wachstums. Von diesen Städten gehören Danzig und Frankfurt/O. zu denjenigen, deren Wachstumszahlen die kleinsten dieser Periode sind. Auf den gesamten Untersuchungszeitraum bezogen, haben Potsdam und Metz ein noch langsameres Wachstum vorzuweisen.

---

[13] Die Volkszählung im Deutschen Reiche am 1. Dezember 1910 (Statistik des Deutschen Reichs 240), Berlin 1915, S. 68-69.

Beziehungen zwischen Urbanisierung und Dienstleistungen 341

Tabelle 1

Die deutschen Städte: Bevölkerungszunahme und stärkstes Wachstum der Einwohnerzahl

Höchstes Wachstum in %	Jahrzehnt des höchsten Wachstums				insgesamt
	1870/71 - 1880	1880 - 1890	1890 - 1900	1900 - 1910	
40% oder mehr	Hamburg (71,5) Wiesbaden (41,7)	Altona (57,3) Berlin (40,7) Cöln (94,6) Crefeld (42,6) Karlsruhe (47,4) Leipzig (139,5) Magdeburg (107,3) München (51,7)	Cassel (46,7) Chemnitz (48,0) Dortmund (59,1) Dresden (44,3) Frankfurt/M. (61,0) Halle (54,8) Hannover (44,3) Mannheim (78,9) Nürnberg (82,8) Posen (68,4) Stettin (81,9)	Bremen (52,1) Düsseldorf (67,6) Essen (148,2) Kiel (95,1) Stuttgart (57,4)	(59%)
	(N=2)	(N=8)	(N=11)	(N=5)	(N=26)
unter 40%	Barmen (30,2) Breslau (31,2) Danzig (21,4) Frankfurt/O. (18,3) Würzburg (27,5)	Augsburg (23,2) Braunschweig (34,7) Elberfeld (34,6) Erfurt (35,9) Mühlhausen (20,8) Potsdam (11,7)	Aachen (30,9) Görlitz (32,2) Lübeck (29,4) Strassburg (22,5)	Königsberg (30,4) Mainz (31,1) Metz (17,3)	(41%)
	(N=5)	(N=6)	(N=4)	(N=3)	(N=18)
insgesamt	(16%) (N=7)	(32%) (N=14)	(34%) (N=15)	(18%) (N=8)	(100%) (N=44)

Einteilung: Erfurt 35,9 = max <40%
Berlin 40,7 = min >40%   Grenze ≈ 38,3%

Quelle: StatJb, Jgg. 1, 3, 11, 19; H. SILBERGLEIT, Preußens Städte. Denkschrift zum 100jährigen Jubiläum der Städteordnung vom 19. November 1808, Berlin 1908, Tab. 1.

Die Kreditbeschaffung der Städte ist auch davon abhängig, ob sie staatlicherseits bewilligt wird. Die Städte führen mit dem Staat einen Kampf um Steuereinnahmen. Sein Recht, die Stadtbewohner zu besteuern, wird energisch bekämpft. Ein Beispiel sind die auf dem Bayerischen Städtetag vom 24./25.6.1907 einmütig angenommenen Thesen darüber, daß dem Staat nicht gestattet werden dürfe, sämtliche natürlichen Steuerquellen für sich zu vereinnahmen und den Gemeinden nur die übrigbleibenden Möglichkeiten der Steuereinnahme zu belassen. Der Grundgedanke müsse hingegen sein, daß dem Staat ein gesunder Kommunalhaushalt genauso wichtig sein müsse wie ein gesunder Staatshaushalt [14].

Es wird auch behauptet, daß die Gesetzgebung des preußischen Staates nicht die wachsende Bedeutung der Städte berücksichtigte, sondern bestrebt war, die städtischen Aktivitäten sogar einzuschränken (u.a. das Gesetz über die Stellung der Kreisärzte vom 16.9.1899 oder das Gesetz über den Unterhalt von Volksschulen vom 27.8.1906) [15].

Nach Schätzungen stammten in Deutschland die Steuereinnahmen ungefähr zur Hälfte aus der Einkommensteuer. Im Ausland bewunderte man die Fähigkeit der deutschen Staaten, die mannigfaltigsten Steuern zu erheben: auf Bodennutzung, auf Hundehaltung, auf ein unverdientes Steigen des Bodenwertes u.dgl. [16].

Die praktikabelste Größe zur Bemessung der verschiedenen Städte ist die Schuldsumme, die eine Stadt in ihrem eigenen Namen hat. Auch diese Bemessungsgrundlage ist kritisiert worden, denn wenn die Städte zusammen mit privaten Unternehmern gemeinsame Unternehmen gründen, fungieren meist die Städte als Bürgen für die Kredite. Eine Aktivität, z.B. Dienstleistungen zu entwickeln, bedeutet nicht unbedingt eine Steigerung der Schuldenlast, wenn auch die Aufnahme von Krediten oft eine Risikofähigkeit widerspiegeln dürfte. Vor allem in den südwestdeutschen Städten Wiesbaden, Frankfurt a.M., Mannheim, Karlsruhe und Stuttgart ist eine größere Risikobereitschaft zu beobachten. Diese Städte betätigen sich auch innovativ bei der Entwicklung von Dienstleistungen.

Wie entwickelten sich die unterschiedlichen Dienstleistungen in den in verschiedenem Rhythmus gewachsenen Städten? Von den Dienstleistungen werden hier erst einige infrastrukturelle Dienstleistungen einer näheren Betrachtung unterzogen: die Länge des Wasserleitungsnetzes pro Einwohner, die Länge der Straßenbahnlinien, die Gasproduktion sowie die Angaben über die Anzahl höherer Lehranstalten in den Querschnittsjahren 1890, 1900 und 1910.

---

[14] Vgl. Mitteilungen der Zentralstelle des Deutschen Städtetages, in: Städte-Zeitung 5 (1907/1908), v. 17.7.1908.

[15] Vgl. L. SCHÜCKING, Die Reform der Städteordnungen, in: Städte-Zeitung 5 (1907/1908), v. 19.11.1908.

[16] Vgl. A.F. WEBER, The Growth of Cities in the Nineteenth Century. A Study in Statistics (Studies in History, Economics and Public Law 11), New York 1899, S. 415; F.C. HOWE, The modern City and its Problems, New York 1915, S. 338.

Diese sowie u.a. die Anzahl der Krankenhausbetten und der Parks erwiesen sich in meinen früheren Untersuchungen als Merkmale zur Unterscheidung der verschiedenen Stadttypen.

Die oben angeführten, hauptsächlich zur materiellen Infrastruktur zu zählenden Dienstleistungen vermochten sich mengenmäßig dem starken Wachstum der Stadt anzupassen. Auch zeigt die Entwicklung der Dienstleistungen keine Anzeichen von einer Stagnation. Aufgrund der Wachstumsgeschwindigkeit verschiedenartiger Dienstleistungen kann festgestellt werden, daß Wege, Straßen und Eisenbahnen zum großen Teil bereits zu Beginn der untersuchten Periode fertig waren, denn ihr Bau nahm nur in den am meisten industrialisierten Städten in einem bedeutenden Maße zu. Eine unübertroffene Wachstumsgeschwindigkeit erreichten die Straßenbahnnetze, deren Länge um 126% zunahm (Tab. 2).

Tabelle 2

Die Entwicklung einiger infrastruktureller Dienstleistungen in 44 Städten im Durchschnitt pro Einwohner

	1890	1900	1910	Wachstum in % 1890-1910
Wege, Straßen, Eisenbahnen (m²/E.)	23,32	22,83	25,24	8
Wasserleitungsnetz (lfd. m/100 E.)	77,12	96,33	113,75	47
Kanalisation (lfd. m/100 E.)	47,24	64,01	82,78	75
Gasleitungen (km/100.000 E.)	75,03	81,03	104,77	39
Straßenbahnen (km/100.000 E.)	16,34	31,84	36,99	126

Quelle: StatJb, Jgg. 3, 11, 19.

Der Ausbau fast aller infrastrukturellen Dienstleistungen steht mit der Industrialisierung im Zusammenhang. In den am weitesten industrialisierten Städten ist das Wachstum am raschesten beim Ausbau der Straßenbahnen sowie der Kanalisation und des Wasserleitungsnetzes. Als weiterhin untersucht wurde, in welchen Stadtgrößen die infrastrukturellen Dienstleistungen am stärksten wuchsen, konnte festgestellt werden, daß die Wachstumsgeschwindigkeit bei Straßenbahnen am schnellsten in Städten mit 100.000 bis 200.000 Einwohnern war. In diese Gruppe fallen um die Jahrhundertwende gerade die am weitesten industrialisierten Städte. Ein bedeutender erklärender Faktor ist auch das Einkommensniveau.

Zu den Dienstleistungen mit infrastrukturellem Charakter können auch die Schulen gezählt werden. Die Entwicklung der Schülerzahl in den höheren Lehranstalten konnte nicht mit dem heftigen Wachstum der Städte Schritt halten, im Gegensatz zu den kommunaltechnischen Dienstleistungen. Die beste Ausstattung mit höheren Lehranstalten wurde in Städten erreicht, in denen überhaupt kein schnelles Wachstum zu beobachten war. Ursachen können fehlende Ressourcen, aber auch Bewertungsfragen sein. Im Jahre 1907 war, laut einer Umfrage der Städte-Zeitung, das Schulwesen überhaupt nicht als eine produktive Dienstleistung betrachtet worden. Dennoch wurde im Jahre 1910 die Entwicklung des Unterrichtswesens aus kulturellen Gründen als unbedingt notwendig erachtet. Gleichermaßen war man zur Jahrhundertwende nicht von der Bedeutung der Schuldienstleistungen zur Anwerbung der Industrie überzeugt [17].

Schließlich wurde untersucht, wie sich die Anzahl der Krankenhausbetten (Sektor der Gesundheitsdienste) im Verhältnis zur Bevölkerung in den mit unterschiedlichem Tempo gewachsenen Städten entwickelte. Abgesehen von Wiesbaden und Hamburg, die außerhalb der Betrachtung blieben, war die beste Situation bei Krankenhausbetten in denjenigen Städten zu finden, deren Spitzenwachstumsperiode recht spät, d.h. in den Jahren 1900 bis 1910, liegt oder bei denen eine starke Wachstumsphase eigentlich gar nicht festgestellt werden kann.

Wenn wir weitere Faktoren in der Entwicklung von Dienstleistungen auf dem Gesundheitssektor betrachten, verdienen folgende Ergebnisse erwähnt zu werden:

Innerhalb der untersuchten Periode ist die größte Zunahme, im Verhältnis zur Bevölkerungszahl in Deutschland, bei den folgenden Dienstleistungen des Gesundheitswesens zu beobachten (Tab. 3):

— bei den staatlich geprüften Heildienern, Heilgehilfen und Badern (das prozentuelle Wachstum betrug zwischen 1887 und 1909 166,72%) sowie
— bei den Zahnärzten (119,80 %).

Andererseits gab es bei der relativen Anzahl von Ärzten und Apotheken (Wachstumsdurchschnitt 6%) keine große Zunahme innerhalb der untersuchten Periode. Betrachtet man die Gesundheitsversorgung genauer, fällt auf, daß es in den größeren Städten im Verhältnis mehr Ärzte, Zahnärzte und Heildiener gab. Da dies private Dienstleistungen waren, sind sie bezeichnenderweise mit der Einwohnergröße der Städte verknüpft.

Die Unterschiede im Dienstleistungsniveau zeigen sich sehr deutlich zwischen Industriestädten und nicht industrialisierten Städten. Die Dienstleistungen im Gesundheitswesen folgen nicht dem raschen Wachsen der Industriestädte. In den am stärksten industrialisierten Städten, wie es sie im Ruhrgebiet und in Sachsen gab, betrug die Anzahl der Ärzte pro Einwohner nur die Hälfte der Ärztedichte in den weniger industrialisierten Städten.

In den Industriestädten galt, wie schon erwähnt, die Zuleitung von Ressourcen in das Gesundheitswesen nicht als erstrangige Aufgabe. Aus der Sicht dieser Städte war die Bereitstellung von infrastrukturellen Dienstleistungen am profitabelsten. Diese Zielrichtung war besonders stark in den westlichen Teilen

---

[17] Vgl. D. ECKARDT, Die Schullasten der Städte im Jahre 1910, in: Städte-Zeitung 9 (1911/12), v. 3.9.1912; E. FUCHS, Geschichte und Aufgaben des Schulwesens, ebd.

Tabelle 3

Die Wachstumsentwicklung von Dienstleistungen in 44 Städten 1890 bis 1910 im Durchschnitt pro Einwohner (in %)

Dienstleistungen	a) in Städtegruppen einer Einwohnerzahl von						b) in Städten mit einem prozentuellen Anteil der Industriearbeiter an der Gesamtbeschäftigtenzahl			
	50 000–100 000 %	100 001–200 000 %	200 001–1 000 000 %	Berlin %	total %	N	<46,98 %	>46,98 %	total %	N
Gesundheitswesen 1887-1909										
Ärzte	4,17	17,86	-10,86	13,24	5,95	44	- 2,16	- 8,75	5,95	44
Zahnärzte	100,63	165,79	100,20	200,00	130,85	44	150,73	54,39	130,85	44
Tierärzte	-35,01	-14,87	-42,47	-50,00	-38,13	44	-49,78	-38,02	-38,13	44
Krankenpfleger	186,34	104,35	86,91	146,03	119,80	44	111,46	73,33	119,80	44
Heildiener usw.	175,37	195,51	79,66	28,57	166,72	44	195,53	62,72	62,51	44
Hebammen	-32,69	-22,15	-23,23	-40,00	-26,67	44	-32,29	-20,28	-26,67	44
Apotheken	-14,52	- 1,98	- 3,30	22,22	- 9,01	44	-21,19	- 8,91	-10,89	44
Apothekenpersonal	-11,16	-19,63	-25,18	6,19	-20,90	44	-28,76	608,34		44
allgemeine Krankenanstalten 1890-1910										
Anstalten	43,79	80,02	45,56	36,53	57,30		76,44	31,45	57,20	41
Betten	26,09	35,51	39,35	–	23,68		32,09	14,41	23,68	40
Ärzte	53,59	79,25	46,17	–	60,88		81,01	33,60	60,22	
Infrastrukturelle Dienstleistungen										
Straßen, Wege, Eisenbahnen	2,35	- 1,68	23,18	11,42	8,20	33	- 3,36	27,64	8,20	33
Straßenbahnen	137,38	155,97	87,30	12,12	126,38	36	99,57	156,34	126,38	36
Wasserleitungsnetzlänge	50,95	44,25	48,30	33,93	47,50	38	57,22	37,46	47,50	38
Kanalisationsnetzlänge	55,48	137,91	33,58	39,90	75,23	35	69,77	83,69	75,23	35
Gasleitungsnetzlänge	61,07	47,64	33,28	60,35	39,64	33	34,64	43,91	39,64	33

Quelle: StatJb, wie Tab. 2.

des Deutschen Reiches, wo die Städte traditionell aktiver in der Errichtung von städtischen Unternehmen waren.

Vor allem in Fragen, die die Kommunaltechnik betrafen, war der Informationsfluß gut. Hiervon zeugen die entsprechenden Abteilungen in der Städte-Zeitung und im Technischen Gemeindeblatt [18]. Diese Blätter dienten direkt als Verbreiter von Innovationen. Am häufigsten finden sich Artikel zur Wasserversorgung und über allgemeine Hygiene. Gemäß der Bedarfshierarchie scheinen die Primärdienstleistungen noch um die Jahrhundertwende besonders im Vordergrund zu stehen.

Besonders anspornend scheinen die Erwähnungen von den auf Städteausstellungen prämiierten Unternehmen mitsamt Tätigkeitsgebiet und Angaben zum Heimatort gewesen zu sein. Obgleich die Ausstellungstätigkeit sich später auf Planung und Präsentierung städtischen Bauens konzentrierte, brachte die Sorge um das Wohl der Menschen auch Aspekte der Gesundheitsfürsorge und der Armenpflege in die Ausstellungen [19].

Die Gründung von städtischen statistischen Ämtern, die Entstehung von Stadtstatistiken und vergleichenden Statistiken haben zur Beschleunigung der Informationsübertragung beigetragen. Dem gleichen Zweck dienten auch die Stadtausstellungen und die seit 1905 abgehaltenen Städtetage [20].

In der Forschung ist dem Wettbewerb zwischen den Städten als ein Faktor, der die Entwicklung vorantreibt, nur wenig Aufmerksamkeit geschenkt worden [21]. Es scheint aber so zu sein, daß öfter als der Wettbewerb der Umstand hervortritt, daß die Stadt ihre eigene Referenzgruppe im eigenen Lande oder außerhalb der Landesgrenzen besitzt. Einige direkte Hinweise auf eine Konkurrenz zwischen den Städten zeigen sich, wenn um den Standort irgendeiner Institution gekämpft wird. Es bestehen immer öfter indirekte Kontakte zu Städten, deren Dienstleistungsniveau zum Vergleich herangezogen wird. Es ist nicht gleichgültig, zu welcher Städtegruppe oder zu welchem Städtetyp ein Entscheidungsträger Kontakte hat oder womit er sich identifiziert.

4. Schlußfolgerungen

Die untersuchte Periode ist eine Zeit starker Expansion der deutschen Großstädte gewesen. Von den untersuchten Städten ist während der gesamten betrachteten Periode bei nur vier Städten das Wachstum prozentual unter 50%

---

[18] Städte-Zeitung Jg. 1-9, Berlin 1904-1912; Technisches Gemeindeblatt. Zeitschrift für die technischen und hygienischen Aufgaben der Verwaltung, hg. von H. ALBRECHT, Berlin 1898ff.
[19] Vgl. A. MOEGLICH, Die Städtebau-Ausstellung zu Frankfurt am Main, in: Städte-Zeitung 5 (1907/1908), v. 14.5.1907, S. 437-438.
[20] Vgl. O. ZIEBILL, Geschichte des Deutschen Städtetags. Fünfzig Jahre deutsche Kommunalpolitik, Stuttgart 1955.
[21] Vgl. CH.N. GLAAB, The Historian and American City. A Bibliographic Survey, in: PH.M. HAUSER/L.F. SCHNORE (Hgg.), The Study of Urbanization, New York 1965, S. 53-80.

und bei nur zwölf Städten prozentual unter 80% geblieben.

Bei den meisten dieser Städte war es nicht leicht, die Spitzenperiode des Wachstums zu ermitteln. Wird die Menge der Dienstleistungen ins Verhältnis zur Einwohnerzahl gesetzt, erreichten diese schwach gewachsenen Städte ein verhältnismäßig gutes Dienstleistungsniveau in fast allen Städtegruppen äußerst schnell.

Das Niveau verbesserte sich nach der Jahrhundertwende. Bei den infrastrukturellen Dienstleistungen können keine Einflüsse einer Wachstumsstagnation beobachtet werden. In Städten, bei denen keine große Wachstumsperiode auszumachen war, wurde bei den infrastrukturellen Dienstleistungen, im Vergleich zu anderen Städtegruppen, ein sehr gutes Niveau erreicht (Tab. 3). Obwohl die infrastrukturellen Dienstleistungen in den Städten mit Industrieentwicklung deutlich stärker zunehmen, verbreiteten sich die neuen Innovationen effektiv über zahlreiche Informationskanäle, Zeitschriften und Städteausstellungen in Städte, in denen mit Aufmerksamkeit die Entwicklung verfolgt wurde. Dagegen paßten sich die anderen Dienstleistungen, d.h. die in der Bedarfshierarchie auf die Primärbedürfnisse folgenden, sog. sekundären Dienstleistungen, nicht gleichermaßen deutlich dem raschen Wachstum an. Dies beruhte auch darauf, daß diese Bildungsdienstleistungen noch im angehenden 20. Jahrhundert nicht als produktiv — wie z.B. Gaswerke — angesehen wurden [22]. Zu Beginn des 20. Jahrhunderts kann sogar aus den Programmen der Städtetage herausgelesen werden, wie die Städte unter der Schuldenlast, die durch das Schulwesen verursacht wurde, stöhnten.

Über die Entwicklung der in der Bedürfnishierarchie, wie man meinte, auf höherer Stufe stehenden Freizeit- und kulturellen Dienstleistungen konnte in dieser Periode nur eine Vorstellung über die tendenzielle Richtung erhalten werden. Nach einer früheren Theorie gehören die Befriedigung und ein Einsatz zugunsten dieser Bedürfnisse in die Periode des sich verlangsamenden Wachstums der Städte, welche die hier untersuchten Städte noch nicht erreicht hatten. M.E. dürfte auch für diese Dienstleistungen zutreffen, daß der Informationsfluß und die Bezugsgruppen die Verbreitung dieser Dienstleistungen erklären. Diese Verbreitungswege aufzuzeigen, gehört jedoch nicht mehr in den Rahmen dieser Untersuchung.

---

[22] Vgl. R. VON KAUFMANN, Finanzwissenschaft (Hand- und Lehrbuch der Staatswissenschaft in selbständigen Bänden), Bd. 2, Leipzig 1906, S. 47.

Tabelle 4

Einige infrastrukturelle Dienstleistungen pro Einwohner
im Durchschnitt in Städten mit verschiedener Wachstumsgeschwindigkeit

Der höchste Bevölkerungszuwachs der Städte in der Periode	Die Länge des Wasserrohrnetzes (Sammel- bzw. Hauptleitungen und Verteilungsrohrnetz), lfd. Meter/100 Einwohner			Bahnlänge der Straßenbahnen insgesamt (km/100.000 Einwohner)		
	1890	1900	1910	1890	1900	1910
1870/71-1880 (Barmen, Breslau, Danzig, Hamburg, Wiesbaden, Würzburg) 6 Städte	$\bar{x}$ 70,6 Md 71,5	94,0 96,0	114,5 115,1	18,1 17,4	23,1 21,2	39,9 37,6
1880-1890 (Altona, Augsburg, Berlin Braunschweig, Cöln, Crefeld, Elberfeld, Erfurt, Karlsruhe Leipzig, Magdeburg, München) 12 Städte	$\bar{x}$ 70,2 Md 70,3	98,9 90,2	100,6 93,9	18,0 18,7	29,6 29,9	33,8 33,5
1890-1900 (Aachen, Cassel, Chemnitz, Dortmund, Dresden, Frankfurt/M., Görlitz, Halle, Hannover, Lübeck, Mannheim, Nürnberg, Posen, Stettin, Straßburg) 15 Städte	$\bar{x}$ 82,8 Md 74,3	95,5 87,7	116,7 110,2	17,3 17,6	40,5 26,2	40,9 29,1
1900-1910 (Bremen, Düsseldorf, Essen, Kiel, Königsberg, Mainz, Stuttgart) 7 Städte	$\bar{x}$ 84,3 Md 83,9	97,3 94,0	116,2 111,2	16,7 11,7	28,3 23,2	34,2 35,0
Städte ohne besonderes Bevölkerungszuwachs (Frankfurt/O., Mülhausen, Potsdam, Metz) 4 Städte	$\bar{x}$ 61,5 Md 53,8	78,3 78,3	144,0 139,9	11,0 16,6	22,8 20,6	32,1 32,1

$\bar{x}$ = Durchschnitt
Md = Median

Durchschnittliche Gesamtgasabgabe pro Kopf der mittleren Bevölkerung im Gasversorgungsgebiet (cbm)			Männliche und weibliche Schüler in höheren Bildungsanstalten / 1000 Einwohner			Zahl der Krankenbetten in Kranken- und Heilanstalten / 10 000 Einwohner[b]
1890	1900	1910	1890	1900	1910	1912
50,2	49,3	88,2	25,6	23,7	22,8	8,29
51,0	46,0	93,0	28,0	25,0	20,3	7,80
61,1	69,5	85,1	23,0	19,6	19,2	7,00
49,0	76,0	76,4	22,7	18,0	17,1	6,90
51,3	58,2	79,5	30,0	22,2	20,1	7,46
49,0	55,0	71,5	31,1	20,8	19,1	7,48
51,8	66,0	92,6	28,5	24,9	20,4	8,11
54,5	72,0	91,9	24,4	23,8	20,2	8,18
34,0	70,0[a]	71,3	32,0	30,5	28,2	10,00
34,0	70,0[a]	71,3	32,1	30,7	27,6	9,35

[a] Nur Potsdam
[b] Einschl. staatl., städt., privater Kranken- und Heilanstalten

Quelle: StatJb, Jgg. 3, 11, 19, 21.

IV. INDUSTRIELLE STANDORTVERÄNDERUNGEN
IN GROSS-STÄDTISCHEN RÄUMEN

EINE ALTE TEXTILREGION IM WANDEL: DAS WUPPERTAL UM 1900

von Jürgen Reulecke

1. Einführung

In den letzten Jahren hat die wirtschaftshistorische Erforschung des Industrialisierungsprozesses in Deutschland insofern eine neue Stufe erreicht, als verstärkt die Region als die „operative territoriale Einheit" [1] verstanden und untersucht worden ist, von der aus jener gewaltige technische, ökonomische und soziale Wandel im 19. Jahrhundert seinen Ausgang nahm, der Deutschland innerhalb von nur knapp zwei Generationenspannen zum Industriestaat machte und zugleich den anfangs erheblichen englischen Vorsprung beseitigte. Wenn auch die in diesem Zusammenhang oft benutzten Bezeichnungen „Pionierregion", „Nachzüglerregion" und „Passivraum" letztlich relative Begriffe sind [2], so ermöglichen sie dennoch eine gewisse Ordnung bzw. Zuordnung sowie eine chronologische Gliederung des recht ungleichgewichtigen und auf den ersten Blick diffusen Industrialisierungsverlaufs. Ohne hier auf die Definitionsproblematik von „Region" eingehen und die Debatte über die eine Region konstituierenden internen und externen Bedingungen [3] aufgreifen zu können, geht der folgende Beitrag von der Behauptung aus, daß das Bergische Land mit seinem industriellen Zentrum, der Doppelstadt Elberfeld—Barmen (heute Wuppertal), ein besonders aufschlußreicher, exemplarischer Fall und zugleich ein Beleg für das erwähnte Regionenmodell ist.

Ausgehend von Vorgaben, die bis weit in die frühe Neuzeit zurückreichen und die Grundlagen dafür schufen, daß die vorindustrielle Gewerbeblüte dieses Raumes praktisch nahtlos in die Entfaltung des modernen Fabrikwesens überging [4], wurde der in erster Linie von der Textilindustrie geprägte Kernraum

---

[1] S. POLLARD (Hg.), Region und Industrialisierung. Studien zur Rolle der Region in der Wirtschaftsgeschichte der letzten zwei Jahrhunderte (Kritische Studien zur Geschichtswissenschaft 42), Göttingen 1980, S. 12.

[2] Vgl. dazu A. GERSCHENKRON, Wirtschaftliche Rückständigkeit in historischer Perspektive, in: R. BRAUN u.a. (Hgg.), Industrielle Revolution. Wirtschaftliche Aspekte (Neue Wissenschaftliche Bibliothek 50), Köln 1972, S. 59-78.

[3] Vgl. die Sammelrezension von O. DANN, Die Region als Gegenstand der Geschichtswissenschaft, in: AfS 23 (1983), S. 652-661.

[4] Zuletzt J. REULECKE, Nachzügler und Pionier zugleich: das Bergische Land und der Beginn der Industrialisierung in Deutschland, in: S. POLLARD (Hg.), wie Anm. 1, S. 52-68; grundsätzlich dazu W. KÖLLMANN, Sozialgeschichte der Stadt Barmen im 19. Jahrhundert (Soziale Forschung und Praxis 21), Tübingen 1960, und W. HOTH, Die Industrialisierung einer rheinischen Gewerbestadt

des Bergischen Landes neben dem Königreich Sachsen[5] zu der wohl bedeutendsten industriellen Pionierregion in Deutschland, während andere ehemals blühende Gewerberegionen wie das Ravensberger Land, das Siegerland und Schlesien in der ersten Hälfte des 19. Jahrhunderts zunächst einmal einer „Deindustrialisierung"[6] zum Opfer fielen. Da es jedoch meist das Schicksal von Pionierregionen ist, nach einiger Zeit von Nachzüglern eingeholt bzw. von später startenden Konkurrenzregionen aus der Führungsrolle verdrängt zu werden, stellt sich die Frage, was es bedeutete, gegen Ende des 19. Jahrhunderts bereits eine „alte" Industrieregion zu sein, während sich die industrielle Entwicklungsdynamik in andere Regionen verlagert hatte. Differenzierter formuliert:

1. Wie stellten sich die wirtschaftlichen Führungskräfte des Wuppertales auf diese Veränderungen ein?
2. Welche Wandlungen vollzogen sich in der bisherigen Gewerbestruktur?
3. Welche Folgen hatte das Nachlassen der regionalen Entwicklungsdynamik im sozialen Bereich?

Immerhin waren es um 1900 nicht nur die sich seit Mitte des 19. Jahrhunderts sprunghaft ausbreitenden Kohlenzechen, Hütten- und Stahlwerke, die das nur rund 25 km Luftlinie nördlich des Wuppertals gelegene Ruhrgebiet in einem geradezu revolutionären Prozeß zur „Waffenschmiede" Europas werden ließen, sondern jetzt auch die neben den Textil- und Schwerindustrieregionen entstehenden Schwerpunkte der Chemie, Elektrotechnik, Optik, Feinmechanik usw., die das Bergische Land überflügelten: das westlich gelegene, ebenfalls nur etwa 25 km entfernte und von der Firma Bayer beherrschte Industriezentrum Leverkusen am Rhein führte den Zeitgenossen die Dynamik solcher „junger" Industrieregionen in ebenso unübersehbarer Weise vor Augen wie die Emscherzone des Ruhrgebiets, die der Industrialisierungsprozeß in den Jahrzehnten vor der Jahrhundertwende erfaßte und in besonders radikaler Weise umgestaltete.

Daß solche Umbrüche in engster Nachbarschaft nicht ohne Folgen für die seit der Frühindustrialisierungsphase prosperierende Textilindustrie des Wuppertals blieben, zeigt bereits ein Blick in die Gewerbestatistik: Waren zu Beginn der 1860er Jahre noch drei Viertel aller in Industrie und Handwerk beschäftigten Personen im Bereich Textil und Bekleidung zu finden gewesen (74,9%), so sank dieser Anteil bis 1914 auf etwa 50% (Tab. 1). Zwischen und nach den beiden

---

— dargestellt am Beispiel Wuppertal (Schriften zur rheinisch-westfälischen Wirtschaftsgeschichte 28), Köln 1975.

[5] Zu Sachsen vgl. H. KIESEWETTER, Agrarreform, landwirtschaftliche Produktion und Industrialisierung im Königreich Sachsen 1832-1861, in: F. BLAICH (Hg.), Entwicklungsprobleme einer Region: Das Beispiel Rheinland und Westfalen im 19. Jahrhundert (SchrVSP, NF 119), Berlin 1981, S. 89-137.

[6] Vgl. P. KRIEDTE/H. MEDICK/J. SCHLUMBOHM, Industrialisierung vor der Industrialisierung (Veröffentlichungen des Max-Planck-Instituts für Geschichte 53), Göttingen 1977, bes. S. 272-309.

Tabelle 1

Zahl der Beschäftigten in Industrie und Handwerk
in Elberfeld-Barmen 1861 - 1925 (in %)[a]

Gewerbezweig	1861	1875	1895	1907	1925
Textilindustrie	67,9	50,0	42,8	42,0	38,2
Bekleidung und Reinigung	7,0	11,2	10,7	9,3	13,2
Baugewerbe	2,4	6,3	10,4	9,3	8,0
Metallverarbeitung, Maschinen- und Apparatebau, Elektrotechnik	5,8	11,6	11,6	13,8	20,8
Nahrungs- und Genußmittelherstellung	3,7	5,1	6,2	6,2	6,0
Papier- und Lederwarenherstellung, Druckereigewerbe	2,8	5,5	8,3	8,3	6,3
Chemie, Farben- und Seifenproduktion	1,5	2,9	2,9	4,0	2,0
Sonstige	8,9	7,4	7,1	7,0	5,5
	100,0	100,0	100,0	100,0	100,0
Gesamtzahl der in Industrie und Handwerk Beschäftigten (absolut)	30.500	42.200	68.900	87.600	109.000
Anteil (in %) an allen Beschäftigten	89,7	86,7	80,0	76,2	70,6

[a] Berechnet nach Angaben bei HOTH, wie Anm. 4, S. 231, sowie: Industrie- und Handelskammer Wuppertal 1831-1956, wie Anm. 16, S. 186f. (Gesamtzahl und Angaben für 1925).

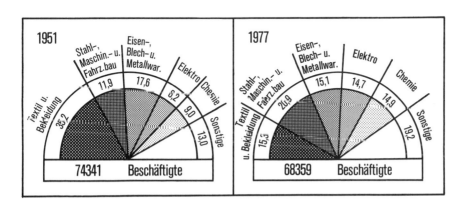

Quelle: H. JORDAN, Von der Garnbleiche zum industriellen Tausendfüßler, in: DERS./H. WOLFF (Hgg.), Werden und Wachsen der Wuppertaler Wirtschaft, Wuppertal 1977, S. 73-93, hier S. 93.

Abb. 1: Gewerbestruktur der Stadt Wuppertal nach der Beschäftigtenzahl
1951 und 1977 (in %)

Weltkriegen[7] setzte sich dieser Trend fort: Im Jahre 1951 lautete die entsprechende Ziffer 35,2% und 1977 nur noch 15,3%: Aus dem ehemaligen Pionier der Industrialisierung mit ausgeprägter Monostruktur war eine Industrieregion neben vielen anderen geworden, die sich heute durch eine erheblich ausgewogenere Branchenstruktur als in ihrer Start- und Blütephase auszeichnet (Abb. 1). Der Ablöseprozeß von der zunächst dominierenden Leitbranche begann jedoch bereits in einer Zeit, als die absoluten Beschäftigungszahlen in der Textilindustrie noch kräftig anstiegen, d.h. seit den 1870er Jahren. Die wichtigsten Zusammenhänge und Ergebnisse dieses Wandels sollen im folgenden, zunächst ausgehend von den obengenannten drei Fragen, im Überblick dargestellt werden, ehe abschließend einige allgemeinere Thesen zur Diskussion gestellt werden.

2. Industrialisierung und Verstädterung als Herausforderungen für die Honoratioren des Wuppertals

Fragt man nach der Reaktion der wirtschaftlichen Führungskräfte auf die durch die Schwerpunktverlagerung des Industrialisierungsverlaufs entstandenen Herausforderungen, so ist zunächst einmal die Fähigkeit zur Flexibilität als besonderes Charakteristikum des Wuppertaler Unternehmertums[8] hervorzuheben. Diese Eigenschaft hatte sich bereits im 18. Jahrhundert herausgebildet, da sich das weltweit exportierende heimische Textilgewerbe, das sich zudem sehr stark auf die Herstellung von Schmalwebereiartikeln spezialisiert hatte (die sog. „Barmer Artikel": Bänder, Kordeln, Litzen und Spitzen), sowohl auf die unregelmäßige Belieferung mit den wichtigsten Rohstoffen Baumwolle und Seide als auch auf die Schwankungen der Mode einstellen mußte — dies zusätzlich zu den allgemeinen Konjunkturlagen! Solche Spezialisierung barg einerseits große Chancen, was sich im Konkurrenzkampf mit den englischen Waren auf dem Weltmarkt zeigte, andererseits aber auch spezifische Gefahren; deshalb mußten die Textilfabrikanten immer wieder neue Produktions- und Absatzideen entwickeln und sich ständig neu orientieren. Auch ihre Zulieferer — z.B. die Bandstuhlschreiner, Webmaschinenfabrikanten, Knopf- und Ösenhersteller, Seifen-, Farben- und Verpackungsmaterialproduzenten — wurden in das Auf und Ab der wechselnden Konjunkturen mit hineingezogen. Dies war zunächst in der eigentlichen Blüte- und Expansionsphase der 1850er und 1860er

---

[7] Für die Zwischenkriegszeit, bes. hinsichtlich der Kriegsauswirkungen vgl. J. REULECKE, Die wirtschaftliche Entwicklung der Stadt Barmen von 1910 bis 1925 (BergF 10), Neustadt/Aisch 1973.

[8] W.H. WIEDEMANN, Die Barmer Unternehmer. Ein Beitrag zur Soziologie des Unternehmertums, Diss. (masch.), Köln 1952; außerdem H. KISCH, Vom Monopol zum Laissez-Faire: das frühe Wachstum der Textilgewerbe im Wuppertal, in: DERS. (Hg.), Die hausindustriellen Textilgewerbe am Niederrhein vor der industriellen Revolution von der ursprünglichen zur kapitalistischen Akkumulation (Veröffentlichungen des Max-Planck-Instituts für Geschichte 65), Göttingen 1981, S. 162-257, bes. S. 211ff. und 257.

Jahre noch nicht allzu problematisch, doch erzwang dann die Gründerkrise ein grundsätzlicheres Umdenken: die einseitige Orientierung erwies sich immer deutlicher als Fessel. Ab jetzt wirkte jede der manchmal schnell aufeinander folgenden Krisen [9] als Bereinigung, zumal sich inzwischen innerhalb der gesamten deutschen Volkswirtschaft das Gewicht bei der Industrialisierung von der Konsumgüter- auf die Investitionsgüterindustrie verlagert hatte. Der ehemalige „Pionier" mußte nun Ballast abwerfen: überlebte und unrentable Zweige starben ab (neben der Spinnerei die Naturbleiche und nach dem Aufkommen der synthetischen Farben auch die Türkischrotfärberei); Versuche mit neuen textilen Produkten oder Herstellungsverfahren wurden unternommen, die sich entweder bewährten oder nach kurzer Zeit wieder aufgegeben werden mußten. Als erfolgreich erwiesen sich auf Dauer: die sog. Eisengarnherstellung, die Verarbeitung von gummielastischen Geweben, die nach der Erfindung der Klöppelmaschine 1877 begonnene Spitzenherstellung, die Aufnahme der Teppichweberei, die in den 1890er Jahren aufkommende Methode des „Mercerisierens" von Baumwollgarnen, durch die diese seidenähnlich gemacht werden konnten, und — davon ausgehend — um die Jahrhundertwende die Hinwendung zur Kunstfaserproduktion und -verarbeitung. Erfolgreich blieb auch — trotz einiger Einbrüche in der Gründerkrise und durch kurzfristige Modeungunst — die Barmer-Artikel-Herstellung als die weltweit bekannte Besonderheit des Wuppertals.

Eine Bereinigung bewirkten die Krisen aber auch in einer anderen Hinsicht: Vor allem am Beispiel der Gründerkrise nach 1873 läßt sich zeigen, daß die für Teilbereiche des Wuppertaler Textilgewerbes noch typische Organisationsform des traditionellen Verlagssystems in Krisenzeiten besonders schwer getroffen wurde und deshalb ständig zurückging. Ein Grund dafür war, daß die Verlegerkaufleute, die sich meist auch einen eigenen Fabrikationsbetrieb aufgebaut hatten, bei Auftragsrückgängen zunächst die eigenen Arbeiter mit Arbeit versorgten, so daß die selbständigen Lohngewerbetreibenden oft leer ausgingen. Dennoch konnte sich das Verlagssystem in Resten noch bis ins 20. Jahrhundert halten, weil nur die oft äußerst geschickten Kleinmeister in der Lage waren, besonders schwierige oder anspruchsvolle Aufträge auszuführen. Insgesamt zeichnete sich jedoch durch den stetigen Rückgang der Kleinbetriebe der Trend zum Mittelbetrieb ab. Der Großbetrieb mit über 500 Beschäftigten blieb allerdings die Ausnahme.

Anpassungsfähigkeit und Bereinigungsmöglichkeit hatten jedoch auch Grenzen, wie sich bereits vor der Jahrhundertwende deutlich zeigte. Eine Grenze besonderer Art hing mit den naturräumlichen Vorgaben zusammen, die schon im 18. Jahrhundert zu lange nachwirkenden Weichenstellungen im Bereich der gewerblichen Raumaneignung und -nutzung geführt hatten. Da die eigentliche Anstoßbranche der gesamten gewerblichen Entwicklung des Wuppertals die

---

[9] Vgl. KÖLLMANN, wie Anm. 4, S. 279-286 Anlage 2: Konjunkturen und Krisen 1808-1914.

Garnbleicherei gewesen war [10] — das kalkhaltige Wupperwasser galt als besonders bleichfähig —, waren die Flußwiesen in dem langgestreckten und an manchen Stellen nur wenige hundert Meter breiten Tal zunächst von Bleichereien genutzt worden, an die sich dann die anderen Betriebe, besonders die Webereien anschlossen, so daß sich die Wohnbebauung schon sehr früh an den teilweise recht steilen und deshalb für Gewerbebetriebe — abgesehen von den Bierbrauereien — ungeeigneten Hängen hochzuziehen begann. Auch nach dem Niedergang der Naturbleiche um 1800 durch das Aufkommen der chemischen Fixbleiche blieb jedoch der Flußlauf die Lebensader für die meisten Betriebe und die Orientierungslinie des industriellen Ausbaus. Das gilt nicht nur für die jetzt in geschlossenen Räumen produzierenden Bleichereien, sondern auch für die an Bedeutung gewinnenden Färbereien [11], die ebenfalls einen großen Wasserbedarf hatten, und die größeren Textilbetriebe, die die Wasserkraft zum Antrieb ihrer Maschinen benötigten. Im Laufe des 19. Jahrhunderts trat zudem mit der sich schnell ausbreitenden Einführung der Dampfmaschinen [12] die Verwendung des Flußwassers für die Dampferzeugung und als Kühlwasser hinzu.

Die durch die große Nachfrage in der Expansionsphase stark steigenden Grundstückspreise im Talbereich führten dazu, daß die in der Nähe der Ortskerne von Elberfeld und Barmen gelegenen größeren Grundstücke häufig allzu sehr parzelliert wurden, so daß sich expandierende Betriebe neues Gelände wupperaufwärts oder -abwärts in größerer Entfernung erschließen mußten und die kleinen Heimgewerbebetriebe der Weberei und Wirkerei zunehmend in die Nebentäler, die Vororte und auf die umliegenden Höhen auswichen. So ging etwa im Stadtgebiet Elberfelds von 1861 bis 1875 allein die Zahl der seidene und halbseidene Zeuge und Bänder produzierenden Hand- und Kraftwebstühle von fast 2.800 auf nur noch rund 1.600 zurück [13]. Die Talsohle wurde im Verlauf dieser Entwicklung in einer Länge von fast 15 km dicht mit vorwiegend mittelgroßen Betrieben besetzt, denen die Ausdehnung zum Großbetrieb allein schon aus räumlichen Gründen zumeist verwehrt war. In einigen Fällen verlegten deshalb Unternehmer ihre Anlagen auf die Höhen, wo zwar mehr Platz zur Verfügung stand, freilich auch erheblich schwierigere Infrastrukturprobleme zu bewältigen waren [14]: So erhielt vor dem Ersten Weltkrieg eine Dampfkesselfabrik ihren Standort auf dem nördlichen, eine weitere große Fabrik, die Gummireifen und verschiedene andere Gummiwaren herstellte, auf dem südlichen Höhenrücken. Daß aber selbst diese Möglichkeit des Aus-

---

[10] Vgl. neben KISCH, wie Anm. 8, auch W. DIETZ, Die Wuppertaler Garnnahrung. Geschichte der Industrie und des Handels von Elberfeld und Barmen 1400 bis 1800 (BergF 4), Neustadt/Aisch 1957.
[11] Zur Färberei im Wuppertal vgl. W. KÖLLMANN (Hg.), Wuppertaler Färbergesellen-Innung und Färbergesellen-Streiks 1848–1857. Akten zur Frühgeschichte der Arbeiterbewegung in Deutschland (Historische Forschungen 5), Wiesbaden 1962.
[12] Dazu W. HOTH, Die ersten Dampfmaschinen im Bergischen Land. Ein Kapitel rheinischer Industriegeschichte, in: Scripta Mercaturae 11 (1977), S. 73–97.
[13] I. ANSPACH, Die räumliche Anordnung der Industrie der Stadt Wuppertal, Diss., Köln 1941, S. 29.
[14] Ebd., S. 54ff.

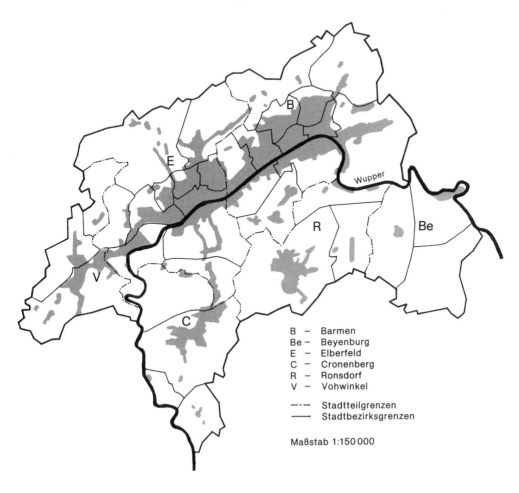

Abb. 2: Wuppertal. Stadtteile und Stadtbezirke

weichens vor der Enge des Tales begrenzt war, zeigt die Entwicklung der Farbenfabrik Bayer, die aus Raumgründen zunächst von Barmen an den westlichen Talausgang Elberfelds zog, dann aber in den 1890er Jahren — bei Aufrechterhaltung des Elberfelder Betriebs — ihren Hauptsitz an den Rhein verlegte (s.u.). Immerhin beschäftigte die Bayer-AG im Jahre 1907 in ihrem Elberfelder Zweigwerk rund 2.000 Arbeitskräfte und war damit der größte Arbeitgeber des Wuppertals [15].

Durch Eingemeindungen (1888 im Westen Elberfelds, 1922 im Osten Barmens) und schließlich vor allem durch die Vereinigung von Elberfeld und Barmen mit den vier Vorortgemeinden Beyenburg, Cronenberg, Ronsdorf und Vohwinkel im Jahre 1929 zur neuen Großstadt Wuppertal erweiterte sich zwar das Stadtgebiet der beiden Kernstädte von bisher 5.753 ha auf 14.867 ha

---

[15] HOTH, wie Anm. 4, S. 217.

(+ 158,4%), doch hielt sich — trotz der hochgespannten Erwartungen der Wuppertaler Industrie- und Handelskammer [16] — der Zuwachs an industriell tatsächlich nutzbarem Gelände in Grenzen. Zudem verhinderten zunächst die wirtschaftlichen Krisenjahre und anschließend die Erbhofbestimmungen des NS-Staates, durch die rund ein Sechstel der Wuppertaler Bodenfläche (ca. 2.500 ha) — vorwiegend in den neugewonnenen Außenbezirken — der Industrieansiedlung entzogen wurden [17], eine nennenswerte industrielle Expansion aus der Tallage hinaus. Die räumliche Enge, die zugleich eine Fülle von sonstigen Belastungen einschließlich erheblicher Verkehrsprobleme mit sich gebracht hatte, blieb also auch noch in der Zwischenkriegszeit ein bedeutsames Hindernis für eine immer notwendiger werdende grundsätzliche Strukturbereinigung [18] — trotz diverser Anpassungsleistungen einzelner Unternehmer und Umstellungen in Teilbereichen.

3. Wandlungen der Gewerbestruktur

Die oben bereits angesprochene allmähliche Schwerpunktverlagerung wurde vor allem durch die teilweise Loslösung der Zulieferbranchen von der Textilindustrie beschleunigt, die zunehmend eine eigenständige Position gewannen [19]. Hier ist der eigentliche Wandlungsimpuls zu suchen, auch wenn die textilen Produktionsbereiche immer wieder eine bemerkenswerte Regenerationskraft und Wandlungsfähigkeit besaßen, was sich um die Jahrhundertwende z.B. in der Herstellung von textilen Laufbändern für Mähdrescher und gewebten Gummiwaren, von Kabelumspinnungen, Geweben für Autoreifen und später auch Schreibmaschinenbändern zeigte. Als die Branche, die sich als eine der ersten neben ihren Absatzmöglichkeiten in der Textilindustrie ein weiteres „Standbein" zulegte, ist der Maschinen-, Werkzeug- und Gerätebau des Wuppertals zu nennen, der seit den 1860er Jahren für seine inzwischen ebenfalls hergestellten Werkzeug-, Bergwerks- und Dampfmaschinen im sprunghaft wachsenden Ruhrgebiet einen hervorragenden und deutlich weniger krisenanfälligen Absatz fand. Ein weiterer Gewerbezweig mit wachsender Eigenständigkeit war die chemische Industrie einschließlich der Lack-, Farben- und Seifenherstellung.

---

[16] Industrie- und Handelskammer Wuppertal 1831-1956. FS zum 125jährigen Jubiläum, hg. in Verbindung mit W. KÖLLMANN, Wuppertal 1956, S. 92ff.

[17] ANSPACH, wie Anm. 13, S. 22.

[18] Zu den Bemühungen nach dem Zweiten Weltkrieg, in dieser Richtung aktiv zu werden, vgl. O. WEISE, Sozialgeographische Gliederung und innerstädtische Verflechtungen in Wuppertal (BergF 11), Neustadt/Aisch 1973, bes. S. 104ff. und S. 146f.

[19] Grundsätzlich dazu M. WILHELM, Die Wuppertaler Textilindustrie als Anstoßindustrie im Wuppertaler Industriebezirk, Diss., Köln 1929; weiterhin KÖLLMANN, wie Anm. 4; zuletzt W. HOTH, Die Entwicklung der Industrien in Wuppertal, unter besonderer Berücksichtigung der Textilindustrie und der Zulieferindustrien, in: K. DÜWELL/W. KÖLLMANN (Hgg.), Rheinland-Westfalen im Industriezeitalter, Bd. 1 (Beiträge zur Landesgeschichte des 19. und 20. Jahrhunderts), Wuppertal 1983, S. 96-113.

Weltgeltung erlangte hier die im Jahre 1863 von Friedrich Bayer und Friedrich Weskott gegründete und 1866 in den Elberfelder Westen verlegte Farbenfabrik [20]. Ihr Aufschwung hing eng mit der Entwicklung der synthetischen Farben in den 1860er Jahren zusammen. Den eigentlichen Durchbruch erzielte diese Firma jedoch, als 1883 der Chemiker Carl Duisberg eintrat: In kurzer Zeit erfand er eine Reihe neuer synthetischer Farben und gab 1887 auch den Anstoß zur Arzneimittelherstellung. Mit dem Fiebermittel Phenacetin begann seit 1888 die Entwicklung der Firma zu einem Mammutunternehmen mit Weltruf. Das allzu enge Wuppertal bot allerdings — wie schon erwähnt — für eine solche Expansion keinen ausreichenden Platz mehr, so daß 1891 am Rhein in Leverkusen jenes neue Werk nach einem genau durchdachten Anlageplan aufgebaut und zum Zentrum einer Industrieballung neuen Typs gemacht wurde.

Weitere Ablösungstendenzen von der Textilindustrie zeigten sich in der Hochindustrialisierungsphase z.B. in der Seifenindustrie, die nun auch Haushaltsseifen und Waschpulver auf den Markt brachte, in der Metallverarbeitung, die von der Knopfproduktion zur Produktion von Haken, Schuhösen, Druckknöpfen, Reißverschlüssen und sonstigen z.B. von der entstehenden Elektroindustrie benötigten Kleinteilen überging, in der Gummiwarenindustrie, die die Fabrikation von Gasschläuchen, Telefonschnüren und Elektrokabeln aufnahm, und im Papier- und Druckereigewerbe, das neben einer breiten Palette von Papier- und Druckerzeugnissen für den Industriebedarf auch Kalender, Telefonbücher und Fahrpläne herzustellen begann. Der textile Bereich erweiterte sich gleichzeitig gegen Ende des 19. Jahrhunderts durch die Konfektion, besonders die Herstellung von Unterwäsche, Oberbekleidung und Arbeitskleidung. Viele dieser Umstellungen waren dadurch möglich geworden, daß sich jetzt praktisch in allen Produktionsbereichen Arbeitsmaschinen durchgesetzt hatten. Von großer Bedeutung war in diesem Zusammenhang im letzten Viertel des Jahrhunderts die allmähliche Ablösung der Dampfmaschine zunächst durch den Gasmotor, später durch den Elektromotor und zum Teil auch den Benzinmotor. Diese weniger platzaufwendigen, unkomplizierter zu bedienenden und auch für kleinere Arbeitsstätten rentablen Kraftmaschinen ermöglichten es den Handwerksbetrieben und Heimgewerbetreibenden, Anschluß an den technischen Fortschritt zu gewinnen. Durch die Hochkonjunktur am Ende des 19. Jahrhunderts (bis ca. 1907), in der auch die Mode der „bürgerlichen Plüschkultur" der Wilhelminischen Zeit für die Industrie des Wuppertals äußerst günstig war [21], konnten für die notwendigen Umstellungen und Investitionen auch die entsprechenden Kapitalien aufgebracht werden.

Die aus den klein- und mittelbetrieblichen Verhältnissen und der räumlichen Enge entspringenden Strukturprobleme blieben dadurch zunächst noch verdeckt. Obwohl sich — ausgelöst vor allem durch wachsende Modeungunst und

---

[20] Hoth, wie Anm. 4, S. 187f.
[21] Dazu M. Blank, Die Beziehungen zwischen Industrie und Mode, untersucht an der Barmer Textil- und Knopfindustrie während der Jahre 1900-1914, Diss., Tübingen 1920.

durch die gleichzeitig zunehmenden, den Export stark belastenden internationalen Spannungen — im letzten Jahrfünft vor dem Kriegsausbruch eine Krise der immer noch dominierenden Textilindustrie abzuzeichnen begann, präsentierte sich also in der Vorkriegszeit das Wuppertal nach außen durchaus als eine prosperierende Industrieregion, auf die weniger das Attribut „alt" als vielmehr das Attribut „reif" zutraf. Das kam auch darin zum Ausdruck, daß sich inzwischen eine klare innerregionale Aufgabenteilung durchgesetzt und bewährt hatte, die auch das Stadtbild unübersehbar prägte: Die Stadt Elberfeld hatte ihren Charakter als Textilindustriestadt in der Hochindustrialisierungsphase erheblich stärker als ihre Nachbarin reduziert und war mehr und mehr auch zu einer Handelsstadt geworden, in der im Jahre 1861 erst 13%, 1907 jedoch bereits fast 30% aller Beschäftigten in den Bereichen Handel und Verkehr zu finden waren (in Barmen waren es 1907 dagegen nur 17,2%)[22]. Die Elberfelder Kaufmannschaft, die ihr Zentrum in der damals weltbekannten Geschäftsstraße „Hofaue" besaß, hatte nun für die Barmer Industrie, abgesehen vom Bankwesen, praktisch fast alle überregionalen Handelsfunktionen übernommen, während der Barmer Handel im wesentlichen der örtlichen Versorgung diente[23]. Der industrielle Charakter der gesamten Region wurde jedoch durch den Bedeutungsgewinn des Handels nicht aufgegeben: Mit einer gewerblichen Beschäftigungsquote (= Anteil der in Industrie und Handwerk beschäftigten Personen an der Gesamtbevölkerung) von 31,3% in Barmen und 23,3% in Elberfeld — zusammen von 27,3% — übertraf im Jahre 1907 diese Doppelstadt im Tal der Wupper alle anderen deutschen Großstädte[24].

4. Reaktionen und Lösungsstrategien

Von einem sichtbaren Niedergang des ehemaligen Pioniers konnte also um 1900 nicht die Rede sein. Im Gegenteil: Während sich das benachbarte Ruhrgebiet in den 1880er und 1890er Jahren noch in einer hektischen Ausbauphase befand, in der die „Kinderkrankheiten" der Industrialisierung kraß zutage traten, besaßen die Stadtverwaltungen der beiden Industriestädte an der Wupper infolge der Konsolidierung der gewerblichen Verhältnisse und der Bevölkerungsentwicklung inzwischen die Möglichkeit, viel umfassender, als das in den „jungen" Industriestädten der Fall sein konnte, steuernd in die sozialen Bedingungen industriestädtischer Existenz einzugreifen. Aus diesem Grund hatte die erwähnte „Reife" auch jetzt noch die Übernahme einer Vorreiterrolle zur Folge, freilich nicht mehr im Hinblick auf die industrielle Entwicklung, sondern vor allem im Bereich der Leistungsverwaltung und Daseinsvorsorge. Auch hier konnte an lokale Traditionen und an überkommene Erfahrungen angeknüpft

---

[22] Zahlenangaben berechnet nach: Industrie- und Handelskammer Wuppertal, wie Anm. 16, S. 186f.
[23] KÖLLMANN, wie Anm. 4, S. 31.
[24] HOTH, wie Anm. 4, S. 218.

werden. Die frühe Herausforderung, die von den sozialen Konsequenzen der Industrialisierung ausgegangen war, hatte in den Wupperstädten bereits um 1840 in verschiedenartiger Weise eine Diskussion über die „sozialen Fragen" provoziert und darüber hinaus zu einigen bemerkenswerten Vorstößen zur Bewältigung des Pauperismus geführt. Das Spektrum solcher Lösungsvorschläge war sehr breit; es reichte von der polizeilichen Abweisung aller vermögenslosen nichtpreußischen Zuwanderer und der Reorganisation der traditionellen Armenpflege durch die Einführung rigider Bestimmungen über diverse sozialreformerische Konzepte (z.B. Spar- und Hilfskassen) bis hin zur Propagierung sozialutopischer Pläne [25]. So ging ein wichtiger Impuls zum Erlaß des ersten Kinderschutzgesetzes in Deutschland im Jahre 1837 von dem Barmer Fabrikanten Schuchardt aus. Friedrich Engels, der Barmer Fabrikantensohn, organisierte in Elberfeld zusammen mit Moses Heß die ersten sozialistischen Versammlungen auf deutschem Boden. Heß gab hier im Jahre 1845 eine der wichtigsten sozialkritischen Zeitschriften des Vormärz, den „Gesellschaftsspiegel", heraus. Die katholische Gesellenvereinsbewegung wurde hier von dem Kaplan Adolf Kolping und dem Lehrer Gregor Breuer gegründet. Von hier aus trat in den 1860er Jahren das im In- und auch im Ausland oft nachgeahmte sog. „Elberfelder System" der kommunalen Armenpflege seinen Siegeszug an. Solche und noch weitere Innovationen von überregionaler Bedeutung, auch in anderen Bereichen als auf dem Felde der sozialen Frage, wie z.B. die Gründung der ersten modernen Handelskammer in Deutschland, belegen, daß in den Wupperstädten die Industrialisierung schon um die Mitte des 19. Jahrhunderts eng mit dem (stadtbürgerlichen) Bestreben einherging, ihre Auswirkungen auf die gesellschaftlichen Verhältnisse im Griff zu behalten. Daß hierbei oft auch spezifische religiöse Grundeinstellungen eine bedeutsame Rolle spielten [26], sei nur am Rande vermerkt.

Gingen die Initiativen zu sozialen Eingriffen bis in die 1860er Jahre hinein zumeist von einzelnen Bürgern aus, so wurden im letzten Drittel des 19. Jahrhunderts, parallel zum allmählichen Rückzug der alten Honoratiorenfamilien aus der städtischen Selbstverwaltung, zunehmend die Kommunen von sich aus aktiv. Zunächst hatten die städtischen Verwaltungen dem Eindringen

---

[25] W. KÖLLMANN, Bevölkerung in der industriellen Revolution. Studien zur Bevölkerungsgeschichte Deutschlands (Kritische Studien zur Geschichtswissenschaft 12), Göttingen 1974, S. 215; weiterhin H. HERBERTS, Alles ist Kirche und Handel ... Wirtschaft und Gesellschaft des Wuppertals im Vormärz und in der Revolution 1848/49 (BergF 12), Neustadt/Aisch 1980; B. WEISBROD, Wohltätigkeit und „symbolische Gewalt" in der Frühindustrialisierung. Städtische Armut und Armenpolitik im Wuppertal, in: H. MOMMSEN/W. SCHULZE (Hgg.), Vom Elend der Handarbeit. Probleme historischer Unterschichtenforschung (Geschichte und Gesellschaft. Bochumer Historische Studien 24), Stuttgart 1981, S. 334-357; E. ILLNER, Bürgerliche Organisierung in Elberfeld 1775-1850 (BergF 18), Neustadt/Aisch 1982; Gründerzeit. Versuch einer Grenzbestimmung im Wuppertal, hg. v. K.-H. BEECK unter Mitarbeit von R. BECKER (Schriftenreihe des Vereins für Rheinische Kirchengeschichte 80), Köln 1984.

[26] Dazu zuletzt J. MÜLLER-SPÄTH, Protestantismus und Gründerzeit im Wuppertal, in: Gründerzeit, wie Anm. 25, S. 360-419.

der Industrie eher passiv oder abwartend, gelegentlich sogar ablehnend gegenübergestanden; sie waren daher auch fast gar nicht zu einem lenkenden Eingreifen bereit gewesen. Die mehr oder weniger „rechtsliberal" eingestellte Wuppertaler Honoratiorenschaft, die lange Zeit in den Stadtverordnetenversammlungen das Heft in der Hand hatte, hätte solche Eingriffe als Behinderung der freien Unternehmerentscheidung verstanden. Die Probleme der schnell über ihre bisherigen Grenzen hinauswachsenden Städte machten jedoch immer häufiger sachkompetente, differenzierte Stellungnahmen und Entscheidungen nötig, die die ehrenamtliche Verwaltungstätigkeit und die Kraft der Honoratiorenbürger zunehmend überforderte. Daher begann im letzten Drittel des 19. Jahrhunderts an ihre Stelle ein geschultes und selbstbewußt operierendes kommunales Berufsbeamtentum zu treten, das planend und strukturierend in die städtischen Verhältnisse einzugreifen versuchte. Diese Entwicklung schlug sich quantitativ in einer erheblichen Zunahme des festbesoldeten Verwaltungsstabs nieder: Bestand z.B. die allgemeine Verwaltung der Stadt Barmen 1871 nur aus 21 Schreibern, zu denen noch vier Beamte der Bauverwaltung hinzukamen, so beschäftigte sie im Jahre 1909 bereits 338 Büro- und Kassenbeamte sowie 146 Beamte im Hoch- und Tiefbauamt[27]. Dieser Trend läßt sich in allen großen Städten nachweisen[28], setzte aber in den Wupperstädten besonders früh ein.

Es stellt sich in diesem Zusammenhang natürlich die Frage, wem die verstärkten Eingriffe der Verwaltungsbürokratie nutzten bzw. wer oder was die Stadtverwaltungen zum lenkenden Handeln drängte. Eine knappe Antwort lautet, daß es sowohl die Bedürfnisse der Industrie als auch die Herausforderungen waren, die von der sozialen Lage vor allem der Arbeiterbevölkerung ausgingen. Ein Eingehen auf die Forderungen einer durchaus handfesten unternehmerischen und auch von den Haus- und Grundbesitzern getragenen Interessenpolitik verschmolz sowohl mit traditionellen „Gemeinwohl"-Motiven und Ansätzen eines neuen „munizipalsozialistischen" Denkens als auch mit auf Systemstabilisierung ausgerichteten Reformzielen und polizeirechtlichen Ordnungsvorstellungen. Der Ausbau des Straßen- und Wegenetzes, der Kanalisation und der Schlachthöfe, der städtischen Krankenanstalten und Schulen sowie die Kommunalisierung der Müllabfuhr in den 1880er Jahren kamen in erster Linie der breiten Bevölkerung zugute, nutzten aber ebenso, wenn auch eher indirekt, der Industrie. Die für Elberfeld 1879 in Benrath am Rhein und für Barmen 1882 in Volmarstein an der Ruhr errichteten Wasserwerke[29] verbesserten die Wasserversorgung für Industrie und Bevölkerung gleichermaßen, zumal um die Jahrhundertwende der Bau stadteigener

---

[27] Zahlenangaben nach KÖLLMANN, wie Anm. 4, S. 276.
[28] Dazu W. HOFMANN, Die Entwicklung der kommunalen Selbstverwaltung von 1848 bis 1918, in: Handbuch der kommunalen Wissenschaft und Praxis, hg. v. G. PÜTTNER, Bd. 1, Berlin/Heidelberg 1981, S. 71-85, hier S. 83ff.
[29] K.-H. SCHMIDT, Gas, Strom und Wasser für Elberfeld-Barmen. Beginn und Entwicklung der Wuppertaler Versorgungsbetriebe (Beiträge zur Geschichte und Heimatkunde des Wuppertals 20), Wuppertal 1972, S. 64ff.

Talsperren hinzukam, die zu den ersten in Deutschland gehörten. Von ganz herausragender Bedeutung für die Industrie aber waren in der Hochindustrialisierungsphase die städtischen Gas- und Elektrizitätswerke. Die Aufgeschlossenheit der Wupperstädte gegenüber neuen Technologien zeigte sich sowohl darin, daß sie — zusammen mit Berlin — als erste preußische Städte eigene Gaswerke bauten (1837 bzw. 1846), als auch in der Tatsache, daß beide Städte ebenfalls als erste in Preußen über städtische Elektrizitätswerke verfügten (1887 bzw. 1888), die wenig später Kraftstrom für die Industrie zu liefern begannen. Die sprunghafte Zunahme der Elektromotoren, die sich — wie schon betont — auch viele Klein- und Mittelbetriebe finanziell leisten konnten, machte schon bald verschiedene Erweiterungen und Neubauten dieser Elektrizitätswerke nötig.

Besonders wichtig waren weiterhin die zwar zunächst privatwirtschaftlich, aber mit städtischer Unterstützung und später auch in städtischer Regie geführten Nahverkehrsbahnen wie die 1874 erbaute Barmen-Elberfelder Pferdebahn (Elektrifizierung 1896), die erste elektrische Zahnrad-Bergbahn Deutschlands in Barmen (1894 in Betrieb genommen) und die 1901/03 fertiggestellte weltberühmte Schwebebahn über dem Flußbett der Wupper. Alle diese Bahnen erleichterten und beschleunigten die Kommunikation in den weit auseinanderliegenden Stadtteilen erheblich, vor allem auch den Weg der Arbeitskräfte zu ihren Arbeitsstätten.

Daß der ehemalige Pionier ins zweite Glied zurücktrat und seine Entwicklungsdynamik zugunsten einer allgemeinen Konsolidierung verlor, war also für die Menschen des Wuppertals keineswegs unbedingt negativ. Voll Stolz konnte z.B. die Stadt Barmen darauf verweisen, eine der gesündesten deutschen Großstädte zu sein [30]. Die wichtigsten Gründe für diese Behauptung waren die hier im Vergleich zum gesamten Deutschen Reich niedrigste großstädtische Säuglingssterblichkeit und die großen Anstrengungen und Erfolge im Bereich der sozialen Hygiene, besonders bei der Bekämpfung der Tuberkulose. Auch das Schulwesen unterschied sich bereits erheblich von den Verhältnissen in den „jungen" Industriestädten etwa des Ruhrgebiets und Oberschlesiens, wenn es auch nicht gerade die Ausstattung der reichen „Rentnerstädte" erreichte [31]. Hinter solchen Erfolgen stand nicht zuletzt die Tatsache, daß die „alten" Industrialisierungspioniere inzwischen über einen soliden kommunalen Haushalt verfügen konnten und entsprechenden finanziellen Spielraum besaßen. Andererseits wurde in den Wupperstädten aber auch jenes Phänomen „reifer" Industriegesellschaften, das von den bürgerlichen Zeitgenossen bald als ernste Bedrohung der Volkskraft und damit der Zukunft Deutschlands interpretiert und erregt diskutiert wurde, erheblich früher als in den meisten anderen Großstädten des Deutschen Reiches beobachtet: der Geburtenrückgang. Trotz

---

[30] Adreßbuch der Stadt Barmen 1916, Barmen 1916, S. 13.
[31] Dazu J. REULECKE, Von der Dorfschule zum Schulsystem. Schulprobleme und Schulalltag in einer „jungen" Industriestadt vor dem Ersten Weltkrieg, in: DERS./W. WEBER (Hgg.), Fabrik-Familie-Feierabend, Wuppertal 1978, S. 247-271, hier S. 266ff.

der Tatsache, daß die Jahrgänge im heiratsfähigen Alter im Wuppertal stark besetzt waren, lag seit 1890 die Geborenenziffer immer deutlicher unter dem Reichsdurchschnitt und auch unter dem Durchschnitt der Großstädte, nachdem es vorher umgekehrt gewesen war (1876: 46,4‰ in Barmen, 40,6‰ im Deutschen Reich; 1913: 19,5‰ in Barmen, 27,5‰ im Deutschen Reich [32]): Die allgemeine Fruchtbarkeitsziffer (= Zahl der Geborenen auf 1.000 Frauen im gebärfähigen Alter), die um 1880 in Barmen noch 186 betragen hatte, sank innerhalb von nur dreißig Jahren auf 90, im Reichsdurchschnitt dagegen nur von 165 auf etwa 130 [33]. Die besonders engagierte Bekämpfung der Säuglingssterblichkeit und die vorbildliche Barmer Säuglingsfürsorge jener Zeit resultierten nicht zuletzt aus dieser als große Gefahr empfundenen Entwicklung und dem Bestreben — so der leitende städtische Kinderarzt im Jahre 1913 —, durch eine „vermehrte Erhaltung von kindlichen Leben ... einen reellen Gewinn ... für die Volkserhaltung" zu erzielen [34].

5. Schlußbemerkungen

Ausgangspunkt des vorliegenden Beitrags war die Frage nach den Strukturproblemen einer ehemaligen industriellen Pionierregion im Stadium ihres „Alters" bzw. ihrer „Reife". Faßt man die an drei ausgewählten Teilbereichen gewonnenen, durchaus noch um eine Reihe weiterer Aspekte [35] ergänzbaren Ergebnisse zusammen, so läßt sich mit Blick auf das vorwiegend textilindustriell geprägte Wuppertal feststellen, daß die Bilanz der Entwicklung für den ehemaligen Vorreiter der deutschen Industrialisierung dank seiner Fähigkeit zur Anpassung an die ökonomischen Wandlungsprozesse vor dem Ersten Weltkrieg durchaus positiv war. Auch die schweren kriegsbedingten Einbrüche in den folgenden Jahren konnten aufgrund des allgemeinen Konsumgüterbedarfs nach Kriegsende in der Weimarer Republik noch einmal ausgeglichen werden, während sich die erwähnten Trends z.T. beschleunigt fortsetzten [36]. Langfristig stieß jene Anpassungsfähigkeit jedoch an Grenzen, wie sich eine Generation später, d.h. seit Ende der 1950er Jahre, herausstellen sollte. Die traditionelle klein- und mittelbetriebliche Struktur mit den sich aus ihr ergebenden Investitionsproblemen führte, als die Wiederaufbauphase in der Bundesrepublik

---

[32] Zahlen zu Barmen: KÖLLMANN, wie Anm. 4, S. 288; zum Deutschen Reich: Bevölkerung und Wirtschaft 1872-1972, hg. anläßlich des 100jährigen Bestehens der zentralen amtlichen Statistik v. Statistischen Bundesamt, Stuttgart/Mainz 1972, S. 102.

[33] KÖLLMANN, wie Anm. 25, S. 202.

[34] TH. HOFFA, Kindersterblichkeit und Geburtenhäufigkeit in Barmen von 1876-1913, in: ZSäuglingsschutz 6 (1914), S. 379-398 u. S. 429-449.

[35] Zu denken wäre z.B. an Stadtplanung und bauliche Gestalt, Segregationsprozesse und Citybildung, Alltagsleben, Lebensstil und städtische Identifikation der Bürger, Formen innerstädtischer Konfliktartikulation und -regelung, Partizipation an lokalpolitischen Entscheidungen usw.

[36] Vgl. die Angaben für 1925 in Tab. 1; grundsätzlich dazu REULECKE, wie Anm. 7.

ihrem Ende entgegenging, zu einer erhöhten Krisenanfälligkeit, die in den 1960er Jahren eine überproportionale Schrumpfung der Betriebs- und Beschäftigtenzahlen im Gefolge hatte und den bergischen Wirtschaftsraum nun doch zu einer strukturschwachen Region werden ließ [37]. Doch weisen diese Angaben bereits in eine Zeit, die hier nicht mehr zur Debatte steht.

Fragt man abschließend noch einmal nach dem Nutzen des Regionenmodells, das die Wirtschaftshistoriker bisher allerdings ausschließlich auf die industrielle Startphase angewandt haben, so lassen sich einige Anmerkungen formulieren, die sich sowohl auf die Weiterentwicklung des Regionengefüges innerhalb der gesamten Volkswirtschaft über die Startphase hinaus als auch auf die daraus resultierenden innerregionalen Strukturwandlungen, Schwerpunktverlagerungen und Anpassungszwänge in einzelnen Regionen beziehen. Grundsätzlich scheint ein Zugriff, der von Regionen ausgeht, in besonderer Weise dazu geeignet zu sein, die ausgeprägte Dialektik des seit Beginn des 19. Jahrhunderts immer rasanter fortschreitenden Modernisierungsprozesses besser zu erfassen und die Detailmechanismen des umfassenden sozioökonomischen Wandels zu erhellen. Das Neben- und Ineinander von Nivellierung und Spezialisierung, von regionaler Individualität und übergreifenden Trends [38], von mikro- und makroökonomischen Vorgaben kann, ebenso wie das oft zitierte, aber bisher kaum im einzelnen erforschte Phänomen der „Gleichzeitigkeit des Ungleichzeitigen", das in spezifischer Weise gerade auch etwas mit dem Spannungsverhältnis von Pionier- und Nachzüglerregionen zu tun hat, aus dieser Perspektive erheblich fundierter analysiert werden. Vor allem an dem hier behandelten Beispiel hat sich gezeigt, von welch großer Bedeutung für die Entwicklungsgeschichte einer Industrieregion die challenge-response-Konstellation ist, d.h. bis zu welchem Grade ein wachsendes regionales System durch die von den sozioökonomischen Wandlungen ausgehenden Herausforderungen belastet werden kann und welches Reformpotential insgesamt und speziell bei den tonangebenden regionalen Eliten vorhanden ist. Nach dem Auslaufen der Entwicklungsdynamik, die die umwälzenden technischen und betriebswirtschaftlichen Innovationen der industriellen Frühphase bewirkt hatten, trug jedenfalls im Wuppertal eine bemerkenswerte Zahl von weiteren Verbesserungen, von Anpassungs- und Stabilisierungsleistungen und vor allem auch von sozialen Innovationen dazu bei, daß der Pionier zur Reife kam. Mit Hilfe von Spezialisierung, Diversifikation und partieller Umorientierung gelang es dem ehemaligen industriellen Vorreiter, das Zurücktreten ins zweite Glied zu meistern, den Anpassungszwängen über lange Zeit erfolgreich zu begegnen und die veränderte Stellung im Regionengefüge durchaus ins Positive zu kehren — ohne dabei die traditionelle regionale Eigenart trotz aller Nivellierungsprozesse aufzugeben!

---

[37] Vgl. dazu: Chancen und Risiken des bergisch-märkischen Wirtschaftsraumes. Denkschrift der Industrie- und Handelskammern Hagen, Remscheid, Solingen und Wuppertal, o.O. [Wuppertal] 1971 (Ms.), außerdem W. KÖLLMANN, Struktur und Wachstum der Wirtschaft des bergisch-märkischen Raumes 1955-1969, Wuppertal 1971 (Ms.).

[38] Ausführlicher dazu: W. KÖLLMANN, Zur Bedeutung der Regionalgeschichte im Rahmen struktur- und sozialgeschichtlicher Konzeptionen, in: AfS 15 (1975), S. 43-50.

A GEOGRAPHER'S CONCEPTION OF THE INDUSTRIAL REVOLUTION: SPATIAL CHANGE IN THE WEST YORKSHIRE TEXTILES BELT IN THE NINETEENTH CENTURY

by Martin Trevor Wild

1. Introduction

The British experience of the Industrial Revolution can be interpreted in various ways, depending upon one's personal academic discipline and research objectives. For example, there are technological, economic and social approaches to studying and examining the Industrial Revolution; each of which has stimulated a quantity of published literature large enough to fill several library shelves. There is, however, a fourth, geographical, dimension to the Industrial Revolution which, although it has been subjected to many investigations at national, regional and local levels, has yet to develop general perspective.

The industrial history of Britain is often taken as a 'model' for international comparison. This is partly because of Britain's major role in the sphere of technological innovations, especially during the so-called 'era of inventions' from circa 1770 to the late-nineteenth century: but it also owes much to its clearly defined stages of formative evolution. These stages, which each conditioned the next, can be viewed as a progressive, step-by-step, capitalization of the British industrial economy and a concomitant differentiation and 'de-individualisation' of its labour force. In this context, no particular period in the evolution chain is an independent 'study island'; although historians and historical geographers are of course justified in focusing their special research interests on the impacts of specific structural 'shocks'. Such 'shocks' on Britain's long process of industrialization have been varied and many. Significantly, in a country which claims that innovative skill was (and still is) an inherent characteristic of its people, these can mostly be directly linked to technological-based achievement. These advances in technology, whether they were simple mechanical solutions to problems of 'pre-technical' means of production or whether they were sophisticated inventions paving the way for modern industrial organization, each had a spatial impact.

There were various mediums through which this causal interplay between technological change and spatial response could take place. But particular prominence must be given to the impact of increasing scales of industrial organization (especially the ever-growing 'economic' size and structure of the actual units of production), and the application of inanimate power — firstly water, then steam — to an increasing range of manufacturing processes.

The relationship between technological development and geographic change in manufacturing industry can be explored for each of Britain's major 'old' manufacturing industries. For a short time, during the 1950s and early 1960s, this became a substantial focus of interest for a number of leading British geographers [1]. In developing this field of study they were able to build upon the work of a very active group of economic historians who, in fine detail, had already articulated the full background of technological evolution [2]. However, the mid-1960s, and its so-called 'theoretical revolution' in geographical thinking, brought a premature end to this rather pleasant interlude of studies based on real, as opposed to abstract, cases of spatial development. Moreover, at the same time, interest in industrial history quickly shifted to what was described as 'industrial archaeology'; a format of research which soon aquired notoriety for its populist image, but achieved very little in terms of academic insight.

There still remain, therefore, many questions to be asked and answered in the historical geography of Britain's industrialization. This is true especially for the period of the Industrial Revolution, despite the fact that this has attracted easily the largest quantity of research and textbook literature. Here, the deficiencies in our interpretations belong more to explanatory relationships rather than to empirical knowledge. Amongst these gaps in our understanding of the industrialization experience of the late-eighteenth and the nineteenth centuries, perhaps the two most salient — certainly from the geographer's point of view — are: *firstly*, the reasoning for the intensifying concentration of manufacturing activities at each geographic scale; *secondly*, the contribution which this concentration trend exerted upon the selectivity and morphological character of physical urban growth.

2. The power loom as a technological catalyst of spatial change

This paper explores these two interrelated explanatory problems. To do this attention is focused on the example of the West Yorkshire textiles industry in which, above all other developments, one particular technological innovation acted as the outstanding catalyst of spatial change. The innovation in question was the power loom; the prototype of which was invented by Edmund Cartwright in 1785. Cartwright's primitive version of the power loom, however,

---

[1] The stage was set for this approach in W. SMITH, An Economic Geography of Great Britain, London 1949.

[2] For example, P. MANTOUX, The Industrial Revolution in the Eighteenth Century, London 1961; J.H. CLAPHAM, An Economic History of Modern Britain, 3 vol., Cambridge 1926-1938; P. DEANE/W.A. COLE, British Economic Growth 1688-1959 (University of Cambridge, Department of Applied Economics, Monographs 8), Cambridge 1962.

required some fundamental improvements before it could become a commercial proposition. For various reasons, not the least the initially well-organized opposition of handloom weavers who were faced with the prospects of losing their livelihoods, these improvements were slow to appear. Some progress was made during the first few years of the nineteenth century when new power-loom patents were lodged by Radcliffe in 1802 and Horrocks in 1803. But it was not until 1822, following further improvements by Sharp and Roberts, that 'the real starting point of modern power-loom weaving' at last began [3]. This is demonstrated by the very sharp upsurge in the numbers of power looms operating in the British textiles industry: just 14,150 in 1820, but rising to 69,127 in 1829, 108,128 in 1835 and 247,190 in 1850 [4]. The take-off phase in power loom weaving, however, did not come as a regular progression. Instead, it occurred as a series of short, but very intensive, bursts, each coinciding with years of fastest expansion of the overall British economy. The first 'wave' of investment in power looms came during the years 1823/25, when the new machines were mainly applied to the coarser sections of cotton weaving then concentrated primarily in eastern Lancashire. The second 'wave' came during 1833/1836, involving medium cotton weaving and the first significant inroads into worsted and silk weaving. The third came during the mid-1840s, and was associated with all branches of textiles production, including the generally backward woollen industry [5].

This long-delayed, but eventually very rapid, implementation of mechanised methods of production into what had been the last major hand-operated textiles process, has been subjected to some quite considerable academic debate. On the one hand, there are those historians who point to the positive contribution of the power loom to economic growth and regular employment. On the other hand, writers, such as Smelzer and Bythell, have emphasized the huge human cost which was involved in the displacement and 'marginalization' of an estimated number of from 240,000 to 280,000 British handloom weavers [6]. Indeed, these unfortunate people, most of whom — to the bitter end — had continued to work in their own homes as 'domestic' outworkers, represented Britain's most numerous and most obvious casualties of nineteenth-century technological progress. The displacement of handloom weaving varied in pace according to how quickly the power loom progressed within different branches of cloth manufacturing. It was fastest in the Lancashire cotton trade where, according to Bythell, the handloom was 'a comparatively rare species' by the late 1840s [7]. Here, it is true to say that the last generation of cottage handloom weavers had

---

[3] TH. ELLISON, The Cotton Trade of Great Britain, London 1886, p. 36. His figures are based on information contained in manuscript Government Factory Inspectors Returns.
[4] Ibid.; including figures for 1850 in N.J. SMELSER, Social Change in the Industrial Revolution (International Library of Sociology and Social Reconstruction), London 1959, p. 148.
[5] D. BYTHELL, The Handloom Weavers, Cambridge 1969, pp. 66-93.
[6] Parliamentary Papers, 1834; folio number 556, vol. 10, Handloom Weavers' petitions.
[7] BYTHELL, see note 5, p. 69.

fathered and mothered the first generation of factory power-loom weavers. In other textile trades, however, the historical overlap between the old and the new method of manufacture was more prolonged. In the worsted industry, for example, it was not really until the end of the 1840s that the power loom took over. Partly because of technical difficulties and partly due to smaller levels of capitalization, the power loom did not oust handloom weaving in the finer sections of the woollen trade until as late as the 1860s and early 1870s [8].

3. The power loom and steam power

Until the final quarter of the nineteenth century, when many textiles firms began to specialize in just one manufacturing process, the implementation of the power loom usually took the form of adding weaving departments onto existing textile mills. This meant, of course, that the dimensions and scales of operation of many mills were suddenly enlarged, sometimes to twice or even three times their former size. Moreover, because of the effort that was needed to set and tune the power looms, their efficient usage necessitated a regular daily and weekly working programme.

Very often, therefore, the addition of a power-loom weaving department to a mill was accompanied by a decision to change from water power to the steam engine. This is shown in the West Yorkshire textiles region where, until the 1820s and the first major boom in power-loom investment, there had been many more water-powered mills than steam-powered mills. According to one calculation, the large number of fast-flowing streams in this part of 'Pennine' England had provided sites for as many as 536 water-powered mills, of which 420 had been built before 1817 [9]. By 1839, however, the steam engine, which (now in its improved form) was far better equipped to satisfy the special needs of power-loom weaving, had come to dominate. According to a survey of that year, West Yorkshire had 1,119 textile mills: their total power capacity was 21,886 h.p., of which 74.7% was derived from steam [10]. The 1840s, for the first time, saw an absolute decline in the quantity of waterpower usage in the West Yorkshire textiles industry. By 1871, the dwindling numbers of waterwheels here provided only 2,131 h.p. (mainly for small, remote 'country' mills engaged in the processes of carding, spinning or finishing) compared with 5,539 h.p. only three decades previously.

---

[8] CLAPHAM, see note 2, vol. 2, p. 83.
[9] M. TREVOR WILD, An Historical Geography of the West Yorkshire Textiles Industries, Ph. D. thesis, Univ. of Birmingham 1972, p. 170. This figure was derived from analyses of a wide variety of cartographic and documentary sources.
[10] Ibid., p. 171.

4. Spatial trends: from dispersal to concentration

Before the rise of power-loom weaving and its associated expansion of steampower usage, the West Yorkshire textiles area was characterized by a highly dispersed and predominantly rural pattern of manufacturing cottages, workshops and small water mills. This landscape was typical of the 'pretechnical' era of industrial evolution, when so many 'marginal' upland areas in Britain and continental Europe saw industrialization developing amongst highly scattered farming populations. In West Yorkshire the origins of the industrial tradition go at least as far back as the fifteenth century when, as a consequence of local manorial inducements for upland land-clearances and associated settlement, an adverse imbalance was created between population pressure on agricultural resources and a very meagre level of internal food production. Accordingly, increasing numbers of families here turned to domestic textiles work in order to supplement their livelihoods. Later, during the seventeenth and eighteenth centuries, the dual economy of upland farming and domestic textiles working gradually moved its emphasis over to the industrial occupation. This, in turn, allowed population growth and altitudinal spread of settlement to continue unchecked, producing the landscape which is shown in Figure 1. Only after the middle years of the eighteenth century was it possible to recognize the first small tendencies towards concentration. These were associated with two important technological developments: *firstly*, the proliferation of water-powered woollen fulling mills in the valleys (this gave rise to some small-scale settlement nucleation in the form of industrial 'mill villages'): *secondly*, the quick adoption of John Kay's 'Fly-Shuttle' handloom which, by stimulating faster growth of domestic textiles manufacturing, encouraged the expansion of many small upland hamlets into quite sizeable 'weaving villages'.

Towards the end of the eighteenth century, the concentration trend gained in strength, especially along the valley floors where the adoption of new carding and spinning machinery brought substantial increases in numbers and sizes of water-powered mills. However, few of the growing industrial communities were large and structured enough to be described as true urban settlements. Indeed, as late as 1821, the West Yorkshire textiles area was still mainly rural in character. At that time, the population of the region was 433,000; but only 38% of these people could be described as 'town-dwellers' — i.e., Leeds (66,000 inhabitants), Bradford (33,000), Halifax (29,000), Huddersfield (17,000), Wakefield (15,000) and Dewsbury (9,000). Moreover, during the first two intercensals of the nineteenth century (1801 - 1821) the numbers of people living within these six urban centres had increased at an average yearly rate of 4.7%, but this in fact was slightly slower than the 5.3% annual population growth-rate for the rest of the region.

The situation changed after 1821. During the decade 1821 - 1831, the pace of population growth of the six towns, for the first time, overtook that of the rest of the region; the rates now being 4.8% and 1.5% (per annum) respectively. By 1851, the numbers of people living in Leeds, Bradford, Halifax, Huddersfield,

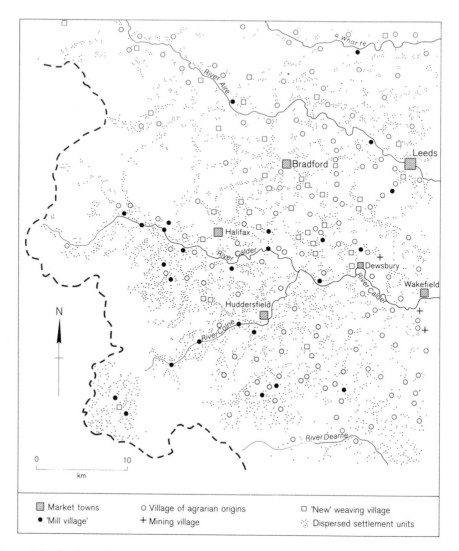

Source: The details on this map are based on a contemporary cartographic survey of Yorkshire; T. Jeffrey's 'The County of York, surveyed in 1767, 1768, 1769 and 1770', map published in 1771 on scale approximately 1.5cm to 1km.

Fig. 1: The settlement geography to West Yorkshire, circa 1770

Wakefield and Dewsbury had risen to 395,000. This was now more than half of the total regional population. Meanwhile, several communities, which had been little more than manufacturing villages at the beginning of the nineteenth century, had now grown into quite sizeable urban centres (e.g., Keighley with 18,000 inhabitants, Bingley with 15,000 and Pudsey with 12,000). These newly emergent components of the regional urban system added considerably to the general urbanization process.

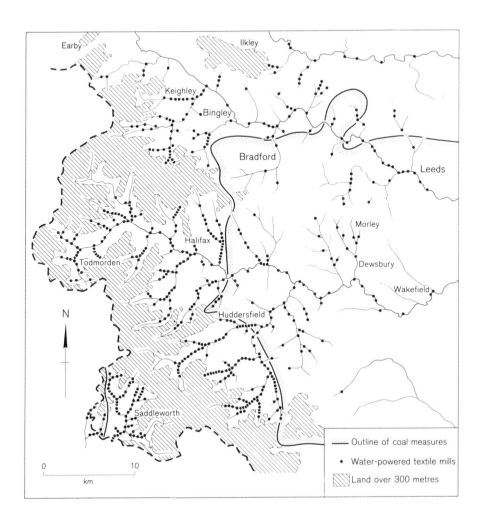

Source: Based on various cartographic and documentary sources, and checking in the field.

Fig. 2: Water-powered textile mills in West Yorkshire

Without discounting the contribution of service functions and their tendency to focus towards favoured central places, undoubtedly the fundamental instigator of selective urban concentration within areas like the West Yorkshire textiles belt was the highly specific locational patterning of investments and development in factory industry. As far as West Yorkshire was concerned, this tendency strengthened markedly during the second quarter of the nineteenth century when it was very largely related to the expansion of power-loom weaving capacity and associated intensification of steam-power usage.

The contrast between the old and the new distributions of textile mills can be appreciated by comparing the two maps which are drawn as Figures 2 and 3.

Figure 2 shows the sites of 536 small textile mills (carding, spinning and certain finishing processes) which are known to have been constructed in West Yorkshire in association with the 'water-power era'. Interestingly, more than 80% of these were situated within the Pennine valleys to the west and northwest of the Yorkshire coalfield. Only 53 of them, not quite 10%, were to be found within the six main urban centres. A much larger number were situated in remote locations, seeking favourable water-power resources rather then access to towns and their commercial facilities.

The next map (Fig. 3) shows the distribution in 1850 of nearly 600 textile mills which, during the first few decades of the steam-power era, had been built from their outset as steam-powered concerns. The large majority had been designed as integrated spinning-cum-weaving concerns. Accordingly, the map is a reasonably accurate indicator of the geography of power-loom weaving in West Yorkshire at the middle of the nineteenth century. Significantly, as many as 77% of these early steam-powered mills were situated on the geological-defined coalfield, while almost all the rest were positioned along a major valley axis, invariably very close to a canal and/or railway. Quite clearly, therefore, access to supplies of coal represented a prime locational consideration for industrial investment during the steam age. But closer examination of Figure 3 suggests that it was not the only factor. Of the 450 'coalfield' steam-powered mills, most were built in close clusters, forming very distinctive local industrial foci. The largest were at Leeds with 56 units, Dewsbury-Batley with 39, Bradford with 38, Huddersfield with 26 and Halifax with 20 (including some mills lying just beyond the western outcrop of the coalfield). Each of these centres was well served by canal and, later, railway communications. Even on the coalfield, these transport mediums were very important locational attractions for factory development; for, by the middle of the nineteenth century, coal production on the Yorkshire coalfield had already commerced its eastwards, 'down-dip', progression away from the textiles heartland. It must also be noted that the nineteenth-century transport nodes, with their special unloading and storage depots, were the most convenient places both for obtaining raw materials and for marketing the manufactured products.

This 'point concentration' of industrial investment was a fundamental tendency during the most forceful years and decades of the industrial revolution. However, it would be wrong to assume that it was caused entirely by the increasing dependency on transport lines and their spatial incidence. In most mechanised manufacturing activities, there were other advantages to be gained from this type of distribution. For one thing, as the manufacturing processes became more complex, the need for specialist, skilled, labour quickly increased. In the West Yorkshire textiles industry, for example, the adoption of power looms in the weaving process necessitated the employment of technically-equipped persons who were needed not only to tune and maintain the new machinery but also to supervise the enlarged labour force. These skills did not develop universally across the entire region. Rather than this, they tended to be confined within the established urban centres. Here, there were appropriate learning institutions and, because of the sizeable groupings of people, greater oppurtunities for aquiring technical know-how.

Another important geographical feature of the industrial revolution was the development of distinct local specializations, either on a particular process or on a particular product. Within the West Yorkshire textiles region there were some typical examples; notably, the concentration of fine-quality worsted 'suitings' in Bradford, carpet manufacturing in Halifax, tweeds and 'fancy' woollens in and around Huddersfield, and blanket weaving in Dewsbury. Significantly, each of

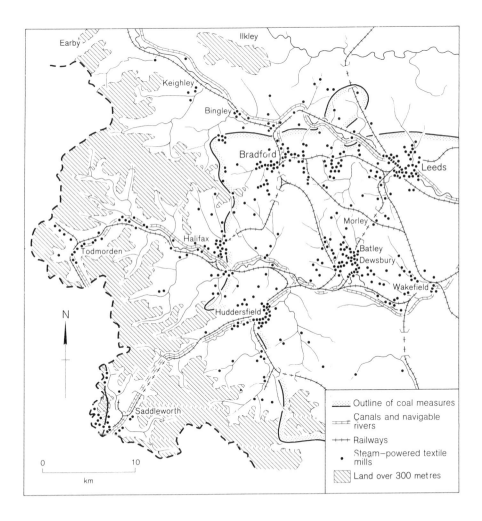

Source: Based on various cartographic and documentary sources, including relevant sheets of the First Edition, 1:1060, Ordnance Survey map series.

Fig. 3: Steam-powered textile mills in West Yorkshire (1850)

these famous local specializations had developed during the years of transition from handloom to power-loom weaving. Moreover, each had been initiated by one very successful industrial entrepreneur who, during the critical second quarter of the nineteenth century, had been willing to take the risks involved in responding to new markets and new fashions. Perhaps the most notable example in West Yorkshire was represented by the Lister family in Bradford who are reputed to have set the stage for this city's involvement in high-quality worsted production [11]. Other important examples include the Crowther family who fostered tweed manufacture in the Colne valley near Huddersfield, and the Crossley family who contributed greatly to the success of the Halifax carpet trade. In each case their pioneering success was subsequently copied by neighbouring textile firms. However, it is important to note that the diffusion of ideas at this time was slow and very short-distance. Moreover, 'copying' firms needed to share the same commercial facilities, especially the already established local pool of specialist wool buyers, marketers and financial backers. Accordingly, textile enterprises which were involved in like sectors of trade tended to concentrate together for mutual advantages, not just within the same industrial town but quite commonly around one particular node of railway and canal transport.

5. Industrial concentration and impact on physical urban growth

It is worth looking more closely at the morphogenic features of these tight geographical concentrations of industrial investment and their contribution to the character of physical urban growth. For this purpose, the example of Halifax is chosen and subjected to the cartographic exercise in Figure 4. Halifax, which contended with Huddersfield for the status of West Yorkshire's third largest textiles centre, fits very easily into the popular image of a northern English, nineteenth-century industrial town. Here, as in most other towns of its type, the building fabric (houses, mills and public and commercial buildings) of the nineteenth century was grafted around a small but not insignificant, early urban nucleus which had developed before the industrial revolution. This was the original parish centre and market town of Halifax which, with the irregular addition of numerous handloom weavers' cottages and workshops, could count more than 5,000 inhabitants at the end of the third quarter of the eighteenth century [12]. By the middle of the nineteenth century, the population of Halifax had risen to 60,000. Meanwhile, the dependance upon textiles working, in which all the main processes were now harnessed to power and (apart from a rapidly shrinking community of handloom weavers) were performed in factories,

---

[11] J. JAMES, History of the Worsted Manufacture in England from the Earliest Times, London 1857.
[12] T.W. HANSON, The Story of Old Halifax, Halifax 1920.

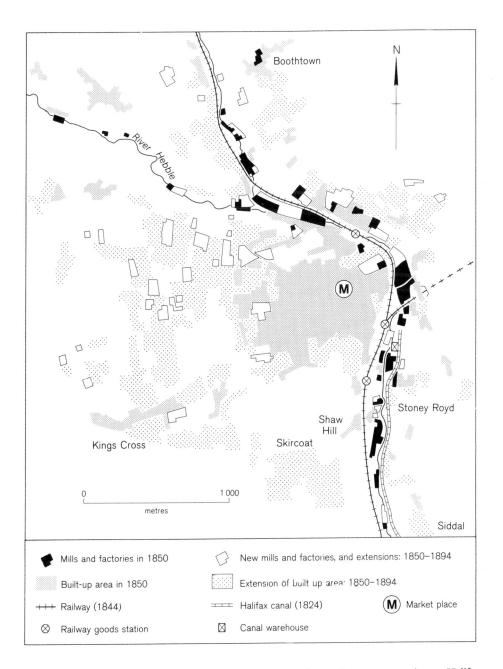

Source: Based on the First and Second Edition, 1:1060, Ordnance Survey map series — Halifax sheets.

Fig. 4: Industrial location and urban growth in Halifax, 1850-1894

strengthened even further. Indeed, in 1851, as many as 49% of Halifax's workers were directly engaged in textiles, and a further 18% were working in closely linked manufacturing activities such as clothing and the production of textiles machinery. At that time, only 29% of Halifax's workers were engaged in services and other tertiary trades [13].

The first true factories appeared in Halifax during the last few years of the eighteenth century, when certain local industrialists decided to adopt the spinning machines first patented by Arkwright (warp spinning) and Crompton (weft spinning). For the working of these machines good and abundant water-power resources were provided by the fast-flowing river Hebble. This river ran southwards along a deeply incised valley, only a short distance east of the town centre. By the 1820s, most of the usable water-power sites here had been occupied, and a 'string' of early mills had emerged along the floor of the Hebble valley. The construction of the Halifax canal (opened in 1824) and later the Bradford-Halifax-Huddersfield railway (1844), both closely following the alignment of Hebbledale, serve to reinforce this prominent axis of industry while also transforming it from dependance on water power to dependance on steam. By 1850, as Figure 4 shows, an impressive line of factory industry had been created, stretching continuously for four kilometres up the valley from Siddal in the south to near Boothtown in the north.

This axis of very intensive industrial development had a profound impact on Halifax's evolving spatial structure. It contributed dramatically to the urban landscape, and created the stimulus for a massive 700% population increase during the 50 years from 1801 to 1851. It also tended to 'pull out' the town's physical expansion northwards and southwards along the lower slopes of the Hebble valley. Interestingly, this physical expansion, did not conform to the 'textbook' format of regular outwards growth of the built-up area. Instead, it took the form of detached 'cells' of housing development. Each of these cells (for example, Shaw Hill and Stoney Royd in Fig. 4) was built mainly under the patronage of a textile firm who saw, in this creation of insular industrial communities, the prospect of an easier identification and discipline of its workforce. The common application of this policy, together with the then very limited daily-travel mobility of factory workers, does much to explain the extremely close spatial affinities between industrial and residential development.

The closeness of this association continued with little release throughout the rest of the nineteenth century and, in many industrial towns, for some time into the twentieth century. But, as the example of Halifax illustrates, it did become more complex as industrial development responded to new locational priorities. Most noticeable, after 1850, was the breaking down of the traditional siting associationship of steam-powered factories with transport facilities. This was partly due to the saturation of industrial crowding within the optimum economic

---

[13] These percentages have been calculated from information for Halifax Registration District in the 1851 Census of Occupations.

locations. However, it also indicated that the town itself, with its fixed assets of commercial facilities, its concentration of skilled labour and its 'label' image for one particular industrial product, had now become the real locational attraction. Thus, as the nineteenth century progressed, the simple axial pattern of industry that had been established during the earlier part of the industrial revolution eventually gave way to a much-less differentiated spatial pattern. In the Halifax example, most of the post-1850 factories were built as elements of the spreading working-class suburbs, mainly in the west and southwest, where gentler slopes and easier access to the town-centre encouraged suburban extension.

These later working-class residential developments were substantially more suburban in genesis and character than the small industrial 'cells', or 'colonies', of the first half of the nineteenth century. These came to be absorbed by urban growth rather than form part of it. Reflecting the larger labour inputs of the later factories, they were also more extensive in size. Furthermore, the post-1850 industrial settlements were more integrated into the developing urban spatial structure and general urban community. This helps substantiate the hypothesis that, only as industrialization matured, increased its scales of organization and became technologically more complex, did it produce a regularly structured and integrated format of physical urbanization.

V. STADTUMBAU UND STADTERHALTUNG

PLANUNG DER NEUGESTALTUNG VON HAMBURG
1933 — 1945

von Jürgen Lafrenz

1. Problemstellung

Im Dritten Reich sollten *euphorische Planungskonzeptionen* eine programmatische Neugestaltung deutscher Großstädte herbeiführen. Dabei wurden nicht nur die Dimensionen vorrangiger Baukomplexe mehrfach gesteigert, sondern auch immer größere Areale einem Stadtumbau einbezogen. *Architektur und Städtebau* galten im Dritten Reich als *Instrumente einer Weltanschauung*, die autoritäre Verhaltensweisen einüben und gesellschaftliche Kontrolle ausüben wollte. Sie würden die Kollektivmentalität stärken, daß am Staat jeder aktiv teilhabe und der Staat für jeden etwas täte [1].

Die Planungen setzten auf zwei Ebenen an, die zwar voneinander relativ abgehoben waren, sich jedoch nahtlos miteinander verknüpfen ließen:

1. Die Großstädte sollten *monumentale Bauten der Gemeinschaft* erhalten, die nicht nur die „kräfteerzeugende Einheit eines weltanschaulich bewegten Volkes"[2] verkörperten, sondern auch den „sinnerfüllten" Rahmen für Massenerlebnisse bildeten, die emotional mit dem Reich solidarisieren würden.
2. Die städtebauliche Misere der gründerzeitlichen Großstädte sollte *umfangreiche Stadterneuerung* durch „überlegene Führung" überwinden, ohne die bestehende Gesellschaftsstruktur anzutasten.

Durchgängiges Kalkül war, der vermeintlich „wiedergewonnenen" Volksgemeinschaft im Stadtgefüge einen „sinnfälligen" Ausdruck zu verleihen. Die monumentalen Bauten der Gemeinschaft waren auf eine Wirkung „von oben", die städtische Gesamtstruktur auf eine Einflußnahme „von unten" abgestellt [3]. Beide Planungsansätze lassen erkennen, daß trotz gegenläufiger Ressentiments „eine Veränderung der städtischen und großstädtischen Struktur Deutschlands im Grunde zu keinem Zeitpunkt ernsthaft ins Auge gefaßt worden ist"[4].

---

[1] J. PETSCH, Baukunst und Stadtplanung im Dritten Reich. Herleitung/Bestandsaufnahme/Entwicklung/Nachfolge, München/Wien 1976.

[2] Das Bauen im neuen Reich I, hg. in Verbindung mit G. TROOST, Bayreuth 1938, S. 38.

[3] J. LAFRENZ, Stadt- und Regionalplanung im Verstädterungsraum Hamburg 1937-1945, in: 1933 in Gesellschaft und Wissenschaft, T. 2: Wissenschaft, hg. v. d. Pressestelle der Univ. Hamburg, Hamburg 1984, S. 207-247.

[4] H. MATZERATH, Nationalsozialistische Kommunalpolitik: Anspruch und Realität, in: ZSSD 5 (1978), S. 1-22, hier S. 19.

Die nationalsozialistische Bewegung brachte keine selbständige Theorie der Stadt hervor, sondern machte sich Ideen zu eigen, die sie unter Integration eigener Zielsetzungen pragmatisch vereinnahmte [5]. Das Dritte Reich griff *Vorstellungen der Hierarchie im Bauwesen* auf, die mit gesellschaftlichen Ideen quasi feudalistischer Prägung kompatibel waren. Während sie in der nationalen Architektur eigens aufgenommen wurden, waren sie im internationalen Städtebau, der sich dem Funktionalismus öffnete, zeitgängige Maxime.

Die architektonischen und städtebaulichen Leitbilder wurden für den Verstädterungsraum Hamburg in aufwendige Planung umgesetzt:

1. Adolf Hitler wurde zum Promotor von Monumentalbauten im erstrangigen Überseehafen des Reiches. Das „Tor zur Welt" sollte das Reich durch gigantische Bauwerke mit den USA konkurrieren lassen. Durch das unmittelbare Engagement von Hitler wurde Hamburg letztlich eine der fünf „Führerstädte", denen zur Neustrukturierung zeitliche und finanzielle Priorität eingeräumt wurde.
2. Das „Groß-Hamburg-Gesetz" von 1937 war als langhin angestrebte Befreiung von territorialer Zersplitterung zusätzlicher Stimulus nachhaltiger Regionalplanung für den Verstädterungsraum, die sogar die neuen Stadtgrenzen überschritt.
3. Die Kriegseinwirkungen von 1943 lösten einen Planungsschub aus, der eine radikale Stadterneuerung machbar erscheinen ließ. In Hamburg wurden Strategien entwickelt, die durch personelle Querverbindungen mit dem „Arbeitsstab zum Wiederaufbau bombengeschädigter Städte" überörtliche Bedeutung erhalten sollten.

Im folgenden werden die städtebaulichen und architektonischen Vorstellungen der *Totalplanung* für den Verstädterungsraum Hamburg in Ausschnitten dargelegt. Dabei wird auf Relationen zwischen ideologischen Ansprüchen und faktischen Zielsetzungen abgehoben.

2. Neugestaltung deutscher Großstädte

Städtebau und Architektur zählten zu den ureigensten Interessen von Hitler [6], der nach eigenen Worten selbst hatte Baumeister werden wollen. Schon vor der Machtergreifung hatte er sich mit Fragen der Baukunst intensiv auseinandergesetzt, und noch in der Nacht der Wahl zum Reichskanzler kündigte er einzelne Baumaßnahmen an. Zunächst versuchte Hitler, seine Bauideen für

---

[5] G. ALBERS, Wandel und Kontinuität im deutschen Städtebau, in: Stadtbauwelt H. 57 (1978), S. 14-19, hier S. 19.
[6] J. DÜLFFER/J. THIES/J. HENKE, Hitlers Städte. Baupolitik im Dritten Reich. Eine Dokumentation, Köln/Wien 1978; J. THIES, Hitler's European Building Programme, in: Journal of Contemporary History 13 (1978), S. 413-431; DERS., Nationalsozialistische Städteplanung: „Die Führerstädte", in: ZSSD 5 (1978), S. 23-38.

wenige Städte mit Hilfe örtlicher Bauverwaltungen auf den Weg zu bringen, doch schleppende Planungs- und Entscheidungsprozesse, bedingt durch völlig ungeklärte Rechts- und Finanzfragen, widersprachen seinen Vorstellungen vom Machbaren [7].

Bald nach den außenpolitischen Erfolgen des Jahres 1936 ging Hitler sein Anliegen des inneren Ausbaus der Großstädte konsequenter an. Wichtigstes Instrument wurde 1937 das *Gesetz über die Neugestaltung deutscher Städte* [8]. Dieses Rahmengesetz, das deutlich über die Eingriffsmöglichkeiten rechtsstaatlicher Grundlagen hinausging [9], erlaubte:

1. Sonderbehörden, die quasi privaten Charakter hatten und Planungsprozesse gegenüber einem traditionellen Behördenapparat abzukürzen vermochten;
2. Enteignungs- und Umlegungsverfahren in festgelegten Planungsräumen, die ohne Widerstände der Betroffenen durchzuführen waren.

Hitler leitete städtebauliche Maßnahmen per Erlaß vom 30.1.1937 für Berlin [10] und auf der Grundlage des Gesetzes vom 4.10.1937 für folgende Gemeinden ein [11]: Stadt der Reichsparteitage Nürnberg (9.4.1938), Stadt des KdF-Wagens (Volkswagenstadt) (6.7.1938), Hauptstadt der Bewegung München (21.12.1938), Augsburg, Bayreuth, Breslau, Dresden, Graz, Hansestadt Hamburg, Würzburg (jeweils 17.2.1939), Linz, Salzburg (jeweils 25.3.1939), Münster i.W., Stettin (jeweils 31.3.1939), Düsseldorf, Köln, Weimar (jeweils 7.6.1939).

Nach dem erfolgreichen Frankreich-Feldzug wurde infolge der überschwenglichen Siegeserwartungen nicht nur ein vorübergehender Baustopp wieder aufgehoben, sondern die Gruppe der Gemeinden, für die städtebauliche Maßnahmen erlassen wurden, erweitert mit [12]: Innsbruck (15.3.1940), Hannover (12.4.1940), Königsberg, Oldenburg, Posen, Saarbrücken, Wewelsburg (jeweils 12.7.1940), Hansestadt Bremen, Memel, Wuppertal (jeweils 20.12.1940), Waldbröl (28.2.1941), Bochum, Danzig, Klagenfurt, Lüneburg, Reichenberg (jeweils 16.5.1941), Stadt des deutschen Handwerks Frankfurt a.M., Heidelberg (jeweils 29.5.1941), Litzmannstadt (21.10.1941), Reichsgau Wien (18.8.1942).

Im Grunde lief das Programm, das nach der Peripetie des Deutschen Reiches im Kriegsgeschehen legislativ nicht mehr erweitert wurde, auf eine Umgestaltung sämtlicher Großstädte hinaus. Hitler verfolgte in allen Phasen seiner Herrschaft die ehrgeizigen Projekte. Darüber hinaus veranlaßten persönliche Renommiersucht und lokales Prestigebewußtsein vielerorts Planungen, die

---

[7] DÜLFFER/THIES/HENKE, wie Anm. 6, S. 21.

[8] Gesetz über die Neugestaltung deutscher Städte. Vom 4. Oktober 1937, in: Reichsgesetzblatt (im folgenden: RGBl) 1937 I, S. 1054-1055.

[9] ALBERS, wie Anm. 5, S. 17.

[10] Der Erlaß des Führers und Reichskanzlers vom 20. Januar 1937 (RGBl 1937 I, S. 103) legte die Neugestaltung von Berlin in die Hände einer eigenständigen Behörde, dem „Generalbauinspektor für die Reichshauptstadt". Die Leitung war dem Architekten Albert Speer übertragen.

[11] RGBl 1938 I, S. 613; RGBl 1939 I, S. 263-265, 601, 603, 639, 697-698, 987-988.

[12] RGBl 1940 I, S. 132, 757, 989-991, 1644-1645; RGBl 1941 I, S. 113, 279-281, 296, 645; RGBl 1942 I, S. 535.

Stadtforen schaffen, Bahnanlagen ausbauen und Straßenzüge verbreitern wollten [13]. „So wie die Expansion des Reiches prinzipiell schrankenlos sein mußte und alle bisherigen Weltreiche übertreffen wollte, so wurde die Umgestaltung deutscher Städte durch Größenmaßstäbe in Aussicht genommen, die kein Beispiel in der Geschichte besaßen." [14] Die Identität von militärischem Sieg und baulicher Manifestation wurde besonders deutlich durch den Erlaß vom 15.6.1940, den Hitler (drei Tage) nach dem Waffenstillstand mit Frankreich herausgab: „Berlin muß in kürzester Zeit durch seine bauliche Neugestaltung den ihm durch die Größe unseres Sieges zukommenden Ausdruck als Hauptstadt eines starken neuen Reiches erhalten. In der Verwirklichung dieser nunmehr wichtigsten Bauaufgabe des Reiches sehe ich den bedeutendsten Beitrag zur endgültigen Sicherstellung unseres Sieges. Ihre Vollendung erwarte ich bis zum Jahre 1950. Das Gleiche gilt auch für die Neugestaltung der Städte München, Linz, Hamburg und die Parteitagbauten in Nürnberg..." [15] Durch diesen Befehl waren die *Führerstädte* etabliert, die gegenüber den sonstigen Ausbaustädten auf finanzielle Unterstützung durch das Reich rechnen können sollten. In jenen Städten wurde die Planung auch während des weiteren Krieges nie vollständig eingestellt.

3. Neugestaltung von Hamburg

Hamburg hatte im Konzept von Hitler insofern eine Sonderstellung, als er dort durch eine gewaltige Elbehochbrücke sowie einen gigantischen Wolkenkratzer die Ebenbürtigkeit mit den USA vorzeigen wollte. Das einzige monumentale Hochhaus im Reich sollte am Ufer der Elbe entstehen, nur um einen Superlativ zu erreichen. Im Grunde war diese als „kapitalistisch" abqualifizierte Bauform durch den Nationalsozialismus verpönt [16].

---

[13] DÜLFFER/THIES/HENKE, wie Anm. 6, S. 12f.
[14] Ebd., S. 80.
[15] A. HITLER, Erlaß vom 25.6.1940 zur beschleunigten Wiederaufnahme der Bauvorhaben der Führerstädte mit Begleitschreiben von A. Speer an den Chef der Reichskanzlei vom 4.7.1940, in: Bundesarchiv (im folgenden: BA) R 43 II/1016; vgl. DÜLFFER/THIES/HENKE, wie Anm. 6, S. 35f.
[16] Hitler sagte in seiner Rede vom 10.2.1939 in Berlin an die Truppenkommandeure des Heeres: „... es geschieht [bei mir] aus der kältesten Überlegung, daß man nur durch solche gewaltigen Werke einem Volke das Selbstbewußtsein geben kann; unter anderem natürlich, denn das soll nicht der ausschließliche Versuch sein, dieses Selbstbewußtsein zu steigern, allein ein Mittel auch, um auf vielen Gebieten die Nation allmählich zu der Überzeugung zu bringen, daß sie ... ebenbürtig ist jedem anderen Volk der Welt, auch Amerika. — Ich lasse aus diesem Grunde z.B. in Hamburg diese große Brücke bauen ... Aber selbst wenn ich [einen Tunnel] sachlich für so zweckmäßig halten würde, dann würde ich doch die größte Brücke der Welt nach Hamburg jetzt hinstellen, um dem Deutschen, der vom Ausland kommt oder in das Ausland geht oder der die Möglichkeit hat, das Ausland mit Deutschland zu vergleichen, das Bewußtsein zu geben: Was heißt Amerika mit seinen Brücken? Wir können genau das Gleiche. — Deshalb lasse ich dort Wolkenkratzer hinstellen von der gleichen Gewalt der größten amerikanischen."; in: DÜLFFER/THIES/HENKE, wie Anm. 6, S. 297f. (Original in: BA NS 11/28 Bll. 86-119).

Das Rahmengesetz zur Neugestaltung führte für den Bereich der Hansestadt Hamburg zu zwei Erlassen. Planung und Durchführung des Baues der Elbehochbrücke und der Köhlbrandbrücke, einer Brücke im Bereich des Hafens, fielen als Angelegenheit des Reiches an den Generalinspektor für das deutsche Straßenwesen [17]. Die städtebaulichen Maßnahmen wurden dem Reichsstatthalter in Hamburg, Karl Kaufmann (1900-1966), durch Erlaß übertragen [18]. Das vorrangige Projekt war die Neugestaltung des Nordufers der Elbe. Zwei repräsentative Einzelprojekte beinhalteten die Errichtung eines Sportfeldes sowie den Neubau der Universität und der mit ihr verbundenen Einrichtungen. Außerdem wurde eine grundlegende Durchgestaltung des Verkehrsgefüges verfolgt durch Umbau, Ausbau und Erweiterung des Hafens, durch die Ausrichtung des Straßennetzes auf Reichsautobahnring und Elbehochbrücke sowie seine Anpassung an den steigenden Kraftverkehr und schließlich durch die Erweiterung der Nahverkehrsanlagen sowie die Umgestaltung der Reichsbahnanlagen [19]. Ferner fielen auch der Ersatzwohnungsbau wie andere Folgemaßnahmen der aufgeführten Projekte unter das Neugestaltungsgesetz.

Der Reichsstatthalter legte sukzessive die städtebauliche Planung und architektonische Ausgestaltung in die Hände von Konstanty Gutschow (1902-1976) [20], nachdem jener den Zuspruch bei dem Wettbewerb zur Elbufergestaltung bekommen hatte (siehe S.393).

Gutschow hatte einen relativ kleinen Stab von etwa 100 Mitarbeitern (vergleichsweise in München ca. 700, in Berlin ca. 1.000 Personen). Enge Mitarbeiter von Gutschow waren Rudolf Hillebrecht, Hans Berlage und Richard Zorn, hinzugezogen wurden auch Hans Reichow und Wilhelm Wortmann. Im übrigen wurden umfangreiche Planungsaufträge an außenstehende Architekten vergeben.

4. Ausgewählte Neugestaltungsmaßnahmen in Hamburg

Hamburg hatte nach dem „Großen Brand" von 1842, bei dem etwa ein Viertel seiner Innenstadt niederbrannte, einen großzügigen Wiederaufbau unter Aufgabe des vormaligen Grundrisses betrieben, mit dem die Stadt ihre „Schauseite" zur Alster ausrichtete. Der führende Schiffahrtsplatz des Reiches, postulierte

---

[17] Erlaß des Führers und Reichskanzlers über den Bau der Elbehochbrücke in Hamburg. Vom 31.Mai 1938, in: RGBl 1938 I, S. 611-612.
[18] Erlaß des Führers und Reichskanzlers über städtebauliche Maßnahmen in der Hansestadt Hamburg. Vom 17. Februar 1939, in: RGBl 1939 I, S. 265.
[19] Erlaß über die Neugestaltung der Hansestadt Hamburg. Vom 26. April 1939, in: Hamburgisches Verordnungsblatt (im folgenden: HVOBl) 1939, S. 43-44; Änderung des Erlasses über die Neugestaltung der Hansestadt Hamburg. Vom 30. Oktober 1940, in: HVOBl 1940, S. 165.
[20] Gutschow hatte einen privatrechtlichen Dienstvertrag mit der Hansestadt Hamburg, der zum 31.12.1945 aufgelöst wurde; vgl. Staatsarchiv Hamburg (im folgenden StA HH), Vorbemerkung zu 322-3: Bestand Gutschow (Architekt für die Neugestaltung der Hansestadt Hamburg und Amt für kriegswichtigen Einsatz); vgl. Anm. 68.

Hitler, müsse hingegen sein „Gesicht" dem Lebensnerv, der Elbe, zuwenden. Diese Präferenz wuchs mit seiner Begeisterung für das Projekt der Elbehochbrücke.

4.1 Planungen der Elbehochbrücke

Das Interesse von Hitler für Hamburg artikulierte sich wahrscheinlich erstmals am 19.10.1934. Anläßlich einer Besprechung über Arbeitsbeschaffungsmaßnahmen mit Vertretern der Stadt in Berlin kam er spontan auf den Elbtunnel zu sprechen und nannte die Idee, „eine Hängebrücke in 60m Höhe über die Elbe zu bauen"[21]. Während der Reichstheaterwoche in Hamburg äußerte er am 23.6.1935 bei einer Fahrt mit der „Jan Molsen" erneut den Gedanken, so daß sich der Regierende Bürgermeister Carl Vincent Krogmann (1889-1978) am 21.8.1935 veranlaßt sah, den Bau einer Hochbrücke über die Elbe bei den St. Pauli-Landungsbrücken anzukündigen. Hitler ließ sich bei einem weiteren Besuch in Hamburg anläßlich des Stapellaufes des Schulschiffes "Horst Wessel" am 13.6.1936 an Bord des Flottenbegleitschiffes „Grille" die zunächst geplante Position zeigen. Nach weiteren sechs Tagen wurden vorbereitete Pläne in der Reichskanzlei mit Hitler erörtert[22].

Schließlich setzte sich der Gedanke durch, daß der Bau der Brücke nicht als städtische Aufgabe geleistet werden könnte. Der definitive Entwurf wurde unter Diplomingenieur Wilhelm Härter erstellt (Abb. 1). Die Strompfeiler waren mit 177m Höhe, der Abstand von Brückenunterkante zu Wasseroberfläche mit 70m, die Innenweite der Brücke auf 700m projektiert[23]. Die Pylone, die im Stile einer Burgeinfahrt geplant waren, sollten mit rustifizierter Oberfläche aus Naturstein verkleidet werden[24]. Die Brücke hatte nicht nur der Reichsautobahn[25] zu

---

[21] Zur Projektion der Elbehochbrücke vgl. C.V. KROGMANN, Tagebuch 1933-1945, Ms., Archiv der Forschungsstelle für die Geschichte des Nationalsozialismus in Hamburg, 11/K4-12 (im folgenden zitiert: KROGMANN, Tagebuch), insbes. Eintragung vom 19.10.1934. Auf dieser zeitgeschichtlichen Quelle basiert C.V. KROGMANN, Es ging um Deutschlands Zukunft 1932-1939. Erlebtes täglich diktiert von dem früheren Regierenden Bürgermeister von Hamburg, 2. Aufl., Leoni 1977 (im folgenden zitiert: KROGMANN, Deutschlands Zukunft); zur Brücke: vgl. S. 316ff.

[22] Gedächtnisprotokoll von Senatsdirektor P.E. EIFFE zur Besprechung bei Hitler am 19.6.1936 über die drei Hamburger Bauvorhaben, in: StA HH 131-4, Senatskanzlei — Präsidialabteilung 1928-1945, 1934 A 10/22.

[23] 1936 waren die Oakland Bridge, 1937 die Golden Gate Bridge in der Bucht von San Francisco fertiggestellt worden. Erstere Doppel-Hängebrücke war derzeit die längste Brücke, letztere die am weitesten gespannte Hängebrücke der Welt. Die Spannweite der Hauptöffnung der Golden Gate Bridge ist 1.280m, ihre Pylone messen 210m Höhe. Die Breite von 24m sollte in Hamburg übertroffen werden; vgl.: Vergleichende Aufrisse einzelner Hängebrücken, in: StA HH 322-3 A 374.

[24] Der Bau der Elbehochbrücke unterblieb zwar wegen des Krieges, der Stumpf eines Brückenpfeilers aber, mit dem anhand unterschiedlicher Gesteinsproben die Gesamtwirkung studiert wurde, war noch nach 1960 am Nordufer der Elbe zu sehen.

[25] Der Bau der Reichsautobahn (RAB), schon seit der Weimarer Zeit in Planung, war 1933 als großes Programm angelaufen, wofür Motive der Arbeitsbeschaffung und der Wehrpolitik den Ausschlag gaben. Die Hansestadt sollte einen relativ engen Autobahnring erhalten, in den die Strecken nach Lübeck/Berlin, Hannover, Bremen und Cuxhaven einmündeten. Die RAB nach

dienen, die in engem Ring in Hamburg entstehen sollte, sondern unter der 47m breiten Straße auch eine doppelgleisige Fernbahn und eine Stadtbahn aufzunehmen²⁶.

Quelle: StA HH 322.3 - A 44 D 38

Abb. 1: Hamburg: Elbehochbrücke, Modell nach Entwurf von H. Härter 1938

Das Projekt der Brücke macht die *geschickte Verquickung von funktionaler und politischer Zielsetzung* deutlich. Sie wurde nicht nur als eine dringliche Verbesserung im Verkehrsengpaß über die Norderelbe, die bisher ausschließlich durch einen Brückenschlag oberhalb des Hafens überquert wurde, angesehen²⁷, sondern auch als ein Monumentalbau, der „sinnfällig" die Bedeutung des Welthafens zum Ausdruck brächte und ein „gewaltiges Zeugnis deutscher Kraft und Leistung" wäre. Die Brücke wird aufgrund ihrer faktischen Bedeutung im Gegensatz zu nur ideologisch begründeten Parteibauten allerdings nicht als nationalsozialistisches Spezifikum überzubewerten sein²⁸.

4.2 Planungen zur Elbuferzone

4.2.1 Projektionsstadien

Die Planungen zur Elbuferzone verdeutlichen eindringlich, wie Hitler mehrfach richtungsweisend ein von ihm initiiertes Projekt vorantrieb und dabei die

---

Lübeck wurde 1933, nach Hannover 1937 begonnen, die Trasse nach Bremen 1964 angefangen. Die Verbindung nach Berlin entstand 1981. Die Strecke nach Cuxhaven ist gegenwärtig im Bau umstritten.

26 H. v. ROZYCKI/H. SPECKTER, Die Neugestaltung Hamburgs. Die Verfassung und Verwaltung der Hansestadt Hamburg und ihre Vorgeschichte, Hamburg 1938, S. 130.

27 Da die Entwicklung von Hamburg in Zukunft die Elbe abwärts ausgerichtet werden sollte, wurden zusätzlich zu den Brücken zwei Untertunnelungen geplant, die eine zwischen den Stadtteilen Flottbek und Finkenwerder, die andere zwischen den Gemeinden Wedel und Borstel.

28 Die Autobahn wurde nach dem II. Weltkrieg mit zwei Tangenten an Hamburg vorbeigeführt, ein Autobahnring kam nicht zustande. Die „Östliche Umgehung Hamburg" quert die Norderelbe über eine Brücke bei der Mündung der Dove-Elbe, die „Westliche Umgehung Hamburg" durch einen Tunnel (ab 1974 in Betrieb) auf nahezu jener Trasse, die im Dritten Reich letztlich für die Hochbrücke festgelegt worden war. 1974 wurde auch die Köhlbrandbrücke in ebenfalls ähnlicher Position fertiggestellt, wie 1938 durch eine Brücke und 1940 durch einen Tunnel vorgesehen.

Dimensionen zur Megalomanie steigerte. In Kürze sind drei Schritte darzustellen [29]:

1. Schritt
Im Jahre 1933 war in Hamburg der Plan einer Fahrgastanlage für Überseeschiffe aufgekommen, der sich auf Vorbilder bezog, die Benito Mussolini in Genua und Neapel hatte errichten lassen. Mit den Vorentwürfen zur Elbehochbrücke ließ sich Hitler am 19.6.1936 [30] auch ein Modell der neuen Fahrgasteinrichtungen vorführen. Dabei fragte er den Gauleiter und Reichsstatthalter spontan nach dem Standort für ein Gauhaus. Eine von der Stadt ins Auge gefaßte Position, repräsentativ an der Außenalster, wies Hitler mit den Worten zurück: „Das Gauhaus des Gaues Hamburg gehört an die Elbe. Die Alster ist landschaftlich wunderschön ..., aber schöne Binnenseen gibt es auch anderswo. Die Elbe aber ist Hamburg. ... Das Gauhaus müßte ein monumentaler Bau werden, der an die Fahrgastanlage anschließt." [31] In Reaktion auf die Unterredung wurde unter Baudirektor Adolf Daiber durch das städtische Hochbauamt ein erster Vorschlag für die Elbuferzone innerhalb der noch nicht territorial erweiterten Stadt erarbeitet. Im Stadtteil St. Pauli sollte oberhalb einer neuen Überseefahrgastanlage eine Hochstraße nahe dem Geestrand entstehen, die im Bereich der Davidstraße in eine Platzanlage mit einem Turm von 90m Höhe und einer Versammlungshalle für 2.000 Personen münden sollte. Es wurde ausdrücklich betont, daß die Hochstraße so weit vorzuziehen sei, daß die städtebaulichen Eingriffe in St. Pauli gering blieben.

2. Schritt
Hitler erwartete, nach Studium des Entwurfes am 15.3.1937 [32], eine extensivere Planung. Die Stadt entschloß sich im zweiten Vorentwurf des Hochbauamtes, die Projektion nach Altona auszudehnen. Das tief eingeschnittene Tal des vormaligen Grenzbaches der Pepermölenbek sollte mit der Hochstraße überbrückt werden. Der Aufmarschplatz wurde mit einem auf 240m gesteigerten Turm und einer auf 5.000 Personen vergrößerten Volkshalle auf dem Geestsporn in Altona in Höhe der Röperstraße lokalisiert, die Hochstraße endgültig nur mit landseitiger Bebauung entworfen.

3. Schritt
Hitler forderte, nachdem er am 4.5.1937 [33] den zweiten Entwurf des Hoch-

---

[29] Für die Entwicklung der Planungen zur Elbufergestaltung vgl. KROGMANN, Tagebuch, wie Anm. 21, zahlreiche Eintragungen Jahrgänge 1936-1939; KROGMANN, Deutschlands Zukunft, wie Anm. 21, S. 319ff., S. 344ff.; StA HH 321-2 Baudeputation B 367.
[30] KROGMANN, Tagebuch, wie Anm. 21, Eintragung vom 19.6.1936; KROGMANN, Deutschlands Zukunft, wie Anm. 21, S. 318ff.; EIFFE, wie Anm. 22.
[31] EIFFE, wie Anm. 22, S. 4f.
[32] P.E. EIFFE, Besprechung in der Reichskanzlei bei Hitler am 15.3.1937 über die Hamburger Bauvorhaben, in: StA HH 321-2 B 98 Bd. 216; KROGMANN, Tagebuch, wie Anm. 21, Eintragung vom 15.3.1937.
[33] KROGMANN, Tagebuch, wie Anm. 21, Eintragung vom 4.5.1937; KROGMANN, Deutschlands Zukunft, wie Anm. 21, S. 334ff.; A. DAIBER, Elbuferbebauung, Besprechung bei Hitler am 4.5.1937, in: StA HH 321-2 B 98 Bd. 216.

bauamtes zur Kenntnis genommen hatte, nicht nur eine noch großzügigere Lösung, sondern auch eine brillantere Gestaltung. Die weitere Planung wurde über einen internen Wettbewerb zwischen den von Hitler gebilligten Architekten Paul Bonatz, Werner March, Konstanty Gutschow, Erich zu Putlitz und Hans Grossmann, der für Hermann Giesler nachbenannt wurde, entschieden [34].

Die weitläufigen Planungen implizierten gewaltige Rückwirkungen auf vorhandene Strukturen von Hafen und Wirtschaft am Elbufer wie auf den Schienen- und Straßenverkehr landein. Wenige Tage vor Beginn des Wettbewerbs verfügte Hitler per Telegramm, daß die Volkshalle 50.000 Personen [35] fassen sollte. Ein Urteil kam erst am 21.1.1939 zustande. Hitler sprach sich für den Entwurf von Gutschow aus, der Erfahrungen in den USA gesammelt hatte.

Gutschow [36] fixierte in der Hafenrandzone von Altona und St. Pauli das Elbforum als Bezirk öffentlicher Bauten mit Gebäuden für die staatliche Repräsentation (Gauhaus und Volkshalle) sowie die Häuser der privaten Wirtschaft als „Zeugen hamburgischer Weltgeltung" mit Bauten für Schiffahrt, Handel und Industrie (Abb. 2).

Diese Bereiche kompakter Bebauung sollten zur Elbe hin durch Grünanlagen abgesetzt werden. Die vormaligen Wälle um die Innenstadt waren unterhalb des Millerntorplatzes für eine Grünzone von staatlichen Bauten, wie Hafenkrankenhaus, Tropenhygienisches Institut und Seemannsheim, frei zu machen. Der parkartige Charakter der Elbvororte, der aus einer „herrschaftlichen" Aufsiedlung der Frühen Neuzeit resultierte, sollte durch öffentliche Repräsentationsbauten sowie Institute der Lehre und Forschung akzentuiert werden.

Für die Innenstadt war nach der Cholera-Epidemie von 1892 ein Sanierungsprogramm aufgelegt worden, das in vier Abschnitten durchgeführt wurde. Der letzte Schritt wurde zu Beginn des Dritten Reiches verwirklicht [37]. Die Flächensanierung sollte mit den Durchbrüchen einer Ost-West-Straße und der darin einmündenden Hochstraße fortgesetzt werden, wobei in der Neustadt auch Wohnungen zu schaffen wären, die primär der arbeitenden Bevölkerung in Hafen und Innenstadt dienten.

---

[34] Grundlagen für die Bearbeitung eines Vorentwurfes für die Elbufergestaltung in Hamburg — Anlagen zum Schreiben der Baubehörde vom 31.8.1937, in: StA HH 321-2 B 98 Bd. 216. Tabellarischer Vergleich der Entwürfe Bonatz, zu Putlitz, Gutschow, March und Grossmann, in: StA HH 321-2 B 367.

[35] Bürgermeister Krogmann hatte schon am 14.12.1934 den Wettbewerb für eine 60.000 Personen fassende Kongreßhalle auf dem Heiligengeistfeld ausgeschrieben. Die Planungen wurden nicht mehr betrieben, als die Projekte von Hitler aktuell wurden, vgl. KROGMANN, Tagebuch, wie Anm. 21, Eintragung vom 12.1.1935.

[36] K. GUTSCHOW, Elbufergestaltung, o.O. o.J. [Hamburg 1938].

[37] Die Sanierung von Elendsquartieren in Hamburg, 1935, in: StA HH 321 — 2 B 369; H. SPECKTER, Die großen Sanierungsmaßnahmen Hamburgs seit der zweiten Hälfte des 19. Jahrhunderts, in: Raumforschung und Raumordnung 25 (1967), S. 257-268; M. GRÜTTNER, Soziale Hygiene und soziale Kontrolle. Die Sanierung des Hamburger Gängeviertels 1892-1936, in: A. HERZIG/D. LANGEWIESCHE/A. SYWOTTEK (Hgg.), Arbeiter in Hamburg. Unterschichten, Arbeiter und Arbeiterbewegung seit dem ausgehenden 18. Jahrhundert (Veröffentlichung des Hamburger Arbeitskreises für Regionalgeschichte), Hamburg 1983, S. 359-371.

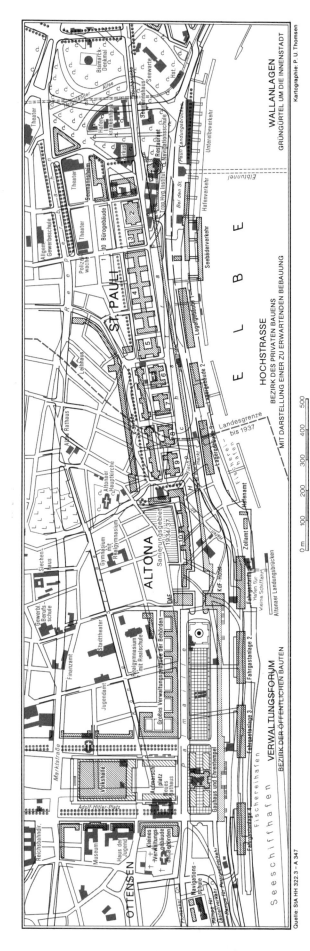

Abb. 2: Hamburg: Elbuferzone. *Entwurf*: K. Gutschow 1938

4.2.2 Elbforum
4.2.2.1 Hochhaus der Partei und seine Umgebung

Kristallisationspunkt der Stadt wäre oberhalb der repräsentativen Fahrgastanlage nahe dem derzeitigen Altonaer Balkon das Parteihauptquartier für den Gau Hamburg geworden (Abb. 3).

Das 50geschossige *Gauhaus* mit einer Gesamthöhe von 250m sollte sich unmittelbar über einer Stützmauer heraushaben, die der Überhöhung des Bauwerkes diente. Eine größere Höhe war wegen des quartären Untergrundes nicht möglich, so daß der Superlativ des Empire State Building in New York mit 381m nicht zu zwei Dritteln erreicht worden wäre.

Die architektonischen Elemente sollten dem Hochhaus einen statischen Ausdruck geben. Die Abmessungen der Konstruktionsteile wurden so gewählt, daß Beton und Werkstein reichlich dimensioniert und dadurch zur statischen Mitwirkung herangezogen waren. In vorgezogenen Eckkörpern saßen die Fenster ungefähr 1,5m hinter der vorderen Bauflucht, während in den dazwischen liegenden Flächen die Fenster nur mit einer geringen Leibung angeordnet waren. Dieses stilistische Mittel erweckt den Eindruck, als wenn die riesigen Eckpfeiler völlig steinern wären und zwischen ihnen ein leichteres Füllmauerwerk säße. Die mit großen Werksteinplatten verkleideten Wandflächen steigerten die Kompaktheit des Baukörpers, die massiven Kantenkonstruktionen hoben die Geschlossenheit hervor [38].

Derartige Monumentalbauten sollten ein Ausdruck nationalsozialistischer Weltanschauung sein. Der Vorstellung von einem ewigen Staat entsprach für Hitler die Idee von ewigen Bauten. Architektonische Formen und städtebaulicher Rahmen waren wichtige Elemente zur Herstellung eines „sinnerfüllten" Wirkungsraumes.

Im Norden des Hochhauses sollte eine *Volkshalle* mit 20.000 Sitz- und 30.000 Stehplätzen errichtet werden. Die geplante Halle mit großer Arenaebene und wechselndem Gestühl wäre einem antiken Tempel ähnlich mit umlaufender Säulenstellung ausgeführt worden. Zwischen Hochhaus und Volkshalle sowie seitlichen Verwaltungsgebäuden war ein Aufmarschplatz für 85.000 Menschen vorgesehen. Diese Achse vom Gauhaus über den Platz mit seitlichen Tribünen hätte zentral auf den Eingang der Versammlungshalle und an ihrer Rückfront auf die Rednerbühne gewiesen. Im Osten des Hochhauses sollte die Hochstraße zu einem Platz ausgeweitet werden, der das Fassungsvermögen bei Großveranstaltungen um 200.000 Personen erhöhen würde. Der Zutritt war torartig zwischen zwei Hochhäusern von 50m Höhe vorgesehen, von denen das elbseitige Gebäude als Kraft-durch-Freude-Hotel dienen sollte, das landseitige der Deutschen Arbeiterfront. Der Platz wäre nach Norden durch einen großen Verwaltungsbau begrenzt, zur Elbe hin geöffnet worden.

---

[38] GUTSCHOW, wie Anm. 36.

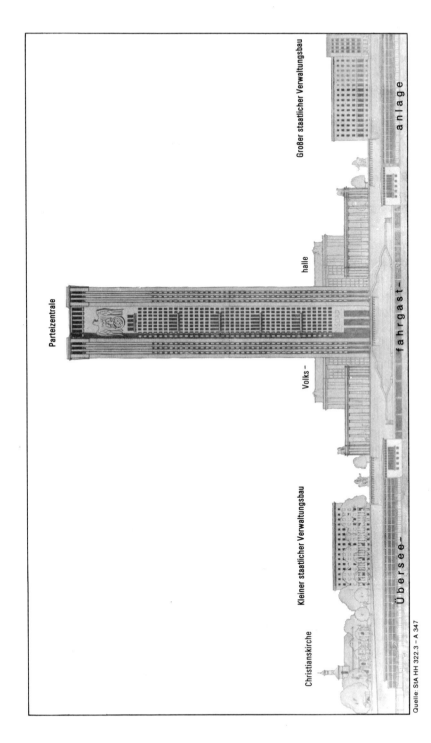

Abb. 3: Hamburg: Elbansicht zum Gauforum. *Entwurf*: K. Gutschow 1938

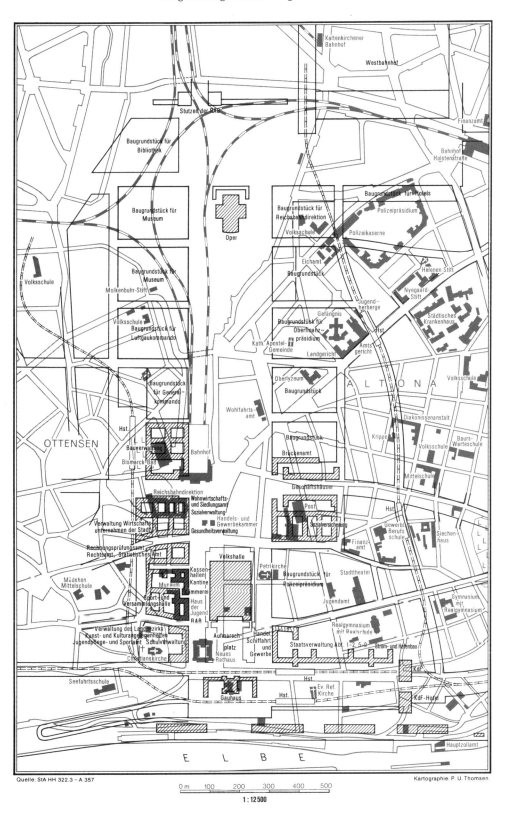

Abb. 4: Hamburg: Nord-Süd-Achse. *Vorentwurf*: K. Gutschow 1940

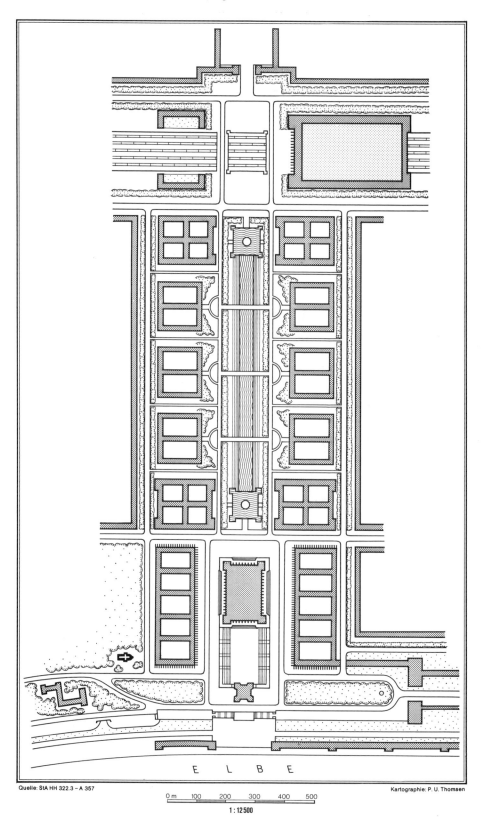

Abb. 5: Hamburg: Nord-Süd-Achse. *Entwurf*: H. Hentrich und H. Heuser 1944

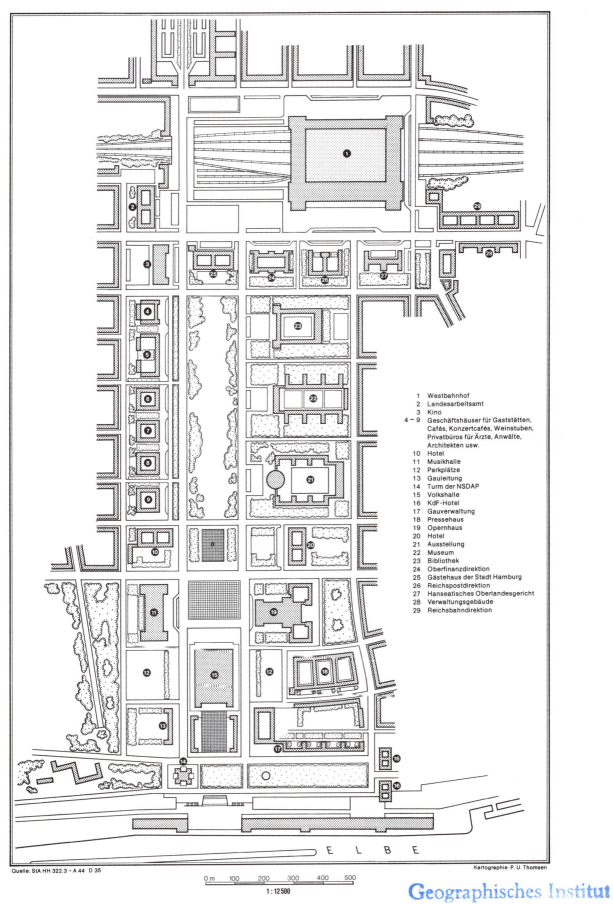

Abb. 6: Hamburg: Nord-Süd-Achse. *Entwurf*: G. Graubner 1944

4.2.2.2 Nord-Süd-Achse

Die Proportionen neuer Stadtzentren erfuhren unter dem Eindruck siegreicher Feldzüge nochmalige Steigerung. Die gerahmten Plätze für Massenveranstaltungen wurden durch *gereihte Monumente streng axialer Anordnung* übertroffen.

In Hamburg galt es 1940, das Elbforum über die Volkshalle nach Norden hinaus zu einer repräsentativen Achse zu erweitern. Der Gedanke koinzidierte mit der erstrebten Ersetzung des Kopfbahnhofes in Altona durch einen Durchgangsbahnhof weiter im Norden, wodurch umfangreiche Gleiskörper aufgelassen worden wären. Das Ziel der Nord-Süd-Achse bestand darin, zwischen Elbufer und Bahnhof in einer etwa *1.600m langen und 300 bis 350m breiten Achse* entlang zweier peripherer Zentralstraßen Bauten der öffentlichen Verwaltung sowie des politischen und kulturellen Lebens zu konzentrieren und in Bahnhofsnähe große Hotels unterzubringen [39]. Planungen kamen im Frühjahr 1941 über die erste Sammlung von Bauprogrammen der Reichsbehörden und grundrißliche Vorüberlegungen kaum hinaus (Abb. 4), wurden aber 1944 für ein Konzept zum Wiederaufbau wieder aufgenommen, wenngleich die zeitliche Priorität des Zentrums nicht mehr gegeben war. Gutschow forderte zwei Vorschläge an:

Entwurf Helmut Hentrich und Hans Heuser

Das Architektengespann reduzierte die projektierte Länge der Nord-Süd-Achse um 250m und wählte eine symmetrische Lösung neobarocker Prägung (Abb. 5) [40]. Der Entwurf zum Elbforum von Gutschow wurde übernommen.

Zwischen Volkshalle und Bahnhofsvorplatz bildete eine streng gegliederte Wasserachse mit terrassenartigen Grünflächen das Rückgrat für symmetrisch angeordnete Bauten von gleicher Höhe, deren Ecken zu drei Querstraßen hin etwas vorgezogen wurden.

Entwurf Gerhard Graubner

Der Architekt stellte zwei Entwürfe gegeneinander und favorisierte seine asymmetrische Variante (Abb. 6) [41]. Er argumentierte, nicht nur daß das Barock in Hamburg keine Tradition habe, sondern auch, daß bei langer Bauzeit jene Lösung flexibler sei, um neue Bauideen einzupassen. Der Entwurf zum Elbforum von Gutschow wurde nicht übernommen.

Die Volkshalle wurde nach allen Seiten durch Freiräume zur Wirkung gebracht. Zur Elbe hin bestand ein offener Übergang zur Fahrgastanlage, im

---

[39] In Altona war 1895 der Gleiskörper der Reichsbahn um etwa 400m zurückverlegt worden. Zwischen dem alten Bahnhof, der 1898 als Rathaus umgebaut worden war, und dem neuen Bahnhof entstand eine repräsentative Achse mit einer Grünanlage. Ein gleichartiger Prozeß hätte sich durch die nochmalige Verlegung des Bahnhofs in megalomanen Dimensionen wiederholt; vgl. E. VON DÜCKER, Ein Platz verändert sein Gesicht. Der Platz der Republik in Altona im 19. und 20. Jahrhundert, in: Walkenrieder Hefte 1/2 (1983), S. 3-24.

[40] Entwurf Hentrich/Heuser, in: StA HH 322-3 A 44 D 35, A 357.

[41] Entwürfe Graubner, ebd.

Westen und Osten waren vis-à-vis den Zentralstraßen große Parkplätze. Nach Norden folgte ein großer Aufmarschplatz, von Opernhaus und Musikhalle eingefaßt, sodann ein parkartiger Hain, den das Haus des Senats gegen den großen Bahnhofsplatz abschloß. Diese zentrale Zone wurde auf der westlichen Seite von kleineren Bauten für die Verwaltung, auf der östlichen Seite von großen Bauten für Museum, Bibliothek und Ausstellungsbauten besetzt, die jeweils von Grün umgeben waren. Um den Bahnhof befanden sich große Verwaltungen, eine weitere Bibliothek sowie Hotels. Die westliche Zentralstraße führte vom Autobahnstutzen unmittelbar auf das Hochhaus zu, das aus der axialen Mitte herausgenommmen war. Graubner brachte auch einen neuen Entwurf für das Hochhaus in Form eines Belfried.

4.2.3 Nebencity

Eine originäre Idee im Entwurf von Gutschow ist die Planung einer *Nebencity zur Entlastung der Innenstadt* [42] am Elbufer in St. Pauli auf 1.400m Länge. Die Lage wurde wie folgt begründet: „Wer an Deck eines Ozeandampfers den Elbstrom heraufkommend sich der Stadt nähert, erwartet hier am Elbufer als Gesicht der Stadt Hamburg ... mit Recht neben dem beherrschenden Platz der ganzen Stadt, der Gemeinschaftsanlage, jene Bauten, die für Hamburg typisch und charakteristisch sind: die Hamburger Kontorhäuser." [43] Der Bezirk privater Bauten hatte sich dem Bezirk öffentlicher Bauten unterzuordnen. Das galt nicht nur für die Dimensionen, sondern auch für das Baumaterial. Im Gegensatz zu offiziellen Bauten wurde der heimische Backstein bevorzugt und Werkstein nur spärlich eingesetzt. Die Bauweise knüpfte durchaus an *Traditionen der Bürohäuser der Weimarer Zeit* an.

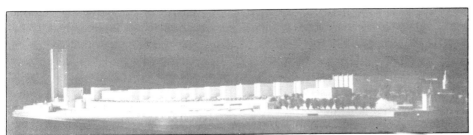

Quelle: StA HH 322,3 - A 44 D 38

Abb. 7: Hamburg: Kontorhausgruppe am Elbufer.
Modell nach Entwurf von K. Gutschow und B. Stein 1938

Die Citybildung der Innenstadt hatte eine ungelenkte Dezentralisierung von Büroflächen ausgelöst, die eine Kommerzialisierung von guten Lagen an der Außenalster eingeleitet hatte. Abrisse von Gebäuden infolge von Straßen-

---

[42] GUTSCHOW, wie Anm. 36.
[43] StA HH 322-3 A 43 C 18, Zitat S. 1, A 345, A 379.

durchbrüchen in der Innenstadt hatten Büroraum verlorengehen lassen. Die Bebauung der östlichen Hochstraße schaffte in den Obergeschossen rund 200.000m² Nettogeschoßfläche für Büro- und Kontorzwecke. Dagegen standen vergleichsweise in der Innenstadt, primär in der Altstadt, etwa 1.000.000m² Nettogeschoßfläche.

Gutschow hatte im Prinzip den Gedanken der City Nord vorweggenommen, die als reiner Bürohauskomplex nördlich des Stadtparks seit 1957 entstanden ist [44]. Die Nebencity an der Elbe hätte sich von der verwirklichten City Nord in zwei Hinsichten unterschieden, in der Abhängigkeit der Büroeinheiten vom Hafen und in ihrer Belebung im Sinne einer „echten" City.

Wie weit die Entlastungscity mit der Zeit von der Elbe weg in die Tiefe auszubauen gewesen wäre, sollte der Entwicklung überlassen werden. Der „Bereich" zur Neugestaltung war durch den Erlaß des Reichsstatthalters bis zur Reeperbahn festgelegt worden. Eine Diskussion, die besorgte Anrainer von Betrieben auslösten, erbrachte die staatliche Zusicherung, daß die weltbekannte Straße im „Vergnügungsviertel" nicht angetastet werden sollte. *Es lag dem Dritten Reich fern, Einrichtungen, die tief im Bewußtsein der Öffentlichkeit verankert waren, quasi gegen die Volksmeinung zu beseitigen* [45].

4.2.4 Rückwirkungen der Umgestaltung auf die Stadtstruktur

Das gewaltige Programm für das Elbufer einschließlich der Hochbrücke hätte *umfangreiche Umorientierungen im Standortgefüge* hervorgerufen [46]. So hätten der Petroleum-Hafen auf Waltershof wegen der Hochbrücke, die Binnenschiffahrtsliegeplätze vom nördlichen Elbufer wegen der geplanten Überseefahrgastanlage und die vereinigten Fischmärkte von St. Pauli und Altona [47] verlegt werden müssen. Die gewerblichen Betriebe wären vom Norduferder Elbe [48] an das Südufer oder in hafenunabhängige Lage in den Stadtteil Billbrook umgesetzt worden. Öffentliche Einrichtungen, darunter das Seemannsheim, das Hafenkrankenhaus und das Tropenhygienische Institut, hätten verlagert und Ersatzbauten für 10.000 bis 15.000 Wohnungen unter Aufschließen neuen Baugeländes geschaffen werden müssen.

Die urbanen Kernräume von St. Pauli und Altona beiderseits der Talmulde der Pepermölenbek waren relativ rückständige Mischnutzungsareale. Die Bebauung entstammte teils noch vor- und frühindustriellen Perioden. In der Hochgründerzeit verdichtete sich die Verbauung durch hohe Schlitzbauten

---

[44] Zur Entstehung der City Nord vgl.: C. DREIER, Die City Nord, in: Hamburg und seine Bauten 1969-1984, hg. v. Architekten- und Ingenieur-Verein zu Hamburg und der Gesellschaft zur Beförderung der Künste und nützlichen Gewerbe. Patriotische Gesellschaft von 1765, Hamburg 1984, S. 207.

[45] Vgl. StA HH 322-3 A 251.

[46] StA HH 322-3 A 92b.

[47] Die Standortfrage für den künftigen Fischereihafen war umstritten. Anlaß für die Verlegung der Einrichtungen vom nördlichen Elbufer war nicht nur die Neugestaltung, sondern auch der Umstand, daß Cuxhaven seit 1937 nicht mehr zu Hamburg gehörte und der dortige Fischereihafen eventuell nach Hamburg zu verlagern war.

[48] Vgl. StA HH 322-3 A 303.

entlang von Durchbruchstraßen. Die Räume wurden schon vor den Plänen zur Neugestaltung als sanierungsbedürftig angesehen. In Altona war 1934 ein Programm zur Flächensanierung um die Breite Straße angelaufen, doch wären erste fertiggestellte Wohnbauten in Zeilenbauweise bei Durchführung des Elbuferprojektes nach kurzer Zeit wieder abgerissen worden.

Der Südwesten von Altona war die Zone bevorzugter Bebauung. Die Prachtstraße der Palmaille oberhalb des Elbhanges war von hohem denkmalpflegerischen Wert, unter anderem durch Bauten im asketischen Klassizismus des Dänen Christian Friedrich Hansen [49]. So mußte es geradezu als widersinnig erscheinen, daß diese Straße fallen sollte, zumal das Regime dem Denkmalschutz und besonders dieser Bauweise zugeneigt war.

4.3 Sportfeld und Universität

Spektakuläre Einzelprojekte der Neugestaltung, die durch Initiative der Stadt entstanden, waren die Errichtung eines gigantischen Sportfeldes und die Verlagerung der Universität. Frühe Entwürfe beider Vorhaben wurden Hitler zusammen mit Plänen der Elbprojekte vorgeführt.

4.3.1 Sportfeld

Die Einrichtung großer Sportanlagen war eine wichtige Bauaufgabe im Dritten Reich, spielte doch der Sport aus Gründen der *Wehrertüchtigung* eine wesentliche Rolle und bot er einen idealen äußeren *Rahmen für Massenveranstaltungen*.

Fritz Schumacher [50] hatte 1913 den vielbeachteten Stadtpark in den Stadtteilen Winterhude und Barmbek geschaffen [51] und vorgeschlagen, nördlich davon eine großzügige Sportstätte einzurichten. Dieser Gedanke wurde 1935

---

[49] Zur Entstehung der Bebauung an der Palmaille und speziell zu den Bauten von C.F. Hansen vgl. R. KLÉE GOBERT/H. RAMM, Die Bau- und Kunstdenkmale der Freien und Hansestadt Hamburg, Bd. 2: Altona, Elbvororte, Hamburg 1959.

[50] Fritz Schumacher, nicht nur einer der bedeutendsten, sondern auch der literarisch fruchtbarsten Städtebauer der ersten Jahrhunderthälfte in Deutschland, war von 1909 bis 1933 Leiter des Hochbauwesens in Hamburg gewesen, und nach vorzeitiger Pensionierung 1933 geschätzter und hochgeehrter Beobachter „im Hintergrund", der regen Anteil an den Neugestaltungsplänen in Hamburg und Bremen nahm, bevor er gegen Ende des Krieges sich Fragen des Wiederaufbaus zuwandte, vgl. N. GUTSCHOW, Fritz Schumacher. Vordenker für den Wiederaufbau zerstörter Städte in Norddeutschland, in: Stadtbauwelt H. 84 (1984), S. 346-349; vgl. auch W. KAYSER, Fritz Schumacher. Architekt und Städtebauer. Eine Bibliographie (Arbeitshefte zur Denkmalpflege in Hamburg 5), Hamburg 1984; G. ALBERS unter Mitarbeit von K. MARTIN, Entwicklungslinien im Städtebau. Ideen, Thesen, Aussagen 1875-1945: Texte und Interpretationen (Bauwelt Fundamente 46), Düsseldorf 1975.

[51] Nach Vollzug des Groß-Hamburg-Gesetzes wurde zum 1.4.1939 die Stadtverwaltung in 10 Kreise und 178 Ortsteile aufgegliedert. Die neuen Einheiten wichen von historischen Bereichen teilweise erheblich ab. Dabei kamen der Stadtpark und das geplante Sportfeld geschlossen zu Winterhude; vgl. B. WINKLER, Die Bevölkerungsentwicklung der Stadt Hamburg in den letzten 100 Jahren unter besonderer Berücksichtigung der Stadtteile, in: Statistisches Landesamt der Freien und Hansestadt Hamburg (Hg.), Hamburg in Zahlen. 100 Jahre Statistisches Amt Hamburg, 1866-1966, Hamburg 1966, S. 59-93.

wieder aufgegriffen. Die Planung erhielt Auftrieb durch die Bewerbung von Hamburg, 1943 das Deutsche Turnfest auszurichten [52]. Schließlich entschied die Reichssportführung, eine Reichssportakademie der Hitlerjugend nach Hamburg zu legen. Das Bauprogramm auf 156ha übertraf die Ausmaße bisheriger Sportanlagen im Reich (Breslau 80ha, Berlin 132ha). Dominante Einrichtungen sollten ein *Großstadion für 100.000 Zuschauer* sowie ein *Aufmarschfeld für etwa 500.000 Personen* sein, das für politische Feiern, festliche Anlässe und sportliche Veranstaltungen Raum bot. Hinzu kam eine große Anzahl weiterer Sportstätten, darunter Spielflächen für Rasensport von 200.000m². Eine Mehrzweckhalle hätte primär KdF-Veranstaltungen dienen sollen. Die Reichssportakademie würde die ständige Nutzung der Sportanlagen sichern. Zur Bewältigung von Massentransporten sollte ein Sonderbahnhof an der gerade im Bau befindlichen Güterumgehungsbahn entstehen.

Die städtebauliche Anordnung des Sportfeldes griff Vorstellungen auf, die Schumacher beim Stadtpark eingesetzt hatte [53]. Eine West-Ost-Achse führte dort von der Jahn-Kampfbahn und dem Wasserturm über die große Festwiese zum Stadtpark-See und zur (1943 zerstörten) Stadthalle. Weitere Aktionsräume waren in geometrischer Detailrhythmisierung angeordnet. Die Planung des Sportfeldes projektierte rechtwinklig zur Stadtpark-Achse eine Nord-Süd-Achse, an deren Mitte das Maifeld und an deren Nordende das Stadion lagen. Die übrigen Sportstätten sowie die Reichssportakademie wurden in strenge Beziehung zu dieser Achse gesetzt. Zwei alternative Entwürfe von Erich zu Putlitz und vom Hochbauamt Hamburg (Abb. 8) sind Varianten jener Leitvorstellungen [54]. *Axiale Kompositionen*, die Schumacher nicht nur im Stadtpark, sondern insbesondere auch im Wettbewerb um den Grüngürtel in Köln 1920 eingesetzt hatte, galten dem Nationalsozialismus als vorbildlich. Die Projektion des Sportfeldes ist einzigartig für das Dritte Reich in der örtlichen Kontinuität dieses Prinzips.

4.3.2 Neue Universität

Die Universität in Hamburg war 1919 unter Integration zahlreicher Einrichtungen, die schon zuvor an diversen Standorten existierten, gegründet worden. Bereits in der Weimarer Zeit wurde ein Neubau geplant, da die Unterbringung in auseinanderliegenden und unzweckmäßigen Gebäuden und Anlagen auf Dauer nur ein Behelf sein konnte. Mit dem Groß-Hamburg-Gesetz entschloß sich der Senat im Einverständnis mit dem Rektor der Universität, Adolf Rein, den ganzen Komplex in die Elbvororte zu verlegen, wo sowieso ein neues Krankenhaus notwendig war. Diese Idee bekam ideologische Akzente, da diese Universität insbesondere auf die Erforschung der überseeischen Länder, speziell auf Kolonien, ausgerichtet werden sollte.

---

[52] Vgl. StA HH 322-3 A 233.
[53] M. GOECKE, Stadtparkanlagen im Industriezeitalter. Das Beispiel Hamburg (Geschichte des Stadtgrüns 5), Hannover/Berlin 1981, S. 95-158.
[54] StA HH 322-3 A 43 C 23.

Neugestaltung von Hamburg 1933 - 1945

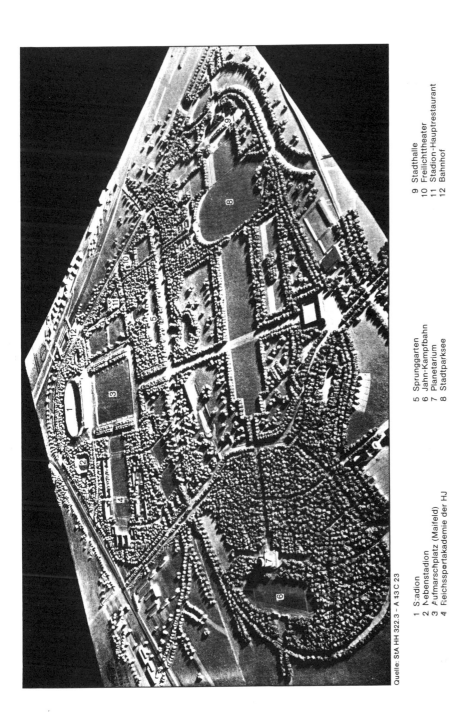

1 Stadion
2 Nebenstadion
3 Aufmarschplatz (Maifeld)
4 Reichssportakademie der HJ
5 Sprunggarten
6 Jahn-Kampfbahn
7 Planetarium
8 Stadtparksee
9 Stadthalle
10 Freilichttheater
11 Stadion-Hauptrestaurant
12 Bahnhof

Abb. 8: Hamburg: Sportfeld. *Entwurf*: W. Rudhard, Hochbauamt Hamburg 1941

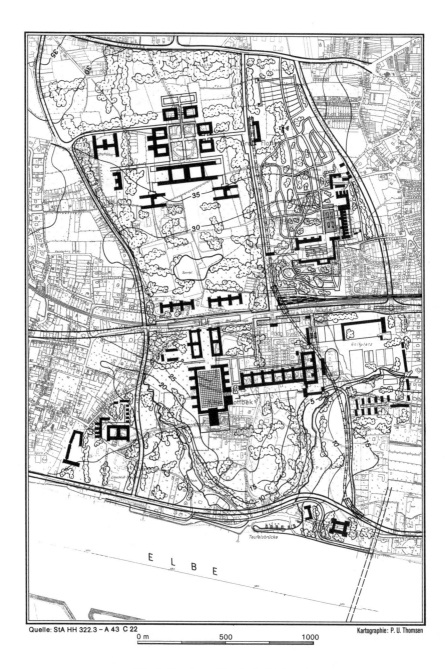

Abb. 9: Hamburg: Hansische Universität.
Entwurf: W. Kallmorgen und R. Köngeter 1941

Die Hansische Universität für 3-4.000 Studenten wäre um den Jenisch-Park vorwiegend auf Bauernland gruppiert worden, jedoch wären auch einige locker bebaute hochwertige Wohnareale zu räumen gewesen. Die einzelnen Planungsstufen dokumentieren Sätze alternativer Projektionen [55]. Den letzten Stand vermitteln fünf Entwürfe von 1941, unter denen die Pläne von Willem Bäumer sowie Werner Kallmorgen/Rudolf Köngeter (Abb. 9) Richtschnur der (dann eingestellten) weiteren Bearbeitung sein sollten. Das Hauptgebäude der Universität war auf dem Geländevorsprung zwischen zwei Bächen zu erstellen, die Bauten der nichtmedizinischen Fakultäten waren elbnah axial anzuordnen. Trotz schwieriger Reliefverhältnisse hatten die weiter landeinwärts zu errichtenden Kliniken diese Achse fortzusetzen. Die Universitätsbauten wurden als reine Zweckbauten aufgefaßt und wären in ihrer Formensprache relativ einfach ausgefallen, die symmetrische Reihung um die Mittelachse verweist sie jedoch in den Bereich konservativen Bauens.

4.4 Projektionen von Kreismittelpunkten

In Hamburg entwickelte sich als eigenständiges Ansinnen — unterhalb der Einflußnahme von Hitler —, *repräsentative Kreismittelpunkte* zu schaffen. Sie sollten die Idee vom Gauforum quasi auf die untergeordnete Ebene der Kreise übertragen. Nach der territorialen Neuordnung 1937 war die NSDAP im Gau Hamburg in zehn Kreise organisiert, die reichsunmittelbare Gemeinde Hamburg (s.u.) hatte mit Stadt- und Landbezirk nur zwei direkt untergliedernde Verwaltungseinheiten. Ein Gleichklang wurde angestrebt, indem sich die Verwaltung durch Dezentralisierung der Ordnung der Partei anlehnte [56]. Die *Standorte von Partei und Verwaltung waren zu verschmelzen*. Ihre „kongruente" Verteilung sollte wiederum mit der Gestaltung der „Siedlungsmasse" gleichlaufen. Der Gauleiter und Reichsstatthalter plädierte am 24.5.1940 dafür, daß Kreismittelpunkte die zusammenlebende Volksgemeinschaft entsprechender Einheiten sichtbar zum Ausdruck bringen sollten.

Das Bauprogramm der Kreiszentren sah in eng beschnittenem Gebiet einen festen Kanon von Einrichtungen, der durch weitere bauliche Anlagen bereichert werden könnte, vor: Festhalle mit 3.000 Sitzplätzen, Kreisgebäude der NSDAP, Verwaltungsgebäude der Gemeinde, Aufmarschplatz für 40.000 bis 50.000 Personen und Parkplätze für 1.200 Pkw.

Die Kreismittelpunkte [57] waren als wiederkehrender Bautypus zu entwickeln. Die Kreiszentren waren in der Bauweise deutlich abgestuft zum Elbforum zu präsentieren. Tastende Lösungsversuche bildeten zwei Entwurfsreihen.

Entwurf Karl Trahn und William Zwinscher
Das Architektengespann legte einen Entwurf für das Kreiszentrum im Bereich

---
[55] StA HH 322-3 A 43 C 22, A 219.
[56] StA HH 322-3 A 44 D 12; A 44 D 43.
[57] StA HH 322-3 A 43, C 31, A 200.

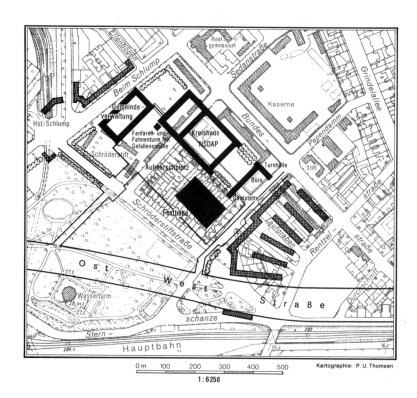

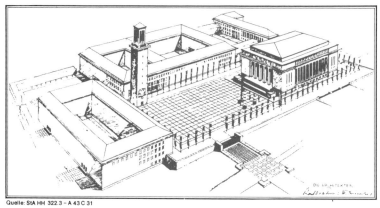

Abb. 10: Hamburg: Kreismittelpunkt Eimsbüttel - Rotherbaum - Harvestehude.
Entwurf: K. Trahn und W. Zwinscher 1944

der Stadtteile Harvestehude/Rotherbaum/Eimsbüttel vor, das die Relationen der Planungen widerspiegelt[58] (Abb. 10). Verkehrsstrategisch attraktiver Standort war das Gelände des Schröder-Stiftes nahe der Haltestelle Schlump der Hochbahn. Das Zentrum würde ein Sockel herausheben. Der Aufmarschplatz öffnete sich nach Süden über eine Grünfläche zur Ost-West-Straße, der projektierten Durchbruchachse quer durch die Stadt. Der Platz wäre von drei Seiten architektonisch gefaßt. Die Stirnseite bildeten das breite Kreishaus und der überragende Aussichts-, Fahnen- und Fanfarenturm mit eingebauter Ehrenhalle. Die westliche Seite rahmte der kommunale Verwaltungsbau, die östliche Seite die tempelartige Feierhalle mit Frontgiebel zum Platz. Ihre „weihevolle" Bestimmung sollte *neoklassizistische Bauweise* verkörpern. Die übrigen Bauten träten dagegen im *Heimatschutzstil* zurück, wobei reichlich Backstein verwendet worden wäre. Die gründerzeitlichen Blöcke der Umgebung würden durch zeitübliche Riegelbauten ausgewechselt, höhere Häuser der Zwischenkriegszeit durch Herabzonen dem Kreiszentrum maßstäblich untergeordnet.

4.5 Wettbewerb für Gemeinschaftsanlagen an den Elbhängen im Großraum Hamburg

Die Initiative von Hitler, der Hansestadt im Rahmen der „Neugestaltung" ein zur Elbe weisendes „Antlitz" zu vermitteln, spornte in Hamburg dazu an, diesen Gedanken weiter auszufüllen. Ideologische Zuspitzung war ein ungewöhnlicher Wettbewerb[59]. Er hatte zum Ziel, die Elbe, die vom Reich in die Welt hinausführte, als lebensspendende Mitte des städtischen Einflußraumes durch geeignete Baulichkeiten in ihrem Erlebniswert für die „Volksgenossen" zu unterstreichen. Diese Forderung wurde von der Absicht begleitet, den 1938 vollzogenen politischen Zusammenschluß beiderseits des Stromes baulich zu akzentuieren.

Der Wettbewerb wurde 1940 von Gutschow intern ausgeschrieben und unter Mitsprache von Hans Berlage, Hans Reichow und Wilhelm Wortmann gewertet. Danach wurden 15 der 33 eingegangenen Lösungen, die in Form und Inhalt ein breites Spektrum offenbarten, zur Vervielfältigung bestimmt.

Die Mehrheit der Vorschläge wählte trotz vereinzelter Bedenken eine „Krönung" der Hänge des Urstromtals der Elbe durch singuläre oder gereihte Bauten. Dabei wurden weniger reine Denkmalstätten ins Auge gefaßt als vielmehr Einrichtungen politischer, kultureller oder sozialer Bestimmungen, die einer innerstädtischen Lage entbehren konnten. Der Schulung und Erziehung dienende Gebäude wie die Reichsmarineschule im Entwurf von Paul Krusche (Abb. 11) wurden vorrangig nach Vorbildern von Ritterburgen entworfen, die flach gelagert den Hängen zu entwachsen schienen. Jeanette Hoppe und Walter

---

[58] K. TRAHN/W. ZWINSCHER, NSDAP Gau Hamburg. Das Kreishaus. Kreis 2, in: StA HH 322-3 A 200.
[59] StA HH 322-3 A 43 C 13.

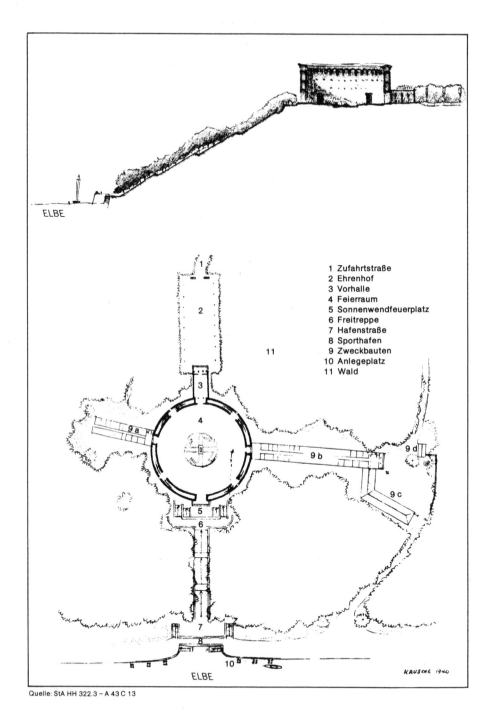

Abb. 11: Elbufer bei Hamburg: Kriegsmarineschule. *Entwurf*: P. Krusche 1940

Tabelle 1

Paul Schildt: Vorschlag für Volksburgen am Elbufer, 1940

Lage	Höhe über N.N. m	Entfernung von der Elbe Fahrrinne km	Vorschlag der Bauhöhe m	Turmhöhe Krone über N.N. m	Vorschläge für den Zweck der Bebauung
Holm (Wedel Nord)	15,0	3,0	25,0	40,0	Gartenbauschule-Forschungsinstitut für nordische Obstbaum- und Feldfruchtkultur
Schulau	16,0	0,5	24,0	40,0	Deutsche Seewarte
Wittenbergen	35,6	0,5	34,4	70,0	Reichsbeamtenschule
Tafelberg (Falkenstein)	80,6	0,5	19,4	100,0	Kolonialschule
Polierberg/Baursberg	70,0	0,5	vorh.	120,0	Repräsentations- und Gästehaus für den Staatsbesuch (Wasserturm im Hintergrund)
Süllberg	85,0	0,5	15,0	100,0	Vergnügungs- und Ausflugsstätte (Umbau nötig)
Mühlenberg (Hirschpark)	40,0	0,5	30,0	70,0	Altersheim für Seefahrer
Nienstedten-Elbschloßbräu	30,0	0,5	40,0	70,0	K.d.F.-Festhalle
Jenischpark	22,5	0,7	47,6	70,0	Universität
Elbchaussee (Holztwiete)	20,0	0,3	50,0	70,0	D.A.F.-Schule für Handel und Gewerbe
Nordpylon der Brücke	6,0	0,2	190,0	196,0	
Südpylon der Brücke	6,0	0,4	190,0	196,0	
Hansakanal	5,0	4,3	85,0	90,0	Hafenbetriebshaus
Heimfeld	41,0	8,4	49,0	90,0	N.S.-Gliederungsschule (für SS und SA)
Reiherberg	75,0	8,4	35,0	110,0	Große Frauenschule (Frauenschaftsschule, Mütterschule, Gauschule für B.D.M.)
Kiekeberg	127,0	11,8	23,0	150,0	Feierstätte für die N.S.-Jugend (Sonnenwende usw.)
Wulmsberg	75,0	9,4	45,0	120,0	Volksvergnügungsstätte und Ausflugsort (Umbau erforderlich)
Scheinberg	60,0	8,4	50,0	110,0	Gausportschule
Fischbeker Heide O.	63,0	9,2	37,0	100,0	Gebietsführerschule der HJ
Fischbeker Heide W.	63,0	10,0	37,0	100,0	N.S.-Segelfliegerschule
Wesenberg	56,0	11,0	44,0	100,0	Gauschule (bisher in Barsbüttel)
Viertberg	52,0	13,0	48,0	100,0	N.S.V.-Müttererholungsheim
östlich Buxtehude	36,0	17,5	64,0	100,0	D.A.F.-Schule für Betriebsobleute (bisher in Rissen)
Altkloster	50,0	11,5	50,0	100,0	K.d.F.-Festhalle
Neukloster	38,0	11,0	42,0	80,0	N.S.-Siedlerschule
Nottensdorf	34,0	10,2	35,0	70,0	N.S.V.-Kindererholungsheim
Agathenburg	26,0	6,6	34,0	60,0	K.d.F.-Erholungsheim

Quelle: StA HH 322-3 A 43 C 13.

Klingemann wollten durch zwei Türme speziell die Eingangssituation für Schiffe vor dem letzten größeren Kurswechsel auf der Elbe betonen. P. Schildt und Rudolf Hillebrecht empfahlen eine Reihung von Baulichkeiten auf weiter Strecke.

Schildt wollte in Analogie zum Mittelrhein eine Abfolge von *(Volks-)Burgen* schaffen, die primär elitäre Gruppen nutzen sollten (Tab. 1), doch durch angeschlossene Gaststätten auch städtischen Ausflugsverkehr anziehen würden. Sie hätten an den Südhängen wegen der größeren Distanzen zum Strom höher aufzuragen als an den Nordhängen. Türme oder Dachplattformen würden Geschütze und Scheinwerfer tragen: in Kriegszeiten zum Schutz von Hafen und Stadt, in Friedenszeiten zum Salutschießen bei Feierlichkeiten und zur Illumination des Stromes.

Hillebrecht verstand es als einziger, Baulichkeiten unter eine einheitliche Idee zu stellen, die zum Standort Hamburg paßte. Er setzte die Stadt sowohl zu den zehn Reichsgauen, die am Elbstrom gelegen waren (Abb. 12), als auch zu den Deutschen in Beziehung, die im Ausland oder in den (zu erwerbenden) Kolonien aktiv sein würden. Hamburg wäre als „Mittler" zwischen Hinterland und Übersee durch *Gautürme, Kolonialtürme, Gauburgen* und *je eine Burg für Kolonialdeutsche und für Auslandsdeutsche* sowie durch Heime der Elbgaue für Gruppen der Volkswohlfahrt und Arbeitsinvalidität, HJ- und NS-Formationen zu symbolisieren. Die Gau- und Kolonialtürme wären lediglich Weiheräume, die Burgen und Heime hingegen Stätten der Begegnung, die untereinander, aber insbesondere mit Hamburg, ein wechselvolles Leben entfachen sollten, das die Volksgemeinschaft vielfältig beleben würde.

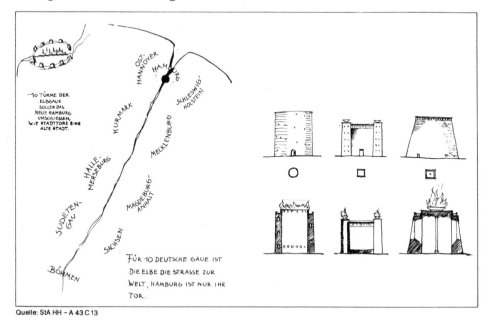

Quelle: StA HH – A 43 C 13

Abb. 12: Elbufer bei Hamburg: Gautürme. *Entwurf*: R. Hillebrecht 1940

5. Programm und Durchführung der Neugestaltung

5.1 Arbeits-, Zeit- und Kostenpläne

Die Tragweite der Planziele im Rahmen des Neugestaltungsgesetzes wird durch die tabellarischen Bauprogramme deutlich. Sie diversifizieren die städtebaulichen Maßnahmen in zeitlicher und finanzieller Hinsicht. Die Kosten wurden spezifiziert, sofern sie der Hansestadt zufielen, dagegen für andere Bauträger, wie Reich oder Wirtschaft, höchstens überschlägig erfaßt. In kurzer Zeitfolge wurden drei Übersichten aufgestellt, von denen die erste durch die Bauverwaltung noch vor dem Erlaß städtebaulicher Maßnahmen, die beiden folgenden hingegen durch Gutschow herausgekommen sind.

Das (letzte) Bauprogramm vom 5.9.1940 [60] (Tab. 2) beziffert die Kosten für die Stadtgemeinde mit etwa 3.000 Mill. RM in 25 Jahren, die Kosten anderer Bauträger mit 2.620 Mill. RM in 25 Jahren. Das Programm der Neugestaltung bezog nicht nur immer mehr Projekte ein, sondern diese wurden auch immer aufwendiger. Vor allem einzelne Fach- und Sonderbehörden, wie Strom- und Hafenbau oder Reichsbahndirektion, drängten darauf, ihre Planungen unter die Vorteile des Neugestaltungsgesetzes zu bringen.

Daß Verkehrsprojekte unter die Bestimmungen des Gesetzes gestellt wurden, ergab sich vor allem aus der ansonsten diffizilen Übereignung notwendiger Flächen. Das Dritte Reich propagierte aufwendige Nahverkehrskonzepte auf der Basis von S- und U-Bahnen [61] sowie weitgesteckte Um- und Neubaupläne zur inneren Erschließung der Stadt durch breite Ring- und Radialstraßen, inklusive des Autobahnrings, in den fünf Fernlinien einmünden sollten. Dazu kam der Ausbau des Hafens. Die intensive Planung des Verkehrs hatte in Hamburg insofern einen besonderen Widerhall, als das wenig aufeinander abgestimmte Verkehrsgefüge im vormals politisch zerstückelten Verstädterungsraum endlich überwunden werden würde.

Die Bauverwaltung, in ihren Kompetenzen zurückgeschnitten, erstellte für den gleichen Zeitraum eine Zusammenstellung jener Baumaßnahmen, die nicht unter das Neugestaltungsgesetz fielen. Das entsprechende Bauprogramm vom 24.10.1940 wies für die Hansestadt Kosten von 1.189,19 Mill. RM, für weitere (zu ermittelnde) Bauträger Kosten von 263,79 Mill. RM in 25 Jahren auf. Dieses Programm [62] integrierte nicht nur den Nachhol- und Ersatzbedarf, sondern betraf auch die Infrastruktur eines um 800.000 Einwohner vergrößerten Verstädterungsraumes.

Die Zeitpläne gingen davon aus, daß der Krieg 1940/41 siegreich für das Dritte Reich beendet sein würde. Sämtliche Programme sollten dann in 25 Jahren abgewickelt sein. Die gigantischen Projekte der Elbehochbrücke und des Gauhochhauses waren, wie Hitler im Erlaß vom 15.6.1940 forderte, schon

---

[60] StA HH 322-3 A 118, A 127 Bd. 4 u. 5; vgl. auch StA HH 326-2 Strom- und Hafenbau 563.
[61] StA HH 322-3 A 127 Bd. 7.
[62] StA HH 322-3 A 133.

Tabelle 2

Zeit- und Kostenplan zur Neugestaltung der Hansestadt Hamburg, 5. September 1940

BAU-GRUPPE	POSITION	BAUPROGRAMM	ZEITPLAN	KOSTEN IN MILLIONEN RM HAMBURG			SONSTIGE KOSTENTRÄGER
			1941–1965	Grundkosten	Baukosten	Gesamtkosten	Gesamtkosten
A		**ELBEHOCHBRÜCKE**					
	1	Elbehochbrücke					1500,0
	2	Reichsautobahnring					193,0
	3	Zubringer zur Reichsautobahn und zur Elbehochbrücke		21,0	31,0	52,0	
				21,0	31,0	52,0	1693,0
B		**ELBUFERGESTALTUNG**					
	11	Übersee-Fahrgastanlage und Erweiterung der St.-Pauli-Landungsbrücken		22,0	93,0	115,0	
	12	Verbreiterung der Wallanlagen mit Rampenstraße von Millerntor bis Landungsbrücken		2,5	5,5	8,0	
	13	Hochstraße von Wallanlagen bis Elbehochbrücke		16,5	58,5	75,0	
	14	Verwaltungsgebäude am Forum			22,0	22,0	
	15	Gauhaus Hochhaus					120,0
	16	Volkshalle mit Aufmarschplatz		12,5	56,5	69,0	
	17	Nord-Süd-Achse		50,0	11,0	61,0	
	18	Ersatzhochbauten für öffentliche Einrichtungen		11,0	41,5	52,5	
	19	Tunnelstraße zwischen Fahrgastanlage und Ost-West-Straße sowie westlicher Rampenstraße		1,5	3,5	5,0	
	20	Ausbau der Elbchaussee von Elbehochbrücke bis Blankenese		2,0	5,0	7,0	
	21	Gärtnerische Anlagen im Elbpark-Gelände		3,0	1,5	4,5	
				121,0	298,0	419,0	120,0
C		**UMBAU, AUSBAU UND ERWEITERUNG DES HAFENS**					
	31	Umbau vorhandener Seeschiffhäfen			92,0	92,0	
	32	Umbau vorhandener Binnenschiffhäfen und Schaffung neuer Anlagen für die Binnenschiffahrt		0,2	67,8	68,0	
	33	Hafenanlagen für Industrie und Fischerei südlich der Elbe		4,0	160,0	164,0	
	34	Ausbau des Fischereihafens in Waltershof-Altenwerder		0,4	259,6	260,0	
	35	Hafenanlagen für Mineralöl und andere Massengüter		4,5	50,0	54,5	
	36	Hafenanlagen zum Anschluß an den Hansakanal		2,5	110,0	112,5	
	37	Elbtunnel Finkenwerder-Flottbek a) Tunnel b) Straßenanschlüsse Nordseite			100,0	100,0	
	38	Erweiterung der Hafenbahn			29,0	29,0	
	39	Öffentliche Hochbauten im Hafengebiet			10,0	10,0	
				11,6	878,4	890,0	
D		**ERSATZWOHNUNGSBAU**					
	41	Aufschließungsarbeiten			18,0	18,0	
	42	Förderung des Wohnungsbaues und der Umsiedlung			30,0	30,0	
	43	Öffentliche und Gemeinschaftsbauten			75,0	75,0	
					123,0	123,0	

Neugestaltung von Hamburg 1933 - 1945

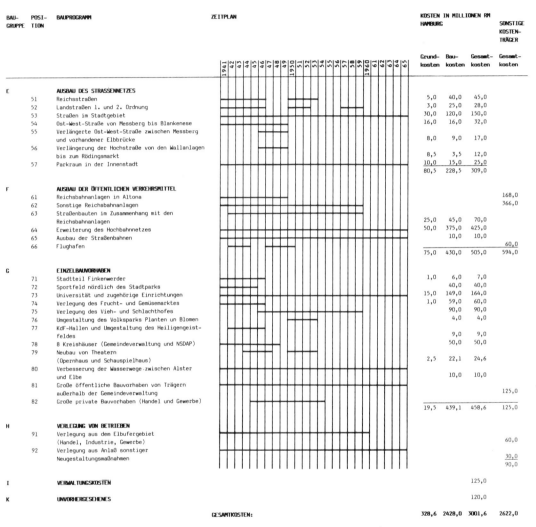

BAU-GRUPPE	POSITION	BAUPROGRAMM	ZEITPLAN	KOSTEN IN MILLIONEN RM HAMBURG Grundkosten	Baukosten	Gesamtkosten	SONSTIGE KOSTENTRÄGER Gesamtkosten
E		**AUSBAU DES STRASSENNETZES**					
	51	Reichsstraßen		5,0	40,0	45,0	
	52	Landstraßen 1. und 2. Ordnung		3,0	25,0	28,0	
	53	Straßen im Stadtgebiet		30,0	120,0	150,0	
	54	Ost-West-Straße von Messberg bis Blankenese		16,0	16,0	32,0	
	55	Verlängerte Ost-West-Straße zwischen Messberg und vorhandener Elbbrücke		8,0	9,0	17,0	
	56	Verlängerung der Hochstraße von den Wallanlagen bis zum Rödingsmarkt		8,5	3,5	12,0	
	57	Parkraum in der Innenstadt		10,0	15,0	25,0	
				80,5	228,5	309,0	
F		**AUSBAU DER ÖFFENTLICHEN VERKEHRSMITTEL**					
	61	Reichsbahnanlagen in Altona					168,0
	62	Sonstige Reichsbahnanlagen					366,0
	63	Straßenbauten im Zusammenhang mit den Reichsbahnanlagen		25,0	45,0	70,0	
	64	Erweiterung des Hochbahnnetzes		50,0	375,0	425,0	
	65	Ausbau der Straßenbahnen			10,0	10,0	
	66	Flughafen					60,0
				75,0	430,0	505,0	594,0
G		**EINZELBAUVORHABEN**					
	71	Stadtteil Finkenwerder		1,0	6,0	7,0	
	72	Sportfeld nördlich des Stadtparks			40,0	40,0	
	73	Universität und zugehörige Einrichtungen		15,0	149,0	164,0	
	74	Verlegung des Frucht- und Gemüsemarktes		1,0	59,0	60,0	
	75	Verlegung des Vieh- und Schlachthofes			90,0	90,0	
	76	Umgestaltung des Volksparks Planten un Blomen			4,0	4,0	
	77	KdF-Hallen und Umgestaltung des Heiligengeistfeldes			9,0	9,0	
	78	8 Kreishäuser (Gemeindeverwaltung und NSDAP)			50,0	50,0	
	79	Neubau von Theatern (Opernhaus und Schauspielhaus)		2,5	22,1	24,6	
	80	Verbesserung der Wasserwege zwischen Alster und Elbe			10,0	10,0	
	81	Große öffentliche Bauvorhaben von Trägern außerhalb der Gemeindeverwaltung					125,0
	82	Große private Bauvorhaben (Handel und Gewerbe)					
				19,5	439,1	458,6	125,0
H		**VERLEGUNG VON BETRIEBEN**					
	91	Verlegung aus dem Elbufergebiet (Handel, Industrie, Gewerbe)					60,0
	92	Verlegung aus Anlaß sonstiger Neugestaltungsmaßnahmen					30,0
							90,0
I		**VERWALTUNGSKOSTEN**				125,0	
K		**UNVORHERGESEHENES**				120,0	
		GESAMTKOSTEN:		328,6	2428,0	3001,6	2622,0

Quelle: StA HH 322-3 A 118

innerhalb eines Jahrzehnts fertigzustellen. Doch nicht so sehr die Termine für einzelne Bauten waren das Problem, sondern die *Euphorie*, mit der das gesamte *Programm kurzzeitig zu bewältigen* gewesen wäre.

Die Realisierung hätte *in großem Umfang Baumaterialien und Arbeitskräfte* sowie ein *ungeheures Finanzvolumen* gebunden [63]. Der Bedarf an Ressourcen ist vor dem Hintergrund zu sehen, daß nicht nur in Hamburg, sondern in zahlreichen Orten des Reiches aufwendige Projekte der Neugestaltung anlaufen sollten. Hinsichtlich der Finanzierung ging Hitler in der Einsicht des Aufwandes immerhin davon aus, daß die „Führerstädte" durch das Reich zu fördern seien, nicht aber weitere Gauhauptorte.

5.2 Grundstückspolitik

Wenn auch die vielfältigen Bauvorhaben im Dritten Reich in Hamburg fast ganz auf der Strecke blieben, versuchte die Stadt doch, zumindest Vorsorge im Bodenverkehr für einen schnellen Beginn der Bauarbeiten nach dem Kriege zu treffen. Der Reichsstatthalter verfügte zunächst befristete Bausperren [64] für ausgedehnte Areale. Danach legte er 23 „Bereiche" nach dem Neugestaltungsgesetz fest [65]. Der Bodenmarkt wurde in den „Bereichen" diskret überwacht. Dabei wurde zunächst angestrebt, besonders den Grundbesitz der jüdischen Bevölkerung und von „feindlichen" Ausländern in die öffentliche Hand zu bringen [66]. Von Juni 1940 bis Juli 1941 wurden durch die Stadt 620 Grundstücke für ein Gesamtvolumen von 25,5 Mill. RM erworben. In 70 Fällen mußten Enteignungsverfahren durchgeführt werden [67]. Die Abneigung der Grundbesitzer, ihre Parzellen zu verkaufen, war recht groß. Die Verkäufer waren letzten Endes gezwungen, das Kapital zur Sparkasse zu bringen oder Reichsanleihen zu erwerben, die im Durchschnitt nur 3 bis 4% Zinsen einbrachten, während es auf dem Grundstücksmarkt etwa 6 bis 7% Reingewinn bedeutete.

6. Konzeptionen zur Stadterweiterung und Stadterneuerung in den Generalbebauungsplänen 1940 und 1944

Die Kompetenzen von Gutschow wurden zu Lasten der Bauverwaltung in Hamburg ausgeweitet [68]. Mit Schreiben vom 24.8.1940 wurde er durch den

---

[63] StA HH 322-3 A 98, A 99, A 102, A 103, A 148.
[64] Verordnung über die Zulässigkeit befristeter Bausperren. Vom 29. Oktober 1936, in: RGBl 1936 I, S. 933; siehe auch StA HH 321-2 Bd. 98, Bd. 216.
[65] StA HH 311-3 Finanzbehörde I 419-0/2 Abt. 1976, RECHTER, Bericht über Neugestaltungsmaßnahmen der Hansestadt Hamburg für Dienstreise von Bürgermeister Velthuysen nach Innsbruck, Linz, Wien und München, S. 6.
[66] StA HH 322-3 A 92a.
[67] Vgl. Anm. 65; vgl. StA HH 322-3 A 95.
[68] Durch Verordnung des Reichsstatthalters vom 22.5.1941 wurde Gutschow das Amt für den kriegswichtigen Einsatz übertragen, als dessen Leiter er auch das Stadtplanungsamt führte, die

Reichsstatthalter über seine bisherigen Aufgaben hinaus mit der Aufstellung eines Generalbebauungsplanes *(GBP 40)* beauftragt[69]. Der Architekt legte am 1.11.1940 die erste Skizze als Diskussionsgrundlage vor. Sie umfaßte ein *Konzept der Stadterweiterung*, ging ansonsten aber kaum über die städtebaulichen Maßnahmen hinaus, die dem Neugestaltungsgesetz unterstellt waren.

Infolge umfangreicher Kriegszerstörungen gewann die Planung Dimensionen, die dem Willen des Dritten Reiches nach Überwindung der gründerzeitlichen Großstadt entgegenkamen. Im Jahre 1944 legte Gutschow einen neuen Generalbebauungsplan *(GBP 44)* vor[70] (Abb. 13). Dieser Entwurf verschob die Prioritäten zwar zugunsten der Daseinsgrundfunktionen, stand aber in weitgehender Kontinuität zu dem vorhergehenden Plan. Die Leitmaximen wurden ausdrücklich bestätigt. Während sich der GBP 40 primär auf die Stadterweiterung konzentrierte, übertrug der GBP 44 entsprechende Planungsvorstellungen auf die *Neustrukturierung verstädterten Raumes*. Die Planungen zum Wiederaufbau in Hamburg wurden durch personelle Querverbindungen zum "Arbeitsstab zum Wiederaufbau bombenzerstörter Städte" von überregionalem Interesse, da dort Konzepte von generellem Anspruch erarbeitet wurden[71].

6.1 Groß-Hamburg-Gesetz

Seit 1915 hatten mehrere Denkschriften[72] mangelnde räumliche Entwicklungsmöglichkeiten von Hamburg durch seine ungünstige Staatsgrenze gegen

---

Tätigkeit des Landesplaners ausübte und den Bausenator in „kriegswichtigen" Bereichen vertrat. Nach einem Erlaß vom 14.12.1942 übernahm er zum 1.1.1943 auch die Leitung der Bauverwaltung. Nach Meinungsverschiedenheiten mit dem Reichsstatthalter legte Gutschow sämtliche Tätigkeiten im Rahmen der Gemeindeverwaltung am 26.11.1943 nieder, verblieb aber im privatrechtlichen Dienstvertrag des Architekten der Neugestaltung; vgl. W. DURTH, Deutsche Architekten. Biographische Verflechtungen 1900-1970 (Schriften des Deutschen Architekturmuseums zur Architekturgeschichte und Architekturtheorie), Braunschweig/Wiesbaden 1985, S. 185ff.

[69] GBP 40, mit Stellungnahmen, vgl. StA HH 322-3 A 125, A 126, A 127.

[70] StA HH 322-3 A 44 D 6; ein Erläuterungsbericht zum GBP 44 existiert nicht, heranzuziehen sind StA HH 322-3 A 44 D 1, D 38.

[71] Albert Speer, ab 1942 Reichsminister für Rüstung und Munitionsbeschaffung, wollte sich nach Beendigung des Krieges voll dem Wiederaufbau deutscher Städte zuwenden. Er ließ sich 1943 — in Konkurrenz zu Robert Ley (siehe Anm. 119) — von Hitler ermächtigen, städtebauliche Planungen bereits einzuleiten. Daraufhin bildete Speer den „Arbeitsstab zum Wiederaufbau bombenzerstörter Städte", für den er führende Architekten, darunter Gutschow, heranzog. Dieser verstand es, die Arbeiten für den Wiederaufbau in Hamburg effektiv damit zu verbinden, vgl. W. DURTH, Der programmierte Aufbau. Speers „Arbeitsstab zum Wiederaufbau bombenzerstörter Städte", in: Stadtbauwelt H. 84 (1984), S. 378-390; DURTH, wie Anm. 68, S. 283ff.

[72] Denkschrift über die Notwendigkeit einer Erweiterung des hamburgischen Staatsgebiets. Vom 7. Dezember 1915, in: StA HH 132-1 Senatskommission für Reichs- und auswärtige Angelegenheiten II, 1919-1933 II,I Blgl. Bd. I; weitere Denkschriften und Stellungnahmen in: StA HH 132-1 II, I Blgl. Bd. I-IV. Fundamental aus Sicht der Landesplanung: Gross-Hamburg. Denkschrift des Hamburger Senats, Hamburg 1922; W. JOHE, Territorialer Expansionsdrang oder wirtschaftliche Notwendigkeit? Die Groß-Hamburg-Frage, in: ZVHG 64 (1978), S. 149-180; H. SPECKTER, Neuordnungsfragen im Raume Unterelbe — Hamburg vor dem Groß-Hamburg-Gesetz von 1937, in: Raumforschung und Raumordnung 12 (1954), S. 130-135.

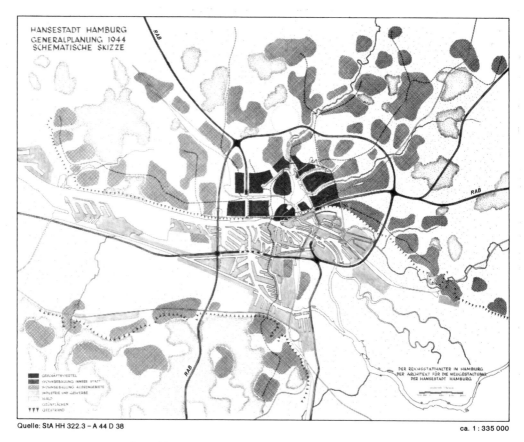

Abb. 13: Hamburg: Generalbebauungsplan 1944

das preußische Umland zur Sprache gebracht. Nach vorläufigem Scheitern eines Gebietsaustausches wurden „zwischenstaatliche" Regelungen durch *den Hamburgisch-Preußischen Staatsvertrag vom 5.12.1928* versucht[73]. Dazu rechneten die Gründung einer „Hafengemeinschaft", der Entwurf, Ausbau und Verwaltung neu zu erschließender Hafengebiete zugewiesen wurde, sowie ferner die Bildung eines Landesplanungsausschusses für alle Gemeinden im Umkreis bis 40km um das Hamburger Rathaus, dem jedoch zur Durchsetzung seiner Planziele die juristische Basis und die finanzielle Hoheit fehlten. Die Schwierigkeiten offenbaren sich in acht verschiedenen Bauordnungen der preußischen Randzonen, sowie der Baupolizeibefugnis bei zahlreichen Gemeinden.

---

[73] Abkommen zwischen den Ländern Hamburg und Preußen [zwecks Bildung einer Hafengemeinschaft, Einsetzung eines Landesplanungsausschusses, Gründung einer Arbeitsgemeinschaft für die Verkehrsgestaltung und zur Beseitigung bestehender Unzulänglichkeiten]. Vom 5. Dezember 1928, in: StA HH 135-1 Staatliche Pressestelle I-IV 1021, Bd. 9; vgl. E.H. OCKERT, Der hamburgisch-preußische Landesplanungsausschuß, in: Hamburg und seine Bauten 1929-1953, hg. v. Architekten- und Ingenieur-Verein zu Hamburg, Hamburg 1953, S. 15-23.

Die intraregionalen Komplikationen verschärften sich seit der Weltwirtschaftskrise durch unkontrollierte Siedlung auf dem Lande, meist in Lauben und Behelfsheimen. Derartige Mißstände sollten die *Vereinbarungen zwischen Preußen und Hamburg vom 13.4.1934* durch geordnete *Umsiedlung hamburgischer Siedler in preußische Gebiete* unter finanziellem Lastenausgleich durch Hamburg abstellen [74].

Mit dem Sieg des Nationalsozialismus zeichneten sich Tendenzen zum zentralistischen Einheitsstaat ab, wodurch die Reichsunmittelbarkeit als ein wichtiger Teil des Traditionsverständnisses der Hansestadt gefährdet zu sein schien. Die Vertreter der Stadt richteten deshalb ihr Augenmerk weniger auf Kooperation, sondern wiederum auf territoriale Erweiterung, um schon durch die Größe den Rang einer reichsunmittelbaren Stadt zu wahren. Trotz der neuerlichen Anläufe kam es mehr zufällig zur Gebietsreform [75].

Der preußische Ministerpräsident Hermann Göring, seit 1936 auch Beauftragter für den Vierjahresplan, ermächtigte anläßlich eines Privatbesuches in Hamburg den Reichsstatthalter in seiner neuen Eigenschaft zu Weisungen an preußische Dienststellen im Bereich des Landesplanungsausschusses. Der Anlaß war die Abwasserfrage. Da die Beamten im Reichsinnenministerium die Vollmacht nur als Anregung verstanden, setzte er, im Einverständnis mit Hitler, die territoriale Neuordnung durch. Hitler hatte sich im Hinblick auf eine geplante Reichsreform stets bedeckt gehalten. Wenn er schließlich dem singulären Gesetz zustimmte, durfte seine Bereitschaft nicht zuletzt im Engagement zur Elbufergestaltung ruhen, dessen Projektion über die Staatsgrenze hinaus er schon zuvor gesichtet hatte.

Das *Groß-Hamburg-Gesetz* [76] basierte auf einem Entwurf, den die „Dienststelle für Raumordnung" [77] kurzzeitig erstellt hatte. Dadurch wurden die Städte Altona, Wandsbek, Harburg-Wilhelmsburg sowie 27 Landgemeinden und zwei Gemeindeteile Hamburg zugeschlagen, während die Exklaven Cuxhaven, Geesthacht und Groß-Hansdorf an Preußen fielen [78]. Damit war „das ho-

---

[74] Vereinbarungen zwischen Preußen und Hamburg über Umsiedlung hamburgischer Siedler in preußisches Gebiet vom 13. April 1934, in: RGBl 1934 II, S. 372-373.

[75] Zur Entstehung des Groß-Hamburg-Gesetzes vgl. Krogmann, Tagebuch, wie Anm. 21, Eintragungen 1936 und 1937; Krogmann, Deutschlands Zukunft, wie Anm. 21, S. 222ff., 300ff.; vgl. Johe, wie Anm. 72, S. 171ff.; P. Lindemann, Stadt des Bürgers. Stadt des Volkes. Hamburgs Weg seit der Jahrhundertwende, Ms., o.O. o.J. [Hamburg 1948], in: Archiv der Forschungsstelle für die Geschichte des Nationalsozialismus in Hamburg, 32432.

[76] Gesetz über Groß-Hamburg und andere Gebietsbereinigungen. Vom 26. Januar 1937, in: RGBl 1937 I, S. 91-94; vgl. von Rozycki/Speckter, wie Anm. 26, S. 79ff.

[77] Im Dritten Reich wurde, da eine übergeordnete Planung als dringlich angesehen worden war, 1935 die Reichsstelle für Raumordnung eingerichtet, vgl. RGBl 1935 I, S. 793ff. Sie sollte die Reichs-, Landes- und Ortsplanung vereinheitlichen, vgl. W.H. Blöcker, Raumordnung, in: Raumforschung und Raumordnung 1 (1937), S. 5-8.

[78] Für Pläne zur territorialen Situation vor und nach den Gebietsbereinigungen vgl. Winkler, wie Anm. 51, nach S. 64.

heitliche, verwaltungsmäßige, verkehrspolitische, städtebauliche und wirtschaftliche Durcheinander im Stromspaltungsgebiet beseitigt"[79].

Die Hansestadt Hamburg hatte nunmehr ein Territorium von 745.694km² mit 1.689.119 Einwohnern (1937)[80]. Die Lösung war gegenüber dem Aktionsradius des Landesplanungsausschusses relativ klein. Deshalb merkte der GBP 40 kritisch an: „... die Grenzen des heutigen Hamburg sind nicht aufgrund eingehender städtebaulicher Planung und selbst gar nicht unter Berücksichtigung der zu erwartenden Entwicklung entstanden. Der Generalbebauungsplan darf deshalb nicht an diesen politischen Grenzen halt machen, er muß von dem alten Grundsatz der Landesplanung ausgehen und so planen, ‚als ob keine Grenzen vorhanden wären'."[81]

Deshalb gingen GBP 40 und GBP 44 mit Blick auf die Entwicklung des Verstädterungsraumes erheblich über die Grenzen der Stadt hinaus. Die neuerliche Verschiebung der Grenzen durfte aber kaum nach kurzer Zeit erreichbar sein. Vielmehr bestand die „Gefahr", in einen Flächenstaat aufzugehen. Die Landesplanungsgemeinschaft Hamburg[82] lehnte als Organisation überregionaler Interessen eine nochmalige territoriale Ausweitung der *Einheitsgemeinde* prinzipiell ab. Sie postulierte, gegebenenfalls einen Großgau Nordmark mit der Gauhauptstadt Hamburg zu bilden.

6.2 Wachstumskräfte

Die Regionalplanung für den Verstädterungsraum Hamburg stand im Dritten Reich vor dem Zwiespalt, daß die Stadt entgegen demographischen und ökonomischen Bestrebungen des Reiches auf Wachstum setzte.

6.2.1 Wirtschaftsprognose

Die Wirtschaft in Hamburg nutzte das Image, das die Stadt durch den Bauwillen von Hitler im Rahmen der Neugestaltung erhalten hatte. Der GBP 40 wollte den

---

[79] Aufruf des Gauführers und Reichsstatthalters Karl Kaufmann an die Bevölkerung Groß-Hamburgs vom 27.1.1937, in: StA HH 135-1 Pressestelle I-IV 7729, Bd. 3.

[80] Die Hansestadt Hamburg war, am Ende einer Übergangszeit, zum 1.4.1938 kein Land im Sinne des geltenden Reichsrechts, sondern eine Einheitsgemeinde mit den Aufgaben der Gemeindeverbände höherer Ordnung und zugleich ein (nicht rechtsfähiger) Verwaltungsbezirk des Reiches: eine „Reichsunmittelbare Gemeinde", vgl. H. BIELFELDT, Vom Werden Gross-Hamburgs. Citykammer, Gauwirtschaftskammer, Handelskammer. Politik und Personalia im Dritten Reich (Staat und Wirtschaft 1), Hamburg 1980, S. 56f.

[81] GBP 40 S. 3, wie Anm. 69.

[82] Die „Erste Verordnung zur Durchführung der Reichs- und Landesplanung. Vom 15. Februar 1936" (RGBl 1936 I, S. 104-106) richtete die Landesplanungsgemeinschaften ein als das Reich insgesamt überspannende Organisationen, denen die Aufgabe zugewiesen wurde, „in Gemeinschaft mit allen in Frage kommenden Stellen eine vorausschauende, gestaltende Gesamtplanung des Raumes" zu erarbeiten und die Planungsbehörden zu beraten, a.a.O. S. 106; vgl. BLÖCKER, wie Anm. 77, S. 6. Die Landesplanungsgemeinschaft Hamburg übernahm die Aufgaben des bisherigen Landesplanungsausschusses; vgl. OCKERT, wie Anm. 73, S. 23. Durch einen Erlaß der Reichsstelle für Raumordnung vom 27.11.1944 wurden die Dienststellen der Landesplanungsgemeinschaften wegen der kriegsbedingten Situation stillgelegt.

Hafen als führenden Schiffahrtsplatz des Reiches ausbauen, die Industrie sollte allerdings nur insofern erweitert werden, als sie auf den Hafen ausgerichtet war. Durch einen vagen ex-post Vergleich wurde eine Verdoppelung des Warenverkehrs in 25 bis 30 Jahren kalkuliert, plausibel gemacht durch vielfältige Überlegungen zu den konkurrierenden Einzugsbereichen und ökonomischen Entwicklungschancen innerhalb neuer Raumstrukturen.

Der propagierte Ausbau des Hafens war insofern ambivalent, als das Reich auf Autarkie der Wirtschaft setzte. Die dadurch „bedrängte" liberale Kaufmannschaft der Hansestadt[83] erblickte entscheidende Möglichkeiten zum Profit im Ausbau des Kolonialreiches, das bedeutend größer als in der Gründerzeit ausfallen sollte. Die Beziehungen der Stadt dazu wurden in Hamburg vielfältig propagiert[84].

6.2.2 Bevölkerungsprognose
Die geschätzte Verdoppelung des Hafenumschlages in etwa 25 Jahren war im GBP 40 die (einzige) Grundlage für die Prognose eines Bevölkerungsanstiegs von 1,7 Mill. auf 2 Mill. Personen, wenn nur die unmittelbare Entwicklung des Hafens ins Kalkül gezogen würde. Sofern jedoch die mittelbare Wirkung auf die Wirtschaft berücksichtigt würde, wäre mit maximal 2,5 Mill. Personen zu rechnen. Ohne Einfluß von Zuwanderungen würde sich die Bevölkerung wegen fortschreitender Überalterung der geburtenstarken Jahrgänge der Jahrhundertwende auf etwa 1,4 bis 1,45 Mill. Personen im Jahr 1985 reduzieren[85]. Nur erheblich gesteigerte Kinderfreudigkeit könnte das Defizit halbieren. Die Rückwirkung auf die Erwerbsbevölkerung würde erst ab 1975 durchschlagen[86].

Die Vorstellung starker Wanderungsgewinne mit dem siegreichen Ende des Krieges wäre mit den vermeintlich neuen Aufgaben des Reiches, der Beherrschung von Kolonien und der Kolonisation im „Ostraum", nicht vereinbar gewesen. Hamburg hätte eventuell noch Bevölkerung abgeben müssen. Der Widerspruch zum offensichtlichen Bevölkerungspotential für den Ausbau des Reiches verdeutlicht, daß Stadt- und Raumplanung nicht aufeinander abgestimmt waren.

6.2.3 Wohnungsbedarfsprognose
Die Unwägbarkeiten der Bevölkerungsentwicklung im Verstädterungsraum schlugen in den Kalkulationen für den Wohnungsbedarf der kommenden 25 Jahre durch. Relativ unumstritten waren ein Nachhol- und Ersatzbedarf von je

---

[83] Im Dritten Reich konnte die Kaufmannschaft die eingeleiteten Autarkiebestrebungen wegen Rohstoff- und Rüstungsimporten überspielen, aber große Steigerungsraten unterblieben; vgl. H.-J. NÖRNBERG/D. SCHUBERT, Massenwohnungsbau in Hamburg. Materialien zur Entstehung und Veränderung Hamburger Arbeiterwohnungen und -siedlungen 1800-1967 (Analysen zum Planen und Bauen 3), Berlin 1975, S. 165ff.
[84] Industrie- und Handelskammer Hamburg, Wirtschaftsplan Hamburg 1940, 2 Bde., Hamburg 1940, insbes. Bd. 1, S. 83f.
[85] StA HH 322-3 A 44 D2.
[86] Landesplanungsgemeinschaft Hamburg, Untersuchung zur Sanierung der Hansestadt Hamburg. Vom 3.2.1941, S. 3ff., in: StA HH 322-3 A 127, Bd. 1.

35.000 Wohneinheiten.

Der GBP 40 ging weiter davon aus, daß die avisierte Bevölkerungszunahme bei einer durchschnittlichen Haushaltsgröße von vier Personen einen Neubedarf von 200.000 Wohneinheiten erforderte, wobei die Sanierung der übervölkerten gründerzeitlichen Verbauung nicht berücksichtigt wurde.

Die Landesplanungsgemeinschaft, die eine Bevölkerungszuwanderung wegen übergeordneter Aufgaben des Reiches ausschloß, errechnete bei sinkender Population und ansteigender Kinderzahl einen Neubedarf von 70.000 bis 80.000 Wohneinheiten, wobei 180.000 Wohnungen in den dichtbebauten inneren Stadtteilen aufgegeben werden sollten.

Die extrem unterschiedlichen Resultate wirkten sich auf die Bemessung der Infrastruktur aus.

6.3 Dezentralisierung im Planungsraum

Die Traditon vielfältiger *Großstadtkritik* griff die nationalsozialistische Bewegung zunächst auf und steigerte sie mit biologischen und völkischen Begründungen[87]. Hitler selbst hatte die Großstadt aber schon früh — wenngleich in noch zu schaffender Form — grundsätzlich akzeptiert, erschien sie ihm doch als geeignetes Forum für die permanente Mobilisierung der Volksgemeinschaft. Nach der Konsolidierung des Dritten Reiches ergab sich ein ungebrochenes Wachstum der Großstadt, was nicht nur als Reflex auf die Rüstungsindustrie zu sehen ist. Zahlreiche Planer kamen zu der Einsicht, daß die Industrialisierung nicht von der städtischen Lebensform zu trennen wäre, so daß eine „Rückverwandlung" der Bevölkerung in kleine „Schollenbesitzer" generell auszuschließen war[88]. Die Auflösung der Großstädte zugunsten von Kleinstädten fand in der Realität des Dritten Reiches keinen Raum[89]. Die Umstrukturierung der Verdichtungsräume sollte durch *Entballung* erreicht werden.

Die Planungen für die Großstadt Hamburg, die durchaus auf Bevölkerungswachstum eingestellt waren, setzten auf Dezentralisierung, wobei als

---

[87] Zur Großstadtkritik im Dritten Reich vgl. W. LINDNER/E. BÖCKLER, Die Stadt. Ihre Pflege und Gestaltung (Die landschaftlichen Grundlagen des deutschen Bauschaffens 2), München 1939; in kritischer Reflexion M. WALZ, Gegenbilder zur Großstadt. Von den nationalsozialistischen Versuchen zur Auflösung der Stadt bis zu den Wiederaufbauphasen nach 1945, in: Stadtbauwelt H. 65 (1980), S. 59-68; ferner MATZERATH, wie Anm. 4, S. 3ff.; PETSCH, wie Anm. 1, S. 185ff.
[88] PETSCH, wie Anm. 8, S. 191.
[89] Gottfried Feder propagierte ein technokratisches Konzept von Klein- und Landstädten unter Ablösung der Großstädte, jedoch ohne Erfolg. Dennoch waren seine Herleitungen, die er unter Einbeziehung empirischer Forschungen machte, für die Theorie innerstädtischer Zentralität von nachwirkender Bedeutung (s.u.): vgl. G. FEDER unter Mitarbeit von F. RECHENBERG, Die neue Stadt. Versuch der Begründung einer neuen Stadtplanungskunst aus der sozialen Struktur der Bevölkerung, Berlin 1939; vgl. auch U. PELTZ-DRECKMANN, Nationalsozialistischer Siedlungsbau. Versuch einer Analyse der die Siedlungspolitik bestimmenden Faktoren am Beispiel des Nationalsozialismus, München 1978, S. 193ff.; PETSCH, wie Anm. 1, S. 187ff.; DURTH, wie Anm. 68, S. 102ff.

Planungsmaximen miteinander verschmolzen waren: das Prinzip der *Bandstadt* für die *Gesamtform des Verstädterungsraumes* sowie das Konzept der *Stadtlandschaft* für die *Gliederung des Verstädterungsraumes*.

6.3.1 Bandstadt als Entwicklungsmodell

1921 hatte Schumacher zur räumlichen Entwicklung für den Verstädterungsraum Hamburg ein Achsenmodell vorgeschlagen[90]. Der GBP 40 hingegen intendierte die Urbanisierung nach dem Leitbild einer Bandstadt beiderseits der zentralen Transportader Elbe. Diese Lösung von Gutschow entsprach der Vorstellung von Hitler, die Stadt auf die Elbe auszurichten. Die Planung zur Stadterweiterung nach dem Weltkrieg rückte von dem Gedanken wieder ab und wechselte unter Werner Hebebrand auf ein Achsenmodell, das im Vergleich zu der Vorgabe von Schumacher die Achsenenden durch Entwicklungszentren markiert[91].

Nachdem die Funktionstrennung als steuerndes Instrument der Flächennutzung aufkam, wurden in den 30er Jahren verschiedene Konzepte von Bandstädten zur Minimierung der Verkehrswege entwickelt[92]. Dieses Argument schlug bei der Begründung eines derartigen Modells für die Situation in Hamburg durch.

Der ungünstigen Raumentwicklung im Verstädterungsraum Hamburg sollten folgende Vorstellungen begegnen:

1. Die Schwerpunkte der Arbeitsstätten werden in der Niederung der Elbe oder an ihrem Rand durch Einrichtung zellular separierter Hafengruppen und Industrieareale im Elbtal sowie die Entlastung der City durch das abgetrennte Nebenzentrum am Elbufer gesetzt.
2. Die Wohngebiete werden als zellular getrennte Einheiten primär parallel den Elbhängen ausgewiesen, wobei ein Gleichgewicht zwischen nördlichen und südlichen Siedlungsarealen auf der Geest anzustreben ist[93].

---

[90] F. SCHUMACHER, Groß-Hamburg als wohnungspolitische Frage, in: Gross-Hamburg, wie Anm. 72, S. 34-44 (Plan S. 38).

[91] Vgl. G. BAHR, Die Achsenkonzeption als Leitvorstellung für die städtebauliche Ordnung in Hamburg, in: Zur Problematik von Entwicklungsachsen (VAKRaumfLdplan, Forschungs- und Sitzungsberichte 113), Hannover 1976, S. 201-239. — Die Bandstadt wurde erstmals von Arturo Soria y Mata als Modell für die Stadtplanung vorgeschlagen; vgl. A. SORIA Y MATA, Madrid Remendado y Madrid Nuevo, in: El Progreso, 6. März 1882, S. 7. Ebenezer Howard machte, unabhängig von Soria y Mata, die Zuordnung von urbanem Raum und offener Landschaft zu einem Hauptgedanken für die Begründung von Gartenstädten; vgl. E. HOWARD, To-morrow, a Peaceful Path of Real Reform, London 1898, bzw. die 2. Aufl.: E. HOWARD, Garden-Cities of To-morrow, London 1902.

[92] Vgl. E. DITTMANN, Bandstadt, in: Akademie für Raumforschung und Landesplanung (Hg.), Handwörterbuch der Raumforschung und Raumordnung, 2. Aufl., Hannover 1970, Sp. 125-135; G. ALBERS, Modellvorstellungen zur Siedlungsstruktur in ihrer geschichtlichen Entwicklung, in: Zur Ordnung der Siedlungsstruktur (VAKRaumfLdplan, Forschungs- und Sitzungsberichte 85, Stadtplanung 1), Hannover 1974, S. 1-34; F. SPENGELIN, Ordnung der Stadtstruktur, in: Akademie für Raumforschung und Landesplanung (Hg.), Grundriß der Stadtplanung, Hannover 1983, S. 355-385.

[93] Die Verteilung der Standorte entsprach nur unvollständig der idealen Form einer Bandstadt, wie sie Reichow für den Verstädterungsraum Hamburg skizzierte, vgl. H.B. REICHOW, Organische

3. Die Verkehrserschließung wird durch den Ausbau von Ost-West-Verbindungen und zusätzliche Querrouten durch das Urstromtal verbessert.

Die prognostizierte Verdoppelung des Hafenumschlags wäre voraussichtlich durch die beiden ersten Abschnitte in einem dreistufigen Hafenausbau zu bewältigen. Für die See- und Binnenhafenindustrie waren separate Standortbereiche in der Elbmarsch vorgesehen. Die Grundlage der Wirtschaft von Hamburg sollte aus Gründen der Raumplanung und der Dezentralisierung lediglich der Hafen sein; dennoch scheint im GBP 40 das lokale Interesse durch, hafenunabhängige Industrie anzusiedeln. Im übrigen wären Gewerbebetriebe in umgebenden Gemeinden wie Elmshorn, Pinneberg, Ahrensburg, Schwarzenbek, Geesthacht, Winsen und Buxtehude anzusetzen.

Die Auslagerung von Industrie wurde nach den Kriegseinwirkungen nicht mit letzter Konsequenz ins Kalkül gezogen. Die starken Zerstörungen der Mischnutzungsareale der Hochgründerzeit wurden nicht als Gelegenheit definitiver Dezentralisierung der Industrie genommen, sondern die Stadt versuchte durchaus, Betriebsstätten zu erhalten. Im GBP 44 wurde für jeden städtischen Kreis eine Gewerbezone geplant und überdies für störende Betriebe ein Gebiet in Billbrook vorgesehen, das durch einen 600m breiten Grüngürtel gegen benachbarte Wohnareale getrennt werden sollte.

6.3.2 Stadtlandschaft als Strukturmodell

Schumacher hatte in publizistischer Absicht trotz detaillierterer Einsicht urbane Entwicklungsvorgänge mit biologischen Wachstumsprozessen gleichgesetzt. Seine Deutung der *Stadt als Organismus* [94] erleichterte nationalsozialistischen Stadtplanern unter Vernachlässigung einer Analyse ökonomischer Zusammenhänge stadträumlich eine *ständisch-hierarchische Gesellschaftsordnung zu etablieren*, während die *Nachteile der Verstädterung durch ästhetische Gliederung und Gestaltung behoben* werden sollten.

Vor solchem Hintergrund verstand es Gutschow, der 1927 Mitarbeiter von Schumacher war, zwei Planideen im GBP 40 [95] aufeinander zu beziehen. Der Baurat von Stettin, Hans Reichow, hatte 1939 für den Verstädterungsraum Stettin das Konzept einer zellular gegliederten und hierarchisch geordneten *Stadtlandschaft* entworfen [96]. Gutschow übertrug das Modell auf Hamburg, wozu er nicht nur Reichow, sondern auch Wortmann [97] hinzuzog. Der

---

Stadtbaukunst. Von der Großstadt zur Stadtlandschaft (Trilogie organischer Gestaltung 1), Braunschweig/Berlin/Hamburg 1948, S. 176.

[94] Zum Verständnis der Stadt als „Organismus" durch Schumacher und die Wirkung seines Symbolismus, vgl. Durth, wie Anm. 68, S. 62ff.

[95] GBP 40 S. 20f., wie Anm. 69.

[96] H.B. Reichow, Gedanken zur städtebaulichen Entwicklung des Groß-Stettiner Raumes, Stettin 1940; H.B. Reichow, Grundsätzliches zum Städtebau im Altreich und im neuen deutschen Osten, in: Raumforschung und Raumordnung 5 (1941), S. 225-230; zur Fortführung der Idee der Stadtlandschaft nach 1945 vgl. Reichow, wie Anm. 93; dazu auch Durth, wie Anm. 68, S. 267; G. Albers/A. Papageorgiou-Venetas, Stadtplanung. Entwicklungslinien 1945-1980, 2 Bde., Tübingen 1984.

[97] W. Wortmann, Der Gedanke der Stadtlandschaft, in: Raumforschung und Raumordnung 5 (1941), S. 15-17.

Diplomingenieur Friedrich Heuer aus Bremen hatte zudem ein Konzept der *Ortsgruppe als Siedlungszelle* erstellt, das die *Überlagerung von politischer und räumlicher Organisation* einer quasi feudalistischen Gesellschaftsstruktur für einen Typus stadträumlicher Einheiten offerierte. Gutschow griff diese Lösung im Konnex mit der Stadtlandschaft auf und verteilte 1940 einen Schriftsatz zu diesem Planungsansatz, in den Zeichnungen von Heuer einbezogen waren [98].

Die Rechtfertigung der Stadtlandschaft durch Reichow als Prinzip zur Durchgestaltung eines Verstädterungsraumes beruhte auf ähnlichen Kriterien, wie sie Gottfried Feder kurz zuvor für den Aufbau von Kleinstädten zugrunde gelegt hatte:
1. Der „Organismus" der Stadt konstituiert sich in klarer und planvoller Ordnung aus einer Reihe locker und niedrig bebauter Siedlungszellen.
2. Die Siedlungszellen werden durch visuelle Bezüge, Verkehrswege, Grünflächen und Versorgungssysteme zum „Gesamtorganismus" zusammengeschlossen.
3. Das Zellengefüge richtet das städtische Dasein auf eine Hierarchie von Kernen bis hin zum Stadtmittelpunkt aus.

Die zentralen Einrichtungen sind der Hierarchie der Mittelpunkte eingepaßt; weitere Arbeitsstätten, vor allem von störungsfreien Mittelbetrieben, sind in Industrie- und Gewerbezellen zur Minimierung des Werksverkehrs jeweils Komplexen von Siedlungszellen zuzuordnen, doch durchbrechen die Standortbedingungen diverser Betriebsstätten solche Grundsätze [99].

Das Konzept der Stadtlandschaft verknüpft dezentralisierende und hierarchisierende Komponenten, die Zielen des Dritten Reiches in mehrfacher Weise entgegenkamen [100]: Die aufgelockerte Siedlungsweise verminderte das *Sicherheitsrisiko im Kriegsfalle*, da Bombenschäden sich auf Brandinseln einschränken würden. Die landschaftliche Durchdringung würde die *Bodenständigkeit* fördern und damit den „Willen zum Kind" stärken, wenngleich Geburtenraten ländlicher Räume nicht zu erwarten wären. Die durchmischte Ansiedlung von Vertretern verschiedener Sozialgruppen zumindest in Zellenkomplexen höherer Rangstufe würde die quasi *feudalistische Gesellschaftsordnung*, die als „ursprünglich" und „unantastbar" galt, durch die lokale Volksgemeinschaft überspielen. Die *Hier-*

---

[98] StA HH 322-3 A 42 B 2; Zeichnungen von Heuer zum Entwurf einer Ortsgruppe sind (in Auswahl) wiedergegeben bei DURTH, wie Anm. 71, S. 386f.; zur Ortsgruppe vgl. auch H. HENSELMANN/H. HENTRICH/W. WORTMANN, „Architekten sind keine Kinder der Niederlagen, aber im tiefsten Ernst haben wir in unseren Herzen Gräber, wo wir vieles vergraben und versteckt halten", in: Stadtbauwelt H. 84 (1984), S. 350-377. — Gutschow, „Systematiker" der Stadtplanung, engagierte sich im Rahmen der Planungen zum Wiederaufbau für Richtlinien zum Städtebau, wobei der räumlichen Durchdringung von politischer Ordnung und gesellschaftlicher Hierarchie in einer Rangfolge durch Stufungen der städtebaulichen Einheiten seine besondere Intention galt. Vgl. M. GUTHER/R. HILLEBRECHT/H. SCHMEISSNER/W. SCHMIDT, „Ich kann mich nicht herausdenken aus dem Vorgang der Geschichte, in die ich eingebunden bin". Erinnerungen an den Wiederaufbau der Bundesrepublik: Hintergründe, Leitbilder, Planungen, in: Stadtbauwelt H. 72 (1981), S. 346-380.
[99] StA HH 322-3 A 44 D 46, D 48 (Texte von H.B. REICHOW).
[100] StA HH 322-3 A 42 B 2; GBP 40, wie Anm. 69, S. 20f.

archie im Siedlungsgefüge könnte *mit Hoheitsbereichen der Parteiorganisation in Einklang* gebracht werden, auch wäre die Nähe von Partei- und Verwaltungssitz in den Zentren durchaus erstrebter Ausdruck der „Gleichschaltung".

In der siedlungsstrukturellen Untermauerung der Parteihierarchie versuchte Gutschow verschiedene Ansätze zur Synthese zu bringen. Er reflektierte vor allem auf Zellenverbände folgender Art:

1. *Ortsgruppen*

Heuer wollte die politische Einheit der Ortsgruppe als adäquate Basis einer Siedlungseinheit, die sich aus fünf bis sechs Siedlungszellen von insgesamt 5.000 bis 6.000 Einwohnern zusammensetzte [101]. Die Bezeichnung „Ortsgruppe als Siedlungszelle" ist mißverständlich, da eine Ortsgruppe als Gliederung der Partei aus mehreren Zellen besteht. Der Begriff „Ortsgruppe" wurde aber ohne Zusatz schließlich auf die Siedlungseinheit übertragen.

2. *Hauptortsgruppen*

Gutschow postulierte, vor allem aus dem Bedürfnis einer volksnahen Verwaltung, die städtebauliche Einheit der Hauptortsgruppe aus fünf bis sechs Ortsgruppen von insgesamt 25.000 bis 30.000 Einwohnern [102]. Inwieweit damit auch eine zusätzliche Untergliederung der Partei in der Großstadt zu etablieren wäre, blieb offen.

3. *Kreise*

Die Kreise, in der Hierarchie der Partei fest verankert, wären als Siedlungseinheit aus fünf bis sechs Hauptortsgruppen mit insgesamt 150.000 bis 200.000 Einwohnern zu etablieren.

Gutschow veranstaltete 1944 unter seinen Mitarbeitern einen Wettbewerb, um Lösungen für die Durchgestaltung einzelner Ortsgruppen und deren Gruppierung zu Hauptortsgruppen zu finden [103]. Eine Grundlage dafür war eine tabellarische Zuordnung von Zellenkomplexen und Versorgungseinrichtungen (Tab. 3) [104]. Die folgenden Lösungsvorschläge sind Ergebnisse aus dem Wettbewerb.

Walter Hinsch: Modell einer Ortsgruppe

Der Architekt entwarf in streng geometrischer Form eine Ortsgruppe mit sechs Siedlungszellen (Abb. 14) [105], die zwischen einer Hauptverkehrsstraße und einer Grünzone gelegen ist. Die Straßenbahn tangiert die Ortsgruppe auf diesem

---

[101] StA HH 322-3 A 42 B 2.
[102] StA HH 322-3 A 44 D 44; vgl. DURTH, wie Anm. 68, S. 220.
[103] StA HH 322-3 A 127 Bd. 1, A 44 D 44.
[104] Gottfried Feder hat erstmals eine Untergliederung der Stadt nach zentralen Einrichtungen vorgenommen, die im Prinzip unabhängig von nationalsozialistischer Ideologie ist; vgl. FEDER/RECHENBERG, wie Anm. 89. Gutschow steht in der Tradition von Feder, wenn er während der Wiederaufbauplanung generell städtebauliche Richtwerte erarbeitet; vgl. StA HH 322-3 A 44 D 10.
[105] StA HH 322-3 A 44 D 44, Entwurf Hinsch.

Tabelle 3

K. Gutschow: Aufgliederung des städtischen Siedlungsraumes unter Zuordnung der Gemeinschaftseinrichtungen

Zelle   250 Familien/1.000 Einwohner
Tagesbedarfsgeschäfte wie Milch, Brot, Lebensmittel usw.;
ferner: Schneider, Schuster, Friseur, Kindergarten.

Ortsgruppe   1.500 Familien/6.000 Einwohner
(6 Zellen)
Tages- und Wochenbedarfsgeschäfte wie Lebensmittel, Bäcker, Schlachter, Milch, Wild-Geflügel, Obst-Gemüse, Tabak, Textilien, Kurzwaren, Schuhwaren, Eisen-Haushaltswaren, Drogerie, Apotheke, Schreibwaren-Buchhandlung, Fahrräder-Nähmaschinen, Blumen;
ferner: an Handwerksbetrieben Herren- und Damenschneider, Schuhmacher, Friseur, Putzmacher, Uhrmacher, Glaser, Tischler, Elektriker, Klempner - Mechaniker, Tapezierer, Heißmangel-Wäscherei, Chemische Reinigung;
und: Fuhrgeschäft, Kohlenhandel, Baugeschäft, Dachdecker, Töpfer, Schlosser, Maler, Garagenbetrieb mit Autoreparatur und Tankstelle, Gartenbaubetrieb.
Gemeinschaftsanlagen: Ortsgruppenhaus der NSDAP mit Gaststätte, NSV-Heim mit Kindertagesstätte, zwei 16-klassige Schulen (davon in jeder zweiten Ortsgruppe eine als Hauptschule, in der Hauptortsgruppe als Oberstufe), zwei HJ-Heime mit dazugehörigen Sport-Spielflächen, Altenpflegeheim, ferner Postagentur, Sparkassennebenstelle, Arzt.

Hauptortsgruppe   7.500 Familien/30.000 Einwohner
(5 Ortsgruppen)
Zu den Einrichtungen der Regel-Ortsgruppen hinzukommend:
Monats- und Gelegenheitsbedarfsgeschäfte wie Optiker, Juwelier, Möbel, Beleuchtungskörper, Kunstgewerbe, Bilder und Bilderrahmen, Fotoladen;
ferner: an Handwerksbetrieben Polsterer, Korbmacher, Sattler, Buchbinder, Drucker, Bauunternehmer, Baustoffhandel.
Gemeinschaftsanlagen: Ortsgruppenhaus der NSDAP erweitert um die Gesundheitsstation und eine Feierhalle für rund 800 Personen. Ortsamt der Gemeindeverwaltung mit (im Frieden!) Standesamt, Sozialamt, Jugendamt, Wohnungsamt, Finanz- und Steueramt, Volksbücherei, angeschlossen Polizeirevier. - Höhere Schule (Oberschule), Berufsschule, Feuerwache, Postamt, kleine Parkanlage mit 4-5 Übungsplätzen und Freibad, Schießstand usw. - Für 2-3 Hauptortsgruppen zusammen ein Krankenhaus mit 600-800 Betten;
ferner: Kino, Banknebenstelle, Krankenkasse, Rechtsanwalt, Hausmakler, Architekt usw.

Kreis   37.500 Familien/150.000 Einwohner
(5 Hauptortsgruppen)
Zu den Einrichtungen der Hauptortsgruppen hinzukommend:
Groß- und Spezialgeschäfte des Monats- und Gelegenheitsbedarfs wie Kaufhaus, Konfektionshaus, Kraftwagenhandlung, Auktionslokal, Pfand- und Leihhaus, Antiquitätengeschäft, Kunsthandlung;
ferner: Groß-Kino, Großgaststätte mit Sälen, Vergnügungslokal, Varieté.
Gemeinschaftsanlagen: Kreishaus der NSDAP mit Aufmarschplatz für 20.000-30.000 Menschen und Feierhalle mit 3.000 Sitzplätzen, Kreisamt der Gemeindeverwaltung zusätzlich mit Gesundheitsamt, Bauamt, Sportamt, Kulturamt;
ferner: Fachschule, Theater, Friedhof, Wasserwerk, Elektrizitätswerk, Gaswerk, Abfallverwertungsanlage, Verkehrshof usw.;
ferner: Bank, Zeitungsverlag, Ingenieurbüro, Notar, Facharzt usw.

Quelle: StA HH 322-3 A 44 D 44

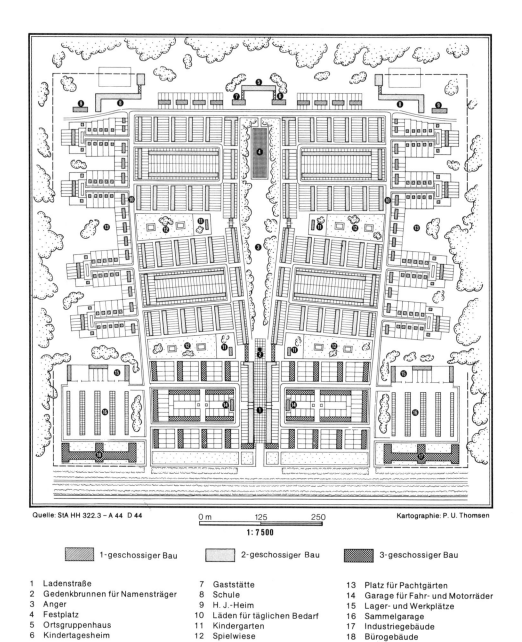

Abb. 14: Schema einer Ortsgruppe. *Entwurf*: W. Hinsch 1944

Neugestaltung von Hamburg 1933 - 1945

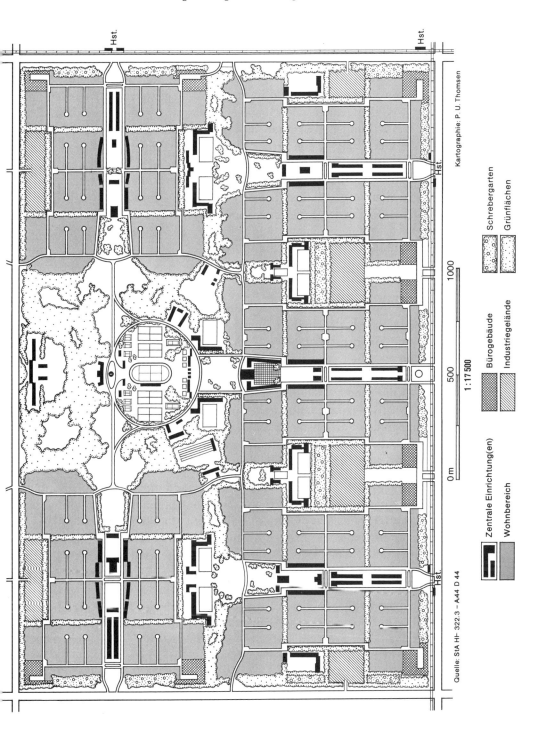

Abb. 15: Schema einer Hauptortsgruppe. *Entwurf*: F. Dyrssen 1944

Verkehrsweg und verläuft dort auf separiertem Gleiskörper. Die Ortsgruppe, frei von Durchgangsverkehr, wird durch eine zentrale Achse mit Standorten für zentrale Einrichtungen erschlossen. Das geschäftliche und das öffentliche Zentrum sind deutlich voneinander getrennt. Die Geschäfte, mit Ausnahme weniger Einheiten in den Zellen, sind in zwei parallel gezogenen Bauzeilen mit rückwärtiger Andienung nahe der Hauptverkehrsstraße zusammengefaßt. Die öffentlichen Einrichtungen, darunter das Ortsgruppenhaus, liegen in enger Bindung an die Grünzone in beherrschender Lage am Ende eines angerförmig ausgeweiteten Mittelstreifens. Die Bebauung staffelt sich von den mehrgeschossigen Bauten mit Läden und Mietwohnungen in der Zentralzone zu eingeschossigen Bauten gegen das randliche Grün ab. Die Siedlungszellen sind durch Freiräume mit Kindergärten und Spielplätzen voneinander getrennt. Die Garagen liegen peripher. Kleingärten für Nutzer von Mietwohnungen sind in das randliche Grün einbezogen. Die Standorte von Büros und Gewerbe sind mit direktem Zugang nahe zur Hauptverkehrsstraße in kleinen Einheiten zusammengefaßt.

Friedrich Dyrssen: Modell einer Hauptortsgruppe
Der Architekt erstellte als einziger Wettbewerber einen durchkomponierten Entwurf für eine Hauptortsgruppe [106] (Abb. 15). Sie wird allseitig von Hauptverkehrsstraßen umgeben. Innerhalb dieses Rechtecks sind mit Zugang von einer Längsseite drei Ortsgruppen und von beiden Querseiten je eine Ortsgruppe vereinigt. Das Ende einer jeweiligen Mittelachse führt von den Ortsgruppen zu einem zentralen Kernraum. Dort steht in beherrschender Lage (wohl) das Hauptortsgruppenhaus; ansonsten überwiegen Sportanlagen verschiedener Art inmitten des Grüns. Das Modell vermittelt mit dem Kernraum Anklänge an die Planung von Gartenstädten, für die eine durchgrünte Stadtmitte typisch ist.

6.3.3 Dezentralisierung der Wohnstandorte im Verstädterungsraum Hamburg
Der GBP 40 geht von einer deutlichen Zweiteilung der Wohnstandorte im Verstädterungsraum aus. Die Grenze sollte der Autobahnring markieren, eingebunden von einem 100m breiten Grünstreifen mit durchlaufendem Radweg. Innerhalb des RAB-Ringes befänden sich die weithin geschlossenen Wohnareale mit einem Übergewicht an Mietwohnungen. Diese Bereiche wären baulich „abzurunden" und mit zugehörigen Freiflächen zu versehen gewesen, darunter Kleingärten für jede vierte Familie. Außerhalb des RAB-Ringes sollte die Erweiterung bei niedrigen Geschoßzahlen nach den Prinzipien der Stadtlandschaft erfolgen. Das Stadtumland hätte in vielfältiger Weise der Freizeit und Versorgung der urbanen Bevölkerung zu dienen gehabt. Insbesondere war der Waldbereich innerhalb der 30km-Zone von 8% auf 27% zu erweitern [107].

Die Kriegseinwirkungen führten in Hamburg zur Vernichtung von 52,3%

---

[106] Ebd., Entwurf Dyrssen.
[107] Zur Wiederaufforstung vgl. StA HH 322-3 A 243; Vorschlag von H. Berlage zur Flächennutzung im Stadtumland, vgl. StA HH 322-3 A 44 D 9.

Wohnungen. Die weitflächigen Zerstörungen wurden hauptsächlich durch die „Aktion Gomorrha" im Sommer 1943 durch gemischten Abwurf von Spreng- und Brandbomben ausgelöst, und zwar primär in jenen Stadträumen, in denen die Bebauungsdichte die größten Schäden und die Bevölkerungsdichte den schlimmsten Terror versprochen hatte. Betroffen waren besonders die mehrgeschossigen Mietshausareale, vor allem östlich der Alster [108].

Der GBP 44 verfolgte konsequent die *Dezentralisierung der Wohnbevölkerung* trotz der vorübergehenden Überbelegung des verbliebenen Wohnungsbestandes. Die Einwohnerzahl der Stadt sollte auf 1,86 Mill. beschränkt, der Rest in Kleinstädten in der 60-Minuten-Pendelzone untergebracht werden. Innerhalb des RAB-Rings sollten 820.000 Einwohner (Dichte bis zu 200 E./ha), außerhalb 1.040.000 Einwohner (Dichte 50 bis 100 E./ha) wohnen [109]. Im Gegensatz zum vorhergehenden Generalbebauungsplan wurde im GBP 44 die *Sanierung der Altquartiere* — unabhängig vom Zerstörungsgrad — ins planerische Kalkül gezogen [110]. Die Intentionen dokumentierten diverse Teilbebauungspläne, die Mitarbeiter von Gutschow aufstellten [111].

Aufschlußreich ist der Vergleich der *Pläne von Gerhard Langmaack für Barmbek-Uhlenhorst* (Abb. 16) *und von Friedrich Dyrssen für (Eppendorf-)Winterhude* (Abb. 17) [112]. Die beiden Bereiche waren einander insofern ähnlich, als generalisiert von der Alster her Villen in Einzel- und Reihenstellung aufeinander folgten, mit zunehmender Entfernung Großwohnhäuser mit Großwohnungen und schließlich Großwohnhäuser mit Kleinwohnungen überwogen. Letztere entstammten in Barmbek-Uhlenhorst in stärkerem Maße der Hochgründerzeit, in Winterhude der Zwischenkriegszeit. Die genetischen Unterschiede riefen verschiedene Strategien zur Sanierung hervor, die im übrigen durch den Zerstörungsgrad beeinflußt wurden, der in Barmbek-Uhlenhorst sehr hoch, in Winterhude sehr niedrig war.

Ein Sofortprogramm zur Errichtung von 55.000 Wohnungen in Hamburg als erste bauwirtschaftliche Stufe zum Wieder- bzw. Neuaufbau unterschied [113] zwei Gebietskategorien: *Wiederherstellungsgebiete* wären nur geringfügigen Umgestaltungen zu unterwerfen, wie etwa Herabzonungen oder Auskernungen. Dazu rechneten die als „fortschrittlich" eingestuften Areale der Zwischenkriegszeit, vor allem, wenn sie wie die Jarrestadt im südöstlichen Winterhude von hoher Ensemblewirkung waren. Die *Wiederaufbaugebiete* wären unter weitgehender Umlegung der Grundstücke und teilweiser Neugestaltung des Straßennetzes von Grund auf neu zu formen. Dazu zählten die eng verbauten Areale in gründerzeitlicher Schlitzbauweise, wie sie in Barmbek in Massenwohngebieten

---

[108] StA HH 322-3 A 44 D 5, D 1, Abb. 1, 3, 4.
[109] StA HH 322-3 A 44 D 1, S. 2ff.
[110] StA HH 322-3 A 44 D 32, A 331.
[111] StA HH 322-3 A 44 D 26, D 27, D 28, D 30, D 31, D 36, D 42.
[112] Konkrete Bebauungspläne werden nur für den Stadtteil Winterhude vorgelegt, mit alternativen Entwürfen von G. Langmaack und W. Kallmorgen.
[113] StA HH 322-3 A 44 D 38, S. 2ff., Abb. 6.

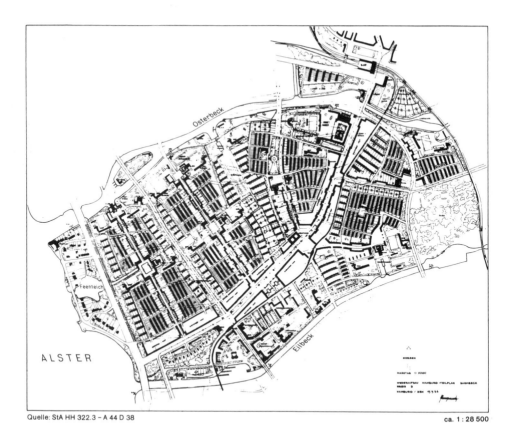

Abb. 16: Hamburg: Teilbebauungsplan Barmbek-Uhlenhorst. *Entwurf*: G. Langmaack 1944

charakteristisch waren. Die Abneigung gegen diese Bauweise war jedoch so groß, daß selbst die sozial angehobene Bebauung erhaltener Großwohnhäuser in Alsternähe von der Flächensanierung auf Dauer erfaßt werden sollte. Die rechtliche Basis für den Wieder- bzw. Neuaufbau war zwar noch ungeklärt, doch war an vergleichbare Rechtsgrundlagen wie das Neugestaltungsgesetz gedacht [114].

Die Durchgestaltung der inneren Stadtkreise sollte nunmehr auch nach den Kriterien der Stadtlandschaft erfolgen. Die gewerblichen Betriebe wären entweder in Gewerbehöfen mit den Wohngebieten zusammenzufassen, wie sie in den Plänen ausgewiesen wurden, oder aber in Gewerbegebieten außerhalb unterzubringen gewesen. Breite Grünzüge an Außenalster und Alsterfluß sowie deren Seitenarmen wären von der Innenstadt in die offene Landschaft zu leiten. Da die Grünzonen der Allgemeinheit dienten, wären die Villen an der Alster „verdeckt" auf dem rückwärtigen Teil der jeweiligen Parzelle zu lokalisieren

---

[114] StA HH 322-3 A 44 D 24.

Neugestaltung von Hamburg 1933 - 1945 433

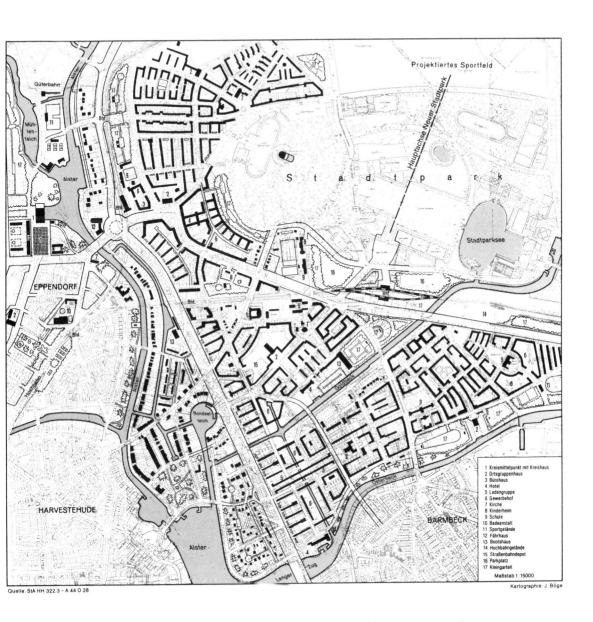

Abb. 17: Hamburg: Bebauungsplan Winterhude. *Entwurf*: F. Dyrssen 1944

gewesen, wo auch die Andienung über Stichstraßen erfolgen sollte. Kleingärten, im Grunde nur als Provisorium gegenüber Hausgärten gewertet, wurden wegen drei- bis viergeschossiger Wohnhäuser in angemessenen Anteilen eingeplant. Die überlieferte intraurbane Einbindung beließ die Durchgangsstraßen weitgehend in ihrer Routenführung, wenngleich sie ohne Rücksicht auf vorhandene Bebauung stark verbreitert würden. Im übrigen wäre das Straßengefüge so auszulegen, daß die Wohngebiete von Durchgangsverkehr frei blieben.

Die Verwirklichung durchgestalteter Ortsgruppen war in Winterhude wegen der Durchsetzung mit „Wiederherstellungsgebieten" kaum möglich. Die zentralen Standorte von Ortsgruppenhäusern ließen sich noch am ehesten in der Jarrestadt erreichen, wo, neobarock beeinflußt, Straßenfolgen in der Planung von Schumacher axiale Beziehungen gaben.

In Barmbek-Uhlenhorst hingegen war ein Modell einer Ortsgruppe einfacher umzusetzen. Die Ortsgruppen würden zwischen der zentralen Durchgangsstraße und den peripheren Grünzonen entlang der Kanäle von Eilbek und Osterbek aufgespannt. Die Bauten an der Hauptverkehrsstraße wären sechsgeschossig; dorthin ausgerichtete Eingangsbereiche der Ortsgruppen hätten viergeschossige Miethäuser; die entfernteren Innenzonen bestünden aus zweigeschossigen Einfamilienhäusern. Die aufgelockerte Siedlungsweise wäre das Resultat von gesunkener Bevölkerungszahl und gesteigerter Haushaltsgröße [115].

Räumlich integrative Planideen für die Assoziation der Ortsgruppen zu Hauptortsgruppen sind in den Bebauungsplänen nicht ersichtlich, vermutlich weil dieser Gedanke für eine empirische Umsetzung noch gar nicht ausgereift war. Hingegen existierten spruchreife Vorstellungen für die Kreiszentren in Eppendorf an der Alster und in Barmbek am Osterbek-Kanal. Die städtebauliche Einbindung stand allerdings in keinen übergeordneten gestalterischen Zusammenhängen mit den Ortsgruppen.

6.4 Bauweise der Wohnhäuser

Das Dritte Reich adaptierte die Architektur vergangener Epochen je nach der Bauaufgabe. In den Verstädterungsräumen sollte, da ihre Auflösung nicht möglich war, dennoch die Atmosphäre kleinstädtischer Siedlungsweise durch überschaubare und bescheiden gestaltete Räume wirken. Diese wurden in schlichtem Traditionalismus [116] auf „anständige" und „werktreue" architektonische Formen im Heimatschutzstil eingestimmt. Die Handwerklichkeit betonten bodenständiges Material mit Dachpfannen und Backstein, wobei der „pathetische" Klinker der Weimarer Zeit durch hellrote Ziegel abgelöst wurde.

---

[115] Die geplante Dezentralisierung in Barmbek-Uhlenhorst wird an folgenden Daten deutlich (Ist-Stand 1939/Plansoll): 43.159/9.386 Wohneinheiten (WE); 129.652/50.332 Einwohner (E.); 285,5/111,7 E./ha; 91,0/20,6 WE/ha; 3,0/5,4 E./WE. Vgl. StA HH 322-3 A 44 D 26, S. 1, 3.

[116] Vgl. PETSCH, wie Anm. 1, S. 165ff., S. 188ff.; H. HIPP, Wohnstadt Hamburg. Miethäuser der Zwanziger Jahre zwischen Inflation und Weltwirtschaftskrise (Hamburg-Inventar, Themen-Hefte 1), Hamburg 1982, S. 121ff.; CH. TIMM, Gustav Oelsner und das neue Altona. Kommunale Architektur und Stadtplanung in der Weimarer Republik, Hamburg 1984.

Die ästhetische Aufwertung der handwerklichen Produktionsweise wurde anfangs vorwiegend aus ideologischen und weniger aus wirtschaftlichen Gründen, später aber infolge der Aufrüstungspolitik wegen Mangels an Baumaterialien als wirtschaftliche Notwendigkeit angesehen. Gutschow als eifriger Verfechter der Stadtlandschaft vertrat solche Architektur auch noch im Rahmen der Wiederaufbauplanung, als sich schon eine Wende zur Rationalisierung abzeichnete. Insbesondere schrieb er 1941 einen Wettbewerb für Kleinhäuser aus [117]. Er übernahm 1944 auch Planzeichnungen von Friedrich Heuer für mehrgeschossige Wohnbauten im Heimatschutzstil (Abb. 18) [118].

Mit dem „Erlaß zur Vorbereitung des deutschen Wohnungsbaues nach dem Kriege" vom 15.11.1940 wurden die Rationalisierung, Typisierung und Normierung von sozialen Wohnbauten die entscheidenden Forderungen [119]. In den Großstädten sollte es deshalb nicht nur zur Errichtung von vielgeschossigen Wohnbauten kommen, sondern Hochhäuser wurden innerhalb weiter Grünflächen aus Repräsentationsgründen sogar angestrebt. Das hatte auch zur Folge, daß stilistische Elemente des Neuen Bauens, die bis dato unterdrückt wurden, wieder aufkamen. In Hamburg regte sich nun die Bauverwaltung, die in der Planung inzwischen zurückgesetzt worden war, mit Entwürfen, die entgegen den Bestrebungen von Gutschow solche Architektur protegierten [120].

7. Ausblick

Die erste Nachkriegsgeneration der Stadtplaner, unter ihnen zahlreiche Vertreter, die schon im Dritten Reich aktiv waren, glaubte, den Nationalsozialismus dadurch bewältigt zu haben, daß sie sich von den Projekten distanzierte, die sich an Präferenzen von Hitler orientierten. Im übrigen hielten sie ideologisch „entkleidete" Leitbilder mit hoher Kontinuität fest, zumal sie mit „Erleichterung" registrierten, daß auf internationaler Ebene etwa zeitgleich ähnliche Planungskonzepte erarbeitet worden waren.

Der Wiederaufbau erfolgte in Hamburg in einer relativ konservativen Bauweise. Dafür mag das Verharren der Grundeigentümer im Restaurativen mitgespielt haben; besonders aber fand eine niedergegangene Wirtschaft nicht sogleich den Weg zur Rationalisierung im Bauwesen, entgegen den Ideen am Ende des Dritten Reiches.

---

[117] StA HH 322-3 A 334.
[118] StA HH 322-3 A 44 D 27.
[119] RGBl 1940 I, S. 1495-1498; Robert Ley, Reichskommissar für den sozialen Wohnungsbau nach dem Kriege, war durch den Erlaß ermächtigt worden, die Planungen für ein umfangreiches Wohnungsbauprogramm zu betreiben, vgl. G. FEHL/T. HARLANDER, Hitlers Sozialer Wohnungsbau 1940-1945, in: Stadtbauwelt H. 84 (1984), S. 391-398; PELTZ-DRECKMANN, wie Anm. 89, S. 220ff.; zur Diskussion über die Bauweise vgl. StA HH 322-3 A 44 D 18, D 19.
[120] StA HH 321-2 B 348c.

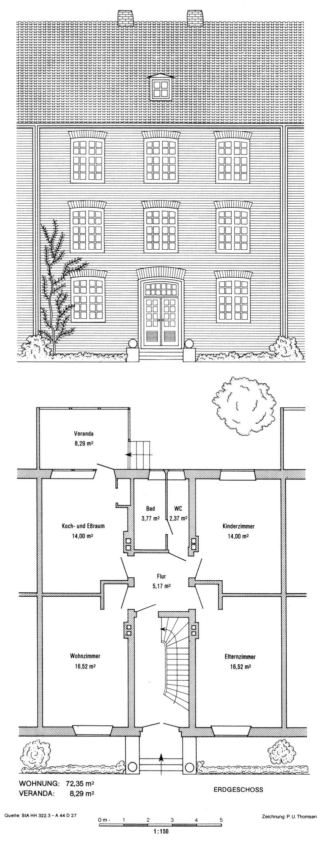

Abb. 18: Wohnhaustyp. *Entwurf*: H. Heuer 1944

In Hamburg wurden grundlegende Determinanten der Flächennutzung über das Dritte Reich hinaus verfolgt. Viele Projekte wurden allerdings in bescheideneren Dimensionen aufgelegt, als radikale Vorschläge intendierten. Der Wiederaufbau verlief unter Ausbleiben einer durchgreifenden Bodenreform und erschien Planern, denen im Dritten Reich uneingeschränkte Rechtsgrundlagen eine Totalplanung ermöglichten, als „verpaßte Chance" [121].

---

[121] ALBERS, wie Anm. 5, S. 18.

STADTUMBAU UND STADTERHALTUNG IN DER DDR

von Peter Schöller

1. Persistenz und Wandel im Städtesystem

Ebenso wie im Gebiet der Bundesrepublik Deutschland ist auch im Bereich der Deutschen Demokratischen Republik das Siedlungsgefüge in seiner Netzdichte, Größenverteilung und funktionalen Ausrichtung trotz Kriegszerstörungen und Systemwandel erstaunlich konsistent und stabil geblieben. Das wird heute auch in der wissenschaftlichen Literatur der DDR anerkannt, nachdem lange Zeit der „revolutionäre Wandel" in Wirtschaft, Gesellschaft und Siedlung über Gebühr betont worden ist [1]. Nun heißt freilich die Betonung von Persistenz und Stabilität im Siedlungsgefüge nicht Unveränderlichkeit. Tatsächlich sind Zugänge, Veränderungen, Größenverschiebungen und Umwertungen im Siedlungssystem erkennbar, Wandlungen, die auf wesentlichen Umgestaltungen der wirtschaftlichen und gesellschaftlichen Grundlagen und der staatlichen Einwirkungen basieren. Das wird besonders deutlich im Vergleich zur Stadtentwicklung in der Bundesrepublik.

Statistisch-quantitativ sind derartigen Vergleichen leider enge Grenzen gezogen, weil wir für Städte der DDR über die blanke Einwohnergröße hinaus kaum über Daten verfügen. Doch sollte das wenige verfügbare Material auch voll genutzt werden [2]. Eine neu und sehr arbeitsaufwendig durch Nachfor-

---

[1] Besonders klar und entschieden hat das jüngst K. Scherf herausgestellt: „Generell muß davon ausgegangen werden, daß das Netz der Städte und Dörfer als Ergebnis einer langen historisch-geographischen Entwicklung eine hohe Stabilität besitzt"; vgl. K. SCHERF, On the Dialectics of Functional Relationships between the Central City and its Surroundings, the Example of the Cities in the GDR, in: The Take-off of Suburbia and the Crisis of the Central City. Proceedings of the International Symposium in Munich and Vienna 1984, hg. v. G. HEINRITZ/E. LICHTENBERGER (Erdkundliches Wissen 76), Stuttgart 1986, S. 277-281.

[2] Erste Ansätze zu einem Vergleich der Stadtentwicklung in der Bundesrepublik Deutschland und in der Deutschen Demokratischen Republik finden sich bei P. SCHÖLLER, Die deutschen Städte (Erdkundliches Wissen 17), Wiesbaden 1967, S. 73-97; DERS., Veränderungen im Zentralitätsgefüge deutscher Städte. Ein Vergleich der Entwicklungstendenzen in West und Ost, in: F. MONHEIM/E. MEYNEN (Hgg.), Tagungsbericht und Wissenschaftliche Abhandlungen, 36. Deutscher Geographentag Bad Godesberg 1967 (Verhandlungen des Deutschen Geographentages 36), Wiesbaden 1969, S. 243-250; DERS., Paradigma Berlin. Lehren aus einer Anomalie — Fragen und Thesen zur Stadtgeographie, in: GR 26 (1974), S. 425-434. Als jüngster Ansatz eines bewertenden Überblicks: DERS., Comparative Urban Change in West and East Germany, in: World Patterns of Modern Urban Change. Essays in Honor of Ch.D. Harris, Chicago 1985. Wichtig und ergebnisreich auch H. Heinebergs Arbeiten zum Zentrenvergleich in Berlin: H. HEINEBERG, Zentren in West- und Ost-Berlin (BochumGeogrArb, Sonderreihe 9), Paderborn 1977; DERS., West-Ost-Vergleich großstädtischer Zentrenausstattungen am Beispiel Berlins, in: GR 31 (1979), S. 434-443.

schungen von U. Pfennig erstellte Karte der *Kriegszerstörungen* durch Luftangriffe[3] — gemessen am Anteil total zerstörter Wohnungen — zeigt (Abb. 1), daß das Gebiet der heutigen DDR relativ weniger durch Zerstörungen betroffen war als der Westen und Nordwesten Deutschlands. Das gilt, trotz der starken Zerstörung Dresdens, selbst für die sächsisch-mitteldeutschen Industriegroßstädte. Das heutige Bild ausgedehnter Freiflächen und beschädigter Altbausubstanz in vielen Innenstädten der DDR täuscht also; wesentliche Teile der Altstädte sind erst Jahrzehnte nach dem Ende des Krieges verfallen oder infolge von Vernachlässigung abgerissen worden. Darauf wird zurückzukommen sein.

Zieht man eine Bilanz der *Städteentwicklung* zwischen 1939 und 1970 in Ost und West[4], so fällt das Ergebnis unterschiedlicher aus, als der Städteforschung wohl allgemein bewußt ist. Während im Gebiet der Bundesrepublik alle großen Stadtregionen, Größentypen und funktionalen Städtegruppen trotz höherer Bombenschäden gegenüber der Vorkriegszeit zum Teil ganz erheblich an Einwohnern zugenommen haben, zeigt sich im Osten ein ganz anderes Bild: Bevölkerungsabnahme fast aller sehr großen und führenden Städte gegenüber 1939. Für Ost-Berlin, Leipzig, Dresden und Magdeburg gilt die absolute Abnahme bis heute. Zunahmen sind festzustellen vor allem bei den kleineren Großstädten und den Mittelstädten, die 1952 zu Bezirkshauptstädten ernannt worden sind. Darüber hinaus finden wir stärkere Unterschiede: einerseits Abnahmen, andererseits Neuzugänge im Siedlungssystem, etwa die neuen Wohnstädte der Grundstoffindustrie, die seit 1950 in der DDR aufgebaut worden sind: Eisenhüttenstadt, Hoyerswerda, Schwedt, Halle-Neustadt (Abb. 2).

Eine Gruppe im Siedlungssystem der DDR ist besonders stark und nachhaltig in ihrer Substanz und in ihren Entwicklungskräften getroffen worden: die Schicht der kleinen historischen Landstädte, deren Hauptfunktion es einst war, Mittelpunkt, Marktort und komplexes Unterzentrum für ein bäuerliches Umland zu sein. In der Mark Brandenburg gehören zu dieser Schicht etwa: Storkow, Trebbin, Lychen, Jerichow, Ziesar. Nach 1945 erlebten sie den ersten Funktionsverlust durch die „Aufrüstung des flachen Landes" mit einer forcierten Stärkung von Hauptdörfern, in denen Zentralschule, Landkaufhaus, Landambulatorium, Maschinenstation u.a. eingerichtet wurden. Dann folgte 1952 mit der Verwaltungsreform die zunehmende Konzentration der Zentralfunktionen auf die Kreisebene, verstärkt durch die schubweise steigende Verstaatlichung von Handel und Handwerk. Als Folge des Ausbleibens öffentlicher Investitionen im Bauwesen fielen auch die Wohnbedingungen häufig unter den durchschnittlichen städtischen Standard.

---

[3] Das betrifft in erster Linie Schäden durch Luftangriffe. Denn durch Kampfhandlungen in den letzten Kriegswochen sind gerade in nordostdeutschen Städten noch starke Zerstörungen eingetreten.

[4] Als Bezugsjahr wurde 1970 gewählt, weil seitdem die kommunale Neugliederung in der Bundesrepublik Deutschland die Relationen zu stark zugunsten der westdeutschen Städte verschoben hätte.

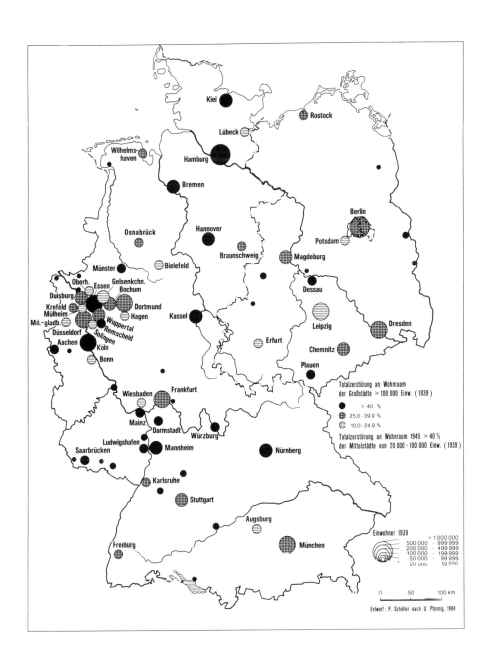

Abb. 1: Zerstörung deutscher Städte 1945

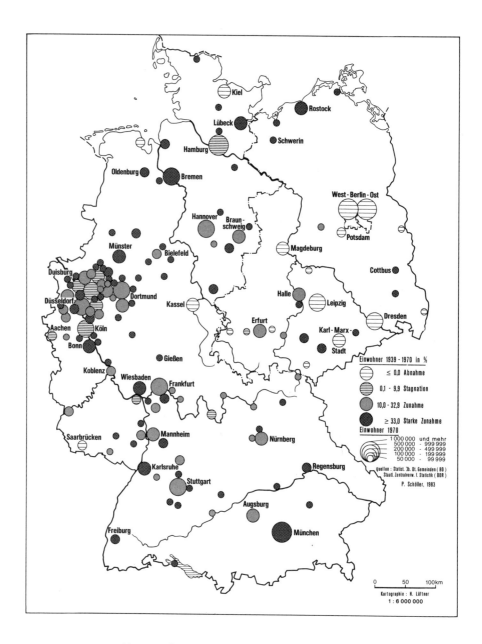

Abb. 2: Größenentwicklung deutscher Städte 1939-1970

Daß das allgemeine Zurückbleiben im Städtewachstum der DDR nicht einfach als Folge größerer Abwanderungswellen in die Bundesrepublik zwischen 1949 und 1961 aufgefaßt werden darf, sondern tatsächlich mit den staatlichen Investitionen im Wohnungsbau zusammenhängt, mag eine weitere Karte belegen (Abb. 3). Für das Jahr 1963, einen Zeitpunkt nach dem Mauerbau, waren mir letztmalig Angaben über die Fertigstellung von Neubauwohnungen in den Städten der DDR über 50.000 Einwohnern zugänglich [5]. Auch hier ergibt das Bild der Karte im Vergleich einen ganz erheblichen Kontrast der Bauaktivität: Über mehr als drei Jahrzehnte hin blieb der Wohnungsbau in der Bundesrepublik Deutschland auch relativ gesehen erheblich intensiver als in der DDR [6]. Die jüngsten Programme der DDR im Bauwesen mit dem Ziel, bis 1990 die Wohnungsversorgung als „soziales Problem zu lösen", müssen deshalb als Versuch gewertet werden, viel Versäumtes aufzuholen, zumal die Altbausubstanz bis heute völlig vernachlässigt blieb. So hat H.J. Buchholz nach dem offiziellen Statistischen Jahrbuch der DDR errechnet, daß vom 1.1.1971 bis zum 31.12.1981 zwar 1.085.000 Neubauwohnungen geschaffen wurden, im selben Zeitraum aber 579.000 bestehende Wohnungen durch Abbruch verloren gegangen sind [7].

2. Veränderungen in der Städtepolitik der DDR

Für das Thema ‚Stadtumbau und Stadterhaltung' mag die Frage wichtig sein, ob denn Grundlinien einer konsistenten Städtepolitik in der DDR zu erkennen sind. Die Antwort fällt schwerer, als es theoretisch bei einer Planverwaltungswirtschaft zu erwarten wäre, denn eine wissenschaftliche Beurteilung hat sich mehr an Realitäten als an Postulaten und Deklamationen zu orientieren. Der eklatante Widerspruch zwischen Theorie und Praxis gehört bis heute zu den großen Schwierigkeiten, die eine Prozeßanalyse in sozialistischen Ländern besonders behindern. Klar ist jedoch, daß vom Anfang bewußter Neugestaltung in den Ländern der sowjetischen Besatzungszone an immer Wille und Anspruch vorhanden waren, auch im Städtebau neue, sozialistische Strukturen zu schaffen und dabei dem Vorbild der Sowjetunion zu folgen.

Aus den „16 Grundsätzen des Städtebaus" und dem Aufbaugesetz von 1950 sind einige Positionen in den folgenden Jahrzehnten angewandt und verwirklicht

---

[5] Nach: Erfurter Statistik 1964, Erfurt 1964. — Für spätere Jahre sind Zahlen entweder nur für die Bezirksebenen verfügbar, oder Wohnungsneubau ist mit Wohnungsmodernisierung statistisch zusammengefaßt.

[6] In der gründlichen Analyse von M. HOFFMANN, Wohnungspolitik der DDR — das Leistungs- und Interessenproblem, Düsseldorf 1972, werden die Wohnungsbauleistungen in der Bundesrepublik Deutschland und in der Deutschen Demokratischen Republik im Verhältnis zur Einwohnerzahl berechnet. Die Gegenüberstellung unterstreicht das West-Ost-Gefälle: 74:17 (1950), 104:47 (1960) und 78:45 (1970) (jeweils fertiggestellte Neubauwohnungen je 10.000 Einwohner).

[7] H.J. BUCHHOLZ, Die DDR und ihre Städte. Wandlungen des Städtesystems der DDR, in: Geographie heute 6 (1985), H. 30, S. 32-35.

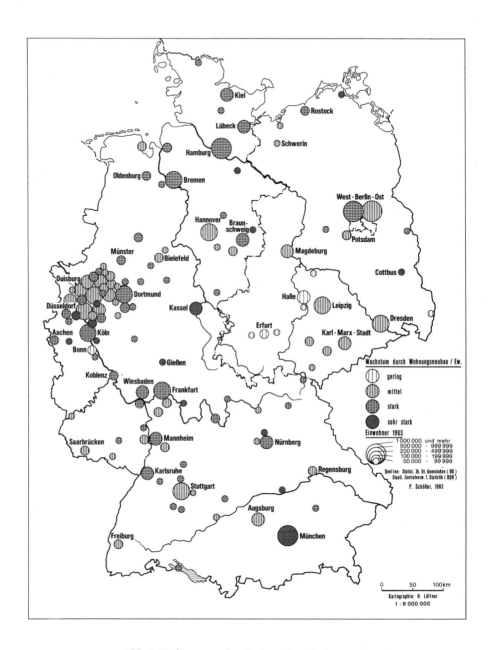

Abb. 3: Wohnungsneubau in deutschen Städten 1963

worden: Zunächst der *Vorrang der Industrie*, insbesondere der Grundstoffindustrie, gegenüber den Tertiärfunktionen der Stadt. Diese Priorität kam auch bei den Investitionen des Staates für den Wohnungsbau zum Ausdruck und manifestierte sich in besonderer Weise bei der *Anlage neuer Städte*. So entstanden Stalinstadt, das spätere Eisenhüttenstadt, als neues Zentrum der Eisen- und Stahlindustrie am Oder-Spree-Kanal, die Neustadt von Hoyerswerda in Verbindung mit dem ausgedehnten Braunkohlen-Kombinat „Schwarze Pumpe", später das neue Schwedt als petrochemischer Schwerpunkt der DDR und Halle-Neustadt als Wohngroßstadt der hochentwickelten Großchemie des mitteldeutschen Industriebezirks.

Alle vier neuen Städte setzten jedoch keineswegs allein wirtschaftspolitische Akzente. Sie waren zugleich die ersten komplexeren Demonstrationsversuche sozialistischen Städtebaus. Indem sie die Kerne der benachbarten älteren Zentren, denen sie sich funktionsräumlich zunächst angelehnt hatten, überflügelten und funktional überschichteten, sollten sie Modell sein für die Umwandlung der bürgerlichen Gesellschaft in der DDR. Sie galten als Demonstrationsstädte, Ausdruck und Initiativkraft der erstrebten neuen Gesellschaftsordnung[8].

Derartige Beispiele für sozialistischen Stadtneubau auf der ‚grünen Wiese' wurden um so wichtiger, als sich ein schneller Wiederaufbau und eine zügige Umgestaltung der alten und teilzerstörten *Stadtzentren* als illusionär herausstellten. Zudem fanden die anfangs am „nationalen Kulturerbe" orientierten Modellbauvorhaben der Stalinzeit mit ihrem Fassadenkult keineswegs breite Zustimmung. So blieben die Ost-Berliner Stalin-Allee, die Lange Straße in Rostock und einige Großblocks am Dresdener Altmarkt, im Magdeburger Stadtzentrum und in anderen Städten bis heute Relikte des Zeitstils um 1950. Strukturell jedoch begleiten sie ein Ensemble bis zur Gegenwart verbindlicher, dem Vorbild der Sowjetunion entlehnter Dominanten sozialistischer Stadtkerne: die breite Hauptmagistrale als Stadtachse für Aufmärsche und Paraden, den großen Zentralen Platz für Staatsfeiern und Parteikundgebungen, demonstrative Kultur- und Parteihochhäuser und mächtige Verwaltungsgebäude als monumentalen Ausdruck der Staatsmacht[9].

Größere Bedeutung als dem Wiederaufbau der Stadtkerne wurde seit 1955 dem Programm zur *Industrialisierung des Bauens* eingeräumt[10]. Seitdem be-

---

[8] Die vor zehn Jahren getroffene Bewertung dieser Neustädte scheint mir in den Grundzügen durchaus noch heute zutreffend zu sein: P. SCHÖLLER, Die neuen Städte der DDR im Zusammenhang der Gesamtentwicklung des Städtewesens und der Zentralität, in: Stadt-Land-Beziehungen und Zentralität als Problem der historischen Raumforschung (VAKRaumfLdplan, Forschungs- und Sitzungsberichte 88, Historische Raumforschung 11), Hannover 1974, S. 299-324.

[9] Zu Grundsätzen und Modellen vgl. A. KARGER/F. WERNER, Die sozialistische Stadt, in: GR 34 (1982), S. 519-532 sowie F. WERNER, Stadt, Städtebau und Architektur in der DDR, Erlangen 1981.

[10] Das Startsignal gaben W. ULBRICHT und G. KOSEL mit ihren Beiträgen „Die neuen Aufgaben im nationalen Aufbau" und „Über Industrialisierung und Typisierung" auf der Baukonferenz der Deutschen Demokratischen Republik vom 3. bis 6. April 1955. Dokumentiert in: Die Bau-

stimmen mit der Montagebauweise Normung und Typisierung, Uniformität und Monotonie den Städtebau der DDR. Standardbauweisen und Serienfertigung bedeuten zugleich auch eine weitgehende Konzentration auf größere Standortkomplexe außerhalb der älteren städtischen Bebauung, bedeuten also Ausweitung der Stadtareale mit Neubaukomplexen in hohen Bebauungsdichten.

Wirtschaftliche Erwägungen bewirkten kaum ein Jahrzehnt später mit der Verkündung des „Neuen ökonomischen Systems" (1963) das Abstoppen landesplanerischer Dezentralisierungstendenzen. Waren mit den Standortentscheidungen im östlichen Grenzgebiet der DDR (Eisenhüttenstadt, Schwedt) und in den agraren Nordbezirken regionale Ausgleichsbestrebungen spürbar geworden, so wurden nun die Ballungsgebiete wiederentdeckt. Seit 1964 gelten Wirtschaftlichkeit und Rentabilität als Grundprinzipien im Städtebau. Freilich hat — trotz wiederholter verbaler Propagierung — die ökonomisch sinnvolle breite Rekonstruktion der Altbausubstanz zurückstehen müssen, weil die Prioritäten eindeutig beim Neubau lagen.

Eine weitere Veränderung der Städtepolitik trat 1971 mit der offiziellen Zulassung von *Einzelhaus-Neubauten* für spezielle Gruppen von Berechtigten ein. Seitdem dürfen etwa 10% der Neubauwohnungen in Einzel- oder Reihenhausbauweise entstehen, wobei „Gruppenstandorte" gewünscht, jedoch nicht immer verwirklicht werden [11]. Auch die Ausweisung neuer Kleingartenanlagen [12] — 20 Jahre vorher als überholte „Schrebergarten-Ideologie" abgelehnt — nahm ebenso zu wie die Vergrößerung der u.a. für die „Nomenklatura" erforderlichen Sommerhausareale für Privat- oder Betriebs-„Datschen".

Beibehalten wurden bis heute indirekte Wachstumsbegrenzungen für bedeutende Großstädte über 300.000 Einwohner und eine strikte *Hierarchie der Bauleistungen*. So sind Arbeitskräfte, Materialien und Mittel in einem Kreisgebiet in bestimmten Relationen auf die Kreiszentren zu konzentrieren; von dort erfolgt eine ähnliche Delegation auf die Ebene der Bezirkshauptstädte und von den Bezirken auf Ost-Berlin, die Hauptstadt. Folglich ist auch künftig zu erwarten, daß die meisten Verwaltungszentren aller Ebenen in ihrem Investitionsvolumen und damit auch in ihrer Bevölkerungszahl stärker wachsen werden als vergleichbare Städte ohne staatliche Verwaltungs- und Lenkungsfunktionen [13]. Das Gewicht reiner Industriestädte scheint in den letzten Jahren

---

wirtschaft, H. 2, Berlin 1955.

[11] Gegenüber anderen Ostblockländern betrug der Anteil des Eigenheimbaus am gesamten Wohnungsneubau der DDR im Jahre 1984 nur etwa 12%; in Polen waren es dagegen 30%, in der CSSR 33%, in Bulgarien 35% und in Ungarn sogar 70%. Nach R. LINKE, Eigenheimbau — internationale Einschätzungen, Vergleiche und Tendenzen, in: ArchitDDR 33 (1984), S. 681-686.

[12] Die Förderung und der Ausbau von Kleingartengebieten in den letzten Jahren ist nicht zuletzt durch das Interesse bedingt, die Versorgung der Bevölkerung mit qualitätvollen Gartenbauprodukten zu verbessern. So ist der staatliche Ankauf von Obst, Feingemüse und Blumen zu Höchstpreisen ständig verstärkt und verbessert worden.

[13] Die Untersuchung des Städtesystems und seiner Zentralitätsstufen ist im letzten Jahrzehnt durch wertvolle Veröffentlichungen des Geographischen Instituts der Akademie der Wissenschaften der DDR wesentlich gefördert worden. Als wesentliche Beiträge seien genannt: F. GRIMM, Die Kreisstädte der DDR und ihre Rolle im Siedlungssystem, in: GeogrBerr 19 (1974), S. 229-247; F. GRIMM/I. HÖNSCH, Zur Typisierung der Zentren in der DDR nach ihrer Umlandbedeutung, in:

stärker zurückgegangen zu sein, auch in der Versorgung der Bevölkerung mit Konsumgütern und gefragten Lebensmitteln.

Die zunehmende *Zentralisation im Wohnungsbau* auf die administrativ führenden Hauptorte unterstreicht eine graphische Darstellung der Entwicklung des Wohnungsbaus im Bezirk Erfurt (Abb. 4). Während in der Gesamtbilanz der Wohnungsbauleistungen im Zeitraum von 1945 bis 1980 die Relationen zwischen der Bezirkshauptstadt und den Kreiszentren noch etwa den Einwohnergrößen entsprechen, wird seit 1971 ein überproportionaler Vorsprung der Stadt Erfurt auch gegenüber Weimar, Gotha, Eisenach, Nordhausen und Mühlhausen sichtbar.

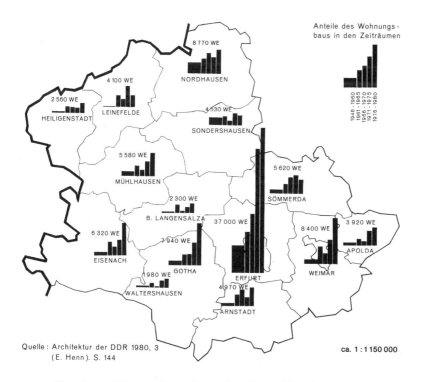

Abb. 4: Zentralisierung des Wohnungsbaus im Bezirk Erfurt 1946-1980

PM 118 (1974), S. 282-288; H. LÜDEMANN u.a. (Hgg.), Stadt und Umland in der Deutschen Demokratischen Republik, Gotha/Leipzig 1979; F. GRIMM, The Settlement System of the German Democratic Republic: Its Structure and Development, in: L.S. BOURNE/R. SINCLAIR/K. DZIEWOŃSKI (Hgg.), Urbanization and Settlement Systems. International Perspectives, Oxford 1984, S. 377-399 (im folgenden zitiert: GRIMM, Settlement System); B. BENTHIN/A. VON KÄNEL/E. WEBER, Main Aspects of Structural Change in the Northern Regions of the GDR, in: Geojournal 8 (1984), S. 45-52; D. SCHOLZ/E. OELKE (Hgg.), Ballungsgebiete in der DDR (Wiss. Beitr. Q 7, Kongreß- und Tagungsberichte d. Martin-Luther-Univ. Halle-Wittenberg 16), Halle a.d.S. 1981; K. SCHERF/H. SCHMIDT/D. SCHOLZ, The Southern Agglomeration Zone of the GDR — Regional Structure and Development, in: Geojournal 8 (1984), S. 33-44.

Stadterhaltung und Denkmalschutz über die kunsthistorische Denkmalpflege hinaus sind erst seit Ende der 70er Jahre wirklich verbindliche Ziele der städtebaulichen Praxis in der DDR geworden. Umfangreiche Abrißmaßnahmen bleiben aber überall dort auf der Tagesordnung, wo der Verfall vernachlässigter Bausubstanz weit fortgeschritten ist. Für die seit der Mitte der 70er Jahre immer wieder geforderte verstärkte Rekonstruktion der Altstädte hat sich die industrielle Bauweise mit der Montage vorgefertigter Bauelemente als recht hinderlich erwiesen. Es fehlt nach wie vor an Bauelementen und Typen, die eine Angleichung und eine Einfügung in vorhandene ältere Bausubstanz möglich machen würden [14].

3. Stadtumbau durch randstädtische Neubaukomplexe

Weit über 80 Prozent aller Wohnungsneubauten in der DDR sind in randstädtischer Lage in großen geschlossenen Wohnkomplexen entstanden. Die Industrialisierung des Bauwesens hat diese Tendenz zum *Großstandort auf neu erschlossenen Flächen* stark unterstützt. Auch in dem seit 1975 laufenden Wohnungsbauprogramm, in dessen Folge bis zum Jahr 1990 2,7 Mill. Wohnungen neu gebaut und weitere 0,7 Mill. Wohnungen rekonstruiert und modernisiert werden sollen, liegt das Hauptgewicht noch immer auf randstädtischen Großkomplexen. So entfallen von den zwischen 1971 und 1982 fertiggestellten 984.000 Neubauwohnungen etwa 60% auf Großstandorte zwischen 15.000 und 100.000 Bewohner [15]. Weitere 25% dürften für randstädtische Wohngebiete in einer Größenordnung zwischen 1.000 und 15.000 Einwohnern zu veranschlagen sein.

Als größte dieser neuen Wohngebiete gelten heute: Berlin-Marzahn, Leipzig-Grünau und Rostock-Nord-West, die jeweils für mehr als 100.000 Bewohner geschaffen werden. Diese Tendenz zu immer größeren Einheiten mit vollen, gegliederten Infrastruktureinrichtungen (Schulen, Kindergärten, Kaufhallen, Dienstleistungszentren, Gaststätten, Sportanlagen) soll jedoch nicht fortgesetzt werden, weil sich inzwischen die negativen Auswirkungen für die älteren Wohngebiete steigern: Umzug und Abwanderung, Schließung von Versorgungseinrichtungen, weiterer Verfall. So ist geplant, den Anteil des inner-

---

[14] Nach Berechnungen, die in 15 ausgewählten Städten der DDR für den Zeitraum von 1976 bis 1990 über den Investitionsaufwand im komplexen Wohnungsbau angestellt wurden, bleibt auch für diesen Planungszeitraum der Schwerpunkt der Bautätigkeit in der Stadtrandzone. Dort sind 201.000 Wohneinheiten geplant, während für die Stadtzentren 40.000 und für die innerstädtischen Baugebiete 122.000 neue Wohnungen vorgesehen werden. Nach einem Überblick bei J. SCHATTEL, Für eine höhere Qualität der Generalbebauungsplanung, in: ArchitDDR 26 (1977), S. 389–392, hier S. 392.

[15] D. SCHOLZ, The Development of the GDR Big Cities and the Relationships between the Central City and Suburbia, in: The Take-off of Suburbia, wie Anm. 1, S. 277–281. Dazu auch unter dem Gesichtspunkt städtebaulicher Effektivität: W. PFAU, Zur städtebaulichen Qualität und Effektivität von neuen Wohngebieten, in: ArchitDDR 32 (1983), S. 393–398.

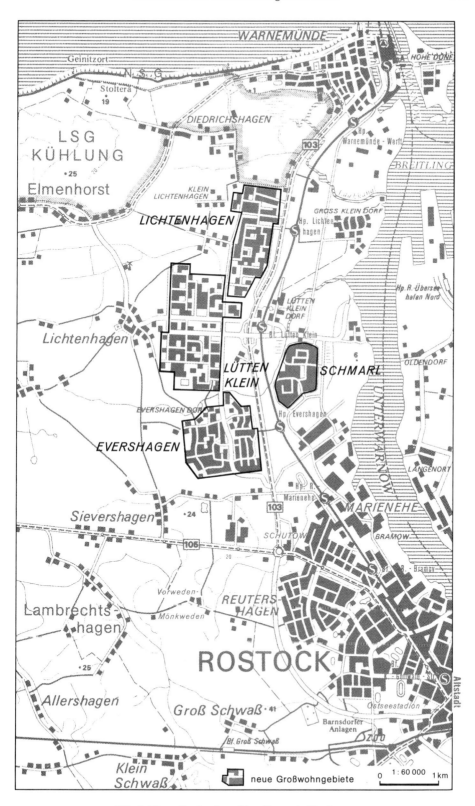

Abb. 5: Neue Großwohngebiete Rostock-Nordwest

städtischen Wohnungsneubaus, der im Zeitraum von 1981 bis 1985 nur 15%
betragen hat, zwischen 1986 und 1990 auf 40% zu steigern. Ob das gelingt,
bleibt freilich abzuwarten [16].

Wie sehen nun Formen und Folgen des durch randstädtische Neubaukomplexe forcierten *Stadtumbaus* im einzelnen aus? Positiv ist sicher festzustellen, daß die absolute Monotonie und die trostlos-graue Tristesse der frühen Stadtteile des industriellen Wohnungsbaus — etwa in Hoyerswerda, Schwedt, Brandenburg-Nord, Suhl und Jena-Lobeda — einer phantasievolleren Gruppierung, Akzentuierung und farbig-plastischen Gestaltung gewichen sind. Viel hat dazu die konkrete Weiterentwicklung der 1971 zuerst eingesetzten Großplatten-Wohnungsbauserie WBS 70 beigetragen. Geblieben sind freilich der hohe Anteil an Kleinst- und Kleinwohnungen bis zu 50 qm in den Großblocks, die starke, häufig bedrückende Verdichtung der Beton-Baumassen und die rigide Konzentration aller „gesellschaftlichen Einrichtungen" auf möglichst rentable staatliche Versorgungsdienste. Weil städtebauliche Abwechslung, Intimität und Identifikation fehlen, wird das Ausbleiben jeglichen städtischen Lebens in den neuen Zentren und ihren Mittelpunkten allseits beklagt.

Bei der Grundrißgestaltung der neuen randstädtischen Wohngebiete sollen auftragsgemäß differenzierte Raumfolgen entstehen, die von der unmittelbaren Wohnumgebung über Räume mit größerer gesellschaftlicher Bedeutung bis zum Hauptzentrum des Wohngebietes führen. Nach der „Komplexrichtlinie für die städtebauliche Planung und Gestaltung von Neubaugebieten" ist dabei auch die Verbindung zum Wohngebietspark oder zur umgebenden Landschaft zu berücksichtigen. Im einzelnen zeigen Ausschnitte aus typischen Wohnbereichen, die seit Anfang der 60er Jahre entstanden, unterschiedliche Grundrißmuster der mehrgeschossigen Blockbebauung. Deutlich ist dabei das Bemühen, aus der einfachen rechtwinkligen Gruppierung der Großblocks zu gestaffelten und geschlossenen Raumbildungen vorzudringen [17].

Es wäre sinnvoll gewesen, die neuen Wohngebiete überlegt und sorgsam an die alten Stadtteile anzubinden und Integrationsbereiche zu schaffen. Doch gerade daran hat es gefehlt. Es läßt sich an zahlreichen Beispielen nachweisen, daß „Inselplanung" betrieben worden ist und keine *städtebauliche Anbindung* versucht wurde. Vielfach hat man die Parkplätze so konsequent am Rand der neuen Wohngebiete konzentriert, daß eine Abriegelung gegenüber den älteren Stadträumen eingetreten ist. Es fehlt auch an Abstimmungen im Geschäftsbesatz und mit benachbarten Kleingartenarealen und Naherholungsgebieten [18].

---

[16] Die Neubaugebiete an den Stadträndern weisen heute zum Teil höhere Einwohnerdichten auf als die Innenstädte. Seit Mitte der 70er Jahre ist auch eine Veränderung durch Abwanderung aus den Innenstadtgebieten nachweisbar. Man schätzt, daß die Einwohnerzahl der Innenstadtgebiete bei Städten über 20.000 Einwohner um 10 bis 20% abgenommen hat. Vgl. dazu K. LEMBCKE, Standpunkte und Auffassungen zum innerstädtischen Wohnungsbau, in: ArchitDDR 31 (1982), S. 286-289.

[17] S. KRESS u.a., Probleme der städtebaulich-räumlichen Gestaltung von Wohnbereichen, in: ArchitDDR 29 (1980) S. 234-248.

[18] Eine sehr klare Kritik der „Inselplanung" neuer Wohngebiete im städtischen Gesamtzusammenhang bei W. RIETDORF, Gedanken zur Erhöhung der Qualität unserer neuen Wohngebiete,

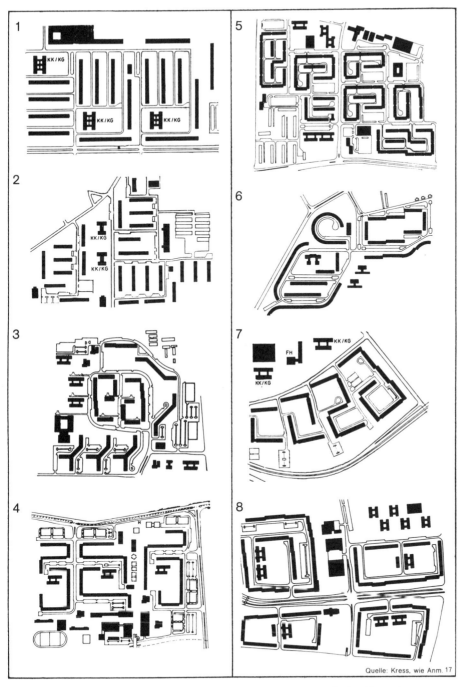

1 Rostock – Lütten Klein
2 Berlin – Hans-Loch-Viertel
3 Erfurt – Riethstraße
4 Leipzig – Grünau
5 Schwerin – Großer Dreesch
6 Gera – Lusan
7 Berlin – Am Tierpark
8 Magdeburg – Neustädter See

Abb. 6: Planbeispiele für neue Wohngebiete der DDR — Ausschnitte

in: ArchitDDR 26 (1977), S. 490-496.

Noch häufiger aber wurden die neuen Wohnkomplexe so weit von den alten Stadtgebieten entfernt angelegt, daß eine Integration schon aus Distanzgründen unmöglich blieb. Selbst bei Mittel- und Kleinstädten (Bad Doberan, Finow, Weißwasser) sind Entfernungen von 3 bis 4 km zum Stadtzentrum nicht ungewöhnlich. Das bedeutet für die betroffenen Gemeinden erhöhte Folgekosten für Infrastruktureinrichtungen und eigene Stadtautobuslinien [19].

4. Verfall, Abriß und Rekonstruktion von Altstädten

Trotz anderslautender Deklamationen, Beschwörungen und Erfolgsberichte schreitet der *Verfall vieler Altstädte* schnell weiter fort. Auch oberflächlich restaurierte Gebäude müssen wegen ernsthafter Innenschäden abgetragen werden. Geräumte oder für das Bewohnen baupolizeilich gesperrte Häuser nehmen oft ganze Baublocks und halbe Straßenzüge ein. Es läßt sich sogar aus statistischen Angaben des Wohnungsbaubestandes ermitteln, daß im Zeitraum von 1971 bis 1982 etwa die Hälfte aller Neubauleistungen im Wohnungsbau für Wohnungsverluste im Altbaubestand aufkommen mußte [20].

Zahlreiche Bilder können Verfall und Abriß aus der jüngsten Vergangenheit belegen [21]. Zum ersten Mal mußte 1984 beim Besuch der Bäckerstraße, der alten Haupteinkaufsstraße der Altstadt von Brandenburg/Havel, festgestellt werden, daß zehn Gebäude geräumt und für alle Nutzungen gesperrt waren. Es ist nur noch eine Frage der Zeit, wann sie verfallen und abgerissen werden müssen. Nur drei Wohn- und Geschäftshäuser sind in dieser Straße seit 1973 gründlich instandgesetzt und modernisiert worden. Der Geschäftsbesatz ist im gleichen Zeitraum weiter zurückgegangen. Abbildung 7 zeigt: 20 statt vorher zwölf Ladenlokale sind geschlossen. War von 1963 bis 1973 ein Funktionsabstieg zu einer Handwerkerstraße mit ausgesprochenen Relikt- und Spezialdiensten zu verzeichnen [22], so sind seitdem weiterer Funktionsabstieg, Ausdünnung und Verfall festzustellen.

Auch in anderen Städten hat der Verfall der Altstädte z.T. dramatisch zugenommen. Nach meiner Erinnerung waren ganze Innenstadtbereiche historischer Städte um 1947 und 1948, also direkt nach Ende des Krieges, erheblich besser instand und funktionstüchtiger als heute. Das gilt etwa für: Bautzen, Mühlhausen, Weimar, Weißenfels, Naumburg, Zittau, Görlitz, Zwickau, Plauen, Meißen, Wittenberg, Halle, Brandenburg, Potsdam, Fürstenwalde,

---

[19] In vielen städtebaulichen Berichten fällt auf, daß die Ausweisung neuer Wohngebiete selbst bei Mittelstädten im Abstand von 3 bis 5 km vom Stadtzentrum als „relativ nahe" bezeichnet wird. Als Beispiel etwa: I. GRUND, Wohngebiet Datzeberg in Neubrandenburg, in: ArchitDDR 31 (1982), S. 265-271, hier S. 265.
[20] Vgl. Anm. 7.
[21] Um im vorliegenden Beitrag kein negatives Übergewicht entstehen zu lassen, wurden nur zwei Bilder für Flächenabrisse ausgewählt.
[22] Zum Beispiel Brandenburg/Havel vgl. Text und Karten bei SCHÖLLER, wie Anm. 8, S. 311-314.

Angermünde, Stralsund, Greifswald, Wolgast und viele Kleinstädte. Oft werden auch die in der Nachkriegszeit erneuerten Fassaden und Gebäudeteile schon nach einem Jahrzehnt wieder unansehnlich, grau und reparaturbedürftig. Das betrifft die Anfang der 50er Jahre in Potsdam restaurierten Straßenzüge des „Zopfstils", ebenso aber Wohnbereiche in Zittau, Bautzen, Leipzig, Wismar und Stralsund.

Generell ist die *Altstadt-Sanierung* ein brennendes Problem aller historischen Städte geworden. In der Altstadt von Meißen gibt es nur zwei Bauhandwerker, die mit dem großen Problem der Altbausubstanz fertig werden müssen. In Stralsund können jährlich von den 400 wertvollen und unter Denkmalschutz

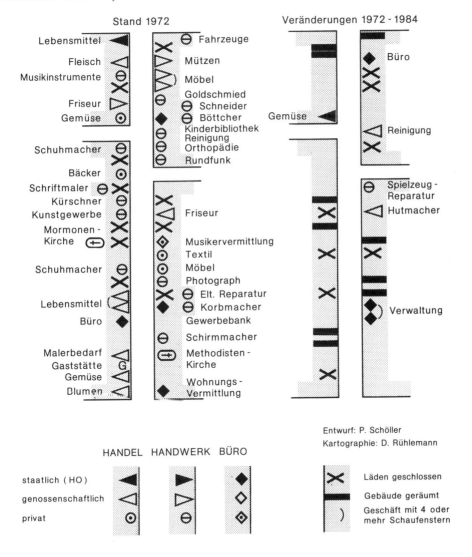

Abb. 7: Innerstädtischer Funktionsabstieg: Brandenburg/Havel, Altstadt, Bäckerstraße

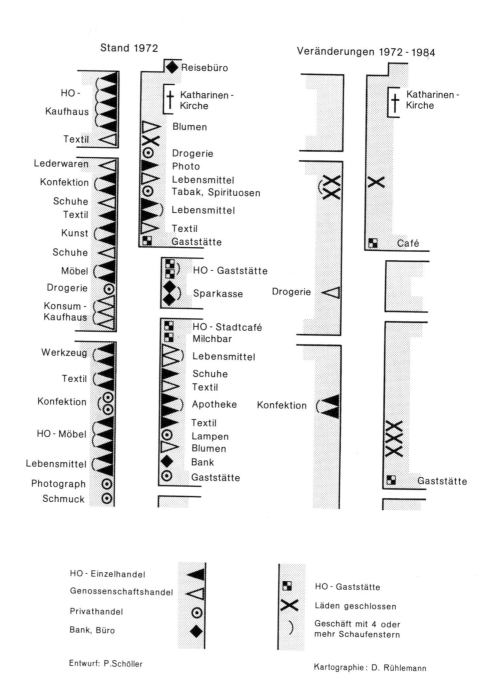

Abb. 8: Innerstädtische Zentralität: Brandenburg/Havel, Hauptstraße

stehenden Gebäuden der Stadt nur zwei bis vier rekonstruiert werden, so daß die gesamte Rekonstruktion der Altstadt Jahrhunderte dauern wird, wenn keine Änderung eintritt. Gelungene und bis heute vorbildliche Beispiele von Altstadtsanierungen gibt es in Quedlinburg, in Wernigerode, Güstrow, Schwerin und Stolberg. In Suhl, Gera, Greifswald, Potsdam, Weimar, Dresden-Neustadt, Merseburg und Erfurt kann man das für Teile der Altstadt feststellen.

Überhaupt ist es wohl für die heutige Altstadtsanierung in der DDR charakteristisch, daß sie meist nur noch *Teilrekonstruktionen* unternimmt und die anderen Gebiete flächenhaft abreißt. Das konnte festgestellt werden in Gera, Gotha, Halberstadt, Halle, Rostock, Bernau und Wismar. Teilabriß ist selbst in Großstädten wie Leipzig, Rostock und Dresden festzustellen. Oft spiegeln Teilsanierung und Teilerhaltung von Altstädten, weil eine öffentliche Diskussion und eine Aufbereitung in der Literatur fehlen, dem Besucher vor, daß alle erhaltenen Teilgebiete der Altstadt rekonstruiert worden sind. Man übersieht dabei, daß andere Stadtgebiete völlig vernachlässigt wurden, bis sie geräumt und abgerissen werden mußten.

Kartographisch ist der *flächenhafte Abriß* von Altstädten und Kernstadt-Teilen nur in Ausnahmefällen dokumentiert. Ein solches Beispiel zeigt Abbildung 9. Darstellung A verdeutlicht Grundriß und Parzellenstruktur des Stadtkerns von Bernau nach der ersten Umgestaltungsphase zu Anfang der 70er Jahre. Dabei ist erkennbar, daß bereits der gesamte Westteil Alt-Bernaus auf etwa einem Drittel der Stadtfläche innerhalb des Mauerrings abgerissen und umgelegt worden ist, wie es im Flächenabrißplan von 1967 beschlossen worden war. Dabei muß aus eigener Kenntnis betont werden, daß ca. 80% der vorhandenen Bausubstanz Alt-Bernaus noch Ende der 60er Jahre bewohnt und genutzt wurden. Darstellung B zeigt die 1978 geplante und bis heute teilweise durchgeführte quartierähnliche Umgestaltung mit Großformen des industriellen Wohnungsbaus und geschlossenen Straßenräumen, das Ziel der Kahlschlag-Modernisierung [23].

Kritisch ist auch der *Einbau von modernen Typenbauten* in alte Bausubstanz und historische Stadtkerne. Typenbauten aus vorgefertigten Elementen, die für neue Wohngebiete entworfen wurden, sind in großer Zahl auch in historische Ortskerne hineingesetzt worden, etwa als Wohnblocks oder als Kaufhallen am zentralen Platz in Klein- und Mittelstädten oder in Stadtbezirkszentren. Häufig stehen sie in der Blickachse auf historische Bausubstanz. Das fällt auf etwa in Angermünde oder Prenzlau, aber auch in Lübben, wo eine solche Kaufhalle den Blick auf die historische Paul-Gerhard-Kirche verstellt. Dadurch nimmt die Uniformität auch im Kern solcher Städte zu, die keine großen Neubauten und Rekonstruktionen erlebt haben.

---

[23] Die Flächensanierung von Bernau galt offenbar als so vorbildlich, daß die Grundrißpläne als Beispiel für die „komplexe sozialistische Umweltgestaltung aus räumlich-territorialer Sicht" in das Lehrbuch von A. KUTSCHMAR, Grundlagen der Baugestaltung, Berlin 1979, S. 103, aufgenommen wurden.

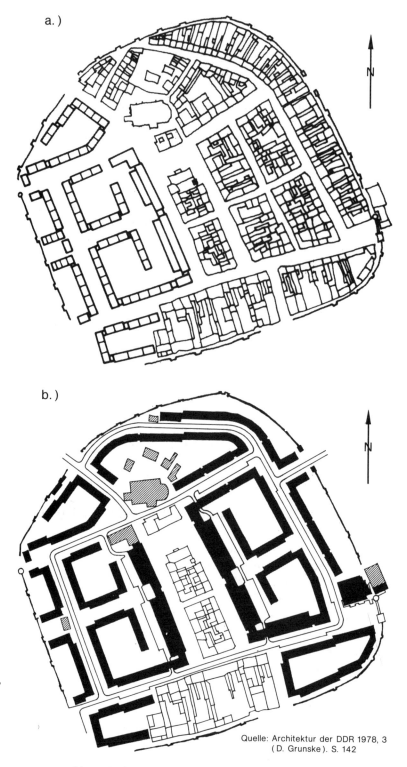

Abb. 9: Abriß und Umgestaltung des Stadtkerns von Bernau

Schlechte Beispiele für einzelne in den Kern hineingesetzte Typenbauten gibt es auch in Prenzlau und Jena, in Brandenburg an der gothischen Katharinenkirche, in Potsdam, wo der große Riegel der Volksbuchhandlung vor die Nikolaikirche gelegt wurde, in Pasewalk, in Nordhausen und in Bautzen, wo ein in die Altstadt plaziertes Scheibenhochhaus alle städtebaulichen Relationen zerstört und die Stadt in zwei Teile zerschneidet.

Die *Rekonstruktion großstädtischer Wohnbebauung* aus der zweiten Hälfte des 19. Jahrhunderts begann konzentriert schon vor 1970 ganz besonders in Teilen des Wilhelminischen Wohngürtels in Berlin und hat m.E. gute Ergebnisse gebracht, vor allem, weil sie weniger auf Perfektion angelegt war als anfangs in Berlin-West. Schon relativ früh wurde ein „Taktverfahren" entwickelt, das nach seiner Bewährung auch auf andere Großstädte der DDR übertragen wurde. Dieses Taktverfahren bedeutet: Zeitweise Umsetzung der Bewohner, z.T. in „Mieterhotels", Abriß und Entkernung zu dichter Hinterhofbebauung, Einziehen neuer Decken und Installationen, Einbau von Bad und WC und oft Anschluß an zentrale Heizungssysteme.

Einige dieser Berliner Rekonstruktionszonen, an denen Arbeiter- und Handwerkerbrigaden aus mehreren Bezirken der DDR beteiligt waren, sind inzwischen zu Demonstrationsobjekten für Besucher der Hauptstadt geworden[24]. Doch gibt es neben diesen Sanierungsbereichen nicht nur in Berlin, sondern auch in Leipzig, Magdeburg, Karl-Marx-Stadt, Zwickau, Halle und in zahlreichen anderen Städten der DDR ein Vielfaches an noch völlig vernachlässigter Wohnbebauung. Der private Hausbesitz hat auf Grund der nach dem Stand von 1944 eingefrorenen Mieten und häufig fehlender „Beziehungen" zu Material und Arbeitskräften nur selten die Möglichkeit, auch nur die wichtigsten Reparaturen vornehmen zu lassen.

5. Aufwertung und Abwertung im innerstädtischen Gefüge

Es liegt wohl an der politisch motivierten Akzent- und Prioritätsverlagerung von historisch gewachsenen und im 19. Jahrhundert überformten Innenstadtbereichen zu neuen sozialistischen Wohnkomplexen am Stadtrand, daß Beispiele für städtebauliche Aufwertungen im innerstädtischen Gefüge spärlich bleiben. Meist zählen dazu nur auserwählte *Zentrenbereiche*, denen besondere Investitionsleistungen des Staates zugute kamen, etwa in Rostock, Cottbus, Suhl und Gera. Doch selbst in solchen bevorzugten Stadtkernlagen ist im Zusammenspiel von Altbau-Rekonstruktionen und Neubaumaßnahmen die städtebauliche Verbesserung oft auf Stadtbildpflege und Verkehrsberuhigung

---

[24] Wichtig war dabei auch, daß bei der Rekonstruktion die Einwohnerdichten gehalten oder sogar gesteigert werden konnten; vgl. R. KORN, Ergebnisse und Aufgaben in Städtebau und Architektur bei der weiteren Ausgestaltung der Hauptstadt der DDR, in: ArchitDDR 28 (1979), S. 526–536.

beschränkt geblieben. Die funktionale Ausstattung in den Bereichen des Handels und der Dienstleistungen dagegen blieb meist noch hinter dem Vorkriegsstand zurück. Andererseits sind Einrichtungen der Kultur und Bildung, des Sportes und der medizinischen Versorgung generell verbessert und aufgewertet worden.

Für eine Beurteilung sind die zentralen Versorgungsfunktionen der Stadtzentren vornehmlich aus der Perspektive der Bewohner und deren Nutzungsbedürfnissen zu sehen. Westliche Besucher geraten oft in die Versuchung, Stadtzentren im anderen deutschen Staat zu stark aus ihrer touristischen Sicht zu beurteilen; entscheidend ist jedoch in erster Linie die funktionale Ausstattung und das Angebot für diejenigen Bürger, die auf sie angewiesen sind. Und da zeigen sich deutlich Strukturunterschiede gegenüber der Vorkriegszeit:

Zunächst ist festzustellen, daß die weitgehende Verstaatlichung von Handel und Dienstleistungen die zentralen Funktionen entscheidend ausgedünnt hat. Während im Westen die Stadtzentren durch funktionale Differenzierung, zunehmenden Wohlstand und wachsende Konsumbedürfnisse größer, stärker und konsumorientierter aus der Wiederaufbauphase der Nachkriegszeit hervorgingen, verloren sie im Osten durch die Ausschaltung der kapitalistischen Konkurrenz an Ausdehnung, Gewicht und Bedeutung. Hinzu traten *Konzentrationstendenzen*, die die Standorte von Handel und Dienstleistungen weiter verminderten. Banken und Versicherungen, Arzt- und Rechtsanwaltspraxen gehören im sozialistischen System nicht mehr zum Grundgerüst der Zentrenausstattung. Darüber hinaus sind Warenhäuser, Läden für spezielle Konsumgüter, Buchhandlungen und Reisebüros weitgehend auf einzelne größere Standorte konzentriert worden. In vielen Fällen ist die Größe derartiger zentraler Einrichtungen aufgrund ökonomischer Berechnungen immer mehr gewachsen. Die Tendenz läßt sich an den in der städtebaulichen Literatur der DDR veröffentlichten Richtwerten der Zentrenausstattung deutlich verfolgen [25].

Als Folge dieser Ausdünnungs- und Konzentrationsprozesse zeigt sich in vielen Städten aller Funktionsstufen eine räumliche *Verkleinerung der Zentrenbereiche*. Die verbliebenen Funktionen füllen den Rahmen nicht mehr aus, der unter anderen wirtschaftlichen und gesellschaftlichen Voraussetzungen entstanden war. Doch relativ gesehen, im Verhältnis zu Neben- und Unterzentren der gleichen Städte, ist die Bedeutung der Hauptzentren eher gestiegen, denn hier sind die führenden Kaufhäuser, Spezialgeschäfte und Hauptgaststättenbetriebe der HO und der Konsumgenossenschaft konzentriert. Ihr Anteil gegenüber den verbliebenen Privatgeschäften — fast überall mit staatlicher Beteiligung — kann geradezu als Gradmesser des Zentralitätsniveaus gelten. In den Vorort- und Nebenzentren dagegen sind viele Geschäftslokale geschlossen, andere nur an wenigen Stunden geöffnet oder ganz speziellen Funktionen vorbehalten.

---

[25] Leitideen und ihre Lösungen sind erstmals gut dokumentiert im Handbuch von W. PRENDEL, Gesellschaftliche Bauten, Berlin (Ost) 1974. Zum jüngsten Stand von Komplexrichtlinien und Flächenrichtwerten: W. RIETDORF, Städtische Wohnumwelt, Berlin 1984.

Für Flächenumwidmungen, Umlegungen, Maßnahmen zur stärkeren Durchgrünung und Verkehrsverbesserung sowie für viele Modernisierungen in den Stadtzentren ist die Ausschaltung des Bodenpreisgefüges eine entscheidende Hilfe. Dadurch werden großzügige Lösungen möglich, die in westdeutschen Städten durch den kapitalistischen Bodenmarkt nur unter extrem hohen öffentlichen Kosten erreichbar sind. Freilich verführt die leichte Verfügbarkeit städtischer Zentreneinrichtungen auch zu Überdimensionierungen, die für den Nutzer der Zentrenangebote keineswegs ein optimales Raumangebot bedeuten.

Beim *Wiederaufbau der Zentren* rangierte ideologische Repräsentation vor Zentrenattraktivität und Kundenfreundlichkeit. Fast überall wurde zu raumaufwendig und zu weitflächig geplant. Gegenüber der im Westen durch Bodenpreise und Konsumorientierung bewirkten engräumigen Mischung und Überlagerung der Funktionen in Geschäftsstraßen und Geschäftszentren wirken die neuen Zentrenbereiche in Städten der DDR einförmiger und reizloser. Für Besorgungen und die Erledigung von Geschäften sind weite Wege erforderlich. In vielen Fällen hat die Einrichtung von Fußgängerstraßen öffentliche Verkehrsmittel aus bequemen Direktverbindungen herausgedrängt. Fehlende Konkurrenz, mangelnde Kundenfreundlichkeit und Werbung lassen das Einkaufen in Geschäftsstraßen wirklich zu einem Akt der „Versorgung" werden, während es im Westen immer mehr zu einer Freizeitaktivität wird.

Ausgeweitet gegenüber der Vorkriegszeit und aufgewertet in ihrer Rangordnung sind in vielen Städten Einrichtungen der *Kultur und Bildung*: Theater und Konzertsäle, Museen und Schulen — Einrichtungen, für die zahlreiche, oft repräsentative Neubauten geschaffen oder historische Gebäude wiederhergestellt wurden. Auch die christlichen Kirchen finden durch ihre musikalischen Veranstaltungen im sozialistischen Kulturprogramm der Städte häufig einen festen Platz, der ihnen freilich im gesellschaftlichen Leben sonst versagt bleibt. Die stärksten Aufwertungen erfuhren wohl zentrale *Sportanlagen*, für die am Stadtrand oft auf Kosten älterer, ausgedehnter Kleingartengebiete mehrstufige Ausbaustandorte geschaffen wurden. Die große Bedeutung des Breiten- und Massensports findet in diesen Einrichtungen ihren Niederschlag. Der Schulsport hat ebenso wie die vormilitärische Ausbildung einen hohen Stellenwert im sozialistischen Erziehungssystem [26].

Unter den *Wohngebieten* lassen sich deutliche Abstufungen nach dem Baualter feststellen. Die Vernachlässigung der überkommenen Bausubstanz hat besonders die bis zum Ersten Weltkrieg entstandenen Innenstadtgebiete getroffen; denn nur ein kleiner Teil ist bisher durch Maßnahmen der Denkmalpflege und Rekonstruktion erfaßt worden. Demgegenüber erscheinen die zwischen 1920 und 1940 entstandenen Wohnbauten und Wohnsiedlungen mit ihrer besseren sanitären Ausstattung und geringeren Altbauschäden relativ gut

---

[26] Dazu W. RIETDORF/H. BAESELER, Freizeitanlagen, Berlin (Ost) 1979. — In jüngster Zeit wird der Aufbau von „Erholungszentren" in attraktiven Stadtrand- und Touristengebieten besonders gefördert. Nur die gastronomische Betreuung macht noch Schwierigkeiten.

aufgewertet. Das gilt ebenso für die Einzelhaus- und Villengebiete, die zudem durch ihre Hausgärten Funktionen der Erholung und der Versorgung erfüllen.

Gegenüber den propagandistisch herausgehobenen Neubaugebieten mit ihrer hohen Verdichtung und ihren modernen, aber meist zu kleinen Komfortwohnungen haben andere, meist weniger zerstörte Altgebiete eine höhere soziale Wertigkeit als vor dem Krieg erreicht: Es sind die ehemaligen *Stadtrandsiedlungen* auf billigen Böden mit inhomogener Bausubstanz. Sie umfassen eine weite Spanne von Wohnbauten mit Villen, Landhäusern, Schlichtbauten und Wohnlauben. In diesen häufig noch nicht durch Kanalisation entsorgten Stadtrandgebieten hat die Lockerung der strengen Baurestriktionen seit 1971 zu einer explosiven Freisetzung von Einzelinitiativen geführt. Überall findet man in diesen Gebieten in den letzten Jahren Baumaßnahmen, nicht nur Anbauten für Garagen und Wohnzimmer, sondern auch Aufstockungen und Neubauten, vor allem aber notwendige Modernisierungen, Dach- und Fassadenverbesserungen. In einem südöstlichen Randgebiet Berlins konnte im Zeitraum zwischen 1971 und 1984 festgestellt werden, daß von 94 Grundstücken unterschiedlicher Größenordnung 68 bauliche Veränderungen z.T. beachtlicher Art aufwiesen. Bei 36 Grundstücken war es zu einem zusätzlichen Wohnbau gekommen.

Neue *Eigenheim*-Standorte werden nach Möglichkeit nicht an den Rand größerer Siedlungen gelegt, sondern in den umliegenden Dörfern oder in Verbindung mit bestehenden Kleinsiedlungen im Umland ausgewiesen. Statistisch beträgt der Anteil der Eigenheime am Rand von Großstädten nur 5%, während 55% der Einzelhäuser in Dörfern und 40% in oder am Rande von Klein- und Mittelstädten entstehen. Für die Bezirkshauptstadt Frankfurt/Oder unterstreicht Abbildung 10 den Grundsatz der dezentralisierenden Standortpolitik im Eigenheim-Wohnungsbau.

Von einer sichtbaren Abwertung muß man bei älteren inner- und randstädtischen *Industriegebieten* sprechen. Obwohl der Staat gerade in der DDR besonderes Gewicht auf den Produktionsbereich legt und verbal immer wieder die Arbeit als den Kern des Lebens in einem sozialistischen Staat herausstellt, ist die Vernachlässigung, ja Verluderung der Gelände und Bauten unverkennbar. Auch Großbetriebe sind meistens von Lagerplätzen, Ruinen, Abfall- und Schrotthaufen, Abstellgeländen und einem erheblichen Durcheinander bei Neubaumaßnahmen umgeben. Am besten schneiden auch hier die jüngeren industriellen Baukomplexe ab, die in der ersten Hälfte dieses Jahrhunderts angelegt und erbaut worden sind, weil hier noch am ehesten die verbleibende Substanz gesichert werden konnte. Es ist auffällig, wie trotz aller kommunistischen Erziehung der Widerspruch zwischen gepflegtem Privateigentum und den öffentlich als Volkseigentum herausgestellten, aber vernachlässigten Produktionsanlagen immer deutlicher wird.

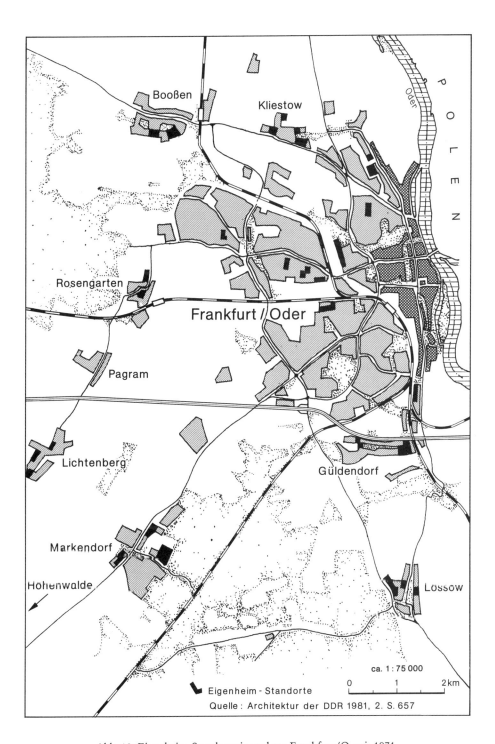

Abb. 10: Eigenheim-Standorte in und um Frankfurt/O. seit 1971

6. Leistungen der Denkmalpflege und Problematik der Fußgängerbereiche

Zweifellos gehören sachgerechte *künstlerische Denkmalpflege* und sorgsamer Wiederaufbau teilzerstörter Bauwerke zu den besonders positiven Leistungen der Stadterhaltung in der DDR. Zwinger und Dominanten der Elbfront in Dresden, Markt in Rostock, Magdeburger Dom und Doberaner Münster, Berliner Staatsoper und Schauspielhaus, Leipziger Messehäuser, Stadtensembles in Schwerin, Gera, Erfurt, Weimar und Potsdam, Fachwerkstraßen in Quedlinburg, Stolberg, Wernigerode — diese Beispiele deuten auf die Spannweite gelungener Rekonstruktionen hin.

Daneben gilt es freilich auch zu registrieren, was ohne Notwendigkeit abgerissen und vernichtet wurde, weil es den jeweiligen politischen Stadtkonzeptionen entgegenstand: etwa die Stadtschlösser in Berlin und Potsdam, wo man sozialistische statt feudalistische Stadtzentren wollte; die Universitätskirche in Leipzig und die Garnisonskirche in Potsdam, die ideologisch im Wege waren, sowie unzählige Einzelzeugnisse bürgerlicher Stadtbaukunst, für deren Wiederherstellung und Erhaltung einfach Mittel, Materialien und Arbeitskräfte gefehlt haben.

Über 100 *Fußgängerbereiche* entstanden in den vergangenen Jahren in historischen Stadtkernen der DDR. Ihre positive Wirkung hat zu einer gesteigerten Attraktivität der Stadtzentren geführt. Doch wie im Westen hat man später auch hier erkannt, daß Fußgängerstraßen keine Ideallösung sind, mit der nur Verbesserungen erreicht werden. Auch in der DDR müssen heute negative Auswirkungen berücksichtigt werden, vor allem die Trennung der bis dahin eng verflochtenen städtischen Funktionen durch zu groß ausgelegte Fußgängerbereiche, die zu Störungen im Verkehrsablauf und in der Funktionsteilung verschiedener Stadtviertel geführt haben.

Fraglos wurde mit der Einrichtung von Fußgängerstraßen wertvolle Bausubstanz gesichert. Aber häufig ging eine einseitige *Konzentration* der gesellschaftlichen Funktionen und der Kapazitäten der Baureparatur auf die Fußgängerbereiche funktionell und baulich zu Lasten der restlichen Teile des Zentrums. Es besteht die Gefahr, daß sich der Kontrast zwischen den neu gestalteten Fußgängerbereichen und den Wohnbedingungen in den anderen Stadtteilen verstärkt. Häufig kommt es auch zum Wegfall einer wichtigen Straßenbahnlinie als kürzester Verbindung zwischen Markt und Bahnhof, wie etwa in Halle, Erfurt oder Dresden. Das bedeutet für die Bürger oft eine zusätzliche Laufstrecke.

Bisher sind in den Veröffentlichungen der DDR bevorzugt Fußgängerbereiche in Großstädten vorgestellt worden: in Berlin, Halle, Karl-Marx-Stadt, Dresden oder Halle-Neustadt sowie in Touristenschwerpunkten wie Rostock, Wismar, Potsdam und Weimar [27]. Die dortigen Lösungen sind auf größere

---

[27] Als zusammenfassende Publikation über ausgewählte Fußgängerbereiche: K. ANDRÄ/R. KLINKER/R. LEHMANN, Fußgängerbereiche in Stadtzentren, Berlin (Ost) 1981.

Fußgängerströme zugeschnitten, und ihre Erfolge können nicht in ähnlicher Weise in kleineren Mittelstädten erwartet werden. Überall ist der Verkehr von den Geschäftsstraßen in die schmaleren Nebenstraßen verdrängt worden, in denen noch das Wohnen überwiegt. „Hier wachsen die nächsten und vielleicht schlimmeren Konflikte, die in der Weiterführung dann nur mit Totalabbrüchen und neuen großen Verkehrsstraßen scheinbar behoben werden können"[28]. Auch müssen die Konsequenzen einer völlig fahrverkehrsfreien Straße mit der Belieferung der Geschäfte von der Gebäuderückseite gesehen werden.

So werden für die Einführung des Verkehrs oft intakte Hausgeviert auseinandergebrochen, etwa in Zeitz oder in Dresden-Neustadt; auf den bisherigen Hofflächen entstehen Anlieferrampen, Schuppen, Lagerstätten von Verpackungsmaterial und Abfall, Parkplätze und große Verkehrsflächen; der Innenhof wird zur Fläche „gesellschaftlicher Einrichtungen", zum „Zentrumsbereich". Dabei ist zu berücksichtigen, daß in der DDR auch Handelsbetriebe als staatliche Einrichtungen immer einen Vorrang vor den Interessen des Einzelbürgers haben, der sich deshalb weniger gegen Schädigungen und Störungen wehren kann als im Westen. So heben Fußgängerstraßen häufig gerade die positiven Effekte auf, die für Innenstädte der DDR oft als vorbildlich gegenüber westdeutschen Städten betont werden: die Verbindung von Geschäfts- und Wohnfunktionen.

7. Schlußbewertung und Ausblick

Wenn plangemäß um 1990 über die Hälfte der Bevölkerung der DDR in Wohnungen lebt, die nach dem Kriege neu erbaut oder modernisiert wurden, dann wird sich die Zufriedenheit der Menschen mit ihren kleinen, aber modernen Lebensansprüchen entsprechenden, preisgünstigen Wohnungen[29]

---

[28] H.H. SCHAUER, Eines schickt sich nicht für alle. Zur Planung und Gestaltung von Fußgängerbereichen, in: ArchitDDR 31 (1982), S. 572-573. An anderer Stelle hat Schauer als Denkmalpfleger darauf hingewiesen, daß durch die Einrichtung von Fußgängerzonen benachbarte Stadtgebiete so negativ betroffen werden können, daß „durch Überlastung mit Verkehrsfunktionen oder bauliche Vernachlässigung der Totalverlust dieser Bereiche" herbeigeführt werden könne; vgl. DERS., Aufgaben und Probleme der städtebaulichen Denkmalpflege in den Bezirken Halle und Magdeburg, in: Denkmale in Sachsen-Anhalt (Schriften zur Denkmalpflege in der DDR), Weimar 1983, S. 109-124.

[29] Offenbar zur Sicherung der Effektivität staatlicher Steuerung im Siedlungswesen wird bisher immer noch an der „sozialen Errungenschaft" der extrem niedrigen Mieten (durchschnittlich 5 bis 7% der Familieneinkommen) festgehalten, obwohl viele Familien gerne mehr bezahlen würden, um schneller oder überhaupt eine passende Wohnung zu erhalten. Es ist schwer einzusehen, warum die Monatsmiete erheblich niedriger sein soll als der Preis für zwei Pfund Kaffee oder daß ein Farbfernsehgerät mehr kosten muß als die Miete einer Neubauwohnung für drei bis fünf Jahre! Ohne Zweifel stehen auch die hohen Scheidungsraten der DDR — die höchsten der Welt — in bestimmter Beziehung zu den noch heute bestehenden Schwierigkeiten der Wohnraumbeschaffung. Man heiratet jung, um möglichst schnell eine eigene Klein- oder Kleinstwohnung beziehen zu können; nach einer Scheidung kann der ausziehende Partner mit einer gewissen Priorität beim Wohnungsamt rechnen.

nicht in gleicher Weise auf das Umfeld dieser Wohnungen beziehen können. Zwar ist man im anderen deutschen Staat im allgemeinen weniger verwöhnt, weniger beton-allergisch und umwelt-hysterisch als im Westen. Aber die Trostlosigkeit, Monotonie, Ungemütlichkeit und Unbequemlichkeit der mit dem Attribut „sozialistisch" versehenen neuen Wohngebiete läßt kaum Gefühle der lokalen Wohnlichkeit aufkommen.

Es ist hier keine Gelegenheit, den Begriff des „sozialistischen Städtebaus" zu diskutieren. Bis heute gibt es weder in der DDR noch in der Sowjetunion oder in anderen Oststaaten eine gültige und verbindliche Definition dessen, was mit dem Begriff gemeint ist. Zweifellos aber lassen sich einige objektive Kriterien zusammenstellen, die für neue Wohnkomplexe in der DDR zutreffen. Dazu gehören etwa: stark genormte Typenbauten mit Kleinwohnungen in erheblicher Verdichtung; stark zentralisierte Versorgungseinrichtungen ohne private Handels- und Handwerksbetriebe; differenzierte öffentliche Sozialdienste ohne christliche Kirchen; Fehlen ästhetischer Bauqualität und historischer oder lokal-regionaler Identifikationsmöglichkeiten im Wohnumfeld.

Der Beitrag wäre jedoch unvollständig, würden nicht auch positive Charakteristika städtischen Lebens in der Deutschen Demokratischen Republik erwähnt. Erhalten geblieben ist die traditionelle Freundlichkeit und Hilfsbereitschaft der Menschen in Mitteldeutschland. Aber auch traditionelle Werte des öffentlichen Lebens sind stärker als in West- und Süddeutschland bestimmend geblieben: Sicherheit, Sauberkeit und Ordnung; es gibt kaum Straßenkriminalität. Das völlige Fehlen von Stadtstreichern, Wermutbrüdern, Drogenabhängigen und Bettlern in Fußgängerzonen und öffentlichen Anlagen unterscheidet die Städte der DDR von denen der Bundesrepublik. Hinzu kommt die geringere Kommerzialisierung, die sich nicht nur in geringerem Werbeaufwand, sondern auch im Fehlen von Spielsalons, Automatenhallen sowie von öffentlichen Sex- und Pornographiedarstellungen dokumentiert. Positiv ist auch die bewußte Pflege der historisch bedeutsamen Musik- und Theatertradition, besonders des sächsisch-thüringischen Raumes in den Städten der DDR.

Der durch vorwiegend qualitative Züge charakterisierte *Stadtausbau* ist durch die Massenhaftigkeit der Beispiele und die Vernachlässigung und Abwertung der alten Wohnstadtteile zum *Stadtumbau* der DDR geworden. Der Kontrast wird besonders deutlich im Vergleich des zur Großstadt angewachsenen Halle-Neustadt mit dem alten Halle und seiner abseits der zentralen Einkaufsachse immer mehr verkommenden Altstadt. In diesem Vergleich wird aber auch ganz überzeugend klar, wie stark die Konzentration von Kräften und vor allem Investitionen auf große Neubaugebiete, mit denen man politische Ziele im Städtebau verwirklichen wollte, am Verfall der historischen Altstädte beteiligt ist. Es ist völlig einsichtig, daß ein Staat, der bis 1971 Privatinitiative im Bauen verhindert hat, nicht alles gleichzeitig erreichen kann; doch es ist deprimierend, wie bei der Stadterhaltung nun die Rechnung für die Vernachlässigung über viele Jahrzehnte gezahlt werden muß.

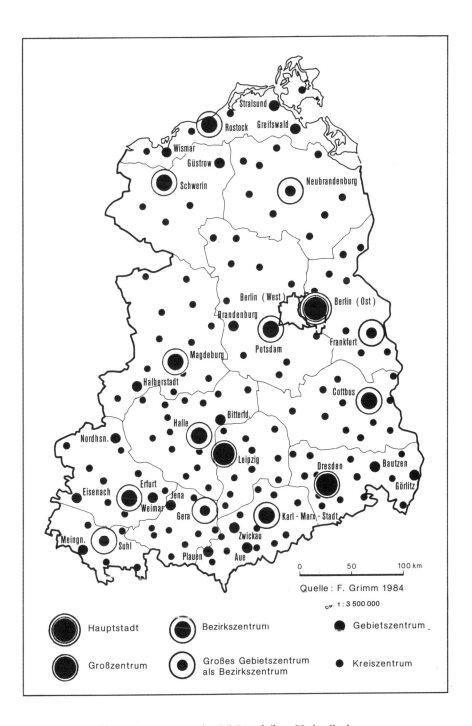

Abb. 11: Zentrentypen der DDR nach ihrer Umlandbedeutung

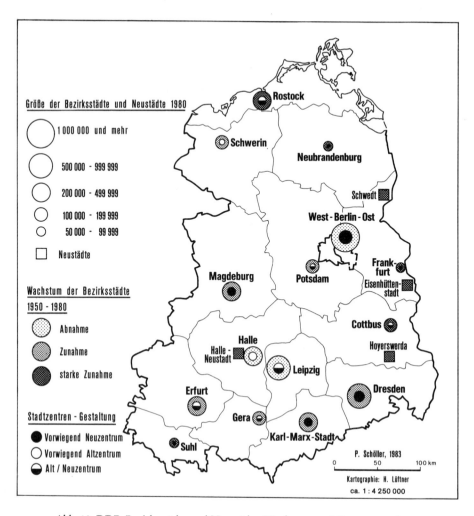

Abb. 12: DDR-Bezirksstädte und Neustädte: Wachstum und Zentrengestaltung

Vergleicht man ältere und neuere Karten der *Zentrentypen* der DDR nach ihrer Umlandbedeutung, so fällt neben einer gewissen Instabilität der Einstufung bei Oberzentren — in der DDR Bezirks- und Gebietszentren genannt — vor allem die zunehmende Bedeutung der Bezirkshauptorte auf. Während auf einer Karte von 1971 der zentralörtliche Rang etwa von Stralsund im Vergleich zu Frankfurt/Oder sowie von Meiningen gegenüber Suhl zutreffenderweise noch eine klare Stufe höher angegeben wird[30], ist in den 1984 erschienenen Publikationen desselben Verfassers die Relation klar umgekehrt[31]! Wie Ab-

---

[30] Vgl. Kartenbeilage zu F. GRIMM/I. HÖNSCH, Die Zentrumstypen der DDR nach ihrer Umlandbedeutung — ihre Ermittlung, Charakteristik und räumliche Verteilung, in: H. LÜDEMANN (Hg.), Geographie und Territorialstruktur in der DDR (AkWissDDR, Institut für Geographie und Geoökologie, Beiträge zur Geographie 31), Berlin 1983, S. 159-176.

[31] F. GRIMM, Settlement System, wie Anm. 13; G. MOHS u.a., The Regional Differentiation of the German Democratic Republic, in: Geojournal 8 (1984), S. 7-22.

bildung 11 zeigt, rangieren jetzt die politisch-administrativen Zentren Frankfurt/O. und Suhl eine deutliche Stufe über Stralsund und Meiningen.

Zweifellos entspricht diese Umgruppierung dem Vorbildcharakter der *Bezirkshauptorte*. Wie Abbildung 12 unterstreicht, gehören sie mit den vier Neustädten fast ausnahmslos zur Gruppe der besonders schnell und stark wachsenden Städte. Hier ist auch die Neugestaltung der Stadtkerne besonders weit fortgeschritten. Außer den konsequenten Umgestaltungen nach schwersten Kriegszerstörungen etwa in Dresden und Neubrandenburg wird aber auch zunehmend die Altbebauung der Zentren wie in Schwerin und Erfurt modernisiert. Häufig sind auch Kombinationen von alten und neuen Zentrenstrukturen wie in Potsdam und Leipzig, wobei der die Stadtgestalt und ihre Individualität prägenden Stadterhaltung zunehmende Bedeutung beigemessen wird.

So bleibt zu hoffen, daß die seit den 70er Jahren immer wieder verkündete Wende zu mehr altstädtischer Rekonstruktion, zu mehr Stadterhaltung und Denkmalpflege und zu mehr eingefügtem innerstädtischen Neubau im gesamten Siedlungssystem der DDR auch wirklich durchgreift und dann beibehalten wird. Noch lassen sich katastrophale Ausmaße weiteren Stadtverfalls vermeiden; aber es ist höchste Zeit.

Zugleich wird *Stadterhaltung* in jedem Falle eine neue qualitative Aufwertung historischer deutscher Stadtbaukunst bedeuten. Eine stärkere Konzentration auf historische Altstädte könnte ungewollt das erreichen, was in den 50er Jahren mit stalinistischem Fassadenkult nicht gelang: die Wiederanknüpfung ans „nationale deutsche Kulturerbe", wie das Motto von damals lautete.

Foto 1: Rostock-NW, Lütten-Klein (1969): Neues randstädtisches Großwohngebiet in Montagebauweise. *Aufnahme*: P. Schöller.

Foto 2: Erfurt, Johannesplatz (1977): Schematisches Neubaugebiet, mangelnde randstädtische Integration. *Aufnahme*: ArchitDDR.

Foto 3: Brandenburg/Havel, Bäckerstraße (1975): Absteigende Altstadt — Geschäftsstraße. *Aufnahme*: P. Schöller.

Foto 4: Rostock, Kröpelinerstraße (1969): Eine der frühesten und am besten angenommenen Fußgängerstraßen der DDR. *Aufnahme*: P. Schöller.

Foto 5: Bezirksstadt Gera (1978): Teilabriß von Altbausubstanz am Zentrenrand. *Aufnahme*: P. Schöller.

Foto 6: Kreisstadt Gotha (1981): Teilabriß der Kernstadtbebauung nach Verfall und Vernachlässigung. *Aufnahme*: P. Schöller.

Foto 7: Werningerode, Rathausplatz (1964): Stadterhaltung mit historischer Fachwerksubstanz im Zentrum. *Aufnahme*: P. Schöller.

Foto 8: Bautzen, Stadtzentrum (1984): Scheibenhochhaus im historischen Stadtkern vom Stadtturm. *Aufnahme*: P. Schöller.

ABSCHLUSSDISKUSSION

INTERDISZIPLINÄRE ARBEITSTAGUNG IN MÜNSTER
— ZUSAMMENFASSUNG —

von Elisabeth Lichtenberger

In zehn bis fünfzehn Jahren wird es bei Tagungen möglich sein, die Vortragstexte mittels EDV abzuspeichern und dann eine Inhaltsanalyse vorzunehmen, welche verwendete Begriffe auflisten, assoziative Begriffsmuster registrieren und es somit gestatten wird, Bezugspunkte zwischen Vorträgen zu ermitteln, ebenso aber auch fehlende Gemeinsamkeiten relativ rasch zu entdecken.

Wenn man selbst gerade von einer geowissenschaftlichen Tagung kommt, so empfindet man es als außerordentlich schwierig, bei sozial- und wirtschaftswissenschaftlichen Forschungen Vergleiche durchzuführen, da sich nicht nur sachliche Inhalte und Denkmuster, sondern ebenso die verwendeten Zeit- und Raumkonzepte unterscheiden und normative, deduktive sowie induktive Forschungswege begangen werden. Der folgende Versuch einer Ordnung der auf dieser Tagung verwendeten theoretischen Zugänge, Fragestellungen und Sachinhalte der empirischen Forschung sowie der Arbeitsmethodik muß davon ausgehen, daß es dem menschlichen Verstand nicht möglich ist, mehrere komplexe Systeme direkt präzise zu vergleichen; eine Zerlegung derselben in zweidimensionale matrizenähnliche Strukturen erscheint daher nötig. Damit ergibt sich ferner, daß die Referentin ihre Aufgabe nicht darin sieht, ein Konzentrat der gebotenen Sachergebnisse der einzelnen Vorträge, die überdies sektoral gruppiert waren, zu bieten, sondern mit Rücksicht auf den Charakter der Tagung, bei der sich Geographen und Historiker begegneten, eine Zuordnung der jeweiligen Aussagensysteme in Zeit- und Raumkonzepte vorzunehmen.

Die *sektorale Gliederung der Tagung* ist, wie von dem Veranstalter H. Heineberg ausgeführt, zu einem wesentlichen Teil durch die Forschungsprojekte des Sonderforschungsbereichs 164 „Vergleichende geschichtliche Städteforschung" vorgegeben gewesen. Im folgenden hierzu eine kleine Übersicht (Tab. 1).

Zwei weitere Sektoren wurden hinzugefügt, nämlich „industrielle Standortveränderungen" sowie „Stadtumbau und Stadterhaltung".

Beruhend auf den Forschungsprojekten wurden folgende Fallbeispiele vorgestellt: als heutige Millionenstädte der Bundesrepublik Deutschland Berlin, Hamburg und München, als Großstädte Münster, Dortmund, Düsseldorf und Frankfurt.

Tabelle 1

Sektoren	Leiter	Forschungsprojekte Projekt-Nr.	Thema
Wohnen	H.J. Teuteberg	B 5a	Wohnungsnot und soziale Frage im 19. Jahrhundert
Bevölkerung	K.-H. Kirchhoff (M. Siekmann)	A 6	Topographische Beiträge zum sozialen Aufbau der Bürgerschaft westfälischer Städte im 16.-18. Jahrhundert
Sozialräumliche Veränderungen	H.J. Schwippe	B 2	Wandlungen städtischer Raumnutzungsmuster im Industrialisierungsprozeß
Tertiäre und quartäre Funktionen	H. Heineberg	B 8	Standortverhalten quartärer Dienstleistungsgruppen

Nicht direkt mit den Forschungsprojekten verbunden, erfolgte die Präsentation folgender Städte: Wuppertal (J. Reulecke), Göttingen, Einbeck und Seesen (D. Denecke), Köln (H. Meynen) sowie die Kleinstadt Weißenburg in Franken (G. Heinritz). International erweitert wurde das Spektrum durch die Städte der DDR (P. Schöller) und britische Städte (M.T. Wild, G. Shaw).

Es liegt nicht in der Absicht dieser Zusammenfassung, auf die *externen Faktoren der Stadtentwicklung und städtischer Prozesse* einzugehen, welche als Erklärungsrahmen auf der Tagung angeboten wurden. Nur einige wesentliche Gesichtspunkte seien herausgestellt, darunter die Tatsache, daß — vermutlich gerade durch die Beschränkung der meisten Vorträge auf das liberale Zeitalter — Diskussionen über die Auswirkungen des politischen Systems des Kapitalismus auf die Stadtentwicklung weitgehend ausgeblendet wurden. Im Vordergrund standen dagegen die normativen Prinzipien des Städtebaus und der Stadtgestaltung in totalitären Systemen, wie beim Beispiel der „Führerstadt Hamburg" und den dort nicht realisierten Stadtplanungskonzepten des Dritten Reiches (J. Lafrenz) sowie der Darstellung der Entwicklung der Städte der DDR in Richtung auf die „sozialistische Stadt" (P. Schöller). Gesellschaftspolitische Ideologien sind eine Art Dauerbrenner bei der seit dem 19. Jahrhundert nicht mehr abgerissenen Diskussion um die Vor- und Nachteile von Eigenhaus und Miethaus. Sozialpolitische versus marktwirtschaftliche Argumente bilden ein seit den Anfängen der Wohnungsreform nicht aufhebbares Gegensatzpaar (H. Teuteberg). Bisher weniger gut untersucht ist das soziologische Gegensatzpaar, welches von J. Reulecke für das Wuppertal unter preußischer Verwaltung herausgestellt wurde: Unternehmertum und städtisches (preußisches) Beamtentum.

Parameter von politischen Systemen lassen sich nur schlecht über nationale Grenzen hinweg vergleichen. Sie zählen letztlich mit der damit verknüpften Gesetzgebung zu den varianten Faktoren der Stadtentwicklung. Der technologische Wandel des Bauens, der Infrastruktur, der Produktion usf. gehört dagegen zu den viel zuwenig beachteten invarianten Grundlagen von städtischen Prozessen und städtischer Entwicklung. Jede spezifische Technologie bedingt ein spezifisches räumliches Muster. In zwei Vorträgen wurde dies klar herausgestellt, zunächst beim Standortwechsel der Textilindustrie in Großbritannien (Yorkshire) von der Bindung der Betriebe an die Wasserkräfte zur Bindung an die Steinkohlenlager mit der Einführung der Dampfmaschine (M.T. Wild).

Das zweite eindrucksvolle Beispiel betrifft den Wandel der Technologien des Bauens von der Ziegelbauweise zur Montage- und Fertigteilbauweise. Die Vernachlässigung der Altstädte und die Konzentration auf Großbaustellen in Stadterweiterungsgebieten ist zwar in der DDR — mitbedingt durch das Fehlen kleinbetrieblicher Bauunternehmen — besonders augenfällig (P. Schöller), ähnliche Probleme bestehen aber freilich auch in Städten westlich des Eisernen Vorhanges.

Auf einer Tagung zur historischen Stadtforschung liegt die Frage nahe, welche *Zeitbegriffe und -konzepte* verwendet wurden. In der kulturhistorischen Stadtgeographie wird sehr häufig mit dem Periodenbegriff gearbeitet und grundsätzlich dabei von der Annahme ausgegangen, daß innerhalb einer Periode ein relativ stabiles politisches System besteht, zwischen den Perioden jedoch stärkere Veränderungen stattfinden. Derartige Perioden werden daher auch mit Vorliebe durch politische (oder wirtschaftliche) Zäsuren getrennt und häufig mit einem Stufenmodell verbunden. Dieses Konzept der Abfolge von Perioden ähnelt der erdgeschichtlichen Vorstellung, die als geologische Zyklentheorie schon seit langem in die Literatur eingegangen ist, wonach ein periodischer Wechsel von einem Abschnitt ruhiger Entwicklung (Evolution) zu einem solchen mit wesentlicher Steigerung der Kräfte und Vorgänge (Revolutionen, Katastrophen) erfolgt. Dieser Hinweis auf die geologische Zyklentheorie erscheint angebracht, weil in der angelsächsischen Humangeographie sowohl die Katastrophentheorie als auch der geologische Zyklusbegriff übernommen wurden und eine interessante Verbindung mit dem ökonomischen Zyklusbegriff eingegangen sind. Es ist daher sehr bezeichnend, daß beide britischen Vorträge einen ökonomischen Zyklusbegriff als heuristisches Prinzip verwenden: einerseits für die irreversible Sukzession von Einzelhandelstypen (G. Shaw) und andererseits beim technologischen Wandel der Textilindustrie (M.T. Wild). Auch der Konzeption der Alterung eines Industriereviers (Wuppertal, Ruhrgebiet) liegt dasselbe, in die gesellschaftliche und ökonomische Sphäre transferierte heuristische Prinzip zugrunde, bei dem Stadien der Jugend, der Reife und des Alterns unterschieden werden (J. Reulecke). Ebenso wurde bei den Beziehungen zwischen Urbanisierung und Dienstleistungen am Beispiel der deutschen Großstädte von 1890 bis 1910 ein Dreistufenmodell mit Vorphase, Phase des raschen Wachstums und Phase des sich verlangsamenden Wachstums unterschieden (M. Hietala).

Die Tagung umspannte den gesamten Zeitraum des 19. und 20. Jahrhunderts, von den einzelnen Vorträgen wurde jedoch stets nur ein Teil dieses Zeitraumes behandelt. Einen Überblick über den unterschiedlichen Abdeckungsgrad der einzelnen Abschnitte und die zeitliche Position der Untersuchungsbeispiele bietet Abbildung 1. Sie gestattet mehrere Aussagen:

1. Die Phasenverschiebung der Verstädterung und Industrialisierung in Mitteleuropa um mehr als ein halbes Jahrhundert im Vergleich zu Großbritannien ist daraus klar ersichtlich, ebenso die damit verbundene Tatsache, daß die Stadtstatistik in Großbritannien sehr viel früher einsetzte, während im deutschen Sprachraum die Stadtstatistik im wesentlichen erst mit dem liberalen Zeitalter begann.
2. In der angelsächsischen Geographie hat sich die historische Geographie bereits viel früher als eigene Subdisziplin des Faches entwickelt. Damit wird auch die Untersuchung historischer Strukturen und Prozesse als selbständiges Forschungsanliegen betrachtet und dient nicht, wie in der deutschen kulturhistorischen Stadtgeographie, nur als Grundlage zur Erklärung der aktuellen Strukturen und Prozesse.

Im Zusammenhang mit den in der Abbildung 1 eingetragenen Querschnittsdaten, welche zumeist statistischen Großerhebungen entstammen, darf darauf hingewiesen werden, daß in der Gründerzeit die große Blüte der europäischen Stadtstatistik war und in den Großstädten des Deutschen Reiches ebenso wie in denen der Österreichisch-Ungarischen Monarchie bahnbrechende Arbeit geleistet wurde. So begründete J. Körösi, der Leiter des Statistischen Amtes der Stadt Budapest, die internationale Stadtstatistik, von der allerdings nur drei Bände realisiert werden konnten [1]. In dieser Blütezeit der europäischen Stadtstatistik vor dem Ersten Weltkrieg wurden Fragen aufgegriffen, deren „Modernität" uns heute noch überraschen kann und für die wir zum Teil gegenwärtig keine statistischen Daten zur Verfügung haben. So beschäftigte sich z.B. G.A. Schimmer bereits 1869 mit der sozialräumlichen Gliederung der Wiener Agglomeration und veröffentlichte für deren kleinste topographische Einheiten (Vorstädte, Vororte, Dörfer) eine äußerst detaillierte Berufsgliederung [2]. Sie blieb ohne Nachfolge. Prozesse wie Umwidmung von Wohnungen für Geschäftszwecke und Büros und vertikale Ausweitung der City wurden Ende des 19. Jahrhunderts in den Millionenstädten bereits registriert und statistisch dokumentiert [3]. Ebenso darf darauf aufmerksam gemacht werden, daß der Erste Weltkrieg in Europa eine scharfe Zäsur für die Stadtstatistik brachte und allerorts die Wirtschaftskrise der Zwischenkriegszeit zu Einschränkungen zwang. Wir besitzen daher aus diesem Zeitabschnitt sehr viel weniger Informationen. Erst in den 60er Jahren setzte der Aufbau von Datenbanken ein und wurde die Baublockstatistik begründet.

---

[1] J. KÖRÖSI, Statistique Internationale des Grandes Villes, Bd. 1-3, Budapest/Wien 1872-1903.
[2] G.A. SCHIMMER, Die Bevölkerung von Wien, in: BllLdkdNdÖ 1 (1865), S. 9-14 und S. 26-28; Die Bevölkerung von Wien und seiner Umgebung nach dem Berufe und der Beschäftigung, bearb. v. G.A. SCHIMMER, hg. v. d. k.k. statistischen Central-Commission, 1. Theil, Wien 1874.
[3] S. SEDLACZEK, Die Wohn-Verhältnisse in Wien, Wien 1893; vgl. auch den Beitrag von H.J. SCHWIPPE in diesem Band.

Zusammenfassung 479

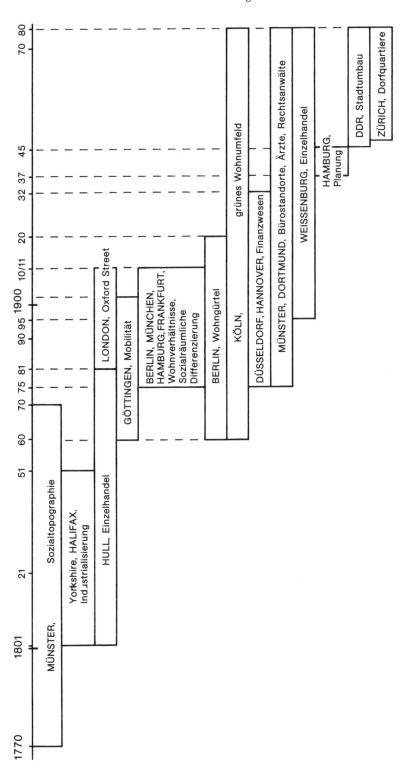

Abb. 1: Der Abdeckungsgrad einzelner Zeitabschnitte und die Position der Untersuchungsbeispiele. *Entwurf*: E. Lichtenberger

In einem zweiten Zugang soll *der räumliche Maßstab der Forschung als Gruppierungskriterium* dienen. Hierbei werden folgende Gruppen von Vorträgen unterschieden:

1. Ohne explizit definierten Raumbezug,
2. im zwischenstädtischen Raum,
3. auf der Makroebene der Gesamtstadt (bzw. der Stadtregion),
4. auf der Mesoebene von Stadtvierteln und Stadtteilen,
5. auf der Mikroebene von Einzelstandorten, von Haushalten und Betrieben, Bauobjekten usf. (vgl. Abb. 2).

Gleichzeitig soll auch die Frage nach den jeweiligen Theoriehorizonten erörtert werden.

ad 1. *Verzichtet* man *auf den konkreten Raumbezug*, so verbleibt man in einem zweidimensionalen Forschungsterrain von Theorien, Sachinhalten und/oder zeitlicher Dimension. Der Verzicht auf ein räumliches Aussagensystem kommt in erster Linie den Aussagen über gesellschaftliche Strukturen und Prozesse zugute. Eine noch breitere Auffächerung der sachlichen Argumentationsmuster ist ferner dann möglich, wenn eine Abhebung von einer konkreten Zeitachse erfolgt und sich die intellektuelle Verknüpfung der sozialen Bezüge vom Zeit- und Raumkorsett befreit.

ad 2. Bezüge auf den *zwischenstädtischen Raum* haben den großen Vorteil, daß ganz allgemein die Theoriebildung in erster Linie dem zwischenstädtischen System zugute gekommen ist. Diese Feststellung trifft bereits auf die Bewegungslehre und Verbreitungslehre von F. Ratzel zu, welche, mehr als ein halbes Jahrhundert später, von T. Hägerstrand in Form der Simulationsmodelle von Innovation und Diffusion von Realobjekten und immateriellen Phänomenen der Gesellschaft mathematisch-statistisch ausgebaut wurde. Auf dieser Grundlage beruht auch die mittels multivariater Techniken durchgeführte Klassifikation der deutschen Großstädte im Zeitraum von 1890 bis 1910 (M. Hietala), bei der die Beziehungen zwischen Stadtwachstum und Aufbau des Dienstleistungssektors untersucht wurden. Angesprochen wurde von P. Schöller in seinen Ausführungen über die Städte der DDR die zentralörtliche Theorie von W. Christaller, welche implizit eine konsumentenorientierte Ideologie enthält. Es ist daher nicht erstaunlich, daß ihre Übernahme in den Staaten des Ostens, wie in der DDR, eine Umfunktionierung auf den produktionsorientierten Sektor zur Folge hatte, so daß dort nunmehr Hauptdörfer als Zentren der landwirtschaftlichen Produktion gegenüber den alten Kleinstädten, d.h. den zentralen Marktorten für das ländliche Umland, bevorzugt werden.

Hinsichtlich des sekundären Sektors und seiner Standortwahl fehlt eine theoretische Fundierung im Siedlungsraum. In der Theorie der Industriestandorte von A. Weber gehört die räumliche Variabilität der Standorte der Betriebe entsprechend den Kostenstrukturen der verschiedenen Produktionsfaktoren (Rohmaterialien, Arbeitskräfte usf.) zu den festen Bestandteilen der Theorie, die nicht, wie die Theorie des tertiären Sektors von W. Christaller und

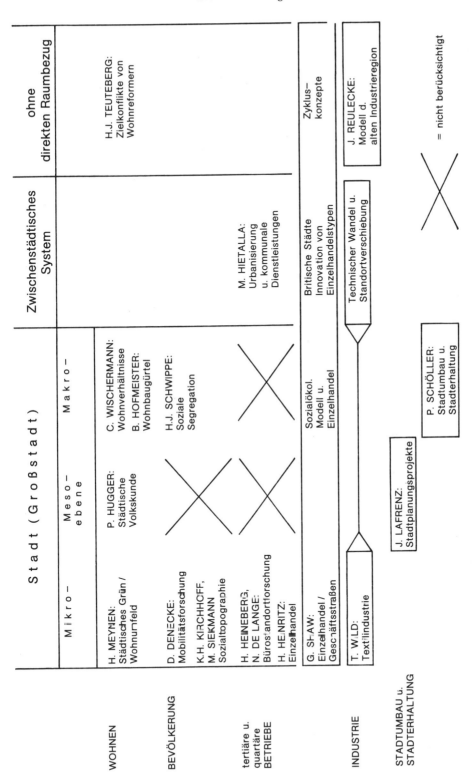

Abb. 2: Der räumliche Maßstab der Forschung. *Entwurf*: E. Lichtenberger.

A. Lösch, eine auf Konkurrenz aufgebaute Stabilität der räumlichen Standorte voraussetzt.

ad 3. In der stadtgeographischen Forschung sind insgesamt drei Theorien aus dem zwischenstädtischen System auf die *Ebene der Gesamtstadt* übertragen worden: erstens die Innovations- und Diffusionstheorie (u.a. in der Cityentwicklung und -ausweitung bzw. in der Wohnbauentwicklung), zweitens die zuerst von J.H. von Thünen für die zentral-periphere Abfolge von Landnutzungszonen um einen zentralen Markt entwickelte Grundrententheorie, welche, von W. Alonso auf den städtischen Bodenmarkt übertragen, zur Erklärung der zentral-peripheren Organisation von Landnutzungen Verwendung findet, drittens ein Partialmodell der zentralörtlichen Theorie für den konsumentenorientierten Sektor des Geschäftslebens, bei dem distanzielle Elemente weitgehend vernachlässigt werden. Interessanterweise hat von den genannten Theorien nur das Landnutzungsmodell bei den Vorträgen, transferiert in eine sozialgeographische Perspektive, Verwendung gefunden: bei der Erklärung simultaner städtebaulicher Prozesse im Großraum Berlin von 1860 bis 1920 (B. Hofmeister) hinsichtlich der Ausbildung von zwei Zonen, nämlich Wilhelminischem Mietshausring und Villenkolonien, sowie bei der Erklärung der Entwicklung des Einzelhandels in Hull im 19. Jahrhundert (G. Shaw).

Hervorhebung verdient, daß die *sozialökologische Theorie* nunmehr auch in die historische Stadtforschung Eingang gefunden hat (H.J. Schwippe). Grundsätzlich erscheint sie infolge ihrer Doktrin des Sozialdarwinismus durchaus geeignet, auf den Zeitraum kapitalistischer Stadtentwicklung im 19. Jahrhundert angewandt zu werden. Allerdings ergeben sich sofort Einschränkungen, wenn man die implizit in der Theorie enthaltenen Annahmen berücksichtigt:

1. Die Separierung von Arbeiten und Wohnen zählt zu den Grundannahmen sozialökologischer Stadtmodelle. Nun gehört es gerade zu den entscheidenden Prozessen des 19. Jahrhunderts, daß diese Trennung in Abhängigkeit von der Stadtgröße, d.h. bei den Großstädten beginnend, überhaupt erst einsetzt.
2. Eine weitgehende Identität von physischer Umwelt und sozialer Gruppierung der Bevölkerung gehört zum Konzept der Sozialraumanalyse, welches weitgehend in die Sozialökologie eingegangen ist. Gerade durch die historische Stadtforschung hat sich dieses Konzept als nicht haltbar erwiesen.
3. Die Sozialökologie definiert das Stadtzentrum als Motor der Stadtentwicklung. Dem ist grundsätzlich zuzustimmen, nichtsdestoweniger ist es nicht möglich, darauf eine „Citybildungstheorie" aufzubauen. Auch wenn wir noch soviele Indikatoren für die City ausfindig machen, neue Definitionen und Ausgrenzungen festlegen, so können wir nur ganz allgemein feststellen, daß, solange Massenverkehrsmittel eine entscheidende Rolle spielen, die Stadtmitte der Ort bester Erreichbarkeit ist und hier auch die jeweils finanzkräftigsten Betriebe des tertiären und quartären Sektors ihren Standort haben werden. Wir können jedoch nicht erklären, wieso andererseits die zahlungskräftigsten Bevölkerungsschichten die Stadtmitte verlassen, d.h. wieso der Sozialgradient

als Ausdruck der Suburbanisierung von oberen und mittleren Bevölkerungsschichten von der Stadtmitte zur Peripherie hin ansteigt, während andererseits der Bodenpreisgradient und mit ihm weitere Gradienten der Nutzungsintensität von der Stadtmitte zur Peripherie hin absinken.

Es ist bekannt, daß die sozialökologische Theorie in ihrer auf Arealdaten beruhenden Methodik große „Schönheitsfehler" besitzt. Auch in den vorliegenden empirischen Analysen werden Bezirke als räumliche Aggregierungsebene verwendet, ohne abzuklären, was Bezirke tatsächlich in der administrativen Organisation von Städten bedeuten. Allerdings sei hinzugefügt, daß sich die historische Stadtforschung im politisch-administrativen Terrain noch weitgehend in einer terra incognita befindet, in der internationale Vergleichsuntersuchungen überhaupt fehlen.

Abschließend muß festgehalten werden, daß sich alle Aussagen der Sozialökologie auf einen statistischen Datenraum beziehen und in diesem die Aussagen über die Gesellschaft und den physischen Stadtraum zwangsläufig zusammenbinden, ohne daß es möglich wäre, gesellschaftliche Prozesse als Ergebnis von Individual- und Gruppenverhalten von den im physischen Stadtraum ablaufenden Veränderungen zu trennen und ihre Wechselwirkung zu erklären.

ad 4. Die *Mesoebene der Stadt* umspannt, je nach Stadtgröße, Stadtteile, Bezirke und Stadtviertel. Insgesamt ist ihre Forschungsstruktur äußerst komplex. Auf der Tagung waren jedoch nur wenige Vorträge in diesem Bereich angesiedelt. Grundsätzlich muß festgehalten werden, daß die Mesoebene keine eigenen theoretischen Konzepte besitzt; Wohnquartiere und Stadtteile können nur mit städtischen Subsystemen (Subkulturen) identifiziert werden. Ihre Selbständigkeit wird in der sozialwissenschaftlichen Forschung mit Konstrukten wie „Identität", „Territorialität", „Heimat" zu erfassen versucht. Voraussetzung für ihre Existenz ist eine Dominanz des fußläufigen Verkehrs, eine gewisse Immobilität traditioneller (eingesessener) Schichten und das Vorhandensein lokaler Kommunikationsorgane (Zeitungen, Vereine bzw. Institutionen, Kirchen und dgl.). Diese lebensräumliche Perspektive war durch den Volkskundler P. Hugger (Zürich) vertreten. Die Mesoebene ist schließlich das Eldorado der normativen Prinzipien, auf der in sektoraler Weise der Städtebau und die Stadtplanung ihre Schaustücke entwickelt haben. Anhand der Projekte zur Neugestaltung der Stadt Hamburg von 1937 bis 1945 hat J. Lafrenz die monumentalen Gemeinschaftsanlagen zur Machtdarstellung des Dritten Reiches präsentiert. Grundsätzlich ist es selbstverständlich möglich, die induktive Forschungsmethodik des Mikromaßstabs auch auf die Mesoebene anzuwenden.

ad 5. Damit ist die *Mikroebene der Stadt* angesprochen. Sie ist das Terrain der induktiven Forschung par excellence. Dort, wo es in der historischen Stadtforschung um die Untersuchung von Bevölkerung und Betrieben geht, hat sie gegenüber der aktuellen Forschung den großen Nachteil, daß sie auf die vorhandenen schriftlichen Quellen angewiesen ist, da die in der aktuellen Forschung wichtige Quelle der Befragungen etc. wegfällt. Von dieser Feststellung sind gleicherweise die Forschungen zur Bevölkerungsmobilität in der Vergangenheit (D. Denecke) wie auch die Betriebsstandortforschung betroffen (H. Heineberg, N. de Lange). Beide müssen sich daher sehr viel stärker auf räumliche (kartographische) Aussagensysteme zurückziehen, wie sie durch Verortung der Strukturmerkmale von Betrieben und Bevölkerung gewonnen werden können.

Bessere Chancen bietet dagegen die Beschäftigung mit dem historischen Realobjektraum der Stadt. Dies gilt insbesondere für die Wohnbauforschung, welche als geographisches Anliegen schon zu Beginn dieses Jahrhunderts entstanden ist. In diesem Zusammenhang darf auf H. Hassinger verwiesen werden, der in der Zeit des technischen Städtebaus um die Jahrhundertwende, als man mittels der sogenannten „Stadtregulierung" ein allseits durchgängiges Rasterschema über den älteren Baukörper von Wien legen wollte, mit mehreren engagierten Publikationen [4] ein Fundament für die Bewegung des Denkmalschutzes geschaffen und im interdisziplinären Forschungsfeld von Stadtgeographie, Städtebau, Architektur- und Sozialgeschichte die Basis für die Wiener Schule der Stadtgeographie gelegt hat. Meines Erachtens zählt die geographische Wohnbauforschung mit allen Fragen der Organisationsformen, der Bauträger, der Kapitalbindungen usw. zu den immanenten Fragen der Stadtgeographie. Diese wäre schlecht beraten, wenn sie aus diesem Forschungsterrain herausgehen wollte, da gerade bei der Untersuchung persistenter baulicher Strukturen Geographen eine Chance haben, den Entscheidungsträgern Problemlösungen anzubieten, so z.B. bei Fragen des Ensemble- und Denkmalschutzes, der Altstadterhaltung usf.

Die Standortkartierung von speziellen Bevölkerungsgruppen, welche von Stadthistorikern auch als „Sozialtopographie" bezeichnet wird, hat grundsätzlich zwei Aufgaben zu erfüllen. Einerseits geht es um die Gewinnung von Regeln der Assoziation und Sukzession von Bevölkerungsgruppen im raumzeitlichen Kontext, andererseits um die Gewinnung des individuellen Sukzessionsprofils für die jeweilige Stadt und die damit mögliche Identifizierung der Bewohner mit der sozialhistorischen Vergangenheit derselben (M. Siekmann und K.H. Kirchhoff).

Während die Gesellschaftswissenschaften mit dem Segregationsprinzip als beschreibende und prozessuale Konzeption ein recht mächtiges Instrument für die Erklärung der sozialräumlichen Organisation der städtischen Gesellschaft besitzen, kann die Stadtwirtschaftslehre nicht zuletzt aufgrund der sehr viel größeren Komplexität von Arbeitsstätten und beruflichen Tätigkeiten keine übergeordnete Konzeption anbieten. Auf das Theoriedefizit beim sekundären Sektor wurde bereits hingewiesen. Die Verselbständigung des quartären Sektors vom konsumentenorientierten tertiären Sektor hat wohl die Bürostandortforschung als induktiven Forschungszweig mitbegründet, daraus

---

[4] U.a. H. HASSINGER, Kunsthistorischer Atlas der K.K. Reichshaupt- und Residenzstadt Wien (Österreichische Kunsttopographie 15), Wien 1916.

ist aber bisher noch keine Theorie des quartären Sektors entstanden.

Eine weitere Schwierigkeit, zu allgemeinen Aussagesystemen zu gelangen, liegt darin begründet, daß sich mit der Stadtgröße die ökonomische Struktur und räumliche Organisation der Wirtschaft von Städten sehr viel stärker ändert als die Struktur und Organisation des sozialen Systems sensu stricto. Aufgrund dieser Schwierigkeiten ist bisher die historische Betriebsforschung zum Unterschied von der Wohnbauforschung in der Stadtgeographie wenig entwickelt. Umso mehr ist es daher zu begrüßen, daß dieses schwierige Terrain nun durch das Forschungsprojekt von H. Heineberg und seinen Mitarbeitern betreten wurde.

INNERSTÄDTISCHE DIFFERENZIERUNG UND PROZESSE IM 19. UND 20. JAHRHUNDERT

Verzeichnis der zitierten Literatur

ADAMS, WERNER: Oberstrass. Seine Entwicklung von der oberen Strasse zum Stadtquartier von Zürich, herausgegeben vom Quartierverein Oberstrass, Zürich 1983.

ADBURGHAM, ALISON: Shops and Shopping, 1800-1914. Where and in what Manner the welldressed English Woman bought her Clothes, London 1964.

AKERET, WALTER: Die zweite Zürcher Eingemeindung 1934 (Europäische Hochschulschriften, Reihe III: Geschichte und ihre Hilfswissenschaften 80), Bern/Frankfurt a.M. 1977.

ALBERS, GERD: Modellvorstellungen zur Siedlungsstruktur in ihrer geschichtlichen Entwicklung, in: Zur Ordnung der Siedlungsstruktur (Akademie für Raumforschung und Landesplanung. Forschungs- und Sitzungsberichte 85, Stadtplanung 1), Hannover 1974, S. 1-34.

ALBERS, GERD: Wandel und Kontinuität im deutschen Städtebau, in: Stadtbauwelt H. 57 (1978), S. 14-19.

ALBERS, GERD unter Mitarbeit von KLAUS MARTIN: Entwicklungslinien im Städtebau. Ideen, Thesen, Aussagen 1875-1945: Texte und Interpretationen (Bauwelt Fundamente 46), Düsseldorf 1975.

ALBERS, GERD/ALEXANDER PAPAGEORGIOU-VENETAS: Stadtplanung. Entwicklungslinien 1945 - 1980, 2 Bde., Tübingen 1984.

ALBRECHT, HEINRICH: Bau von kleinen Wohnungen durch Arbeitgeber, Stiftungen, gemeinnützige Baugesellschaften und in eigener Regie der Gemeinden, in: Neue Untersuchungen über die Wohnungsfrage in Deutschland und im Ausland, Bd.2: Deutschland und Österreich (Schriften des Vereins für Socialpolitik 96), Leipzig 1901, S. 1-85.

ALBRECHT, GÜNTER: Soziologie der geographischen Mobilität. Zugleich ein Beitrag zur Soziologie des sozialen Wandels, Stuttgart 1972.

ALEXANDER, DAVID G.: Retailing in England during the Industrial Revolution, London 1970.

ALLENDORF, HANS: Der Zuzug in die Städte. Seine Gestaltung und Bedeutung für dieselben in der Gegenwart. Ein Beitrag zur Statistik der Binnenwanderungen mit besonderer Berücksichtigung der Zuzugsverhältnisse der Stadt Halle a.d.S. im Jahre 1899 (Sammlung nationalökonomischer und statistischer Abhandlungen 30), Jena 1901.

ALLMERS, FRITZ: Die Wohnungsbaupolitik der gemeinnützigen Bauvereine im

Rheinland 1815-1914, wirtschafts- u. sozialwiss. Diss., Köln 1925.

Altstetten. Vom Bauerndorf zum Stadtquartier, herausgegeben von der Ortsgeschichtlichen Kommission im Auftrage des Quartiervereins, Zürich 1984.

ANDRÄ, KLAUS/RENATE KLINKER/RAINER LEHMANN: Fußgängerbereiche in Stadtzentren, Berlin (Ost) 1981.

ANSPACH, INGEBORG: Die räumliche Anordnung der Industrie der Stadt Wuppertal, wirtschafts- u. sozialwiss. Diss., Köln 1941.

ARMINIUS: Die Großstädte in ihrer Wohnungsnot und die Grundlagen einer durchgreifenden Abhilfe. Mit einem Vorworte von Dr. Th. Freiherrn von der Goltz, Leipzig 1874.

ASMUS, GESINE (Hg.): Hinterhof, Keller und Mansarde. Einblicke in Berliner Wohnungselend 1901-1920, Reinbek 1982.

Aussersihl war und ist ausser sich, herausgegeben von einem Autorenteam, Zürich o.J. (1983).

ATTESLANDER, PETER/BERND HAMM (Hgg.): Materialien zur Siedlungssoziologie (Neue Wissenschaftliche Bibliothek 69 Soziologie), Köln 1974.

BAGWELL, PHILIP S. : The Transport Revolution from 1770, London 1974.

BÄHR, JÜRGEN: Bevölkerungsgeographie (Uni-Taschenbücher 1249), Stuttgart 1983.

BAHR, GERHARD: Die Achsenkonzeption als Leitvorstellung für die städtebauliche Ordnung in Hamburg, in: Problematik von Entwicklungsachsen (Akademie für Raumforschung und Landesplanung. Forschungs- und Sitzungsberichte 113), Hannover 1976, S. 201-239.

BALDERMANN, UDO/GEORG HECKING/ERICH KNAUSS: Bevölkerungsmobilität im Großstadtraum. Motive der Gewanderten und Folgerungen für die Planung, in: Raumforschung und Raumordnung 34 (1976), S. 145-156.

Banklexikon. Handwörterbuch für das Bank- und Sparkassenwesen (mit Bankverzeichnis), 9. Aufl., Wiesbaden 1983.

BARK, WILLY: Chronik von Alt-Westend mit Schloß Ruhwald, Spandauer Bock und Fürstenbrunn (Schriften des Vereins für die Geschichte Berlins 56), Berlin 1937.

BARKER, TREVOR: Towards an Historical Classification of Urban Transport Development since the late Eighteenth Century, in: Journal of Transport History (3rd series) 1 (1980), pp. 75-90.

BÄRTSCHI, HANS-PETER: Industrialisierung, Eisenbahnschlachten und Städtebau. Die Entwicklung des Zürcher Industrie- und Arbeiterstadtteils Aussersihl. Ein vergleichender Beitrag zur Architektur- und Technikgeschichte (Schriftenreihe des Instituts für Geschichte und Theorie der Architektur an der Eidgenössischen Technischen Hochschule Zürich 25), Basel/Boston/Stuttgart 1983.

Das Bauen im neuen Reich, herausgegeben in Verbindung mit GERDY TROOST, Bayreuth 1938.

BAUMEISTER, ANNETTE: Die Bebauung des Kreuzviertels in Münster, Staatsarbeit für das Lehramt an Grund- und Hauptschulen, Münster 1972.

BAUMEISTER, REINHARD: Stadt-Erweiterungen in technischer, baupolizeilicher

und wirtschaftlicher Beziehung, Berlin 1876.
Die Baupolizeiverordnungen für Berlin und seine Vororte. Für den Handgebrauch zusammengestellt von A. RÖSSLER, 2. umgearbeitete Aufl., Berlin 1903.
BECHTEL, HEINRICH: Die ersten Kämpfe für eine Wohnungsreform. Ein Beitrag zum Gegensatz von Theorie und Politik in der Wohnungsfrage, in: Jahrbücher für Nationalökonomie und Statistik 122 (1924), S. 813-826.
BECKER, DORIT: Bankbetriebliche Zweigstellenexpansion und Standortforschung. Eine empirische und theoretische Analyse unter besonderer Berücksichtigung der Standortfaktoren, wirtschafts- u. sozialwiss. Diss., Göttingen 1975.
Beiträge zum Problem der Suburbanisierung (Akademie für Raumforschung und Landesplanung. Forschungs- und Sitzungsberichte 102), Hannover 1975.
Beiträge zum Problem der Suburbanisierung (2. Teil). Ziele und Instrumente der Planung im suburbanen Raum (Akademie für Raumforschung und Landesplanung. Forschungs- und Sitzungsberichte 125), Hannover 1978.
BENTHIN, BRUNO/ALFRED VON KÄNEL/EGON WEBER: Main Aspects of Structural Change in the Northern Regions of the GDR, in: Geojournal 8 (1984), pp. 45-52.
Bericht über die Verhandlungen des neunten Congresses Deutscher Volkswirthe zu Hamburg vom 26.-29. August 1867, Berlin 1868.
Berlin und seine Bauten, Teil XI: Gartenwesen, herausgegeben vom Architekten- und Ingenieur-Verein zu Berlin, Berlin/München 1982.
BERTHOFF, ROWLAND: An Unsettled People: Social Order and Disorder in American History, New York 1971.
BERTHOLD, G.: Die Wohnverhältnisse in Berlin, insbesondere die der ärmeren Klassen, in: Die Wohnungsnoth der ärmeren Klassen in deutschen Großstädten und Vorschläge zu deren Abhülfe, Band 2 (Schriften des Vereins für Socialpolitik 31), Leipzig 1886, S. 199-235.
Bevölkerung und Wirtschaft 1872-1972, herausgegeben anläßlich des 100jährigen Bestehens der zentralen amtlichen Statistik vom Statistischen Bundesamt, Stuttgart/Mainz 1972.
Die Bevölkerung von Wien und seiner Umgebung nach dem Berufe und der Beschäftigung. Auf der Grundlage der jüngsten Volkszählung bearbeitet von GUSTAV ADOLF SCHIMMER. Herausgegeben von der K.K. statistischen Central-Commission. 1. Theil: Geschlecht, Civilstand, Arbeits- und Dienstverhältnisse, Wien 1874.
Die Bewegung der Bevölkerung im Jahre 1891, insbesondere Studien über die Wanderungen, bearbeitet von HEINRICH BLEICHER (Beiträge zur Statistik der Stadt Frankfurt am Main NF 2), Frankfurt 1893.
BEYER, LIOBA/HEINZ HEINEBERG: Stadtexkursion Münster, in: HEINZ HEINEBERG/ALOIS MAYR (Hgg.): Exkursionen in Westfalen und angrenzenden Regionen. Festschrift zum 44. Deutschen Geographentag in Münster 1983, Teil II (Münstersche Geographische Arbeiten 16), Paderborn 1983, S. 9-30.
BICKEL-SCHIRMER, OTTO: Eingemeindungsprobleme von Zürich, Zürich 1930.

BIELFELDT, HANS: Vom Werden Gross-Hamburgs. Citykammer, Gauwirtschaftskammer, Handelskammer. Politik und Personalia im Dritten Reich (Staat und Wirtschaft 1), Hamburg 1980.

BIERI, DORIS: Leimbach einst und jetzt. Eine baugeschichtliche Chronik in Wort und Bild, Meilen o.J..

BISS, E.: Über die Wohnungsfrage in Deutschland, Berlin 1872.

BLACKMAN, JANET: The Food Supply of an Industrial Town, in: Business History 5-6, 1962-1964, pp. 83-87.

BLANK, MARTIN: Die Beziehungen zwischen Industrie und Mode, untersucht an der Barmer Textil- und Knopfindustrie während der Jahre 1900-1914, rechts- u. staatswiss. Diss., Tübingen 1920.

BLÖCKER, W.H. : Raumordnung, in: Raumforschung und Raumordnung 1 (1937), S. 5-8.

BLOTEVOGEL, HANS HEINRICH: Faktorenanalytische Untersuchungen zur Wirtschaftsstruktur der Deutschen Großstädte nach der Berufszählung 1907, in: WILHELM HEINZ SCHRÖDER (Hg.): Moderne Stadtgeschichte (Historisch-Sozialwissenschaftliche Forschungen 8), Stuttgart 1979, S. 74-111.

BLOTEVOGEL, HANS HEINRICH: Kulturelle Stadtfunktionen und Urbanisierung: Interdependente Beziehungen im Rahmen der Entwicklung des deutschen Städtesystems im Industriezeitalter, in: HANS JÜRGEN TEUTEBERG (Hg.): Urbanisierung im 19. und 20. Jahrhundert. Historische und geographische Aspekte (Städteforschung A 16), Köln/Wien 1983, S. 143-185.

BLOTEVOGEL, HANS HEINRICH/GÜNTER HEINRITZ/HERBERT POPP: Regionalbewußtsein. Bemerkungen zum Leitbegriff einer Tagung, in: Berichte zur Deutschen Landeskunde 60 (1986), S. 103-114.

BOBEK, HANS: Stellung und Bedeutung der Sozialgeographie, in: Erdkunde 2 (1948), S. 118-125.

BOBEK, HANS/ELISABETH LICHTENBERGER: Wien. Bauliche Gestalt und Entwicklung seit der Mitte des 19. Jahrhunderts (Schriften der Kommission für Raumforschung der Österreichischen Akademie der Wissenschaften 1), Graz/Köln 1966.

BÖCKH, RICHARD: Der Anteil der örtlichen Bewegung an der Zunahme der Bevölkerung der Großstädte, in: Huitième Congrès International d'Hygiène et de Démographie 1894, T.7, Budapest 1896, S. 382ff.

BODZENTA, ERICH/IRMFRIED SPEISER/KARL THUM: Wo sind Großstädter daheim? Studien über Bindungen an das Wohnviertel, Wien/Köln/Graz 1981.

BÖHM, HANS: Bodenmobilität und Bodenpreisgefüge in ihrer Bedeutung für die Siedlungsentwicklung. Eine Untersuchung unter besonderer Berücksichtigung der Rechtsordnungen und der Kapitalmarktverhältnisse für das 19. und 20. Jahrhundert, dargestellt an ausgewählten Beispielen (Bonner Geographische Abhandlungen 65), Bonn 1980.

BÖHM, HANS/FRANZ-JOSEF KEMPER/WOLFGANG KULS: Studien über Wanderungsvorgänge im innerstädtischen Bereich am Beispiel von Bonn (Arbeiten zur Rheinischen Landeskunde 39), Bonn 1975.

BOHM, EBERHARD: Wohnsiedlung am Berliner Stadtrand im frühen 20. Jahrhundert. Das Beispiel Frohnau, in: Siedlungsforschung. Archäologie - Geschichte - Geographie 1 (1983), S. 117-136.

BOLLINGER, ARNIM: Oerlikon. Geschichte einer Zürcher Gemeinde, 2. stark erweiterte Aufl., Zürich o.J..

BONOMO, OSCAR: Geschichte des Hallenstadions Zürich-Oerlikon oder: Wo ein Wille, da ein Weg, Zürich-Oerlikon 1982.

BORN, KARL ERICH: Vom Beginn des Ersten Weltkrieges bis zum Ende der Weimarer Republik (1914-1933), in: Deutsche Bankengeschichte, Bd.3, Frankfurt a.M. 1983, S. 17-146.

BORRMANN, RICHARD: Leitfaden der Entwicklungsgeschichte Berlins von seiner Gründung bis in die Neuzeit, Berlin 1893.

BOSSE, ALWIN: Die Förderung des Arbeiterwohnungswesens durch die Landesversicherungsanstalten, phil. Diss., Jena 1907.

BOWDEN, MARTYN J.: Growth of the Central Districts in Large Cities, in: LEO F. SCHNORE (ed.): The New Urban History. Quantitative Explorations by American Historians, with a Foreword by Eric E. Lampard, Princeton (N.J.) 1975, pp. 75-109.

BRÄMER, KARL: Ueber Häuserbau-Genossenschaften, in: Der Arbeiterfreund 2 (1864), S. 182-228.

BRAND, THEODOR: Lebendiges Hirslanden, Zürich 1968.

BRANDENBURG, HORST: Standorte von Shopping-Centren und Verbrauchermärkten im Kölner Raum - Entwicklung und Auswirkungen auf das Einzelhandelsgefüge (Kölner Forschungen zur Wirtschafts- und Sozialgeographie 32), Köln 1985.

BRATZEL, PETER: Sozialräumliche Organisation in einem komplexen Faktorensystem. Dargestellt am Beispiel der Sozial- und Wirtschaftsstruktur von Karlsruhe (Karlsruher Manuskripte zur Mathematischen und Theoretischen Wirtschafts- und Sozialgeographie 53), Karlsruhe 1981.

BRAUN, GERHARD/HERIBERT MÜLLER: Analyse innerstädtischer Wanderungen - Theorien und Methoden der Sozial- und Faktorialökologie, in: Demographische Planungsinformationen. Theorie und Technik, herausgegeben von ECKART ELSNER, Berlin 1979, S. 239-277.

BRENTANO, LUJO: Wohnungs-Zustände und Wohnungs-Reform in München, München 1904.

BREUER, EKKEHART: Das Verhältnis der Ärzte und Fachärzte zur Gesamtbevölkerung im Deutschen Reich und in der Bundesrepublik Deutschland in der Zeit von 1825-1958, med. Diss. (Institut für Gerichtliche Medizin und Versicherungs-Medizin der Universität München), München 1963.

BREUER, JUDITH: Die Grünanlagen am Dom im 19. Jahrhundert, in: Kölner Domblatt 43 (1978), S. 119-142.

BRIGGS, ASA: Victorian Cities, London 1963.

BRILMAYER, THOMAS: Der Strukturwandel des Weißenburger Einzelhandels, Diplom-Arbeit am Geographischen Institut der TU München 1980.

BROESIKE, MAX: Arbeitsort und Wohnort der Bevölkerung in den Grossstädten und einigen Industriebezirken Preussens am 1. Dezember 1900, in: Zeitschrift

des Kgl. Preussischen Statistischen Bureaus 44 (1904), S. 1-18.
BRUCH, ERNST: Wohnungsnot und Hülfe, in: Berlin und seine Entwicklung. Jahrbuch für Volkswirthschaft und Statistik, 6. Jg., Berlin 1872, S. 14-85.
BRÜCKNER, NATHANAEL: Die Entwicklung der großstädtischen Bevölkerung im Gebiete des Deutschen Reiches, in: Allgemeines Statistisches Archiv 1 (1890), S. 135-184 und S. 615-672.
BRÜHLMANN, HERBERT/HANS-PETER STEINER: 50 Jahre Feuerwehr Pikett Glattal, Zürich 1980.
BRUNNER, OTTO: Das „ganze Haus" und die alteuropäische Ökonomik, in: OTTO BRUNNER: Neue Wege der Sozialgeschichte. Vorträge und Aufsätze, Göttingen 1956, S. 33-61.
BRZOSKA, THOMAS: Die öffentlich-rechtlichen Sparkassen zwischen Staat und Kommunen. Zum Standort der Sparkassen unter besonderer Berücksichtigung des sparkassentypischen Regionalprinzips (Untersuchungen über das Spar-, Giro- und Kreditwesen B 10), Berlin 1976.
BÜCHER, KARL: Die inneren Wanderungen und das Städtewesen in ihrer entwicklungsgeschichtlichen Bedeutung. Entstehung der Volkswirtschaft, Tübingen 1893.
BUCHHOLZ, HANNS J.: Formen städtischen Lebens im Ruhrgebiet, untersucht an sechs Beispielen (Bochumer Geographische Arbeiten 8), Paderborn 1970.
BUCHHOLZ, HANNS J.: Die DDR und ihre Städte. Wandlungen des Städtesystems der DDR, in: Geographie heute 6 (1985), H. 30, S. 32-35.
BÜHRING, HEINZ: Das kommunale Sparkassen- und Bankwesen Deutschlands unter besonderer Berücksichtigung seiner historischen und organisatorischen Grundlagen, rechts- u. staatswiss. Diss., Würzburg 1926.
Bulletin de l'Institut international de Statistique, 's-Gravenhage/La Haye 1887.
BUTZIN, BERNHARD/HEINZ HEINEBERG/ALOIS MAYR u.a.: Einzelhandel und Einzelhandelszentren im deutschsprachigen Raum. Eine annotierte Auswahlbibliographie, in: HEINZ HEINEBERG (Hg.): Einzelhandelszentren in Deutschland. Entwicklung, Forschungsstand und -probleme mit einer annotierten Auswahlbibliographie (Münstersche Geographische Arbeiten 5), Paderborn 1980, S. 129-165.
BYTHELL, DUNCAN: The Handloom Weavers. A Study in the English Cotton Industry during the Industrial Revolution, Cambridge 1969.
CANNADINE, DAVID: Victorian Cities: how different?, in: Social History 2 (1977), pp. 457-482.
CARTHAUS, VILMA: Zur Geschichte und Theorie der Grundstückskrisen in deutschen Großstädten mit besonderer Berücksichtigung von Groß-Berlin, Jena 1917.
CATTANI, ALFRED (Hg.): Zürich und seine Quartiere. Gesichter einer Stadt, Zürich 1983.
Chancen und Risiken des bergisch-märkischen Wirtschaftsraumes. Denkschrift der Industrie- und Handelskammern Hagen, Remscheid, Solingen und Wuppertal, o.O. (Wuppertal) 1971 (Manuskript).
CHRISTALLER, WALTER: Die zentralen Orte in Süddeutschland. Eine öko-

nomisch-geographische Untersuchung über die Gesetzmäßigkeit der Verbreitung und Entwicklung der Siedlungen mit städtischen Funktionen, Jena 1933 (Nachdruck Darmstadt 1968).

CHUDACOFF, HOWARD P.: Newlyweds and Family Extension: The first Stage of the Family Cycle in Providence, Rhode Island, 1864-1865 and 1879-1880, in: TAMARA K. HAREVEN/MARIS A. VINOVSKIS (eds.): Family and Population in Nineteenth Century America, Princeton (N.Y.) 1978, pp. 179-205.

CLAPHAM, JOHN H.: An Economic History of Modern Britain. Vol. 1: The early Railway Age 1820-1850. Vol. 2: Free Trade and Steel 1850-1886. Vol. 3: Machines and National Rivalries (1887-1914) with an Epilogue (1914-1929), first Ed., Cambridge 1926, 1932, 1938.

COHN, LOUIS: Die Wohnungsfrage und die Sozialdemokratie. Ein Vergleich sozialdemokratischer Praxis der Gemeindepolitik, München 1900.

Concordia. Blätter der Berliner Gemeinnützigen Baugesellschaft, herausgegeben von VICTOR AIMÉ HUBER, Berlin 1849.

CONRAD, ROLF: Die Kölner Neustadt. Eine wirtschafts- und sozialgeographische Untersuchung, phil. Diss., 2 Bde., Köln 1955.

CONZEN, MICHAEL R.G.: Zur Morphologie der englischen Stadt im Industriezeitalter, in: HELMUT JÄGER (Hg.): Probleme der Städtewesens im industriellen Zeitalter (Städteforschung A 5), Köln/Wien 1978, S. 1-48.

COWAN, PETER/DANIEL FINE/J. IRELAND: The Office: A Facet of Urban Growth, London 1969.

CRAMER, JOHANNES: Gerberhaus und Gerberviertel in der mittelalterlichen Stadt (Studien zur Bauforschung 12), Bonn 1981.

CRAMER, JOHANNES: Zur Frage der Gewerbegassen in der Stadt am Ausgang des Mittelalters, in: Die alte Stadt. Zeitschrift für Stadtgeschichte, Stadtsoziologie und Denkmalpflege 11 (1984), S. 81-111.

CREW, DAVID: Regionale Mobilität und Arbeiterklasse. Das Beispiel Bochum 1880-1901, in: Geschichte und Gesellschaft 1 (1975), S. 99-120.

CROON, HELMUT/KARL UTERMANN: Zeche und Gemeinde. Untersuchungen über den Strukturwandel einer Zechengemeinde im nördlichen Ruhrgebiet (Soziale Forschung und Praxis 19), Tübingen 1960.

DACH, PETER: Struktur und Entwicklung von peripheren Zentren des tertiären Sektors, dargestellt am Beispiel Düsseldorf (Düsseldorfer Geographische Schriften 13), Düsseldorf 1980.

DANIELZYK, RAINER/CLAUS-CHRISTIAN WIEGANDT: Ansätze zu einer qualitativen Methodik in der Regionalforschung - dargestellt am Beispiel des Entwicklungszentrums Lingen im Emsland, in: Berichte zur Deutschen Landeskunde 60 (1986), S. 71-96.

DANIELZYK, RAINER/CLAUS-CHRISTIAN WIEGANDT: Lingen im Emsland. Dynamisches Entwicklungszentrum oder „Provinz"? Ansätze zu einer qualitativen Methodik in der Regionalforschung (Münstersche Geographische Arbeiten 22), Paderborn 1985.

DANN, OTTO: Die Region als Gegenstand der Geschichtswissenschaft, in: Archiv für Sozialgeschichte 23 (1983), S. 652-661.

DEANE, PHYLLIS/WILLIAM ALAN COLE: British Economic Growth 1688-1959. Trends and Structure (University of Cambridge, Department of Applied Economics, Monogaphs 8), Cambridge 1962.

DEMMLER-MOSETTER, HILLE: Wahrnehmung in Wohngebieten. Aktionsräumliche Erlebnisbereiche und ihre Bedeutung für die bürgernahe Bewertung von Wohngebieten in der Großstadt (Beiträge zur Angewandten Sozialgeographie 3), Augsburg 1982.

DENECKE, DIETRICH: Göttingen. Materialien zur historischen Stadtgeographie und zur Stadtplanung. Erläuterungen zu Karten, Plänen und Diagrammen mit einer Bibliographie (herausgegeben als Begleitheft zur Ausstellung ‚Göttingen. Historische und angewandte Stadtgeographie, dargestellt in thematischen Stadtplänen und Diagrammen' vom Ortsausschuß des 42. Dt. Geographentages in Göttingen 1979) (zugleich: Göttingen. Planung und Aufbau 17), Göttingen 1979.

DENECKE, DIETRICH: Die historische Dimension der Sozialtopographie am Beispiel südniedersächsischer Städte, in: Berichte zur deutschen Landeskunde 54 (1980), S. 211-252.

DENECKE, DIETRICH: Die sozio-ökonomische Gliederung südniedersächsischer Städte im 18. und 19. Jahrhundert. Historisch-geographische Stadtpläne und ihre Analyse, in: Niedersächsisches Jahrbuch für Landesgeschichte 52 (1980), S. 25-38.

DENECKE, DIETRICH: Sozialtopographische und sozialräumliche Gliederung der spätmittelalterlichen Stadt. Problemstellungen, Methoden und Betrachtungsweisen der historischen Wirtschafts- und Sozialgeographie, in: JOSEF FLEKKENSTEIN/KARL STACKMANN (Hgg.): Über Bürger, Stadt und städtische Literatur im Spätmittelalter. Bericht über Kolloquien der Kommission zur Erforschung der Kultur des Spätmittelalters 1975-1977 (Abhandlungen der Akademie der Wissenschaften in Göttingen. Philologisch-Historische Klasse, Dritte Folge, Nr.121), Göttingen 1980, S. 161-202.

DENNIS, RICHARD: English Industrial Cities of the Nineteenth Century: A Social Geography (Cambridge Studies in Historical Geography 4), Cambridge 1984.

DENNIS, RICHARD: Intercensal Mobility in a Victorian City, in: Institute of British Geographers, Transactions New Series 2 (1977), pp. 349-363.

DIEDERIKS, HERMANN A.: Verstädterung in den Niederlanden 1795 - 1970, in: HORST MATZERATH (Hg.): Städtewachstum und innerstädtische Strukturveränderungen. Probleme des Urbanisierungsprozesses im 19. und 20. Jahrhundert (Geschichte und Theorie der Politik A 8), Stuttgart 1984, S. 29-43.

DIEPEN, GERHARD (Hg.): Der Bankbetrieb. Lehrbuch und Aufgabensammlung (nach dem gleichnamigen Werk von Prof. Dr. Karl Fr. Hagenmüller), 8. Aufl., Wiesbaden 1977.

DIETZ, WALTER: Die Wuppertaler Garnnahrung. Geschichte der Industrie und des Handels von Elberfeld und Barmen 1400 bis 1800 (Bergische Forschungen 4), Neustadt a.d. Aisch 1957.

DITTMANN, ELMAR: Bandstadt, in: Akademie für Raumforschung und Landesplanung (Hg.): Handwörterbuch der Raumforschung und Raumordnung, 2. Aufl., Hannover 1970, Sp.125-135.

DOEHRING, C.: Der Bankplatz Hannover, in: Der Bankplatz Hannover. Börse und Banken in Hannover (Europäische Wirtschaft in Einzeldarstellungen), Trautheim über Darmstadt/Mainz o.J. (1962), S. 29-48.

DOMARUS, MAX: Hitler. Reden und Proklamationen 1932-1945, kommentiert von einem deutschen Zeitgenossen. Bd. 1: Triumph (1932-1938). Bd. 2: Untergang (1939-1945), Würzburg 1962 und 1963.

DÖRRIES, HANS: Der gegenwärtige Stand der Stadtgeographie, in: Petermanns Mitteilungen. Ergänzungsheft 209 (1930), S. 310-325.

Dortmund. 1100 Jahre Stadtgeschichte, Festschrift im Auftrage der Stadt Dortmund herausgegeben von GUSTAV LUNTOWSKI und NORBERT REIMANN, Dortmund 1982.

Dortmund. Deutscher Städteatlas, Lfg. I/1973, Blatt 3, herausgegeben und bearbeitet von HEINZ STOOB, Dortmund 1973.

DOWNS, ROGER M./DAVID STEA: Kognitive Karten: Die Welt in unseren Köpfen, New York 1982.

DREIER, C.: Die City Nord, in: Hamburg und seine Bauten 1969-1984, herausgegeben vom Architekten- und Ingenieur-Verein zu Hamburg e.V und der Gesellschaft zur Beförderung der Künste und nützlichen Gewerbe - Patriotische Gesellschaft von 1765, Hamburg 1984, S. 207.

DÜCKER, ELISABETH VON: Ein Platz verändert sein Gesicht. Der Platz der Republik in Altona im 19. und 20. Jahrhundert, in: Walkenrieder Hefte. Internationale Monatszeitschrift für Bergbau-, Technik- und Industriegeschichte sowie Geschichte der Naturwissenschaften 1/2 (1983), S. 3-24.

DÜLFFER, JOST/JOCHEN THIES/JOSEF HENKE: Hitlers Städte. Baupolitik im Dritten Reich. Eine Dokumentation, Köln/Wien 1978.

DULLO, ANDREAS: Die Bevölkerungsbewegung in Königsberg in Preußen (Königsberger Statistik 7), Königsberg 1906.

DÜRR, HEINER: Empirische Untersuchungen zum Problem der sozialen Gruppen: der aktionsräumliche Aspekt, in: Deutscher Geographentag in Erlangen 1971. Ergebnisse der Arbeitssitzung 3 (Münchner Studien zur Sozial- und Wirtschaftsgeographie 8), Kallmünz/Regensburg 1972, S. 71-81.

DURTH, WERNER: Der programmierte Aufbau. Speers „Arbeitsstab zum Wiederaufbau bombenzerstörter Städte", in: Stadtbauwelt H. 84 (1984), S. 378-390.

DURTH, WERNER: Schulen und Lehrer. Biographische Verflechtungen, in: Stadtbauwelt H. 84 (1984), S. 340-345.

DURTH, WERNER: Deutsche Architekten. Biographische Verflechtungen 1900-1970 (Schriften des Deutschen Architekturmuseums zur Architekturgeschichte und Architekturtheorie), Braunschweig/Wiesbaden 1985.

EBDON, DAVID: Statistics in Geography. A practical Approach, Oxford 1981.

EBERSTADT, RUDOLF: Städtische Bodenfrage, Berlin 1894.

EBERSTADT, RUDOLF: Zur Preisbildung der Bodenwerthe, in: Bericht über den VI. Internationalen Wohnungskongress in Düsseldorf, 15. bis 19.Juni 1902, herausgegeben vom Organisationskomité, Berlin 1902, S. 70-92.

EBERSTADT, RUDOLF: Rheinische Wohnverhältnisse und ihre Bedeutung für das Wohnungswesen in Deutschland, Jena 1903.

EBERSTADT, RUDOLF: Die Spekulation im neuzeitlichen Städtebau. Eine Untersuchung der Grundlagen des städtischen Wohnungswesens, zugleich eine Abwehr der gegen die systematische Wohnungsreform gerichteten Angriffe, Jena 1907.

EBERSTADT, RUDOLF: Handbuch des Wohnungswesens und der Wohnungsfrage, 2. vermehrte und erweiterte Aufl., Jena 1910.

ECKARDT, D.: Die Schullasten der Städte im Jahre 1910, in: Städte-Zeitung 9 (1911/1912), 3.9.1912.

EHLGÖTZ, H.: Die Aufschließung des Baugeländes, in: ALBERT GUT (Hg.), Der Wohnungsbau in Deutschland nach dem Weltkriege. Seine Entwicklung unter der unmittelbaren und mittelbaren Förderung durch die alten Gemeindeverwaltungen, München 1928, S. 64-97.

EICHHORN, KARL: Die sächsischen Baugenossenschaften, phil. Diss., Leipzig 1929.

ELLISON, THOMAS: The Cotton Trade of Great Britain, London 1886.

ELRINGTON, CHRISTOPHER/PETER M. TILLOTT: The Growth of the City, in: W.B. STEPHENS (ed.): The City of Birmingham (A History of the County of Warwick 7), London 1964, pp. 4-25.

ELVERS, RUDOLF: Victor Aimé Huber. Sein Werden und Wirken, 2 Teile, Bremen 1872 bis 1874.

ENCKE, FRITZ: Ein Volkspark, in: Denkschrift zum 100jährigen Bestehen der Höheren Gärtnerlehranstalt Berlin-Dahlem, früher Wildpark, herausgegeben von der Höheren Gärtnerlehranstalt Berlin-Dahlem, Frankfurt a.O. 1924, S. 214-225.

ENGEL, ERNST: Die moderne Wohnungsnoth. Signatur, Ursachen und Abhülfe, Leipzig 1873.

ENGEL, MICHAEL: Geschichte Dahlems, Berlin 1984.

ENGELI, CHRISTIAN: Stadterweiterungen in Deutschland im 19. Jahrhundert, in: WILHELM RAUSCH (Hg.): Die Städte Mitteleuropas im 19. Jahrhundert (Beiträge zur Geschichte der Städte Mitteleuropas 7), Linz 1983, S. 47-72.

ENGELS, FRIEDRICH: Zur Wohnungsfrage, in: Volksstaat Nr. 51 vom 26. Juni 1872 und Nr. 16 vom 22. Febr. 1873, 2.Aufl., Zürich 1887 (Nachdruck Karl Marx - Friedrich Engels Werke, Bd.18, Berlin (Ost) 1973, S. 209-287).

Ergebnisse einer Erhebung über die in bayerischen Fabriken und größeren Gewerbebetrieben zum Besten der Arbeiter getroffenen Einrichtungen, herausgegeben vom Bayerischen Staatsministerium des Innern, Abteilung: Landwirtschaft, Handel und Gewerbe (Veröffentlichungen des Königlichen Staatsministerium des Innern), München 1874.

Erläuterungen zur Karte des Geltungsbereichs der Baupolizei-Ordnung für die Vororte von Berlin vom 5. Dezember 1892, unter Berücksichtigung der durch die Verordnung vom 31. Mai 1894 eingeführten Änderungen. Im Auftrage der Königlichen Regierung zu Potsdam bearbeitet und herausgegeben von JULIUS

STRAUBE, Berlin 1894.
ESCHER, FELIX: Die Westausdehnung Charlottenburgs 1900-1945, in: WOLFGANG RIBBE (Hg.): Von der Residenz zur City. 275 Jahre Charlottenburg, Berlin 1980, S. 263-285.
ESCHER, FELIX: Berlin und sein Umland. Zur Genese der Berliner Stadtlandschaft bis zum Beginn des 20. Jahrhunderts (Einzelveröffentlichungen der Historischen Kommission zu Berlin 47, Publikationen der Sektion für die Geschichte Berlins 1), Berlin 1985.
FALTER, FELIX: Die Grünflächen der Stadt Basel. Humangeographische Studie zur Dynamik urbaner Grünräume im 19. und 20. Jahrhundert, mit besonderer Berücksichtigung der Kleingärten (Basler Beiträge zur Geographie 28), Basel 1984.
FASSBENDER, EUGEN: Grundzüge der modernen Städtebaukunde, Leipzig/Wien 1912.
FASSBINDER, HORANT: Berliner Arbeiterviertel 1800-1918 (Analysen zum Bauen und Planen 2), Berlin 1975.
FAUCHER, JULIUS: Staats- und Kommunalbudgets, in: Vierteljahrschrift für Volkswirthschaft und Kulturgeschichte 1 (1863), S. 184-223.
FAUCHER, JULIUS: Die Bewegung für Wohnungsreform, in: Vierteljahrschrift für Volkswirthschaft und Kulturgeschichte 3 (1865), S. 127-199 und 4 (1866), S. 86-151.
FEDER, GOTTFRIED unter Mitarbeit von FRITZ RECHENBERG: Die neue Stadt. Versuch der Begründung einer neuen Stadtplanungskunst aus der sozialen Struktur der Bevölkerung, Berlin 1939.
FEHL, GERHARD/TILMANN HARLANDER: Hitlers Sozialer Wohnungsbau 1940-1945. Bindeglied der Baupolitik und Baugestaltung zwischen Weimarer Zeit und Nachkriegszeit, in: Stadtbauwelt H. 84 (1984), S. 391-398.
1831-1956. Festschrift zum 125jährigen Jubiläum, herausgegeben von der Industrie- und Handelskammer Wuppertal in Verbindung mit WOLFGANG KÖLLMANN, Wuppertal 1956.
FINCK, HEINZ-DIETER/HANS PETER TREICHLER: Zürichs Dorf (Fotos und Bildlegenden von Heinz-Dieter Finck, Texte von Hans Peter Treichler), Zürich 1981.
FISHER, ALLAN G.P.: The Economic Implications of Material Progress, in: International Labour Review 32 (1935), pp. 5-18.
FISHER, ALLAN G.P.: Economic Progress and Social Security, London 1945.
FOURASTIÉ, JEAN: La grande Métamorphose du XXe Siècle. Essais sur quelques Problèmes de l'Humanité d'Aujourd'hui, 2. Aufl., Paris 1962.
FRASER, W. HAMISH: The Coming of the Mass Market, 1859-1914, Hamden (Conn.) 1981.
FRIEDRICHS, JÜRGEN: Stadtanalyse. Soziale und räumliche Organisation der Gesellschaft (WV-Studium 104), Reinbek 1977 (3. Aufl., Opladen 1983).
FRIEDRICHS, JÜRGEN/HANS-GOTTFRIED VON ROHR: Ein Konzept zum Problem der Suburbanisierung, in: Beiträge zum Problem der Suburbanisierung (Akademie für Raumforschung und Landesplanung. Forschungs- und Sit-

zungsberichte 102), Hannover 1975, S. 25-37.

FRIELING, HANS-DIETER VON: Räumlich soziale Segregation in Göttingen. Zur Kritik der Sozialökologie (Urbs et Regio 19/20), Text- und Kartenband, Kassel 1980.

FRITSCH, THEODOR: Die Stadt der Zukunft, 2. (Titel-) Ausgabe, Leipzig 1912.

FRITZSCHE, BRUNO: Grundstückspreise als Determinanten städtischer Strukturen: Bern im 19. Jahrhundert, in: Zeitschrift für Stadtgeschichte, Stadtsoziologie und Denkmalpflege 4 (1977), S. 36-54.

FRITZSCHE, BRUNO: Städtisches Wachstum und soziale Konflikte, in: Schweizerische Zeitschrift für Volkswirtschaft und Statistik 113 (1977), S. 447-473.

FRITZSCHE, BRUNO: Das Quartier als Lebensraum, in: WERNER CONZE/ULRICH ENGELHARDT (Hgg.): Arbeiterexistenz im 19. Jahrhundert. Lebensstandard und Lebensgestaltung deutscher Arbeiter und Handwerker (Industrielle Welt 33), Stuttgart 1981, S. 92-113.

FUCHS, CARL-JOHANNES: Die Wohnungsfrage, in: Die Entwicklung der deutschen Volkswirtschaftslehre im neunzehnten Jahrhundert. Gustav Schmoller zur siebenzigsten Wiederkehr seines Geburtstages, 24. Juni 1908, in Verehrung dargebracht von SALOMON P. ALTMANN u.a., Teil 2, Leipzig 1908, S. 1-24.

FUCHS, ERNST: Geschichte und Aufgaben des Schulwesens, in: Städtezeitung 9 (1911/1912), 3.9.1912.

FUCHS, HELMUT: Planung und Probleme des Standorts von Kreditinstituten, wirtschafts- u. sozialwiss. Diss., Köln 1969.

FUCHS, CARL-JOHANNES: Referat: Zur Wohnungsfrage, in: Verhandlungen des Vereins für Socialpolitik über die Wohnungsfrage und die Handelspolitik (Schriften des Vereins für Socialpolitik 98), Leipzig 1902, S. 15-41.

FUCHS, CARL JOHANNES: Über städtische Bodenrente und Bodenspekulation, in: Archiv für Sozialwissenschaft und Sozialpolitik 22/23 (1906), S. 631-663 und S. 712-747.

FUCHS, CARL JOHANNES: Wohnungsfrage und Wohnungswesen, in: LUDWIG ELSTER/ADOLF WEBER (Hgg.): Handwörterbuch der Staatswissenschaften, Ergänzungs-Band zur 4. Aufl., Jena 1929, S. 1098-1160.

FUNKE, HERMANN: Zur Geschichte des Mietshauses in Hamburg (Veröffentlichungen des Vereins für Hamburgische Geschichte 25), Hamburg 1974.

GAD, GÜNTER: Büros im Stadtzentrum von Nürnberg. Ein Beitrag zur City-Forschung, in: Mitteilungen der Fränkischen Geographischen Gesellschaft 13/14 (1968), S. 133-341; zugleich: Erlanger Geographische Arbeiten 23.

GAEBLER, ERNST WILHELM JOHANN: Idee und Bedeutung der Berliner Gemeinnützigen Baugesellschaft, Berlin 1848.

Gärten, Landhäuser und Villen des Hamburger Bürgertums. Kunst, Kultur und gesellschaftliches Leben in 4 Jahrhunderten. Ausstellung 29. Mai bis 26. Oktober 1975, Museum für Hamburgische Geschichte. Gestaltet in Verbindung mit dem Denkmalschutzamt Hamburg und dem Staatsarchiv Hamburg als Beitrag zum europäischen Denkmalschutzjahr 1975. Wiss. Bearb.: ULRICH BAUCH u.a. (Aus den Schausammlungen/Museum für Hamburgische

Geschichte 4), Hamburg 1975.
GEHRIG, HANS: Die Begründung des Prinzips der Sozialreform. Eine literarhistorische Untersuchung über Manchestertum und Kathedersozialismus (Sozialwissenschaftliche Studien 2), Jena 1914.
GEISBERG, MAX: Die Stadt Münster (Bau- und Kunstdenkmäler von Westfalen 41), 7 Bde., Münster 1932-1962 (veränderter Neudruck Münster 1975-1981).
GEIST, JOHANN FRIEDRICH/KLAUS KÜRVERS: Das Berliner Mietshaus 1740-1862. Eine dokumentarische Geschichte der „von Wülcknitzschen Familienhäuser" vor dem Hamburger Tor, der Proletarisierung des Berliner Nordens und der Stadt im Übergang von der Residenz zur Metropole, München 1980.
GEIST, JOHANN FRIEDRICH/KLAUS KÜRVERS: Das Berliner Mietshaus 1862-1945. Eine dokumentarische Geschichte von „Meyer's Hof" in der Ackerstraße 132-133, der Entstehung der Berliner Mietshausquartiere und der Reichshauptstadt zwischen Gründung und Untergang, München 1984.
GELTL, JOSEF/GÜNTER HEINRITZ: Veränderungen der Wohnbevölkerung in der Altstadt von Weißenburg in Bayern im Zeitraum von 1973 bis 1978, in: Mitteilungen der Fränkischen Geographischen Gesellschaft 25/26 (1980), S. 185-194.
Technisches Gemeindeblatt. Zeitschrift für die technischen und hygienischen Aufgaben der Verwaltung, herausgegeben von H. ALBRECHT, Berlin 1898ff..
GERSCHENKRON, ALEXANDER: Wirtschaftliche Rückständigkeit in historischer Perspektive, in: RUDOLF BRAUN/WOLFRAM FISCHER/HELMUT GROKREUTZ/HEINRICH VOLKMANN (Hgg.): Industrielle Revolution. Wirtschaftliche Aspekte (Neue Wissenschaftliche Bibliothek 50 Geschichte), Köln 1972, S. 59-78.
GESSLER, ALBERT: Das deutsche Mietshaus, München 1909.
GLAAB, CHARLES N.: The Historian and American City. A Bibliographic Survey, in: PHILIP M. HAUSER/LEO F. SCHNORE (eds.): The Study of Urbanization, New York 1965, pp. 53-80.
GLASCO, LAURENCE: Migration and Adjustment in the Nineteenth Century City: Occupation, Property and Household Structure of Native-born Whites, Buffalo, New York, 1855, in: TAMARA K. HAREVEN/MARIS A. VINOVSKIS (eds.): Family and Population in Nineteenth Century America, Princeton (N.Y.) 1978, pp. 154-178.
GODDARD, JOHN B.: Office Communications and Office Location: A Review of Current Research, in: Regional Studies 5 (1971), pp. 263-280.
GODDARD, JOHN B.: Office Linkages and Location: A Study of Communications and Spatial Patterns in Central London (Progress in Planning Vol.1, Part 2), Oxford 1973.
GODDARD, JOHN B.: Office Location in Urban and Regional Development (Theory and Practice in Geography), London 1975.
GOECKE, MICHAEL: Vorgeschichte und Entstehung des Stadtparkes in Hamburg-Winterhude und seine Bedeutung für das Hamburger Stadtgrün, rer. hort. Diss., Hannover 1980.
GOECKE, MICHAEL: Stadtparkanlagen im Industriezeitalter. Das Beispiel Hamburg (Geschichte des Stadtgrüns 5), Hannover/Berlin 1981.

GOTTMANN, JEAN: Megalopolis. The Urbanized Northeastern Seaboard of the United States, New York 1961.

GRADY, KEVIN: The Provision of Markets and Commercial Amenities in Leeds 1822-1829 (Publications of the Thoresby Society 59), Leeds 1976.

GREEN, DAVID: Street Trading in London: A Case Study of Casual Labour, 1830-1860, in: JAMES JOHNSON/COLIN POOLEY (eds.): The Structure of Nineteenth Century Cities, London 1982, pp. 129-151.

GREVERUS, INA-MARIA/HEINZ SCHILLING: Heimat Bergen-Enkheim. Lokale Identität am Rande der Großstadt (Institut für Kulturanthropologie und europäische Ethnologie, Notizen 12), 2. Aufl., Frankfurt a.M. 1982.

GREVING, JOSEPH: Wohnungs- und Besitzverhältnisse der einzelnen Bevölkerungsklassen im Kölner Kirchspiel St. Kolumba vom 13. bis 16. Jahrhundert, in: Annalen des Historischen Vereins für den Niederrhein 78 (1904), S. 1-79.

GRIMM, FRANKDIETER: Die Kreisstädte der DDR und ihre Rolle im Siedlungssystem, in: Geographische Berichte 19 (1974), S. 229-247.

GRIMM, FRANKDIETER: The Settlement System of the German Democratic Republic: Its Structure and Development, in: LARRY S. BOURNE/ROBERT SINCLAIR/KASIMIERZ DZIEWONSKI (eds.): Urbanization and Settlement Systems. International Perspectives, Oxford 1984, pp. 377-399.

GRIMM, FRANKDIETER/INGRID HÖNSCH: Die Zentrumstypen der DDR nach ihrer Umlandbedeutung - ihre Ermittlung, Charakteristik und räumliche Verteilung. Analysen, Trends, Orientierungen, in: HEINZ LÜDEMANN (Hg.): Geographie und Territorialstruktur in der DDR (Akademie der Wissenschaften der DDR. Institut für Geographie und Geoökologie, Beiträge zur Geographie 31), Berlin 1983, S. 159-176.

GRIMM, FRANKDIETER/INGRID HÖNSCH: Zur Typisierung der Zentren in der DDR nach ihrer Umlandbedeutung, in: Petermanns Geographische Mitteilungen 118 (1974), S. 282-288.

GROHÉ, TOMAS/ROLF TIGGEMANN: Ökologische Planung und Stadterneuerung. Dargestellt am Beispiel von Maßnahmen zur Wohnumfeldverbesserung in Bochum, in: Geographische Rundschau 37 (1985), S. 234-239.

Gross-Hamburg, Denkschrift des Hamburger Senats, Hamburg 1922.

Städtisches Grün in Geschichte und Gegenwart (Akademie für Raumforschung und Landesplanung. Forschungs- und Sitzungsberichte 101), Hannover 1975.

GRUND, IRIS: Wohngebiet Datzeberg in Neubrandenburg, in: Architektur der DDR 31 (1982), S. 265-271.

Gründerzeit. Versuch einer Grenzbestimmung im Wuppertal. Abhandlungen und Spezialbibliographie, herausgegeben von KARL-HERMANN BEECK unter Mitarbeit von ROLF BECKER (Schriftenreihe des Vereins für Rheinische Kirchengeschichte 80), Köln 1984.

Grundzüge für Stadterweiterungen nach technischen, wirtschaftlichen und polizeilichen Beziehungen. Referat von REINHARD BAUMEISTER vor der Hauptversammlung des Verbandes deutscher Architekten- und Ingenieur-Vereine in Berlin am 25. September 1874, in: Deutsche Bauzeitung 8 (1874), S.

346 (wiederabgedruckt in JOSEF STÜBBEN: Der Städtebau (Handbuch der Architektur, Teil 4, Halbband 9), Darmstadt 1890).

GRÜTTNER, MICHAEL: Soziale Hygiene und soziale Kontrolle. Die Sanierung der Hamburger Gängeviertel 1892-1936, in: ARNO HERZIG/DIETER LANGEWIESCHE/ARNOLD SYWOTTEK (Hgg.): Arbeiter in Hamburg. Unterschichten, Arbeiter und Arbeiterbewegung seit dem ausgehenden 18. Jahrhundert (Veröffentlichung des Hamburger Arbeitskreises für Regionalgeschichte), Hamburg 1983, S. 359-371.

GÜNTHER, ADOLF/RENÉ PRÉVÔT: Die Wohlfahrtseinrichtungen der Arbeitgeber in Deutschland und Frankreich (Schriften des Vereins für Socialpolitik 114), Leipzig 1905.

GÜSSEFELDT, JÖRG: Die gegenseitige Abhängigkeit innerurbaner Strukturmuster und Rollen der Städte im nationalen Städtesystem. Das Beispiel der sozialräumlichen Organisation innerhalb irischer Städte (Freiburger Geographische Hefte 22), Freiburg i. Br. 1983.

GUT, ALBERT (Hg.): Der Wohnungsbau in Deutschland nach dem Weltkriege. Seine Entwicklung unter der unmittelbaren und mittelbaren Förderung der deutschen Gemeindeverwaltungen, München 1928.

GUTHER, MAX/RUDOLF HILLEBRECHT/HEINZ SCHMEISSNER u.a.: „Ich kann mich nicht herausdenken aus dem Vorgang der Geschichte, in die ich eingebunden bin." Erinnerungen an den Wiederaufbau in der Bundesrepublik: Hintergründe, Leitbilder, Planungen (im Gespräch mit Werner Durth), in: Stadtbauwelt H. 72 (1981), S. 346-380.

GUTSCHOW, KONSTANTY: Elbufergestaltung, o.O. o.J. (Hamburg 1938).

GUTSCHOW, NIELS: Stadtplanungsprojekte in Münster/Westfalen zwischen 1854 und 1880. Stadterweiterungen in den vorstädtischen Gärten, in: GERHARD FEHL/JUAN RODRIGUEZ-LORES (Hgg.): Stadterweiterungen 1800-1875. Von den Anfängen des modernen Städtebaus in Deutschland (Stadt Planung Geschichte 2), Hamburg 1983, S. 303-314.

GUTSCHOW, NIELS: Fritz Schumacher. Vordenker für den Wiederaufbau zerstörter Städte in Norddeutschland, in: Stadtbauwelt H. 84 (1984), S. 346-349.

GUYER, PAUL: Die Geschichte der Enge, Zürich 1980.

GYR, UELI: Räbeliechtli-Umzüge in der Stadt Zürich. Zur Merkmalstypik eines modernen Kinderbrauchtums zwischen Vereins- und Quartierveranstaltung, in: Schweizerisches Archiv für Volkskunde 78 (1982), S. 36-52.

HAACK, ANNEMARIE: Der Generalbebauungsplan für Hamburg 1940/41 und 1944, in: Soziologische Stadtforschung in Hamburg, Arbeiten aus dem Institut für Soziologie, uni hh Forschung 12 (1980), S. 79-89.

HAACK, ANNEMARIE/MANFRED ZIRWES: Hamburg, in: JÜRGEN FRIEDRICHS (Hg.): Stadtentwicklungen in West- und Osteuropa, Berlin/New York 1985, S. 255-346.

HAAS, ERNST-JOACHIM: Stadt-Sparkasse Düsseldorf 1825-1972. Ein Beitrag zur Wirtschaftgeschichte der Landeshauptstadt Düsseldorf (Untersuchungen über das Spar-, Giro- und Kreditwesen A 85), Berlin 1976.

HABENICHT, MARIA: Die bauliche Entwicklung des Göttinger Ostviertels, in:

Göttinger Jahrbuch 28 (1980), S. 141-176.

HAGSPIEL, WOLFRAM: Der Kölner Architekt Wilhelm Riphahn. Sein Lebenswerk von 1913 bis 1945, phil. Diss, Köln 1981.

Hamburg und seine Bauten unter Berücksichtigung der Nachbarstädte Altona und Wandsbek 1914, herausgegeben vom Architekten- und Ingenieur-Verein zu Hamburg, 2 Bde., Hamburg 1914.

Hamburg und seine Bauten mit Altona, Wandsbek und Harburg-Wilhelmsburg 1918-1929, herausgegeben vom Architekten- und Ingenieur-Verein zu Hamburg, Hamburg 1929.

Hamburg und seine Bauten 1929-1953, herausgegeben vom Architekten- und Ingenieur-Verein e.V., Hamburg 1953.

Hamburg und seine Bauten 1954-1968, herausgegeben vom Architekten- und Ingenieur-Verein e.V., Hamburg 1969.

Hamburg und seine Bauten 1968-1984, herausgegeben vom Architekten- und Ingenieur-Verein zu Hamburg e.V. und der Hamburgischen Gesellschaft zur Beförderung der Künste und nützlichen Gewerbe - Patriotische Gesellschaft von 1765, Hamburg 1984.

HAMBURGER: Denkschrift über die Beziehungen zwischen Berlin und seinen Nachbarorten, Berlin o.J. (1903).

HAMM, BERND: Die Organisation der städtischen Umwelt. Ein Beitrag zur sozialökologischen Theorie der Stadt (Soziologie in der Schweiz 6), Frauenfeld/Stuttgart 1977.

HAMM, BERND: Zur Revision der Sozialraumanalyse. Ein Beitrag zur Ableitung von Indikatoren der sozialräumlichen Differenzierung in den Städten, in: Zeitschrift für Soziologie 6 (1977), S. 174-188.

HAMM, BERND: Prozesse der sozialräumlichen Differenzierung in Städten, in: Stadtökologie. Bericht über ein Kolloquium der Deutschen UNESCO-Kommission veranstaltet in Zusammenarbeit mit der Werner-Reimers-Stiftung vom 23. bis 26.2.1977 in Bad Homburg. Red.: FOLKERT PRECHT (Seminarbericht der Deutschen UNESCO-Kommission 30), München/New York/London/Paris 1978, S. 69-84.

HAMM, BERND: Einführung in die Siedlungssoziologie (Beck'sche Elementarbücher), München 1982.

HAMPE, ASTA: Baugenossenschaften, in: Handwörterbuch der Sozialwissenschaften (zugleich Neuauflage des Handwörterbuch der Staatswissenschaften), Bd.1, Stuttgart 1956, S. 667-670.

Handbuch Stadtgrün. Landschaftsarchitektur im städtischen Freiraum, herausgegeben von GERHARD RICHTER u.a., München/Wien/Zürich 1981.

HANSON, T.W.: The Story of Old Halifax, Halifax 1920.

HARTMANN, WILLY: Geschichte der Stadt Seesen. Geschichte der Seesener Brau-, Büdner- und Bürgerhäuser von den großen Stadtbränden 1664 - 1672 an. Chronik der Stadtbrände vom 16. bis 19. Jahrhundert. Verzeichnis der Bürgermeister der Stadt, Seesen 1971.

HARTOG, RUDOLF: Stadterweiterungen im 19. Jahrhundert (Schriftenreihe des Vereins zur Pflege kommunalwissenschaftlicher Aufgaben e.V. Berlin 6),

Stuttgart 1962.

HARTWIEG, JÜRGEN: Der Suburbanisierungsprozeß unter den kleinen Bürofirmen und freien Berufen im Verdichtungsraum München, in: HEINZ HEINEBERG/GÜNTER HEINRITZ/GÜNTER GAD/NORBERT DE LANGE/JÜRGEN HARTWIEG: Beiträge zur empirischen Bürostandortforschung (Münchener Geographische Hefte 50), Kallmünz/Regensburg 1983, S. 101-156.

HASSINGER, HUGO: Kunsthistorischer Atlas der K.K. Reichshaupt- und Residenzstadt Wien und Verzeichnis der erhaltenswerten historischen Kunst- und Naturdenkmale des Wiener Stadtbilds (Österreichische Kunsttopographie 15), Wien 1916.

HATZFELD, ULRICH: Auswirkungen von Verbraucher- und Fachmärkten auf kommunale Belange, Dortmund 1986.

HEBERLE, RUDOLF: German Approaches to Internal Migration, in: DOROTHY S. THOMAS (ed.): Research Memorandum on Migration Differentials (Social Science Research Council, Bulletin 43), New York 1938, pp. 269-299 (mit Bibliographie zum Thema, pp. 300-341).

HEBERLE, RUDOLF: Migratory Mobility. Theoretic Aspects and Problems of Measurement, in: Proceedings of the World Population Conference 1954, Vol. 2, New York 1955, pp. 527-542.

HEBERLE, RUDOLF: Theorie der Wanderungen. Soziologische Betrachtungen, in: Schmollers Jahrbuch für Gesetzgebung, Verwaltung und Volkswirtschaft 75 (1955), S. 1-13.

HEBERLE, RUDOLF/FRITZ MEYER: Die Großstädte im Strome der Binnenwanderung. Wirtschafts- und bevölkerungswissenschaftliche Untersuchungen über Wanderung und Mobilität in deutschen Städten, Leipzig 1937.

HECKER, MANFRED: Die Berliner Mietskaserne, in: LUDWIG GROTE (Hg.): Die deutsche Stadt im 19. Jahrhundert. Stadtplanung und Baugestaltung im industriellen Zeitalter (Studien zur Kunst des neunzehnten Jahrhunderts 24), München 1974, S. 273-294.

HEGEMANN, WERNER: Der Städtebau nach den Ergebnissen der allgemeinen Städtebau-Ausstellung in Berlin, 2 Teile, Berlin 1911 und 1913.

HEGEMANN, WERNER: Das steinerne Berlin. Geschichte der größten Mietskasernenstadt der Welt, Lugano 1930 (2. gekürzte Aufl. (Bauwelt Fundamente 3), Berlin/Frankfurt a.M./Wien 1963).

HEIDMANN, J. H.: Hamburg's Verkehrsmittel und Wohnungsverhältnisse, Hamburg 1891.

HEIN, MANFRED: Einführung in die Bankbetriebslehre (Vahlens Handbücher der Wirtschafts- und Sozialwissenschaften), München 1981.

HEINEBERG, HEINZ: Zentren in West- und Ost-Berlin. Untersuchungen zum Problem der Erfassung und Bewertung großstädtischer funktionaler Zentrenausstattungen in beiden Wirtschafts- und Gesellschaftssystemen Deutschlands (Bochumer Geographische Arbeiten, Sonderreihe 9), Paderborn 1977.

HEINEBERG, HEINZ: West-Ost-Vergleich großstädtischer Zentrenausstattungen am Beispiel Berlins, in: Geographische Rundschau 31 (1979), S. 434-443.

HEINEBERG, HEINZ (Hg.): Einkaufszentren in Deutschland. Entwicklung, Forschungsstand und -probleme mit einer annotierten Auswahlbibliographie (Münstersche Geographische Arbeiten 5), Paderborn 1980.

HEINEBERG, HEINZ: Geographische Aspekte der Urbanisierung: Forschungsstand und Probleme, in: HANS JÜRGEN TEUTEBERG (Hg.): Urbanisierung im 19. und 20. Jahrhundert. Historische und geographische Aspekte (Städteforschung A 16), Köln/Wien 1983, S. 35-63.

HEINEBERG, HEINZ: Großbritannien (Länderprofile), Stuttgart 1983.

HEINEBERG, HEINZ: Münster - Entwicklung und Funktionen der westfälischen Metropole, in: Geographische Rundschau 35 (1983), S. 204-210.

HEINEBERG, HEINZ: Jüngere Wandlungen in der Zentrenausstattung Berlins im West-Ost-Vergleich, in: Berlin. Beiträge zur Geographie eines Großstadtraumes. Festschrift zum 45. Deutschen Geographentag in Berlin vom 30.9.1985 bis 2.10.1985, herausgegeben von BURKHARD HOFMEISTER, HANS-JOACHIM PACHUR, CHARLOTTE PAPE u.a., Berlin 1985, S. 415-461.

HEINEBERG, HEINZ: Stadtgeographie (Grundriß Allgemeine Geographie X), Paderborn 1986.

HEINEBERG, HEINZ/GÜNTER HEINRITZ: Konzepte und Defizite der empirischen Bürostandortforschung in der Geographie, in: HEINZ HEINEBERG/GÜNTER HEINRITZ/GÜNTER GAD/NORBERT DE LANGE/JÜRGEN HARTWIEG: Beiträge zur empirischen Bürostandortforschung (Münchener Geographische Hefte 50), Kallmünz/Regensburg 1983, S. 9-28.

HEINEBERG, HEINZ/NORBERT DE LANGE: Die Cityentwicklung in Münster und Dortmund seit der Vorkriegszeit - unter besonderer Berücksichtigung des Standortverhaltens quartärer Dienstleistungsgruppen, in: PETER WEBER/ KARL-FRIEDRICH SCHREIBER (Hgg.): Westfalen und angrenzende Regionen. Festschrift zum 44. Deutschen Geographentag in Münster 1983, Teil I (Münstersche Geographische Arbeiten 15), Paderborn 1983, S. 221-285.

HEINEBERG, HEINZ/ALOIS MAYR: Östliches und mittleres Ruhrgebiet. Entwicklungs- und Strukturzonen unter siedlungs-, wirtschafts-, sozialräumlichen und planerischen Aspekten, in: HEINZ HEINEBERG/ALOIS MAYR (Hgg.): Exkursionen in Westfalen und angrenzenden Regionen. Festschrift zum 44. Deutschen Geographentag in Münster 1983, Teil II (Münstersche Geographische Arbeiten 16), Paderborn 1983, S. 119-150.

HEINEBERG, HEINZ/ALOIS MAYR: Shopping-Center im Zentrensystem des Ruhrgebietes, in: Erdkunde 38 (1984), S. 98-114.

HEINEBERG, HEINZ/ALOIS MAYR: Neue Einkaufszentren im Ruhrgebiet. Vergleichende Analysen der Planung, Ausstattung und Inanspruchnahme der 21 größten Shopping-Center (Münstersche Geographische Arbeiten 24), Paderborn 1986.

HEINEBERG, HEINZ/FRANZ STELTEMEIER: Standortdezentralisierung von Bürobetrieben und Weiterbildungseinrichtungen im Oberzentrum Münster. Ein Vergleich der Entwicklung im neuen „Bürozentrum Nord" mit der Dynamik im „Südwestsektor", in: ALOIS MAYR/KLAUS TEMLITZ (Hgg.), Erträge geographisch-landeskundlicher Forschung in Westfalen. Festschrift 50 Jahre Geographische Kommission für Westfalen (Westfälische Geographische

Studien 42), Münster 1986 (im Druck).
HEINLE, WOLFGANG: Der Standort des Bankbetriebes. Untersuchung über die Einflußkomponenten der bankbetrieblichen Standortwahl, wirtschaftswiss. Diss., Mannheim 1970.
HEINRICH, ERNST/HANNELORE JUCKEL: Der „Hobrechtplan", in: Jahrbuch für brandenburgische Landesgeschichte 13 (1962), S. 41-58.
HEINRITZ, GÜNTER: Weißenburg in Bayern als Einkaufsstadt. Zur zentralörtlichen Bedeutung des Einzelhandels in der Altstadt und der außerhalb der Altstadt gelegenen Verbrauchermärkte, München 1978.
HEINRITZ, GÜNTER: Zentralität und zentrale Orte. Eine Einführung (Teubner Studienbücher der Geographie), Stuttgart 1979.
HEINRITZ, GÜNTER: Strukturwandel im Einzelhandel als raumrelevanter Prozeß. Bericht über den Beginn eines Forschungsprojektes, in: GÜNTER HEINRITZ/ SIGRID KLINGBEIL/WOLFGANG RÖSSLER (Hgg.): Beiträge zur Geographie des tertiären Sektors in München (Münchener Geographische Hefte 46), Kallmünz/Regensburg 1981, S. 95-106.
HEINZ, WALTER R./KARL HERMES/PETER HÖHMANN u.a.: Altstadterneuerung Regensburg. Vorbereitende Untersuchung im Sanierungsgebiet I. Sozialbericht (Teil 1) (Regensburger Geographische Schriften 6), Regensburg 1975.
HEISS, CLEMENS: Wohnungsreform und Lokalverkehr (Die Wohnungsfrage und das Reich 7), Göttingen 1903.
HENGSBACH, ARNE: Die Berliner Heerstraße. Ein Kapitel Planungsgeschichte, in: Der Bär von Berlin 9 (1960), S. 87-112.
HENNEBO, DIETER: Geschichte des Stadtgrüns: Von der Antike bis zur Zeit des Absolutismus. Mit einem Beitrag über das Stadtgrün im antiken Griechenland von JÜRGEN JÖRN (Geschichte des Stadtgrüns 1), Hannover/Berlin 1970.
HENNEBO, DIETER/ALFRED HOFFMANN: Geschichte der deutschen Gartenkunst, 3 Bde., Hamburg 1962-1965.
HENNING, FRIEDRICH-WILHELM: Das vorindustrielle Deutschland 800 bis 1800 (Wirtschafts- und Sozialgeschichte 1), Paderborn 1974.
HENNING, FRIEDRICH-WILHELM: Das industrialisierte Deutschland 1914 bis 1972 (Wirtschafts- und Sozialgeschichte 3), 2. Aufl., Paderborn 1975.
HENNING, FRIEDRICH-WILHELM: Die Industrialisierung in Deutschland 1800 bis 1914 (Wirtschafts- und Sozialgeschichte 2), 3. Aufl., Paderborn 1976.
HENNING, FRIEDRICH-WILHELM: Düsseldorf und seine Wirtschaft. Zur Geschichte einer Region. Bd. 1: Von den Anfängen bis 1860. Bd. 2: Von 1860 bis zur Gegenwart, Düsseldorf 1981.
HENSEL, WERNER: 75 Jahre Vermessungsamt der Stadt Düsseldorf, Düsseldorf o.J. (1960).
HENSELMANN, HERMANN/HELMUT HENTRICH/WILHELM WORTMANN: „Architekten sind keine Kinder der Niederlagen, aber im tiefsten Ernst haben wir in unseren Herzen Gräber, wo wir vieles vergraben und versteckt halten", in: Stadtbauwelt H. 84 (1984), S. 350-377.
HENTSCHEL, VOLKER: Die deutschen Freihändler und der Volkswirtschaftliche Kongreß 1858 bis 1885 (Industrielle Welt 16), Stuttgart 1975.

HERBERHOLD, THEO: Die ärztliche Versorgung der Provinz Westfalen unter besonderer Berücksichtigung des öffentlichen Gesundheitswesens, med. Diss. (Hygienisches Institut der Universität Münster), Münster 1937.

HERBERTS, HERMANN: Alles ist Kirche und Handel... Wirtschaft und Gesellschaft des Wuppertals im Vormärz und in der Revolution 1848/49 (Bergische Forschungen 12), Neustadt a.d. Aisch 1980.

HERLYN, ULFERT (Hg.): Stadt- und Sozialstruktur. Arbeiten zur sozialen Segregation, Ghettobildung und Stadtplanung (Nymphenburger Texte zur Wissenschaft 19), München 1974.

HIETALA, MARJATTA: Services and Urbanization at the Turn of the Century. Some Examples from Germany and the United Kingdom between 1890 and 1910, Helsinki 1983 (Manuskript).

HIETALA, MARJATTA: The Diffusion of Innovations. Some Examples of Finnish Civil Servant's Professional Tours in Europe, in: Scandinavian Journal of History 8 (1983), S. 23-36.

HINDELANG, SABINE: Konservatismus und soziale Frage. Victor Aimé Hubers Beitrag zum sozialkonservativen Denken im 19. Jahrhundert (Europäische Hochschulschriften. Reihe III: Geschichte und ihre Hilfswissenschaften 201), Frankfurt/Bern/New York 1983.

HIPP, HERMANN: Wohnstadt Hamburg. Mietshäuser der Zwanziger Jahre zwischen Inflation und Weltwirtschaftskrise (Hamburg-Inventar, Themen-Hefte 1), Hamburg 1982.

HOBRECHT, JAMES: Über öffentliche Gesundheitspflege und die Bildung eines Central-Amts für öffentliche Gesundheitspflege im Staate, Stettin 1868.

HOCHHEIM, LUDWIG: Bodenpreisentwicklung der Stadt Münster i.W. von 1874-1914, phil. Diss., Erlangen 1922.

HOCHSTADT, STEVEN L.: Migration in Germany. An Historical Study, Ph.D. thesis, Brown University 1983.

HOFFA, THEODOR: Kindersterblichkeit und Geburtenhäufigkeit in Barmen von 1876-1913, in: Zeitschrift für Säuglingsschutz 6 (1914) S. 379-398 und S. 429-449.

HOFFMANN, CARL WILHELM: Die Aufgabe einer Berliner gemeinnützigen Bau-Gesellschaft, Berlin 1847.

HOFFMANN, CARL WILHELM: Die Wohnungen der Arbeiter und Armen. Heft 1: Die Berliner Gemeinnützige Bau-Gesellschaft, Berlin 1852.

HOFFMANN, MANFRED: Wohnungspolitik der DDR - das Leistungs- und Interessenproblem, Düsseldorf 1972.

HOFFMANN, WALTER GUSTAV: Das Wachstum der deutschen Wirtschaft seit der Mitte des 19. Jahrhunderts (Enzyklopädie der Rechts- und Staatswissenschaft, Abteilung Staatswissenschaft), Berlin/Heidelberg/New York 1965.

HOFMANN, WOLFGANG: Die Entwicklung der kommunalen Selbstverwaltung von 1848 bis 1918, in: Handbuch der kommunalen Wissenschaft und Praxis, herausgegeben von GÜNTER PÜTTNER, Bd. 1: Grundlagen, 2. völlig neu bearbeitete Auflage unter Mitarbeit von MICHAEL BORCHMANN, Berlin/Heidelberg 1981, S. 71-85.

HOFMEISTER, BURKHARD: Stadtgeographie (Das Geographische Seminar), 4. Aufl., Braunschweig 1980.

HOFMEISTER, BURKHARD: Die Siedlungsentwicklung Groß-Berlins, in: Siedlungsforschung. Archäologie - Geschichte - Geographie 1 (1983), S. 39-63.

HOFMEISTER, BURKHARD: Alt-Berlin - Groß-Berlin - West-Berlin. Versuch einer Flächennutzungsbilanz 1786-1985, in: Berlin. Beiträge zur Geographie eines Großstadtraumes. Festschrift zum 45. Deutschen Geographentag in Berlin vom 30.9.1985 bis 2.10.1985, herausgegeben von BURKHARD HOFMEISTER, HANS-JOACHIM PACHUR, CHARLOTTE PAPE u.a., Berlin 1985, S. 251-274.

HÖLLHUBER, DIETRICH: Die Mental Maps von Karlsruhe. Wohnstandortpräferenzen und Standortcharakteristika (Karlsruher Manuskripte zur Mathematischen und Theoretischen Wirtschafts- und Sozialgeographie 11), Karlsruhe 1975.

HÖLLHUBER, DIETRICH: Wahrnehmungswissenschaftliche Konzepte in der Erforschung innerstädtischen Umzugsverhaltens (Karlsruher Manuskripte zur Mathematischen und Theoretischen Wirtschafts- und Sozialgeographie 19), Karlsruhe 1976.

HOLZNER, LUTZ: Sozialsegregation und Wohnviertelsbildung in amerikanischen Städten: dargestellt am Beispiel Milwaukee, Wisconsin, in: GERHARD BRAUN (Hg.), Räumliche und zeitliche Bewegungen. Methodische und regionale Beiträge zur Erfassung komplexer Räume (Festschrift Walter Gerling) (Würzburger Geographische Arbeiten 37), Würzburg 1972, S. 153-182.

HOMMEL, MANFRED: Zentrenausrichtung in mehrkernigen Verdichtungsräumen an Beispielen aus dem rheinisch-westfälischen Industriegebiet (Bochumer Geographische Arbeiten 17), Paderborn 1974.

HOMMEL, MANFRED: Entwicklung und Interpretation junger Industriestädte im nördlichen Ruhrgebiet, in: HELMUT JÄGER (Hg.): Probleme des Städtewesens im industriellen Zeitalter (Städteforschung A 5), Köln/Wien 1978, S. 108-133.

HOTH, WOLFGANG: Die Industrialisierung einer rheinischen Gewerbestadt - dargestellt am Beispiel Wuppertal (Schriften zur rheinisch-westfälischen Wirtschaftsgeschichte 28), Köln 1975.

HOTH, WOLFGANG: Die ersten Dampfmaschinen im Bergischen Land. Ein Kapitel rheinischer Industriegeschichte, in: Scripta Mercaturae 11 (1977), S. 73-97.

HOTH, WOLFGANG: Die Entwicklung der Industrien in Wuppertal, unter besonderer Berücksichtigung der Textilindustrie und der Zulieferindustrien, in: KURT DÜWELL/WOLFGANG KÖLLMANN (Hgg.) Rheinland-Westfalen im Industrie-Zeitalter, Bd. 1: Von der Entstehung der Provinz bis zur Reichsgründung (Beiträge zur Landesgeschichte des 19. und 20. Jahrhunderts), Wuppertal 1983, S. 96-113.

HOWARD, EBENEZER: To-morrow, a Peaceful Path of Real Reform, London 1898.

HOWARD, EBENEZER: Garden-Cities of To-morrow, London 1902.

HOWE, FREDERIC C.: European Cities at Work, New York 1913.

HOWE, FREDERIC C.: The modern City and its Problems, New York 1915.

HUBBARD, WILLIAM H.: Binnenwanderung und berufliche Mobilität in Graz um die Mitte des 19. Jahrhunderts, in: HANS JÜRGEN TEUTEBERG (Hg.): Urbanisierung im 19. und 20. Jahrhundert. Historische und geographische Aspekte (Städteforschung A 16), Köln/Wien 1983, S. 117-129.

HUBER, VICTOR AIMÉ: Über innere Colonisation (Aus dem Janus, Heft 7 und 8, besonders abgedruckt), Berlin 1846.

HUBER, VICTOR AIMÉ: Die Selbsthülfe der arbeitenden Klassen durch Wirtschaftsvereine und innere Ansiedlungen, Berlin 1848.

HUBER, VICTOR AIMÉ: Die Wohnungsfrage in England und Frankreich, in: Zeitschrift des Central-Vereins für das Wohl der arbeitenden Klassen 2 (1860), S. 3-37 und 3 (1861), S. 123-196.

HUBER, VICTOR AIMÉ: Concordia. Beiträge zur Lösung der socialen Frage in zwanglosen Heften, Heft 2: Die Wohnungsfrage. 1. Die Noth, Leipzig 1861.

HUBER, VICTOR AIMÉ: Concordia. Beiträge zur Lösung der socialen Frage in zwanglosen Heften, Heft 3: Die Wohnungsfrage. 2. Die Hülfe, Leipzig 1861.

HUBER, VICTOR AIMÉ: Ueber die geeigneten Maßregeln zur Abhülfe der Wohnungsnoth, in: Der Arbeiterfreund 3 (1865), S. 143-172.

HUBER, VICTOR AIMÉ: Die latente Association (Soziale Fragen 4), Nordhausen 1866.

HUBER, VICTOR AIMÉ: Die Wohnungsnot und die Privatspekulation, in: Der Arbeiterfreund 5 (1867), S. 420-443.

HUBER, VICTOR AIMÉ: Ausgewählte Schriften über Sozialreform und Genossenschaftswesen. In freier Bearbeitung herausgegeben von KARL MUNDING, Berlin 1894.

HÜFFNER, H.C.C.: Münster in Schutt und Asche, Münster 1983.

HUGGER, PAUL: Fasnacht in Zürich. Das Fest der Andern, Zürich 1985.

HUGGER, PAUL: Kleinhüningen. Von der „Dorfidylle" zum Alltag eines Basler Industriequartiers, Basel 1984.

HUGGER, PAUL (Hg.): Zürich und seine Feste, Zürich 1986.

HUNDT, ROBERT: Bergarbeiterwohnungen im Ruhrgebiet, Berlin 1902.

ILLNER, EBERHARD: Bürgerliche Organisierung in Elberfeld 1775 - 1850 (Bergische Forschungen 18), Neustadt a.d. Aisch 1982.

IMHOF, ARTHUR ERWIN: Die verlorenen Welten. Alltagsbewältigung durch unsere Vorfahren, München 1984.

ISARD, WALTER: Location and Space-Economy. A General Theory Relating to Industrial Location, Market Areas, Land Use, Trade, and Urban Structure (The Regional Science Studies Series 1), Cambridge (Mass.)/London 1956.

JACKSON, JOHN A. (ed.): Migration (Sociological Studies 2), Cambridge 1969.

JACKSON, JAMES H. JR.: Migration and Urbanization in the Ruhr Valley 1840-1900, Ph.D. thesis, University of Minnesota 1980.

JACKSON, JAMES H.: Migration in Duisburg, 1867-1890: Occupational and Familial Contexts, in: Journal of Urban History 8 (1982), pp. 235-270.

JACOBI, DOROTHEA: Die gemeinnützige Bautätigkeit in Deutschland. Ihre kulturelle Bedeutung und die Grenzen ihrer Wirksamkeit (Staats- und sozialwissenschaftliche Forschungen 167), München 1913.

JAFFÉ, CHAIM: Roscher, Hildebrand und Knies, Diss., Bern 1911.

JÄGER, EUGEN: Grundriß der Wohnungsfrage und Wohnungspolitik, Mönchengladbach 1911.

JÄGER, HELMUT (Hg.): Probleme des Städtewesens im industriellen Zeitalter (Städteforschung A 5), Köln/Wien 1978.

Statistisches Jahrbuch deutscher Städte. In Verbindung mit seinen Kollegen ... herausgegeben von MORITZ NEEFE, 1. Jg., Breslau 1890 - 21. Jg., Breslau 1916.

JAMES, JOHN: History of the Worsted Manufacture in England from the Earliest Times, London 1857.

JANSEN, CLIFFORD J.: Readings in the Sociology of Migration, London 1970.

JANSSON, WILHELM: Die Zustände im deutschen Fabrikwohnungswesen. Ergebnisse einer von der Kommission zur Besserung des Kost- und Logiszwanges herausgegebenen Erhebung, Berlin 1910.

JARCHOW, KLAAS: Dörfer wachsen in der Stadt, Alpen 1980.

JASPER, KARLBERNHARD: Der Urbanisierungsprozeß dargestellt am Beispiel der Stadt Köln (Schriften zur Rheinisch-Westfälischen Wirtschaftsgeschichte 30), Köln 1977.

JEFFERYS, JAMES B.: Retail Trading in Britain 1850-1950. A Study of Trends in Retailing with special Reference to the Development of Co-operative, Multiple Shop and Department Store Methods of Trading (Economic and Social Studies 13), Cambridge 1954.

JOCHIMSEN, REIMUT: Theorie der Infrastruktur, Grundlagen der marktwirtschaftlichen Entwicklung, Tübingen 1966.

JOHANNES, EGON: Entwicklung, Funktionswandel und Bedeutung städtischer Kleingärten. Dargestellt am Beispiel der Städte Kiel, Hamburg und Bremen (Schriften des Geographischen Instituts der Universität Kiel 15, H. 3), Kiel 1955.

JOHE, WERNER: Territorialer Expansionsdrang oder wirtschaftliche Notwendigkeit? Die Groß-Hamburg-Frage, in: Zeitschrift des Vereins für Hamburgische Geschichte 64 (1978), S. 149-180.

JOHNSON, JAMES H./COLIN G. POOLEY (eds.): The Structure of Nineteenth Century Cities, London 1982.

JONES, RONALD: Consumer's Co-operation in Victorian Edinburgh: The Evolution of a Location Pattern, in: Institute of British Geographers, Transactions New Series 4 (1979), pp. 292-305.

JONES, THEODORE: Every Man is His Own Landlord, or How to Buy a House with Its Rent, London 1863.

JORDAN, HORST: Von der Garnbleiche zum industriellen Tausendfüßler, in: HORST JORDAN/HEINZ WOLFF (Hgg.): Werden und Wachsen der Wuppertaler Wirtschaft. Von der Garnnahrung 1527 zur modernen Industrie, Wuppertal 1977, S. 73-93.

JORDAN, HORST/HEINZ WOLFF (Hgg.): Werden und Wachsen der Wuppertaler Wirtschaft. Von der Garnnahrung 1527 zur modernen Industrie, Wuppertal 1977.

JUNG, HERMANN ROBERT: Die Gartenanlagen am Dom zu Köln einst und jetzt, in: Zeitschrift für Gartenbau und Gartenkunst 14 (1896), S. 1-46.

KAMPHOEFNER, WALTER D.: Soziale und demographische Strukturen der Zuwanderung in deutsche Großstädte des späten 19. Jahrhunderts, in: HANS JÜRGEN TEUTEBERG (Hg.): Urbanisierung im 19. und 20. Jahrhundert. Historische und geographische Aspekte (Städteforschung A 16), Köln/Wien 1983, S. 95-116.

KARGER, ADOLF/FRANK WERNER: Die sozialistische Stadt, in: Geographische Rundschau 34 (1982), S. 519-532.

KASTORFF-VIEHMANN, RENATE: Kleinhaus und Mietskaserne, in: LUTZ NIETHAMMER (Hg.): Wohnen im Wandel. Beiträge zur Geschichte des Alltags in der bürgerlichen Gesellschaft, Wuppertal 1979, S. 271-291.

KAUFMANN, RICHARD VON: Finanzwissenschaft (Hand- und Lehrbuch der Staatswissenschaften in selbständigen Bänden, 2. Abteilung), 2 Bde. Leipzig 1906.

KAYSER, WERNER: Fritz Schumacher. Architekt und Städtebauer. Eine Bibliographie (Arbeitshefte zur Denkmalpflege in Hamburg 5), Hamburg 1984.

KELLETT, JOHN R.: The Impact of Railways on Victorian Cities, London 1969.

KEMPF, ROSA: Das Leben der jungen Fabrikmädchen in München. Die soziale und wirtschaftliche Lage ihrer Familie, ihr Berufsleben und ihre persönlichen Verhältnisse (Schriften des Vereins für Socialpolitik 135, Teil 2), Leipzig 1911.

KERSTIENS-KOEBERLE, EDITHA: Freizeitverhalten und Wohnumfeld. Innerstädtische Fallstudien, Beispiel München (Münchner Studien zur Sozial- und Wirtschaftsgeographie 19), Kallmünz/Regensburg 1979.

KIER, HILTRUD: Die Kölner Neustadt. Planung, Entstehung, Nutzung (Beiträge zu den Bau- und Kunstdenkmälern im Rheinland 23), Text- und Kartenband, Düsseldorf 1978.

KIESEWETTER, HUBERT: Agrarreform, landwirtschaftliche Produktion und Industrialisierung im Königreich Sachsen 1832-1861, in: FRITZ BLAICH (Hg.): Entwicklungsprobleme einer Region: Das Beispiel Rheinland und Westfalen im 19. Jahrhundert (Schriften des Vereins für Socialpolitik NF 119), Berlin 1981, S. 89-137.

KIRCHHOFF, KARL-HEINZ: Die Erbmänner und ihre Höfe in Münster. Untersuchungen zur Sozial-Topographie einer Stadt im Mittelalter, in: Westfälische Zeitschrift 116 (1966), S. 3-26.

KIRCHHOFF, KARL-HEINZ: Die Entstehung des Fraterhauses „Zum Springborn" in Münster. Ein Beitrag zur mittelalterlichen Stadttopographie mit einem Exkurs: Straßen und Wege im Südwesten Münsters vor 1661, in: Westfalen 51 (1973), S. 92-114.

KIRCHHOFF, KARL-HEINZ: Die Täufer in Münster 1534/35. Untersuchungen zum Umfang und zur Sozialstruktur der Bewegung (Veröffentlichungen der Historischen Kommission Westfalens XXII, Geschichtliche Arbeiten zur westfälischen Landesforschung 12), Münster 1973.

KIRCHHOFF, KARL-HEINZ: Die legendären Bogenhäuser in Münster 1184, in: Westfalen 57 (1979), S. 1-6.

KIRCHHOFF, KARL-HEINZ: Die Unruhen in Münster/W. 1450-1457. Ein Beitrag zur Topographie und Prosopographie einer städtischen Protestbewegung, in: WILFRIED EHBRECHT (Hg.): Städtische Führungsgruppen und Gemeinde in der werdenden Neuzeit (Städteforschung A 9), Köln/Wien 1980, S. 153-312.

KIRCHHOFF, KARL-HEINZ: Klöster und Konvente in Münster bis 1800, in: Monastisches Westfalen. Klöster und Stifte 800-1800. Ausstellungskatalog, herausgegeben von GÉZA JÁSZAI im Auftrage des Landschaftsverbandes Westfalen-Lippe, Münster 1982, S. 551-560.

KIRCHHOFF, KARL-HEINZ/MECHTHILD SIEKMANN: Die räumliche Ausweitung der Universität im Stadtgebiet Münsters 1773-1980, in: HEINZ DOLLINGER (Hg.): Die Universität Münster 1780-1980, Münster 1980, S. 121-127.

KISCH, HERBERT: Vom Monopol zum Laissez-Faire: das frühe Wachstum der Textilgewerbe im Wuppertal, in: HERBERT KISCH (Hg.): Die hausindustriellen Textilgewerbe am Niederrhein vor der industriellen Revolution von der ursprünglichen zur kapitalistischen Akkumulation (Veröffentlichungen des Max-Planck-Instituts für Geschichte 65), Göttingen 1981, S. 162-257.

KIVELL, PHILLIP T./GARETH SHAW: The Study of Retail Location, in: JOHN A. DAWSON (ed.): Retail Geography, New York 1980, pp. 96-155.

KLÄUI, PAUL: Zürich. Geschichte der Stadt und des Bezirks, Zürich-Zollikon 1948.

KLEE GOBERT, RENATA/HEINZ RAMM: Die Bau- und Kunstdenkmale der Freien und Hansestadt Hamburg. Bd. 2: Altona, Elbvororte, Hamburg 1959.

KLEINE, ERNST: Von den Anfängen bis zum Ende des alten Reiches (1806) (Deutsche Bankengeschichte 1), Frankfurt a.M. 1982.

KLINGBEIL, DETLEV: Zur sozialgeographischen Theorie und Erfassung des täglichen Berufspendelns, in: Geographische Zeitschrift 57 (1969), S. 108-131.

KLINGBEIL, DETLEV: Aktionsräume im Verdichtungsraum (Münchener Geographische Hefte 41), Kallmünz/Regensburg 1978.

KNECHT, JAKOB: Wollishofen - Vom Bauerndorf zum Stadtquartier, Zürich-Wollishofen 1960.

KNIES, KARL: Ueber den Wohnungsnothstand unterer Volksschichten und die Bedingungen des Miethpreises, in: Zeitschrift für die gesammte Staatswissenschaft 15 (1859), S. 83-107.

KNIGHTS, PETER R.: The Plain People of Boston 1830-1860: A Study in City Growth, New York 1971.

KOCH, FRANZ: Interregionale Wanderungen und Wohnungsmarkt (Forschungsberichte des Instituts für Bevölkerungsforschung und Sozialpolitik der Universität Bielefeld 5), Frankfurt a.M./New York 1983.

KOCH, FRIEDRICH: Stadtteilzentren in Theorie und kommunaler Planungspraxis. Wirtschafts- und sozialgeographische Untersuchungen am Beispiel der Stadt Augsburg mit Empfehlungen für eine stadtteilbezogene Zentrenplanung (Beiträge zur Angewandten Sozialgeographie 1), Augsburg 1982.

KOCH, HUGO: Gartenkunst im Städtebau, 2. Aufl., Berlin 1921.

KOLLICK, RUDOLF: Die Entwicklung der Einzelhandelsstruktur von Mindelheim in den Jahren 1950 bis 1981, Staatsexamensarbeit am Geographischen Institut der TU München 1981.

KÖLLMANN, WOLFGANG: Binnenwanderung und Bevölkerungsstrukturen der Ruhrgebietsgroßstädte im Jahre 1907, in: Soziale Welt 9 (1958), S. 265-276.

KÖLLMANN, WOLFGANG: Sozialgeschichte der Stadt Barmen im 19. Jahrhundert (Soziale Forschung und Praxis 21), Tübingen 1960.

KÖLLMANN, WOLFGANG (Hg.): Wuppertaler Färbergesellen-Innung und Färbergesellen-Streiks 1848-1857. Akten zur Frühgeschichte der Arbeiterbewegung in Deutschland (Historische Forschungen 5), Wiesbaden 1962.

KÖLLMANN, WOLFGANG: Zur Bevölkerungsentwicklung ausgewählter deutscher Großstädte in der Hochindustrialisierungsperiode, in: Jahrbuch für Sozialwissenschaft 18 (1967), S. 129-144.

KÖLLMANN, WOLFGANG: Struktur und Wachstum der Wirtschaft des bergischmärkischen Raumes 1955-1969, Wuppertal 1971 (Manuskript).

KÖLLMANN, WOLFGANG: Bevölkerung in der industriellen Revolution. Studien zur Bevölkerungsgeschichte Deutschlands (Kritische Studien zur Geschichtswissenschaft 12), Göttingen 1974.

KÖLLMANN, WOLFGANG: Industrialisierung, Binnenwanderung und „Soziale Frage". Zur Entstehungsgeschichte der deutschen Industriegroßstadt im 19. Jahrhundert, in: WOLFGANG KÖLLMANN, Bevölkerung in der industriellen Revolution. Studien zur Bevölkerungsgeschichte Deutschlands (Kritische Studien zur Geschichtswissenschaft 12), Göttingen 1974, S. 106-124.

KÖLLMANN, WOLFGANG: Zur Bedeutung der Regionalgeschichte im Rahmen struktur- und sozialgeschichtlicher Konzeptionen, in: Archiv für Sozialgeschichte 15 (1975), S. 43-50.

KORN, ROLAND: Ergebnisse und Aufgaben in Städtebau und Architektur bei der weiteren Ausgestaltung der Hauptstadt der DDR, in: Architektur der DDR 28 (1979), S. 526-536.

KÖRÖSI, JÓZSEF: Statistique Internationale des Grandes Villes, 3 Bde., Budapest/Wien 1872-1903.

KRABBE, WOLFGANG R.: Eine Ring-Stadt um Münster als Alternative zur Eingemeindung? Zum Stand der münsterschen Stadterweiterungsfrage in den sechziger Jahren des 19. Jahrhunderts, in: Westfälische Zeitschrift 130 (1980), S. 64-69.

KRABBE, WOLFGANG R.: Wirtschafts- und Sozialstruktur einer Verwaltungsstadt des 19. Jahrhunderts: Das Beispiel der Provinzialhauptstadt Münster, in: Rheinland-Westfalen im Industriezeitalter. Beiträge zur Landesgeschichte des 19. und 20. Jahrhunderts, herausgegeben von KURT DÜWELL und WOLFGANG KÖLLMANN, Bd. 1: Von der Entstehung der Provinzen bis zur Reichsgründung, Wuppertal 1983, S. 197-206.

KRABBE, WOLFGANG R.: Die Eingemeindungen und Stadterweiterungen Münsters im 19. und frühen 20. Jahrhundert. Bevölkerungsdruck, städtischer Flächenbedarf und Zwang zum staatlich-kommunalen Verwaltungshandeln, in: HELMUT LAHRKAMP (Hg.): Beiträge zur Stadtgeschichte (Quellen und Forschungen zur Geschichte der Stadt Münster NF 11), Münster 1984, S. 127-153.

KRABBE, WOLFGANG R.: Kommunalpolitik und Industrialisierung. Die Entfaltung der städtischen Leistungsverwaltung im 19. und frühen 20. Jahrhundert. Fallstudien Dortmund und Münster (Schriften des Deutschen Instituts für Urbanistik 74), Stuttgart/Berlin/Köln/Mainz 1985.

Die Kreditinstitute in Hannover, in: Der Bankplatz Hannover. Börse und Banken in Hannover (Europäische Wirtschaft in Einzeldarstellungen), Trautheim über Darmstadt/Mainz o.J. (1962), S. 53-129.

KRESS, SIEGFRIED/GÜNTER ARLT/WOLFGANG HEGER u.a.: Probleme der städtebaulich-räumlichen Gestaltung von Wohnbereichen, in: Architektur der DDR 29 (1980), S. 234-248.

KRETH, RÜDIGER: Sozialräumliche Gliederung von Mainz, in: Geographische Rundschau 29 (1977), S. 142-149.

KRIEDTE, PETER/HANS MEDICK/JÜRGEN SCHLUMBOHM: Industrialisierung vor der Industrialisierung. Gewerbliche Warenproduktion auf dem Land in der Formationsperiode des Kapitalismus (Veröffentlichungen des Max-Planck-Instituts für Geschichte 53), Göttingen 1977.

KROGMANN, CARL VINCENT: Es ging um Deutschlands Zukunft 1932-1939. Erlebtes täglich diktiert von dem früheren Regierenden Bürgermeister von Hamburg, 2. Aufl., Leoni am Starnberger See 1977.

KROGMANN, CARL VINCENT: Geliebtes Hamburg. Vom Werden meiner Vaterstadt, 2. erw. Aufl., Hamburg 1963.

KROKISIUS, EDMUND: Die unter dem Protectorat des Kaisers und Königs Wilhelms II. stehende Berliner gemeinnützige Bau-Gesellschaft und Alexandra-Stiftung, Berlin 1896.

KÜBLER, FRIEDRICH (Hg.): Anwaltsberuf im Wandel. Rechtspflegeorgan oder Dienstleistungsgewerbe. Verhandlungen der verschiedenen Arbeitsgruppen für Zivilrechtsvergleichung und für Grundlagenforschung anläßlich der Frankfurter Tagung für Rechtsvergleichung (Arbeiten zur Rechtsvergleichung 111), Frankfurt a.M. 1982.

KUCZYNSKI, ROBERT: Das Wohnungswesen und die Gemeinden in Preussen (Schriften des Verbandes deutscher Städtestatistiker, Ergänzungshefte zum Statistischen Jahrbuch deutscher Städte 4), 2 Teile, Breslau 1916.

KUHN, WALTER: Geschäftsstraßen als Freizeitraum. Synchrone und dischrone Überlagerungen von Versorgungs und Freizeitfunktion, dargestellt an Beispielen aus Nürnberg (Münchener Geographische Hefte 42), Kallmünz/Regensburg 1979.

KULS, WOLFGANG: Bevölkerungsgeographie. Eine Einführung (Teubner Studienbücher der Geographie), Stuttgart 1980.

KUTSCHMAR, ARIBERT: Grundlagen der Baugestaltung (Lehrbuch), Berlin (Ost) 1979.

KUZNETS, SIMON/DOROTHY S. THOMAS (eds.): Population Redistribution and Economic Growth, United States 1870-1950 (Demographic Analyses and Interrelations 3), Philadelphia 1964.

LAFRENZ, JÜRGEN: Die Stellung der Innenstadt im Flächennutzungsgefüge des Agglomerationsraumes Lübeck. Grundlagenforschung zur erhaltenden Stadterneuerung (Hamburger Geographische Studien 33), Text- und Kartenband, Hamburg 1977.

LAFRENZ, JÜRGEN: Stadt- und Regionalplanung im Verstädterungsraum Hamburg 1937-1945, in: 1933 in Gesellschaft und Wissenschaft, Teil 2: Wissenschaft, herausgegeben von der Pressestelle der Universität Hamburg, Hamburg 1984, S. 207-247.

LAMPARD, ERIC E.: The History of the Cities in the Economically Advanced Areas, in: Economic Development and Cultural Change 3 (1955), pp. 82-136.

LANGE, FRIEDRICH ALBERT: Jedermann Hauseigenthümer. Das bewährteste System englischer Baugenossenschaften für deutsche Verhältnisse bearbeitet und in seiner Verwendbarkeit für Arbeiter-Genossenschaften jeder Art nachgewiesen. Mit einer Einleitung von Ludwig Sonnemann, Duisburg 1865 (Nachdruck Duisburg 1975).

LANGE, NORBERT DE: Standortverhalten ausgewählter Bürogruppen in Innenstadtgebieten westdeutscher Metropolen, in: HEINZ HEINEBERG/GÜNTER HEINRITZ/GÜNTER GAD/NORBERT DE LANGE/JÜRGEN HARTWIEG: Beiträge zur empirischen Bürostandortforschung (Münchener Geographische Hefte 50), Kallmünz/Regensburg 1983, S. 61-100.

LANGE-KOTHE, IRMGARD: Hundert Jahre Bergarbeiterwohnungsbau, in: Der Anschnitt 2 (1950), H.3, S. 7-19.

LANGEWIESCHE, DIETER: Wanderungsbewegungen in der Hochindustrialisierung. Regionale, interstädtische und innerstädtische Mobilität in Deutschland 1880-1914, in: Vierteljahrschrift für Sozial- und Wirtschaftsgeschichte 64 (1977), S. 1-40.

LARGIADER, ANTON: Geschichte von Stadt und Landschaft Zürich, 2 Bde., Erlenbach/Zürich 1945.

LAUX, HANS-DIETER: Standortmuster und Standortfaktoren der ärztlichen Versorgung - dargestellt am Beispiel der Stadt Essen, in: Zeitschrift für Wirtschaftsgeographie 1981, S. 12-19.

LAWTON, R.: Mobility in Nineteenth Century British Cities, in: Geographical Journal 145 (1979), pp. 206-224.

LECHNER, HANS H.: Wohnungsfrage, städtische Grundrente und Bodenspekulation. Ein theoriengeschichtlicher Abriß, in: Zeitschrift für Wirtschafts- und Sozialwissenschaften 92 (1972), S. 697-726.

LECHTAPE, WILHELM: Die Bevölkerung der Stadt Münster in den hundert Jahren vor dem Weltkriege. Eine statistische Studie, phil. Diss., Münster 1918.

LEISKE, WALTER: Der Boden und seine Bewertung in Groß Berlin. Die Hypothekenbanken im Bodenkredit Groß Berlins (Groß Berliner Verein für Kleinwohnungswesen, Schriften IX; zugleich: Handbuch Groß Berliner Wohnungspolitik IV. Teil), Berlin 1919.

LEISTER, INGEBORG: Wachstum und Erneuerung britischer Industriegroßstädte (Schriften der Kommission für Raumforschung der Österreichischen Akademie der Wissenschaften 2), Wien/Köln/Graz 1970.

LEMBCKE, KURT: Standpunkte und Auffassungen zum innerstädtischen Wohnungsbau, in: Architektur der DDR 31 (1982), S. 286-289.

LEONHARDT, K.-F.: Ursprung und Entwicklung der Stadt Hannover, in: Jahrbuch der Geographischen Gesellschaft zu Hannover für 1932 und 1933 (Deutsche Städte und Landschaften), Hannover 1933, S. 1-14.

LETTE, WILHELM ADOLPH: Anschreiben an die Mitglieder der Kommission des Congresses deutscher Volkswirthe über Häuserbau-Genossenschaften, in: Der Arbeiterfreund 2 (1864), S. 314-334.

LICHER, MARTIN: Standortveränderungen von Arztpraxen in Münster seit 1960. Analyse zum Standortverhalten im quartären Dienstleistungssektor, Staatsexamensarbeit für das Lehramt Sekundarstufe II, Münster 1984.

LICHTENBERGER, ELISABETH: Wirtschaftsfunktion und Sozialstruktur der Wiener Ringstraße (Die Wiener Ringstraße - Bild einer Epoche. Die Erweiterung der Inneren Stadt Wien unter Kaiser Franz Joseph - 6), Wien/Köln/Graz 1970.

LICHTENBERGER, ELISABETH: Die Wiener City. Bauplan und jüngste Entwicklungstendenzen, in: Mitteilungen der Österreichischen Geographischen Gesellschaft 114 (1972), S. 42-85.

LICHTENBERGER, ELISABETH: Ökonomische und nichtökonomische Variablen kontinentaleuropäischer Citybildung, in: Die Erde 103 (1972), S. 216-262.

LICHTENBERGER, ELISABETH: Von der mittelalterlichen Bürgerstadt zur City. Sozialstatistische Querschnittsanalysen am Wiener Beispiel, in: Beiträge zur Bevölkerungs- und Sozialgeschichte Österreichs. Nebst einem Überblick über die Entwicklung der Bevölkerungs- und Sozialstatistik. Im Auftrage des Österreichischen Statistischen Zentralamts herausgegeben von HEIMOLD HELCZMANOVSZKI, München 1973, S. 297-331.

LICHTENBERGER, ELISABETH: Die Wiener Altstadt. Von der mittelalterlichen Bürgerstadt zur City, Text- und Kartenband, Wien 1977.

LICHTENBERGER, ELISABETH: Wien - Das sozialökologische Modell einer barocken Residenz um die Mitte des 18. Jahrhunderts, in: WILHELM RAUSCH (Hg.): Städtische Kultur in der Barockzeit (Beiträge zur Geschichte der Städte Mitteleuropas 6), Linz 1982, S. 235-262.

LICHTENBERGER, ELISABETH: Die Stadtentwicklung in Europa in der ersten Hälfte des 20. Jahrhunderts, in: WILHELM RAUSCH (Hg.) Die Städte Mitteleuropas im 20. Jahrhundert (Beiträge zur Geschichte der Städte Mitteleuropas 8), Linz 1984, S. 1-40.

LICHTENBERGER, ELISABETH: Historische Stadtforschung und Kartographie. Die sozialräumliche und funktionelle Gliederung von Wien um 1770, in: Kartographie der Gegenwart in Österreich, herausgegeben vom Institut für Kartographie der Österreichischen Akademie der Wissenschaften und der Kartographischen Kommission der Österreichischen Geographischen Gesellschaft. Red.: ERIK ARNBERGER, Wien 1984, S. 170-192.

LICHTENBERGER, ELISABETH: Stadtgeographie, Bd. 1: Begriffe, Konzepte, Modelle, Prozesse (Teubner Studienbücher Geographie), Stuttgart 1986.

LIEBIG, X.B.: München, die werdende Millionenstadt und seine Verkehrsverhältnisse, München 1896.

LINDNER, WERNER/ERICH BÖCKLER: Die Stadt. Ihre Pflege und Gestaltung (Die landschaftlichen Grundlagen des deutschen Bauschaffens 2), München 1939.

LINDT, NICOLAS: Der Asphalt ist nicht die Erde. Das Zürcher Selnauquartier im Wandel der Zeit, Zürich 1984.

LINKE, ROLF: Eigenheimbau - internationale Einschätzungen, Vergleiche und Tendenzen, in: Architektur der DDR 33 (1984), S. 681-686.

LÖSCH, AUGUST: Die räumliche Ordnung der Wirtschaft, Jena 1940.

LÜDEMANN, HEINZ/FRANKDIETER GRIMM/RUDOLF KRÖNERT u.a. (Hgg.): Stadt und Umland in der Deutschen Demokratischen Republik (Petermanns Geographische Mitteilungen, Ergänzungsheft 279), Gotha/Leipzig 1979.

LÜNENBORG, GISELA: Die öffentliche Gesundheitsfürsorge der Stadt Münster in Westfalen. Ein historischer Überblick von den Anfängen bis zur Errichtung staatlicher Gesundheitsämter, med. Diss. (Institut für Geschichte der Medizin der Universität Münster), Münster 1971.

MACHULE, DITTMAR/LUTZ SEIBERLICH: Die Berliner Villenvororte, in: Berlin und seine Bauten, Teil IV: Wohnungsbau, Bd. A: Die Voraussetzungen. Die Entwicklung der Wohngebiete, herausgegeben vom Architekten- und Ingenieur-Verein zu Berlin, Berlin/München/Düsseldorf 1970, S. 93-113.

MACKENROTH, GERHARD: Bevölkerungslehre. Theorie, Soziologie und Statistik der Bevölkerung (Enzyklopädie der Rechts- und Staatswissenschaften, Abteilung Staatswissenschaften NF 5), Berlin/Göttingen/Heidelberg 1953.

MAIER, JÖRG/REINHARD PAESLER/KARL RUPPERT U.A.: Sozialgeographie (Das Geographische Seminar), Braunschweig 1977.

MANGOLDT, KARL VON: Der Deutsche Verein für Wohnungsreform 1898-1928, in: Deutscher Verein für Wohnungsreform (Hg.): 30 Jahre Wohnungsreform. Denkschrift aus Anlaß des 30jährigen Bestehens, Berlin 1928, S. 7-59.

MANHART, MICHAEL: Die Abgrenzung homogener städtischer Teilgebiete. Eine Clusteranalyse der Baublöcke Hamburgs (Beiträge zur Stadtforschung 3), Hamburg 1977.

MANTOUX, PAUL: The Industrial Revolution in the Eighteenth Century: an Outline of the Beginnings of the modern Factory System in England, revised Edition, London 1961.

MARKOW, ALEXIS: Das Wachstum der Bevölkerung und die Entwicklung der Aus- und Einwanderungen, Ab- und Zuzüge in Preussen und Preussens einzelnen Provinzen, Bezirken und Kreisgruppen von 1824 bis 1885 (Beiträge zur Geschichte der Bevölkerung in Deutschland 3), Tübingen 1889.

MATZERATH, HORST: Von der Stadt zur Gemeinde. Zur Entwicklung des rechtlichen Stadtbegriffs im 19. und 20. Jahrhundert, in: Archiv für Kommunalwissenschaften 13 (1974), S. 17-46.

MATZERATH, HORST: Nationalsozialistische Kommunalpolitik: Anspruch und Realität, in: Die alte Stadt. Zeitschrift für Denkmalpflege, Stadtgeschichte und Stadtsoziologie 5 (1978), S. 1-22.

MATZERATH, HORST: Städtewachstum und Eingemeindungen im 19. Jahrhundert, in: Die deutsche Stadt im Industriezeitalter. Beiträge zur modernen deutschen Stadtgeschichte, herausgegeben von JÜRGEN REULECKE, Wuppertal 1978, S. 67-89.

MATZERATH, HORST: Grundstrukturen städtischer Bevölkerungsentwicklung in

Mitteleuropa im 19. Jahrhundert, in: WILHELM RAUSCH (Hg.): Die Städte Mitteleuropas im 19. Jahrhundert (Beiträge zur Geschichte der Städte Mitteleuropas 7), Linz 1983, S. 25-46.

MATZERATH, HORST (Hg.): Städtewachstum und innerstädtische Strukturveränderungen. Probleme des Urbanisierungsprozesses im 19. und 20. Jahrhundert (Geschichte und Theorie der Politik A 8), Stuttgart 1984.

MATZERATH, HORST: Urbanisierung in Preußen 1815 bis 1914 (Schriften des Deutschen Instituts für Urbanistik 72), Text- und Kartenband, Stuttgart/Berlin/Köln/Mainz 1985.

MATZERATH, HORST/INGRID THIENEL: Stadtentwicklung, Stadtplanung, Stadtentwicklungsplanung. Probleme im 19. und im 20. Jahrhundert am Beispiel der Stadt Berlin, in: Die Verwaltung 10 (1977), S. 173-196.

MAUERSBERG, HANS: Wirtschafts- und Sozialgeschichte zentraleuropäischer Städte in neuerer Zeit. Dargestellt an den Beispielen von Basel, Frankfurt a.M., Hamburg und München, Göttingen 1960.

MAY, RALPH E.: Kosten der Lebenshaltung und Entwicklung der Einkommensverhältnisse in Hamburg seit 1890, in: Kosten der Lebenshaltung in deutschen Großstädten. I. Ost- und Norddeutschland. 2. Hälfte. Im Auftrage des Vereins für Socialpolitik herausgegeben von FRANZ EULENBURG (Schriften des Vereins für Socialpolitik 145, Teil 4), München/Leipzig 1915, S. 259-524.

MAYR, ALOIS: Standort und Einzugsbereich von Hochschulen. Allgemeine Forschungsergebnisse unter besonderer Berücksichtigung der Untersuchungen in der Bundesrepublik Deutschland, in: Berichte zur Deutschen Landeskunde 44 (1970), S. 83-110.

MAYR, ALOIS: Universität und Stadt. Ein stadt-, wirtschafts- und sozialgeographischer Vergleich alter und neuer Hochschulstandorte in der Bundesrepublik Deutschland (Münstersche Geographische Arbeiten 1), Münster 1979.

MAYR, ALOIS: Entwicklung, Bedeutung und planungsrechtliche Problematik der Shopping-Center in der Bundesrepublik Deutschland, in: HEINZ HEINEBERG (Hg.): Einkaufszentren in Deutschland. Entwicklung, Forschungsstand und -probleme mit einer annotierten Auswahlbibliographie (Münstersche Geographische Arbeiten 5), Paderborn 1980, S. 9-46.

MELLERT, M.: Albisrieden und Altstetten: Heimat auf Stolpersteinen, in: ALFRED CATTANI (Hg.): Zürich und seine Quartiere. Gesichter einer Stadt, Zürich 1983, S. 62.

MERTEN, KLAUS/CHRISTOPH MOHR: Das Frankfurter Westend (Materialien zur Kunst des neunzehnten Jahrhunderts 10), München 1974.

MESCHEDE, WINFRIED: Geschäftsstraßen in der Bielefelder City. Zur Problematik der Klassifikation und kartographischen Darstellung von kommerziell-zentralen Einrichtungen, in: Westfalen - Nordwestdeutschland - Nordseesektor. Wilhelm Müller-Wille zum 75. Geburtstag von seinen Schülern, herausgegeben von HANS KLEINN, WINFRIED MESCHEDE, PETER SCHNELL u.a. (Westfälische Geographische Studien 37), Münster 1981, S. 121-130.

MESCHEDE, WINFRIED: Grenzen, Größenordnung und Intensitätsgefälle kommerziell-zentraler Einzugsgebiete, in: Erdkunde 25 (1971), S. 264-278.

MEYER, FRITZ: German Internal Migration Statistics: Methods, Sources and Data, in: DOROTHY S. THOMAS (ed.): Research Memorandum on Migration Differentials (Social Science Research Council, Bulletin 43), New York 1938, pp. 342-367.

MEYER, FRITZ: Probleme und Methoden der Binnenwanderungsforschung, in: Archiv für Bevölkerungswissenschaft (Volkskunde) und Bevölkerungspolitik 6 (1936), S. 212-231.

MEYER, GÜNTER: Junge Wandlungen im Erlanger Geschäftsviertel. Ein Beitrag zur sozialgeographischen Stadtforschung unter besonderer Berücksichtigung des Einkaufsverhaltens der Erlanger Bevölkerung (Erlanger Geographische Arbeiten 39), Erlangen 1978.

MEYNEN, HENRIETTE: Die Wohnbauten im nordwestlichen Vorortsektor Kölns mit Ehrenfeld als Mittelpunkt. Bauliche Entwicklung seit 1845, Wechselbeziehungen von Baubild und Sozialstruktur (Forschungen zur deutschen Landeskunde 210; zugleich: Rheinisches Archiv 104), Trier 1978.

MEYNEN, HENRIETTE: Die Kölner Grünanlagen. Die städtebauliche und gartenarchitektonische Entwicklung des Stadtgrüns und das Grünsystem Fritz Schumachers (Beiträge zu den Bau- und Kunstdenkmälern im Rheinland 25), Text- und Kartenband, Düsseldorf 1979.

MIECK, PAUL: Die Arbeiter-Wohlfahrts-Einrichtungen der industriellen Unternehmer in den preußischen Provinzen Rheinland und Westfalen und ihre wirtschaftliche und soziale Bedeutung, Berlin 1904.

MIODEK, WOLFGANG: Innerstädtische Umzüge und Stadtentwicklung in Mannheim 1977 - 1983 (Mannheimer Geographische Arbeiten 19), Mannheim 1986.

MIQUEL, JOHANNES VON: Referat: Über die Wohnungsverhältnisse der ärmeren Volksklassen in deutschen Großstädten, in: Verhandlungen der am 24. und 25. September 1886 in Frankfurt a.M. abgehaltenen Generalversammlung des Vereins für Socialpolitik (Schriften des Vereins für Socialpolitik 33), Leipzig 1886, S. 10-16.

Mitteilungen der Zentralstelle des Deutschen Städtetages, in: Städte-Zeitung 5 (1907/1908), 17.7.1908.

MOEGLICH, ALFRED: Die Städtebau-Ausstellung zu Frankfurt am Main, in: Städte-Zeitung 5 (1907/1908), 14.5.1907.

MOEGLICH, ALFRED: Das Deutsche Städtewesen, in: Städte-Zeitung 5 (1907/1908), 3.7.1908.

MOHS, GERHARD/FRANKDIETER GRIMM/JOACHIM HEINZMANN u.a.: The Regional Differentiation of the German Democratic Republic. Structure - Dynamics - Development, in: Geojournal 8 (1984) pp. 7-22.

MONHEIM, ROLF: Die Stadt als Fremdenverkehrs- und Freizeitraum, in: Freizeitverhalten in verschiedenen Raumkategorien (Materialien zur Fremdenverkehrsgeographie 3), Trier 1979, S. 7-43.

MÜLLER, DIETRICH O.: Verkehrs- und Wohnstrukturen in Groß-Berlin 1880-1980. Geographische Untersuchungen ausgewählter Schlüsselgebiete beider-

seits der Ringbahn (Berliner Geographische Studien 4), Berlin 1978.
MÜLLER-SPÄTH, JÜRGEN: Protestantismus und Gründerzeit im Wuppertal, in: Gründerzeit. Versuch einer Grenzbestimmung im Wuppertal. Abhandlungen und Spezialbibliographie, herausgegeben von KARL-HERMANN BEECK unter Mitarbeit von ROLF BECKER (Schriftenreihe des Vereins für Rheinische Kirchengeschichte 80), Köln 1984, S. 360-419.
Münster im deutschen Kaiserreich. Die Stadtchronik 1870 - 1873, verfaßt von ADOLF HECHELMANN, herausgegeben von HELMUT LAHRKAMP, in: HELMUT LAHRKAMP (Hg.): Beiträge zur Stadtgeschichte (Quellen und Forschungen zur Geschichte der Stadt Münster NF 11), Münster 1984, S. 1-126.
Hermann Muthesius 1861-1927. Ausstellung in der Akademie der Künste, herausgegeben von der Akademie der Künste Berlin (Akademie-Katalog 117), Berlin 1977.
NAHRSTEDT, WOLFGANG: Die Entstehung der Freizeit. Dargestellt am Beispiel Hamburgs. Ein Beitrag zur Strukturgeschichte und zur strukturgeschichtlichen Grundlegung der Freizeitpädagogik, Göttingen 1972.
NAUMANN, FRIEDRICH: Neudeutsche Wirtschaftspolitik, 3. Aufl., Berlin-Schöneberg 1911.
NIPPER, JOSEF: Zum intraurbanen Umzugsverhalten älterer Menschen, in: Geographische Zeitschrift 66 (1978), S. 289-311.
NISSEN, WALTER: Göttinger Gedenktafeln. Ein biographischer Wegweiser, Göttingen 1962.
NÖRNBERG, HANS-JÜRGEN/DIRK SCHUBERT: Massenwohnungsbau in Hamburg. Materialien zur Entstehung und Veränderung Hamburger Arbeiterwohnungen und -siedlungen 1800-1967 (Analysen zum Planen und Bauen 3), Berlin 1975.
NOSEDA, IRMA: Ort - Heimat. Zur Auseinandersetzung in Architekturtheorie und Volkskunde über Ort, Identität und Heimat, in: archithese 14 (1984), H.3, S. 3-7.
O'LOUGHLIN, JOHN V./GÜNTHER GLEBE: Faktorökologie der Stadt Düsseldorf. Ein Beitrag zur urbanen Sozialraumanalyse (Düsseldorfer Geographische Schriften 16), Düsseldorf 1980.
OBERNECK, HERMANN: Notariat, in: FRITZ STIER-SOMLO/ALEXANDER ELSTER (Hgg.): Handwörterbuch der Rechtswissenschaft, Bd.4, Berlin/Leipzig 1927, S. 219-233.
OCKERT, ERWIN H.: Der Hamburgisch-Preußische Landesplanungsausschuß, in: Hamburg und seine Bauten 1929-1953, herausgegeben vom Architekten- und Ingenieur-Verein zu Hamburg e.V., Hamburg 1953, S. 15-23.
PAPE, HEINZ: Die Kulturlandschaft des Stadtkreises Münster um 1828 (auf Grund der Katasterunterlagen) (Westfälische Geographische Studien 9; zugleich: Forschungen zur deutschen Landeskunde 93), Text- und Kartenband, Münster 1956.
PARISIUS, LUDOLF: Bericht über die in Deutschland bestehenden Baugesellschaften und Baugenossenschaften, in: Der Arbeiterfreund 3 (1865), S. 292-314.

PARISIUS, LUDOLF: Die auf dem Princip der Selbsthülfe beruhende Baugenossenschaft, in: Der Arbeiterfreund 3 (1865), S. 262-291.
URBAN PATTERNS: Studies in Human Ecology, edited by GEORGE A. THEODORSON, revised Edition, University Park/London 1982.
PAUL, WOLF: Anwaltsberuf im Wandel - Rechtspflegeorgan oder Dienstleistungsgewerbe? Fakten und Überlegungen zur empirischen Verdeutlichung des Verhältnisses von Anwaltschaft und Gesellschaft in Deutschland, in: FRIEDRICH KÜBLER (Hg.): Anwaltsberuf im Wandel. Rechtspflegeorgan oder Dienstleistungsgewerbe. Verhandlungen der verschiedenen Arbeitsgruppen für Zivilrechtsvergleichung und für Grundlagenforschung anläßlich der Frankfurter Tagung für Rechtsvergleichung (Arbeiten zur Rechtsvergleichung 111), Frankfurt a.M. 1982, S. 11-35.
PAULSEN, INGWER: Victor Aimé Huber als Sozialpolitiker (Friedewalder Beiträge zur sozialen Frage 7), 2. Aufl., Berlin 1956.
PELTZ-DRECKMANN, UTE: Nationalsozialistischer Siedlungsbau. Versuch einer Analyse der die Siedlungspolitik bestimmenden Faktoren am Beispiel des Nationalsozialismus (Minerva - Fachserie Geisteswissenschaften), München 1978.
PETSCH, JOACHIM: Baukunst und Stadtplanung im Dritten Reich. Herleitung/Bestandsaufnahme/Entwicklung/Nachfolge, München/Wien 1976.
PFAU, WILFRIED: Zur städtebaulichen Qualität und Effektivität von neuen Wohngebieten, in: Architektur der DDR 32 (1983), S. 393-398.
PHILIPPOVICH, EUGEN: Correferat: Zur Wohnungsfrage, in: Verhandlungen des Vereins für Socialpolitik über die Wohnungsfrage und die Handelspolitik (Schriften des Vereins für Socialpolitik 98), Leipzig 1902, S. 43-56.
POHL, HANS: Das deutsche Bankwesen (1806 - 1848), in: Deutsche Bankengeschichte, Bd.2, Frankfurt a.M. 1982, S. 11-140.
POHL, MANFRED: Einführung in die deutsche Bankengeschichte. Die Entwicklung des gesamten deutschen Kreditwesens (Taschenbücher für Geld, Bank und Börse 79), Frankfurt a.M. 1976.
POHL, MANFRED: Die Entwicklung des deutschen Bankwesens zwischen 1848 und 1870, in: Deutsche Bankengeschichte, Bd.2, Frankfurt a.M. 1982, S. 141-219.
POHL, MANFRED: Festigung und Ausdehnung des deutschen Bankwesens zwischen 1870 und 1914, in: Deutsche Bankengeschichte, Bd.2, Frankfurt a.M. 1982, S. 220-356.
POHLE, LUDWIG: Der Kampf um die Wohnungsfrage, in: Zeitschrift für Sozialwissenschaft 8 (1905), S. 679-700 und S. 759-781.
POLLARD, SIDNEY (Hg.): Region und Industrialisierung. Studien zur Rolle der Region in der Wirtschaftsgeschichte der letzten zwei Jahrhunderte (Kritische Studien zur Geschichtswissenschaft 42), Göttingen 1980.
POOLEY, COLIN G.: Residentual Mobility in the Victorian City, in: Institute of British Geographers, Transactions New Series 4 (1979), pp. 258-277.
POPP, HERBERT: Die Altstadt von Erlangen. Bevölkerungs- und sozialgeographische Wandlungen eines zentralen Wohngebietes unter dem Einfluß

gruppenspezifischer Wanderungen (Erlanger Geographische Arbeiten 35; zugleich: Mitteilungen der Fränkischen Geographischen Gesellschaft 21/22 (1974/1975), S. 29-142), Erlangen 1976.

POSCHWATTA, WOLFGANG: Wohnen in der Innenstadt. Strukturen, neue Entwicklungen, Verhaltensweisen dargestellt am Beispiel der Stadt Augsburg (Augsburger Geographische Hefte 1), Augsburg 1977.

POSCHWATTA, WOLFGANG: Verhaltensorientierte Wohnumfelder. Versuch einer Typisierung am Beispiel der Augsburger Innenstadt, in: Geographische Rundschau 30 (1978), S. 198-205.

POSENER, JULIUS: Berlin auf dem Wege zu einer neuen Architektur. Das Zeitalter Wilhelms II. (Studien zur Kunst des neunzehnten Jahrhunderts 40), München 1979.

POSENER, JULIUS: Berliner Gartenvororte, in: LUDWIG GROTE (Hg.): Die deutsche Stadt im 19. Jahrhundert. Stadtplanung und Baugestaltung im industriellen Zeitalter (Studien zur Kunst des neunzehnten Jahrhunderts 24), München 1974, S. 66-76.

POSENER, JULIUS/BURKHARD BERGIUS: Individuell geplante Einfamilienhäuser 1896-1968, in: Berlin und seine Bauten, Teil IV: Wohnungsbau, Bd. C: Die Wohnungsgebäude - Einfamilienhäuser. Individuell geplante Einfamilienhäuser. Die Hausgärten, herausgegeben vom Architekten- und Ingenieur-Verein zu Berlin, Berlin/München/Düsseldorf 1975, S. 1-42.

POTTMEYER, HEINRICH: Der Landsberg-Schmisinger Hof an der Neubrückenstraße in Münster, in: Westfälisches Adelsblatt 4 (1927), S. 56-59.

POULLAIN, LUDWIG: Die Sparkassenorganisation (Taschenbücher für Geld, Bank und Börse 15), Frankfurt a.M. 1972.

PRED, ALLAN: The Spatial Dynamics of U.S. Urban Industrial Growth 1800 - 1914: Interpretative and Theoretical Essays (The Regional Science Studies Series 6), Cambridge (Mass.)/London 1966.

PRENDEL, WERNER: Gesellschaftliche Bauten. Einrichtungen der Bildung, Kultur, Versorgung, Gesundheit und Erholung, Berlin (Ost) 1974.

Preussens Städte. Denkschrift zum 100jährigen Jubiläum der Städteordnung vom 19. November 1808. Herausgegeben im Auftrage des Vorstandes des Preussischen Städtetages von Heinrich Silbergleit, Berlin 1908.

Preußen - Zur Sozialgeschichte eines Staates. Eine Darstellung in Quellen, herausgegeben von PETER BRANDT unter Mitwirkung von THOMAS HOFMANN und RAINER ZILKENAT (Preußen — Versuch einer Bilanz. Eine Ausstellung der Berliner Festspiele GmbH 3), Reinbek 1981.

PRICE, DANIEL O./MELANIE M. SIKES: Rural-Urban Migration Research in the United States. An annotated Bibliography and Synthesis, Washington 1975.

PRINZ, JOSEPH: Mimigernaford - Münster. Die Entstehungsgeschichte einer Stadt (Veröffentlichungen der Historischen Kommission Westfalens XXII, Geschichtliche Arbeiten zur westfälischen Landesforschung 4), 2. verbesserte und ergänzte Aufl., Münster 1976.

PRITCHARD, GRAHAM: A Model of Professional Office Location, in: Geografiska Annaler 57 B (1975), pp. 100-108.

PUPPKE, LUDWIG: Sozialpolitik und soziale Anschauungen frühindustrieller Unternehmen in Rheinland-Westfalen (Schriften zur rheinisch-westfälischen Wirtschaftsgeschichte NF 13), Köln 1966.

Quartier-Chronik von Zürich-Altstetten 1934-1959, bearbeitet von EUGEN SCHNEITER unter Mitarbeit von ALFRED BOLL und EMIL KIPP, herausgegeben vom Quartierverein Altstetten, Zürich-Alstetten 1960.

Quartierfibel Fluntern (nachgeführt bis 1983), herausgegeben vom Quartierverein Fluntern, o.O. o.J..

Quartierfibel Riesbach, zusammengestellt von MATTHIAS HAUPT, herausgegeben vom Quartierverein Riesbach mit Unterstützung der Präsidialabteilung der Stadt Zürich, Zürich 1980.

RADICKE, DIETER: Öffentlicher Nahverkehr und Stadterweiterung. Die Anfänge einer Entwicklung, beobachtet am Beispiel von Berlin zwischen 1850 und 1875, in: GERHARD FEHL/JUAN RODRIGUEZ-LORES (Hgg.): Stadterweiterungen 1800-1875. Von den Anfängen des modernen Städtebaus in Deutschland (Stadt Planung Geschichte 2), Hamburg 1983, S. 345-357.

RAUSCH, WILHELM (Hg.): Die Städte Mitteleuropas im 19. Jahrhundert (Beiträge zur Geschichte der Städte Mitteleuropas 7), Linz 1983.

REEKERS, STEPHANIE: Die Gebietsentwicklung der Kreise und Gemeinden Westfalens 1817-1967 (Veröffentlichungen des Provinzialinstituts für westfälische Landes- und Volksforschung des Landschaftsverbandes Westfalen-Lippe Reihe 1, H. 18), Münster 1977.

REICHOW, HANS BERNHARD: Gedanken zur städtebaulichen Entwicklung des Groß-Stettiner Raumes, Stettin 1940.

REICHOW, HANS BERNHARD: Grundsätzliches zum Städtebau im Altreich und im neuen deutschen Osten, in: Raumforschung und Raumordnung 5 (1941), S. 225-230.

REICHOW, HANS BERNHARD: Organische Stadtbaukunst. Von der Großstadt zur Stadtlandschaft (Trilogie organischer Gestaltung 1), Braunschweig/Berlin/Hamburg 1948.

RELLSTAB, URSULA: Stadt-Quartier. Quartier-Arbeit anhand eines Zürcher Beispiels, Zürich 1980.

REULECKE, JÜRGEN: Die wirtschaftliche Entwicklung der Stadt Barmen von 1910 bis 1925 (Bergische Forschungen 10), Neustadt a.d. Aisch 1973.

REULECKE, JÜRGEN: Sozio-ökonomische Bedingungen und Folgen der Verstädterung in Deutschland, in: Zeitschrift für Stadtgeschichte, Stadtsoziologie und Denkmalpflege 4 (1977), S. 269-287.

REULECKE, JÜRGEN: Von der Dorfschule zum Schulsystem. Schulprobleme und Schulalltag in einer „jungen" Industriestadt vor dem Ersten Weltkrieg, in: JÜRGEN REULECKE/WOLFHARD WEBER (Hgg.): Fabrik - Familie - Feierabend. Beiträge zur Sozialgeschichte des Alltags im Industriezeitalter, Wuppertal 1978, S. 247-271.

REULECKE, JÜRGEN: Nachzügler und Pionier zugleich: das Bergische Land und der Beginn der Industrialisierung in Deutschland, in: SIDNEY POLLARD (Hg.): Region und Industrialisierung. Studien zur Rolle der Region in der Wirtschaftsgeschichte der letzten zwei Jahrhunderte (Kritische Studien zur Geschichtswissenschaft 42), Göttingen 1980, S. 52-68.

REULECKE, JÜRGEN: Sozialer Frieden durch soziale Reform. Der Centralverein für das Wohl der arbeitenden Klassen in der Frühindustrialisierung (Düsseldorfer Schriften zur neueren Landesgeschichte und zur Geschichte Nordrhein-Westfalens 6), Wuppertal 1983.

REULECKE, JÜRGEN: Geschichte der Urbanisierung in Deutschland (Neue Historische Bibliothek, edition Suhrkamp 1249, NF 249), Frankfurt a.M. 1985.

RIETDORF, WERNER: Gedanken zur Erhöhung der Qualität unserer neuen Wohngebiete, in: Architektur der DDR 26 (1977), S. 490-496.

RIETDORF, WERNER/HORST BAESELER: Freizeitanlagen. Grundlagen, Anregungen und Beispiele für die Planung, Gestaltung und Baudurchführung, herausgegeben von der Bauakademie der DDR, Institut für Städtebau und Architektur, Berlin (Ost) 1979.

ROBSON, BRIAN T.: Urban Analysis. A Study of City Structure with Special Reference to Sunderland, Cambridge 1969.

RÖDER, HORST: Ursachen, Erscheinungsformen und Folgen regionaler Mobilität. Ansätze zu ihrer theoretischen Erfassung (Beiträge zum Siedlungs- und Wohnungswesen und zur Raumplanung 16), Münster 1974.

RÖNNEBECK, THOMAS: Stadterweiterung und Verkehr im neunzehnten Jahrhundert (Schriftenreihe der Institute für Städtebau der Technischen Hochschulen und Universitäten 5), Stuttgart/Bern 1971.

ROSSI, PETER H.: Why Families move. A Study in the Social Psychology of Urban Residential Mobility, Glencoe 1955.

ROSTOW, WALT WHITMAN: The Stages of Economic Growth, Cambridge (Mass.) 1960.

ROZYCKI, HARRY VON/HANS SPECKTER: Die Neugestaltung Hamburgs. Die Verfassung und Verwaltung der Hansestadt Hamburg und ihre Vorgeschichte, Hamburg 1938.

RUBLACK, HANS-CHRISTOPH: Probleme der Sozialtopographie der Stadt im Mittelalter und in der frühen Neuzeit, in: WILFRIED EHBRECHT (Hg.): Voraussetzungen und Methoden geschichtlicher Städteforschung (Städteforschung A 7), Köln/Wien 1979, S. 177-193.

Kommunale Rundschau. Monatsschrift für Städtische Bau- und Bodenpolitik, Kommunaltechnik und Verwaltungswesen, herausgegeben vom Reichsverband deutscher Städte.

RUPPERT, KARL/FRANZ SCHAFFER: Sozialgeographische Aspekte urbanisierter Lebensformen (Akademie für Raumforschung und Landesplanung. Abhandlungen 68), Hannover 1973.

RUPPERT, KARL/FRANZ SCHAFFER: Zur Konzeption der Sozialgeographie, in: Geographische Rundschau 21 (1969), S. 205-214.

SCHÄFERS, BERNHARD: Phasen der Stadtbildung und Verstädterung. Ein sozialgeschichtlicher und sozialstatistischer Überblick unter besonderer Berücksichtigung Mitteleuropas, in: Zeitschrift für Stadtgeschichte, Stadtsoziologie und Denkmalpflege 4 (1977), S. 243-268.

SCHAFFER, FRANZ: Untersuchungen zur sozialgeographischen Situation und regionalen Mobilität in neuen Großwohngebieten am Beispiel Ulm-Eselsberg (Münchner Geographische Hefte 32), Kallmünz/Regensburg 1968.

SCHAFFER, FRANZ: Prozesshafte Perspektiven sozialgeographischer Stadtforschung, erläutert am Beispiel von Mobilitätserscheinungen, in: Zum Standort der Sozialgeographie. Wolfgang Hartke zum 60. Geburtstag. Beiträge zusammengestellt von KARL RUPPERT (Münchener Studien zur Sozial- und Wirtschaftsgeographie 4), Kallmünz/Regensburg 1968, S. 185-207.

SCHAFFER, FRANZ: Tendenzen städtischer Wanderungen, in: Mitteilungen der Geographischen Gesellschaft München 57 (1972), S. 127-158.

SCHATTEL, JOHANNES: Für eine höhere Qualität der Generalbebauungsplanung. Zu einigen Ergebnissen und Erfahrungen bei der Begutachtung der Generalbebauungspläne von Städten der DDR, in: Architektur der DDR 26 (1977), S. 389-392.

SCHAUER, HANS-HARTMUT: Aufgaben und Probleme der städtebaulichen Denkmalpflege in den Bezirken Halle und Magdeburg, in: Denkmale in Sachsen-Anhalt. Ihre Erhaltung und Pflege in den Bezirken Halle und Magdeburg, erarbeitet im Institut für Denkmalpflege, Arbeitsstelle Halle (Schriften zur Denkmalpflege in der Deutschen Demokratischen Republik), Weimar 1983, S. 109-124.

SCHAUER, HANS-HARTMUT: Eines schickt sich nicht für alle. Zur Planung und Gestaltung von Fußgängerbereichen, in: Architektur der DDR 31 (1982), S. 572-573.

SCHENKEL, CHRISTIAN: Die erste Zürcher Stadtvereinigung von 1893, phil. Diss., Zürich 1980.

SCHERF, KONRAD: On the Dialectics of Functional Relationships between the Central City and its Surroundings, the Example of the Cities in the GDR, in: The Take-off of Suburbia and the Crisis of the Central City. Proceedings of the International Symposium in Munich and Vienna 1984, edited by GÜNTER HEINRITZ and ELISABETH LICHTENBERGER (Erdkundliches Wissen 76), Stuttgart 1986, pp. 277-281.

SCHERF, KONRAD/HELGA SCHMIDT/DIETER SCHOLZ: The Southern Agglomeration Zone of the GDR - Regional Structure and Development, in: Geojournal 8 (1984), pp. 33-44.

SCHIMMER, GUSTAV ADOLF: Die Bevölkerung von Wien, in: Blätter für Landeskunde von Niederösterreich 1 (1865), S. 9-14 und S. 26-28.

SCHLAPPNER, M.: Heimat in der Enge, in: ALFRED CATTANI (Hg.): Zürich und seine Quartiere. Gesichter einer Stadt, Zürich 1983, S. 125.

SCHMIDT, C.: Die Aufgaben und die Tätigkeit der deutschen Invalidenversicherungsanstalt in der Arbeiterwohnungsfrage, Köln 1905.

SCHMIDT, HERMANN: Citybildung und Bevölkerungsdichte in Grossstädten, staatswiss. Diss. München 1909.

SCHMIDT, KARL-HANS: Gas, Strom und Wasser für Elberfeld-Barmen. Beginn und Entwicklung der Wuppertaler Versorgungsbetriebe (Beiträge zur Geschichte und Heimatkunde des Wuppertals 20), Wuppertal 1972.

SCHMOLLER, GUSTAV: Ein Mahnruf in der Wohnungsfrage, in: Jahrbuch für Gesetzgebung, Verwaltung und Volkswirtschaft im Deutschen Reich 11 (1887), S. 425-448.

SCHNATH, GEORG/HERMANN LÜBBING/GÜNTHER MÖHLMANN u.a.: Geschichte des Landes Niedersachsen (Geschichte der deutschen Länder - Territorien-Ploetz - Sonderausgaben), 2. Aufl., Würzburg 1973.

SCHNEIDER, FRITZ: Mittheilungen über deutsche Baugenossenschaften nebst Statistik und Notizen, Leipzig 1875.

SCHNELL, PETER: Naherholungsraum und Naherholungsverhalten untersucht am Beispiel der Solitärstadt Münster (Spieker 25), Münster 1977, S. 179-217.

SCHÖLLER, PETER: Aufgaben und Probleme der Stadtgeographie, in: Erdkunde 7 (1953), S. 161-184.

SCHÖLLER, PETER: Die deutschen Städte (Geographische Zeitschrift, Beihefte, Erdkundliches Wissen 17), Wiesbaden 1967.

SCHÖLLER, PETER (Hg.): Allgemeine Stadtgeographie (Wege der Forschung 181), Darmstadt 1969.

SCHÖLLER, PETER: Veränderungen im Zentralitätsgefüge deutscher Städte. Ein Vergleich der Entwicklungstendenzen in West und Ost, in: FELIX MONHEIM/EMIL MEYNEN (Hgg.): Tagungsbericht und wissenschaftliche Abhandlungen. Deutscher Geographentag Bad Godesberg 2. bis 5. Oktober 1967. (Verhandlungen des Deutschen Geographentages 36), Wiesbaden 1969, S. 243-250.

SCHÖLLER, PETER (Hg.): Zentralitätsforschung (Wege der Forschung 301), Darmstadt 1972.

SCHÖLLER, PETER: Die neuen Städte der DDR im Zusammenhang der Gesamtentwicklung des Städtewesens und der Zentralität, in: Stadt-Land-Beziehungen und Zentralität als Problem der historischen Raumforschung (Akademie für Raumforschung und Landesplanung. Forschungs- und Sitzungsberichte 88, Historische Raumforschung 11), Hannover 1974, S. 299-324.

SCHÖLLER, PETER: Paradigma Berlin. Lehren aus einer Anomalie - Fragen und Thesen zur Stadtgeographie, in: Geographische Rundschau 26 (1974), S. 425-434.

SCHÖLLER, PETER: Grundsätze der Städtebildung in Industriegebieten, in: HELMUT JÄGER (Hg.): Probleme des Städtewesens im industriellen Zeitalter (Städteforschung A 5), Köln/Wien 1978, S. 99-107.

SCHÖLLER, PETER: Einige Erfahrungen aus der Sicht weltweiter Urbanisierungsforschung, in: HANS JÜRGEN TEUTEBERG (Hg.): Urbanisierung im 19. und 20. Jahrhundert. Historische und geographische Aspekte (Städteforschung A 16), Köln/Wien 1983, S. 591-600.

SCHÖLLER, PETER: Comparative Urban Change in West and East Germany, in: World Patterns of Modern Urban Change. Essays in Honor of Chauncy D. Harris, Chicago 1985.

SCHÖLLER, PETER: Städtepolitik, Stadtumbau und Stadterhaltung in der DDR

(Erdkundliches Wissen 81), Stuttgart 1986.

SCHOLZ, DIETER: The Development of the GDR Big Cities and the Relationships between the Central City and Suburbia, in: The Take-off of Suburbia and the Crisis of the City. Proceedings of the International Symposium in Munich and Vienna 1984, edited by GÜNTER HEINRITZ and ELISABETH LICHTENBERGER (Erdkundliches Wissen 76), Stuttgart 1986, pp. 277-281.

SCHOLZ, DIETER/ECKHARD OELKE (Hgg.): Ballungsgebiete in der DDR (Wissenschaftliche Beiträge Q 7, Kongress- und Tagungsberichte der Martin-Luther-Universität Halle-Wittenberg 16), Halle a.d. Saale 1981.

SCHORR, ALBERT: Die Beziehungen zwischen Arbeitsort und Wohnort in Berlin, in: Raumforschung und Raumordnung 2 (1938), S. 352-357.

SCHOTT, SIGMUND: Die Citybildung in den deutschen Städten seit 1871, in: Statistisches Jahrbuch deutscher Städte. In Verbindung mit den Kollegen ... herausgegeben von MORITZ NEEFE, 14. Jg., Breslau 1907, S. 21-46.

SCHOTT, SIGMUND: Die großstädtischen Agglomerationen des Deutschen Reiches 1871-1910 (Schriften des Verbandes deutscher Städtestatistiker, Ergänzungshefte zum Statistischen Jahrbuch deutscher Städte 1), Breslau 1912.

SCHRÄDER, WILHELM F.: Regionale Persistenz von Einrichtungen der medizinischen Versorgung am Beispiel der ambulanten zahnärztlichen Versorgung in der BRD, in: WILHELM F. SCHRÄDER/VOLKER VOLKHOLZ (Hgg.): Regionale Analyse der medizinischen Versorgung (Strukturforschung im Gesundheitswesen 2), Berlin 1977, S. 169-188.

SCHRÖDER, WILHELM HEINZ (Hg.): Moderne Stadtgeschichte (Historisch-Sozialwissenschaftliche Forschungen 8), Stuttgart 1979.

SCHUBERT, DIRK: Theodor Fritsch und die völkische Version der Gartenstadt, in: Stadtbauwelt H. 73 (1982), S. 463-468.

SCHÜCKING, L.: Die Reform der Städteordnungen, in: Städte-Zeitung 5 (1907/1908), 19.11.1908.

SCHUMACHER, FRITZ: Groß-Hamburg als wohnungspolitische Frage, in: Gross-Hamburg. Denkschrift des Hamburger Senats, Hamburg 1922, S. 33-44.

SCHUMACHER, FRITZ: Grünpolitik der Großstadtumgebung, in: Conférence Internationale de l'Aménagement des Villes. Internationale Städtebautagung Amsterdam 1924, Premiere partie: Rapports, Bd. 1: Vorträge, o.O. 1924, S. 89-102.

SCHUMACHER, FRITZ: Köln. Entwicklungsfragen einer Großstadt, München/Köln 1923.

Schwamendinger-Buch, herausgegeben vom Quartierverein Schwamendingen. Texte und Red.: Nikolaus Wyss, Bild und Gestaltung: Marcel Graf, Zürich 1981.

SCHWANITZ, HEDWIG: Gesundheit, Krankheit und Alter in Münster im 19. Jahrhundert. Fakten und Meinungen, med. Diss. (Institut für Theorie und Geschichte der Medizin der Universität Münster), Münster 1979.

SCHWARZ, PAUL: Die Entwicklung der städtischen Grundrente in Wien, in: Neue Untersuchungen über die Wohnungsfrage in Deutschland und im Ausland, Bd. 1: Deutschland und Österreich. 1. Abteilung. (Schriften des Vereins für

Socialpolitik 94), Leipzig 1901, S. 93-148.

SCHWIPPE, HEINRICH JOHANNES/CHRISTIAN ZEIDLER: Die Dimensionen der sozialräumlichen Differenzierung in Berlin und Hamburg im Industrialisierungsprozeß des 19. Jahrhunderts, in: HORST MATZERATH (Hg.): Städtewachstum und innerstädtische Strukturveränderungen. Probleme des Urbanisierungsprozesses im 19. und 20. Jahrhundert (Geschichte und Theorie der Politik A 8), Stuttgart 1984, S. 197-260.

SCOLA, ROGER: Food Markets and Shops in Manchester 1770-1870, in: Journal of Historical Geography 1 (1975), pp. 153-168.

SEDLACZEK, STEPHAN: Die Wohn-Verhältnisse in Wien. Ergebnisse der Volkszählung vom 31. December 1890, Wien 1893.

Unser Seebach. Beiträge zur Vergangenheit und Gegenwart eines Stadtquartiers, herausgegeben vom Quartierverein Seebach aus Anlaß der 50jährigen Zugehörigkeit zur Stadt Zürich. Red.: HEINZ BILLETER u.a., Zürich-Seebach 1983.

SEIBT, GUSTAV: Kleinhaus und Mietkaserne, in: Jahrbuch für Gesetzgebung, Verwaltung und Volkswirtschaft im Deutschen Reich 29 (1905), S. 1107-1125.

SEUTEMANN, KARL: Die deutsche Wohnungsstatistik, ihr gegenwärtiger Stand und ihre Bedeutung für die Wohnungsreform (Die Wohnungsfrage und das Reich 6), Göttingen 1902.

SHAW, GARETH: British Directories as Sources in Historical Geography (Historical Geography Research Series 8), Norwich 1982.

SHAW, GARETH: The Geography of Changes in Retail Trading Patterns, Ph.D. thesis, University of Hull 1975.

SHAW, GARETH: The Role of Retailing in the Urban Economy, in: JAMES JOHNSON/COLIN POOLEY (eds.): The Structure of Nineteenth Century Cities, London 1982, pp. 171-194.

SHAW, R. PAUL: Migration Theory and Fact: A Review and Bibliography of Current Literature (Regional Science Research Institute, Bibliography Series 5), Philadelphia 1975.

SHORT, J.R.: Ihe Intra-Urban Migration Process: Comments and Empirical Findings, in: Tijdschrift voor Economische en Sociale Geografie 68 (1977), pp. 362-370.

SICK, WOLF-DIETER: Die innerstädtische Mobilität in Freiburg/Breisgau, in: CHRISTOPH BORCHERDT/REINHOLD GROTZ (Hgg.): Festschrift für Wolfgang Meckelein (Stuttgarter Geographische Studien 33), Stuttgart 1979, S. 257-266.

SIEDENTOPF, PAUL: Das Stadtbild Hannovers in dem Zeitraum von 1800 bis 1930, in: Jahrbuch der Geographischen Gesellschaft zu Hannover für 1932 und 1933 (Deutsche Städte und Landschaften), Hannover 1933, S. 15-33.

SIEKMANN, MECHTHILD: Der Prinzipalmarkt in Münster. Sozioökonomische Wandlungen einer Marktstraße, Staatsarbeit für das Lehramt an Gymnasien, Münster 1974.

SIEKMANN, MECHTHILD: Die Struktur der Stadt Münster am Ausgang des 18. Jahrhunderts. Ein Beitrag zur geographisch-topologischen Stadtforschung, phil. Diss., Münster 1982.

SIEPMANN, JÜRGEN DIETRICH: Die Standortfrage bei Kreditinstituten. Eine Analyse der Standortfaktoren, Standortstruktur und Standortpolitik des westdeutschen Bankensystems (Untersuchungen über das Spar-, Giro- und Kreditwesen A 40), Berlin 1968.

SINZHEIMER, LUDWIG: Die Arbeiterwohnungsfrage (Volksbücher der Rechts- und Staatskunde 2/3), Stuttgart 1902.

SMELSER, NEIL J.: Social Change in the Industrial Revolution. An Application of Theory to the British Cotton Industry, 1770-1840 (International Library of Sociology and Social Reconstruction), London 1959.

SMITH, WILFRED: An Economic Geography of Great Britain, London 1949.

SÖLLNER, JOHANNES T.: Neue Verbrauchermärkte und ihre Folgen, eine empirische Untersuchung des Strukturwandels im Einzelhandel in fünf bayerischen Mittelstädten (Nürnberger Wirtschafts- und sozialgeographische Arbeiten 36), Nürnberg 1984.

SORIA Y MATA, ARTURO: Madrid Remendado y Madrid Nuevo, in: El Progresso, 6. März 1882, S. 7.

SPECKTER, HANS: Neuordnungsfragen im Raume Unterelbe - Hamburg vor dem Groß-Hamburg-Gesetz von 1937, in: Raumforschung und Raumordnung 12 (1954), S. 130-135.

SPECKTER, HANS: Die großen Sanierungsmaßnahmen Hamburgs seit der zweiten Hälfte des 19. Jahrhunderts, in: Raumforschung und Raumordnung 25 (1967), S. 257-268.

SPENGELIN, FRIEDRICH: Ordnung der Stadtstruktur, in: Akademie für Raumforschung und Landesplanung (Hg.): Grundriß der Stadtplanung, Hannover 1983, S. 355-385.

SPÖRHASE, ROLF: Wohnungsunternehmungen im Wandel der Zeit, Hamburg 1947.

Die deutsche Stadt im Industriezeitalter. Beiträge zur modernen deutschen Stadtgeschichte, herausgegeben von JÜRGEN REULECKE, Wuppertal 1978.

Stadt und Umwelt. Umweltstrategien im Städtebau. Papiere des gleichnamigen Forschungskolloquiums am 25./26. Oktober 1984 in Bonn, herausgegeben von WENDELIN STRUBELT (Bundesforschungsanstalt für Landeskunde und Raumordnung. Seminare - Symposien - Arbeitspapiere 19), Bonn 1985.

Ökologisch orientierte Stadterneuerung. Ansatzpunkte und Handlungsmöglichkeiten, in: Informationen zur Raumentwicklung H. 1/2 (1986).

Stadtidee und Stadtgestalt: Beispiel Berlin. 7 Aufsätze. Von HELMUT ENGEL, JÜRGEN DAHLHAUS, WERNER DÜTTMANN u.a., herausgegeben im Auftrage des Senators für Bau- und Wohnungswesen. Red.: MARTINA SCHNEIDER (Werkstadt 1), Berlin 1976.

Niedersächsischer Städteatlas, herausgegeben von der Historischen Kommission für Niedersachsen, von PAUL JONAS MEIER, Abt. 2. Einzelne Städte, herausgegeben von PAUL JONAS MEIER, Lfg. 2. Hannover, bearbeitet von FRIEDRICH LEONHARDT, Braunschweig/Hamburg 1933.

Städte-Zeitung. Zeitschrift für Kommunaltechnik und Verwaltungswesen, herausgegeben von HANS DOMINIK, Jg. 1 (1903/1904), Jg. 5 (1907/1908) und Jg. 9

(1911/1912).
STEIGER, O.: Rebdorf im Banne der Großstadt. Streiflichter aus Höngg, in: ALFRED CATTANI (Hg.): Zürich und seine Quartiere. Gesichter einer Stadt, Zürich 1983, S. 136.
STEINBERG, ELISABETH: Wohnstandortwahlverhalten von Haushalten bei intraregionaler Mobilität, in: Informationen zur Raumentwicklung (1974), S. 407-416.
STEITZ, WALTER: Kommunale Wohnungspolitik im Kaiserreich am Beispiel der Stadt Frankfurt am Main, in: HANS JÜRGEN TEUTEBERG (Hg.): Urbanisierung im 19. und 20. Jahrhundert. Historische und geographische Aspekte (Städteforschung A 16), Köln/Wien 1983, S. 393-428.
STOOB, HEINZ: Zur Städtebildung in Mitteleuropa im industriellen Zeitalter, in: HELMUT JÄGER (Hg.): Probleme des Städtewesens im industriellen Zeitalter (Städteforschung A 5), Köln/Wien 1978, S. 316-341.
STÜBBEN, JOSEPH: Der Städtebau (Handbuch der Architektur, Teil 4, Halbband 9), Darmstadt 1890 (Nachdruck Braunschweig/Wiesbaden 1980).
SÜDEKUM, ALBERT: Großstädtisches Wohnungselend (Großstadt-Dokumente 45), 2. Aufl., Berlin 1908.
The Take-off of Suburbia and the Crisis of the Central City. Proceedings of the International Symposium in Munich and Vienna 1984, edited by GÜNTER HEINRITZ and ELISABETH LICHTENBERGER (Erdkundliches Wissen 76), Stuttgart 1986.
TANK, HANNES unter Mitarbeit von UWE KLEMM: Standorttendenzen in Branchen des Dienstleistungssektors und ihre Bedeutung für die Stadtentwicklungsplanung (Forschungsberichte des Landes Nordrhein-Westfalen, Fachgruppe Wirtschafts- und Sozialwissenschaften 2908), Opladen 1980.
TAYLOR, NICHOLAS J.W.: Monuments of Commerce, London 1968.
TESKE, D.: Die Wohnstandorte des Lehrkörpers der Göttinger Universität vom Beginn des 19. Jahrhunderts bis zur Gegenwart, Staatsarbeit für das Lehramt an Gymnasien, Göttingen 1972.
TEUT, ANNA: Architektur im Dritten Reich 1933-1945 (Bauwelt Fundamente 19), Berlin/Frankfurt a.M. 1967.
TEUTEBERG, HANS JÜRGEN: Historische Aspekte der Urbanisierung: Forschungsstand und Probleme, in: HANS JÜRGEN TEUTEBERG (Hg.): Urbanisierung im 19. und 20. Jahrhundert. Historische und geographische Aspekte (Städteforschung A 16), Köln/Wien 1983, S. 2-34.
TEUTEBERG, HANS JÜRGEN (Hg.): Urbanisierung im 19. und 20. Jahrhundert. Historische und geographische Aspekte (Städteforschung A 16), Köln/Wien 1983.
TEUTEBERG, HANS JÜRGEN (Hg.): Homo habitans. Zur Sozialgeschichte des ländlichen und städtischen Wohnens in der Neuzeit (Studien zur Geschichte des Alltags 4), Münster 1985.
TEUTEBERG, HANS JÜRGEN: Die Debatte der deutschen Nationalökonomie im Verein für Socialpolitik über die Ursachen der „Wohnungsfrage" und die Steuerungsmittel einer Wohnungsreform im späten 19. Jahrhundert, in: HANS

JÜRGEN TEUTEBERG (Hg.): Städtewachstum, Industrialisierung, Sozialer Wandel. Beiträge zur Geschichte der Urbanisierung im 19. und 20. Jahrhundert, Berlin 1986 (im Erscheinen).

THERNSTROM, STEPHAN/PETER R. KNIGHTS: Men in Motion. Some Data and Speculations about Urban Population Mobility in 19th Century America, in: TAMARA K. HAREVEN (ed.): Anonymous Americans. Explorations in Nineteenth-Century Social History, Englewood Cliffs 1971, pp. 17-47.

THIELE, WILHELM: Standortwahlverhalten von Kassenärzten in einem Ballungsgebiet (Strukturforschung im Gesundheitswesen 4), Berlin 1982.

THIENEL, INGRID: Städtewachstum im Industrialisierungsprozeß des 19. Jahrhunderts. Das Berliner Beispiel (Veröffentlichungen der Historischen Kommission zu Berlin 39, Publikationen zur Geschichte der Industrialisierung 3), Berlin/New York 1973.

THIENEL, INGRID: Verstädterung, städtische Infrastruktur und Stadtplanung. Berlin zwischen 1850 und 1914, in: Zeitschrift für Stadtgeschichte, Stadtsoziologie und Denkmalpflege 4 (1977), S. 55-84.

THIES, JOCHEN: Hitler's European Building Programme, in: Journal of Contemporary History 13 (1978), pp. 413-431.

THIES, JOCHEN: Nationalsozialistische Städteplanung: „Die Führerstädte", in: Die alte Stadt. Zeitschrift für Denkmalpflege, Stadtgeschichte und Stadtsoziologie 5 (1978), S. 23-38.

THOMPSON, WILBUR R.: A Preface to Urban Economics, Baltimore 1968.

TILLY, CHARLES: Migration in Modern European History, in: WILLIAM H. MCNEIL/RUTH S. ADAMS (eds.): Human Migration. Patterns and Policies, Bloomington 1978, pp. 48-71.

TILLY, CHARLES/C. HAROLD BROWN: On Uprooting, Kinship and the Auspices of Migration (Wilmington Del.), in: CHARLES TILLY (ed.): An Urban World, Boston 1974, pp. 108-133.

TIMM, CHRISTOPH: Gustav Oelsner und das neue Altona. Kommunale Architektur und Stadtplanung in der Weimarer Republik, Hamburg 1984.

TIPTON, FRANK B.: Regional Variations in the Economic Development of Germany during the Nineteenth Century, Middletown (Conn.) 1976.

TÖRNQVIST, GUNNAR: Contact Systems and Regional Development (Lund Studies in Geography B 35), Lund 1970.

TRENDE, ADOLF: Geschichte der deutschen Sparkassen bis zum Anfang des 20. Jahrhunderts, Stuttgart 1957.

TREUE, WILHELM: Gesellschaft, Wirtschaft und Technik Deutschlands im 19. Jahrhundert, in: Gebhardt. Handbuch der Deutschen Geschichte, 9. neu bearbeitete Auflage, herausgegeben von HERBERT GRUNDMANN, Bd. 3, Stuttgart 1970, S. 377-541.

TREVOR WILD, MARTIN: An Historical Geography of the West Yorkshire Textiles Industries, unpublished Ph.D. thesis, University of Birmingham 1972.

TREVOR WILD, MARTIN: Die britische Textilindustrie. Niedergang und Auswirkungen auf die Raumentwicklung, in: Geographische Rundschau 37 (1985), S. 123-128.

TREVOR WILD, MARTIN/GARETH SHAW: Locational Behaviour of Urban Retailing during the Nineteenth Century: The Example of Kingston-upon-Hull, in: Institute of British Geographers, Transactions 61 (1974), pp. 101-118.

TREVOR WILD, MARTIN/GARETH SHAW: Population Distribution and Retail Provision: The Case of the Halifax-Calder Valley Area of West Yorkshire during the second Half of the Nineteenth Century, in: Journal of Historical Geography 1 (1975), pp. 193-210.

Neue Untersuchungen über die Wohnungsfrage in Deutschland und im Ausland (Schriften des Vereins für Sozialpolitik 94-97), Leipzig 1901.

UTHOFF, DIETER: Der Pendelverkehr im Raum um Hildesheim. Eine genetische Untersuchung zu seiner Raumwirksamkeit (Göttinger Geographische Abhandlungen 39), Göttingen 1967.

Verhandlungen der Generalversammlung der Berliner Gemeinnützigen Baugesellschaft vom 17. Oktober 1850, in: Mitt(h)eilungen des Centralvereins für das Wohl der Arbeitenden Klassen, Bd. 2 (1850/1851), H. 9, S. 3-38, unveränderter Nachdruck der Ausgabe Berlin 1848-1858 in fünf Bänden, herausgegeben von WOLFGANG KÖLLMANN und JÜRGEN REULECKE, Bd. 2, Hagen 1980, S. 947-982.

Verhandlungen der Generalversammlung in München, 23., 24. und 25. September 1901. Auf Grund der stenographischen Niederschrift herausgegeben vom Ständigen Ausschuß. Erster Verhandlungstag: Die Wohnungsfrage, in: Verhandlungen des Vereins für Sozialpolitik über die Wohnungsfrage und die Handelspolitik (Schriften des Vereins für Sozialpolitik 98), Leipzig 1902, S. 1-118.

VIELER, INGRID: Die deutsche Arztpraxis im 19. Jahrhundert, med. Diss. (Medizinisches Institut der Universität Mainz), Mainz 1958.

VOIGT, ANDREAS/PAUL GELDNER: Kleinhaus und Mietkaserne. Untersuchung der Intensität der Bebauung vom wirtschaftlichen und hygienischen Standpunkte, Berlin 1905.

VOSSBERG, WALTER: Die deutsche Baugenossenschaftsbewegung, Berlin 1906.

WAGNER, E. VON (Hg.): Adreßbuch der deutschen Adreßbücher, Berlin 1939.

WAGNER, HORST-GÜNTER (Hg.): Städtische Straßen als Wirtschaftsräume. Dokumentation zum Funktionswandel Würzburger Geschäftsstraßen (Würzburger Universitätsschriften zur Regionalforschung 2), Würzburg 1980.

WALZ, MANFRED: Gegenbilder zur Großstadt. Von den nationalsozialistischen Versuchen zur Auflösung der Stadt bis zu den Wiederaufbauphasen nach 1945, in: Stadtbauwelt H. 65 (1980), S. 59-68.

WATKINS, ALFRED J.: The Practice of Urban Economics (Sage Library of Social Research 107), London 1980.

WEBER, ADNA FERRIN: The Growth of Cities in the Nineteenth Century. A Study in Statistics (Studies in History, Economics and Public Law XI), New York 1899 (Nachdruck New York 1963).

WEBER, ADOLF: Über Bodenrente und Bodenspekulation in der modernen Stadt, Leipzig 1904.

WEBER, PETER: Geographische Mobilitätsforschung (Erträge der Forschung

179), Darmstadt 1982.

WEIDENHAUPT, HUGO: Kleine Geschichte der Stadt Düsseldorf, herausgegeben vom Kulturamt der Landeshauptstadt Düsseldorf, 7. Aufl., Düsseldorf 1979.

WEISBROD, BERND: Wohltätigkeit und „symbolische Gewalt" in der Frühindustrialisierung. Städtische Armut und Armenpolitik im Wuppertal, in: HANS MOMMSEN/WINFRIED SCHULZE (Hgg.): Vom Elend der Handarbeit. Probleme historischer Unterschichtenforschung (Geschichte und Gesellschaft. Bochumer Historische Studien 24), Stuttgart 1981, S. 334-357.

WEISE, OTTO: Sozialgeographische Gliederung und innerstädtische Verflechtungen in Wuppertal (Bergische Forschungen 11), Text- u. Kartenband, Neustadt a.d. Aisch 1973.

WEISS, RICHARD: Die Brüning-Napf-Reuss-Linie als Kulturgrenze zwischen Ost- und Westschweiz auf volkskundlichen Karten, in: Geographica Helvetica. Schweizerische Zeitschrift für Länder- und Völkerkunde 2 (1947), S. 153-175.

WERNER, FRANK: Stadt, Städtebau und Architektur in der DDR. Aspekte der Stadtgeographie, Stadtplanung und Forschungspolitik, Erlangen 1981.

WIDMER, SIGMUND: Zürich - eine Kulturgeschichte, 13 Bde., Zürich 1975-1985.

WIEDEMANN, WILLI H.: Die Barmer Unternehmer. Ein Beitrag zur Soziologie des Unternehmertums, wirtschafts- u. sozialwiss. Diss., Köln 1952.

WIEGAND, HEINZ: Entwicklung des Stadtgrüns in Deutschland zwischen 1890 und 1925 am Beispiel der Arbeiten Fritz Enckes (Geschichte des Stadtgrüns 2), Berlin/Hannover o.J. (1977).

WILHELM, MANFRED: Die Wuppertaler Textilindustrie als Anstoßindustrie im Wuppertaler Industriebezirk, wirtschafts- u. sozialwiss. Diss., Köln 1929.

WINKLER, BARBARA: Die Bevölkerungsentwicklung der Stadt Hamburg in den letzten 100 Jahren unter besonderer Berücksichtigung der Stadtteile, in: Statistisches Landesamt der Freien und Hansestadt Hamburg: Hamburg in Zahlen. 100 Jahre Statistisches Amt Hamburg 1866-1966, Hamburg 1966, S. 59-93.

WIRMINGHAUS, A.: Stadt und Land unter dem Einfluß der Binnenwanderung. Ein Überblick über den gegenwärtigen Stand der Forschung, in: Jahrbücher für Nationalökonomie und Statistik 64 (1895), S. 1-34.

Wirtschaftsplan Hamburg 1940, bearbeitet von der Industrie- und Handelskammer Hamburg, 2 Bde., Hamburg 1940.

WISCHERMANN, CLEMENS: Wohnen in Hamburg vor dem Ersten Weltkrieg (Studien zur Geschichte des Alltags 2), Münster 1983.

WISCHERMANN, CLEMENS: Wohnen und soziale Lage in der Urbanisierung: Die Wohnverhältnisse hamburgischer Unter- und Mittelschichten um die Jahrhundertwende, in: HANS JÜRGEN TEUTEBERG (Hg.): Urbanisierung im 19. und 20. Jahrhundert. Historische und geographische Aspekte (Städteforschung A 16), Köln/Wien 1983, S. 309-337.

WISCHERMANN, CLEMENS: An der Schwelle der Industrialisierung (1800-1850), in: WILHELM KOHL (Hg.): Westfälische Geschichte. Bd. 3: Das 19. und das 20. Jahrhundert. Wirtschaft und Gesellschaft (Veröffentlichungen der Historischen Kommission für Westfalen XLIII), Düsseldorf 1984, S. 41-162.

WISCHERMANN, CLEMENS: Urbanisierung und innerstädtischer Strukturwandel am Beispiel Hamburgs: Verfahren moderner Stadtanalyse im historischen Vergleich, in: HORST MATZERATH (Hg.): Städtewachstum und innerstädtische Strukturveränderungen. Probleme des Urbanisierungsprozesses im 19. und 20. Jahrhundert (Geschichte und Theorie der Politik A 8), Stuttgart 1984, S. 165-196.

WITTIG, PAUL: Das Verkehrswesen der Stadt Berlin und seine Vorgeschichte, Berlin 1931.

Die Wohnungsfrage mit besonderer Rücksicht auf die arbeitenden Klassen. In Verbindung mit der ständigen Deputation des Kongresses deutscher Volkswirthe herausgegeben vom Centralverein für das Wohl der arbeitenden Klassen, Berlin 1865 (vollständig wiederabgedruckt in: Der Arbeiterfreund 3 (1865), S. 143-314).

Die Wohnungsfrage und das Reich, Heft 1 - 9, herausgegeben vom Verein Reichswohnungsgesetz, Göttingen 1900-1911.

Die Wohnungsfürsorge im Reiche und in den Bundesstaaten. Denkschrift, bearbeitet im Reichsamte des Innern, 2 Bde., Berlin 1904.

Wohnungsfürsorge in deutschen Städten, bearbeitet vom Kaiserlichen Statistischen Amt (Beiträge zur Arbeiterstatistik 11), Berlin 1910.

Die Wohnungsnoth der ärmeren Klassen in deutschen Großstädten und Vorschläge zu deren Abhülfe. Gutachten und Berichte (Schriften des Vereins für Socialpolitik 30-31), Leipzig 1886.

WOLFF, JACOB: Der praktische Arzt und sein Beruf. Vademecum für angehende Praktiker, Stuttgart 1896.

WOLFF, KARL: Wannsee, Klein-Glienickes Schlösser und Park, Pfaueninsel, Nikolskoe. Vergangenheit und Gegenwart, 4. erweiterte und neu bearbeitete Aufl., Berlin 1974.

WOLFRAM, URSEL: Citynahes Wohnen in Harvestehude und Rotherbaum. Bestandsaufnahme und Aspekte der Zukunft, Hamburg 1974.

WOLFRAM, URSEL: Räumlich-strukturelle Analyse des Mietpreisgefüges in Hamburg als quantitativer Indikator für den Wohnlagewert (Mitteilungen der Geographischen Gesellschaft in Hamburg 66), Hamburg 1976.

WORTMANN, WILHELM: Der Gedanke der Stadtlandschaft, in: Raumforschung und Raumordnung 5 (1941), S. 15-17.

ZIEBILL, OTTO: Geschichte des Deutschen Städtetags. Fünfzig Jahre deutsche Kommunalpolitik, Stuttgart 1955.

Zürich-Affoltern. Seine Geschichte, im Auftrage des Quartiervereins Zürich-Affoltern bearbeitet von EMIL SPILLMANN, 2. durchgesehene und bis 1978 ergänzte Aufl., Zürich-Affoltern 1979.

INDEX DER ORTS- UND PERSONENNAMEN

Vorbemerkung

Personen sind nur dann aufgeführt, wenn sie auf der betreffenden Seite nicht als Autoren nachgewiesen sind. Fehlt bei einer Person der Vorname, so stehen hinter dem Namen drei Punkte. Bei Ortsnamen sind diejenigen Ortsteile gesondert ausgewiesen, die an den entsprechenden Stellen gegenüber anderen einer differenzierten Betrachtung unterzogen werden. * kennzeichnet das Vorkommen eines Lemmas im Anmerkungsteil der betreffenden Seite.

Aachen 150, 333*
Ahrensburg 424
Altona 203, 207, 333*, 392f., 395, 400, 402f., 419
Amsterdam 121*, 126*
Angermünde 453, 455
Antwerpen 121*
Arkwright, ... 380
Arminius s. Dohna v. Poninski
Aschrott, P.F. 49
Augsburg 152, 333*, 387

Babylon 88
Bäumer, Willem 407
Barmbek 434
—Uhlenhorst 431, 434
Barmen 333*, 353, 358f., 362-366
Basel 87f., 102
—Kleinhüningen 88, 102f.
Batley 376
Bautzen 452f., 457
Bayer, Friedrich 361
Bayreuth 387
Bentheim, Gf. v. 164
Berkenkamp, ... 121*
Berlage, Hans 389, 409, 430
Berlin 5*, 11f., 32-37, 40, 47f., 59f., 63, 68, 71, 74ff., 80f., 105-112, 116f., 121*, 123*, 124*, 125f., 127*, 128, 150, 199-203, 205ff., 209-212, 214, 216ff., 220f., 225, 264, 272, 304, 309, 319, 322, 329, 333*, 365, 387, 390, 391*, 404, 439*, 457, 460, 462, 475, 482
—Alsen 108, 111
—Berlin 201, 205
—Boxhagen-Rummelsburg 218
—Britz 128
—Charlottenburg 110f., 121*, 150, 207, 212
—Dahlem 109ff., 212, 216
—Dorotheenstadt 201, 205, 211
—Friedenau 80*, 109f., 117, 212, 216*
—Friedrichstadt 201, 205, 211
—Friedrichswerder 201
—Frohnau 109, 111
—Gesundbrunnen 205, 210
—Grunewald 110f., 122*, 212, 218
—Halensee 111
—Heerstraße 110
—Kölln 201
—Königsviertel 205, 210
—Kreuzberg 108
—Krumme Lanke 111
—Lichtenberg 212, 218
—Lichterfelde 109ff., 127*, 212, 216*
—L(o)uisenstadt 33, 202, 210, 218
—Marzahn 447
—Neukölln 207, 212
—Niederschönhausen 216
—Nikolassee 110f.
—Ost 440, 445f.
—Pankow 80*, 212, 216
—Reinickendorf 207, 212
—Rixdorf 80*, 207, 212, 218
—Rosenthaler Vorstadt 205, 210
—Schmargendorf 216
—Schöneberg 111, 212
—Steglitz 80*, 212, 216
—Stralau-Rummelsburg 212
—Stralauer Viertel 205, 210, 218
—Tempelhof 80*, 126*
—Tiergarten 111, 211, 218f.
—Treptow 80*, 123*
—Wannsee 108f., 111
—Wedding 108, 205, 210, 218
—West 457

—Westend 110f.
—Wilmersdorf 108, 111, 212, 216
Bernau 455
Beverley 229˙, 232
Bingley 374
Birmingham 241
Bismarck, Otto v. 43, 46
Bochum 48, 387
Bonatz, Paul 393
Bonn 189˙
Boothtown 380
Borstel 391˙
Bradford 373, 376ff., 380
Brandenburg/Havel 452, 457
Brandenburg-Nord 450
Braunschweig 138, 333˙
Bremen 121˙, 318, 333˙, 340, 387, 390˙, 391˙, 403˙, 425
Brentano, Lujo 50f.
Breslau 48, 121˙, 142, 150, 200, 333˙, 340, 387, 404
Breuer, Gregor 363
Brüning, Heinrich 128˙
Brunner, Otto 74
Budapest 478
Bülow, ... 106
Buxtehude 424

Calderdale 16˙
Carstenn, ... v. 109, 111
Cartwright, Edmund 370
Chemnitz (Karl-Marx-Stadt) 48, 333˙, 457, 462
Chicago 199
Christaller, W. 7, 480
Conrad, Wilhelm 108f., 111
Cottbus 457
Crompton, ... 380
Crossley (Familie) 378
Crowther (Familie) 378
Cuxhaven 390˙, 391˙, 402˙, 419

Daiber, Adolf 392
Danzig 40, 333˙, 340, 387
Dewsbury 373f., 376f.
Doberan (Bad) 452, 462
Dohna v. Poninski, Adelheid Gfin. (Arminius) 195f.
Dortmund 14, 150, 188, 264, 265˙, 266, 268, 272f., 277, 282, 284, 286f. 289f., 298, 301, 305, 308˙, 333˙, 475
—Altstadt 277, 284, 290
Dresden 121˙, 200, 309, 333˙, 387, 440, 445, 455, 462, 467
—Neustadt 455, 463
Düsseldorf 15, 188, 264, 287, 303, 307, 310, 312, 314f., 317f., 322f., 326f., 333˙, 387, 475
—Altstadt 310, 317ff., 322
—Benrath 319, 364
—Eller 319, 322
—Ernst-August-Stadt 318
—Friedrichstadt 310, 317, 322
—Gerresheim 319, 322
—Heerdt 319, 322
—Kaiserswerth 319, 322
—Karlstadt 310
—Oststadt 322
—Rath 319, 322
—Stockum 319
Duisberg, Carl 361
Duisburg 41, 133, 138f.
Duncker, ... 42
Dyrssen, Friedrich 430f.

Eberstadt, Rudolph 50, 52f., 203
Echt, Johann 120
Eiffe, P.E. 390˙
Einbeck 142, 147, 153, 476
Eisenach 46, 447
Eisenhüttenstadt (Stalinstadt) 440, 445f.
Elberfeld 48, 317, 333˙, 353, 358f., 362-365
Elmshorn 424
Encke, Fritz 125
Engel, Ernst 36˙, 46ff.
Engels, Friedrich 31˙, 363
Eppendorf 434
—Winterhude 431
Erfurt 333˙, 447, 455, 462, 467
Ernst August, Kg. v. Hannover 312˙
Essen 48, 333˙

Faucher, Julius 32-35, 36˙, 37f., 47f.
Feder, Gottfried 425
Finow 452
Frankfurt a.M. 40, 48, 53, 60, 121˙, 146, 200, 333˙, 342, 387, 475
—Bergen-Enkheim 96˙
Frankfurt a.O. 333˙, 340, 460, 466f.
Freiburg/Br. 28, 49
Fuchs, Carl Johannes 49f., 52f.
Fürstenwalde 452

Galen, Christoph Bernhard v. 165
Geesthacht 419, 424
Genua 392
Gera 455, 457, 462
Gieseler, Hermann 393
Gneisenau, ... 106
Göring, Hermann 419
Görlitz 40, 333˙, 452
Göttingen 142, 145, 147, 152, 476
—Ostviertel 145

Index der Orts- und Personennamen

Gotha 37, 447, 455
Graubner, Gerhard 400f.
Graz 387
Greifswald 453, 455
Greiß, ... 121˙
Groß-Hansdorf 419
Grossmann, Hans 393
Güstrow 455
Gutschow, Konstanty 389, 393, 400ff., 409, 413, 416f., 423-426, 431, 435

Hägerstrand, T. 480
Härter, Wilhelm 390
Hagen 40
Halberstadt 455
Halifax 16˙, 229˙, 232, 373, 376ff., 380f.
Halle 40, 333˙, 452, 455, 457, 462
—Neustadt 440, 445, 462
Hamburg 11, 16, 39, 41, 59f., 62, 65˙, 68, 71, 74f., 77, 81, 116, 121˙, 122˙, 125˙, 137, 199-203, 207, 209ff., 221f., 225, 309, 333˙, 340, 344, 386-393, 395, 400f., 402˙, 403˙, 404, 407, 409, 412f., 416, 418˙, 419-424, 430f., 435, 437, 475f., 483
—Altstadt 202, 204
—Barmbeck 222, 403
—Billbrook 402
—Billwärder Ausschlag 222
—Dulsberg 126˙
—Eilbeck 210, 222
—Eimsbüttel 222, 409
—Finkenwerder 391˙
—Flottbek 391˙
—Harvestehude 60, 209, 222, 409
—Hohenfelde 209, 222
—Horn 72
—Jarrestadt 128, 431, 434
—Neustadt 202, 393
—Rotherbaum 209, 222, 409
—St. Georg 210, 222
—St. Pauli 210, 392f., 401f.
—Uhlenhorst 209
—Walterhof 402
—Winterhude 222, 403
Hamm 192, 289˙
Hannover 15, 38, 121˙, 124˙, 160˙, 264, 308, 310˙, 312, 314f., 317ff., 323f., 326f., 333˙, 387, 390˙, 391˙
—Altstadt 312, 314, 324
—Bahnhofsviertel 312
—Calenberger Neustadt 312
—Ernst-August-Stadt 312
—Herrenhausen 119˙
—Linden 326
—Neustadt 312
Hansen, ... 146

Hansen, Christian Friedrich 403
Harburg 419
Hebbledale 380
Hebebrand, Werner 423
Heidelberg 387
Heilbronn 40
Hentrich, Helmut 400
Herten 44
Heß, Moses 363
Heuer, Friedrich 425f., 435
Heuser, Hans 400
Hillebrecht, Rudolf 389, 412
Hinsch, Walter 426
Hintze, Otto 111
Hirsch, ... 42
Hitler, Adolf 386ff., 390f., 393, 395, 403, 407, 409, 413, 416, 417˙, 419, 422f., 435
Hobrecht, James 80, 105f.
Hörde 284
Hoffmann, Carl Wilhelm 40
Hofmeister, B. 482
Hoppe, Jeanette 409
Horrocks, ... 371
Howard, Ebenezer 109, 125
Hoyerswerda 440, 447
—Neustadt 445
Huber, Victor Aimé 25-28, 30ff., 35, 37-41, 47f., 55,
Huddersfield 229˙, 236, 373, 376ff., 380
Hull 229˙, 232, 234ff., 239, 482
Hundt, Th. 187, 189, 194

Innsbruck 387, 416˙

Jena 457
—Lobeda 450
Jerichow 440
Jones, Theodor 41

Kallmorgen, Werner 407, 431˙
Karl-Marx-Stadt s. Chemnitz
Karlsruhe 333˙, 342
Kassel 333˙
Kaufmann, Karl 389, 420˙
Kay, John 373
Keighley 374
Kiel 333˙
Klagenfurt 387
Klingemann, Walter 412
Knies, Karl 28-32, 35f., 47, 55
Köln 12, 119-129, 150, 200, 315, 317, 333˙, 387, 476
—Altstadt 124
—Bickendorf I 128˙
—Ehrenfeld 123
—Klettenberg 123

—Marienburg 123, 127˙, 129
—Neu-Ehrenfeld 123
—Neustadt 120, 122ff., 127
—Nippes 128
—Ossendorf 129
—Vogelsang 128˙
Köngeter, Rudolf 407
Königsberg 40, 133˙, 139, 150, 333˙, 387
Königswusterhausen 214
Kolping, Adolf 363
Kosel, G. 445˙
Kowallek, ... 121˙
Krefeld 48, 333˙
Krogmann, Carl Vincent 390, 393˙

Lancaster 229˙
Lange, Friedrich Albert 41
Langmaack, Gerhard 431
Leeds 229˙, 230, 232, 373, 376
Lehnitz 214
Leipzig 48, 53, 127˙, 200, 333˙, 440, 453, 455, 457, 462, 467,
—Grünau 447
Lenné, Peter Joseph 106, 109
Lette, Adolf Wilhelm 38
Leverkusen 354
Ley, Robert 417˙, 435˙
Linz 387f., 416˙
Lister (Familie) 378
Litzmannstadt 387
Liverpool 241
Lösch, A. 482
London 27˙, 32ff., 36, 59, 110, 203, 218, 230, 240f.
—Holborn 242
—West End 242f.
Lübben 455
Lübeck 333˙, 390˙, 391˙
Lüdenscheid 40
Lüneburg 387
Lychen 440

Magdeburg 147, 333˙, 440, 445, 457, 462
Mainz 124˙, 333˙
Manchester 230
Manger, ... v. 187, 189, 191, 194
Mangoldt, Karl v. 52f.
Mannheim 189˙, 333˙, 342
Marburg 28
March, Werner 393
Meinecke, Friedrich 111
Meiningen 466f.
Meißen 452f.
Memel 387
Merfeldt, ... v. 168
Merseburg 455

Metz 333˙, 340
Meyer, Gustav 109
Mindelheim 249˙
Miquel, Johann v. 48f., 53
Mönchengladbach 40
Morrien, ... v. 164
Mühlhausen/Elsaß 27˙, 44, 333˙
Mühlhausen/Thüringen 447, 452
München 11, 60, 63, 67, 71ff., 146, 264, 303, 333˙, 387f., 416˙, 475,
—Nymphenburg 119˙
Münster 14, 160-164, 166, 168, 170-173, 176, 178, 184, 188ff., 192ff., 263f., 265˙, 266-272, 274, 277, 282, 284, 287, 289, 295, 298, 301, 303, 305, 308˙, 387, 475
—Altstadt 161f., 168, 170, 172f., 179ff., 183f., 187-193, 267, 274, 286, 289, 298
—Außenstadt 178f., 182ff., 187, 190-193
—Bahnhofsviertel 295, 303
—Kreuzviertel 192
—Überwasser 162
Multhesius, Hermann 110
Mussolini, Benito 392

Naumburg 452
Neapel 392
Neefe, N. 48
Neubrandenburg 467
New York 125˙, 395
Niederbarnim 105
Nordhausen 447, 457
Northeim 153
Nürnberg 38, 333˙, 387f.

Oldenburg 318, 387
Oldham 229˙, 236
Oppenheim, ... 122
Oranienburg 214
Osnabrück 48
Owens, Robert 26

Pahnke, E. 194
Paris 32, 34, 59, 108
Parisius, Ludolf 42f.
Pasewalk 457
Petersburg 34
Pfeiffer, ... 129
Pfennig, U. 440
Pforzheim 40
Philadelphia 139, 157
Philippovich, Eugen 50
Pinneberg 424
Plauen 452
Pohle, Ludwig 50
Posen 333˙, 387
Potsdam 105, 111, 333˙, 340, 452, 455, 457,

462, 467
Prenzlau 455, 457
Providence 157
Pudsey 374
Putlitz, Erich zu 393, 404

Quedlinburg 455, 462

Radcliffe, ... 371
Raffalovich, Arthur 49
Ratzel, F. 480
Reichenberg 387
Reichow, Hans 389, 409, 424f.
Rein, Adolf 404
Relander, ... 331
Riphan, W. 128˙
Roberts, ... 371
Rochdale 229˙, 236
Rostock 445, 455, 457, 462
—Nord-West 447

Saarbrücken 387
Salzburg 387
San Francisco 390˙
Sax, Emil 36˙
Schenkel, Christian 89
Schildt, P. 412
Schmoller, Gustav 46, 49f.
Schuchardt, ... 363
Schulze-Delitzsch, Friedrich 27
Schulze-Delitzsch, Hermann 42
Schumacher, Fritz 126, 403f., 423f., 434
Schwarz, Paul 50
Schwarzenbek 424
Schwedt 440, 445ff.
Schwerin 455, 462, 467
Seesen 142, 147, 476
Seveso 102
Sharp, ... 371
Shaw Hill 380
Sheffield 230
Siddal 380
Sonnemann, Ludwig 41
Speer, Albert 387˙, 388˙, 417˙
Stalinstadt s. Eisenhüttenstadt
Steinfurt, Gf. v. 164
Stemmersberg/b. Oberhausen 44
Stettin 40, 333˙, 387, 424
Stolberg 455, 462
Stoney Royd 380
Storkow 440
Stralsund 453, 466f.
Straßburg 48, 333˙
Strauß, ... 121˙
Stuttgart 121˙, 333˙, 342
Suhl 450, 455, 457, 466f.

Tauentzien, ... 106
Teltow 105
Thünen, J.H. v. 482
Trahn, Karl 407
Trebbin 440

Ulbricht, W. 445˙

Velthuysen, ... 416˙
Voigt, Andreas 50
Volkswagenstadt 387
Volmarstein 364

Wagner, Adolph 46, 50
Wakefield 229˙, 241, 373f.
Waldbröl 387
Wallis, ... 242
Wandsbek 210, 419
Warendorf 160
Weber, Adolf 50
Wedel 391˙
Weimar 387, 447, 452, 455, 462
Weiß, A. 187, 191, 194
Weißenburg/Bayern 14, 247ff., 252ff., 258f., 476
Weißenfels 452
Weißwasser 452
Wernigerode 455, 462
Weskott, Friedrich 361
Wewelsburg 387
Weyhe, ... 121˙, 122
Wien 5˙, 32, 34, 87, 125f., 128˙, 160˙, 387, 416˙, 478
—Brittenau 87
—Döbling 87
Wiesbaden 333˙, 340, 342, 344
Wilhelm, (Prinzregent) 105
Wilhelmsburg 419
Wilmington/Delaware 157
Winsen 424
Winterthur 98
Witten 45
Wittenberg 452
Wolgast 453
Wortmann, Wilhelm 389, 409, 424
Würzburg 333˙, 340, 387
Wuppertal 15, 353ff., 359f., 364, 366, 387, 476f., 387
—Beyenburg 359
—Cronenburg 359
—Ronsdorf 359
—Vohwinkel 359

York/GB 229˙, 232, 236
York, ... 106

Zeitz 463
Ziesar 440
Zittau 452f.
Zorn, Richard 389
Zürich 85-88, 90ff., 100f., 104, 483
—Affoltern 92
—Albisrieden 91f.
—Aussersihl 88, 98˙, 99, 101-104
—Enge 89, 91
—Fluntern 92, 98
—Hard 103˙
—Höngg 91f., 98f.
—Oberstrass 96, 99
—Oerlikon 98-101, 103
—Rebdorf 98
—Riesbach 92
—Schwamendingen 98ff.
—Seebach 100
—Unterstrass 99
—Wipkingen 96
—Witikon 92, 98
—Wollishofen 92
Zwickau 452, 457
Zwinscher, William 407

STÄDTEFORSCHUNG

Veröffentlichungen des Instituts
für vergleichende Städtegeschichte in Münster
In Verbindung mit W. Ehbrecht, H. Jäger, P. Johanek, E. Meynen,
H. Naunin, F. Petri, H. Schilling und H. K. Schulze
herausgegeben von Heinz Stoob.

Reihe A: Darstellungen

1 **Bischofs- und Kathedralstädte des Mittelalters und der frühen Neuzeit.** Hg. von F. Petri. 1976. XIX, 209 S., 4 Abb. i. T., 3 Faltkarten. Ln.

2 **Wik. Eine Siedlungsbezeichnung in historischen und sprachlichen Bezügen.** Von L. Schütte. 1976. XLIX, 278 S. mit 2 Faltkarten. Ln.

3 **Würzburg im Mittelalter. Studien zum Verhältnis von Topographie und Bevölkerungsstruktur.** Von W. Schich. 1977. XXIV, 324 S., 5 Karten i. T., 2 Faltkarten. Ln.

4 **Die mittelalterliche Städtebildung im südöstlichen Europa.** Hg. von H. Stoob. 1977. XXII, 272 S., 22 Abb. u. 3 Tab. i. T., 1 Klapptafel, 3 Faltkarten. Ln.

5 **Probleme des Städtewesens im industriellen Zeitalter.** Hg. von H. Jäger. 1978. XVIII, 349 S., 83 Abb., u. zahlr. Tab. i. T., 6 Faltkarten. Ln.

6 **Die Koblenzer Neustadt. Planung und Ausführung einer Stadterweiterung des 18. Jahrhunderts.** Von B. v. d. Dollen. 1979. XXXVI, 284 S., 7 Kunstdrucktfn., zahlr. Abb. u. Tab. i. T., 3 z. T. mehrfarbige Faltkarten. Ln.

7 **Voraussetzungen und Methoden geschichtlicher Städteforschung.** Hg. von W. Ehbrecht. 1979. XX, 275 S., zahlr. Abb. u. Tab. i. T. Ln.

8 **Zentralität als Problem der mittelalterlichen Stadtgeschichtsforschung.** Hg. von E. Meynen. 1979. XX, 294 S., 21 Abb. i. T., 1 Karte. Ln.

9 **Städtische Führungsgruppen und Gemeinde in der werdenden Neuzeit.** Hg. von W. Ehbrecht. 1980. XX, 453 S., 10 Abb., zahlr. Tab., 1 Faltkarte. Ln.

10 **Kirche und gesellschaftlicher Wandel in deutschen und niederländischen Städten der werdenden Neuzeit.** Hg. von F. Petri. 1980. XVII, 304 S. Ln.

11 **Beiträge zum hochmittelalterlichen Städtewesen.** Hg. von B. Diestelkamp. 1982. XXVI, 235 S., 18 Abb. i. T. Ln.

12 **Beiträge zum spätmittelalterlichen Städtewesen.** Hg. von B. Diestelkamp. 1982. XX, 169 S., 6 Abb. i. T. Ln.

13 **Fürsten, Herren und Städte zu Nürnberg 1355/56. Die Entstehung der „Goldenen Bulle" Karls V.** Von B.-U. Hergemöller. 1983. XIII, 278 S. Ln.

14 **Städtewesen und Merkantilismus in Mitteleuropa.** Hg. von V. Press. 1983. XII, 333 S., 19 Abb. Ln.

15 **Niederlande und Nordwestdeutschland. Studien zur Regional- und Stadtgeschichte Nordwestkontinentaleuropas im Mittelalter und in der Neuzeit. Franz Petri zum 80. Geburtstag.** Hg. von W. Ehbrecht und H. Schilling. 1983. XXXII, 527 S. Ln.

BÖHLAU VERLAG KÖLN WIEN

STÄDTEFORSCHUNG

Veröffentlichungen des Instituts
für vergleichende Städtegeschichte in Münster
In Verbindung mit W. Ehbrecht, H. Jäger, P. Johanek, E. Meynen,
H. Naunin, F. Petri, H. Schilling und H. K. Schulze
herausgegeben von Heinz Stoob.

16 **Urbanisierung im 19. und 20. Jahrhundert.** Historische und geographische Aspekte. Hg. von H. J. Teuteberg. 1983. X, 608 S., zahlr. Tab., Abb. u. Karten i. T. Ln.

17 **Städte und Königtum im frühen 15. Jahrhundert.** Ein Beitrag zur Geschichte Sigmunds von Luxemburg. Von F. B. Fahlbusch. 1983. LII, 263 S. Ln.

18 **Haus und Familie in der spätmittelalterlichen Stadt.** Hg. von A. Haverkamp. 1984. XXII, 364 S. Ln.

19 **Städteordnungen des 19. Jahrhunderts.** Beiträge zur Kommunalgeschichte Mittel- und Westeuropas. Hg. von H. Naunin. 1984. 379 S. Ln.

20 **Die dalmatinischen Städte im 12. Jahrhundert.** Studien zu ihrer polit. Stellung und gesellschaftl. Entwicklung. Von L. Steindorff. 1984. XXVIII, 194 S. Ln.

21/ I–II **Civitatum Communitas.** Studien zum europäischen Städtewesen. FS Heinz Stoob z. 65. Geburtstag. In Verbindung mit F.B. Fahlbusch u. B.-U. Hergemöller hg. von H. Jäger, F. Petri, H. Quirin. 1984. 2 Bde. Zus. XL, IX, 904 S., zahlr. Abb. i.T., 4 Faltkarten. Ln.

22 **Städtisches Um- und Hinterland in vorindustrieller Zeit.** Hg. von H.K. Schulze. 1986. XV, 242 S., 6 Abb. i. T. Ln.

23 **Bürgerliche Eliten in den Niederlanden und in Nordwestdeutschland.** Studien z. Sozialgesch. des europ. Bürgertums im Mittelalter u. in der Neuzeit. Hg. von H. Diederichs u. H. Schilling. XX, 493 S., zahlr. Tab., Abb. u. Karten i.T. Ln.

24 **See- und Flußhäfen vom Hochmittelalter bis zur Industrialisierung.** Hg. von H. Stoob. Ca. 324 S. Ln.

26 **Bürgertum und Pöbel.** Wirtschaft und Gesellschaft Kölns im 18. Jahrh. Von D. Ebeling. Ca. 232 S. Ln.

Reihe B: Handbücher

1/I **Bibliographie zur deutschen historischen Städteforschung.** Teil I. Bearb. v. B. Schröder u. H. Stoob. In Verb. m. W. Ehbrecht u. B. Schröder hg. v. H. Stoob. 1986. XXVIII, 688 S., 1 Gliederungsschema i. Anh., 1 mehrfarb. Karte. Ln.

Reihe C: Quellen

1 **Urkunden zur Geschichte des Städtewesens in Mittel- und Niederdeutschland bis 1350.** Hg. von H. Stoob. XXX, 379 S., 1 Karte im Anhang. Ln.

BÖHLAU VERLAG KÖLN WIEN

765092